Bede Griffiths

Unteilbarer Geist
Quelle der Heiligen Schriften

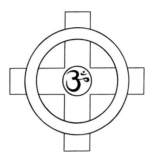

SACCIDANADA ASHRAM
SHANTIVANAM,
Tannirpalli (P.O.)
Kulithalai, Tiruchy (Dt)
TAMIL NADU-639 107.

Date April 24th 1991

To Roland Ropers.

This book of Readings in the Sacred Writings of the World was originally conceived and has now been brought to completion by Roland Ropers after a meeting in his house in Kreuth in the Bavarian alps in September 1990.

The project developed while I was away in Canada and the United States and the texts were finally selected and brought together when we met in this ashram in April 1991.

We have called the book the Universal Wisdom and it is being published in the hope that it may help those who are in search of truth to-day, to meditate on the Wisdom which is our common inheritance and which can bring unity to a divided world.

Bede Griffiths

Übersetzung der vorstehenden Widmung:

Saccidananda Ashram
Shantinavam
24. April 1991

Für Roland Ropers

Die Idee zu diesem Buch hatte ursprünglich Roland Ropers, und sie wurde durch ihn nach unserem Zusammensein in seinem Heimatort Kreuth in den Bayerischen Alpen im September 1990 vollendet.

Das Buchprojekt entwickelte sich, während ich in Kanada und den USA auf Reisen war, und die Texte wurden endgültig ausgewählt und zusammengestellt, als wir im April in Shantinavam zusammenkamen.

Wir haben das Buch »Universal Wisdom« (Universale Weisheit) genannt, und es wird in der Hoffnung veröffentlicht, daß es denen helfen möge, die heutzutage auf der Suche nach Wahrheit sind, um in der Weisheit zu meditieren, welche unser gemeinsames Erbe ist und die Einheit für eine zerteilte Welt bringen kann.

Bede Griffiths

Bede Griffiths und Roland R. Ropers in Salzburg, September 1992

Bede Griffiths

UNTEILBARER GEIST
Quelle der Heiligen Schriften

Upanishaden
Bhagavad Gita
Dhammapada
Mahayana Shraddhotpada Shastra
Tao Te King
Sikh-Gebete
Koran
Al-Ghazali
Rumi
Bücher der Weisheit
Evangelien
Epheserbrief

herausgegeben von
Roland R. Ropers

dingfelder

Die Deutsche Bibliothek – CIP-Einheitsaufnahme

Unteilbarer Geist : Quelle der heiligen Schriften;
Upanishaden, Bhagavad Gita, Dhammapada,
Mahayana Shraddotpada Shastra, Tao te King, Sikh-Gebete,
Koran, Al-Ghazali, Rumi, Bücher der Weisheit, Evangelien, Epheserbrief
/ Bede Griffiths, Hrsg. von Roland R. Ropers. [Übers.: Konrad Dietzfelbinger]. –
Andechs : Dingfelder, 1996
Einheitssacht.: Universal wisdom < dt. >
ISBN 3-926253-98-3
NE: Griffiths, Bede; Ropers, Roland [Hrsg.]; EST

✶ ✶ ✶ ✶ ✶

© 1996, Dingfelder Verlag, Pf. 6, D-82344 Andechs
Titel der englischen Originalausgabe:
»Universal Wisdom –
A Journey through the Sacred Wisdom of the World«
© 1994 Bede Griffiths

✶ ✶ ✶ ✶ ✶

Erteilte Abdruckgenehmigungen deutscher Übersetzungen:
»Tao Te King« – neu bearbeitet von Gia-Fu Feng & Jane English
© 3. Auflage 1996, Eugen Diederichs Verlag, München
»Leben aus der Wahrheit – Texte aus den heiligen Schriften der Sikhs«
von Monika Thiel-Horstmann, hrsg. von Martin v. Kämpchen
© Benziger Verlag AG, Zürich
»Muhammad al-Ghazali: Der Erretter aus dem Irrtum«
© 1988 Felix Meiner Verlag GmbH, Hamburg
»Einheitsübersetzung der Heiligen Schrift«
© 1980 Katholische Bibelanstalt GmbH, Stuttgart

✶ ✶ ✶ ✶ ✶

Herausgeber: Roland R. Ropers
Übersetzungen: Dr. Konrad Dietzfelbinger
Abbildungen: © Roland R. Ropers
Titelphoto: Bede Griffiths, Kreuth, September 1992
Satz und Umschlag: Dingfelder Verlag
Druck und Bindung: Freiburger Graphische Betriebe

Inhalt

Einführung	9
Der Ursprung der Religion	14
Die vedische Mythologie	22
Die Weisheit der Upanishaden	26
Die Offenbarung des persönlichen Gottes	29
Die Herausforderung des Buddhismus	30
Der chinesische Weg	34
Der Monotheismus Indiens	37
Der semitische Monotheismus	41
Der Islam und die Lehren der Sufis	42
Jüdische Mystik – Die Kabbala	45
Die heilige Dreifaltigkeit und der Leib Christi	48
Hinduismus	59
Upanishaden	63
Isha	64
Kena	66
Khataka	69
Mundaka	79
Mandukya	85
Svetasvatara	87
Bhagavad Gita	99
Buddhismus	189
Dhammapada	193
Mahayana Shraddhotpada Shastra	255
Die chinesische Tradition	305
Tao Te King	307
Sikhismus	339
Morgengebet	343
Abendgebet	358
Nachtgebet	365

Islam 369

Aus dem Koran 373
Der Erretter aus dem Irrtum 375
Rumi - Gedichte 397

Judentum 415

Die Sprüche Salomos 417
Das Buch Jesus Sirach 435
Die Weisheit Salomos 465

Christentum 481

Das Evangelium nach Matthäus 489
Das Evangelium nach Markus 503
Das Evangelium nach Lukas 535
Das Evangelium nach Johannes 573
Der Brief an die Epheser 637

Der Autor und sein Werk 649

Würdigungen 651
Leben und Wirken 653

Durch Transformation zur Befreiung 659
(Roland R. Ropers)

Tanz der Befreiung 686

Anhang 687

Anmerkungen zur Einführung 688
Anmerkungen zu »Durch Transformation zur Befreiung« 689
Veröffentlichungen von Bede Griffiths 690
Übersetzungen 691

Einführung

Die Weltreligionen begegnen sich heute auf eine Weise, wie es noch nie zuvor der Fall gewesen ist. Jede Religion hat sich in einer für sie typischen kulturellen Umgebung entwickelt: Der Hinduismus und Buddhismus in Indien, der Taoismus und Konfuzianismus in China, das Judentum und Christentum in Palästina, der Islam in Arabien. Doch im Lauf der Zeit unterlag auch jede Religion einem Wachstum und dehnte ihren Einfluß aus. Der Hinduismus blieb zwar weitgehend auf Indien beschränkt, doch die Begegnung der Arier aus dem Norden mit den Draviden und anderen Stämmen der Urbevölkerung führte zu einem kontinuierlichen Wachstum und einer Bereicherung ihrer Religion durch neue Inhalte, die ihr universellen Charakter gaben. In ähnlicher Weise führten die gegensätzlichen Traditionen des Taoismus und Konfuzianismus in China zur Entfaltung einer tiefen universellen Weisheit, die China in seiner Gesamtheit prägt. Der Buddhismus verbreitete sich, ausgehend von Indien, nach Sri Lanka, Birma, Thailand und Vietnam und griff dann mit der Entstehung der Mahayana-Lehre auf Tibet, Korea, China und Japan über. Der Ursprung des Judentums und Christentums lag in Palästina. Doch dehnte sich das Judentum in der »Diaspora« über den Nahen Osten, Europa und Nordafrika aus und schließlich über die ganze Welt. Das Christentum breitete sich zunächst westwärts über das Römische Reich und ostwärts nach Syrien, Mesopotamien und Persien, ja bis Indien und China aus, während es im Westen zur herrschenden Religion Europas und Amerikas wurde. Der Islam trat, beginnend in seinem Ursprungsland Arabien, seinen Siegeszug westwärts durch Nordafrika bis nach Spanien und im Osten über Syrien, die Türkei und den Irak, bis zum Iran, Indien und Indonesien an. Mit der geographischen Ausbreitung der Religionen nahmen auch ihre Lehren eine höchst ungewöhnliche Entwicklung. Die primitive Mythologie der Veden differenzierte sich in Gestalt des Yoga, Vedanta und Tantra in ein komplexes System der Mystik und Philosophie, der ethischen Verhaltensregeln und eines gewaltigen Komplexes ritueller Vorschriften aus. Der Buddhismus, dessen Lehre ursprünglich auf die Erlösung des Individuums im Nirvana beschränkt war, entwickelte sich zur Mahayana-Lehre der universellen Erlösung: Der Bodhisattva legte ein Gelübde ab, nicht eher ins Nirvana einzutreten, als bis ein jedes lebende Geschöpf gerettet war. Im Judentum entstand in Gestalt des Talmud ein kompliziertes System von Gesetzesvorschriften

Einführung

und später, in der Kabbala, die erhabenste Mystik. Das Christentum baute unter dem Einfluß griechischer Philosophie und römischen Rechtes ein umfangreiches rituelles und Dogmensystem auf, das die Geschichte Europas und Amerikas bestimmen sollte und sich später auch auf die europäischen Kolonien in Asien und Afrika erstreckte. Der bemerkenswerteste Fall ist in mancher Hinsicht die primitive Religion des Koran, die auf aufgrund ihrer Begegnung mit den Kulturen Syriens, Ägyptens, des Irak und Iran eine reich differenzierte eigene Kultur entwickelte und durch die Einschmelzung der Philosophie des Plato und Aristoteles eine Philosophie und Theologie eigener Prägung hervorbrachte.

Doch trotz dieser ungeheuren Expansion aller Religionen tritt erst heute das Phänomen auf, daß sich die religiösen Traditionen überall auf der Welt ungehindert durchdringen und Beziehungen zueinander aufnehmen, nicht im Sinne von Rivalität und Konflikt, sondern von Dialog und gegenseitiger Respektierung. Eins der größten Bedürfnisse der heutigen Menschheit ist, die kulturellen Grenzen der großen Religionen zu überschreiten und eine Weisheit, eine Philosophie zu entdecken, die die Völker miteinander versöhnt und die Einheit, die ihnen bei aller Unterschiedlichkeit zugrundeliegt, sichtbar macht. Diese Weisheit hat man die »Philosophia perennis« (»Ewige Philosophie«) genannt, die unvergängliche Weisheit, die sich in jeder Religion auf jeweils andere Weise ausdrückt.

Die Philosophia perennis entstand in einer entscheidenden Periode der Menschheitsgeschichte Mitte des ersten Jahrtausends vor Christus. Damals wurden die kulturellen Begrenzungen der alten Religionen erstmals durchbrochen, und eine letzte Wirklichkeit trat ins Bewußtsein der Menschen. Diese Wirklichkeit, die keinen ihr gemäßen Namen besitzen kann, da sie den Verstand übersteigt und sich in Worten nicht ausdrücken läßt, wurde im Hinduismus Brahman und Atman (der Geist) genannt, im Buddhismus Nirvana und Sunyata (die Leere), in China Tao (der Weg), in Griechenland das Sein (*to ón*) und Jahwe (»Ich bin«) in Israel. Doch sind all das nur Worte, die auf ein unaussprechliches Geheimnis hinweisen, in dem der tiefste Sinn des Universums verborgen liegt, das aber kein menschliches Wort und kein menschlicher Gedanke ausdrücken kann. In diesem Geheimnis liegt das Ziel allen menschlichen Strebens, die Wahrheit, die alle Wissenschaft und Philosophie zu ergründen sucht, die Seligkeit, in der alle menschliche Liebe ihre Erfüllung findet.

Es war der Hinduismus – oder besser die in sich sehr differenzierte Religion, die später als Hinduismus bekannt wurde –, in der sich der erste große Durchbruch ereignete. In den um 600 v. Chr. entstandenen Upanishaden erfuhr die alte Religion, die auf dem Feueropfer (*yajna*) beruhte, eine tiefgreifende Umwandlung durch die *rishis* (Seher), die sich zur Me-

Einführung

ditation in die Wälder zurückzogen. Ihnen kam es nicht auf das rituelle äußere Feuer, sondern auf das innere Feuer des Geistes (atman) an. Sie entdeckten, daß es sich bei dem alten Brahman, der im Opfer verborgenen Kraft, um die im Universum verborgene Kraft handelte, und der Geist des Menschen, der Atman, das innere Selbst, wurde als eins mit Brahman, dem Geist des Universums, erkannt. Etwas später verwarf Gautama Buddha sowohl die Mythologie als auch die Riten der Veden. Der Geist des Buddha durchdrang die erscheinenden Dinge, die er als vergänglich (anitta), leidvoll (dukka) in dem Sinne, daß sie keine dauernde Befriedigung schenkten, und unwirklich (anatta), also ohne Basis in der Realität, beschrieb, und gelangte zur unendlichen, ewigen, unveränderlichen Realität, die er Nirvana nannte. In China gelang es dem Verfasser des Tao Te King (dem »Buch vom Weg und seiner Kraft«), wie es auch entstanden sein mag, über die konventionelle philosophische Ethik des Konfuzius hinauszugehen und das namenlose Geheimnis zu entdecken, das er Tao nannte, die erhabene Quelle aller Weisheit und Ethik. In Griechenland gingen Sokrates und Plato weiter als alle bisherigen Philosophen, die den Ursprung der Welt in materieller Substanz, sei es Wasser, Luft, Feuer oder den vier Elementen gemeinsam, gesucht hatten, und erwachten zur Wirklichkeit des Geistes als der dem materiellen Universum und der menschlichen Persönlichkeit gemeinsamen Quelle. Schließlich offenbarten die hebräischen Propheten, in konsequenter Ablehnung der Götter der alten Welt, die Gegenwart eines transzendenten Wesens, dessen einziger Name »Ich bin« war, »Ich bin« als die höchste Persönlichkeit, als Herr des Universums. So wurde in Indien, China, Griechenland und Palästina fast zur gleichen Zeit die letzte Realität, jenseits aller Veränderungen der Zeitlichkeit, für die Menschheit entdeckt.

Im Lauf der Jahrhunderte wurden diese grandiosen Einsichten von Philosophen und Theologen über einen Zeitraum von mehr als tausend Jahren zu großen Lehrsystemen ausgebaut. In Indien entwarf Shankara im 9. Jahrhundert n. Chr. das in sich geschlossene System des Vedanta, das sich dann bis zur Gegenwart in verschiedenen philosophischen Systemen entfaltete. Im Buddhismus schuf Nagarjuna, der Brahmanen-Philosoph aus Südindien, ein begriffliches System, das später die Grundlage für die Mahayana-Lehre Chinas und Tibets bilden sollte. In China entstand aus Taoismus und Konfuzianismus, die sich jahrhundertelang gegenseitig befruchteten, das neokonfuzianische System, das bis zum Auftreten des Marxismus vorherrschte. In Griechenland führte die neue Sichtweise des Sokrates und Plato zum Neoplatonismus des Plotin und übte entscheidenden Einfluß auf das entstehende Christentum und den Islam aus. Die griechischen Kirchenväter Clemens, Origenes und Gregor von Nyssa entwickelten, auf den mystischen Einsichten von Paulus und

Einführung

Johannes aufbauend, unter dem Einfluß des Neoplatonismus eine tief mystische Theologie, die sich in den großen mystischen Traditionen des Mittelalters fortsetzte. Schließlich erlebte auch in Israel und im Islam die Religion der Patriarchen und Propheten eine einschneidende Veränderung, als sie auf die Traditionen Griechenlands und des Orients traf.

In jeder Religion geschah es also, daß sich aus vergleichsweise einfachen Anfängen umfangreiche und komplexe philosophische Systeme entwickelten, die bei allen Unterschieden doch wesentliche Gemeinsamkeiten aufwiesen. Die allen diesen Systemen gemeinsame Philosophie, die in fast allen Teilen der Erde bis ins 15. Jahrhundert vorherrschte, wurde indessen in Europa im 16. Jahrhundert von einem neuen philosophischen System, beruhend auf den Ergebnissen der westlichen Wissenschaft, abgelöst. Doch heute beginnt sich diese Philosophie der westlichen Wissenschaft, infolge der neuen Entwicklungen der Wissenschaft, in Gestalt von Relativitätstheorie und Quantenphysik ihrerseits aufzulösen. Die Folge ist, daß der modernen Welt eine grundlegende Philosophie überhaupt, die dem Leben einen Sinn geben könnte, fehlt. Es besteht die Gefahr, daß die menschliche Existenz jede Bedeutung und jedes Ziel verliert. Nimmt man nun noch die Verwüstungen hinzu, die die westliche Technik auf unserem Planeten angerichtet hat und die unsere Umwelt, von der unsere Existenz abhängt, gänzlich zu zerstören drohen, liegt auf der Hand, daß, was die Menschheit heute am meisten braucht, eine Philosophie, eine universelle Weisheit ist, die die Menschheit einen und uns Kraft geben könnte, uns mit den von der westlichen Wissenschaft und Technik produzierten Problemen wirklich auseinanderzusetzen. Die Religionen der Welt als solche können dieses Bedürfnis nicht befriedigen, denn sie sind selbst zum Bestandteil des Problems der geteilten Welt geworden. Die einzelnen Weltreligionen – Hinduismus, Buddhismus, Judentum, Christentum und Islam – müssen die alte Weisheit, die ihnen überkommen ist, erst wieder entdecken. Und diese Weisheit muß heute im Licht der Erkenntnisse interpretiert werden, die uns die westliche Wissenschaft vermittelt hat.

Es ist die Hoffnung, daß die in diesem Buch gesammelten Texte, die die grundlegenden Einsichten der Philosophia perennis darstellen, die Basis für eine neue Sicht der Realität bilden können, nach der die Welt heute sucht. Es will kein gelehrtes Werk und Arbeitsmittel für akademische Studien sein. Es ist vielmehr eine Sammlung von Texten in gut verständlichen Übersetzungen, die die den religiösen Traditionen der Welt zugrundeliegende fundamentale Weisheit illustrieren. Die Menschen müssen sich heute daran gewöhnen, über die Heiligen Schriften **aller** Weltreligionen nachzudenken. Keine Religion darf mehr für sich allein stehen. Jede Religion hat eine lange geschichtliche Entwicklung hinter sich, und wir werden uns jetzt der Tatsache bewußt, daß sie zwar alle aufeinander bezogen sind, doch auch jede einzelne ihre eigene, spezifische Sicht auf die letzte Wahrheit und Wirklichkeit besitzt. Indem wir uns auf diese Texte besinnen, erweitern wir unseren Blick. Wir sehen dann unsere eigene Religion in einem neuen Licht und erkennen allmählich, wie die Menschen sich gegenseitig besser verstehen könnten, bis hin zu jener Einheit, die unser gemeinsames Ziel ist. Das erfordert einen gewissen Abstand von unserer eigenen Kultur und Religion, die Anerkennung der Tatsache, daß sich in jeder Religion auch ein Wandel vollzieht und vollzogen hat, und die Öffnung von Herz und Haupt für die transzendente Wahrheit, die sich in jeder ursprünglichen Religion offenbart. Gleichzeitig aber müssen wir auch auf die Änderungen Rücksicht nehmen, die die westliche Wissenschaft, sei es Physik, Biologie, Psychologie, Soziologie oder Metaphysik, mit sich gebracht hat. Allein die geduldige Besinnung auf die Texte der Philosophia perennis kann uns die Einsicht geben, die wir brauchen, und uns zeigen, welche Änderungen in unserem eigenen Leben stattfinden müssen. Nur dann können wir hoffen, die Einheit an den Wurzeln der Menschheit, unter allen Unterschieden der Oberfläche, zu verwirklichen und unsere Solidarität mit dem weiten Weltall wiederzuentdecken, das uns als unsere Heimat geschenkt wurde und für das wir verantwortlich sind.

Einführung

Der Ursprung der Religion

Die vergleichende Religionswissenschaft ermöglicht uns, vor allem wenn sie, wie es Mircea Eliade[1] getan hat, die prähistorischen und Stammesreligionen miteinbezieht, hinter die spätere Entwicklung der Religionen zurückzugehen und die Grunderfahrung aufzusuchen, aus der alle Religion entspringt. Rudolf Otto ist in seinem Buch »Das Heilige«[2] der Entdeckung dieser verborgenen Quelle der Religion sehr nahegekommen. Menschen, die staunend vor der geheimnisvollen Weite des Universums stehen, werden sich dessen bewußt, was Otto »mysterium tremendum et fascinans« nennt. Zunächst also geht es um ein »Mysterium«. Mit dem Unbekannten konfrontierte Menschen wurden unweigerlich von Ehrfurcht erfüllt: nicht von Furcht vor dem Unbekannten, sondern von einem Gefühl für die ungeheure Weite und Unergründlichkeit der Welt um sie herum. Die Welt war furchtbar – tremendum –, aber auch faszinierend – fascinans. Sie zwang den Menschen gleichsam, sie zu erforschen, ihre Unendlichkeit zu ergründen. Sie erweckte Sehnsucht in ihm, Verlangen, Heimweh nach etwas Unerklärlichem. In späteren Zeiten überkam entwickeltere Menschen in Gegenwart der Natur dasselbe Gefühl der Ehrfurcht. Besonders während der Romantik in England und Deutschland im 19. Jahrhundert wurde dieses Gefühl eines ursprünglichen Mysteriums in Dichtern und Philosophen lebendig. Und noch vor dieser Zeit rief Pascal, der mathematische Genius, aus: »Le silence éternel de ces espaces infinis m'effraye« – »das ewige Schweigen dieser unendlichen Räume macht mich fürchten« – und Kant erhob sich über alle Abstraktionen seiner Philosophie in Gegenwart »des gestirnten Himmels über mir und des moralischen Gesetzes in mir« zu dieser Ehrfurcht.

Es ist sehr wichtig, sich den dualen Charakter dieses Mysteriums bewußt zu machen. Von Descartes und den Wissenschaftlern des 17. Jahrhunderts ist uns der Glaube überkommen, die Welt sei in eine physische Welt außerhalb von uns und eine innere Welt subjektiver Erfahrung geteilt – Descartes nannte diese beiden Welten »res extensa« – ausgedehnte Substanz – und »res cogitans« – denkende Substanz. Aber wir erkennen heute, daß diese Teilung eine Illusion ist. Sie geht im Grunde noch weiter hinter Descartes und die westliche Wissenschaft bis auf die griechischen Philosophen des 6. und 5. Jahrhunderts v. Chr. zurück. Damals wurde das rationale, analytische Denken geboren, und es entstand die Vorstellung von einer Trennung zwischen Geist und Materie. Vor dieser Zeit sah die Menschheit als ganze die Wirklichkeit noch als eine Einheit. Wie weit wir in der Religionsgeschichte auch zurückgehen, überall finden wir die Auffassung vom Universum als einem integrierten Gan-

Einführung

zen. Die Menschheit fühlte sich eins mit der Natur und mit dem universellen Geist, der die menschliche und physische Welt, Pflanzen und Tiere, Erde, Himmel und Meer durchdrang. Dies ist die ursprüngliche Sicht auf das Universum, wie sie sich in allen alten Religionen widerspiegelt.

Mircea Eliade hat gezeigt, daß auch heute noch in den Stammesgesellschaften allgemein an eine kosmische Kraft geglaubt wird, die sich sowohl in der Natur als auch im Menschen manifestiert.[3] Bei den Bewohnern der melanesischen Inseln heißt sie »Mana«. Sie zeigt sich in der gesamten Schöpfung, insbesondere aber in außergewöhnlichen Erscheinungen wie Donner, Blitz oder Gewitter und in menschlichen Persönlichkeiten, die über besondere Kräfte verfügen, etwa Schamanen oder Häuptlingen, außerdem in den Geistern der Ahnen und den Seelen der Toten. Diese Kraft wirkt im ganzen Universum, bricht aber sozusagen bei bestimmten Menschen und in besonderen Ereignissen durch. Daraus entsteht ein Glaube an eine göttliche Welt, eine Welt der Geister, die die Natur regiert und die Fruchtbarkeit der Erde und den Wechsel der Jahreszeiten verursacht. Man stellt sich vor, diese Geisterwesen seien mit unendlichem Vorauswissen und Weisheit begabt. Auch ist die allgemeine Überzeugung, die sozialen Verhaltensnormen und oft auch das Stammesritual seien von ihnen eingesetzt. All dies, so betont Mircea Eliade, ist nicht Ergebnis rationalen, logischen, schlußfolgernden Denkens, sondern entspringt dem Erleben des »Heiligen«. Dies wird zur Gegebenheit des menschlichen Bewußtseins, sobald sich die Menschheit selbst entdeckt und sich Rechenschaft über ihre Stellung im All abzulegen versucht. Es handelt sich nicht um Erzeugnisse des bewußten Denkens, sondern um Erfahrungen des ganzen Menschen, vermittelt durch die Rituale und Gebräuche des Stammes und geoffenbart zum Zeitpunkt der Initiation.

Wir stoßen hier auf den fundamentalen Unterschied zwischen dem Denken des westlichen Menschen und dem der Alten. Ich sage »westlicher Mensch«, weil diese Entwicklung typisch ist für eine männlich geprägte, patriarchalische Kultur. Seit der Zeit der alten Griechen ist der Mensch des Westens immer als »rationales Wesen« beschrieben worden, das heißt als ein Wesen mit Körper und Seele, als dessen größte Errungenschaft die Fähigkeit des Verstandes gilt. Für den modernen westlichen Menschen ist das rationale, analytische, logische, mathematische Denken die für den menschlichen Verstand charakteristische Fähigkeit, und keine Erkenntnis wird als wissenschaftlich eingestuft, die nicht auf diesem Denken beruht. Doch diese Art der Erkenntnis ist weitgehend nur das Produkt der letzten drei Jahrhunderte im Westen. Sie war der Menschheit in den Tausenden von Jahren ihrer Frühgeschichte ganz unbekannt. Wie von Jaques Maritain ausgeführt[4], stand das Denken des primitiven Menschen, das heißt des Menschen vor dem Zeitalter des Verstandes, unter

Einführung

dem Primat der Imagination. Die Imagination, die Fähigkeit, Bilder zu erzeugen, ist der Weg, auf dem auch heute noch die meisten Menschen zu einem Wissen über die Welt gelangen. Wir alle machen uns Bilder von den Menschen und Dingen um uns herum, und durch diese Bilder gelangen wir zu einem Wissen über die Welt. Jung hat gezeigt, wie dieser Prozeß abläuft und wie sich der Mensch durch Bilder und Archetypen des Unbewußten von den frühesten Zeiten an ein Wissen von der Welt verschafft. Die typische Ausdrucksweise der Imagination ist der Mythos. Im Mythos liegt die Quelle allen Wissens und aller Religion. Auch heute noch ist das Denken der Inder von den großen Mythen des Ramayana und Mahabharata geprägt, die jetzt im Fernsehen gezeigt werden, so wie sie früher in den Dörfern ganz Indiens vorgetragen und dargestellt wurden. Und Christen auf der ganzen Welt leben immer noch aus den großen Mythen der Bibel – der Schöpfung und dem Fall, dem Exodus und dem gelobten Land, dem Messias und seinem Reich. In diesen großen Mythen ist tiefe Weisheit enthalten, eine Weisheit, die das menschliche Leben führt und gestaltet. Doch ist es eine Weisheit, in der das Verstandesdenken nur implizit, nicht explizit enthalten ist. Das Verstandesdenken arbeitet mit Abstraktionen. Es holt gleichsam den rationalen Begriff, der in der Imagination steckt, daraus hervor. Die Weisheit der großen Dichter, eines Homer, Vergil, Dante oder Shakespeare, ist imaginative Weisheit, eine Weisheit, die die Realität nicht durch abstrakte Begriffe, sondern durch anschauliche Bilder begreift. Genauso ist es mit den großen Schriften der Religionen, den Veden, dem Koran, der Bibel. In ihnen allen wird die Wirklichkeit nicht in Begriffen des abstrakten Verstandes mitgeteilt und geoffenbart, sondern in der lebendigen Sprache der Imagination, die nicht nur das analytische Denken, sondern auch Sinne, Empfindungen und Phantasie anspricht. Die Grundlage aller Mythen ist das Symbol. Ein Symbol wird als »Zeichen« definiert, das dem menschlichen Bewußtsein die Wirklichkeit vergegenwärtigt. Das offensichtlichste Beispiel dafür ist das Wort. Was einen Menschen vom Tier unterscheidet, ist die Fähigkeit der Sprache. Jedes menschliche Kind verfügt über diese Fähigkeit, und sich selbst überlassen, wird es sich selbst seine eigene Sprache erfinden. Das ist ein Grund für die verwirrende Sprachvielfalt bei den Primitiven. Jeder kleine Stamm will über seine eigene Sprache verfügen, und es dauert immer sehr, sehr lange – sogar heute noch –, bis eine gemeinsame Sprache unter mehreren Stämmen etabliert werden kann. Aber Worte in ihrer ursprünglichen Bedeutung vergegenwärtigen konkrete Wirklichkeit. Erst in einem sehr späten Stadium – wie wir gesehen haben im ersten Jahrtausend v. Chr. – entstand das abstrakte Denken und repräsentierten Worte abstrakte Ideen. Auf den Frühstufen menschlicher Existenz aber vergegenwärtigten Worte konkrete Realität, das heißt

Einführung

machten sie dem Bewußtsein gegenwärtig. Bewußtsein selbst ist nur die Fähigkeit, sich die Welt, die wir durch unsere Sinne erfahren, zu vergegenwärtigen – das heißt sie sich »gegenwärtig« zu machen. Das ist der Grund, weshalb das Hebräische, besonders in den Psalmen, stets konkrete Ausdrücke verwendet und zum Beispiel sagt: »Meine Zunge soll dich mit fröhlichen Lippen preisen.« Alle alte Sprache ist auf diese Weise konkret. Worte machen dem Bewußtsein die konkrete Welt, die uns umgibt, gegenwärtig.

Aus diesem Grund ist der Mythos die typische Sprache des archaischen Denkens. Der Mythos vergegenwärtigt die Realität der Welt, der der Mensch begegnet, in konkreten Begriffen. Die »Archetypen des Unbewußten«, von denen Jung spricht, sind nur konkrete Bilder der Welt, wie sie dem menschlichen Bewußtsein begegnet. Aus diesen archetypischen Symbolen, die aus dem Unbewußten aufsteigen und vom Mythos zu Bewußtsein gebracht werden, steigt alle menschliche Erkenntnis auf, und abstrakte Begriffe sind nur Verarbeitungen dieser ursprünglichen Bilder durch den menschlichen Verstand. Doch während sie ins Bewußtsein treten, werden diese Bilder von der Intelligenz erhellt. Sie geben dem Leben Sinn und befähigen den Menschen, die Welt, in der er lebt, zu verstehen – ihr »gegenüberzustehen« – und sich dadurch auf sie zu konzentrieren.

In jeder entwickelten Sprache wird zwischen Verstand und Vernunft, zwischen *ratio* und *intellectus*, zwischen *dianoia* und *nous* unterschieden – in Indien zwischen dem *manas* und der *buddhi*. Der Manas ist der messende Verstand, von der Wurzel »ma«, die sich auch im »Mond«, der die Zeit mißt, findet und in »Materie«, die den Raum mißt. Doch über den Manas hinaus geht die Buddhi, die Quelle des Lichtes (der Buddha ist der Erleuchtete), die Vernunft, die Ein-Sicht besitzt, die in die Wirklichkeit »hineinsieht«. Die Seher der Veden wurden Rishis genannt, weil sie über diese Einsicht verfügten. Die Vernunft ist die Fähigkeit, die erkennt, nicht nur schließt oder Hypothesen bildet, sondern das Wirkliche durch direktes Reflektieren über sich selbst begreift. Der menschliche Geist hat über die Verstandeskraft hinaus die Kraft, über sich selbst zu reflektieren, sich selbst in seinen Handlungen zu erkennen. Wir alle reflektieren ständig über unsere Handlungen und unsere Erfahrungen, und diese Reflexion vermittelt uns direkte Erkenntnis unseres Selbstes und unserer Umgebung. Der Verstand kann diese Erkenntnis durch Logik, Analyse und Mathematik weiterentwickeln und auf diese Weise eine wissenschaftliche Methodik aufbauen. Aber die ganze Struktur der Wissenschaft beruht auf der anfänglichen Erkenntnis, der ursprünglichen Erkenntnis des Selbstes in seiner Reflexion auf seine Handlungen. In gewissem Sinne hatte Descartes recht, als er sagte: »Ich denke, also bin ich.«

Einführung

Aber er irrte sich, als er das Denken auf den Verstand einschränkte. Denken heißt: über sich selbst zu reflektieren, sich selbst in der Totalität seines In-der-Welt-Seins zu begreifen.

An dieser Stelle tritt die Imagination in Funktion. Die Imagination reflektiert die Welt nicht mit Hilfe abstrakter Begriffe, sondern mit Hilfe von Bildern, die uns die Realität in ihrer konkreten Existenz vergegenwärtigen. Diese Eigenschaft veranlaßte Coleridge in seiner »Biographia Literaria«, von der Imagination als »der lebendigen Kraft und der ersten Instanz aller menschlichen Wahrnehmung« zu sprechen, einer »Wiederholung des ewigen Schöpfungsaktes, der vom unendlichen »Ich bin« im endlichen Bewußtsein vollbracht wird«. Die ganze Schöpfung ist ein Akt der Imagination im göttlichen Geist, ein Bild der ewigen Realität, die uns in dieser Gestalt vergegenwärtigt wird. Im selben Sinne konnte Wordsworth von der Imagination sagen: *»Die Phantasie, sie ist in Wahrheit doch ein Name nur für absolute Macht, für klarste Einsicht, und für Geistesfülle. Verstand ist lediglich ihr höchster Ausdruck.«*

Der Geist des Westens hat im großen und ganzen die Imagination immer als eine minderwertige Kraft angesehen, der höheren Kraft des Verstandes untergeordnet. Doch wie Coleridge betrachteten Wordsworth und Goethe die Imagination, das heißt die schöpferische Imagination in Kunst und Dichtung, als dem normalen Gebrauch des Verstandes überlegen.[5] Im großen Dichter wie auch in den Propheten und Sehern der Religion wird der logische Verstand transzendiert und zum Instrument einer höheren Fähigkeit des Geistes. Heute ist uns der Unterschied zwischen der rechten und linken Gehirnhälfte bewußt geworden, und wir erkennen, daß die linke Gehirnhälfte, mit ihrem linearen Denken, nur Teil des ganzen Gehirns ist, das Einsicht in die gesamte Realität schenkt.

Dadurch sind wir auch zu neuen Erkenntnissen in Bezug auf die Bedeutung der alten Mythen und die Werte primitiver Religionen gekommen. Die Menschen alter Zeiten dachten nicht nur mit einem kleinen Teil ihres Gehirns, wie wir es gelernt haben. Sie erlebten die Welt in ihrer Totalität mit der Totalität ihres Wesens. Ein Mythos ist keine Erfindung der Phantasie über den Beginn der Welt oder irgendein göttliches Geschehen. Er ist die konkrete Vergegenwärtigung der Realität der Welt, wie sie sich der Imagination darbietet, wobei sie alle Fähigkeiten des Menschen miteinbezieht. Um den Mythos verstehen zu können, muß man in eine Möglichkeit, die Welt als ganzes zu erleben, initiiert worden sein, denn nur so läßt sich die Bedeutung des menschlichen Lebens erfassen. Heute suchen wir wieder nach einem Mythos, der unserem Leben Sinn geben könnte, da uns der Mythos der westlichen Wissenschaft betrogen hat. Die westliche Wissenschaft hatte den Mythos eines Universums entworfen, das aus festen, sich in Raum und Zeit bewegenden, mathemati-

Einführung

schen Gesetzen gehorchenden Körperchen besteht, doch dieser Mythos ist inzwischen in sich zusammengebrochen. Die Wissenschaft selbst hat entdeckt, daß Materie Energie ist, und Zeit und Raum sind nur Begriffe, durch die wir unsere Wahrnehmungen der materiellen Welt zu ordnen versuchen. Das Universum erscheint uns jetzt als ein weiter Ozean von Energie, organisiert von einer Intelligenz, deren Widerspiegelung unsere menschliche Intelligenz ist. Wir kommen also zu der alten Auffassung von Materie als Energie zurück – *dynamis* in der Terminologie des Aristoteles –, durch Intelligenz (*nous*) in »Formen« oder »morphogenetischen« Feldern organisiert, wie sie Rupert Sheldrake genannt hat, die das Universum strukturieren. Das kommt der Auffassung der Philosophia perennis, wie sie bei den griechischen und arabischen Philosophen und den christlichen Theologen des Mittelalters auftrat, sehr nahe. Die Intelligenzen, die das Universum formen, waren im Christentum als »Engel« bekannt und in Griechenland, wie in Indien heute noch, als Götter.

»Götter« und »Engel« muten uns heute etwas sonderbar an, aber nur weil uns die westliche Wissenschaft suggeriert hatte, das Universum setze sich aus toter Materie, mechanischen Gesetzen unterworfen, zusammen. In Wirklichkeit aber ist, wie wir jetzt wieder entdecken, das Universum ein lebender Organismus, in fortwährender Entwicklung begriffen und auf jeder Ebene von Intelligenz in-formiert, in Form gebracht. Wir gewinnen also wieder ein Gefühl für ein aus Kräften und Wesen bestehendes Universum, die auf jeden Aspekt unseres Lebens, physisch und psychisch gesehen, Einfluß ausüben. Das führt uns zur Weltsicht alter Stammesgesellschaften zurück, die Christopher Dawson charakterisiert: »Der primitive Mensch betrachtet die äußere Welt nicht, wie der moderne, als passives, mechanisches System, als Hintergrund, vor dem sich die Energien des Menschen entfalten, als bloßen Stoff, den der menschliche Verstand zu formen bestrebt ist, sondern er sieht sie als eine lebende Welt geheimnisvoller Kräfte, größer als seine eigenen …, die sich einerseits in der äußeren Natur, andererseits in seinem Bewußtsein manifestieren.«[7] Das ist die wirkliche Welt, die wir alle bewohnen und die uns die Philosophia perennis bekanntgemacht hat.

Es herrscht heute allgemein die Auffassung, daß das Weltall mit einer Explosion ungeheuer heißer Energie begann, die sich, als sie wieder abkühlte, zu Materiepartikeln entwickelte wie Photonen, Protonen, Elektronen, und diese allmählich »zusammenpackte«, bis sie Atome und Moleküle, die das materielle Universum strukturierten, bildeten. Doch hat sich herausgestellt, daß diese Atome und Moleküle mit mathematischer Präzision aufgebaut sind und das materielle Universum mathematischen Gesetzen gehorcht. Das bedeutet, daß in der Materie Intelligenz am Werk ist. Mathematische Gesetze werden nur von Intelligenz erkannt. Und wenn

Einführung

die menschliche Intelligenz feststellt, daß mathematische Gesetze im Universum am Werk sind, so kann das doch nur heißen, daß irgend etwas der menschlichen Intelligenz Verwandtes von allem Anfang an in der Materie vorhanden ist – wenn nicht alle Wissenschaft auf Illusion beruhen soll. Dies aber ist immer die Sichtweise der Philosophia perennis gewesen. So sprachen z. B. Aristoteles und die arabischen Philosophen von den Sternen als von »Intelligenzen«, das heißt, sie erkannten in den Sternen die Gegenwart intelligenter Mächte, die das Universum regieren. In der christlichen Tradition waren diese Intelligenzen oder kosmischen Mächte als Engel oder Boten bekannt. Man betrachtete sie also als die Agenten einer kosmischen Intelligenz, einer universellen Macht, die für die Organisation des Universums verantwortlich war.

Das führt uns wieder zu den Anfängen der Geschichte und aller Religion zurück. Zwar kannten die meisten Völker viele »Götter«, das heißt Mächte, die im Universum wirkten, doch gab es auch eine universelle Tendenz, all diese Mächte und Geister auf **eine** höchste Macht und geistige Gegenwart zurückzuführen. Das zeigt sich zum Beispiel in allen afrikanischen Religionen, wo ein höchster, über allen Ahnengeistern und anderen Wesen, die die Welt beherrschen, stehender Schöpfergott anerkannt wird, obwohl man ihm in der Praxis vielleicht wenig Aufmerksamkeit schenkt. Auch hier hat Mircea Eliade wieder gezeigt, daß sich überall auf der Welt ein Himmelsgott, ein »göttliches, himmlisches Wesen, Schöpfer des Universums, der die Fruchtbarkeit der Erde durch den von ihm gesendeten Regen garantiert«, findet. Dieses Wesen hieß in den Veden Dyauspita, der »Himmelsvater«, wobei der Buchstabe »D« noch in allen arischen Sprachen anzutreffen ist, zum Beispiel im Zeus (Genitiv *Dios*) Griechenlands und im Jupiter (*Diupiter*) der Römer (im Norwegischen wird »D« zu »Sk«, englisch »sky«). Überall stoßen wir also auf einen Himmelsvater, und wenn Jesus seine Schüler beten lehrte, konnte er keine besseren Worte finden als »Unser Vater im Himmel« (griechisch *ouranos* = der Himmel).

Das bringt uns zu einem wichtigen Punkt. Wenn die Menschen der alten Welt von »Himmel« sprachen, so meinten sie sowohl den Himmel als Firmament hoch droben, als auch die Macht und das Wesen des Himmels. Wir haben uns daran gewöhnt, den materiellen Aspekt vom spirituellen zu trennen. Wir stellen uns den Himmel als ein materielles Phänomen, als ein Gewölbe, einen Raum vor, wie auch immer, entleert von aller spirituellen Wirklichkeit, von Macht und Intelligenz. Doch für die Alten gab es keine Trennung zwischen Geist und Materie, zwischen *Phainomenon* und *Noumenon*, zwischen der materiellen Welt und der Macht und Intelligenz, die sie regierten. Diese Teilung geht teilweise auf den Einfluß der griechischen Philosophie, besonders Plato zurück, aber

Einführung

auch auf den des hebräischen Denkens in der Bibel. Das Volk Israel glaubte ursprünglich wie andere Völker an viele Götter, wie sich an dem hebräischen Wort für Gott, »Elohim«, zeigt, das Plural ist. Doch im Lauf der Zeit lehrte man sie an einen höchsten Gott, Jahwe, zu glauben, und kein anderer Gott durfte mehr verehrt werden. Dies aber führte zu einer Trennung Gottes von der Schöpfung. Ein Dualismus entstand, vielleicht unter persischem Einfluß, der Gott von der Natur trennte und die Natur ohne eine sich in ihr ausdrückende göttliche Gegenwart zurückließ. Das hat dann schließlich zu der westlichen Auffassung von der Natur als eines unbeseelten, von Gott getrennten Wesens geführt, die solche Katastrophen über die heutige Welt heraufbeschworen hat.

Einführung

Die vedische Mythologie

In Indien aber schlug die Religion eine ganz andere Richtung ein. Man nimmt im allgemeinen an, daß die Veden im 2. Jahrtausend von Ariern, Verwandten der Griechen und Römer, aus dem Westen nach Indien gebracht wurden. Die vedischen Seher selbst führen sich auf Patriarchen alter Zeiten zurück, von denen sie ihre Weisheit empfangen haben wollen. Niemand kann sagen, woher diese selbst stammt. Aber das ist von nicht allzu großer Bedeutung. Das Wort Veda bedeutet »Wissen« (von der Wurzel *vid* = sehen oder wissen). Die Veden selbst gelten als ewig (*nitya*). Wie alle alten Völker glaubten die Arier, der Ursprung ihrer Religion liege nicht in der zeitlichen Welt, der Welt der flüchtigen Phänomene, sondern in der ewigen. Auch sagte man, die Veden seien *sruti* (von der Wurzel *sr* = hören). Sie waren also nicht von Menschen erfunden, sondern »gehört« oder »gesehen«. Das heißt, sie kamen durch unmittelbare Inspiration (obwohl über ein menschliches Instrument) zu den Menschen. Man sagte auch, sie seien *apauruseya* – nicht von Menschen verfaßt. Das erinnert wieder daran, daß alles authentische Wissen nicht von den Sinnen, sondern vom Geist stammt, der Intelligenz, die die göttliche Intelligenz, die Quelle der Schöpfung, widerspiegelt. Zwar entsteht Wissen normalerweise auf dem Weg über die Sinne und den Gehirnapparat, doch liegt sein Ursprung immer im Geist selbst, der Intelligenz mit ihrer Fähigkeit zur Selbstreflexion, die Wissen nicht nur von sich selbst, sondern auch von ihrem Ursprung in der universellen kosmischen Intelligenz vermittelt. Genau das finden wir in den Veden – die Rishis, die »Seher«, pflegten über sich selbst zu reflektieren, um meditierend den Ursprung ihres Wissens zu entdecken, die Urintelligenz oder das kosmische Bewußtsein, von dem das menschliche Bewußtsein abgeleitet ist. In den Veden läßt sich am besten verfolgen, wie die alte Welt der Mythologie, wo der menschliche Geist unter der Herrschaft der Imagination stand, zur philosophischen Auffassung einer letzten Wahrheit und Wirklichkeit überging. Dieser Übergang vollzog sich in den Upanishaden im 6. Jahrhundert v. Chr.. Wie alle alten Völker begannen auch die Seher der Veden mit dem Glauben an viele Götter oder Mächte und Wesenheiten, sowohl in der Natur als auch im Menschen. Doch von den frühesten Zeiten an begannen sie über all diese Götter hinauszublicken, auf die eine Wirklichkeit hin, die hinter ihnen lag. Ein berühmter Vers im Rig Veda lautet: *ekam sat vipra behuda vadanti* – »das eine Wesen, das die Weisen mit vielen Namen nennen.« Es war dieses »eine Wesen«, das den Geist der vedischen Seher erfüllte, so daß sie alle »Götter« lediglich als »Namen und Formen« dieser einen Wirklichkeit sahen.

Einführung

Diese eine Wirklichkeit erhielt im Lauf der Zeit den Namen Brahman. Das Wort *brahman* kommt von der Wurzel *brh* = wachsen oder schwellen, und allem Anschein nach wurde es zunächst auf das Mantra, das heilige Wort, angewendet, das im Geist des Priesters, der das Opfer vollzog, aufstieg. Mittelpunkt der vedischen Religion war das Feueropfer, das *yajna*, bei dem Opfergaben auf einem rituellen Altar verbrannt wurden. Man stellte sich vor, daß Agni, der Gott des Feuers, die Opfer verzehrte.

Doch war Agni nicht nur das physische Feuer, sondern auch das Feuer im Geist des Priesters, der das Opfer vollzog. Er hatte einen physischen Körper mit »flammendem Haar«, war aber auch der »Gott, der weiß«, der Priester, der den Göttern das Opfer darbrachte. Mit anderen Worten: Agni war der Name der Urenergie des Universums, deren auffälligste Form das Feuer ist, aber auch die Energie des Denkens, der Intelligenz, die das Universum ordnet. Schließlich wurde es zu einem Symbol, wie alle Götter, für die uranfängliche Macht und Weisheit, die das Universum gestaltet. Auf diese Weise wurde das *brahman*, das heilige Wort, durch das das Opfer eingeleitet wurde, zum Symbol für die göttliche Kraft – im Opfer, im ganzen Universum und im Geist des Menschen gegenwärtig.

Der vedische Mythos gestaltete diese Vorstellung von Agni als dem göttlichen Feuer (oder der Energie) im Universum zur Geschichte des Konfliktes zwischen Agni und Vrata aus. Vrata repräsentiert die Gegenmacht, die Kraft, die die Menschheit gefangenhält und den Geist im harten Felsen der Materie einschließt. Später wurde Agni durch Indra ersetzt, ursprünglich, wie Jahwe in Israel, ein Donnergott – die Macht des Himmelsgottes –, aber später als Herr der Götter, als Kraft des Geistes, aufgefaßt.

In der Erzählung des Mythos durchbricht Indra mit seinem Donnerstrahl (*vajra*) den harten Felsen am Fuß des Berges und setzt das dort gefangengehaltene Wasser und Vieh frei. Hier vergegenwärtigt Indra den göttlichen Geist, die höchste Intelligenz, die durch den harten Felsen, die dunkle Materie des Unbewußten, hindurchbricht und das Wasser (Symbol des Lebens des Geistes) und die Kühe (Symbol der Fruchtbarkeit des Bewußtseins) freisetzt. Doch sind die Kühe in den Veden immer auch Symbole nicht nur für Fruchtbarkeit, sondern auch für das Licht. Es heißt, die Morgendämmerung habe bei Sonnenaufgang die Kühe aus ihrer Höhle freigelassen.

In ihrem Buch über die Veden[8] hat Jeanine Miller gezeigt, wie die vedischen Seher meditierend in der Lage waren, die Grenzen der konventionellen Religion zu überschreiten und die verborgene Quelle der Religion im göttlichen Geist zu entdecken. Der menschliche Geist war zu Anfang den Sinnen und der Imagination unterworfen. Doch immer gab

Einführung

es auch eine verborgene Macht im menschlichen Wesen. Sie vermochte über Sinne und Imagination hinauszugehen und den Menschen für eine Intelligenz zu öffnen, die den bewußten Verstand transzendierte. Dieser Durchbruch durch Sinne und Imagination ereignete sich im ersten Jahrtausend v. Chr. Damals erwachte der menschliche Geist zu vollem Bewußtsein, zur Erfahrung der letzten Wirklichkeit. Jede große Weltreligion baute auf dieser Grundlage auf und bahnte einen Weg, auf dem der Mensch von den Zwängen des Unbewußten befreit werden und Wahrheit und Wirklichkeit erlangen konnte.

Doch im 16. Jahrhundert wurde diese Bewegungsrichtung im Westen umgekehrt. Der menschliche Geist begann sich wieder der materiellen Welt zu unterwerfen. Ziel der Wissenschaft war nicht mehr, die höchste Realität zu erkennen und in deren Licht die materielle Welt zu begreifen, sondern die materielle Welt im Licht des begrenzten menschlichen Verstandes zu erforschen – begrenzt auf die Beobachtung von Phänomenen. Die Folge ist, daß die Wissenschaftler heute von den Quellen des Wissens abgeschnitten und auf die Erkenntnis der Phänomene, wie sie der rationale Verstand interpretiert, beschränkt sind.

Karl Popper, einer der führenden Wissenschaftsphilosophen, hat in seinem mit John Eccles verfaßten Buch über das »Ich und sein Gehirn«[9] versucht, über den Materialismus der westlichen Wissenschaft hinauszugelangen. Er sieht drei »Welten« oder Sphären der Wirklichkeit – die physische Welt, die mit den Sinnen und wissenschaftlichen Instrumenten beobachtet wird, die mentale Welt des menschlichen Verstandes, der die physische Welt analysiert, und die Welt »mentaler Objekte«, das heißt wissenschaftliche Theorien, die ja auch eine Art Realität haben, da sie auf die materielle Welt einwirken und sie verändern. Aber auch Popper bleibt immer noch in der Welt des Verstandes hängen und kann sich kein Wissen vorstellen, das sich nicht letzten Endes »Schlußfolgerungen« und »Hypothesen« verdankt.

Doch ein solches Vorgehen unterhöhlt die eigentlichen Grundlagen der Wissenschaft und kann nur zu allgemeinem Skeptizismus führen. Popper gibt zwar zu, daß der Mensch über die Kraft der Reflexion verfügt, um zu einem Selbst, einem sich selbst reflektierenden Wesen zu werden. Aber er sieht nicht, daß diese Kraft der Selbstreflexion die Grundlage aller Gewißheit ist und deshalb auch aller Wissenschaft. Meine eigene Existenz oder die einer physischen Welt »schlußfolgere« ich nicht, sondern ich erkenne mich selbst und die Welt in einem unmittelbaren Akt der Selbstreflexion. Ich bin mir selbst, und die mich umgebende Welt ist mir selbst durch unmittelbare Erfahrung gegenwärtig, das heißt durch eine Reflexion auf mich selbst im Vollzug meiner Existenz. Ich weiß nicht nur, daß ich existiere, ich weiß auch, daß ich es weiß. Sich selbst erkennen heißt, sich selbst und seine Welt unmittelbar erfahren. Dies ist die Grundlage allen menschlichen Wissens und aller wirklichen menschlichen Existenz.

Wahr ist allerdings, daß ich zunächst meine »Substanz« nicht kenne, das heißt, **was** ich bin. An dieser Stelle haben Verstand und wissenschaftliche Schlußfolgerung und Hypothese ihre Berechtigung, und das Wissen dieser Art wächst kontinuierlich. Doch das Wissen über meine Existenz und die der Welt, die ich erlebe, ist mir durch unmittelbare Intuition (»Hineinsehen«), gegeben. Der Grund, weshalb das westliche Denken dies nicht zu begreifen vermag, ist, daß es sich jahrhundertelang daran gewöhnt hat, nur äußere Phänomene zu beobachten und sich einzubilden, alles Wissen stamme aus den Sinnen. Es hat die Kunst der Meditation verlernt. Doch entdeckt so mancher Wissenschaftler heute diese verlorene Kunst wieder. David Bohm ist das hervorragendste Beispiel dafür. Er ist nicht nur Experte auf dem Gebiet der Physik, sondern war auch Schüler Krishnamurtis und hat die Praxis der Meditation erlernt. Meditation besteht eben darin, daß man über die Sinne und den Verstand, der über die Sinne arbeitet, hinauszugehen lernt und die Tätigkeit des Geistes selbst beobachtet. Dann entdeckt man den Ursprung des Geistes, den Grund des Bewußtseins. David Bohm beschreibt das mit Hilfe der Begriffe »unentfaltete« und »entfaltete Ordnung«.[10] Was wir normalerweise beobachten, ist nur die äußere Ordnung der Welt, die Welt, wie sie sich vor dem menschlichen Bewußtsein entfaltet. Doch wenn wir in die Meditation eintreten, gehen wir über die vielfältige Welt der Sinne und des Verstandes (das heißt allen »wissenschaftlichen« Wissens) hinaus und entdecken die Welt, nicht wie sie uns durch die Sinne äußerlich gegeben ist, sondern in ihrem ursprünglichen Zustand der unentfalteten »Innerlichkeit«. Wir finden die Welt im Selbst und das Selbst in der Welt.

Die Weisheit der Upanishaden

Diese Erfahrung des Selbstes in seinem Grund oder Ursprung, seinem ursprünglichen Sein, war die Entdeckung der Upanishaden. Sie nannten dieses Selbst Atman, von der Wurzel »an« (wie in Animus und Anima) = atmen. Denn in der Meditation lernt der Mensch durch den Atem über Sinne und Verstand hinauszugehen. Indem er sich auf das Atmen konzentriert, bringt er alle Bilder, Gedanken und Empfindungen zur Ruhe, und in der darauf folgenden Stille, der Gedankenleere, steigt die Erkenntnis des Geistes auf, das reine Bewußtsein, aus dem alles bewußte Wissen stammt, die Quelle der Denktätigkeit. Die Isha-Upanishad erklärt, man sehe das »Selbst« oder den »Geist« in allen Wesen und alle Wesen im »Selbst«. Sie weist sodann auf die Gefahr hin, daß sich der Mensch entweder an das Transzendente, das heißt das Bewußtsein von einer transzendenten Realität über dieser Welt hängt, oder an das Immanente, das heißt an die Erfahrung der Welt, insofern sie dem menschlichen Bewußtsein immanent ist. Denn nur, wenn wir das Immanente (die materielle Welt) im Transzendenten (dem Göttlichen) und das Transzendente im Immanenten sehen lernen, finden wir die Wahrheit. Sowohl der Materialismus als auch der Idealismus können uns in die Irre führen. Nur das Bewußtsein, das die Gegensätze und alle Dualität überschreitet, erfährt die Wahrheit.

Die Kena-Upanishad gibt ein gutes Beispiel dafür, wie das Problem des Polytheismus in der vedischen Überlieferung gelöst wurde. Die drei Götter Agni, Vayu und Indra, die Kräfte des Feuers, der Luft und des Donners, erringen einen Sieg, den sie sich selbst zuschreiben. Doch da erscheint Brahman, die höchste Wirklichkeit, und zeigt ihnen, daß sie all ihre Kräfte doch nur ihm, also demjenigen, was weder Form noch Namen besitzt, verdanken. Es geht hier um die Entdeckung, daß die »Götter« nichts sind als Namen und Formen der **einen** Realität, die über alle Namen und Formen ist. Das ist eine Lehre, die jede Religion beherzigen sollte. Denn jede Religion hat die Tendenz, einen Namen oder eine Form, Jahwe oder Allah oder Christus, über alle anderen Namen zu stellen, und zu vergessen, daß die höchste Realität gar keinen Namen oder Form besitzt. Sie übersteigt alle menschliche Fassungskraft. Diese Tatsache wurde im Lauf der Zeit in jeder Religion entdeckt, und wir werden sehen, wie in einer jeden ein Prozeß ablief, der zur Überschreitung aller Begrenzung und zur Anerkennung einer höchsten Wahrheit oder Wirklichkeit, die keinen Namen besitzt, führte. In Indien geschah das in den Upanishaden. Besonders deutlich wird das in der Kathaka-Upanishad, wo Naziketas, der junge Wahrheitssucher, sich in die Welt der Toten hinunterbegibt, also der oberen Welt abstirbt, wie es jedem Wahrheitssucher aufgegeben ist. Der Tod, der Führer zum Leben, lehrt ihn, alles hinter sich zu lassen, und führt ihn in die Wahrheit des Atman ein, des Geistes, der »schwer zu schauen, noch schwerer zu verstehen« ist, »der in der Öffnung der Grotte, ja noch tiefer drinnen«, wohnt. So erweckt er ihn zur ewigen Wahrheit, zum im Herzen der Welt verborgenen Mysterium. Diese Reise in die Finsternis, zum Tod, müssen wir alle erleben, wenn wir die Wiedergeburt zum ewigen Leben erfahren wollen.

Die Mundaka-Upanishad spricht von diesem Mysterium in Begriffen des Lichtes, doch ist es die Mandukya-Upanishad, die die tiefste Einsicht ins menschliche Bewußtsein gibt. Sie unterscheidet zwischen dem Wachzustand des normalen Bewußtseins, dem Traumzustand und dem Zustand des Tiefschlafs. Doch jenseits dieser Bewußtseinszustände befindet sich der »vierte Zustand«, der Zustand des transzendenten Bewußtseins. Dieses Bewußtsein ist das Ziel der menschlichen Existenz. Wir alle müssen lernen, über unsere gegenwärtige Art des Bewußtseins mit seiner Abhängigkeit von den Sinnen und Vorstellungen hinauszugelangen und den Zustand transzendenter Weisheit zu erfahren. Das ist ein Zustand, der sich nicht beschreiben läßt. Man muß ihn erfahren, um zu wissen, was es damit auf sich hat. Doch ist er als Möglichkeit jederzeit in jedem menschlichen Bewußtsein gegenwärtig, und jede Religion versucht, den Weg zu ihm zu öffnen. Aber solange wir in unserer gegenwärtigen Art des Bewußtseins verharren, können wir die Wahrheit nicht erkennen. Die Religion kann zwar auf sie hinweisen und den Weg dorthin aufzeigen, doch nur unmittelbare Erfahrung vermag uns von der Wahrheit zu überzeugen und zur endgültigen Befreiung zu führen.

In einer später entstandenen Upanishad, der Svetasvatara, finden wir die bündigste Antwort auf unser Problem. Sie beginnt mit der Frage: »Was ist der Ursprung der Welt? Was ist Brahman? Woher kommen wir? Aus welcher Kraft leben wir? Wo finden wir Ruhe? Wer herrscht über unsre Freuden und Leiden?« Sie zählt dann die Antworten auf, die auf diese Fragen schon gegeben wurden. »Ist die Zeit als Ursprung der Welt zu denken, oder die Natur, oder das Gesetz der Notwendigkeit, oder der Zufall, oder die Elemente?« Sie verwirft all diese Antworten, die auch die moderne Wissenschaft auf das Problem des Lebens schon gegeben hat, und fährt dann fort: »Durch den Yoga der Meditation und Kontemplation sahen die Weisen die Kraft Gottes« – die *devatmasakti*, buchstäblich die »Kraft des Geistes Gottes« – verborgen in seiner Schöpfung. »Er ist es, der über alle Ursprünge dieser Welt herrscht, von der Zeit bis zur Seele des Menschen.« Das zeigt sehr deutlich, wie sich die Upanishaden dem Grundproblem des Lebens nähern. Nur durch den »Yoga der Meditation und Kontemplation« gelangen wir zum tiefsten Verständnis des Lebens.

Einführung

Wissenschaft und Philosophie können uns nur bis an die Grenze führen, abhängig von den Sinnen und dem rationalen Verstand, wie sie sind. Doch in der Meditation gehen wir über die Sinne und den rationalen Verstand hinaus und begegnen der Quelle der Realität, der in der Schöpfung und im Denken verborgenen göttlichen Kraft. Das ist die Einsicht, die Kenntnis der Wahrheit schenkt und uns freimacht.

Die Svetasvatara-Upanishad fährt dann fort und beschreibt die drei Welten – die Welt der Materie, die Welt des Geistes und der Seele, und Gott, den Herrscher über alles. Doch sagt sie weiter, Gott, Welt und Seele – alle seien im Mysterium des Brahman enthalten. Für viele moderne Menschen ist der persönliche Gott, sei er jüdisch, christlich oder mohammedanisch, zum Problem geworden, da er so offensichtlich die Begrenzungen des menschlichen Denkens widerspiegelt. Doch in Indien hat man von den frühesten Zeiten an erkannt, daß der persönliche Gott, welche Form er auch annehmen mag, die Widerspiegelung der einen, transzendenten Realität, des Brahman, im menschlichen Geist ist. In der Svetasvatara-Upanishad ereignet sich eine großartige Offenbarung eines persönlichen Gottes, der hier mit Shiva identifiziert wird. Von ihm heißt es, er sei reines Bewußtsein, Schöpfer der Zeit, allmächtig, allwissend, Herr der Seele und der Natur, aber auch der liebende Beschützer aller Dinge, der Gott der Liebe. Gleichzeitig jedoch wird er als eine Form des Brahman erkannt, des höchsten Mysteriums, das jedes menschliche Begreifen übersteigt. Wir werden noch sehen, daß diese Einsicht in jeder Religion, auch wenn ein persönlicher Gott vorherrscht, zu finden ist.

Einführung

Die Offenbarung des persönlichen Gottes

In der Bhagavadgita, dem »Gesang des Erhabenen«, hat die große Offenbarung des persönlichen Gottes in Indien stattgefunden. Die Bhagavadgita ist Teil des großen Epos Mahabharata, das zwischen 400 v. Chr. und 400 n. Chr. verfaßt wurde. Sie gehört nicht zum *sruti*, der Offenbarung der Veden, sondern zu einer späteren religiösen Entwicklung Indiens, der *smriti* (von der Wurzel »smr« = sich erinnern). In ihr offenbart sich Krishna als die Form des persönlichen Gottes. Der Ursprung der Krishnalegende ist unbekannt. In früheren Texten wird nicht nur **ein** Krishna erwähnt. Doch jetzt erscheint er, um geschaut und verehrt zu werden als der eine höchste Gott, der Schöpfer des Universums, Quelle aller Weisheit und Kraft der Erlösung. In der Bhagavad Gita wird eine deutliche Unterscheidung zwischen der göttlichen Natur Krishnas, seinem unsichtbaren Geist, und seiner sichtbaren Natur, die in der Schöpfung manifest wird, gemacht. Die dort verwendete Sprache wirkt häufig pantheistisch – »Ich bin's, der dich im frischen Wassertrunk erquickt, ich bin das Mondlicht und das Sonnenlicht«. Doch muß man sich bei der Lektüre hinduistischer Texte immer bewußt bleiben, daß, obwohl die Sprache pantheistisch sein mag und Gott mit der Natur zu identifizieren scheint, die eigentliche Lehre panentheistisch ist, das heißt auf dem Glauben beruht, daß Gott **in** allem ist. Wie es Manikkar Vasakar, der große tamilische Mystiker ausdrückte: »Du bist alles, was ist, und Du bist nichts, was ist.«

Viele Mißverständnisse sind dadurch entstanden, daß man die Hindulehren als pantheistisch abgestempelt hat. Doch in Wirklichkeit zeugt der Hinduismus fortwährend von der tiefen Wahrheit, daß Gott **in** allem ist, als der Grund der Existenz aller Dinge. Und die große Einsicht der Upanishaden war, wie wir gesehen haben, die Erkenntnis dieser höchsten Wirklichkeit als des Grundes und Ursprungs aller Schöpfung und der menschlichen Existenz. In der Bhagavadgita wird Krishna als der persönliche Gott gepriesen, der »Freund aller Dinge«, der im Herzen jedes Geschöpfes lebt und allen, die ihn anrufen, Erlösung, das heißt endgültige Befreiung, gewährt. Doch zugleich ist dieser persönliche Gott, der sich selbst als Liebe offenbart, eins mit dem unendlichen Brahman, dem ewigen Geist, der das Universum am Leben erhält. Diese Offenbarung des persönlichen Gottes in der Bhagavadgita kann, wie jene Shivas in der Svetasvatara-Upanishad, mit der Offenbarung Jahwes in der jüdischen Tradition und der Allahs im Islam gleichgesetzt werden. Und schließlich werden wir auch sehen, in welchem Verhältnis all diese Offenbarungen zum Mysterium der Dreieinigkeit in der christlichen Tradition stehen.

Einführung

Die Herausforderung des Buddhismus

Der Buddhismus stellt die größte Herausforderung für sämtliche Religionen dar, besonders für jene, die an einen persönlichen Schöpfergott glauben. Gautama Buddha, auftretend am Ende der vedischen Periode (563-483 v. Chr.), verwarf alle traditionellen Glaubensüberzeugungen und religiösen Kulte. Die vedischen Götter, die rituellen Opfer, die Brahmanenpriesterschaft und das Kastensystem, das bis dahin die religiöse Grundlage der Hindugesellschaft gebildet hatte, sie alle wurden zugunsten einer negativen Philosophie verworfen, die man tatsächlich als eine Art Nihilismus ansehen könnte.

Die große Einsicht des Buddha war, daß die Welt etwas Vorübergehendes ist. »Alles ist vergänglich (*anitta*), alles ist leidvoll (*dukka*), alles ist unwirklich (*anatta*)«. Dies war der Kern der Lehren des Buddha. Das Ende aller Dinge ist Nirvana, das »Ausblasen«, das Verlöschen allen Seins, die Vernichtung allen Verlangens. Man könnte sagen, hier handle es sich um die radikalste Philosophie, die je entwickelt worden ist. Sie legt die Axt an die Wurzel der uns bekannten Existenz. Doch hinter dieser negativen Philosophie steckt eine tiefe Einsicht. Nirvana ist das Ende allen Werdens, allen Verlangens, all dessen, was das Leben für die meisten Menschen lebenswert macht. Doch wenn alle Veränderung und alles Werden aufgehört, wenn alles Verlangen, alles »Haften« am Leben sein Ende gefunden hat, kommt die Erfahrung absoluter Seligkeit. Das war das Erlebnis des Buddha, als er unter dem Bo-Baum saß. Er versank in tiefe Meditation. Er ließ alle Bewegung der Sinne aufhören, machte allem Verlangen ein Ende, und erlebte so im Schweigen und in der Einsamkeit des Geistes die Seligkeit reinen Bewußtseins. Er stieg in die Tiefen der Seele hinab, zum Grund des Bewußtseins, und fand dort den Frieden, die Freude, die Erfüllung, nach der er gesucht hatte.

Dies ist die Botschaft des Buddhismus heute. Solange wir in der Welt der Sinne eingeschlossen bleiben und ständig nach Erfüllung unserer Wünsche suchen, werden wir niemals Frieden finden. Diese Botschaft der »Erleuchtung«, des inneren Friedens, findet heute überall auf der Welt, wie früher schon in ganz Asien, ihren Widerhall. Die Lehre des Buddha wurde von seinen Schülern mündlich weitergegeben und erst nach mehreren Jahrhunderten schriftlich niedergelegt, aber der Kern dieser Lehre ist vor allem im Dhammapada, dem Pfad des Gesetzes, zu uns gelangt.

Die Lehre des Dhammapada ist klar. Es sind nicht der Körper oder die Sinne, sondern der Geist, der alle menschlichen Probleme verursacht, und so ist es auch nur der Geist, der sie beseitigen kann. Solange sich der

Einführung

Geist an Gedanken, Gefühle und Wünsche bindet, wird er in eine Welt der Illusionen hineingezogen und abhängig von Leidenschaft und Verlangen. Zieht er sich jedoch von den Sinneseindrücken zurück und erkennt sein eigenes Wesen, so erlebt er innerliche Freude, Frieden und Erfüllung. Der Ton der Freude zieht sich durch das ganze Dhammapada, der Freude jener, die aller Leidenschaft und Verlangen und aller Bindung an die materielle Welt entsagt, inneren Frieden und Freiheit gefunden haben und die Wahrheit kennen. Das westliche Denken hat sich auf die materielle Welt konzentriert, um deren Zusammenhänge durch die Wissenschaft zu begreifen, sie durch die Technik zu beherrschen und das Leben in dieser Welt so angenehm wie möglich zu machen. Es war über alles Erwarten erfolgreich bei der Analyse der Materie, bis hinunter zu ihren winzigsten Teilchen, bei der Erforschung der äußersten Grenzen von Zeit und Raum, beim Zusammenwachsen der Menschheit und bei der Schaffung eines noch nie dagewesenen Lebensstandards.

Doch all dies geschah auf Kosten einer Verschmutzung der Erde, des Wassers und der Luft, der Zerstörung unzähliger Pflanzen- und Tierarten und des Aufbrauchens der Ressourcen, von denen das menschliche Leben abhängt. All dies ist die Folge einer Philosophie, die die Erkenntnis und Beherrschung der materiellen Welt zum Ziel hatte. Die westliche Welt muß heute eine Metanoia vollziehen, eine Umkehr des Geistes, die es ihr ermöglicht, die alte Weisheit, die ewige Philosophie, auf der die menschliche Natur in Wirklichkeit beruht, wiederzuentdecken.

Der Buddhismus ist, zunächst in der Hinayana-Tradition und dann im Mahayana, eine der Quellen dieser ewigen Weisheit. Der Buddha durchbrach die Fesseln, die den menschlichen Geist an Sinne und materielle Welt binden, setzte ihn frei und stellte ihn auf den Pfad der Wahrheit und des Friedens. Dem Schein nach ist der Buddhismus eine Religion ohne Gott, Schöpfung oder Seele. In Wirklichkeit befreite der Buddha den menschlichen Geist von seinen Bindungen an Körper und materielle Welt und öffnete ihn der Wahrheit und dem Leben. Im Buddhismus gibt es tatsächlich explizit keinen Gott und keinen Schöpfer. Aber im Frieden des Nirvana liegen unendliche Weisheit und unendliches Mitgefühl – und was sonst verstehen wir unter »Gott«?

Das ist die Herausforderung, die der Buddhismus sowohl für die Religion als auch für die Wissenschaft des Westens darstellt. Der Buddha sah, daß alle Vorstellungen und Konzepte von Gott und alle Rituale und Kulte der Religionen keinen Wert haben, wenn sie nicht von einem Geist vollzogen werden, der alle Vorstellungen und Konzepte übersteigt und seine eigene wahre Natur erkennt: als nicht abhängig vom Körper und den Sinnen, sondern als die Quelle des biologischen Lebens und der Gehirn-Intelligenz. Die westliche Wissenschaft hat sich unter der illusionären Voraussetzung entwickelt, es gebe eine materielle Welt »außerhalb« des Geistes. Sie lernt jetzt langsam wieder, was die Philosophia perennis schon immer gewußt hat: daß die Welt, die scheinbar außerhalb von uns ist, nicht ohne den Geist, der sie beobachtet, begriffen werden kann. Die Erfahrung der Physiker dieses Jahrhunderts, die die Quantenphysik entwickelten, stellte endgültig klar, daß die Welt, die der Wissenschafter beobachtet, nicht Realität an sich ist, sondern eine dem menschlichen Bewußtsein, dem Geist und Gehirn des Wissenschaftlers gegebene Realität.

Diese Entdeckung der Unabhängigkeit des Geistes von den Sinnen war die Entdeckung Buddhas. In der frühen Hinayana-Tradition lag der Nachdruck auf dem praktischen Aspekt dieser Entdeckung. Für den Buddha war die Menschheit in der Welt der Sinne gefangen, wie Menschen, die in einem brennenden Haus in der Falle sitzen. Sein Ziel war, sie zu befreien und sie den »achtfachen edlen Pfad« zu lehren, wie man vom Schmerz und den Leiden dieser Welt frei wird. Es war eine Botschaft der Erlösung für die leidende Menschheit. Alles hängt von dem Erkennen der »vier edlen Wahrheiten« ab: der Wahrheit vom Leiden, von der Ursache des Leidens, vom Ende des Leidens und vom Weg zur Beendigung des Leidens. Dieser Weg hing ganz wesentlich davon ab, daß man das Wesen des Denkens kannte, und die Erforschung des Wesens des Denkens führte schließlich zur großen Entwicklung der Mahayana-Lehren.

Diese Entwicklung fand viele Jahre nach dem Tod des Buddha statt, aber man darf vermuten, daß sie von Anfang an bei ihm angelegt war. Die Mahayana-Lehren sind in einer umfangreichen Literatur niedergelegt, nicht nur in Sanskrit, sondern auch in Tibetisch und Chinesisch, doch durch alle komplizierten Zusammenhänge scheint immer eine wesentliche Wahrheit hindurch, nämlich, daß der Mensch zum Verständnis kommen muß. Wir haben die Abhandlung über die »Glaubenserweckung« von Ashvaghosha als Beispiel für diese Literatur ausgewählt, aber vielleicht gibt auch schon folgendes Zitat aus der Lankavatara-Sutra die Essenz des Mahayana-Buddhismus wieder:

> »Wenn alle Erscheinungen und Namen beseitigt sind und alle Unterscheidung aufhört, bleibt die wahre, wesentliche Natur der Dinge zurück. Und da nichts vom Wesen der Essenz ausgesagt werden kann, wird sie das So-Sein (*tathata*) der Wirklichkeit genannt.
>
> Dieses universelle, undifferenzierte, unerforschliche So-Sein ist die einzige Realität, doch trägt sie verschiedene Namen: Realität (*dharma*), Körper der Realität (*dharmakaya*), edles Wissen (*arya jnana*), edle Weisheit (*arya prajna*). Dieser Dharma der Bildlosigkeit des Körpers der Realität ist der Dharma, der von allen Buddhas verkündet wurde. Und wenn der Mensch alle Dinge in vollem Einklang damit be-

greift, besitzt er vollkommene Erkenntnis (*prajna*) und befindet sich auf dem Weg zum Erlangen des edlen Wissens (*arya jnana*) der Tathagatas«,

(das heißt der Buddhas, die »**es** erlangt haben«, die das Ziel, die Realität, erreicht haben). Das ist der Kern der Lehren des Mahayana, der, wie wir sehen werden, sich in ähnlicher Weise in der hinduistischen, chinesischen und griechischen Philosophie wiederfindet: daß wir, wenn wir über das unterscheidende, analytische Wissen der Wissenschaft und Philosophie hinausgelangen, zur Erkenntnis der Realität selbst im reinen Bewußtsein gelangen.

Einführung

Der chinesische Weg

Das Tao Te King, das »Buch vom Weg und seiner Kraft«, wie es Arthur Waley übersetzt, ist vielleicht das geheimnisvollste Buch, das je geschrieben worden ist. Sein Autor ist unbekannt, sein Entstehungsdatum unbekannt, seine Bedeutung unsicher, und doch enthält es, was man einmal die »vielleicht tiefgründigste von Menschen je entworfene Weltanschauung«, genannt hat. Nach der frühesten Tradition soll es von Lao tse, einem Zeitgenossen des Konfuzius, verfaßt worden sein. Es heißt von ihm, er sei 602 v. Chr. geboren und im Alter von 160 Jahren im Jahre 442 v. Chr. gestorben. Doch viele Gelehrte bezweifeln heute, daß er überhaupt gelebt hat, und behaupten, das Buch sei im dritten oder vierten Jahrhundert v. Chr. verfaßt worden und zwar von mehreren Autoren. Doch wie auch immer – das genaue Entstehungsdatum und der Autor des Buches sind relativ unwichtig.

Das Buch gehört ganz wesentlich zu jenem großen Durchbruch des menschlichen Bewußtseins, der sich im ersten Jahrtausend v. Chr. ereignete, und ist ein höchstes Beispiel für jene große mystische Tradition, die aller Religion zugrundeliegt.

Das Tao Te King beginnt mit der Feststellung, wie sie sich auch in den Upanishaden und beim Buddha findet, daß die letzte Realität keinen Namen hat – Tao, der Weg, ist nur der »Name«, den wir ihm geben. Schon dies ist von großer Bedeutung. Hinduismus und Buddhismus sprechen von der letzten Realität als vom Brahman oder vom Nirvana, also in metaphysischer Terminologie, während die Chinesen in ihrer mehr praktischen Art sie lieber als »Weg« bezeichnen. Tao ist der »Rhythmus« des Universums, der »Strom« der Realität, ähnlich dem »ewig lebenden Feuer« des Heraklit oder den Energiefeldern der modernen Physik. Sein Wesen ist die Einheit der Gegensätze, des Yin und des Yang, des Passiven und Aktiven, des Weiblichen und Männlichen. Daraus entwickelt sich in der chinesischen Philosophie ein tiefer Sinn für die Komplementarität aller Existenz.

Die westliche Welt, auf dem Hebräischen und Griechischen basierend, denkt in Begriffen der Gegensätze: des Guten und Bösen, der Wahrheit und des Irrtums, des Schwarzen und des Weißen. Ihr Denkverfahren ist die Logik, beruhend auf dem Prinzip des Widerspruchs. Doch das chinesische Denken und mit ihm das östliche Denken in seiner Gesamtheit bewegt sich mehr in den Begriffen der Komplementarität. Es ist sich der Einheit bewußt, die alle Dualität übersteigt und doch in sich einschließt, des Ganzen, das all seine Teile überschreitet und doch vereinigt. Denken wir aber daran, daß auch der Westen schon zu dieser Einsicht gelangt ist und zwar in Gestalt des großen christlichen Philosophen Nikolaus von Kues, eines Kardinals der römischen Kirche, der von der coincidentia oppositorum sprach, dem »Zusammenfallen der Gegensätze«.

Das Tao Te King ist sich stets dieser Einheit hinter der Vielheit der Welt bewußt, doch ist es eine dynamische Einheit, »etwas geheimnisvoll Geformtes, das schon vor Himmel und Erde entstand. In Schweigen und Leere steht es einzig und unwandelbar da, ist immer gegenwärtig und in Bewegung. Vielleicht ist es die Mutter der zehntausend Dinge. Ich weiß seinen Namen nicht. Nenne es Tao. Aus Mangel für ein besseres Wort nenne ich es groß.« Es ist bedeutsam, daß Tao die »Mutter« genannt wird. Denn wir sind in einer patriarchalischen Kultur aufgewachsen, und unsere Vorstellungen von Gott, der höchsten Realität, sind alle maskulin. Das Volk der Hebräer, von dem die westliche Welt ihre Religion übernahm, gehörte ebenfalls einer patriarchalischen Kultur an und betrachtete seinen Gott in bewußter Reaktion auf den Kult weiblicher Gottheiten der Völker, von denen es umgeben war, als männlich. Doch das Tao ist wesentlich weiblich, es ist die Wurzel, der Grund, das Empfangende. Der charakteristischste Begriff im Tao Te King ist das Wu Wei, das heißt »nicht tätige Tätigkeit«. Es ist ein Zustand der Passivität, des »Nicht-Handelns«, doch einer Passivität, die völlig aktiv ist im Sinne des Empfangens. Das ist das Wesen des Weiblichen. Die Frau ist, im Verhältnis zum Mann, von Natur aus passiv. Sie empfängt den Samen, der sie befruchtet. Doch ist diese Passivität eine aktive Passivität, eine Empfänglichkeit, die dynamisch und schöpferisch ist, aus der alles Leben und alle Fruchtbarkeit, alle Liebe und Gemeinschaft hervorgehen. Die heutige Welt müßte diesen Sinn für die weibliche Kraft unbedingt wiederentdecken, die das Männliche ergänzt und ohne die der Mann tyrannisch, steril und destruktiv wird. Das bedeutet, die westliche Religion muß wieder so weit kommen, daß sie den weiblichen Aspekt Gottes anerkennt.

Das Tao wird mit dem Wasser verglichen, das »den zehntausend Dingen Leben schenkt« (als Quelle aller Fruchtbarkeit). »Nichts ist weicher und nachgiebiger unter dem Himmel als Wasser. Doch nichts ist besser für das Angreifen des Festen und Starken. Nichts kommt ihm gleich.« Das ist die Tugend der Demut, der »Armut an Geist« – wie es die Bergpredigt ausdrückt –, der das Königreich der Himmel gehört. Das führt zu dem paradoxen Wert der Leere. »Forme Ton zu einem Gefäß: Der leere Raum darin macht es brauchbar. Dreißig Speichen teilen sich in die Nabe des Rades: Das Loch in der Mitte macht es brauchbar. Brich Türen und Fenster in ein Zimmer: Die Öffnungen machen es brauchbar.« Das ist wieder der Wert des Nicht-Handelns, das Gandhi *ahimsa* genannt hat. Nach dem Tao Te King sollte ein Land nicht durch Gewalt oder sonstige Verwaltungsmaßnahmen des Herrschers regiert werden. Je organisierter ein Staat ist, desto größeren Widerstand ruft er hervor. »Ein großes Reich ist wie Mündungsland. Es ist der Zusammenfluß der Welt, die Mutter des Universums. Das Weibliche überwindet das Männliche durch Stillhalten. Abwartend hält es sich in der Stille verborgen.« Das ist eine seltsame, paradoxe Perspektive auf die menschliche Gesellschaft, aber könnte es nicht sein, daß es gerade das ist, was die Welt heute braucht?

Ein beliebtes Symbol für das Tao ist der »unbehauene Klotz«, das heißt die ursprüngliche Natur. Das ist die Wurzel, der Grund des Seins, das Zentrum, auf das sich alle Dinge zubewegen. Es wird mit dem Leeren und der Ruhe gleichgesetzt, Ausdrücken, die auf das verborgene Mysterium des Universums hinweisen. Es wird wiederum die »Mutter des Ursprungs« genannt. So heißt es zum Beispiel: »Der Geist des Tales versiegt niemals. Er ist das Weibliche, die Mutter des Ursprungs.« Und an anderer Stelle: »Wenn du die Pforten des Himmels öffnest und schließt [das heißt, die Pforten des Bewußtseins], kannst du dann die Rolle des Weiblichen spielen?« Das mag höchst paradox und unrealistisch klingen, doch jahrhundertelang ist jetzt die westliche Welt dem Pfad des Yang gefolgt – dem maskulinen, aktiven, aggressiven, rationalen, wissenschaftlichen Denken – und hat damit die Welt bis an den Rand des Abgrunds gebracht. Es ist höchste Zeit, den Pfad des Yin wiederzuentdecken, des femininen, passiven, geduldigen, intuitiven und poetischen Denkens. Das ist der Pfad, den uns das Tao Te King vor Augen stellt.

Einführung

Der Monotheismus Indiens

Der Durchbruch des menschlichen Bewußtseins, der im ersten Jahrtausend in Indien und China stattfand, ereignete sich zur selben Zeit auch in Griechenland. Die griechischen Philosophen, angefangen mit Thales im 6. Jahrhundert v. Chr., waren die ersten im Westen, die ein streng rationales Denken entwickelten. Im 5. Jahrhundert kam diese Bewegung in Sokrates und Plato, die das rationale Denken als den Maßstab für Wahrheit und Ethik etablierten, zu einem Höhepunkt. Leider hatten die Griechen immer die Neigung, es beim rationalen Denken, das sich in Begriffen und Urteilen ausdrückt, bewenden zu lassen. Aber es gab doch immer auch eine tiefere Denkströmung, die über den rationalen Verstand hinausging. Plato selbst räumte ein, Ägypten sei das Ursprungsland einer reiferen Weisheit des Westens. In Ägypten hielt man den Gott Thot, in Griechenland als Hermes Trismegistos, der dreimal große Hermes, bekannt, für die Quelle einer tiefen spirituellen Weisheit, die in Griechenland als die sogenannte »hermetische Tradition« bewahrt wurde. Das war eine ursprünglich mystische Tradition, geeignet, den rationalen Verstand zu transzendieren und die Quelle aller Weisheit und Erkenntnis im *nous*, dem intuitiven Verstand, zu entdecken, den man wiederum von einem uranfänglichen Prinzip jenseits des menschlichen Verstandes ableitete. Diese Einsicht wurde im Neoplatonismus entwickelt, besonders durch Plotin im 3. Jahrhundert n. Chr. Diese Philosophie, die dieselben Einsichten wie die der hinduistischen und buddhistischen Meister widerspiegelt, sollte einen tiefen Einfluß auf die Religion des Westens gewinnen und besonders auf den Islam und das Christentum einwirken, die beide eine mystische Tradition, verwandt der des Hinduismus und Buddhismus im Osten, entwickelten. Sie bildeten einen wesentlichen Teil der Philosophia perennis, der universellen Weisheit, die aller Religion zugrundeliegt.

Doch bevor wir uns mit dieser mystischen Tradition der westlichen Religionen befassen, müssen wir uns mit einer rein monotheistischen Religion in Indien beschäftigen. Wie wir gesehen haben, hatte die Bhagavadgita den Grund für einen Glauben an einen persönlichen Schöpfergott und seine Verehrung gelegt. Im Lauf der Zeit verbreitete sich diese Religion der *bhakti*, glühender Liebe und Hingabe, über ganz Indien und entwickelte sich im Mittelalter in Gestalt der Sant-Bewegung zu einer Form des reinen Monotheismus. Die Hindus stellten sich den persönlichen Gott normalerweise in menschlicher Gestalt vor, als *avatar*, als »Abkömmling« Gottes, in der Person Ramas, Krishnas oder irgendeines anderen Wesens inkarniert. Doch in der Sant-Bewegung begriff man den per-

Einführung

sönlichen Gott als Wesen ohne jede Gestalt, unendlich, ewig, unveränderlich, das Universum transzendierend, doch immanent darin anwesend und sich seinen Gläubigen als immanente Gegenwart im Herzen offenbarend.

Der große Exponent dieser Religion war Guru Nanak, Begründer der Sikh-Religion, die, obgleich sie weitgehend auf Indien beschränkt blieb, trotzdem in sich selbst die Prinzipien eines universellen Monotheismus enthält. Das Bemerkenswerte an dieser Religion ist, daß sie zwar aus dem Hinduismus stammt, doch fähig war, die Begrenzungen des traditionellen Hinduismus zu durchbrechen, Elemente des Islam, besonders der Sufi-Lehren, in sich aufzunehmen und sowohl unter Hindus als auch Moslems Anhänger zu gewinnen. Und was noch bedeutsamer ist: Es gelang ihr, über das Kastenwesen hinauszukommen. Unter ihren Heiligen befinden sich auch Outcasts. Auf diese Art wurde sie zu einer wirklich universellen Religion. Auch überwand sie den in den meisten monotheistischen Religionen implizit vorhandenen Dualismus.

Um nun aber an der Transzendenz Gottes, des höchsten Wesens, festhalten zu können, sahen sich die Monotheisten stets gezwungen, die Welt als von Gott getrennt zu betrachten. Daher pflegten die Religionen überhaupt entweder in den Dualismus oder den Monismus zu verfallen. Um nicht sagen zu müssen, Gott und Welt sind zweierlei, wird der Monist die Realität der Welt überhaupt leugnen und behaupten, alle Vielheit sei Illusion. Doch der Monotheismus Guru Nanaks und jeder authentischen Religion hält daran fest, daß Gott, die absolute Realität, sowohl transzendent als auch immanent ist. Die Welt als solche besitzt keine Realität – an und für sich ist sie *maya*, Illusion –, sondern hat ihre Realität von Gott und in Gott. Gott – Brahman, Tao oder welchen Namen wir der absoluten Realität auch geben mögen – existiert in sich selbst, und Welt und Menschheit existieren nur im Verhältnis zu dieser einen Realität. Das ist die Lehre Guru Nanaks.

Gott, die ewige Wahrheit, manifestiert sich in der Schöpfung und im menschlichen Geist, bleibt aber dennoch der Welt und dem Denken transzendent. Die Erkenntnis Gottes gelangt dadurch zum Menschen, daß dieser über die Welt und das menschliche Herz meditiert. Aber nur die göttliche Gnade, die göttliche Erleuchtung, offenbart ihm das verborgene Geheimnis. Wir geben hier das Morgen-, Mittags- und Abendgebet Guru Nanaks aus dem Adi Granth als Beispiele für sein spirituelles Vermächtnis, außerdem einige Hymnen späterer Gurus, Kabirs, der Hindu- und Moslemtradition kombinierte, und des Synkretisten Ravidas. Es gibt sechs Worte, die das eigentliche Wesen von Guru Nanaks Religion kennzeichnen. Das erste ist *sabad* (Sanskrit: Sabda), das »Wort«. Gott, das transzendente Mysterium, ist unaussprechlich, drückt sich aber in seinem

Einführung

Wort aus, das sich in aller Schöpfung offenbart und im menschlichen Herzen zu erkennen gibt – im Menschen, im Manas der Hindutradition. Von diesem Wort heißt es, es sei *anahat*, »ungehört« in dem Sinne, daß es ein inneres Wort ist. Das Wort drückt sich dann seinerseits im »Namen« aus (*nam*). Das ist der Inhalt aller Offenbarung Gottes, wie er sich in der ganzen Schöpfung widerspiegelt und im menschlichen Herzen erfahren wird. Beides, Wort und Name, wird vom Guru offenbart. Der Guru ist eine Schlüsselfigur sowohl der Sikh-Religion als auch des Hinduismus, muß jedoch vor allem als innerer Führer gesehen werden. Der äußere Guru, wer auch immer das sein mag, ist nur dazu da, um den Schüler (den Sikh) zum inneren Guru zu erwecken, zum inneren Licht und zur Wahrheit. Der Guru offenbart den Willen Gottes (das *hukam*), der die göttliche Ordnung in der Natur ist. Wer diese allen veränderlichen Erscheinungen der Welt zugrundeliegende göttliche Ordnung erkennt, erkennt die Wahrheit (*sach*, Sanskrit *Sat*), was wiederum ein Geschenk der göttlichen Gnade (*nadar*) ist. Vor unseren Augen entfaltet sich hier eine für die moderne Welt geeignete, in sich geschlossene Philosophie. Wir blicken auf die uns umgebende Welt, die Welt der Natur und der Menschheit, und unter aller Gewalt und allem Streit entdecken wir eine göttliche Ordnung, die die Wahrheit ist, die Realität hinter aller Erscheinung. Diese Erkenntnis des göttlichen Willens gelangt zu uns durch die Anleitung des Guru, wer auch immer das sein mag, der uns zum inneren Licht, dem Wort der Wahrheit im Innern, erweckt und uns ermöglicht, dessen »Namen«, den Charakter, die Person des innewohnenden Geistes, zu erkennen. Und all dies kommt zu uns durch die »Gnade« Gottes. Dieser Kontakt mit dem höchsten Mysterium führt und lenkt unser Leben, wenn wir uns selbst leer machen, unser Ich (das *haumai*) preisgeben und der göttlichen Wahrheit (der *sach khand*) erlauben, unser Wesen in Besitz zu nehmen.

Bleibt nur noch anzumerken, daß der Gott des Guru Nanak, obwohl personhaft, keine menschliche Gestalt besitzt. Er ist formlos – *nirankar*. Mit anderen Worten, er ist wie der Nirguna-Brahman der Hindutradition »ohne Eigenschaften« und jenseits allen menschlichen Ausdrucks. Doch drückt er sich selbst in seinem Wort aus, seiner Selbstmanifestation in der Schöpfung, durch die er *saguna* = eigenschaftlich wird, wodurch er sich im menschlichen Wesen offenbart und seinen »Namen« bekannt macht. Sein Name ist nun wiederum, wie sein Wort, kein spezifischer Name. Es ist der universelle Name, der Inhalt der göttlichen Offenbarung.

Der Sikhismus ist eine sehr strenge Religion. Er hält keinen Trost in Form eines anthropomorphen Gottes bereit, mit dem die Menschen Beziehung aufnehmen könnten. Man nähert sich ihm nur durch *bhakti*, das heißt liebende Hingabe, aber es ist die Hingabe der totalen Selbsthin-

Einführung

gabe, und die Einheit zwischen dem Menschlichen und dem Göttlichen – das *sahaj* – ist eine unio mystica, die sich in Worten nicht ausdrücken läßt. Hier macht sich die Nath-Tradition, die Lehre des Yoga, die Teil der Sant-Religion war, bemerkbar. Für den Yogi war die Einheit mit dem Brahman keine Theorie oder Lehre, die sich in Worten ausdrücken ließ. Es war eine persönliche Erfahrung in den Tiefen oder dem Grund der Person. So endet Religion dort, wo sie begann, im Mysterium. Es ist die Begegnung des transzendenten Mysteriums im Herzen der Welt mit dem im Herzen der Menschheit verborgenen Mysterium. Es ist eine Reise, die über das raumzeitliche Universum, über Verstand und Vernunft des Menschen, über die geschaffene Welt hinausführt, hinein in die ungeschaffene, zeitlose, raumlose Realität, die Leben, Wahrheit und Liebe ist.

Einführung

Der semitische Monotheismus

Wenden wir uns nun dem Monotheismus des Judentums und Islam zu, so treffen wir auf verschiedene Wege, sich ein und derselben Realität anzunähern. Beide Religionen entstanden in sehr primitiven polytheistischen und polygamen Gesellschaften, die sich aus kleinen Stämmen zusammensetzten. Bei ihnen war Krieg das gebräuchliche Mittel, Streitigkeiten zu schlichten, und Frauen waren den Männern untertan. Die große Leistung beider Religionen war es, die Vorstellung von einem einzigen Gott zu entwickeln, allmächtig und allwissend, Schöpfer Himmels und der Erde – das heißt der geistigen und der materiellen Welt.

Dieser Gott war ein »gerechter« Gott, der das moralische Gesetz aufrechterhielt, und ein »heiliger« Gott, der von seinen Gläubigen die totale Unterwerfung (Islam) verlangte. In beiden Religionen galt Gott als »barmherzig und gnädig«. Diese beiden Attribute sind in der Tat die Haupteigenschaften Gottes, die täglich im Eröffnungsgebet des Koran wiederholt werden. Doch die Gnade und Barmherzigkeit Gottes kamen ausschließlich jenen zugute, die an ihn glaubten. Die übrigen waren zur ewigen Strafe verdammt.

Es ist dieser moralische Dualismus in den semitischen Religionen, der so viel Unglück auf der Welt angerichtet hat. Er beruht seinerseits auf einem metaphysischen Dualismus. Gott ist vollkommen transzendent, getrennt von der Welt, und obgleich er durch seine Gnade und Barmherzigkeit seine treuen Gläubigen zu sich zieht, kann die Spaltung zwischen Gott und Mensch niemals überwunden werden.

Kein Zweifel, daß dieser Dualismus den höchst primitiven Bedingungen entsprang, unter denen die beiden Religionen entstanden. Jahwe war der »Herr der Heerscharen«, das heißt der Heere Israels, der sie im Krieg gegen ihre Feinde anführte. Ebenso mußte Mohammed für seine Anhänger gegen die ihnen Widerstand leistenden Clans kämpfen. So waren Gewalt und Kampf von Anfang an integrierender Bestandteil beider Religionen, und ihr Gott spiegelte unvermeidlich das Denken seiner Anhänger wider. Sowohl in Israel als auch im Islam schmolz diese Krieg- und Kampfsituation ein aus vielen Stämmen und Clans bestehendes Volk zusammen und vereinigte schließlich viele Nationen und Völker in einer religiösen Gemeinschaft. Sie vermochten allen Auflösungs-Tendenzen durch treuen Glauben an den einen Gott, dem die Gläubigen ihr Leben anvertrauten, zu widerstehen. Noch bemerkenswerter ist die Art und Weise, wie sie ein Dogmengebäude und eine religiöse Praxis entwickelte, die sie mit der großen Tradition der Weisheit Indiens und Griechenlands in Berührung brachten.

Einführung

Der Islam und die Lehren der Sufis

Im Islam war dies das Werk der Sufi-Mystiker. Hundert Jahre nach Mohammeds Tod entwickelte sich eine Asketenbewegung im Islam, zweifellos von den christlichen Mönchen beeinflußt, die dieser Religion in Arabien, Ägypten und Äthiopien begegneten. Die Bewegung erhielt den Namen Sufismus, abgeleitet von dem wollenen Gewand (*suf*), das die Mönche tragen. Als sich der Islam westwärts über Nordafrika nach Spanien und ostwärts nach Palästina, Syrien, in die Türkei, den Irak und Iran ausbreitete, traf er auf die philosophische Tradition Griechenlands, besonders den Neoplatonismus, und die dichterisch und künstlerisch hochentwickelte Kultur des Nahen Ostens. Dadurch entstand im Islam eine spirituelle Bewegung, die sich zu einer der tiefsten Formen der Philosophia perennis ausbildete.

Die Sufi-Mystiker entdeckten die symbolische Bedeutung der Lehren des Korans ebenso, wie die christlichen Mystiker mit der Symbolik der Bibel arbeiteten. Wir geben hier einen Koran-Text über das Licht wieder. Er inspirierte viele Mystiker, besonders auch al-Ghazali (1058-1111), der einen Kommentar darüber schrieb. Al-Ghazali übte den größten Einfluß auf die Entwicklung des Sufismus aus. Er war als einer der führenden Gelehrten des Islam zum Sufismus übergetreten und machte ihn für die orthodoxen Moslems annehmbar. Er hinterließ uns die Geschichte seiner Bekehrung, deren wichtigste Passagen wir hier abdrucken. Doch die Persönlichkeit, in der die mystischen Lehren des Islam ihren vollkommensten Ausdruck fanden, war der »große Scheich« Ibn al-Arabi. 1165 in Spanien geboren, reiste er durch Nordafrika nach Mekka und in den Nahen Osten und ließ sich schließlich in Damaskus nieder, wo er 1240 starb. Er war nicht nur ein Mann hoher Bildung, sondern es wurden ihm auch mystische Erfahrungen und göttliche Offenbarungen zuteil. Sein großes Werk »Mekkanische Offenbarungen« hat 2500 Seiten und ist immer noch nicht übersetzt. Sein kleineres Werk »Facetten der Weisheit« ist erst jüngst ins Englische übertragen worden und verrät einen mit den höchsten Verstandesgaben ausgestatteten Geist. Mit anderen Worten: Ibn al-Arabi ist ein Beispiel für einen Mystiker, der gleichzeitig Philosoph ist und seine mystischen Einsichten in kohärente, nachvollziehbare Formen zu gießen vermag.

Das Grundprinzip seiner Philosophie ist das Konzept von der Einheit des Seins (*Wuhdat al wujud*). Nach diesem Prinzip sind alle Unterschiede, Ungleichheiten und Gegensätze nur die äußeren Facetten einer einzigen Realität. Mit anderen Worten: Er gelangte zur selben Erkenntnis der letzten Wahrheit und Realität, wie sie die großen hinduistischen und

Einführung

buddhistischen Philosophen gewonnen hatten. Der dem orthodoxen Islam inhärente Dualismus wurde von ihm überwunden, und der Islam lernte die Sprache universeller Weisheit sprechen. Diese »Einheit des Seins«, in der alle Gegensätze versöhnt sind, ist die höchste Einsicht der Philosophia perennis. Durch den Verstand kann sie nicht erkannt werden. Doch wo sich das Herz gläubig der höchsten Realität öffnet, wird sie mit höchster Klarheit des Denkens erkannt. Ibn al-Arabi nennt dieses Prinzip *al hagg* = die Realität, während der persönliche Gott Allah die Form der Realität ist, die sie, gesehen in ihrer Beziehung zur erschaffenen Welt, annimmt. Ibn al-Arabi spricht dabei von dem »im Glauben erschaffenen Gott«, um diese Form Gottes von der Realität zu unterscheiden, die Gott und Welt in einem umfaßt.

Es ist stets das Problem des Monotheismus gewesen, die eine, absolute, höchste Realität, also in der Sicht des Monotheismus den persönlichen Gott, mit der geschaffenen Welt von Zeit und Raum, der Veränderung und des Werdens in Einklang zu bringen. Für den orthodoxen Islam ist der Mensch ein Sklave (*abd*) Gottes, schon von Gott getrennt erschaffen und in Ewigkeit unfähig, an der göttlichen Natur teilzuhaben. Doch Ibn al-Arabi fand ein Verbindungsglied zwischen dem Menschlichen und dem Göttlichen. Er nannte es den »Isthmus« (*barsakh*). Es ist das, was man als »den vollkommenen Menschen« (*al Insan al Kamil*) bezeichnet. Der universelle oder vollkommene Mensch ist der archetypische Mensch.

Nach der Lehre der Sufis hat jedes geschaffene Geschöpf seinen Archetypen, seine »Idee«, im allschöpferischen Geist. Und der archetypische Mensch ist das Wesen, in dem sich die Form oder die Natur des Menschen offenbart. In einem schönen Bild wird das so ausgedrückt, daß er das Auge ist, durch das das göttliche Wesen sich selbst erblickt, und der vollkommene Spiegel, der das göttliche Licht widerspiegelt. Wir müssen uns darüber im klaren sein, daß es über den individuellen menschlichen Verstand hinaus, der mittels des Körpers und seiner Sinne reflektiert, immer auch den universellen Geist gibt, die Quelle der Wahrheit, der Logik und Mathematik, der metaphysischen und ethischen Erkenntnis. Er ist die Quelle aller Gewißheit in der menschlichen Erfahrung. Er ist die Buddhi der Hindutradition, das Prajna der buddhistischen Tradition, der Nous der griechischen Tradition. Von Interesse ist, daß Ibn al-Arabi in diesem Zusammenhang das Wort *hayal* benutzt, das mit »schöpferischer Imagination« übersetzt worden ist. Es erinnert an die Kraft der Imagination, der wir schon bei Wordsworth, Coleridge und Goethe begegnet sind, der Kraft, die Schöpfung »abzuspiegeln«. Durch diese Kraft der Imagination spiegelt der göttliche Geist die Schöpfung ab und reflektiert die Schöpfung den göttlichen Geist. Der vollkommene Mensch ist deshalb das Bild, in dem das göttliche Wesen die Schöpfung widerspiegelt und

Einführung

das Geschöpf den Geist Gottes widerspiegelt. Nach der islamischen Überlieferung sieht Ibn al-Arabi in Mohammed das Bild des vollkommenen Menschen, doch findet sich bei ihm auch die interessante Idee des »Heiligen«, der hinter dem »im Glauben erschaffenen Gott« in die letzte Wahrheit und Realität hineinsieht, aus der Propheten und Apostel ihren Auftrag ableiten.

Einführung

Jüdische Mystik – Die Kabbala

Israel begann wie der Islam mit einer höchst primitiven Religion. Sein Gott Jahwe war ein Stammesgott, der für das Abschlachten der Erstgeborenen eines ganzen Volkes verantwortlich war und Israels Heer bei der Invasion Palästinas führte, wo er ihm befahl, alle Städte zu zerstören und Männer, Frauen und Kinder ohne Unterschied zu töten. Doch aus dieser barbarischen Religion entwickelte sich unter Führung des Mose eine tiefschürfende Lehre von Gott als dem Schöpfer und Herrn der Welt, »heilig« und »gerecht«, Urheber des moralischen Gesetzes. Allerdings entstand dadurch ein Problem. Denn je erhabener Gott in seiner Heiligkeit war, desto mehr mußte auch eine Kraft des Gegensatzes im Universum in Erscheinung treten, eine Gott in Gestalt des Satans entgegengesetzte Kraft. Ursprünglich war Satan, wie im Buch Hiob, einer der »Söhne Gottes«. Doch im Lauf der Zeit wurde er, vielleicht unter dem Einfluß des persischen Dualismus, zu einer unabhängigen Kraft des Bösen, zum Teufel (dem *Diabolos* oder Zerstörer, der »auseinanderwirft« und die Welt spaltet, im Gegensatz zu dem Symbol, dem *Symbolon*, das »zusammenwirft« und die Welt vereinigt). Aus diesem Gedanken entstand ein fundamentaler moralischer Dualismus im Judentum, der zum Glauben an eine ewige Belohnung der »Gerechten« und eine ewige Bestrafung der »Bösen« führte. Doch sowohl im Judentum als auch im Islam entwickelte sich im Mittelalter, besonders in Spanien, in Gestalt der Kabbala eine bemerkenswerte Lehre, bei der wie die Sufis im Islam die jüdischen Mystiker diesen Dualismus überwanden und in den großen Strom der universellen Weisheit eintraten, die aus Indien und Griechenland überliefert war.

Die höchste Realität wurde in der Kabbala mit »En Sof« bezeichnet, dem »Unendlichen«. Doch in dieser unendlichen, ewigen Realität kommt es zu einer Spaltung, die nichts anderes ist als die Entstehung des Selbstbewußtseins. Aus diesem Selbstbewußtsein des Ewigen entwickelt sich die Schöpfung. In der Unendlichkeit des Seins befindet sich eine unendliche Vielzahl möglicher Wesen, endlicher Formen oder Manifestationen des einen unendlichen Wesens. Man stellte sich in der Kabbala vor, daß diese ursprünglichen Formen des Seins aus den zehn *Sephiroth* hervorgingen, den zehn Sphären der göttlichen Manifestation, einer Art geistigem Universum, das der Manifestation des geschaffenen Universums vorausging. Es bildete die archetypische Welt, aus der die geschaffene Welt, wie wir sie kennen, abgeleitet ist. In einer Sichtweise, die uns an die »Leere« (*sunyata*) des Mahayana-Buddhismus erinnert, begriff man die Quelle dieser Manifestation des Unendlichen als Nicht-Sein. Dieses Nicht-Sein ist der Abgrund des Seins, die »göttliche Finsternis«, wie es

Einführung

eine spätere Überlieferung ausdrückt, aus der alle Formen der Manifestation hervorgehen. Interessanterweise ist dieser Ursprung der Manifestation in einem »Punkt« konzentriert, in dem ursprünglich die gesamte Schöpfung »zusammengefaltet« war. Das erinnert uns an David Bohms Konzept des Universums als einer Entfaltung der unentfalteten Ordnung, in der die gesamte Schöpfung ursprünglich »zusammengefaltet« war.

In der jüdischen Tradition wurde diese Quelle der Manifestation des Unendlichen mit der Weisheit (*Chochmah*) Gottes identifiziert. In dieser ewigen Weisheit, so stellte man sich vor, existierten die Essenzen oder Ideen, die Archetypen allen geschaffenen Seins. Wieder treffen wir hier auf die fundamentale Idee, daß die materielle, raumzeitliche Welt, bevor sie in Erscheinung tritt, im Geist des unendlichen und ewigen Seins konzipiert wird. In der göttlichen Weisheit existieren alle Formen oder Ideen des geschaffenen Seins in einem undifferenzierten Zustand. Das Prinzip der Differenzierung, durch das die getrennten Formen des Seins – sowohl die materiellen als auch die menschlichen – ins Dasein treten, ist *Binah*, eine der Sephiroth, die Intelligenz. Wiederum wird hier die Intelligenz oder der Intellekt, der Nous, als die Quelle der Trennung, der »Analyse« gesehen, die das individuelle Sein von seiner Matrix, der göttlichen Mutter, welche die Schöpfung in ihrem Schoß empfängt, trennt. Doch dieser »Punkt«, aus der alle Schöpfung hervorgeht, ist ein dynamischer Punkt, vergleichbar einer Quelle. Es ist das mystische Eden, das Paradies, aus dem sich die Wasser des göttlichen Lebens über die Schöpfung ergießen. All diese Ströme des göttlichen Lebens münden, so ist die Vorstellung, ins »große Meer«, die *Schechina*, Symbol der göttlichen Gegenwart in der Schöpfung. Es ist sehr interessant, daß man sich die Schechina als weiblich vorstellte, so daß die Kabbala nicht nur den Dualismus zwischen Gott und Schöpfung überwinden konnte, sondern auch den Dualismus zwischen Männlich und Weiblich, und einen weiblichen Aspekt in Gott zu sehen vermochte. Wie es ein Kabbalist ausdrückte: »Betrachtet man die Dinge in mystischer Meditation, zeigt sich alles als eins.«

Doch muß betont werden, daß es sich hier keineswegs um eine Form des Pantheismus handelt. Für den Pantheismus ist die Welt in ihrer ganzen Vielfalt und Komplexität Gott selbst. Das ist der gerade Gegensatz zu allen Formen des Monotheismus. Für die Kabbalisten aber, wie für die Überlieferung der Philosophia perennis überhaupt, ist die Welt mit Gott nur eins, wenn sie in ihrer ursprünglichen Einheit im göttlichen Geist, bevor irgendeine Form der Vielheit oder Komplexität auftritt, gesehen wird. Wir müssen uns darüber im klaren sein, daß die Welt der Erscheinungen, der Dinge, wie sie den Sinnen und dem rationalen Verstand erscheinen, eine Illusion ist (wie es der westlichen Wissenschaft allmählich dämmert), während es erst die Realität ist, die den Erscheinungen Dasein und Bedeutung gibt. Und diese Realität ist es, was die Monotheisten Gott nennen. Es ist sehr interessant, daß auch die Kabbala die Lehre vom Menschen als einem Bildnis Gottes entwickelt und das Konzept des Adam Kadmon entwirft, des ursprünglichen Menschen – wie der vollkommene Mensch der Sufi-Tradition und der Purusha der Hindu-Tradition das Bildnis Gottes. Wir sehen somit, wie sich in jeder Religion eine identische Lehre herausbildet, die man mit Recht als universelle Weisheit bezeichnen kann oder, mit den Indern, als den *Sanatana Dharma*, die ewige Religion.

Einführung

Die heilige Dreifaltigkeit und der Leib Christi

Nur sehr langsam emanzipierte sich das Christentum als eigenständige Religion vom Judentum. Jesus von Nazareth wurde in einer jüdischen Familie geboren und stammte, wie es heißt, von David ab. Er wuchs als Jude auf, sprach aramäisch und studierte die jüdischen Schriften ohne Zweifel in Hebräisch. Sein Geist und Charakter formten sich im Einklang mit der jüdischen Überlieferung, er dachte und sprach in Begriffen der traditionellen Religion Israels. Er akzeptierte das mosaische Gesetz als heiliges Erbe und interpretierte sein eigenes Leben und Schicksal im Licht der prophetischen Offenbarungen. Er machte sich die jüdische Erwartung eines Messias zu eigen, der die Welt erlösen und Gottes Plan der endgültigen Rettung der Menschheit enthüllen würde. Im besonderen sah er im »leidenden Knecht« des Jesaia die Gestalt, mit der er seine eigene Person und sein Schicksal identifizierte, und im »Sohn des Menschen«, der im Buch Daniel auftritt, in den Wolken des Himmels kommen und das Reich Gottes errichten sollte, die Signatur seiner eigenen Berufung, das Reich Gottes zu gründen. Als der Stern Israels sank und das Land der Juden zuerst von den Babyloniern, dann von den Persern und Griechen, schließlich von den Römern erobert wurde, richtete sich die Hoffnung Israels auf einen göttlichen Eingriff, der der gegenwärtigen Welt ein Ende setzen und ein neues Zeitalter einläuten würde. Von solcher Art war das Warten Israels auf das Kommen des Christus.

Doch verwurzelt in der Überlieferung des Gesetzes und der Propheten, wie er war, fühlte sich Jesus trotzdem aufgerufen, in mancher Hinsicht mit den Traditionen Israels zu brechen. Da war zuerst und in erster Linie der Brauch der strengen Beachtung des Sabbats. Dieser Brauch war schon zu einem Zwang geworden und verhinderte gerade die Absicht, die seiner Einrichtung zugrundelag. Immer wieder zeigt sich, daß Jesus die strenge Beachtung des Sabbats ablehnte und erklärte: »Der Sabbat ist für den Menschen gemacht, nicht der Mensch für den Sabbat.« Das galt auch für die gesamte Beachtung des Gesetzes. Jesus relativierte das Gesetz der Religion und ordnete es dem einen universellen Gesetz der Liebe zu Gott und zum Nächsten unter. Doch mußte sich damit unweigerlich auch Jesu Einstellung zu dem unter dem Gesetz stehenden Volk ändern. Er pflegte mit voller Absicht Umgang mit »Sündern«, Menschen, die durch Position oder Beruf daran gehindert waren, das Gesetz zu beachten. Das führte Jesus zum Beispiel dazu, Mitleid mit Prostituierten zu zeigen oder mit einer Frau, die beim Ehebruch ertappt worden war. Es führte ihn auch dazu, die Schranke zwischen Juden und Samaritern niederzureißen und die alte religiöse Spaltung aufzuheben, die Israel in zwei

Einführung

Teile getrennt hatte. Schließlich ging er so weit, Frauen – sogar eine Samariterfrau – auf der Basis der Gleichheit mit dem Mann zu akzeptieren. Es ist für uns schwer vorstellbar, wie diese revolutionäre Einstellung auf die Menschen seiner Tage wirken mußte, aber man begreift sehr gut, daß er sich damit Feinde in beiden Lagern machte, besonders bei jenen, die für die Aufrechterhaltung des Gesetzes eintraten. Auf diese Weise konzentrierte sich das Problem des Verhältnisses von Religion und Moral, das uns heute so vertraut ist, auch zur damaligen Zeit im Leben Jesu als Jude.

Doch erhebt sich eine große Schwierigkeit, wenn man versucht, Leben und Lehre Jesu heute zu interpretieren. Jesus selbst nämlich sprach aramäisch (einen dem Hebräischen verwandten semitischen Dialekt), und übertrug seine Botschaft einer kleinen Gruppe Schüler in Palästina. Als sich die christlichen Gemeinden über Palästina hinaus in die Städte des Römischen Reiches verbreiteten, sprachen die Schüler, die jetzt nicht mehr nur Juden waren, griechisch. Und Leben und Lehre Jesu wurden in Schriften niedergelegt, die man das Neue Testament nennt – im Unterschied zum Alten Testament der jüdischen Religion –, und zwar nicht in Aramäisch, sondern in Griechisch. Infolgedessen kennen wir Leben und Lehre Jesu nur durch die Evangelien, die in der zweiten Hälfte des ersten Jahrhunderts in christlichen Gemeinden zusammengestellt wurden, wobei diese Gemeinden die Lehre unvermeidlich im Kontext ihrer eigenen Situation interpretierten. Dennoch kann nicht geleugnet werden, daß uns ein authentisches Porträt Jesu als Menschen und seiner grundlegenden Lehren in den vier Evangelien überliefert ist – vier verschiedenen Berichten, unter verschiedenen Umständen verfaßt, doch im Kern einander gleich. Freilich lassen sich die Unterschiede nicht wegdiskutieren, und es ist unmöglich zu sagen, in welchem Ausmaß jeder Bericht durch Situation und Umstände seines Verfassers beeinflußt wurde.

Das zeigt sich vor allem dann, wenn wir das Verhältnis Jesu zum orthodoxen Judentum ins Auge fassen. Im Evangelium des Matthäus, das immer als das erste Evangelium betrachtet wurde und offensichtlich einen aramäischen Hintergrund besitzt, tritt der jüdische Einfluß auf Jesu Lehren klar zutage, besonders in den harten Urteilen über »Sünder«, bei denen wir ständig daran erinnert werden, daß sie in die »äußerste Finsternis« mit »Heulen und Zähneklappern« geworfen werden. Möglich, daß Jesus eine solche Sprache verwendete, doch viel wahrscheinlicher ist, daß dies eine jüdische Interpretation seiner Lehren ist, wobei der Dualismus des traditionellen Judentums stark in den Vordergrund tritt. Jedenfalls macht sich im Evangelium des Markus, das die meisten Kritiker heute als das früheste ansehen und das wahrscheinlich in Rom, dem Zentrum der »heidnischen« Welt, verfaßt wurde, dieser Aspekt nur selten bemerkbar. Und Lukas, der ebenfalls aus einer hellenistischen Perspektive schreibt,

Einführung

stellt vor allem die Barmherzigkeit Jesu heraus, wie sich zum Beispiel am Gleichnis vom guten Samariter und vom verlorenen Sohn erkennen läßt. Das ist von größter Wichtigkeit für unser heutiges Verständnis von Jesus. Nichts ist der Lehre Jesu fremder als die Vorstellung von einem rächenden Gott, der den Menschen zur ewigen Strafe verdammt. Diese Vorstellung dürfte das Erbe des semitischen Monotheismus sein, der nicht in der Lage war, den diesem Denksystem inhärenten Dualismus zu überwinden.

Wenden wir uns dem vierten Evangelium zu, wahrscheinlich Ende des ersten Jahrhunderts in Ephesus niedergeschrieben, so befinden wir uns in einer anderen Welt. Ephesus, in der heutigen Türkei gelegen, war ein Zentrum des sogenannten Gnostizismus, und alle Anzeichen sprechen dafür, daß das vierte Evangelium in diesem Milieu verfaßt wurde. Der Gnostizismus hat viele Formen angenommen: hellenistische, jüdische und christliche, doch im wesentlichen war er eine Form der Gnosis, ein Erwachen zur alten Weisheit, zur göttlichen Erkenntnis – oder, in hinduistischer Terminologie: zum *jnana* –, die über Persien und Ägypten in den Westen kam. Ein Großteil davon wurde auf diesem weiten Weg sehr entstellt, aber ein Funke der Weisheit des transzendenten Wissens blieb. Ihn finden wir im vierten Evangelium wieder. Im Prolog spricht der Verfasser von Jesus als »dem Wort« oder »Logos Gottes«, wodurch er ihn mit dem Logos des Heraklit und der stoischen Philosophen, aber auch mit der Weisheit der späteren Schriften des Judentums in Beziehung setzt. Denn außer dem Gesetz und den Propheten enthielten die jüdischen Schriften Texte, die sich auf die alte Weisheit Ägyptens und Babylons bezogen und so den Horizont des jüdischen Denkens erweiterten. In der Weisheitsliteratur des Alten Testaments begegnen uns authentische Zeugnisse für diese alte Tradition der Weisheit. Und das vierte Evangelium stellt Leben und Lehre Jesu in diesen Zusammenhang. Es ist vor allem eine symbolische Erzählung. Der Verfasser verändert bedenkenlos Zeit und Ort und stellt zum Beispiel die Tempelreinigung an den Beginn der Tätigkeit Jesu, statt ans Ende. Damit nimmt er aber nur die alte Tradition symbolischen Denkens wieder auf. Das Symbol wird als Zeichen gesehen, in dem die Realität vergegenwärtigt wird und ihren tieferen Sinn enthüllt.

Im vierten Evangelium wird allen Worten und Taten Jesu dieser symbolische Charakter gegeben. Jesus selbst ist ein Symbol Gottes, ein Zeichen, durch das sich das göttliche Mysterium selbst vergegenwärtigt und bekanntmacht. Die westliche Welt ist an abstraktes Denken, bei dem die Wahrheit durch allgemeine Begriffe vermittelt wird, gewöhnt, doch wie wir gesehen haben, wurde im Altertum die Realität durch konkrete, anschauliche Symbole vermittelt. Ein Symbol ist ein Zeichen, durch das die Realität dem menschlichen Bewußtsein vergegenwärtigt wird. In diesem

Einführung

Sinne werden im vierten Evangelium Jesu Worte und Taten als »Zeichen« gesehen, durch die sich die göttliche Realität, die absolute Wahrheit, all jenen bekanntmacht, die fähig sind, sie zu empfangen. Sie richtet sich nicht an den rationalen, analytischen, wissenschaftlichen Verstand, der ihren Sinn doch immer verfehlen muß. Sie wird nur dem tieferen, intuitiven Verstand enthüllt, dem Nous oder Intellectus oder, noch besser, jenseits des Verstandes dem Zentrum der menschlichen Persönlichkeit, dem Geist, dem Pneuma des Paulus, dem Atman der Hindutradition, der das wahre Selbst, die innere Realität des Menschen ist.

Von besonderer Bedeutung ist die Aussage des vierten Evangeliums, der Logos, das Wort, sei »Fleisch geworden«. Immer besteht nämlich die Gefahr, daß die Realität auf eine Abstraktion reduziert wird. Sie kann zum Beispiel zu einer universellen Idee werden, die, so tief sie auch sein mag, doch das »Fleisch«, die konkrete Realität der menschlichen Persönlichkeit, nicht berührt. Es ist die besondere Offenbarung des vierten Evangeliums, daß die Realität, die Wahrheit, das Wort, in Fleisch und Blut eines menschlichen Wesens offenbart wird, das sein Blut am Kreuz vergießt und im Fleisch ins ewige Leben aufsteigt. Das räumt für alle Zeiten mit der Sichtweise auf, diese Welt von Fleisch und Blut, von Leiden und Tod, sei im Licht der Philosophia perennis etwas Unreales. Im Gegenteil, unreal ist die Welt der Wissenschaft. Sie ist eine Welt der bloßen Sinnesphänomene und mentaler Abstraktion. Doch in der wirklichen Welt wird sie, während die Realität der Sinneserfahrung und des rationalen Wissens trotzdem nicht verlorengeht, in die Welt des persönlichen Seins, des Ganzen, aufgenommen, von dem Sinne und Verstand erst ihre Realität erhalten. Das ist die Welt des vierten Evangeliums, wie die aller Ausprägungen der Alten Weisheit. Es ist die Welt, die wir erkennen, wenn wir aufhören, uns vom rationalen Verstand beherrschen zu lassen und das Licht der ewigen Wahrheit in unser Herz scheinen lassen. Der Jesus des vierten Evangeliums steht diesem göttlichen Licht stets offen: »Du wirst die Himmel offen und die Engel Gottes auf- und niedersteigen sehen auf den Sohn des Menschen.« Die Engel sind natürlich die Manifestationen der göttlichen Gegenwart (wie die Sephiroth in der Kabbala), und der Sohn des Menschen ist der ewige Mensch, die uranfängliche Person, die in Jesus von Nazareth gegenwärtig ist.

Der Jesus des vierten Evangeliums bezieht sich auf jeder Stufe seiner Entwicklung auf seinen Ursprung im Vater. Der Vater ist die Quelle, der Ursprung, das Eine. Jesus erhält sein Sein vom Vater. Er ist Gott (*theos*), aus Gott (*ek tou theou*). Diese Beziehung Jesu zum Vater wird durch das ganze Evangelium hin allmählich entfaltet. Er ist der Weg, der zum Vater führt, die Wahrheit, die den Vater offenbart, das Leben, das vom Vater ausfließt. Er erklärt der Samariterfrau, daß »der Vater Beter verlangt«, die

Einführung

»im Geist und in der Wahrheit« zu ihm beten, und spricht von einer Wasserquelle, »die Wasser für das ewige Leben ausströmt«. Er nährt die Hungrigen mit Brot und spricht von einem »Brot, das vom Himmel herniederkommt«. Immer bezieht er sich auf die transzendente Realität, das **eine** Licht, das **eine** Leben, die Quelle von allem. Er spricht davon, daß »er sein Fleisch für das Leben der Welt gibt« oder davon, daß man »sein Fleisch essen und sein Blut trinken« solle. Dabei ist immer vom Fleisch und vom Blut des ewigen Lebens die Rede, »denn mein Fleisch ist die wahre Speise, mein Blut ist der wahre Trank«, das heißt: in Wahrheit, in Wirklichkeit, nicht in der zeitlichen Erscheinung. Diese Sprache ist für heutige Menschen fast unmöglich zu verstehen. Wir halten die Erscheinungen der zeiträumlichen Welt fälschlich für die Realität, und es fällt uns sehr schwer, hinter den Erscheinungen die eigentliche Realität zu erblicken, die sich doch immer dort befindet.

Es ist sehr wichtig, sich diese Abhängigkeit Jesu vom Vater klarzumachen. Es ist üblich geworden, von Jesus als von Gott zu sprechen. Aber das steht in völligem Gegensatz zum Neuen Testament. Im Neuen Testament ist das Wort »Gott« fast ohne Ausnahme für den Vater reserviert – die Quelle und den Ursprung aller Dinge. Jesus spricht von sich selbst niemals als von Gott, sondern betont stets seine totale Abhängigkeit von Gott. »Der Sohn tut nichts aus sich selbst, sondern nur, was er den Vater tun sieht.« »Ich tue nichts aus eigener Macht!« Als man Jesus anklagte, er mache sich selbst zu Gott, war seine Antwort nicht, er sei Gott, sondern, es heiße im Alten Testament: »Ihr seid Götter, und ihr alle seid Söhne des Höchsten.« Womit er unterstrich, daß das göttliche Leben allen angeboten wird, während er nur der Eine sei, »den der Vater geheiligt und in die Welt gesandt hat«. Doch mit dieser totalen Abhängigkeit vom Vater empfängt Jesus auch alles vom Vater. Der Vater hat ihm »alles in die Hände gegeben«. Das ist der tiefe Sinn hinter dieser Sprache von »Vater« und »Sohn«. Der Sohn ist das Bild, der Selbst-Ausdruck, das Selbst-Bewußtsein Gottes. Wie es die früheren Evangelien des Matthäus und Lukas ausgedrückt hatten: »Keiner kennt den Sohn, nur der Vater, und niemand kennt den Vater, außer der Sohn.« Und sie fügen hinzu: »und der, dem der Sohn ihn enthüllen will«.

Damit ist eine weitere Dimension im Mysterium des Sohnes angesprochen. Jesus ist nicht Sohn im exklusiven Sinn des Wortes. Jeder Mensch ist im »Bild und Gleichnis Gottes« geschaffen. Jeder Mensch ist ein Gefäß Gottes. Jesus kommt, um der ganzen Menschheit ihre Bestimmung zu offenbaren. Jesus spricht von sich selbst in Begriffen der innigsten Verbindung mit dem Vater: »Ich bin im Vater und der Vater ist in mir«, »Wer mich sieht, sieht den Vater«, »Ich und der Vater sind eins«. Hier ist in den klarsten Worten die »Nicht-Dualität« zwischen Jesus und Gott ausgesprochen. Er ist eins mit dem Vater und doch ist er nicht der Vater. Das ist weder Monismus, eine simple Identität, noch Dualismus, eine echte Trennung. Es ist »Nicht-Dualismus«, das in den hinduistischen, buddhistischen und taoistischen Schriften offenbarte und im Judentum und Islam entdeckte Mysterium. Hier befinden wir uns am Puls der kosmischen Offenbarung. Jesus macht das klar, wenn er für seine Schüler bittet, »daß sie alle eins seien, wie Du, Vater, in mir bist und ich in Dir, so daß sie auch in uns seien«. Das ist die Bestimmung der ganzen Menschheit, nämlich, ihre wesentliche Einheit in der Gottheit zu verwirklichen, wie auch immer diese Gottheit genannt werden mag, eins zu sein mit der absoluten Realität, der absoluten Wahrheit, dem unendlichen, dem ewigen Leben und Licht.

Aber diese Einheit kann ohne den Schmerz des Selbstopfers nicht erkannt werden. Sie verlangt »nicht mehr und weniger als alles«. Jesus erklärte seinen Schülern: »Wer sein Leben retten will, wird es verlieren; wer aber sein Leben um meinetwillen verliert, wird es retten.« Und er selbst wählte den Weg des Selbstopfers bis in den Tod. Dabei führte er einen furchtbaren Kampf, bei dem sein Schweiß »wie Blut tropfte«, als seine menschliche Natur gegen den Schmerz, die Erniedrigung und den Tod, den er erdulden mußte, rebellierte. Und er betete: »Nimm diesen Kelch von mir«, fügte jedoch sofort hinzu: »Aber nicht mein, sondern dein Wille geschehe.« Das ist der Preis: die Hingabe des Selbstes, des abgetrennten individuellen Selbstes, das sterben muß, wenn das wahre Selbst gefunden werden soll.

Doch noch mußte Jesus eine letzte Prüfung bestehen. Er war von seinem eigenen Volk abgelehnt, von der römischen Regierung verurteilt, von seinen Schülern verlassen worden, aber noch mußte er ein letztes Opfer bringen. Er mußte auch noch sein Bild von Gott verlieren. Als er sterbend am Kreuz hing, rief er aus: »Mein Gott, mein Gott, warum hast du mich verlassen!« Das ist die letzte Prüfung für jede spirituelle Persönlichkeit: ihr Bild und ihre Vorstellung von Gott aufzugeben und die Realität ins Auge zu fassen, die hinter allen Bildern und Vorstellungen liegt. Erst dann konnte Jesus sagen: »Es ist vollbracht!«

Bevor Jesus seine Schüler verließ, hatte er ihnen versprochen, ihnen den Geist zu senden (griechisch *pneuma*, von der Wurzel *pnu* = atmen oder blasen, ähnlich dem Sanskritwort Atman, dem buddhistischen *nirvana*, dem »Verlöschen«, dem lateinischen *animus* und *anima*, dem hebräischen *ruach*). Der Geist ist wie der Wind oder der Atem – »niemand sieht, woher er kommt oder wohin er geht« –, er ist unsichtbar. Jesus muß dem Fleisch nach gehen, um im Geist gegenwärtig sein zu können. In jeder Religion gibt es Rituale und Lehren, durch die sich der Geist selbst mitteilt, doch haben wir stets über alle Rituale und Lehren hinauszugehen, um zu der Realität, die sie repräsentieren, zu gelangen. Wir kommen nicht ohne Rituale und Lehren aus. Doch wenn wir auf diesem Niveau bleiben, werden wir zu Götzenanbetern, die die Wahrheit nicht erkennen. So ist der Geist in jeder Religion die Realität, die dem Befolgen von Ritualen erst Sinn gibt. Doch einen Ausdruck des Geistes gibt es, bedeutungsvoller als alle anderen, und das ist die Liebe.

Die Liebe ist unsichtbar, aber die mächtigste Kraft der Natur des Menschen. Jesus sprach von dem Geist, den er senden würde, als von der Wahrheit, aber auch als der Liebe. »Wenn jemand mich liebt, wird mein Vater ihn lieben und wir werden zu ihm kommen und in ihm Wohnung nehmen!« Das ist die Liebe, das in der Bhagavadgita verkündete *prema* und die *bhakti*, das Mitleid (*karuna*) des Buddha, die hingerissene Liebe der Sufi-Heiligen. Der letzte Maßstab, der an eine Religion angelegt werden muß, ist ihre Fähigkeit, in ihren Anhängern Liebe zu erwecken und, was vielleicht noch schwieriger ist, diese Liebe auf die ganze Menschheit auszudehnen. In der Vergangenheit hatten die Religionen die Tendenz, ihre Liebe auf ihre eigenen Anhänger zu begrenzen, doch gab es immer auch eine Strömung, diese Grenze zu durchbrechen und zu einer universellen Liebe zu gelangen. Die universelle Weisheit ist notwendigerweise eine Botschaft der universellen Liebe.

Schließlich kann auch gesagt werden, daß das Mysterium der Gottheit, der letzten Wahrheit und Realität, nicht in einem persönlichen Gott oder in einem unpersönlichen Absolutum gefunden werden kann, sondern nur in einer interpersönlichen Beziehung, einer Kommunion der Liebe. Das Universum ist einmal ein »kompliziertes Gewebe voneinander abhängiger Beziehungen« genannt worden (Capra). Ebenso kann die Menschheit als Ganzes als Gewebe interpersönlicher Beziehungen beschrieben werden. Jedes Wesen strebt spontan danach, sich auszudrücken und mitzuteilen. Das ganze Universum kann man sich vorstellen als die Art und Weise, wie sich die eine, unendliche, ewige Realität in Zeit und Raum ausdrückt und mitteilt.

Im Menschen findet dieses Sich-Ausdrücken und Mitteilen der ewigen Realität durch ein Bewußtsein statt, das sich in Erkenntnis und Liebe manifestiert. Daher kommt das höchste Wesen oder die absolute Realität zu den Menschen, um von ihnen verstanden zu werden. Sie möchte dadurch verstanden werden, daß sie sich in einem ewigen »Wort« oder einer ewigen »Weisheit« ausdrückt, die in der Struktur der Welt und im menschlichen Herzen offenbar wird und sich in einem heiligen Geist oder einer göttlichen Energie mitteilt, die sich in allen Energien der Natur und in den Menschen vor allem als Energie der Liebe manifestiert. Auf diese Weise wird die Gottheit als Dreifaltigkeit begriffen. Der Vater, Grund und Quelle des Seins, drückt sich in Ewigkeit im Sohn, dem Wort

Einführung

oder der Weisheit aus, die die Gottheit offenbart, und der Heilige Geist ist die Energie der Liebe, der weibliche Aspekt Gottes, durch den sich die Gottheit in Ewigkeit in Liebe mitteilt. Alle menschliche Weisheit und Liebe ist eine Manifestation dieser ewigen Weisheit und Liebe in Zeit und Raum. In der christlichen Überlieferung wird das »Wort« Gottes so verstanden, daß es seine volle und endgültige Offenbarung in Jesus Christus erfahren hat, und der Geist Gottes in der Weise, daß er in der Fülle der Liebe offenbart worden ist, die sich im Opfer Jesu Christi am Kreuz manifestiert hat und in der Kirche als der Geist der Liebe, der jedem Christen mitgeteilt wird, gegenwärtig ist.

An dieser Stelle wird der weibliche Aspekt Gottes offenbar, obwohl in der christlichen Überlieferung nur selten von ihm die Rede gewesen ist. Wenn der Sohn vom Vater »gezeugt« ist, so muß auch eine Mutter da sein, von der er empfangen wurde. Bei der Fleischwerdung wurde der Sohn im Schoß der Jungfrau empfangen, die vom Heiligen Geist überschattet war.

In Ewigkeit wird der Sohn vom Vater gezeugt und im Schoß der Mutter, dem Heiligen Geist, empfangen, so wie bei der Schöpfung der Vater den Samen des Wortes in die Materie sät und der Heilige Geist, die Mutter, diesen Samen nährt und alle Formen der Schöpfung hervorbringt. In der Hindu-Überlieferung geht die Welt aus der Vereinigung von Purusha und Prakriti, dem männlichen und weiblichen Prinzip, hervor, und in der Sufi-Lehre wird die Welt durch den »Atem des Barmherzigen« ins Dasein gerufen. In den semitischen Religionen hat die Furcht vor der Explosivkraft des Geschlechtlichen häufig zur Unterdrückung der Frau geführt. Es wurde versäumt, die Gegenwart des Weiblichen in Gott anzuerkennen. Doch die Aufnahme des »Hohenliedes der Liebe« in die heiligen Schriften Israels öffnete den Weg zur Anerkennung der wesentlichen Heiligkeit auch der Geschlechtsliebe, wie sich in den christlichen Kommentaren zum Hohenlied von Origenes im dritten Jahrhundert bis zur Schwester Bernard im zwölften erweist. In der hinduistischen und buddhistischen Tradition ist die Geschlechtsliebe stets als Symbol für die göttliche Liebe gesehen worden. Besonders bedeutsam ist Ibn al-Arabis Ausdruck »Atem des Barmherzigen« (*nafas al rahman*), da das Wort *rahman* von der Wurzel *rahima* stammt, was »Schoß« bedeutet. Der »Barmherzige« wird also als »Schoß« begriffen, aus dem alle im göttlichen Geist schlummernden Möglichkeiten der aktuellen Schöpfung freigesetzt werden.

So läßt sich also in allen großen religiösen Traditionen ein Grundmuster feststellen. Da ist zuerst das höchste Prinzip, die letzte Wahrheit jenseits von Name und Form, das Nirguna-Brahman des Hinduismus, das Nirvana und Sunyata des Buddhismus, das Tao ohne Namen der chinesischen Tradition, die Wahrheit des Sikhismus, die Realität – al Hagg –

Einführung

des Sufismus, das unendliche En Sof der Kabbala, die Gottheit (im Unterschied zu Gott) im Christentum. Zum andern ist da die Manifestation der verborgenen Realität, das Saguna-Brahman des Hinduismus, der Buddha oder Tathagata des Buddhismus, der chinesische Weise, der Guru der Sikhs, der persönliche Gott Jahwe oder Allah des Judentums und Islam und der Christus des Christentums. Schließlich ist da der Geist, der Atman des Hinduismus, das Mitleid des Buddha, die Gnade (Nadar) des Sikhismus, der »Atem des Barmherzigen« im Islam, die Ruach, der Geist, im Judentum und das Pneuma im Christentum. Doch in jeder Religion ist diese universelle Wahrheit in eine Gemeinschaft eingebettet, in der sie durch Ritual und Lehre eine besondere Struktur erhält, wodurch die eine Religion von der anderen getrennt ist.

Im Christentum wurde die göttliche Offenbarung in Christus in die Kirche eingebettet. Diese Kirche nahm verschiedene Formen an, während sie sich im Römischen Reich und dann in Europa und darüberhinaus ausbreitete. Doch in einem Frühstadium dieser Kirche entstand eine Vorstellung von ihr als einer universellen Gemeinschaft. Das zeigt sich besonders im Brief an die Epheser, der aus derselben gnostischen Umgebung wie das vierte Evangelium stammt.

Der Brief an die Epheser übernimmt vom Brief an die Kolosser, ebenfalls aus demselben Milieu stammend, das Konzept des Pleroma, der »Fülle«, das im Sanskrit dem *purnam* entspricht. Es bedeutet die absolute Fülle der Realität, doch heißt es jetzt im Christentum, daß diese Fülle in Christus wohnt – »in ihm wohnt die Fülle der Gottheit leiblich«. Das ist ein bemerkenswerter Satz, gibt er doch eine Vorstellung von der Gottheit wie bei Meister Eckhart wieder, jenseits des persönlichen Gottes. Es heißt also, daß diese Fülle »leiblich« in Christus wohnt. Das bedeutet, die göttliche Fülle oder letzte Realität ist in ihrer Fülle in einem Menschen gegenwärtig. Der Brief an die Epheser fährt fort, daß diese Fülle in der Kirche gefunden werde, »die sein Leib ist, die Fülle von Ihm, der alles in allem füllt«. Wir haben hier die Vorstellung von einer menschlichen Gemeinschaft, die die ganze Schöpfung umfaßt. Denn nach dem Brief an die Kolosser sind in Christus »alle Dinge geschaffen, im Himmel und auf Erden..., alle sind durch ihn und zu ihm geschaffen«.

Das ist eine wahrhaft kosmische Vision, die die ganze Schöpfung umfaßt, von der wir heute wissen, daß sie ein integriertes Ganzes ist. Diese Schöpfung bildet wiederum einen Leib, einen lebendigen Organismus, der in der Lage ist, die ganze Menschheit zu umfassen. Wir haben hier also die Vorstellung von einer universellen Gemeinschaft, fähig, die universelle Weisheit zu verkörpern und die ganze Menschheit in einem Leib zu vereinen, einem lebenden Ganzen, in dem die Fülle, das Ganze der Gottheit, wohnt.

Einführung

In der Praxis natürlich hat sich die Kirche in unzählige kleine Kirchen gespalten, jede mit ihrem eigenen beschränkten Horizont und abgeschnitten von den großen religiösen Traditionen der Welt. Doch heute sind wir imstande zu sehen, wie die christlichen Kirchen, während sie die Werte aller vorhandenen christlichen Überlieferungen anerkennen, diese Spaltungen überwinden und sich zugleich den Werten und Einsichten anderer Religionen öffnen können. Jede Religion muß ihren Tod und ihre Auferstehung erleben – einen Tod in Bezug auf ihre historischen und kulturellen Begrenzungen und eine Auferstehung zu einem neuen Leben im Geist. Dieses neue Leben würde die Traditionen der universellen Weisheit in einer Weise umfassen, die dem Bedürfnis der heutigen Menschheit entspricht. Kein Zweifel, wir alle sind noch weit davon entfernt, diese Einheit zu verwirklichen. Aber wenn sich die Weltreligionen heute begegnen, entdecken wir unser gemeinsames Erbe und werden uns der Einheit bewußt, die die ganze Menschheit verbindet und ihr ihre Verantwortung für die ganze Schöpfung bewußt macht. Der Begriff der **einen** Welt, der **einen** Menschheit und der **einen** Religion, die auf der universellen Weisheit beruht, hat eine neue Bedeutung erlangt, als ein Weg, den katastrophalen Konflikten, die die heutige Welt spalten, zu entkommen.

Hinduismus

Upanishaden
Bhagavad Gita

Die klassischen Upanishaden, verfaßt zwischen 600 und 300 v. Chr., kennzeichnen den ersten großen Durchbruch im menschlichen Bewußtsein zum unendlichen, transzendenten Mysterium des Seins, zur letzten Realität jenseits von Wort und Gedanke. Die Rishis (Seher) nannten dieses höchste Sein Brahman, ein Wort, das ursprünglich das gesprochene Gebet, das Mantra, bedeutete, durch das das göttliche Mysterium im Opfer (yajna) angerufen wurde, das aber später die Bedeutung des göttlichen Mysteriums als Quelle des Seins und Bewußtseins selbst annahm. Indem die Rishis auf die Welt der Sinne, die Welt der Erscheinungen, blickten, sahen sie dahinter den Ursprung aller Erscheinungen, den Grund des Seins, den sie Brahman nannten, und hinter dem Körper und den Sinnen die Quelle des Bewußtseins, die sie Atman, den Geist, das Selbst, nannten. Schließlich machten sie die große Entdeckung, daß »dieses Atman Brahman ist«. Die Quelle des Seins und des Bewußtseins ist ein und dieselbe. Im Lauf der Zeit wurde diese höchste Realität als Sacchidananda beschrieben, Sein (sat), erfahren im vollen Bewußtsein (cit) und erlebt als absolute Seligkeit (ananda). Doch jenseits aller Worte und Begriffe wurde auch erkannt, daß dieses höchste Mysterium des Seins nur in negativen Begriffen als neti, neti (»nicht dies, nicht dies«) beschrieben werden konnte. Wie weit wir auch zur Wahrheit vordringen mögen, am Ende müssen wir doch zugeben, daß es sich um ein absolutes Mysterium jenseits des menschlichen Begriffsvermögens handelt. Doch obwohl dieses Mysterium nur in unpersönlichen Begriffen beschrieben werden konnte, erkannte man von Anfang an, daß es auch einen persönlichen Charakter hatte. Insofern wurde es Purusha, die kosmische Persönlichkeit, genannt, die die Welt durch ihre innewohnende Gegenwart erhält. Dieser persönliche Aspekt des Mysteriums des Seins wurde in einer späteren Upanishad (der Svetasvatara) als Shiva (der »Gnädige« oder »Gütige«) bezeichnet und führte zum Entstehen der Schule des Saivismus, während er in der Bhagavadgita (dem Gesang des Erhabenen) als Vishnu begriffen wurde, der sich in Gestalt Krishnas manifestierte. Dies war der Ursprung der Schule des Vaishnavismus. Noch heute sind die Hindus in Saiviten und Vaishnaviten geschieden, doch abgesehen von diesen Unterschieden in Namen und Form sehen die Hindus das Brahman und das Atman als den letzten Grund des Seins und Bewußtseins an.

Upanishaden

Isha
Kena
Katha
Mundaka
Mandukya
Svetasvatara

Isha

Jenseits Vollkommenheit, diesseits Vollkommenheit.
Aus Vollkommenheit geht Vollkommenheit hervor.
Wird Vollkommenheit Vollkommenheit entnommen,
Bleibt doch wieder nur Vollkommenheit.
Friede, Friede und nochmals Friede sei überall!

Vom Herrn erfüllt ist alles Leben. Auf nichts erhebe Anspruch. Freue dich an Seinem Eigentum, begehre es nicht.

Dann kannst du hoffen, deine Pflicht erfüllend hundert Jahre alt zu werden. Dann haften deine Taten dir nicht an, du Lebensstolzer.

Die ihr Selbst leugnen, gehen nach dem Tod in eine Geburt ohne Gott, blind, umhüllt von Finsternis, ein.

Das Selbst ist eins und unteilbar. Unbeweglich, und doch schneller als der Gedanke. Die Sinne holen es nicht ein, stets behält es seinen Vorsprung. Unbeweglich, schüttelt es jeden Verfolger ab. Aus dem Selbst kommt der Atem, das Leben aller Dinge.

Es bewegt sich, es bewegt sich nicht. Es ist fern, es ist nah. Es ist in allem, es ist außerhalb von allem.

Wer alle Wesem in sich sieht, und sich in allen Wesen sieht, kennt ganz gewiß kein Leiden mehr.

Wie kann ein Weiser, der die Einheit allen Lebens kennt und alle Wesen in sich sieht, von Wahn und Leid ergriffen werden?

Das Selbst ist überall, körperlos und formenlos, ganz, rein und weise, allwissend, weithin leuchtend, nur durch sich selbst und alles überschreitend. Im ewigen Werdegang der Dinge teilt es jedem Zeitalter seine Aufgabe zu.

Verschreibst du dich dem natürlichen Wissen, wirst du wie ein Blinder durch Finsternis tappen. Verschreibst du dich dem übernatürlichen Wissen, wirst du durch noch tiefere Finsternis tappen.

Zu einem Ergebnis führt natürliches Wissen, zu einem andern übernatürliches Wissen. So haben wir von den Weisen gehört. Genau haben sie es uns erklärt.

Wer weiß und zwischen natürlichem und übernatürlichem Wissen unterscheiden kann, wird mittels des ersten das Vergängliche sicher durchqueren, und erlangt, auch durch das Zweite hindurchschreitend, unsterbliches Leben.

Upanishaden

Sie haben einen goldenen Stöpsel in den Flaschenhals gesteckt! Zieh ihn heraus, o Herr! Laß die Wirklichkeit frei! Ich sehne mich so sehr danach! Beschützer, Seher, Allbeherrscher, Quell des Lebens, Erhalter – vergeude dein Licht nicht! Sammle dein Licht! Laß mich deinen gesegneten Leib erblicken – Herr des Alls! Ich bin es selbst!

Das Leben gehe auf im alles Beherrschenden, im Ewigen! Der Körper werde zu Asche. Geist – besinne dich auf den ewigen Geist, gedenke deiner früheren Taten! Geist! Gedenke deiner früheren Taten, gedenke, Geist, gedenke!

Heiliges Licht! Erleuchte den Weg, daß wir die Früchte ernten, die wir säten. Du kennst ja alle unsere Taten. Laß uns nicht verderben, uns, die wir vor dir knien und unablässig zu dir beten!

Kena

1

Sprache, Augen, Ohren, Glieder, Leben, Kraft – kommt mir zu Hilfe! Diese Bücher erzählen vom Geist. Niemals werde ich den Geist verleugnen, niemals wird mich der Geist verleugnen. Daß ich eins mit dem Geist sei, in Kommunion mit dem Geist! Bin ich eins mit dem Geist, so leben die Gesetze, die diese Bücher verkünden, in mir. Mögen die Gesetze in mir leben!

Der Schüler fragte: »Was schickt mein Denken aus, daß es so eifrig nach Erkenntnis jagt? Was ist es denn, das meinem Leben Atem gibt? Was ist es, das meine Zunge in Bewegung setzt? Welcher Gott hat mir Auge und Ohr geöffnet?«

Der Lehrer antwortete: »**Es** lebt in allem, was lebt, es hört durch das Ohr, denkt durch den Verstand, spricht durch die Zunge, sieht durch das Auge. Der Weise aber klammert sich weder an diese noch an jene Erscheinung. Er entsteigt der Sinnenwelt und erlangt unsterbliches Leben.

Denn Auge und Zunge kommen ihm nicht nahe. Der Verstand erkennt Es nicht, und da er nicht erkennt, bleibt unser Wissensdurst ungestillt. Es liegt jenseits des Bekannten, jenseits des Unbekannten. So ist es uns durch jene, die es uns verkündet haben, überkommen.

Was die Zunge sprechen läßt, doch selbst keine Zunge braucht, um zu sprechen, das ist der Geist. Nicht das, was die Welt zum Kampf aufhetzt.

Was den Verstand denken läßt, aber selbst keinen Verstand braucht, um zu denken, das ist der Geist. Nicht das, was die Welt zum Kampf aufhetzt.

Was das Auge sehen läßt, aber kein Auge braucht, um zu sehen, das allein ist der Geist. Nicht das, was die Welt zum Kampf aufhetzt.

Was das Ohr hören läßt, aber kein Ohr braucht, um zu hören, das allein ist der Geist. Nicht das, was die Welt zum Kampf aufhetzt.

Was das Leben leben läßt, aber kein Leben braucht, um zu leben, das allein ist der Geist. Nicht das, was die Welt zum Kampf aufhetzt.

2

Wenn du glaubst, viel zu wissen, weißt du wenig. Wenn du glaubst, Es durch Erforschung deines Bewußtseins oder der Natur kennengelernt zu haben, beginne noch einmal von vorne.«

Der Schüler fragte: »Ich glaube nicht, viel zu wissen. Ich behaupte weder, zu wissen, noch behaupte ich, nicht zu wissen.«

Der Lehrer antwortete: »Wer behauptet, zu wissen, weiß nichts. Doch wer nichts behauptet, weiß.

Wer sagt, daß der Geist nicht erkannt wird, weiß. Wer behauptet, er kenne Ihn, weiß nichts. Der Unwissende glaubt, der Geist liege innerhalb des Wissens. Der Weise weiß, Er liegt außerhalb des Wissens.

Der Geist wird durch Offenbarung erkannt. Er führt zur Freiheit. Er führt zur Macht. Offenbarung ist die Überwindung des Todes.

Der Lebende, der den Geist findet, findet die Wahrheit. Versagt er dabei, sinkt er in noch verderbtere Formen hinab. Der Mensch, der den einen Geist in allen Geschöpfen sieht, klammert sich nicht hieran, klammert sich nicht daran. Er erlangt unsterbliches Leben.«

3

Einst bewirkte der Geist, daß die Götter einen großen Sieg errangen. Die Götter aber brüsteten sich dessen. Obwohl der Geist ihren Sieg bewirkt hatte, dachten sie: »Unser ist dieser Sieg!«

Da sah der Geist ihren Hochmut und erschien ihnen. Sie aber begriffen ihn nicht und sagten: »Was ist das für ein Wunderwesen?«

Und sie sagten zum Feuer: »Feuer! Finde heraus, was das für ein Wunderwesen ist!«

Das Feuer eilte auf den Geist zu. Der Geist fragte es: Wer bist du?«

Das Feuer sagte: »Ich bin das Feuer. Alle kennen mich.«

Da fragte der Geist: »Was vermagst du?« Das Feuer sagte: »Ich vermag alles zu verbrennen, was auf Erden ist!«

»So verbrenne das!« sagte der Geist und legte einen Strohhalm auf den Boden. Das Feuer stürzte sich auf den Strohhalm, konnte ihn aber nicht verbrennen. Da eilte das Feuer zu den Göttern zurück und gestand: »Ich habe nicht herausfinden können, wer dieses Wunderwesen ist.«

Nun baten die Götter den Wind, zu erforschen, wer dieses Wunderwesen sei.

Der Wind eilte auf den Geist zu, und der Geist fragte ihn: »Wer bist du?«

Der Wind antwortete: »Ich bin der Wind. Ich bin der König der Lüfte.«

Hinduismus

Der Geist fragte: »Was vermagst du?« Der Wind sagte: »Ich vermag alles wegzublasen, was auf Erden ist.«

»So blase dies hinweg!« sagte der Geist und legte einen Strohhalm auf den Boden. Der Wind stürzte sich auf den Strohhalm, konnte ihn jedoch nicht von der Stelle bewegen. Da eilte der Wind zu den Göttern zurück und gestand: »Ich habe nicht herausfinden können, wer dieses Wunderwesen ist.«

Nun gingen die Götter zum Licht und baten es, zu erforschen, wer dieses Wunderwesen sei. Das Licht eilte auf den Geist zu. Doch da verschwand dieser plötzlich.

Und am Himmel erschien die schöne Jungfrau, die Göttin der Weisheit, Tochter des Schnee-Himalaya. Das Licht trat auf sie zu und fragte sie, wer dieses Wunderwesen sei.

4

Die Göttin sprach: »Es ist der Geist. Durch den Geist habt ihr eure Größe empfangen. Preist die Größe des Geistes!« Da erkannte das Licht, daß das Wunderwesen niemand anderes war als der Geist.

So erlangten diese Götter – Feuer, Wind und Licht – die Oberherrschaft über alle anderen Götter. Denn sie kamen dem Geist am nächsten und waren die ersten, die dieses Wesen Geist nannten.

Das Licht aber steht noch über Feuer und Wind. Denn es kam dem Geist noch näher als sie und war das erste, das dieses Wesen Geist nannte. Davon erzählt diese Geschichte. Das Licht, das im Blitz, im Lichtblitz eines erkennenden Auges, aufscheint, gehört zum Geist.

Die Kraft der sich erinnernden und sich sehnenden, der unablässig sinnenden Seele gehört zum Geist. Daher besinne die Seele sich stets auf den Geist.

Der Geist ist das Gute in allen Dingen. Er werde als das Gute verehrt. Wer ihn als das Gute erkennt, wird von allen hoch geschätzt.

»Du hast mich nach spirituellem Wissen gefragt. Ich habe es dir verkündet.

Enthaltsamkeit, Selbstzucht, Besinnung sind die Grundlagen dieses Wissens. Die Veden sind sein Haus, die Wahrheit ist sein Heiligtum.

Wer dieses weiß, wird Sieger über alles Böse bleiben, und sich des Himmelreiches freuen, ja, sich auf ewig des seligen Himmelreiches freuen.«

Khataka

Teil I

1

»Daß er uns beide beschütze! Daß er Gefallen an uns beiden finde! Daß wir gemeinsam Mut beweisen! Daß die Geist-Erkenntnis vor uns leuchte! Daß wir einander niemals hassen! Friede, Friede und nochmals Friede sei überall!«

Vajashravas entäußerte sich, weil er den Himmel begehrte, all seines Hab und Gutes.

Er hatte einen Sohn namens Naziketas. Während dieser sah, wie all das Gut weggegeben wurde, dachte er, obwohl noch ein Junge, bei sich selbst:

»Damit wird er sich nicht viel Himmlisches erwerben: Seine Kühe können weder fressen, trinken, kalben, noch Milch geben.«

Er ging zu seinem Vater und fragte ihn: »Vater, willst du auch mich jemandem geben?« Er wiederholte die Frage ein zweites und ein drittes Mal. Schließlich sagte sein Vater: »Dem Tod gebe ich dich!«

Naziketas dachte: »Ob ich jetzt oder später sterbe, ist kaum von Bedeutung. Was ich aber gerne wissen möchte, ist: Was geschieht, wenn mich der Tod holt?«

Vajashravas wünschte, er hätte geschwiegen. Doch Naziketas sagte: »Denk an alle, die vor mir gegangen sind, und an alle, die noch kommen werden. Was sie säen, ernten sie. Der Mensch stirbt und wird abermals geboren, wie ein Grashalm.«

Naziketas begab sich in den Wald und saß sinnend im Haus des Todes. Als der Tod erschien, sagte dessen Diener: »Herr, wenn ein Heiliger als Gast ein Haus betritt, ist es, wie wenn Feuer einträte. Der Weise verschafft ihm Kühlung. Gib ihm also Wasser!

Wenn ein Heiliger ins Haus eines Toren kommt und nichts erhält, leidet alles: Familie, gesellschaftliches und Privatleben, Erfolg, Ruf, Eigentum, Hoffnungen und Beziehungen des Toren.«

Da sagte der Tod zu Naziketas: »Ein Gast sollte in der Tat geachtet wer-

Hinduismus

den. Du aber hast drei Tage in meinem Haus verbracht, ohne zu essen und zu trinken – ich neige mich vor dir, du heiliger Mensch. Nimm deshalb drei Gaben von mir an, so wird mir wohler sein.«

Naziketas sagte: »Als erste Gabe wünsche ich mir, daß ich mit meinem Vater ausgesöhnt werde, daß er glücklich ist, daß er keinen Groll mehr gegen mich hegt, sondern mich willkommen heißt.«

Der Tod sagte: »Ich werde alles so regeln, daß dein Vater, wenn du wieder zu ihm kommst, nachts gut schläft, seinen Groll vergißt und dich liebt wie zuvor.«

Darauf sagte Naziketas: »Im Reich des Himmels gibt es keine Furcht. Da du nicht darin weilst, hat dort niemand Angst vor dem Alter. Der Mensch ist dort jenseits von Hunger, Durst und Leiden.

Nun, Tod, du kennst das Feuer, das in den Himmel führt! Zeige es mir, und ich will dir glauben. Dieses Feuer wünsche ich mir als meine zweite Gabe.«

Der Tod sprach: »Gut, ich will es dir sagen. Höre! Finde den Felsen und erobere unermeßliche Welten. Höre, denn dieses Feuer entstammt der Grotte!«

Der Tod erklärte ihm nun das Feuer, aus dem diese Welt entsteht, sodann, welche Steine und wieviele man zum Bau eines Opferaltars braucht und wie man ihn am besten errichtet. Naziketas wiederholte alles noch einmal. Befriedigt fuhr dann der Tod fort:

»Ich gebe dir eine Gabe obendrein. Dieses Feuer wird mit deinem Namen benannt werden.

Zähle dabei die Glieder der Kette. Verehre das dreifache Feuer: Erkenntnis, Meditation, Praxis; den dreifachen Prozeß: Anschauung, Schlußfolgerung, Erfahrung; die dreifache Pflicht: Studium, Konzentration, Entsagung. Begreife, daß alles aus dem Geist kommt, und daß der Geist allein gesucht und gefunden wird. Erringe ewigen Frieden, steige über Geburt und Tod hinaus.

Wenn der Mensch sich selbst versteht, das universelle Selbst versteht und die Verbindung dieser beiden versteht, wenn er das dreifache Feuer anzündet und das Opfer darbringt, so wird er, noch auf Erden, die Fessel des Todes zerbrechen und frei vom Leiden zum (Götter-)Himmel aufsteigen.

Dieses Feuer, das zum Himmel führt, ist deine zweite Gabe, Naziketas. Es wird nach dir benannt werden. Jetzt wähle wiederum, wähle die dritte Gabe.«

Naziketas sagte: »Einige sagen, der Mensch, wenn er stirbt, lebe weiter, andere, er lebe nicht weiter. Beantworte mir diese Frage! Das soll meine dritte Gabe sein.«

Der Tod sprach: »Über deine Frage haben bereits die Götter nachgedacht, sie ist tief und schwierig. Wähle dir eine andere Gabe, Naziketas. Sei nicht hartnäckig, zwinge mich nicht, sie zu beantworten!«

Naziketas sagte: »Tod, du sagst, schon die Götter hätten über diese Frage nachgedacht, und sie sei tief und schwierig. Aber welche Antwort könnte besser als die deine sein? Welche Gabe ließe sich mit dieser vergleichen?«

Der Tod sprach: »Nimm hundertjährige Söhne und Enkel, nimm Rinder und Rosse, Elefanten und Gold, nimm ein großes Reich!

Nimm alles, nur dies nicht! Reichtum nimm, langes Leben, Naziketas, große Macht, alles andere, befriedige das Verlangen deines Herzens!

Genüsse über Menschenkraft, herrliche Frauen auf Wägen mit Harfen. Erfülle dir jeden Traum und noch mehr. Genieße! Aber frage nicht, was hinter dem Tod liegt!«

Naziketas sagte: »Du Vernichter der Menschen! All dies vergeht. Freude endet, Entzücken endet, das längste Leben ist kurz. Behalte deine Rosse, behalte Singen und Tanzen, behalte alles für dich.

Reichtum macht den Menschen nicht glücklich. Wenn ein Mensch dir nur gefällt, du Herr des Alls, kann er leben so lange er will, bekommt er alles, was er will. Aber meine Gabe will ich dafür nicht tauschen.

Welcher Tod und Verwesung unterworfene Mensch wird, wenn er die Möglichkeit eines unverweslichen Lebens erhält, noch Freude an einem langen Leben haben und nur an Lust und Schönheit denken?

Sprich also, wohin geht der Mensch nach dem Tod? Wozu noch viele Worte machen? Dies, woraus du ein solches Geheimnis machst, ist die einzige Gabe, die ich annehme!«

2

Der Tod sprach: »Eines ist das Gute, ein anderes die Lust, beides beherrscht die Seele. Wer dem Guten folgt, erlangt Heiligkeit, wer der Lust folgt, scheidet schließlich aus.

Jeder Mensch tritt beidem gegenüber. Der Geist des Weisen zieht ihn zum Guten, das Fleisch des Toren zieht ihn zur Lust.«

Naziketas, du hast die Lust geprüft und abgewiesen. Du hast dich vom Strudel von Leben und Tod abgewendet.

Zwei Straßen führen in zwei Richtungen: die eine heißt Unwissenheit, die andere Weisheit. Weist du die Bilder der Lust zurück, Naziketas, wendest du dich der Weisheit zu.

Die Toren brüsten sich ihres Wissens. Stolz, unwissend, ziellos, führen Blinde Blinde, taumeln hin und her.

Hinduismus

Was weiß der vom Reichtum verblendete Tor von der Zukunft? ›Dies ist die Welt!‹, ruft er. Und da er denkt, es gibt keine andere, töte ich ihn, wieder und wieder.

Einige haben nie vom Selbst gehört, andere haben von ihm gehört, können es aber nicht finden. Wer es findet, ist ein Wunder, wer es ergründet, ist ein Wunder, wer es von seinem Meister empfängt, ist ein Wunder.

Kein Mensch von gewöhnlichem Verstand kann es lehren. Solche Menschen diskutieren nur. Aber wenn der ungewöhnliche Mensch spricht, ist die Diskussion beendet. Da das Selbst von feinster Substanz ist, entzieht es sich dem Verstand und spottet jeder Vorstellungskraft.

Mein Freund, die Logik bringt keinen Menschen zum Selbst. Doch von einem Weisen gezeigt, läßt es sich finden. Deine Augen sind sehnsüchtig auf die Wirklichkeit gerichtet. Ich wünschte, ich hätte immer solche Schüler wie dich.

Da der Mensch das Ewige durch flüchtige Lust nicht findet, habe ich das Feuer inmitten aller Lust gesucht und, ihm allein dienend, das Ewige gefunden.

Naziketas, Erfüllung aller Wünsche, Sieg über die Welt, Freiheit von Furcht, unendliche Lust, magische Macht, alles war dein, doch du hast allem entsagt, du Mutiger und Weiser!

Der Weise, der über Gott meditiert, sein Denken konzentriert und in der Öffnung der Grotte, ja noch tiefer drinnen jenes Selbst, jenes uralte Selbst, schwer zu schauen, noch schwerer zu verstehen, entdeckt, gelangt über Freude und Leid hinaus.

Der Mensch, der, den Lehrer hörend und verstehend, die Natur vom Selbst unterscheidet, geht zur Quelle. Dieser Mensch erlangt Freude und lebt für immer in dieser Freude. Ich glaube, Naziketas, dein Tor zur Freude ist weit geöffnet.«

Naziketas fragte: »Was liegt hinter Richtig und Falsch, hinter Ursache und Wirkung, hinter Vergangenheit und Zukunft?«

Der Tod sprach: »Das Wort, das die Veden preisen, die Asketen verkünden und dem sich die Heiligen nähern – dieses Wort ist OM.

Dieses Wort ist ewiger Geist, ewige Ferne. Wer es kennt, gelangt zur Erfüllung seiner Sehnsucht.

Dieses Wort ist der letzte Grund. Wer es findet, wird verehrt unter den Heiligen.

Das Selbst weiß alles, ist ungeboren, stirbt nicht, ist nicht Wirkung einer Ursache. Es ist ewig, aus sich selbst, unverderblich, uralt. Wie könnte das Töten des Leibes es töten?

Wer glaubt, daß es tötet, wer glaubt, daß es getötet wird, ist unwissend. Es tötet weder, noch wird es getötet.

Upanishaden

Das Selbst ist kleiner als das Kleinste, größer als das Größte. Es lebt in allen Herzen. Wenn die Sinne zur Ruhe gekommen sind, frei vom Verlangen, findet es der Mensch und entsteigt allem Leiden.

Sitzend wandert es in die Ferne, liegend schweift es überallhin. Wer außer mir, dem Tod, kann verstehen, daß Gott jenseits von Freude und Leid ist?

Wer das Selbst kennt, körperlos in den Verkörperten, unveränderlich in den Veränderlichen, überall herrschend, gelangt über den Schmerz hinaus.

Das Selbst lernt man nicht kennen durch Erörterung, Spitzfindigkeit, noch so eifriges Lernen. Es kommt zu dem Menschen, den es liebt. Es nimmt sich den Leib dieses Menschen als seinen eigenen.

Der böse Mensch ist ruhelos, ungesammelt, friedelos. Wie könnte er es finden, was immer er auch lernen mag?

Es verzehrt schon die Prediger und Krieger, wobei ihm der Tod die Speise würzt. Wie könnte ein gewöhnlicher Mensch es finden?

3

Das individuelle Selbst und das universelle Selbst, lebend im Herzen wie Schatten und Licht, doch jenseits der Freude, erfreuen sich der Wirkung ihrer Taten. Dies sagen alle, alle die den Geist kennen, ob Haushälter oder Asketen.

Der Mensch vermag dieses Feuer, diesen Geist, zu entzünden als Brücke für alle, die opfern, als Führer für alle, die der Furcht entsteigen.

Das Selbst fährt im Wagen des Körpers. Standfester Wagenlenker ist die Einsicht, der Verstand hält die Zügel.

Die Sinne sind die Pferde, die Sinnendinge die Straße. Ist das Selbst mit Körper, Verstand und Sinnen vereinigt, freut sich niemand, außer dem Selbst.

Wenn einem Menschen Standfestigkeit fehlt und er den Verstand nicht beherrscht, sind seine Sinne unbotmäßige Pferde.

Doch wenn er seinen Verstand beherrscht und Standfestigkeit besitzt, sind ihm die Pferde botmäßig.

Der unreine, eigenwillige, nicht standfeste Mensch verfehlt das Ziel und wird immer wieder geboren.

Der selbstbeherrschte, standfeste, reine Mensch gelangt zu diesem Ziel und kehrt niemals wieder zurück.

Wer die Einsicht zu Hilfe ruft, um die Zügel seines Verstandes zu übernehmen, erreicht das Ende der Reise, findet den allesdurchdringenden Geist.

Hinduismus

Über den Sinnen sind die Sinnendinge, über den Sinnendingen der Verstand, über dem Verstand die Einsicht, über der Einsicht die erscheinende Natur.

Über der erscheinenden Natur der nichterscheinende Same, über dem nichterscheinenden Samen Gott. Gott ist das Ziel. Über ihm gibt es nichts.

Gott proklamiert sich nicht selbst. Er ist Geheimnis für jedermann, doch die Einsicht des Weisen findet ihn.

Der Weise verliert seine Sprache im Verstand, seinen Verstand in der Einsicht, seine Einsicht in der Natur, die Natur in Gott, und findet so seinen Frieden.

Erhebe dich! Wache auf! Lerne Weisheit zu des Meisters Füßen! Ein harter Pfad, sagen die Weisen, die schmale Schneide einer Klinge.

Wer die tonlose, duftlose, geschmacklose, unberührbare, formlose, todlose, übernatürliche, unverwesliche, anfanglose, endlose, unveränderliche Realität erkennt, springt aus dem Rachen des Todes.«

Alle, die dieses uralte Gespräch zwischen dem Tod und Naziketas hören und richtig wiedergeben, finden den Beifall der Heiligen.

Wer dieses große Mysterium beim alljährlichen Ahnenfest vor erlesener Gesellschaft vorträgt, findet Glück, Glück ohne Maßen.

Teil II

1

Der Tod sprach: »Gott schuf die Sinne nach außen gewendet, deshalb blickt der Mensch nach außen, nicht in sich hinein. Aber mitunter blickt doch eine kühne Seele, sich nach Unsterblichkeit sehnend, zurück und findet sich selbst.

Der Unwissende rennt hinter dem Vergnügen her und versinkt in den Netzen des Todes. Doch der Weise, der das Unsterbliche sucht, rennt nicht sterblichen Dingen nach.

Das, wodurch wir sehen, schmecken, riechen, fühlen, hören und genießen, weiß alles. Es ist das Selbst.

Der Weise, der über das nur von sich selbst abhängige, allesdurchdringende Selbst meditiert, versteht Wachen und Schlafen und entsteigt allem Leid.

Da er weiß, daß das individuelle Selbst, Verzehrer der Früchte seiner Taten, zugleich das universelle Selbst ist, Schöpfer von Vergangenheit und Zukunft, weiß er, daß er nichts zu fürchten hat.

Er weiß, daß er selbst, am Anfang, bevor das Wasser erschaffen war, aus der Meditation geboren, in jedes Herz eintritt und dort bei den Elementen wohnt.

Jene unbegrenzte Kraft, Quelle jeder Kraft, die sich als Leben offenbart, in jedes Herz eintritt und dort bei den Elementen wohnt, ist das Selbst.

Das Feuer, verborgen im Reibeholz wie ein Kind im Schoß, durch Opfer verehrt, dieses Feuer ist das Selbst.

Was die Sonne auf- und untergehen läßt, wem alle Kräfte huldigen, was keinen Herrn über sich hat, ist das Selbst.

Was jetzt ist, ist auch danach, »danach« ist »jetzt«. Wer anders denkt, wandert von Tod zu Tod.

Sage deinem Geist, daß es nur **Eines** gibt. Wer dieses Eine zerteilt, wandert von Tod zu Tod.

Wenn dieses Wesen im Herzen, nicht mehr als daumengroß, als Schöpfer von Vergangenheit und Zukunft erkannt wird, was gibt es dann noch zu fürchten? Es ist das Selbst.

Dieses Wesen, nicht mehr als daumengroß, brennend wie rauchlose Flamme, Schöpfer von Vergangenheit und Zukunft, dasselbe heute und morgen, ist das Selbst.

Wie ein Bergregen den Abhang hinunterläuft, so läuft der Mensch, der die Gestalt des Selbstes erblickt hat, allenthalben ihr nach.

Das Selbst des Weisen bleibt rein. Reines Wasser, Naziketas, gegossen in reines Wasser, bleibt rein.

2

Wer über die aus sich selbst existierende, reine Einsicht, Herrscherin des Körpers, der Stadt mit den elf Toren, nachsinnt, hat keinen Kummer mehr. Er ist frei, für immer frei.

Er ist Sonne am Himmel, Feuer auf dem Altar, Gast im Haus, Luft, die überall hinströmt, Herr der Herren, lebend in Wahrheit. Überall lebt er in der Fülle, wird im Opfer erneuert, im Wasser geboren, entsprießt dem Boden, bricht durch den Felsen. Kraft ist Wirklichkeit.

Lebend im Zentrum, verehrungswürdig, verehrt durch die Sinne, atmet das Selbst aus, atmet das Selbst ein.

Wenn es, das Körperlose, den Körper verläßt, den Körper erschöpft hat – was bleibt dann zurück? Das Selbst.

Der Mensch lebt durch mehr als den Atem. Er lebt mit Hilfe eines anderen, das den Atem kommen und gehen läßt.

Naziketas, ich will dir das Geheimnis des unsterblichen Geistes sagen, und was nach dem Tod geschieht.

Manche treten in einen Mutterleib ein und warten auf einen beweglichen Körper, andere treten in unbewegliche Dinge ein – je nach ihren Taten und Erkenntnissen.

Wer ist wach, wer schafft liebliche Träume, wenn der Mensch im Schlummer liegt? Das Wesen ist es, durch das alle Dinge leben, über das niemand hinausgehen kann: der reine, mächtige, unsterbliche Geist.

Wie Feuer, obwohl eins, die Gestalt dessen annimmt, was es verzehrt, so nimmt das Selbst, obwohl eins, alle Dinge belebend, die Gestalt dessen an, was es belebt. Doch bleibt es außerhalb.

Wie Luft, obwohl eins, die Gestalt dessen annimmt, in das sie eintritt, so nimmt das Selbst, obwohl eins, alle Dinge belebend, die Gestalt dessen an, was es belebt. Doch bleibt es außerhalb.

Wie die Sonne, das Auge der Welt, durch die Unreinheit, auf die sie blickt, nicht berührt wird, so wird das Selbst, obwohl eins, alle Dinge belebend, durch das menschliche Elend nicht berührt, sondern bleibt außerhalb.

Es ist eins, der Lenker, das Selbst des Alls, Schöpfer des Vielen aus Einem. Wer es im Inneren zu entdecken wagt, wird glücklich. Wer sonst wagt es, glücklich zu sein?

Es ist unvergänglich im Vergänglichen. Leben in allem Leben, stillt es, obwohl eins, jedermanns Verlangen. Wer es im Innern zu entdecken wagt, kennt den Frieden. Wer sonst wagt es, den Frieden zu kennen?«

Naziketas fragte: »Wo finde ich diese Wonne, die unaussprechlich ist? Spiegelt es das Licht eines anderen wider oder leuchtet es aus sich selbst?«

Der Tod antwortete: »Weder Sonne, Mond, Sterne, Feuer noch Blitz leuchten ihm. Wenn es leuchtet, beginnt alles zu leuchten. Die ganze Welt spiegelt sein Licht.

3

Die ewige Schöpfung ist ein Baum mit den Wurzeln droben, den Zweigen drunten. Reiner ewiger Geist, lebend in allen Dingen, niemand gelangt über ihn hinaus. Das ist das Selbst.

Alles verdankt Leben und Bewegung dem Geist. Der Geist ist ein großer Schrecken, wie ein Donnerschlag hängt er uns zu Häupten. Finde ihn, finde die Unsterblichkeit!

Durch diesen Schrecken Gottes brennt das Feuer, scheint die Sonne, strömt der Regen, bläst der Wind, eilt der Tod.

Der Mensch muß, wenn er den Geist nicht findet, bevor sein Körper zerfällt, einen anderen Körper annehmen.

Der Mensch, der in den Spiegel seines Selbstes blickt, lernt den Geist dort kennen, so wie er Licht vom Schatten unterscheiden lernt. Doch in der Welt der Geister lernt er ihn nur verzerrt wie in einem Traum kennen, und im Chor der Engel nur so, wie wenn er von aufgewühltem Wasser widergespiegelt würde.

Wer weiß, daß die Sinne nicht zum Geist, sondern zu den Elementen gehören, daß sie geboren werden und sterben, kennt keinen Kummer mehr.

Der Verstand ist über den Sinnen, die Einsicht über dem Verstand, die Natur über der Einsicht, das Nicht-Erscheinende über der Natur.

Über dem Nicht-Erscheinenden ist Gott, un-bedingt, alle Dinge erfüllend. Wer ihn findet, geht ein in die Unsterblichkeit, wird frei.

Kein Auge vermag ihn zu sehen, noch besitzt er ein Antlitz, das gesehen werden könnte. Doch durch Meditation und strenge Übung kann er im Herzen gefunden werden. Wer ihn findet, geht ein in die Unsterblichkeit.

Wenn Verstand und Sinne zur Ruhe gekommen sind und die Wertungen des Intellekts aufgehört haben, gelangt der Mensch zu seinem letzten, seinem höchsten Zustand.

Yoga bringt die dauernde Sinnenbeherrschung. Wenn dieser Zustand erreicht ist, kann der Yogi nichts Falsches mehr tun. Bevor er erreicht ist, scheint Yoga einmal Vereinigung, dann wieder Trennung zu sein.

Hinduismus

Gott wird durch Erörterungen nicht erkannt, noch durch den Verstand oder das Auge gefunden. Wer an sein Dasein glaubt, der findet ihn. Wie kann ein Mensch, der nicht an ihn glaubt, ihn finden?

Geh von den Wirkungen zu den Ursachen zurück, bis du gezwungen bist, an ihn zu glauben. Einmal so gezwungen, dämmert dir die Wahrheit.

Haben die Wünsche des Herzens aufgehört, wird der Mensch, zwar noch im Körper, mit dem Geist vereinigt. Das Sterbliche wird unsterblich.

Ist der Knoten des Herzens durchhauen, wird das Sterbliche unsterblich. Das Herz besitzt hundertundeine Ader. Eine von ihnen – Sushumna – führt ins Haupt hinauf. Wer durch sie emporsteigt, erlangt Unsterblichkeit. Alle anderen Adern treiben den Menschen in den Strudel des Lebens hinein.

Gott, das innerste Selbst, nicht mehr als daumengroß, lebt im Herzen. Ihn ziehe der Mensch aus dem Leib – wie der Pfeilemacher den Halm aus dem Schilfgras zieht –, damit er ihn als dauerhaft und rein erkenne. Könnte er anders sein, als dauerhaft und rein?«

Als Naziketas vom Tod diese Erkenntnis empfangen hatte, lernte er, wie man meditiert, erhob sich über Verlangen und Tod und fand Gott: Wer handelt wie er, findet Ihn auch.

Mundaka

Teil I

1

O ihr Herren, Inspiration des Opfers! Daß unsere Ohren das Gute hören! Daß unsere Augen das Gute sehen! Daß wir ihm dienen mit der ganzen Kraft unseres Körpers! Daß wir zeitlebens seinen Willen tun!
Friede, Friede, Friede sei überall!

Als erstes kam der Schöpfer. Als Schöpfer schuf er sich selbst. Er nannte sich Beschützer der Welt. Seinem ältesten Sohn Atharwa gab er die Erkenntnis des Geistes, aller Erkenntnis Grund.

Atharwa gab sie an Angee weiter, Angee an Satyawaha Bharadwaja, Satyawaha Bharadwaja an Angiras. Da geschah es, daß Shounaka, ein Mann von großem Ruhm und Reichtum, zu Angiras sagte: »Was ist es, das, gewußt, bewirkt, daß die ganze Welt gewußt wird?«

Angiras sprach: »Die Erkenner des Geistes sagen, es gebe zwei Arten von Wissen, eine niedere und eine höhere.

Die niedere ist die Kenntnis der vier Veden und solcher Dinge wie Lautlehre, Zeremoniell, Grammatik, Wortschatz, Metrik, Astronomie. Das höhere Wissen ist die Kenntnis des Immerwährenden,

Die Kenntnis dessen, was nicht berührbar ist, noch einen Stammbaum, Farbe, Augen, Ohren, Hände, Füße hat: Was überall herrscht, unermeßlich klein ist, überzeugend durch sich selbst, unzerstörbar, immer lebendig; was die Weisen den Ursprung nennen.

Wie die Spinne den Faden aus sich entläßt und wieder einzieht, wie die Pflanze aus dem Boden und die Haare aus dem Körper des Menschen sprießen, so geht die Welt aus dem Immerwährenden hervor.

Der zeugende Geist schafft Nahrung, Nahrung schafft Leben, Leben Verstand, Verstand die Elemente, die Elemente die Welt, die Welt Karma, Karma das Immerwährende.

Es blickt auf alle Dinge und kennt alle Dinge. Alle Dinge, ihre Nahrung, ihre Namen, ihre Gestalt stammen aus seinem Willen. Alles, was es will, ist recht.

2

Die Weisen erforschten die in den Veden beschriebenen Rituale und gelangten über sie hinaus zur Wahrheit. Ziehst du es vor, dich bei ihnen aufzuhalten? Suchst du Lohn für deine Taten, so halte dich bei ihnen auf.

Ist das Opferfeuer entzündet, so laß es durch Schmalzspenden aufflammen, gieße Opfergaben hinein und laß es noch einmal durch Schmalzspenden aufflammen.

Bringt der Gläubige sein Opfer nicht nach den Regeln dar, bei Neumond oder Vollmond oder während der Regenzeit oder zur Erntezeit, bringt er es nicht regelmäßig oder zu falschen Zeiten oder gar nicht dar, und läßt er keine Gäste am Opfer teilnehmen, so werden seine Nachkommen bis ins siebte Glied unglücklich sein.

Es gibt sieben Flammenzungen des Feuers: die zerstörerische, die schreckliche, die flüchtige, die rauchfarbene, die rote, die helle, die flakkernde.

Wird das Opfer zur rechten Zeit dargebracht, so tragen die Zungen, Sinnbilder der Sonnenstrahlen, den Frommen ins Paradies.

'Willkommen, willkommen!' rufen dort seine schönen, lieblichen, guten Taten, wenn ihn die Zungen, Sinnbilder der Sonnenstrahlen, hinauftragen. 'Schau, was wir für dich geschaffen haben! Schau dieses schöne Paradies!'

Doch jene anderen Opfer, von achtzehn Menschen dargebracht, sind wie seeuntüchtige Schiffe und Ausdruck eines durchschnittlichen Karmas. Nur ein Tor setzt seine Hoffnung auf sie. Er erleidet Schiffbruch.

Toren brüsten sich mit ihrem Wissen, stolz, unwissend, ziellos hin und hertaumelnd, Blinde von Blinden geführt.

Der Törichte denkt stolz, er habe alle Rätsel gelöst. Von Leidenschaften betört, lernt er es nie. Solche werden, wenn das Verdienst ihres Opfers erschöpft ist, aus dem Paradies ins Elend des Lebens zurückgestoßen.

Diese Törichten denken, Rituale und Almosen seien genug. Sie wissen nichts vom eigentlichen Guten. Wenn Rituale und Almosen ihren Dienst getan haben, fallen sie in ihr altes Leben als Mensch zurück, oder noch tiefer.

Die Weisen und Reinen aber, zufrieden mit dem, was sie bekommen, oder in Einsamkeit lebend, Askese übend, gehen durch die Sonnenpforte ins Todlose ein.

Wer die Folgen der Taten versteht, wünscht ihnen ganz zu entsagen.

Denn Tätigkeit erreicht das Nichttätige nicht. So gehe er dann, die Hände gefaltet, zu einem Lehrer, der im Geist lebt und in dem die Offenbarung lebt.

Einen solchen Schüler, demütig, Meister des Verstandes und der Sinne, kann der Lehrer alles lehren, was er weiß. Ihn vermag er zum Todlosen zu führen.«

Teil II

1

Das ist die Wahrheit: Die Funken, obgleich einer Natur mit dem Feuer, springen aus ihm empor. So springen unzählige Wesen aus dem Immerwährenden hervor. Aber, mein Sohn, sie kehren wieder zu ihm zurück.

Das Immerwährende ist formlos, geburtenlos, atemlos, verstandlos, über allem, außer allem, in allem.

Aus ihm sind Leben, Geist, Sinne, Luft, Wind, Wasser und die alles tragende Erde geboren.

Es ist das innere Selbst aller Dinge. Feuer ist sein Haupt, Sonne und Mond sind seine Augen, die vier Himmelsrichtungen seine Ohren, Offenbarung ist seine Stimme, Wind sein Atem, Welt sein Herz, Erde seine Füße.

Von ihm stammt das Feuer. Vom Feuer nährt sich die Sonne. Der Mond stammt von der Sonne, der Regen vom Mond, die Nahrung vom Regen, der Mensch von der Nahrung, der Same vom Menschen. Also stammt alles von Gott.

Von ihm stammen die Hymnen, heiligen Gesänge, Riten, Weihen, Opfer, Zeremonien, Opfergaben, Zeiten, Taten, alle Dinge unter Sonne und Mond.

Von ihm stammen Götter, Engel, Menschen, Rinder, Vögel, lebendes Feuer, Reis, Gerste, Askese, Glaube, Wahrheit, Genügsamkeit, Gesetz.

Von ihm stammen die sieben Sinne gleich rituellen Feuern, die sieben Verlangen gleich Flammen, die sieben Gegenstände gleich Opfergaben, die sieben Vergnügungen gleich Opfern, die sieben Nerven gleich Wohnungen, die sieben Zentren im Herzen gleich Höhlungen einer Grotte.

Von ihm stammen Meere, Flüsse, Berge, Kräuter und ihre Eigenschaften: inmitten der Elemente das innere Selbst.

Mein Sohn! Nichts ist in dieser Welt, das nicht Gott ist. Er ist Tätigkeit, Reinheit, immerwährender Geist. Finde ihn in der Grotte, durchhaue den Knoten der Unwissenheit!

2

Leuchtend, und doch verborgen, lebt der Geist in der Grotte. Alles, was schwingt, atmet, sich öffnet, sich schließt, lebt im Geist. Er ist jenseits allen erlernten Wissens, jenseits aller Dinge, besser als alles, lebend, nicht-lebend.

Er ist der unsterbliche, feurige Geist, Same aller Samen, in dem die Welt und all ihre Bewohner verborgen liegen. Er ist Leben, Sprache, Denken, Realität, Unsterblichkeit. Dieses Ziel triff! Triff es, mein Sohn!

Nimm den Bogen unseres heiligen Wissens, lege den Pfeil der Frömmigkeit auf, spanne die Sehne der Konzentration: Triff das Ziel!

OM ist der Bogen, das persönliche Selbst der Pfeil, das unpersönliche Selbst das Ziel. Ziele genau, dringe ein!

In seinen Mantel sind Erde, Verstand, Leben, Luftraum und das Reich der Himmel eingewoben. Allein ist er und einsam, Brücke des Menschen zur Unsterblichkeit.

Verlasse alle Schulmeinungen, meditiere über OM als das Selbst. Denk daran, es nimmt viele Gestalten an. Es lebt im Mittelpunkt, wo sich die Adern wie Speichen in der Nabe treffen. Daß sein Segen dich aus der Dunkelheit hole!

Es weiß alles und kennt alles. Sein Ruhm herrscht auf Erden, im Himmel und an seinem eigenen Sitz, der heiligen Stadt des Herzens.

Es wird zu Geist und führt Körper und Leben. Es lebt im Herzen des Menschen und ißt die Speise des Menschen. Wer es kennt, findet, Freude findend, Unsterblichkeit.

Wer es als das Gestalthafte und Gestaltlose kennt, durchhaut den Knoten seines Herzens, löst jeden Zweifel, löscht jede Tat.

In einer schönen, goldenen Hülle verbirgt sich der unbefleckte, unteilbare, leuchtende Geist.

Weder Sonne, Mond, Sterne, Feuer noch Blitz leuchten ihm. Wenn er leuchtet, beginnt alles zu leuchten. Die ganze Welt spiegelt sein Licht.

Überall ist der Geist: rechts, links, oben, unten, hinten, vorne. Was ist die Welt, wenn nicht Geist?

Teil III

1

Zwei Vögel, einander in inniger Freundschaft verbunden, nisten auf dem selben Baum. Der eine blickt schweigend umher, der andere pickt in die süße Frucht.

Bald versinkt das persönliche Selbst, müde des Pickens, in Mutlosigkeit. Doch wenn es durch Meditation erkennt, daß der andere, das unpersönliche Selbst, wirklich der Geist ist, schwindet die Mutlosigkeit.

Wenn der Weise dem Geist begegnet, schwinden Glied und Scheide, schwinden Gut und Böse: Sie sind eins.

Der Weise, der ihn als Leben und Lebensspender kennt, behauptet sich nicht selbst. Mit dem Selbst spielend, das Selbst genießend, seine Pflicht tuend, nimmt er den ihm gebührenden Platz ein.

Durch Wahrhaftigkeit, Reinheit, Einsicht, Enthaltsamkeit wird das Selbst gefunden. Der so geläuterte Asket entdeckt es, sein brennendes Licht, im Herzen.

Falschheit führt vom Weg ab. Wahrheit führt auf den Weg. Das Ende des Weges ist Wahrheit. Gepflastert ist der Weg mit Wahrheit. Der Weise wandert darauf, wunschlos.

Die Wahrheit liegt jenseits der Vorstellung, jenseits des Paradieses. Groß ist sie, kleiner als das Kleinste, nah ist sie, weiter als das Weiteste. In der Grotte verbirgt sie sich vor dem Wanderer.

Buße entdeckt sie nicht, Ritus offenbart sie nicht, Auge sieht sie nicht, Zunge spricht sie nicht. Nur in der Meditation entdeckt der Geist, rein und still geworden, die gestaltlose Wahrheit.

Das Selbst leuchtet aus reinem Herzen, wenn das Leben mit seinen fünf Feuern eintritt und den Geist damit erfüllt.

Ein reiner Mensch erlangt alles, was er sich wünscht. Wer seinen Geist auf einen Menschen richtet, der das Selbst kennt, erlangt alles, was er sich wünscht.

2

Der Mutige verehrt den Erkenner des Geistes, in dem die Welt lebt und leuchtet. Er kennt ihn als einen, der dem zeugenden Samen entronnen ist.

Wer ein Ding nach dem anderen begehrt und an ihm hängt, wird dort geboren, wo seine Wünsche befriedigt werden können. Ist aber das Selbst erlangt, so ist **ein** Verlangen befriedigt, und alle sind befriedigt.

Das Selbst lernt man nicht kennen durch Erörterung, Spitzfindigkeit, noch so eifriges Lernen. Es kommt zu dem Menschen, den es liebt. Es bezieht den Leib dieses Menschen als seinen eigenen.

Tölpel, Scharlatane und Schwächlinge erlangen das Selbst nicht. Es wird nur vom reinen, mutigen, vorsichtigen Menschen gefunden.

Wer es gefunden hat, sucht nicht mehr. Das Rätsel ist gelöst, das Verlangen geschwunden, er lebt in Frieden. Von überall her hat er sich dem genähert, was überall ist. Ganz tritt er ins Ganze ein.

Wenn der Asket Herr über Theorie und Praxis geworden ist, vergißt er den Körper, erinnert sich des Geistes, erlangt Unsterblichkeit.

Seine Zustände kehren zu ihrer Quelle zurück, seine Sinne zu ihren Göttern, sein persönliches Selbst und all seine Taten zum unpersönlichen, unvergänglichen Selbst. Wie Flüsse Namen und Gestalt im Ozean verlieren, so verliert der Weise Namen und Gestalt in Gott und überglänzt alle Ferne.

Wer den Geist gefunden hat, ist Geist. In seiner Familie wird keiner geboren, der den Geist nicht kennt. Er entsteigt dem Schmerz, der Sünde und dem Tod. Die Knoten seines Herzens sind gelöst.

Der Rig Veda spricht: 'Sage dies allen, die die Veden kennen, ihre Pflicht tun, dem Gesetz gehorchen und sich selbst zu einer Opfergabe für das eine Feuer machen.'

Dies ist die uralte Wahrheit«, erklärte der Weise Angiras. »Gehorche dem Gesetz und verstehe!«

Wir neigen uns vor dir, du großer Weiser!
Wir neigen uns vor euch, ihr großen Weisen!

Mandukya

O ihr Herren, Inspiration des Opfers! Daß unsere Ohren das Gute hören! Daß unsere Augen das Gute sehen! Daß wir ihm dienen mit der ganzen Kraft unseres Körpers! Daß wir zeitlebens seinen Willen ausführen!
Friede, Friede, Friede sei überall!

Willkommen dem Herrn! Das Wort OM ist das Unvergängliche. Das All ist seine Manifestation. Vergangenheit, Gegenwart, Zukunft – alles ist OM. Auch was über die drei Reiche der Zeit hinausgeht, ist OM.

Nichts gibt es, was nicht Geist ist. Das persönliche Selbst ist der unpersönliche Geist. Es besitzt vier Zustände.

Zuerst der materielle Zustand – allen gemeinsam, die nach außen gewendete Wahrnehmung, sieben Faktoren, neunzehn Funktionen –, worin das Selbst die grobe Materie genießt. Er ist bekannt als der Wachzustand.

Der zweite ist der Seelenzustand – die nach innen gewendete Wahrnehmung, sieben Faktoren, neunzehn Funktionen, worin das Selbst die feine Materie genießt. Er ist bekannt als der Traumzustand.

Im Tiefschlaf fühlt der Mensch kein Verlangen und erzeugt keine Träume. Dieser traumlose Schlaf ist der dritte Zustand, der Einsichtszustand. Wegen seiner Einheit mit dem Selbst und seiner ununterbrochenen Erkenntnis des Selbstes ist der darin befindliche Mensch mit Freude erfüllt und kennt seine Freude. Sein Geist ist erleuchtet.

Das Selbst ist der Herr aller Dinge, Bewohner der Herzen aller Wesen. Es ist die Quelle aller Dinge, Schöpfer und Auflöser der Wesen. Nichts gibt es, was es nicht weiß.

Durch die Wahrnehmung, weder die nach innen, noch die nach außen, noch die nach innen und außen zugleich gewendete, ist es nicht erkennbar. Weder ist es, was man weiß, noch was man nicht weiß, noch ist es die Summe all dessen, was man wissen könnte. Es ist unsichtbar, ungreifbar, unbeeinflußbar, undefinierbar, undenkbar, unbeschreibbar.

Der einzige Beweis für seine Existenz ist die Einheit mit ihm. In ihm erlischt die Welt. Es ist das Friedvolle, das Gute, das Eine ohne ein Zweites.

Dies ist der vierte Zustand des Selbstes – der wertvollste von allen.

Dieses Selbst, obgleich jenseits aller Worte, ist das höchste Wort OM

(AUM). Obwohl unteilbar, läßt es sich in drei Buchstaben aufteilen, die den drei Zuständen des Selbstes entsprechen: den Buchstaben »A«, den Buchstaben »U« und den Buchstaben »M«.

Der Wachzustand, der materielle Zustand genannt, entspricht dem Buchstaben »A«, der das Alphabet anführt und allen anderen Buchstaben seinen Atem einhaucht. Wer es versteht, bekommt alles, was er sich wünscht, er wird ein Führer unter den Menschen.

Der Traumzustand, genannt der Seelenzustand, entspricht dem zweiten Buchstaben, »U«. Es unterhält die Dinge, es steht zwischen Wachen und Schlafen. Wer es versteht, erhält die Überlieferung spirituellen Wissens, blickt auf alles mit unparteiischem Auge. Niemand wird in seiner Familie geboren, der den Geist nicht kennt.

Der traumlose Schlaf, genannt der Einsichtszustand, entspricht dem dritten Buchstaben, »M«. Es mißt und vereinigt. Wer es versteht, mißt die Welt, weist zurück, vereinigt sich mit der Ursache.

Der vierte Zustand des Selbstes entspricht dem OM als dem einen unteilbaren Wort. Es ist ganz, jenseits aller Beeinflußbarkeit. In ihm erlischt die Welt. Es ist das Gute, das Eine ohne ein Zweites. So ist OM nichts als das Selbst. Wer es versteht, geht mit Hilfe seines persönlichen Selbstes ins unpersönliche Selbst ein. Wer es versteht!

Svetasvatara

Teil I

Die Brahman lieben, fragen:
Was ist der Ursprung der Welt? Was ist Brahman? Woher kommen wir? Aus welcher Kraft leben wir? Wo finden wir Ruhe? Wer herrscht über unsere Freuden und Leiden, o ihr Seher des Brahman?

Ist die Zeit als Ursprung der Welt zu denken, oder die Natur, oder das Gesetz der Notwendigkeit, oder der Zufall, oder die Elemente, oder die Schöpfungskraft von Frau und Mann? Nein! Keine Vereinigung dieser beiden ist es, denn über ihnen steht noch eine Seele, die denkt. Doch unsere Seele ist Lust und Leid unterworfen!

Durch den Yoga der Meditation und Kontemplation schauen die Weisen die Macht Gottes, verborgen in seiner Schöpfung. Er ist es, der über alle Ursprünge dieser Welt herrscht, von der Zeit bis zur Seele des Menschen.

Und sie schauen das Rad seiner Macht, gebildet aus einem Kranz: mit drei Schichten, sechzehn Teilen, fünfzig Speichen, zwanzig Gegenspeichen, sechs Achtheiten, drei Pfaden, einem Seil aus unzähligen Fasern und dem großen Wahn.

Sie schauen auch den Strom des Lebens, ungestüm vorwärtsdrängend, mit den fünf Strömungen der Sinne, welche fünf Quellen, den fünf Elementen, entstammen, seine Wogen von fünf atmenden Winden bewegt, sein Ursprung die fünffältige Quelle des Bewußtseins. Dieser Strom besitzt fünf Strudel und die fünf heftigen Schmerzenswogen, fünf Katarakte der Qual und fünf gefährliche Krümmungen.

In diesem ungeheuren Rad der Schöpfung, in dem alle Dinge leben und sterben, irrt die menschliche Seele umher, wie ein Schwan, rastlos fliegend. Und sie denkt, Gott sei ferne. Aber wenn sich die Liebe Gottes auf sie herabsenkt, findet sie unsterbliches Leben.

Hochgelobt wurde Brahman in Gesängen. In ihm sind Gott und die Welt und die Seele, er ist der unvergängliche Erhalter aller Dinge. Wenn die Seher Brahmans Brahman in aller Schöpfung schauen, finden sie Frieden in Brahman und sind frei von allem Leid.

Gott erhält die Einheit dieses Weltalls: das Sichtbare und Unsichtbare, das Vergängliche und das Ewige. Die Seele des Menschen ist von Lust und Leid gefesselt. Aber wenn sie Gott schaut, ist sie aller Fesseln ledig.

Hinduismus

Es gibt die Seele des Menschen, mit Weisheit und Nicht-Weisheit, Macht und Ohnmacht, es gibt die Natur, Prakriti, die um der Seele willen erschaffene Schöpfung, und es gibt Gott, unendlich, allgegenwärtig, der sein Werk der Schöpfung betrachtet. Kennt ein Mensch diese drei, kennt er Brahman.

Die Materie vergeht in der Zeit, aber Gott ist für immer in Ewigkeit. Er herrscht über Materie und Seele. Durch Meditation über ihn, durch Kontemplation über ihn und durch Kommunion mit ihm wird am Ende der irdische Wahn zerstört.

Erkennt ein Mensch Gott, ist er frei. Seine Leiden hören auf, und Geburt und Tod sind nicht mehr. Gelangt er in innerer Einheit über die Welt des Körpers hinaus, findet er die dritte Welt, die Welt des Geistes, wo sich die Kraft des Alls befindet und der Mensch alles besitzt, denn dann ist er eins mit dem Einen.

Wisse, daß Brahman für immer in dir ist und es nichts Höheres gibt, was gekannt werden könnte. Wenn einer Gott und Welt und Seele sieht, sieht er die drei: Er sieht Brahman.

Wie das Feuer unsichtbar im Holz steckt und doch durch Zufuhr von Kraft als leuchtende Flamme zum Vorschein kommt, so wird Brahman in der Welt und in der Seele durch die Kraft OMs offenbar.

Die Seele ist das Holz unten, das brennen und zur Flamme werden kann, OM ist der sich drehende Reibestab oben. Das Gebet ist die Kraft, die OM in Drehung versetzt. So kommt das Mysterium Gottes leuchtend zum Vorschein.

Wird Gott wahrhaftig und durch das Selbstopfer gesucht, so wird er in der Seele gefunden, ebenso wie Feuer im Holz, Wasser in heimlichen Quellen, Butter in der Milch und Öl im Ölsamen gefunden wird.

Ein Geist ist es, der, wie Butter in der Milch in allen Dingen verborgen ist. Er ist die Quelle der Selbsterkenntnis und des Selbstopfers. Das ist Brahman, der höchste Geist. Das ist Brahman, der höchste Geist.

Teil II

Savitri, Gott der Inspiration, sandte den Geist und seine Kräfte aus, um die Wahrheit zu finden. Er sah das Licht des Feuergottes und breitete es über die Erde aus.

Durch die Gnade des Gottes Savitri ist unser Geist eins mit ihm und streben wir mit aller Macht zum Licht.

Savitri schenkt unseren Seelen Leben, dann leuchten sie im großen Licht. Er macht unseren Geist und seine Kräfte zu einem und führt unsere Gedanken zum Himmel.

Upanishaden

Die Seher des allsehenden Gottes bewahren Geist und Gedanken in der Einheit. Sie besingen den Ruhm des Gottes Savitri, der jedem Menschen seine Aufgabe zuteilt.

Anbetend singe ich die Lieder der alten Zeiten: Mögen meine Gesänge dem Pfad der Sonne folgen! Mögen mich alle Kinder der Unsterblichkeit hören, bis zu jenen, die in den höchsten Himmeln sind!

Wo das Feuer des Geistes brennt, wo der Wind des Geistes weht, wo der Soma-Wein des Geistes quillt, dort wird eine Seele neu geboren.

Laßt uns dann, von Savitri inspiriert, Freude in den Gebeten der Alten finden. Machen wir sie zum Fels, auf dem wir stehen! Dann werden wir von unseren Sünden rein.

Mit aufrechtem Körper und erhobenem Haupt und Hals laß den Geist und seine Kräfte in dein Herz ein. Dann wird das OM Brahmans dein Boot sein, auf dem du die Ströme der Furcht überquerst.

Und wenn dein Körper still und unbewegt ist, atme rhythmisch durch die Nasenlöcher, mit ruhiger Ebbe und Flut des Atems. Der Wagen des Geistes wird von wilden Rossen gezogen, und diese wilden Rosse müssen gezähmt werden.

Finde einen ruhigen Platz für die Yoga-Übungen, windgeschützt, eben und sauber, frei von Schmutz, schwelendem Feuer und Häßlichkeit, wo rauschendes Wasser und Landschaftsschönheit Denken und Sinnen unterstützen.

Solches sind die eingebildeten Formen, die dem Übenden erscheinen, bevor er endlich Brahman erblickt: Ein Nebel, ein Rauch und eine Sonne; ein Wind, Leuchtkäfer und ein Feuer; Blitze, ein klarer Kristall und ein Mond.

Wenn der Yogi die volle Herrschaft über seinen Körper besitzt, der aus den Elementen Erde, Wasser, Feuer, Luft und Äther besteht, erhält er einen neuen Körper aus geistigem Feuer, jenseits von Krankheit, Alter und Tod.

Die ersten Früchte der Yoga-Übungen sind: Gesundheit, gute Verdauung und ein klares Antlitz; ein schlanker Körper, ein angenehmer Geruch und eine sanfte Stimme; und die Abwesenheit gieriger Wünsche.

Wie ein goldener Spiegel, mit Staub bedeckt, wieder in vollem Glanz erstrahlt, wenn er gereinigt ist, so ist ein Mensch, wenn er die Wahrheit des Geistes erblickt hat, eins mit ihm. Das Ziel seines Lebens ist erfüllt, er ist dem Schmerz entstiegen.

Dann wird die Seele des Menschen zur Lampe, durch die er die Wahrheit Brahmans findet. Dann erblickt er Gott, rein, ungeboren, immerwährend. Und Gott erblickend, ist er frei von allen Fesseln.

Hinduismus

Das ist der Gott, dessen Licht alle Schöpfung erleuchtet, der Schöpfer des Alls von Anfang an. Er war, er ist und wird immer sein. Er ist in allem und sieht alles.

Glorie sei Gott, der im Feuer ist, der in den Wassern ist, der in Pflanzen und Bäumen ist, der in allen Dingen seiner weiten Schöpfung ist. Diesem Geist sei Ruhm und Ehre!

Teil III

Einen gibt es, in dessen Händen das Netz der Maya liegt, der mit Macht herrscht, der alle Welten mit seiner Macht beherrscht. Er ist derselbe zur Zeit der Schöpfung und zur Zeit der Auflösung. Wer ihn kennt, erlangt Unsterblichkeit.

Es ist Rudra. Er allein ist es, der die Welt mit seiner Macht regiert. Er wacht über alle Wesen und herrscht über ihre Entstehung und ihre Vernichtung.

Seine Augen und Münder sind überall, seine Arme und Füße sind überall. Er ist Gott, der Himmel und Erde gemacht hat, der dem Menschen Arme gab und den Vögeln Schwingen.

Daß Rudra, Seher der Ewigkeit, der den Göttern Geburt und Herrlichkeit gab, der alle Dinge in seiner Hut hält und am Anfang den goldenen Samen schuf, uns die Gnade reiner Schau gewähre!

Komm herab zu uns, Rudra, der du in den hohen Bergen bist! Komm und laß das Licht deines Antlitzes, frei von Furcht und vom Bösen, über uns leuchten! Komm zu uns mit deiner Liebe!

Laß den Pfeil in deiner Hand keinen Menschen und kein lebendes Wesen verletzen: Laß ihn einen Pfeil der Liebe sein!

Größer als alles ist Brahman, der Höchste, der Unendliche. Er wohnt im Mysterium aller Wesen, angepaßt ihren natürlichen Formen. Wer ihn, der alles kennt, in dessen Glorie alle Dinge sind, erkennt, erlangt Unsterblichkeit.

Ich kenne den höchsten Geist, strahlend wie die Sonne jenseits der Finsternis. Wer ihn kennt, entsteigt dem Tod, denn er ist der einzige Pfad zum unsterblichen Leben.

Seine Unendlichkeit liegt jenseits aller Größe, jenseits aller Kleinheit. Größer als er ist nichts. Wie ein ewig lebender Baum wurzelt er in der Mitte des Himmels, und seine Strahlen erleuchten die ganze Schöpfung.

Wer ihn, der größer als das All und jenseits von Form und Leiden ist, erkennt, gewinnt Unsterblichkeit. Wer ihn nicht erkennt, geht in die Welten des Leidens ein.

Das ganze All lebt in der Glorie Gottes, Shivas, des Gottes der Liebe. Der Menschen Häupter und Gesichter sind die seinen. Er lebt in aller Herzen.

Er ist fürwahr der höchste Herr, dessen Gnade die Herzen der Menschen bewegt. Er führt uns in seine Freude und zur Herrlichkeit seines Lichtes.

Er ist die Seele aller Wesen, wie eine kleine, daumengroße Flamme im Herzen des Menschen verborgen. Er ist der Meister aller Weisheit, die jemals von Denken und Liebe erworben wurde. Er ist die Unsterblichkeit derer, die ihn erkennen.

Er hat unzählige Häupter und Augen und Füße, und seine Weite umfaßt das All, ja noch zehn Maße darüber hinaus.

Gott ist in Wahrheit das ganze All: was war, was ist und was sein wird. Er ist der Gott des unsterblichen Lebens und allen Lebens, das sich von Speise nährt.

Seine Hände und Füße sind überall, er hat Häupter und Münder überall, er sieht alles, er hört alles. Er ist in allem, er ist.

Das Licht des Bewußtseins kommt zu ihm durch unendliche Kräfte der Wahrnehmung, und doch steht er über diesen Kräften. Er ist Gott, der Herrscher des Alls, die unendliche Zuflucht des Alls.

Der weithin ziehende Schwan der Seele, wohnend in der neuntorigen Stadt des Körpers, fliegt aus, um die äußere Welt zu genießen. Er ist der Herr des Alls, alles sich Bewegenden und alles sich nicht Bewegenden.

Ohne Hände hält er alle Dinge, ohne Füße läuft er überall hin. Ohne Augen sieht er alles, ohne Ohren hört er alles. Er kennt alles, aber niemand kennt ihn, den anfanglosen Geist, den immerwährenden, höchsten Geist.

Verborgen im Herzen aller Wesen liegt der Atman, der Geist, das Selbst, kleiner als das kleinste Atom, größer als der größte Raum. Erblickt der Mensch durch die Gnade Gottes die Herrlichkeit Gottes, so sieht er ihn jenseits der Welt der Wünsche, und alles Leid bleibt zurück.

Ich kenne diesen Geist, dessen Unendlichkeit in allem ist, der immer eins ist und jenseits der Zeit. Ich kenne den Geist, den alle, die Brahman lieben, den Ewigen nennen, jenseits von Geburt und Wiedergeburt.

Teil IV

Daß Gott, der im Mysterium seiner Schau und seiner Macht seine weiße Strahlung in seine vielfarbige Schöpfung verwandelt, von dem alle Dinge ausgehen und zu dem sie wieder zurückkehren, uns die Gnade der reinen Schau schenke!

Hinduismus

Er ist Sonne, Mond und Sterne, er ist Feuer, Wasser und Wind. Er ist Brahma, der Schöpfer des Alls, und Prajapati, der Herr der Schöpfung.

Du bist der Knabe, Du bist das Mädchen; Du bist der Mann, Du bist die Frau, Du bist der Greis, der am Stock geht, Du bist der Gott, der in unendlichen Formen erscheint.

Du bist der blaue Vogel und der grüne Vogel, Du bist die Wolke, die den Blitz verhüllt, Du bist die Jahreszeiten und die Ozeane. Ohne jeden Anfang, bist Du in deiner Unendlichkeit. Und alle Welten haben ihren Anfang in Dir.

Da ist die Natur, ungeboren, mit ihren drei Elementen – Licht, Feuer und Finsternis – alle Dinge der Natur erschaffend. Da ist die menschliche Seele, ungeboren, gefesselt durch die Lust der Natur, und da ist der Geist des Menschen, ungeboren, der die Lust in der Freude des Darüber-hinaus hinter sich gelassen hat.

Zwei Vögel, einander in inniger Freundschaft verbunden, nisten auf demselben Baum. Der eine blickt schweigend umher, der andere pickt in die süße Frucht.

Der erste ist die menschliche Seele, die, auf diesem Baum ruhend, obgleich tätig, in ihrer Nicht-Weisheit traurig ist. Doch wenn sie die Macht und die Herrlichkeit des höheren Geistes erblickt, wird sie frei vom Leid.

Welchen Nutzen hat der Rig Veda für einen, der den Geist, von dem der Rig Veda stammt und in dem alle Dinge wohnen, nicht kennt? Denn nur wer ihn findet, findet Frieden.

Alle heiligen Bücher, alle heiligen Opfer, Riten und Gebete, alle Worte der Veden, die ganze Vergangenheit, Gegenwart und Zukunft stammen aus dem Geist. Mit Maya, seiner Zaubermacht, erschuf er alle Dinge. Durch Maya ist die menschliche Seele gefesselt.

Wisse deshalb, daß die Natur Maya ist, doch daß Gott Herrscher über die Maya ist, und daß alle Wesen unserer Welt Teil seines unendlichen Glanzes sind.

Er herrscht über den Ursprung der Schöpfung. Von ihm geht das All aus und zu ihm kehrt es wieder zurück. Er ist der Herr, der Segensspender, der Gott unserer Anbetung, in dem vollkommener Friede ist.

Daß Rudra, Seher der Ewigkeit, der den Göttern Geburt und Herrlichkeit gab, der alle Dinge in seiner Hut hält und am Anfang den goldenen Samen sah, uns die Gnade reiner Schau gewähre!

Wer ist der Gott, den wir anbeten sollen, der Gott der Götter, in dessen Herrlichkeit die Welten bestehen und der über die Welt des Menschen und aller lebendigen Wesen herrscht?

Er ist der Gott der unendlichen Formen, in dessen Herrlichkeit alle

Dinge bestehen, kleiner als das kleinste Atom und doch der Schöpfer aller Dinge, ewig lebend im Mysterium seiner Schöpfung. In der Schau dieses Gottes der Liebe ist immerwährender Friede.

Er ist der Herr aller Dinge, der, verborgen im Herzen der Dinge, über die Welt der Zeiten wacht. Die Götter und Seher des Brahman sind eins mit ihm. Und wenn ein Mensch ihn erkennt, zerschneidet er die Fesseln des Todes.

Kennt einer Gott, der im Herzen aller Dinge wie Butter in Milch verborgen ist, und in dessen Herrlichkeit alle Dinge sind, so ist er aller Fesseln ledig.

Das ist der Gott, dessen Werk alle Welten sind, die höchste Seele, für immer im Herzen des Menschen wohnend. Wer ihn in Herz und Verstand erkennt, wird unsterblich.

Es gibt einen Bereich jenseits der Finsternis, wo es weder Tag noch Nacht gibt, noch etwas, was ist, noch etwas, was nicht ist. Nur Shiva, der Gott der Liebe, ist dort. Es ist das Reich des herrlichen Glanzes Gottes, von dem das Licht der Sonne und am Anfang die uralte Weisheit kamen.

Der Verstand faßt ihn nicht, nicht oben, nicht unten, noch im Raum dazwischen. Wem läßt er sich vergleichen, dessen Herrlichkeit das ganze All ist?

Ihn, der weit über die Reichweite des Auges hinausgeht, sieht kein sterbliches Auge. Doch Herz und Verstand können ihn erkennen. Und wer ihn erkennt, erlangt Unsterblichkeit.

In Ehrfurcht nähert sich Dir der Mensch und spricht: »Du bist Gott, der Ungeborene. Laß Dein Antlitz, Rudra, über mir leuchten! Laß Deine Liebe meine ewige Zuflucht sein!

Verletze nicht mein Kind, nicht das Kind meines Kindes. Verletze nicht mein Leben, meine Rosse, meine Rinder! Töte nicht im Zorn unsere tapferen Männer, denn wir nähern uns dir in Anbetung!«

Teil V

Zwei Dinge sind im Mysterium der Unendlichkeit Brahmans verborgen: Wissen und Unwissenheit. Unwissenheit vergeht, Wissen ist unsterblich. Doch Brahman ist in Ewigkeit über Unwissenheit und Wissen.

Er ist der Eine, aus dessen Macht die Ursprünge der Schöpfung hervorgehen, und die Wurzel und Blüte aller Dinge. In seinem Denken war am Anfang der goldene Same, der Schöpfer. Und er sah, als die Zeit begann, wie dieser geboren wurde.

Hinduismus

Er ist Gott, der das Netz der Seelenwanderung auswirft und es im Feld des Lebens wieder einzieht. Er ist der Herr, der die Herren der Schöpfung schuf, die höchste Seele, die über alles herrscht.

Wie die Strahlen der Sonne im ganzen Raum leuchten, so herrscht die Herrlichkeit Gottes über seine ganze Schöpfung.

Sein Wesen entfaltend, läßt er alles zu Blüte und Frucht gedeihen. Er gibt allem Duft und Farbe, er, der Eine, der einzige Gott, der im All herrscht.

Es gibt einen Geist, verborgen im Mysterium der Upanishaden und der Veden. Er ist der Schöpfer Brahmas, des Gottes der Schöpfung. Es ist der Geist Gottes, geschaut von Göttern und Sehern der alten Zeit, die, wenn eins mit ihm, unsterblich wurden.

Ein Mensch, gefesselt von den drei Mächten der Natur, handelt selbstsüchtig nur für Lohn und wird zu seiner Zeit auch seinen Lohn erhalten. Seine Seele nimmt dann die vielen Formen dieser drei Mächte an, schweift auf den drei Pfaden umher und durchwandert Leben und Tod.

Die Seele ist wie die Sonne in ihrem Glanz. Wird sie eins mit dem sich seiner selbst bewußten »Ich-Bin« und seinen Wünschen, ist sie eine Flamme von Daumengröße. Doch in der Konzentration eins mit dem reinen Denken und dem inneren Geist geworden, wird sie wie eine Nadelspitze.

Auch wenn man sich die Seele nur so groß wie den winzigen Teil einer Haarspitze, geteilt durch Hundert und noch einmal geteilt durch Hundert, vorstellt, so ist doch in dieser lebenden Seele der Same der Unendlichkeit.

Die Seele ist kein Mann, keine Frau, noch etwas, was weder Frau noch Mann ist. Nimmt die Seele die Form eines Körpers an, so wird sie durch diesen Körper gebunden.

Die Seele wird dann in einem Körper geboren und entfaltet sich darin mit Träumen, Wünschen, und Nahrung zu sich nehmend. Dann wird sie in neuen Körpern wiedergeboren, je nach ihren früheren Werken.

Die Beschaffenheit der Seele bestimmt ihren künftigen Körper: irdisch oder luftig, schwer oder leicht. Ihre Gedanken und Taten können sie zur Freiheit oder in Gefangenschaft führen, Leben für Leben.

Doch da ist der Gott der unendlichen Formen, und wenn ein Mensch Gott erkennt, ist er frei von aller Gefangenschaft. Gott ist der Schöpfer des Alls, ewig lebend im Mysterium seiner Schöpfung. Er ist jenseits von Anfang und Ende, und in seiner Herrlichkeit sind alle Dinge.

Er ist körperloser Geist, doch von einem Herzen, das rein ist, kann er geschaut werden. Sein und Nichtsein kommen von ihm, er ist der Schöpfer des Alls. Er ist Gott, der Gott der Liebe, und wenn ein Mensch ihn erkennt, läßt er seine Seelenwanderungskörper hinter sich.

Teil VI

Manche Weisen sagen, die Natur sei die Ursache der Welt. Andere sagen in ihrem Wahn, es sei die Zeit. Doch allein durch die Herrlichkeit Gottes dreht sich das Rad Brahmans im All.

Das ganze All steht ewig in seiner Macht. Er ist reines Bewußtsein, der Schöpfer der Zeit: allmächtig, allwissend. Unter seiner Herrschaft dreht sich das Werk der Schöpfung, sich entwickelnd, und besitzen wir Erde, Wasser, Äther, Feuer und Luft.

Gott beendete sein Werk und ruhte. Und er knüpfte ein Band der Liebe zwischen seiner Seele und der Seele aller Dinge. Und der Eine wurde eins mit dem einen, mit den zweien und den dreien und den achten und mit der Zeit und mit dem zarten Mysterium der menschlichen Seele.

Seine ersten Werke sind durch die drei Beschaffenheiten gebunden, und jedem Ding gibt er seinen Ort in der Natur. Sind die drei vergangen, ist das Werk vollendet, und ein größeres Werk kann beginnen.

Sein Sein ist die Quelle allen Seins, der Same aller Dinge, die in diesem Leben ihr Leben haben. Er ist jenseits von Zeit und Raum und doch der Gott der unendlichen Formen, der in unseren innersten Gedanken wohnt und von allen, die ihn lieben, geschaut wird.

Er ist jenseits des Baumes des Lebens und der Zeit, jenseits der vom menschlichen Auge erblickten Dinge. Doch das ganze All geht aus ihm hervor. Er gibt uns die Wahrheit und nimmt uns das Böse, denn er ist Herr alles Guten. Wisse, daß er im Innersten deiner Seele ist, die Wohnstätte deiner Unsterblichkeit.

O daß wir den Herrn der Herren, den König der Könige, den Gott der Götter erkennen: Gott, den Gott der Liebe, den Herrn des Alls.

Wir können nicht sehen, wie er wirkt und mit welchen Werkzeugen er wirkt. Nichts läßt sich ihm vergleichen. Wie vermag irgendetwas größer zu sein als er? Seine Macht zeigt sich auf unendlich viele Arten. Wie groß sind sein Werk und seine Weisheit!

Niemand war, bevor er war, und niemand hat Macht über ihn. Denn er ist der Ursprung des Alls, und er ist der Herrscher über das All.

Möge Gott, verborgen in der Natur, wie der Seidenwurm im von ihm selbst erzeugten Kokon verborgen ist, uns zur Einheit mit seinem Geist, mit Brahman führen!

Er ist Gott, verborgen in allen Wesen, ihre innerste Seele, die in allem ist. Er wacht über die Werke der Schöpfung, lebt in allen Dingen, hütet alle Dinge. Er ist reines Bewußtsein, über den drei Zuständen der Natur stehend, der Eine, der das Werk des Schweigens vieler Wesen regiert, der Eine, der einen Samen in viele verwandelt. Nur wer Gott in seiner Seele schaut, erlangt die ewige Freude.

Er ist das Ewige inmitten von Dingen, die vergehen, reines Bewußtsein der bewußten Wesen, der Eine, der die Gebete der Vielen erfüllt. Durch die Schau des Sankhya und die Harmonie des Yoga erkennt der Mensch Gott. Und wenn der Mensch Gott erkennt, ist er aller Fesseln ledig.

Dort scheint die Sonne nicht, noch der Mond, noch die Sterne. Dort scheinen Blitze nicht, geschweige denn irdisches Feuer. Von seinem Licht haben sie alle ihr Licht und geben sie ihr Licht. Seine Strahlung erhellt die ganze Schöpfung.

Er ist der immerwährende, weithin ziehende Schwan, die Seele aller Dinge im All, der Geist des Feuers im Meer des Lebens. Ihn zu kennen heißt, den Tod zu besiegen. Er ist der einzige Pfad zum ewigen Leben.

Er ist der unerschaffene Schöpfer des Alls. Er weiß alles. Er ist reines Bewußtsein, Schöpfer der Zeit, allmächtig, allwissend. Er ist der Herr der Seele, der Natur und der drei Zustände der Natur. Von ihm stammt die Seelenwanderung und die Befreiung davon: die Gefangenschaft in der Zeit und die Freiheit in Ewigkeit.

Er ist der Gott des Lichtes, unsterblich in seiner Herrlichkeit, reines Bewußtsein, allgegenwärtig, der liebende Hüter des Alls. Er ist der immerwährende Herrscher der Welt: Könnte es einen anderen Herrscher geben als ihn?

Daher sehne ich mich nach Befreiung und nehme meine Zuflucht zu Gott, der durch seine Gnade sein Licht offenbart, der am Anfang den Gott der Schöpfung erschuf und ihm die heiligen Veden gab.

Ich nehme meine Zuflucht zu Gott, der Einer ist im Schweigen der Ewigkeit, reine Strahlung der Schönheit und Vollkommenheit, in dem wir unseren Frieden finden. Er ist die erhabene Brücke, die zur Unsterblichkeit führt, und der Geist des Feuers, das die Schlacken des niederen Lebens verbrennt.

Nur wenn es dem Menschen möglich wäre, von sich aus das Zelt des Himmels aufzurollen, wäre er fähig, sein Leiden ohne Gottes Hilfe zu beenden.

Durch die Kraft innerer Harmonie und die Gnade Gottes wurde Svetasvatara diese Schau Brahmans gewährt. Er sprach darauf zu den ihm am nächsten stehenden Einsiedlerschülern über die höchste Läuterung und über Brahman, das die Seher anbeten.

Dieses höchste Mysterium des Vedanta, das in alter Zeit offenbart wurde, darf nur einem Menschen gegeben werden, dessen Herz rein und der ein Schüler oder ein Sohn ist.

Hat jemand die höchste Liebe für Gott und liebt auch seinen Meister wie Gott, dann scheint das Licht dieser Lehre in einer großen Seele: Fürwahr, es scheint in einer großen Seele!

Bhagavad Gita

I

Ardschunas Klage

Dhritaraschtra:

1 Berichte, Wagenlenker, was geschah,
 Als auf dem heil'gen Felde Kurukschetra
 Die Schar der Unsern und die Pandavas
 Zur Schlacht bereit sich gegenüberstanden.

Sandschaya:

2 Als Prinz Duryodhana der Feinde Menge,
 Die Pandavas erblickte, hub er an,

3 Zu Drohna sprechend: Sieh, o edler Guru,
 Der Krieger Reihen. Groß ist Pandus Heer,
 Vom Sohne Drupadas befehligt, der
 Dein Schüler in der Kriegskunst war. Da stehen

4 Viel' Helden, die gleich Bhima und Ardschuna,
 In Bogenkunst bewandert sind: Virata
 Jujudhana, der tapfere Drupada,
 Stolz aufgerichtet in den Schlachtenwagen.

5 Drischtaket, Chekitana, Kashis Herr,
 Purudschid, Kuntibodscha, Saivya,

6 Nebst Judhamandschu, ferner Uttamandschu,
 Subhadras Sohn, Drupadas Söhne, alle
 In pracht'gen Schlachtenwagen, wohlbewehrt.

7 Doch auch mit uns, o Bester der Brahminen,
 Sind große Helden, edle Weltbeherrscher,

8 Ich will sie nennen. Sieh! da bist du selbst;
 Dann Bhischma, Karna, Kripa, stark im Kampfe,
 Vikarna, Asvatthaman, Somadatti,

9 Und viele Tapfre und Erprobte; alle
 Bereit, für mich zu kämpfen und zu sterben.

10 Am schwächsten scheint mir unsre Macht zu sein,
 Wo Bhischma steht; ihm gegenüber droht

11 Der mächtge Bhima. Gib, o Herr, Befehl,
    Daß Bhischma unterstützt wird. – Blast das Horn!

12 Nun stieß der greise Herr ins Muschelhorn,
    So daß es weithin schallte wie Gebrüll

13 Des kampfbereiten Löwen. Da ertönten
    Zahllose Muschelhörner, donnergleich
    Erklang der Schall von Trommeln und Trompeten;
    Wie wenn der Sturm von allen Seiten tost,
    So brauste rings umher der Schlachtenruf.

14 Da standen auch im goldnenSchlachtenwagen,
    Bespannt mit weißen Pferden, kampfbereit,
    Krischna, der Gott des Himmels, und Ardschuna;
    Sie ließen ihre Muschelhörner tönen.

15 Die Muschel, welche Hrischikesa blies,
    War aus »des Riesen Knochen« wohl geformt;
    Ardschunas Muschelhorn war Indras Gabe.
    Bhima, der Starke, blies die Muschel »Paundra«,

16 Und Yudhisthira, Kuntis Sohn, den »Sieg«,
    Und Nakula und Sahadeva bliesen
    Die »Süßerklingende« und »Ruhmbedeckte«;

17 Kasa, der Bogenheld, und Shikhandin
    Im mächt'gen Wagen, Dhrischtradyumna auch,
    Virata, Satyaki, der Niebesiegte,

18 Drupada und die Seinen, Herr der Welt!
    Die Söhne Subhadras; sie alle stießen

19 In ihre Muschelhörner, und der Schall
    Drang in der Dhartaraschtrer Herzen ein
    Und machte ringsum Erd und Himmel beben.

20 Und als nun Pandus Sohn, Ardschuna, er,
    Deß' Wappenschild der Affenkönig war,
    Der Dhartaraschtrer festgeschloss'ne Reih'n,
    Mit blanken Schwertern und gespanntenBogen,
    Zum Kampfe festentschlossen vor sich sah,
    Da sprach zu Hrischikesa er wie folgt:

21 Laß uns den Wagen, o Unsterblicher!
    Dort in der Mitte beider Heere halten,

Hinduismus

22 Damit ich näher jene mir betrachte,
   Die kampfbegierig uns entgegenstehn,
   Und die wir töten sollen. Sicherlich!

23 Blutgierig sind und töricht alle, die
   Dem Dhritaraschtrer Sohn gehorsam sind.

24 Und als Ardschuna so zum Wagenlenker
   Gesprochen hatte, lenkte Hrischikesa
   Den goldnen Wagen mit den weißen Rossen
   Nach jenem Raum, der beide Heere trennte,

25 Vor Bhischmas und vor Drohnas Angesicht
   Und andrer Herrn des Erdenreiches. »Sieh«,
   Sprach Krischna zu Ardschuna, »die Verwandten

26 Der Kurus!« Da erblickte Prithas Sohn
   Auf beiden Seiten Krieger, die mit ihm
   Durch Blut verwandt: Großväter, Väter, Vettern,
   Onkel und Brüder, Söhne, Enkel, Neffen,

27 Schwäger und Schwiegersöhne und dazu
   Geehrte Lehrer, Freunde, hier und dort,
   Die feindlich nun sich gegenüber standen.
   Da ward sein edles Herz von Schmerz bewegt,
   Und voll von Mitleid sprach er diese Worte:

Ardschuna:

28 »Da ich, o Herr! als meine Blutsverwandten
   Nun jene kenne, die ich töten soll,
   So fühl' ich mich entnervt, die Zunge trocknet
   Am Gaumen mir, und stille steht mein Herz.

29 Mein Körper bebt, es sträubt sich mir das Haar,
   Mein Arm wird schwach und ihm entfällt der Bogen,
   Den ich gespannt. Wie Fieberglut durchdringt
   Die Angst die Glieder; kaum vermag ich mehr
   Aufrecht zu stehen; die Gedanken selbst
   Verwirren sich, mein Leben scheint zu fliehn.

30 Auch seh ich vor mir nichts als Leid und Weh.
   Nichts Gutes, o Keschav! kann draus entspringen,
   Wenn sich Verwandte gegenseitig schlachten.

31 Nein! Ich verlange nicht zu siegen, Krischna!
   Ich wünsche weder Herrschertum noch Ruhm,
   Noch Reichtum oder Lust, auf diese Weise

32 Gewonnen. O, wie kann ein solcher Sieg
   Mir Freude bringen, ach, Govinda! wie
   Die Beute mir ersetzen den Verlust,
   Den ich erleiden würde, ja, wie könnte
   Das Leben selbst noch ein Genuß mir sein,
   Das ich erkaufe durch das Blut von jenen,
   Die mir allein das Leben teuer machen,
   Und ohne die es für mich wertlos ist?

33 Großväter, Väter, Söhne seh ich hier,
   Lehrer und Freunde, Schwäger und Verwandte;
   Nicht wünsch' ich sie zu töten, Herr der Welt;
   Auch nicht, wenn sie nach meinem Blute dürsten.

34 Ich will nicht töten, Madhusudana!
   Wär' auch die Herrschaft über die drei Welten
   Dann mein Gewinn. Noch weniger verlockt

35 Mich der Besitz der Erde. Schmerz allein
   Könnt' ich durch einen solchen Mord erkaufen.

36 Selbst wenn die Dharteraschtrer sündhaft sind,
   Wird ihre Schuld auf unsre Häupter fallen,
   Wenn wir sie töten. Nein, es ziemt uns nicht,
   Sie zu erschlagen; ach! wie könnten wir,
   Dann jemals glücklich sein, o Madhava?

37 Und wenn durch Gier und Zorn geblendet sie
   Die Sünde ihres Aufruhrs nicht erkennen,
   Und des vergoßnen Bluts nicht achtend, selbst

38 Zu Mördern werden, sollten wir dann sehend
   Desgleichen tun? Wir, die Verwandtenmord
   Für Sünde halten! O du Heiliger!

39 Dort, wo ein Stamm verdorben wird, da geht
   Die Frömmigkeit zu Grund und mit ihr
   Auch das Geschlecht. Gottlosigkeit zieht ein.

40 Das Weib entartet; es vermengt das Reine
   Mit dem Unreinen sich, und dem Zerstörten

Hinduismus

41 Wie dem Zerstörer öffnet sich die Hölle.
   Ja selbst das Himmlische, wenn ihm nicht mehr
   Geopfert wird, beraubt der Nahrung, stürzt's

42 Herab aus seinen Höhen. So entsteht
   Verwirrung und Verlust der Seligkeit,

43 Und die Bestimmung des Zerstörers ist
   Der Hölle Abgrund. Dies besagt die Schrift.

44 Ach welch ein Unrecht wär' es, wenn aus Lust
   Zum Herrschen die Verwandten wir erschlügen!

45 Viel besser wär' es, unbewaffnet uns
   Den hochgeschätzten Feinden zu ergeben,
   Von ihren Händen selbst den Tod zu leiden.«

46 So klagend sank Ardschuna auf den Sitz
   Des Wagens nieder, Pfeil und Bogen fielen
   Aus seiner Hand; voll Kummer war sein Herz.

II

Das Buch der Lehren

Sandschaya:

1 Zu ihm, der voller Leid und Mitleid war,
In dessen Augen Tränen schimmerten,
Sprach Madhusana tröstend diese Worte:

Krischna:

2 »Weshalb, Ardschuna, hegst du diesen Schmerz,
Woraus entspringt dein Kleinmut, der des Tapfern
Unwürdig ist, den Himmel dir verschließt,

3 Und dich mit Schmach bedeckt? Wirf ab die Schwäche;
Erhebe dich; wach auf und sei du selbst!«

Ardschuna:

4 »Wie könnte ich, o Madhusudana,
Denn gegen Bhischma oder Drohna kämpfen?
Sind mir doch beide lieb und ehrenwert!

5 Viel besser wär's, erbettelt Brot zu essen
Mit denen, die uns teuer sind und gut,
Als sich durch Mordlust sündlich zu vermessen,
Gewinn zu teilen, der befleckt mit Blut.

6 Wohl besser wär's, von ihrer Hand zu fallen,
Aus deren Dasein Lust und Freude quillt,
Als sie zu töten, ohne die uns allen
Des Lebens Öde nie ein Sehnen stillt.

7 Das Herz bewegt von Mitleid und mit Bangen,
Wend' ich zu dir, o Herr! mich sorgenvoll.
Erbarme dich und stille mein Verlangen,
Zu wissen, was ich tun und lassen soll.

8 Was könnte wohl mir all der Reichtum nützen?
Kann er von Schuld und Sorge mich befrei'n?
Was hülf' es, würd' ich auch die Welt besitzen,
Doch jene, die ich liebe, nicht mehr sein?«

Hinduismus

Sandschaya:

9 So sprach Ardschuna zu dem Herrn der Herzen.
»Ich will nicht kämpfen!« seufzte er und schwieg.

10 Doch freundlich lächelnd nahte Krischna sich,
Und dort, im Angesicht der beiden Heere,
Sprach zu dem so Verzagten er, wie folgt:

Krischna:

11 »Du trauerst, wo kein Grund zur Trauer ist,
Und deinen Worten fehlt's an wahrer Weisheit
Die Weisen trauern nicht um das, was lebt,

12 Noch um den Tod. Nie gab es eine Zeit,
In der ich nicht war, oder du; auch Jene,
Der Erde Herrscher, waren stets; noch wird
Die Zeit in Zukunft kommen, wenn nur einer
Aufhören wird zu sein, der wahrhaft ist.

13 Was wirklich ist, lebt ewig. Wie im Körper
Auf Kindheit Jugend und dann Alter folgt,
So folgt Entstehung und Vergehung stets
Für die Gefäße, die der Geist bewohnt.
Das was unsterblich ist im Menschenherzen,
Wird wieder neu in Leibern offenbar.
Die Weisen wissen es und trauern nicht.

14 Dein Sinnesleben ist's allein, das dich
Mit Stofflichem verbindet, Kälte, Hitze
Und Lust und Schmerzen dich empfinden läßt.
Kurz ist's und wechselnd; trag es mit Geduld.

15 Die in sich selbst erstarkte Menschenseele,
Die über diese Dinge sich erhebt,
In Freud und Leid sich gleich und ruhig bleibt,

16 Besteht in Ewigkeit. Was wahrhaft ist,
Bleibt wirklich stets, und was nicht wirklich ist,
Kann nie in Wahrheit sein; doch zwischen Sein
Und Schein zu unterscheiden, das vermag
Die Weisheit dessen, der die Wahrheit kennt.

17 So wisse denn: Unsterblich ist der Geist,
   Der alles Lebens Kraft und Ursach' ist.
   Er kann nicht untergehen, niemand kann
   Des Daseins Grund, das Ewige vernichten.

18 Die flüchtgen Schattenleiber nur, die wir
   Des Geistes Tempel nennen, die vom Geist
   Bewohnt und überschattet werden, sterben.
   Laß sie denn sterben, Prinz! und kämpfe mutig.

19 Wer sagt: »Ich hab' getötet«, oder glaubt,
   Daß man ihn töten könne, urteilt falsch.
   Sein wahres Selbst erkennt er nicht, das nie
   Getötet werden kann und auch nicht tötet.

20 Nie wird's geboren; niemals endet es.
   Anfang und Ende und Veränd'rung sind
   Nur Träume, die das Zeitliche betreffen.
   Formen vergehen, doch der Geist besteht.

21 Und wer das Wesen aller Dinge kennt,
   Das unerschaffen, unvergänglich ist,
   Der weiß auch, daß das Wesentliche nicht
   Vernichtet wird, wenn auch die Form vergeht,

22 So wie ein Mensch die abgetragnen Kleider
   Von gestern ablegt und ein neu Gewand
   Am Morgen wählt, so legt des Menschen Geist
   Des Fleisches morsch gewordne Hülle ab,
   Und erbt aufs neu ein andres Haus von Fleisch.

23 Durch Waffen wird es nicht verletzt, das Feuer
   Verbrennt es nicht, durch Wasser wird es nicht
   Ersäuft, noch bringt der Wind es zum Vertrocknen.

24 Es wird von nichts durchdrungen, unverbrennlich
   Und unzerstörbar ist es; doch durchdringt
   Es alle Dinge; unbeweglich selbst,

25 Bewegt es alles. Niemand kann es sehen,
   Und kein Gedanke kann es in sich fassen.

26 Auch kann man's nicht beschreiben. Wer es geistig
   Erkennt, der wird auch deshalb nicht mehr trauern,
   Wenn man ihm sagt, daß dieser oder jener

Hinduismus

      Gestorben sei. Du weißt, der Abgeschiedne
      Ist gleich dem Neugebornen. Beide leben.
      Das Wesen beider ist der eine Geist.

27 Das, was geboren wird, muß schließlich sterben;
      Des Sterbens Ende ist die Neugeburt;
      So heischt es das Gesetz; betrüb dich nicht
      Da du des ewigen Gesetzes Lauf
      Nicht ändern kannst. Veränderung ist das Los

28 Von allen Dingen. Sieh! Im ewgen Sein
      Ist jedes Ding unoffenbar enthalten.
      Dann kommt's zum Vorschein und beim Tode kehrt's
      Dorthin zurück, woher's gekommen war.
      Was ist da zu beklagen, teurer Prinz?

29 Siehe, das Leben, das alles erfüllt,
      Tief im Geheimnis ist es verhüllt.
      Wer kann es fassen, wer es ergründen,
      Welche Sprache sein Wesen verkünden?
      Noch ist es niemand vor Augen gekommen,
      Nie hat ein Ohr seine Stimme vernommen;
      Die Seele allein nur kann es verstehn,
      Wenn Sehen und Hören stille stehn.

30 Dies Leben, das in allen Dingen ist,
      Wohnt im Verborgnen, unzerstörbar ist's,
      Wo es auch wohnet; deshalb traure nicht,

31 Und kämpfe, tapfrer Krieger, für dein Recht.
      Denk deines Namens, Prinz! und zittre nicht.

32 Es ehrt den Krieger der gerechte Kampf.
      Und selig, wer ihn liebt! Er öffnet ihm

33 Des Himmels Tor. Doch wenn du nicht für Recht
      Und Wahrheit kämpfen willst, o Kschattriya!
      Der Pflicht gemäß, so gehen Recht und Ehre
      Verloren dir und Schande fällt auf dich.

34 Dann wird der Ruf von deiner Feigheit sich
      Forterben von Geschlechtern zu Geschlechtern
      Und Schande ist viel schlimmer als der Tod
      Für jeden, der von edler Herkunft ist.

35 Die Helden in den Wagen werden denken,
      Daß feige Furcht dich fort vom Kampfplatz trieb,

Und dich verachten. Deine Feinde werden
Viel Übles über dich zu sagen haben,
Das du nicht widerlegen kannst. Was kann

36 Wohl bittrer sein? – Wirst du erschlagen, sieh,
So ist der Himmel dein; doch wenn du siegst,
Gehört die Erde dir, o Kuntis Sohn!
Ermanne dich, entschließe dich zum Kampf!

37 Es sei dir Lust und Leid, Gewinn, Verlust,
Sieg oder Niederlage gleich, und so
Gegürtet zieh zum Streit; denn so bewehrt,
Kannst du nicht sündigen.

38   Dies ist die Lehre
Des »Sankhya«, die leicht zu fassen ist.

39 Doch höre nun die tiefre Yoga-Lehre,
Die, wenn du sie begreifst und festhältst, dir
Die Ketten deines Schicksals lösen wird:

40 Da wird kein Ziel verfehlt, und keine Hoffnung
Bleibt unerfüllt. Nichts geht verloren. Selbst
Ein kleiner Glaube schützt vor großer Furcht.

41 Da ist nur ein Gesetz, doch vielerlei
Sind die Gesetze derer, die nicht selbst
Beständig sind, und schwierig zu befolgen.

42 Der Toren Rede klingt gar salbungsvoll,
Wenn sie der Veden weise Sprüche preisen.
Buchstaben kennen sie, doch nicht den Geist,
Und denken, daß der leere Schall genüge.

43 Mit eitler Selbstsucht ist ihr Herz erfüllt;
Für ihre Werke suchen sie Belohnung
Im Himmel und in künftigen Geburten.
Auf Macht und Reichtum hoffend, die als »Früchte
Der guten Tat« entspringen, wenn man fleißig
Frommen Gebräuchen folgt und Opfer gibt.

44 Doch sieh! Die Hoffnung derer, die nach Macht
Und Reichtum streben, ist die Frucht des Wahnes
Der Eigenheit, und nicht des wahren Glaubens.
Sie sind nur Schwärmer und sie kennen nicht
Die volle Wahrheit; lehren mancherlei,

Hinduismus

45 Was in den Veden steht, bezüglich der
    Drei Eigenschaften der Natur, doch du
    Sei frei von den drei Eigenschaften, frei
    Von Gegensätzen, frei von jenem »Ich«,
    Das nur sich selbst und seinen Vorteil sucht.
    Zufrieden sei und ruhig, selbstbeherrscht.

46 Wie man das Wasser, das dem Teich entfließt,
    Zu vielerlei Gebrauch verwenden kann,
    So deuten die Brahmanen auch die Veden,
    Gerade so, wie's ihren Zwecken dienlich;

47 Du aber such für deine Zwecke nichts.
    Tu was du willst, und wolle, was du sollst.
    Das Werk allein soll deine Sorge sein,
    Und nicht der Vorteil, der daraus entspringt;
    Nicht nach der Werke Früchte sollst du trachten,

48 Doch sei nicht müßig, sondern handle. Tu,
    Was du zu tun hast, weil's geschehen muß,
    Und sorg dich nicht dabei um den Gewinn,
    Der für dich abfällt. Laß den Selbstwahn ziehn;
    Glück oder Unglück sei dir gleich viel wert.
    Gleichmut ist Yoga.

49   Alles, was du tust,
    Wenn's deinem »Selbst« entspringt, hat wenig Wert.
    Mehr als das Werk gilt die Erkenntnis. Nimm
    Im Himmel deines Innern deine Zuflucht,
    Und frag die Tugend nicht, wie viel sie bringt.
    Bedauernswert sind die, die in Erwartung

50 Von Lohn die Tugend üben. Siehe, wer
    In der Ergebung handelt, wirkt nicht selbst;
    Denn das Gesetz der Weisheit wirkt durch ihn;
    Erhaben ist es über gut und böse,
    Und er in ihm: drum übe dich darin.
    Dies ist das rechte Tun.

51   Der Weise sucht
    Nicht nach Verdienst und Lohn für seine Werke.
    Erhaben ist er über alles »Selbst«.
    So dringt er langsam nach und nach empor
    Zur Freiheit aus des Körperlebens Banden

52 Zum Sitz der Seligkeit. Wenn deine Seele
In der Erkenntnis fest steht und die Pfade
Des Trugs und Irrtums überwunden hat,
So wird sie sich um das nicht länger kümmern,
Was recht und unrecht scheint, noch was die Schrift

53 Verbietet und gebietet; sie erkennt
Die Wahrheit in der Kraft der Wahrheit selbst.
In ihr erlangt sie Yoga und den Frieden.«

Ardschuna:

54 Woran, Kesava, kann man jene kennen,
Die festen Herzens und ergeben sind?
Wie spricht ein solcher Mensch? Benimmt er sich
Wie andere Menschen?

Krischna:

55 Wenn, o Prithas Sohn!
Ein Mensch den Wünschen, die das Herz bewegen,
Entsagt hat und, in sich zur Ruh gekommen,
Den Frieden in sich selbst gefunden hat;

56 So hat er Yog' erlangt. Ein solcher Mensch
Wird nicht von Gram betrübt, und kein Genuß
Belustigt ihn. Er wird nicht mehr bewegt
Von Habsucht, Neid, Furcht oder Zorn; er ruht
In der Erkenntnis, die sein Glaube bringt.
Er ist ein Muni oder Heiliger;
»Einsiedler« nennt man ihn, weil er, befreit
Von äußern Dingen in sich selber lebt.

57 Er ist an niemanden und nichts gebunden,
Von Wünschen frei, im Unglück nicht verzagend,
Vom Glücke nicht erregt. Dies sind die Zeichen
Des Menschen, der ein wahrhaft Weiser ist.

58 Wie die Schildkröte unter ihrem Schild
Die Glieder einzieht, wenn Gefahr sich naht,
So wendet er vom Äußern die fünf Sinne
Dem Innern zu. Dies ist der Weisheit Zeichen.

59 Die Sinne haben keine Macht mehr über ihn,
Der selbstbeherrscht den Sinnen sich entschlägt;
Selbst der Geschmack am Sinnlichen vergeht
Dem, der der Lust daran entwachsen ist.

Hinduismus

60 Wohl kann's geschehen, daß zuweilen selbst
Der Weise durch den Sturm des Sinnlichen
Erschüttert wird und fällt; dann soll er trachten,
Des Reiches Herrschaft wieder zu erlangen,
Indem er nur an mich, den Höchsten denkt;

61 In mich vertieft; denn weise ist nur, wer
Sein eignes Selbst durch meine Kraft beherrscht.

62 Wenn der Gedanke über Dinge brütet,
Die Gegenstand der Sinne sind, entspringt
Die Neigung zu denselben; zur Begierde
Wächst sie heran und wird zur Leidenschaft;

63 Die Leidenschaft zur Flamme; dann erfolgt
Vergessenheit des Wahren, Unvernunft
Und unvernünftges Handeln, bis zuletzt
Der Mensch verdirbt.

64   Doch wem das Sinnliche
So viel wie nichts ist, wer es weder liebt
Noch haßt, wenn er es auch benützt und sich's
Zu Diensten macht, Herr seiner selbst, der findet

65 Die Ruhe. Aus der Ruhe kommt der Frieden,
Und aus dem Frieden wahre Seligkeit;
Das Ende alles Wehs und die Erlösung
Von allen Leiden.

66 Sieh! der Geist von dem,
Der seiner Sinne Sklave ist, erkennt
Sein himmlisches, sein wahres Wesen nicht.
Für ihn ist keine Sammlung, keine Ruh'

67 Und keine wahre Seligkeit. Er gleicht
Dem Schiff, das, steuerlos vom Sturm getrieben,

68 Dem Untergang entgegeneilt. Doch wer
Vom Sinnlichen sich nicht bewegen läßt,
Herr seiner selbst in seinem Herzen ist,

69 Hat wahre Weisheit. Wo für andere
Nur Dunkel herrscht, sieht er den hellen Tag
In seiner Seele; was den Nichterleuchteten
Wie helles Taglicht scheint, das ist für ihn,
Der es mit klarem Geistesaug' durchschaut,
Der Nichterkenntnis tiefe Finsternis.

70 So ist der Heilige; und wie das Meer
   In seinem Schoß die Flüsse aller Länder
   Empfängt und doch in seinen Grenzen bleibt,
   So ist der Weise. Aus dem Weltall strömt
   Der Sinne Blendwerk seiner Seele zu,
   Doch es bewegt nicht ihn, den Herrn der Sinne.

71 Von allem Sehnen frei, ist er der Meister
   Und nicht der Diener seiner niederen Lüste;
   Von Hochmut frei und frei vom Wahn des »Selbsts«

72 Hat er den Frieden. – Dies, o Prithas Sohn,
   Ist Brahmas ewges Sein. Wer es erlangt,
   Ist ohne Furcht von allen Leiden frei,
   Und furchtlos geht er in der Todesstunde
   In Brahmas Dasein, ins Nirvana ein.

III

Von der Tugend in religiösen Werken

Ardschuna:

1 O du, den alle preisen, sage mir:
   Wenn dir das Wissen mehr gilt, als das Tun,
   Weshalb, o Kesava, willst du mich denn
   Zu dieser grauenvollen Tat bewegen?

2 Mit bangen Zweifeln hast du mich erfüllt.
   Sag mir dies eine mit Bestimmtheit nur:
   Von den zwei Wegen: welchen soll ich wählen?

Krischna:

3 Zwei Wege sind es, sag ich dir, o Prinz!
   Die sich dir öffnen; zwei der Weisheitspfade.
   Der eine führt durch Werke dich zum Ziel,
   Die die Vernunft dich lehrt; der andre Weg,
   Der Pfad des Glaubens, ist der geistge Weg,
   Der durch die Andacht dich zum Höchsten leitet.

4 Doch sind die beiden Eins. Niemand entrinnt
   Dem Wirken dadurch, daß er Wirken meidet:
   Niemand gewinnt, indem er nur entbehrt.

5 Auch kann kein Wesen ganz untätig sein,
   Selbst nicht für einen kurzen Augenblick.
   Zum Wirken zwingt ihn immer die Natur,
   Auch ohne daß er's will. Das Denken selbst
   Ist Wirken in dem Reiche der Gedanken.

6 Wer seinen Körper äußerlich beherrscht,
   Jedoch im Innern seine Lüste pflegt,
   Der ist ein Heuchler und scheinheilger Tor.

8 Doch wer entschlossen und mit frohem Mut
   Dem Höchsten sich in Glaubenskraft ergibt,
   Nichts für sich selbst erhoffend, der ist wert,
   Daß man ihn schätzt. Erfülle deine Pflicht.

9 Das Tun ist besser, als der Müßiggang.
   Sogar des Körpers Wohl erfordert Werke,

Und es bedarf des Werks die Heiligung;
Doch wird durch dieses Werk kein Mensch gebunden.
Laß all dein Tun frei von Begierde sein,
So bist du frei von Schuld.

10   Im Anfang, als
Der Herr die Menschen zeugte und mit ihnen
Das Opfer schuf, da sprach Pradschapati:
»Geht hin und opfert, und vermehret euch
Durch Opfer. Durch das Opfer werdet ihr,
Was ihr erstrebt, im Überfluß erlangen.

11 Der Götter Segen sinkt herab zu dem,
Der sie verehrt. Die Nahrung, die ihr sucht,
Wird euch gegeben als der Opf'rung Lohn,

12 Wenn ihr den Göttern opfert; aber wer
Das Gute, das er auf der Erde findet,
Für sich allein genießt, und nichts davon
Dem Himmel, der es schickt, zurückerstattet,
Der ist ein Undankbarer und ein Dieb.

13 Wer opfert und genießt, der handelt recht.
Wer für sich selbst beansprucht, was den Göttern
Gebührt, der wählt sich selber das Verderben.

14 Durch Nahrung lebet alles, was da lebt.
Die Nahrung wächst durch Regen. Regen bringt
Das fromme Opfer, und das Opfer ist ein Werk.

15 Die Quelle alles Wirkens ist Brahman,
Der Eine, der das ganze All erfüllt.
In jedem Opfer ist er gegenwärtig.

16 Wer es verschmäht, der Ordnung dieser Welt
Durch seine Werke beizustehn und nur
An seinen Vorteil denkt, der lebt umsonst.
Unedel ist sein Werk, o Prithas Sohn.

17 Doch wer im Himmel seines Innern wohnt,
Zufrieden mit sich selbst, begierdenlos,
Der ist erhaben über alles Wirken,
Er wirkt nicht selbst; für ihn ist nichts zu tun,

18 Denn er ist Eins mit jenem, welchen nichts,
    Was in dem eitlen Treiben dieser Welt
    Geschieht und nicht geschieht, berühren kann.
    Auch hat er keines andern Hilfe nötig.

19 So sieh denn zu, daß du dein Werk vollbringst,
    Damit geschehe, was geschehen soll;
    Doch tu's begierdenlos. Wer selbstlos handelt,
    Der geht zum Höchsten, in Nirvana, ein.

20 Janaka und noch andere Helden kamen
    Durch gute Werke zur Vollkommenheit.
    Der Menschheit halfen sie; so hilf auch du
    Aus Liebe für der ganzen Menschheit Wohl.

21 Das, was der Weise spendet, nimmt das Volk;
    Der Hohen Beispiel ahmt die Menge nach,
    Und frägt nicht, ob es gut sei oder schlecht.

22 Sieh mich, o Prithas Sohn! In den drei Welten
    Braucht nichts von mir und für mich zu geschehn.
    Nichts bindet mich, nichts hab' ich zu erreichen,
    Und dennoch wirk' ich ohne Unterlaß.

23 Denn würde ich nicht unablässig wirken,
    So wären die, die meiner Führung folgen,
    Des Lichtes auf dem Weg des Heils beraubt.
    Verließ' ich sie, so wär' es ihr Verderben.

24 Verfiel' ich auch nur einen Augenblick
    Sündhaft dem Schlaf, so würden diese Welten
    Zu Grunde gehen und ich trüge dann
    Die Schuld am Untergang der ganzen Menschheit.

25 So wie mit vielem Fleiß der Tor sich müht,
    Der nach Erfüllung seiner Wünsche strebt,
    So soll mit Eifer der Erleuchtete
    Sein Werk vollbringen, frei vom Wahn des Selbsts,
    Das Wohl des Ganzen nur im Herzen tragend.

26 Doch hüte dich, ins Herz des Unerfahrnen,
    Der noch an seinen eignen Werken hängt,
    Des Zweifels unheilvolle Saat zu sä'n,
    Laß jeden guten Menschen unbeirrt
    Sein Werk vollbringen.

27   Alles Tun und Wirken
Entspringt den drei Gewalten der Natur.
Der Tor, getäuscht vom Eigendünkel denkt,
Wenn er ein Werk vollbringt: »Dies tu ich selbst,«

28   Und »jenes tat ich selbst!« Doch wer in Wahrheit
Die Kräfte kennt, die die Natur bewegen,
Das Sichtbare beherrschen und den Körpern
Die Eigenschaften geben, die denselben
Sodann für kurze Zeit zu eigen sind,
Der ist durch solche Werke nicht gebunden,
Wenn er auch gleich persönlich wirkt und schafft.

29   Wer die verborgnen Kräfte nicht erkennt,
Durch welche die Natur ihr Werk vollbringt,
Wird durch die Werke der Natur gebunden.
Doch laß den Weisen, der die Wahrheit kennt,
Die andern nicht im Wirken irre machen.

30   Du aber mach dich frei von dieser Last,
Von Furcht und Eigenwahn. Beziehe alles
Auf mich, die Quelle alles Seins, zurück.
Vollbringe, was du tust, in meinem Namen,
In meinem Geist. Ergib dich ganz in mich.

31   Wer stets von meinem Geist erfüllt, die Lehre
Vertrauensvoll befolgt, erlangt Erlösung
Durch seine Werke, die dann meine sind.

32   Doch wer, verführt vom Eigendünkel, mich
Und das Gesetz verachtet, wer da meint,
Er wirke viel, und doch erkenntnislos
Und ohne Glauben handelt, er, der Tor
Verdirbt und stirbt.

33   Es handelt auch der Weise,
Wie's seiner Weisheit angemessen ist.
Das Wirken eines jeden Wesens geht
Aus dessen eigener Natur hervor.

34   Es kann sich niemand dem Gesetz entziehen,
Das ihn beherrscht. Die Sinnesgegenstände
Sind Herrn der Sinne. Sie erzeugen Liebe
und Haß im unbewachten Menschenherzen.
Ergib dich diesen deinen Feinden nicht.

35 Denn besser ist es, selbstbeherrscht zu wirken,
    Wenn auch die Kraft noch nicht vollkommen ist,
    Als Sklavendienste trefflich zu verrichten.
    Zu sterben in Erfüllung eigner Pflicht
    Ist besser, als, dem niedern Trieb gehorchend,
    In Furcht zu leben.

Ardschuna:

36   Was, o Lehrer, ist
    Die Macht, die oft den Menschen mit Gewalt
    Zur Sünde treibt, und gegen seinen Willen
    Ihn dazu zwingt?

Krischna:

37   Es ist die Leidenschaft,
    Kama genannt. Sie ist es, die ihn treibt.
    Geboren aus der Nichterkenntnis Nacht,
    Ist sie des Menschen Feind, freßgierig, stark
    Und beutelustig; sie ist sein Verderben.

38 So wie des Feuers Flamme Rauch entsteigt,
    Wie Rost auf dem metallnen Spiegel haftet,
    Und wie der Mutterschoß das Kind umfängt,
    So ist die Welt von diesem Geist umgeben.

39 Sogar der Weise wird von ihr umstrickt;
    Sie ist sein steter Feind. In tausend Formen
    Verlockt sie ihn, die immer unersättlich
    Wie eine Flamme ist, o Kuntis Sohn!

40 Die Sinne, das Gemüt und die Vernunft
    Sind ihre Wohnung und ihr Spielraum. Dort
    Verwirrt sie den Verstand und raubt dem Menschen,
    Der sich ihr opfert, der Erkenntnis Licht.

41 Deshalb, du starker Held der Bharater,
    Nimm dich in acht. Behüte wohl dein Herz
    Und zügle deine Sinne. Tritt mit Mut
    Dem seelenlosen bösen Ding entgegen,
    Das den Verstand und die Erkenntnis trübt.

42 Wohl sind die Sinne stark, allein das Herz
    Ist stärker als die Sinne, stärker noch
    Als dies ist die Vernunft und über dieser
    Erhaben, scheint der Wahrheit göttlich Licht.

43 Hast du den höchsten Herrscher dann erkannt,
(Dein höchstes Selbst), so stärke dich durch ihn
In seiner Kraft. Tritt mutig an zum Kampf,
Vernichte diese Feinde, die voll Trug
In vielerlei Gestalten sich dir zeigen,
Voll Liebesreiz und schwer zu töten sind.

IV

Das Buch von der religiösen Erkenntnis

Krischna:

1 Vor alten Zeiten gab ich diese Lehre
   Von der Unsterblichkeit dem Herrn des Lichts,
   Vivaswata. Von ihm kam sie auf Manu.

2 Er lehrte sie Ikschwaku, und so wurde
   Durch Überlief'rung sie den königlichen Rischis
   Bekannt und hochgehalten. Doch im Lauf
   Der Zeiten fing man an, sie zu vergessen,

3 Bis sie zuletzt verschwand. Dir, teurer Prinz,
   Will ich sie nun von neuem offenbaren.
   Tief ist sie, glaub es, und geheimnisvoll.

Ardschuna:

4 Du warst, o Herr, viel später erst geboren,
   Nachdem Vivaswata erschienen war.
   Wie soll ich's denn verstehen, wenn du sagst,
   Daß du es warst, der ihm die Lehre gab?

Krischna:

5 Schon vielfach waren die Erneuerungen
   Von meinem Dasein; vielfach auch die deinen.
   Die meinen kenn' ich alle, o Ardschuna!
   Du aber, Sieger, kennst die deinen nicht.

6 In meiner Gottheit bin ich ungeboren,
   Unsterblich, ewig, und der Herr von allem,
   Was da geboren wird und lebt, und dennoch
   Wird meine Form geboren, kommt und geht.
   Dem flüchtgen Bild im Spiegel der Natur
   Drück' ich den Stempel meiner Menschheit auf,
   Durch meines hohen Geistes Zauberkraft.

7 So oft der Menschen Sinn für Recht und Wahrheit
   Verschwinden will, und Ungerechtigkeit
   Ihr Haupt erhebt, werd' ich aufs neu geboren,
   Zur rechten Zeit. So will es das Gesetz.

8 Zum Schutz der Guten, aber zum Verderben
Der Bösen komm' ich mitten unter sie,
Den Weg zu lehren, der zum Heile führt.

9 Wer meinen göttlichen Beruf und meiner
Fleischwerdung heiliges Geheimnis kennt,
Wird nach dem Tode nimmermehr geboren.
Befreit vom Körper ist er frei der Last
Des Irdischen und sinkt nicht mehr herab.
Wohl ihm, o teurer Prinz! Er kommt zu mir.

10 So manche kommen frei von Furcht zu mir,
Frei von Begehrlichkeit und Leidenschaft.
Die Herzen halten sie auf mich gerichtet
Und sind gereinigt durch der Liebe Feuer,
Und gehn beim Tode in mein Dasein ein.

11 Wer mich verehrt, den heb' ich auf zu mir;
Auf meinem Wege wird er freudig wandeln.
So wie ein Mensch mich achtet, acht' ich ihn.

12 Wer Lohn für seine frommen Werke sucht,
Der bringt den niedern Göttern Opfer dar.
Nicht schwer ist ein Erfolg in dieser Welt
Für den, der danach trachtet, zu erringen.

13 Ich bin's, der die vier Stände hat geschaffen,
Nach ihren Eigenschaften und Talenten
Sie hoch und niedrig ordnend in der Welt.
Ja ich, die Ruhe, schuf die Ruhenden,

14 Und ich, das Leben, die Lebendigen;
Doch kann mein Werk mich nimmermehr beflecken.
Ich hege kein Verlangen nach Gewinn.
Wer eins mit mir ist, wird von allem frei
Und ist durch seine Werke nicht gebunden.

15 Die alten Weisen, die die Freiheit liebten,
Erkannten dies, und strebten nach Erlösung
In guten Werken. Wirke du wie sie.

16 Doch zweifelnd sprichst du: »Oftmals wird gefragt,
Von Weisen und von Dichtern: Was ist Tun,
Und was Untätigkeit?« – Ich will dich lehren,
Was jenes Wirken ist, das Freiheit bringt:

Hinduismus

17 So höre denn und suche zu erfassen
    Die Unterscheidung zwischen diesen dreien:
    Tun und Vermeiden und Untätigkeit.
    Dornig und schwer zu finden ist der Pfad.

18 Wer in der Handlung, welche er vollbringt,
    Die Ruhe sieht und in der inneren Ruhe
    Die Tätigkeit, den nenn ich einen Weisen.
    Ob er nun wirke oder ruhe, stets
    Erfüllt er seine Pflicht und handelt recht.

19 Frei ist sein Werk vom Fluch des Eigenwahns
    Sein Sehnen nach Belohnung ist verzehrt
    Vom reinen Feuer heiliger Erkenntnis.
    Ein Heiliger wird er mit Recht genannt.
    Denn heilig ist der Geist, der ihn erfüllt.

20 Er ist zufrieden in sich selbst; es bindet
    Ihn keines seiner Werke, denn er wirkt
    Nicht aus sich selbst, auch wenn er Werk vollbringt.

21 Er hofft nicht auf Gewinn und fürchtet nicht
    Verlust; er lebt vollkommen in sich selbst.
    Herr aller seiner Sinne und Gedanken,
    Ist er ein König in dem innern Reich.

22 Er wohnt rein und sündlos unter Sündern,
    Und nimmt mit Gleichmut, was sich bietet, an.
    Kein Unglück trifft ihn schwer, es kann kein Glück
    Ihn tief bewegen; denn er bleibt sich gleich

23 In Freud' und Leiden. Jedes seiner Werke
    Geschieht in Gottes Geist und ist ein Opfer
    Auf dem Altar der Liebe. Sieh, das Feuer
    Der reinsten Liebe zehrt es völlig auf.

24 Gott ist die Liebe, Gott das Opferlamm;
    Er ist's, der opfert, und im Opferfeuer
    Wohnt er auch selbst und gibt dem Feuer Nahrung.
    Es opfert Gott in Gott und kommt zu Gott,
    Wer in dem Opfer Gottes nur gedenkt.

25 Es gibt gar viele, die mit eitlem Kram
    Und leerem Altarrauch den Göttern dienen,
    Doch andre bringen beßre Opfergaben
    Im Feuer Brahmas (Gottesliebe) dar.

26 Im Feuer der Entsagung opfern manche
Was Aug' und Ohr und andre Sinne freut,
Und andre opfern mit entflammten Herzen
Ihr Beten und den frommen Lobgesang.

27 Auch gibt es viele, die im myst'schen Feuer
Der Selbstbeherrschung, das der Wahrheit Licht
Entzündet hat auf dem Altar des Herzens,
Entsagungsvoll des Lebens Freuden opfern.

28 Dann jene, die, gebunden durch Gelübde,
Des Reichtums und der Demut Opfer bringen
Durch strenge Buße, Fasten und Kastei'n,
Und die durch stilles Lesen in den Büchern
Und tiefes Grübeln nach Erkenntnis suchen.

29 Dann jene, die den innern Geistesatem
Dem äußern Atem anzupassen suchen,
Geistatmend des Gedankens Kraft zu stärken,
Und ihn als Liebe wieder auszuhauchen;
Wohl achtend, daß sich kein Gedanke nahe,
Der nicht dem Heil der Seele nützlich ist.

30 Auch üben manche viel sich im Entbehren.
Das körperliche Leben suchen sie
Dem Geistesleben völlig aufzuopfern.
Sie alle sind im Opfern wohl bewandert,
Und werden dadurch vieler Sünden ledig.

31 Und wer vom Rest des Opfers sich ernährt,
Das er mir darbringt, geht zu Brahma ein,
Dem Ewigen; doch wer kein Opfer bringt,
Für den ist nichts zu hoffen, nicht in dieser
Und nicht in einer andern Welt, o Prinz!

32 Vor Brahmas Angesicht sind ausgebreitet
Die Opfer alle und er nimmt sich das,
Was ihm gehört. Sieh! Alle diese Opfer
Entspringen aus dem Tun. Erkennst du dies,
So bist du durch der Wahrheit Licht befreit.

33 Das Opfer, welches mir die Weisheit bringt,
Ist besser als das Opfer des Besitzes.
Der Wert des Opfers liegt für mich im Willen
Des Gebenden, in des Gehorsams Kraft.

Hinduismus

34 Dies wird erlangt durch Demut und Ergebung
    Und Unterricht. Wenn du die Wahrheit liebst,
    So werden jene, die die Wahrheit kennen,
    In deinem Streben dir behilflich sein.

35 Wenn du die Wahrheit kennst, so wird dir nie
    Des Irrtums Zweifel wieder Schmerz bereiten,
    O Pandus Sohn, die Wahrheit wird dich lehren,
    Daß in dir selber alle Welten sind,

36 Und du in mir. – Und wärst du auch der größte
    Von allen Sündern, würde doch das Schiff
    Der Selbsterkenntnis in der Wahrheit Licht
    Dich sicher übers Meer des Irrtums bringen.

37 So wie das Feuer alles Holz verzehrt,
    Bis nichts als Asche übrig bleibt, so nimmt
    Das Flammenfeuer der Erkenntnis alles,

38 Was wertlos ist, hinweg. Es gibt auf Erden,
    Kein reinigendes Mittel, das ihm gleicht.
    Wer ernsthaft Wahrheit sucht, der findet sie,
    Wenn er sie in sich aufnimmt, in sich selbst.

39 Sie kommt zu ihm und wird ihm offenbar,
    Wenn er sie liebt und seiner Lüste Meister
    Geworden ist. Und hat er sie erlangt,
    So geht er ein zum höchsten Gottesfrieden,
    Zur höchsten Ruhe, höchsten Seligkeit.

40 Wer nicht die Wahrheit liebt und kennt, verdirbt.
    Der starre Zweifler findet keine Rast
    In dieser, noch in einer andern Welt,
    Auch findet er nicht Ruh' im Ewigen.

41 Doch wer sich selbst gefunden hat, ist Herr
    Des Selbsts, erhaben über alles Wirken.
    Ihn bindet nichts, und seine Zweifel schwinden
    Im Lichte der Erkenntnis Gottes hin.

42 So töte denn, o teurer Prinz, die Zweifel,
    Die aus der Nichterkenntnis Finsternis
    Geboren sind und dir das Herz beklemmen.
    Zerspalte sie mit der Erkenntnis Schwert;
    Sei kühn und tapfer und erhebe dich.

V

Von der Selbstlosigkeit in heiligen Werken

Ardschuna:

1 Du lobst, o Herr! Enthaltsamkeit vom Tun,
 Und preisest dennoch wieder das Vollbringen.
 O, sag mir mit Bestimmtheit, welcher denn
 Von diesen beiden ist der beßre Weg?

Krischna:

2 Gut ist's, von allem Tun sich zu enthalten,
 Und gut, im rechten Geiste Gutes tun;
 Denn beides führt zum Ziel; doch von den beiden
 Das beste ist das heilige Vollbringen.

3 In Wirklichkeit entsagend ist nur der,
 Der nichts vermeidet und auch nichts begehrt;
 Von allen Gegensätzen, Furcht und Hoffnung,
 In seinem Tun und Lassen unberührt.

4 Die Unerfahrnen sprechen von dem Tun
 Und vom Erkennen so, als ob dies zwei
 Verschiedne Dinge wären; doch die Weisen
 Sind überzeugt, daß, wer das eine pflegt,
 Auch von dem andern goldne Früchte erntet.

5 Das Reich der Ruhe, das die Wissenden
 Erlangen, wird auch durch das Tun erreicht.
 Wer einsieht, daß die beiden eins nur sind,
 Der sieht mit klarem Auge.

6   Aber schwer
 Ist Selbstbeherrschung, Starker, zu erringen,
 Wenn nicht des Glaubens Kraft das Herz durchdringt.
 Der Weise, welcher durch der Wahrheit Kraft
 Sich selbst verleugnet, geht in Brahma ein.

7 Er ist im Guten stark, von Herzen rein,
 Des eignen Ichs und aller Sinne Meister;
 Im Leben aller geht sein Leben auf,
 Und nichts von seinem Tun berührt ihn selbst.

Hinduismus

8 Denn er erkennt, daß er nicht selber wirkt;
   Obgleich er sieht und hört, empfindet, riecht.
   Beim Sehen, Hören, Riechen und Empfinden,
   Beim Stehen oder Gehen, Wachen, Schlafen,

9 Beim Sprechen, Stillesein, Geschehenlassen,
   Ob er die Augen öffnet oder schließt,
   In allem sieht er nur der Sinne Spiel
   Mit Sinnesgegenständen.

10   Wer, wie er,
   Vom Eigenwahn und dessen Banden frei,
   Im Geiste Gottes, was er tut, vollbringt,
   Der sündigt nicht, er gleicht der Lotusblüte,
   Die nicht der Teich, in dem sie wächst, befleckt.

11 Mit Geist und Körperkraft, Gemüt und Herz,
   Und mit den Kräften aller Sinne ringt
   Der Yogi nach der Reinigung der Seele;
   Doch sucht er nichts für sich in diesem Werk.

12 Wer freudig alles aufgegeben hat,
   Erlangt schon hier den höchsten Seelenfrieden,
   Doch wer in seinem Werk nach Vorteil hascht,
   Den bindet sein Begehren an sein Werk.

13 Der Weise, der in seinem Erdenleben
   Von Selbstsucht frei ist, wohnt, auch wenn er wirkt,
   Voll Ruh' in seinem Himmel »in der Stadt
   Mit neun bekannten Pforten«. Er tut nichts,
   Und er befiehlt auch nichts.

14   Der Herr der Welt
   Schafft selber nicht das Werk und nicht den Trieb,
   Noch die Begierde nach der Frucht der Werke.
   Des Menschen eigener Natur entspringt

15 Des Menschen Tun. Es nimmt der Herr der Welt
   Auf seine Schultern keines Menschen Last.
   Erhaben ist er über alles Wirken,
   Vollkommen in sich selbst. Die Menschen irren
   Durch Torheit, weil der Nichterkenntnis Nacht

16 Der Wahrheit Licht verhüllt. Doch wo das Dunkel
　　Dem Lichte weicht, da ist der helle Tag;
　　Wie wenn die Sonne aus den Wolken tritt,
　　So wird die Wahrheit herrlich offenbar.

17 Wer an den einen denkt und in ihm ruht,
　　Der wandelt frei von Zweifeln und erleuchtet
　　Den Weg, von dem es keine Rückkehr gibt.
　　Er ist befreit von Sünden durch das Licht

18 Der Wahrheit. Wer in diesem Lichte sieht,
　　Sieht Gott in allen Wesen, im Brahminen,
　　Im Hund, im Elefanten, in der Kuh,
　　Ja selbst in dem verworfnen Swapaka.

19 Die Welt wird schon auf Erden überwunden
　　Durch den, der fest im Licht der Wahrheit steht
　　Im Glauben an die Einheit. Sündlos wohnt
　　Brahma in ihr, und wer ihn kennt, in Brahma.

20 Laß dich im Glück von Freude nicht beherrschen
　　Und werde nicht verzagt im Mißgeschick.
　　Schwing dich empor zur wolkenlosen Klarheit,
　　Versenke dich in Gott und leb in ihm.

21 Wer seine Seele frei von allen Dingen,
　　Die sie von außen her berühren, hält,
　　Erlangt sein wahres Selbst, den wahren Frieden,
　　Des wahren Daseins wahre Seligkeit.

22 Die Freuden, die der Sinneswelt entspringen,
　　Enthalten Keime für zukünftges Leid;
　　Sie kommen und vergehn, o Kuntis Sohn!
　　Und nicht in diesen sucht der Weise Heil.

23 Denn glücklich ist nur jener, dem's gelingt,
　　So lang er noch des Lebens Bürde trägt,
　　Die Triebe, welche Lust und Zorn erzeugen,
　　Durch der Erkenntnis Kraft zu überwinden.

24 Er wird mit Recht ein Heiliger genannt.
　　Er findet seinen Himmel in sich selbst;
　　Sein Leben ist mit Brahmas Leben eins;
　　Nirvanas Pforte öffnet sich für ihn.

Hinduismus

25 So gehn die Rischis schon in dieser Welt,
    Der Zweifel ledig, Meister ihrer selbst,
    Und aller Wesen Wohlfahrt sich erfreuend,
    Ins Dasein Gottes, ins Nirvana, ein.

26 Und alle, welche frei von Lust und Haß,
    In Demut stark, im Licht des Glaubens leben,
    Das Selbst beherrschen und die Seele kennen,
    Sie sind dem wahren Gottesfrieden nah.

27 Jedoch der Yogi, der im Lichte lebt,
    Und jeglicher Berührung mit dem Reich
    Der Sinne sich entzieht, deß' Geistesauge
    Geöffnet ist, und dessen Geistesatem
    Vereinigt mit dem Lebensatem ist;

28 Er, der erfüllt von Gott mit Gotteskraft,
    Gemüt und Herz in dieser Kraft beherrscht,
    Und ohne Habsucht nach Erlösung ringt,
    Ist seiner Selbstheit ledig und erlöst.

29 Denn er erkennt mich als sich selbst, den einen,
    Der Wesen Wesen, mich den Offenbaren,
    Der Opfer annimmt, und auch mich, den Herrn
    Der Welten, den nichtoffenbaren Gott,
    Den nichts berühren kann, in welchem jeder
    Zuflucht und Schutz vor allem Übel findet.

VI

Von der Selbstbeherrschung

Krischna:

1 Wer, was geschehen soll, geschehen macht,
Und nichts dabei für sich zu haschen sucht,
Der ist ein Weiser und ein Heiliger;
Doch weder weise noch auch heilig ist,
Wer nicht die Opferflamme selbst entzündet,
Und nicht zum großen Werk die Hände rührt.

2 Drum wisse, Prinz! Was man Entsagung nennt,
Ist die Ergebung in des Höchsten Tun.
Wer sich nicht ganz dem höchsten Tun ergibt,
Hat nicht entsagt. Entsagung ist das Werk.

3 Durch der Entsagung Werk gelangt der Fromme
Zur Heiligung, und Heiligung ist Ruh',
Die nur durch Stillehalten wird erlangt.

4 Der Weise handelt weise, und es leitet
In seinem weisheitsvollen Wirken ihn
Kein Streben nach Gewinn und keine Absicht,
Für sich zu sorgen. Er erwartet nichts.

5 So soll ein jeder selbst sich durch sich selbst
(Durch Seelenkraft) erheben, aber nicht
Das Selbst entwürdigen. Es ist das Selbst
Der Seele Freund und auch ihr schlimmster Feind.

6 Wer durch das (wahre) Selbst das Selbst bezwingt,
Der ist sein eigner Freund, doch kann das Selbst
Der Feind der Seele werden, wenn es nicht
Die eigne Selbstheit haßt.

7   Der Geist des Menschen,
Der voller Ruh' und Selbstbeherrschung ist,
Wohnt in sich selbst (in seinem wahren Ich).
Dort bleibt er unberührt von äußern Dingen,
Gleichgültig gegen Hitze oder Kälte,
Lust oder Leid, Verehrung und Mißachtung.

Hinduismus

8 Er ist ein Yogi, ein Vollkommener;
   Erkenntnisreich, das Herz voll Seligkeit;
   Erleuchtet steht er auf des Geistes Höhen,
   Und seine Sinne sind ihm untertan.
   Gleichwert für ihn ist jedes Ding; ein Stein,
   Ein Klumpen Lehm soviel als glitzernd Gold.

9 Daran erkennt man ihn, daß liebevoll
   Er gegen alle, die ihm nahen, ist;
   Ob sie nun Freunde oder Feinde seien,
   Bekannte oder Fremde, einerlei,
   Ob gut, ob böse; alle liebt er sie.

10 So soll er einsam, abgesondert sitzen,
   In heilger Andacht und in Gott versunken
   Beherrschend seine Sinne und Gedanken,

11 Begierdenfrei, an einem reinen Ort,
   Der nicht zu niedrig ist und nicht zu hoch.
   Dort soll er bleiben; sein Besitztum sei
   Das Lendentuch, Rehhaut und Kuscha-Gras,
   Gemüt und Herz nur auf den einen richtend,

12 Ein Meister seiner Sinne und Gedanken,
   In seinem Sitze ruhend, sorgenfrei.
   So soll er Yoga üben, um die Reinheit
   Der gottergebnen Seele zu erlangen.
   Sein Körper, Kopf und Hals sei unbewegt,

13 Und fest auf seiner Nasenspitze soll
   Sein Auge haften. Abgeschieden muß
   Er völlig sein und sich um nichts bekümmern.
   Voll Seelenruhe, frei von aller Furcht,
   Und im Gelübde unerschütterlich,

14 An mich nur denkend und in mich versenkt,
   Ergibt er sich mit seinem ganzen Wesen
   In mich, und so beständig in mir ruhend,

15 Ein mächtger Herrscher in dem eignen Reich,
   Geht er zum Frieden, ins Nirvana, ein.

16 Vereinigung wird jenen nicht zu teil,
   Die übermäßig fasten, und auch nicht
   Den Fressern oder Schläfern, noch auch dem,
   Der durch zu vieles Wachen sich entnervt.

17 Sie wird, o Prinz, von jenem nur erlangt,
   Der mäßig ist im Essen und im Schlafen
   Und im Vergnügen, der zur rechten Zeit
   Der Ruhe pflegt, und, wenn es nötig, wacht.

18 Ein solcher, der im Innern selbst beherrscht
   Und selbstbewußt und frei von allem ist,
   Was die Begierde reizen könnte, wird
   Ein Yukta, ein »Begnadeter«, genannt.

19 Wie eine Flamme, die am stillen Ort,
   Wo sie kein Wind bewegt, nicht flackern kann,
   So strebt das Herz, vor Sinnessturm geschützt
   Und in der Gottesliebe Feuer brennend,

20 Zum Ewigen empor. Wenn das Gemüt
   Durch stete Übung Ruh' gefunden hat,
   An jenem Ort, wo die Erkenntnis herrscht;
   Wo der erhabne Geist sich in sich selbst
   Beschaut und alles in sich selber findet;

21 Wenn das Gemüt die Seligkeit erkennt,
   Die kein Verstand erfaßt und die sich nur
   Der Seele durch die Seele offenbart,
   Und wenn es fest darin verharrend nie
   Von der erkannten Wahrheit sich entfernt,

22 Und wenn der Mensch, der dieses Ziel erreicht,
   Die Wahrheit höher schätzt als alle Schätze,
   Und unerschütterlich darin verbleibt,
   So daß kein großes Leid ihn mehr bewegt,

23 Dann weiß er, daß die Abgeschiedenheit
   Von allem Schmerz vollkommnes Yoga ist.
   Durch Selbstbeherrschung, Mut, Entschlossenheit,
   Standhaftigkeit wird dieses Ziel erreicht.

24 Auch muß er alles Träumen, alles Schwärmen,
   Gewinnsucht, Eitelkeit und Größenwahn
   Aus se.inem Herzen reißen, alle Tore,
   Durch die die Sinneswelt in sein Gemüt
   Einziehen kann, verschließen und bewachen.

25 Dann kommt er Schritt für Schritt dem Tempel nah
   Und lernt die Herrlichkeit des Friedens kennen,

Hinduismus

       Der in dem selbstbeherrschten Herzen wohnt;
       Dort, wo die Weisheit in sich selbst regiert,
       Und wo der Seele wahre Freiheit wohnt.

26   Wenn auch das flatterhafte Herz sich sträubt,
       Und ungezügelt in die Weite schweift,
       So unterwirf es durch die Kraft der Liebe
       Und führ's zu Gott zurück.

27   Es senkt sich nieder
       Die höchste Seligkeit in das Gemüt,
       Wenn sich im Herzen, das an Gott sich bindet,
       Und frei von Sünde ist, kein Wunsch mehr regt.

28   Wer so mit Gott beständig sich vereint
       Und sich zum Opfer bringt, der fühlt in sich
       Die grenzenlose Seligkeit, mit der
       Ihn Gottes stete Gegenwart erfüllt.

29   Mit Gott vereinigt, hat er Gottes Leben.
       Sein Geist ist Gottes Geist in allen Dingen,
       Und aller Dinge wahres Sein in ihm.

30   Wer mich in allen Dingen als den Einen,
       Den Höchsten kennt, und jedes Ding in mir,
       Den halt' ich fest, und er läßt mich nicht los,
       Wie auch sein äußres Leben sich gestalte.

31   Wer mich als den Alleinigen erkennt,
       Der in dem Innern aller Wesen wohnt,
       In diesem lebe ich und er in mir,
       Was auch sein Schicksalsweg auf Erden sei.

32   Wer in dem einen alles sieht, Ardschuna,
       In Freude und in Leid und über allem
       Erhaben bleibt in der Erkenntnis Kraft,
       Der ist ein Yogi und mit mir verbunden.

Ardschuna:

33   Ich finde keine feste Dauer, Herr,
       In diesem Zustand der Ergebenheit,
       Den, wie du sagst, durch Gleichmut man erlangt;
       Denn stark und unbeständig ist das Herz.

34 Von Wankelmut und Eigensinn bewegt
   Stürmt es dahin, o Krischna! Es ist schwer,
   Zu bändigen. Nicht schwerer wär' es wohl,
   Den Wind im Zaum zu halten.

Krischna:

35 Zweifellos,
   Langarmiger, ist's schwer, des Herzens Triebe
   Zu zügeln, denn das Herz ist flatterhaft
   Und nur durch Selbstentsagung zu bezähmen,
   Die durch die Übung zur Gewohnheit wird.

36 Nicht leicht kommt die Vereinigung zustande,
   Wenn nicht der Geist das Fleisch sich unterwirft;
   Doch wer der Selbstbeherrschung Kunst erlangt,
   Für den ist es nicht schwer, sie auszuüben,
   Wenn er den festen Willen nur besitzt.

Ardschuna:

37 Doch welchen Weg, o Krischna, wandelt jener,
   Der wohl den Willen hat, sich zu beherrschen,
   Doch nicht die Kunst besitzt, und im Entsagen
   Noch wankelmütig, unbeständig ist?

38 Geht er zu Grunde, Mächtiger? Vergeht er
   Gleich einer Wolke, die der Sturm zerteilt?
   Verliert er nicht die Erde, ohne doch
   Die Seligkeit des Himmels zu gewinnen?

39 Gern möcht' ich, Krischna, deine Antwort hören.
   Nur du allein kannst dieses Rätsel lösen.

Krischna:

40 Zu Grunde geht er nicht, o Prithas Sohn,
   In dieser Welt nicht und auch nicht in jener.
   Wer Wahrheit liebt, geht nicht den Weg des Bösen;
   Wer ehrlich handelt, der verdirbt sich nicht.

41 Gelingt es ihm in diesem Leben nicht,
   Zum höchsten Ziele völlig zu gelangen,
   Geht er beim Tod in Indras Himmel ein,
   Und ungezählte Jahre wohnt er dort,
   Bis er aufs neu in dieses Dasein tritt.

Hinduismus

42 Als Kind von edlen Menschen kommt er wieder,
Vielleicht als eines Yogis weiser Sohn;
Doch schwierig ist es, eine solche hohe
Geburt auf dieser Erde zu erlangen.

43 So erntet er, aufs neu geboren, dann,
Was in dem früheren Dasein er gesät;
Er nimmt die Wandrung auf dem Weg zum Licht
Dort wieder auf, wo er sie unterbrach;

44 Allein mit beßrer Aussicht auf Erfolg.
Das Hohe, das ihn vorher angezogen,
Zieht ihn durch seine Kraft aufs neue an,
Auch wenn er nicht den dunkeln Drang erkennt.

45 Und wenn er dann von allen Sünden rein,
Aus allen Kräften nach Erleuchtung strebend,
Nach macherlei Geburten endlich selbst
Ein Yogi wird, so öffnet sich vor ihm
Der höchste Pfad.

46   Ein solcher Yogi gilt
Mir mehr als der Asketiker, und mehr
Als alles Wissen. Höher steht er noch
Als jene, welche große Werke tun.

47 Von allen Yogis ist der liebste mir,
Wer glaubensvoll sich gänzlich mir vertraut,
Wer sich mit ganzer Seele mir ergibt,
Der findet seines Herzens Ruh' in mir.

VII

Von der religiösen Unterscheidung

1 So wisse denn: wenn dein Gemüt beständig
Auf mich gerichtet ist, o teurer Prinz!
Wenn du mit voller Kraft das Yoga übst,
Und deine Zuflucht immer nimmst in mir,
So wirst du sicherlich zu mir gelangen.

2 Dann werde ich dich meine Weisheit lehren,
Und die Gesetze der Erscheinungswelt.
Was ich dich lehre, wird, wenn du's erkannt,
Dir weiter nichts zu lernen übrig lassen.

3 Doch unter tausend Menschen ist vielleicht
Nur einer, der mit Ernst die Wahrheit sucht;
Und auch von jenen, die nach Wahrheit streben
Und sie erlangen, gibt es selten einen,
Der es erfaßt, daß Ich die Wahrheit bin,

4 Als Erde, Wasser, Feuer, Luft und Äther,
Gemüt und Leben und als Selbstheit stellt
Sich meines Wesens Offenbarung dar.

5 Dies ist mein stofflich Wesen.
                              Nun erkenne
Mein höhres Selbst in dem Prinzip des Lebens,
Wodurch, o Held, die Welt ins Dasein tritt.

6 Sie sind die Quellen aller Daseinsformen;
Ich aber bin der Ursprung alles Seins;
Der Welten Anfang und ihr Untergang.

7 Es gibt nichts Höheres als mich, o Prinz,
Und keinen andern Schöpfer oder Herrn;
Die Welten alle sind an mich gereiht,

8 Wie Perlen an der Perlenschnur. Ich bin's,
Der dich im frischen Wassertrunk erquickt;
Ich bin das Mondlicht und das Sonnenlicht;
Ich bin das heilge OM, der Lobgesang,
Der aus den Veden spricht, die Harmonie
Des Himmels und der Männer Zeugungskraft.

Hinduismus

9 Ich bin der reinen Erde Wohlgeruch,
 Der Glanz des Feuers und das Leben selbst
 In allem Lebenden, die Heiligkeit

10 In dem, was heilig ist. In allen Dingen
 Bin ich der Same der Unsterblichkeit,
 Die Weisheit in dem Weisen, der Verstand
 In dem Verständigen, die Herrlichkeit

11 In dem, was herrlich ist. Ich bin die Stärke
 Der Starken, frei von Habsucht und Begierde,
 Ich bin die Liebe in den Liebenden;
 Die reine Liebe, die von keinem der Gesetze
 Verboten ist; o Prinz der Bharater!

12 Sieh! Das, was die Natur den flüchtgen Formen,
 Die sie gebiert, verleiht, die »Güte« oder
 Die »Leidenschaft«, und auch das »Dunkel«, alles
 Empfangen sie von mir. Sie sind in mir;
 Jedoch nicht ich in ihnen.

13 Und geblendet
 Von den drei Eigenschaften der Natur,
 Die sich in allen Formen offenbaren,
 Erkennt die Welt mich nicht, den Ewigen,
 Der ich erhaben über alle bin.

14 Wohl ist es schwer, den Schleier zu durchdringen,
 Den Zauberkreis der wechselnden Natur,
 Der dir, o Prinz, mein Angesicht verhüllt;
 Doch wer zu mir allein sich wendet, der
 Erhebt sich über ihn und kommt zu mir.

15 Die Übeltäter und die Toren wenden
 Sich nicht zu mir, auch die Gemeinen nicht,
 Die niedrig denken; noch auch jene, die
 Im großen Schauspielhause der Natur
 Das Schauspiel nur, doch nicht den Meister sehen;
 Auch jene nicht, die nach Dämonenart
 Beschaffen sind.

16 Vier Klassen sind es, die
 Sich ernstlich zu mir wenden, o Ardschuna:
 Die Leidenden und jene, die mich lieben,
 Die Gütigen und die Erleuchteten.

17 Von diesen ist der Weise, der sich mir
   Allein ergibt, sich ganz dem Einen weiht,
   Der Liebste mir. Er liebt mich über alles,
   Und deshalb lieb' ich über alles ihn.

18 Gut sind sie alle vier, und sie gelangen
   Zu mir, allein der Weise, der sich ganz
   In mich ergibt, ist wie mein eignes Selbst:
   Mit ganzer Seele in mir ruhend, wohnt
   Er in mir selbst, der ich sein Endziel bin.

19 Nach vielerlei Geburten (hier auf Erden
   Und in den höhern Sphären) geht er ein
   In meine Wesenheit. Doch schwer zu finden
   Ist unter Sterblichen ein Mensch, so groß
   An Geist und Seele, daß er sagen könnte
   (In Wahrheit): »Vasudeva ist das All.«

20 Doch wer vom Licht der Wahrheit sich entfernt,
   Durch Lust verleitet, andern Göttern dient,
   Geht ein ins Wesen dessen, das er liebt,
   Weil Gleiches stets mit Gleichem sich vereint.

21 An was für Götter auch das Herz sich hängt,
   Und auf was immer der Gedanke haftet,
   So bin's doch ich, der ihm den Glauben gibt,
   Der ihn mit dem, was er erstrebt, verbindet.

22 Durch diese Glaubenskraft ergibt er sich
   In das, wonach er trachtet, und erwirbt
   Des Dinges Wesen; aber ich allein
   Erteile jedem Wesen seine Kraft.

23 Kurzsichtig sind, die nach Vergänglichem
   Sich sehnen, und vergänglich ist ihr Lohn.
   Wer sich den Göttern weiht, der kommt zu Göttern;
   Wer mich in Wahrheit liebt, der kommt zu mir.

24 Die Toren wähnen, daß das Offenbare
   Und Sichtbare das Selbst der Dinge sei;
   Sie kennen das Nichtoffenbare nicht,
   Das unvergänglich und das Höchste ist.

Hinduismus

25 Verborgen durch das Blendwerk der Erscheinung,
Bin ich (der Geist) nicht jedem offenbar,
Und die betörte Welt erkennt mich nicht,
Der ich der Ungeborne, Ewge bin.

26 Ich aber, o Ardschuna, kenne alle,
Die jemals waren, alle, die da sind
Und die sein werden. Keiner kennet mich.

27 Die großen Feinde der Erkenntnis sind
Der Haß und die Begierde, tapfrer Held!
Sie sind die Gegensätze, die den Menschen
Zum Weg des Irrtums leiten.

28   Aber jene,
In denen alle Sünden abgestreift
Und deren Taten heilig sind, die frei
Von dieser Doppeltäuschung, fest
Und unerschütterlich im Glauben sind,

29 Gehören mir. Und wer mir angehört,
In mir beständig seine Zuflucht nimmt
Und die Befreiung von Geburt und Tod
Erstrebt, der hat die Wahrheit; der
Erkennt als Brahma mich, als höchsten Geist.

30 Er kennt mich als die Seele aller Seelen,
Als Adhyatman und als Karma; weiß,
Daß Adhibhuta ich, der Herr des Lebens,
Und Adhidaiva, höchster Herr der Götter,
Und Adhidschajna, Herr des Opfers, bin.
Wer so mich kennt, der liebt mich wohl und wird
In seiner Todesstunde mich erlangen.

VIII

Von der Ergebung in den Einen, den höchsten Gott

1 Was ist das Brahma? Was der höchste Geist,
   Und was das innre Heiligtum der Seele?
   Was ist der Adhyatman und das Karma?
   Was ist es, das du Adhibhuta nennst

2 Und Adhidaiva, und wie kommt es, daß
   Du Adhidschaina bist, und wie erlangen
   Die dir Ergebnen dich, wenn in der Stunde
   Des Todes sie von diesem Leben scheiden?

Krischna:

3 Brahma bin Ich! Ich, der Alleinige
   Und Unvergängliche. In Meinem Selbst
   Bin Adhyatman Ich, der höchste Geist,
   Der Seelen Seele. Was aus Mir entspringt
   Und eines jeden Daseins Ursach' ist,

4 Nennt man das Karma. Aber wenn Ich Mich
   In den verschiednen Wesen offenbare,
   Nennt man Mich Adhibhuta, Herr der Wesen,
   Und Adhidaiva bin Ich, wenn man Mich
   In Meiner Eigenschaft als der Erzeuger
   Von allem sieht; doch Adhidschaina, Herr
   Des Opfers, bin Ich hier in diesem Körper,
   In dem Ich mit dir spreche, Heiliger!
   Denn alle Herzen schlagen Mir entgegen,

5 Und wer vom Leben scheidet und dabei
   An Mich allein nur denkt, der geht, nachdem
   Er von des Fleisches Banden frei geworden,
   In Meines Wesens höchstes Dasein ein.

6 Doch wenn beim Scheiden sein Gemüt und Herz
   Auf etwas anderes gerichtet ist,
   So geht er beim Verlassen seines Körpers
   Zu dem, was er gesucht, o Kuntis Sohn!
   Denn er ist gleich dem Dinge, das er liebt.

Hinduismus

7   So trage denn beständig Mich im Herzen
    Und kämpfe tapfer. Sicherlich auch du
    Wirst Mich erreichen, wenn dein Herz und Geist
    Mit Festigkeit auf Mich gerichtet bleibt;

8   Denn jeder, der sich ganz in Mich ergibt
    Und keinen andern Göttern dienstbar ist,
    Der geht durch Mich ins höchste Dasein ein.

9   Wer durch des Glaubens Kraft emporgehoben
    In Mir den Herrn der Welt erkennt und liebt,
    Den Ewigen, den alle Zungen loben,
    Der allen Wesen Licht und Leben gibt;
    Und wer mit Geistesauge mich gesehen,
    In Meines Daseins Pracht und Herrlichkeit,
    Vor dessen Glanz die Täuschungen vergehen,
    Wie Sonnenschein das Wolkenheer zerstreut;

10 Der hat das wahre Leben sich errungen;
    Im Tode selbst wird er unsterblich sein;
    Denn sieh, es hat sein Geist den Tod bezwungen;
    Er geht in Mich, in meinen Frieden ein.

11 Dort findet statt des großen Werks Vollendung,
    In Meinem Himmel, wo die Weisen ruhn,
    In der Vollkommenheit ist die Beendung;
    Das Ziel des Wissens und das Ziel vom Tun.

12 Das ist der höchste Weg, den jener geht,
    Der seiner Sinne Tore fest verschließt;
    Sein Herz beherrscht und durch den Geistesatem
    Der wechselnden Gedanken Meister wird.

13 Wenn er sein Denken in der Todesstunde
    Mit Festigkeit auf Mich gerichtet hält;
    Das heilge OM aussprechend, welches Gott
    Bedeutet, geht er sicher in Mich ein.

14 Wohl bin Ich leicht für jenen zu erlangen,
    Der stets an Mich, an Brahm, den Einen, denkt,
    Der nimmermehr an andern Göttern hängt
    Und Mir von Herzen treu ergeben ist.

15 Solch ein erhabener Geist kehrt nicht zurück
   Zu diesem Leben, das ein Ort der Qual
   Und stets vergänglich ist. Er kommt zu Mir,
   Zum höchsten Glück, zur ewgen Seligkeit.

16 Die Welten alle, o Ardschuna, kehren,
   Wenn sie verschwunden sind, von neuem stets
   Zurück zu diesem unheilvollen Dasein;
   Doch wer zu Mir kommt, wandert nicht zurück.

17 Wer Brahmas Tag von tausend Yugas kennt,
   Und Brahmas Nacht, die gleiche Dauer hat,
   Kennt Tag' und Nächte, wie sie Brahma zählt.

18 Stets, wenn die Dämmrung dieses Tags beginnt,
   Geht das gesamte offenbare All
   Aus dem nichtoffenbaren Sein hervor,
   Und schwindet wieder, wenn die Nacht sich naht.

19 Das, was das Licht hervorbringt, das vergeht,
   Wenn sich der Schöpfung Sonne niedersenkt,
   Und wird, sobald der neue Tag erwacht,
   Durch die Naturkraft wieder neu geboren.

20 Doch über dieser sichtbaren Natur
   Gibt es ein andres, unsichtbares Sein,
   Ein Leben, das nicht untergehen kann,
   Wenn Erd und Himmel auch vergangen sind.

21 Dies ist das Leben des Nichtoffenbaren,
   Das Unbegrenzte, das Vollkommene,
   Das All, das Ewige. Wer dies erlangt,
   Der geht zum Höchsten ein und kommt nicht wieder.

22 Und das bin ICH, o Prinz! das wahre Selbst;
   Der höchste Geist, in welchem jedes Wesen
   Sein Sein und Leben hat, und welchen jeder
   Erlangen kann, wenn er sich ihm ergibt.

23 Dies ist die höchste Weisheit, welche besser
   Als Lesen in den Schriften ist und besser
   Als alles Opfern, Fasten und Kastei'n.
   Wer sie erlangt, der geht zum Frieden ein.

IX

Das Buch von der innerlichen Heiligung durch das hohe Wissen und die Offenbarung des großen Geheimnisses

1 Dir, dessen Herz der Geist des Widerspruchs
   Nicht mehr gefangen hält, erklär' ich nun
   Das höchste Wissen, die geheime Kraft
   Der Selbsterkenntnis, welche größer ist,
   Als was der Himmel und die Erde fassen.
   Begreifst du es, so bist du frei von Schuld.

2 Tief ist die Lehre, das Geheimnis hoch,
   In dessen Licht die Menschenseele rein
   Von allen Sünden wird, doch kann ein jeder,
   Der sie im Herzen trägt, sie leicht erkennen;
   Leicht folgt man ihr und sie wird nie erschöpft.

3 Doch wem die Kraft des Glaubens fehlt und wer
   Die Wahrheit dieser Lehre nicht erkennt,
   Der kehrt zurück zu dieser Welt des Todes,
   In den verworrnen Kreislauf der Natur.

4 Durch mich ist dieses große All entfaltet,
   Doch bin Ich nicht für jeden offenbar.
   Die Dinge sind in meiner Kraft gestaltet;
   Sie sind in mir, der ewig ist und war.

5 Doch sind sie nicht in meinem höchsten Wesen;
   Frag nur dich selbst, was dies Geheimnis sei.
   Mein Geist schafft alles, was Ich auserlesen,
   Und dennoch bin Ich stets von allem frei.

6 Wie sich die Lüfte frei im Raum bewegen;
   Und doch der Raum beständig stille steht,
   So kreist das Weltenheer dem Licht entgegen,
   Doch bin Ich nicht der Weltkreis, der sich dreht.

7 Stets, wenn der Kreislauf eines Kalpas endet,
   Geht die Natur in ihren Ursprung ein;
   Wenn meine Macht das Schöpfungswort entsendet,
   Tritt die Erscheinungswelt ins neue Sein.

8   Und meine Kraft, die im Geheimen waltet,
    Gibt der Natur von neuem ihren Lauf,
    Durch meinen Willen wird das All entfaltet,
    Und neue Daseinsformen treten auf.

9   Doch bin Ich nicht durch dieses Werk gebunden,
    Und frei von allem Wünschen oder Tun;
    Wohl schafft mein Geist das Werk zu allen Stunden,
    Mich hindert nichts, stets in mir selbst zu ruhn.

10 Mein Geist ist das Gesetz, durch dessen Stärke
    Ein jedes Ding verschwindet und entsteht.
    So schafft in der Natur mein Geist die Werke;
    Dies ist der Grund, weshalb die Welt sich dreht.

11 Vom Schleier der Materie verhüllt,
    Wird mein verborgnes Wesen schwer erkannt.
    Die Toren sehen die Erscheinungen,
    Doch nicht des hohen Geistes Gegenwart,
    Wenn ich in menschlicher Gestalt erscheine.

12 Im Hoffen eitel, eitel auch im Tun,
    Verkehrt im Wissen und verblendet stets
    Durch Sinnestäuschung, nehmen sie das Wesen
    Von Tieren, Teufeln und Dämonen an.

13 Doch die Erleuchteten, die großen Seelen,
    Voll Zuversicht den Weg des Lichtes wandelnd,
    Mit vollem Herzen hängen sie an mir.
    Sie sehnen sich nach keinen andern Göttern,

14 Und nehmen teil an meiner Wesenheit.
    Sie sind's, in denen Ich verherrlicht bin.
    Weil immerdar sie ernstlich nach mir streben:
    Sie sind mir treu und glaubensvoll ergeben,

15 Im Geist in mich versenkt, sind sie in mir.
    Und mancher, der mich als den Einen kennt,
    Der Ich in allen Dingen gegenwärtig,
    Und über allem und unteilbar bin,
    Bringt mir das Opfer der Erkenntnis dar.

16 Ich selbst bin dieses Opfer, das Gebet,
    Die Opfergabe und des Opfers Segen,
    Ich bin die Opferhandlung und der Balsam,
    Und auch das Feuer auf dem Hochaltar.

Hinduismus

17 Ich bin der Vater und die Mutter aller;
    Ich bin das, was erzeugt und was erhält,
    Das Ziel der Weisheit und die Reinigung,
    Die heilge Silbe OM, das Wort, die Rig-,
    Die Sama- und die Yadshur-Veda.

18   Sieh!
    Ich bin der Weg, der Herr und der Ernährer,
    Richter und Zeuge auch, das Haus, die Wohnung,
    Die Zufluchtsstätte und der Freund, die Quelle
    Des Lebens und des Lebens Meer. Ich bin
    Der Anfang und das Ende, die Schatzkammer
    Und auch der Schatz darin, der Sämann und
    Der Same, der beständig Früchte bringt.

19 Durch mich erhält die Sonne Licht und Wärme,
    Ich gebe Regen und versage ihn.
    Ich bin das Leben der Unsterblichkeit.
    Und auch der Tod. Ich bin, Ardschuna, Sat
    (Das Sein) und Asat (das Nichtoffenbare).

20 Wer nach der Vorschrift der drei Veden lebt,
    Den Somatrank getrunken hat und rein
    Von Sünden ist, den führ' Ich, wenn er stirbt,
    Zum Himmel Indras ein, und er erlangt
    Der Götter Nahrung in dem Götterreich.

21 Nachdem er lange dort des Himmels Freuden,
    So, wie er sie verdient, genossen hat,
    Kehrt er zurück zu dieser Welt des Todes,
    Zum wechselvollen Kreislauf der Natur.
    Da er der Veden Vorschrift treu befolgte,
    Ward ihm der Lohn, den er gesucht, zu teil.
    Wer das Vergängliche erstrebt, der findet
    Vergängliches. Vergänglich ist sein Lohn.

22 Doch dem Erleuchteten, der Mich allein
    Verehrt und nicht nach andern Dingen strebend
    In Mir, dem Einen, seine Zuflucht findet,
    Erlangt des Daseins Seligkeit in Mir.

23 Auch wer in Einfalt andern Göttern opfert,
    Weil er nicht Mich, den Ewigen erkennt,
    Der opfert Mir. Es dringt des Opfers Duft
    Zu meinem Throne, und Ich nehm' ihn an.

24 Ich bin der Herr des Opfers und Empfänger
   Von allen Opfergaben. Aber wer
   Mich nicht erkennt, der kann Mich nicht erlangen.
   (Was wäre ein Besitz, den man nicht kennt?)

25 Wer sich den Göttern weiht, der geht zu ihnen,
   Und zu den Pitris wandert, wer sie sucht.
   Wer sich Dämonen opfert, geht zu diesen;
   Wer Mich allein verehrt, der kommt zu Mir.

26 Wer Mir in Treu und Liebe das Geringste
   Zum Opfer bringt, und wär's nur eine Blume,
   Ein Blatt, ein Grashalm, ja ein Tropfen Wasser,
   Von seinen Händen nehm' ich's gerne an.

27 Was du auch tust, o Prinz, ob du genießest,
   Geschenke spendest, fastest oder betest,
   Denk stets an Mich, und bring in allem Mir
   Dein glaubensvolles Herz zum Opfer dar.

28 So wirst du frei von jener Kette werden,
   Die dich an dieses niedre Dasein bindet,
   Wo Glück und Unglück aufeinander folgen.
   Durch die Entsagung gehst du in Mich ein.

29 Ich bin für alle gleich. Ich hasse keinen
   Und neig' Mich keinem zu. Das All ist Mein.
   Doch die Mich wahrhaft lieben, lieb' ich wieder;
   Sie sind in Mir, o Prinz, und Ich in ihnen.

30 Selbst wenn ein Mensch ein großer Sünder war,
   Und sich zu Mir von ganzer Seele wendet,
   So ist er zweifellos für gut zu achten,
   Weil er die Wahrheit hoch und heilig hält.

31 Auch wird er bald zum rechten Weg gelangen
   Und seinen höchsten Frieden in Mir finden;
   Denn wer in Meinem Herzen Zuflucht nimmt,
   Den werd' ich, wahrlich, nimmermehr verlassen.

32 Und wär' er auch von niedriger Geburt,
   Der Sünde Kind; denn wer zu Mir sich wendet,
   Weib oder Mann, ob Bauer oder Knecht,
   Der wandelt auf dem höchsten Weg zu Mir.

Hinduismus

33 Um wieviel mehr denn heilige Brahminen
Und fromme Weise voller Seelenadel!
Da du in diese trügerische Welt
Gekommen bist, so glaube fest an Mich.

34 Laß dein Gemüt auf Mich gerichtet sein,
Und wende ganz Mir deinen Willen zu.
Erkenne Mich als deines Strebens Ziel,
Als deines Daseins höchste Seligkeit;
So wirst auch du, vereint mit deinem Selbst,
In Meinem Dasein deine Ruhe finden.

X

Von der göttlichen Vollkommenheit

1 Vernimm noch weiter, edler Held, die Lehre,
Die ich dir biete, weil sie dich erfreut,
Und ich den rechten Weg dich führen will.
In ihm sei deine Zuflucht und dein Heil.

2 Die Götter kennen Meinen Ursprung nicht,
Und auch die Weisen nicht des Daseins Quelle.
Aus Meiner Allmacht kam der Götter Schar,
Ich selber bin der Ursprung aller Weisen.

3 Wer Mich, den mächtgen Herrn der Welt, erkennt,
Den Ungebornen, der ohn' Anfang ist,
Der wandelt sündlos unter Sterblichen,
Von Irrtum frei in hohem Glaubenslicht.

4 Verstand, Erkenntnis, Irrtumslosigkeit,
Geduld und Wahrheit, Selbstbeherrschung, Lust
Und Schmerz und Ruhe, Furcht und Mut,
Geburt und Tod, Entstehen und Vergehn,

5 Unschuld, Entsagung und Zufriedenheit,
Bescheidenheit und Gleichmut, Güte, Ruhm,
Was immer dem Geschöpf zu eigen ist
Und es erfüllt, das alles stammt aus Mir.

6 Die sieben Weisen, die vier Patriarchen,
Und auch die Manus, die Mein Wesen trugen,
Der Menschheit Stammeseltern; alle gingen
Aus Meines Geistes hoher Kraft hervor.

7 Wer Meine Geistesgröße in sich trägt
Und Meine schöpferische Kraft erkennt,
Der ist auch Eins mit Mir, in seinem Wesen
Mit Mir vereinigt; daran zweifle nicht.

8 Mein Urgedanke schuf das Sternenheer,
Der Götter Himmel und das Reich der Erde;
Der Weise, welcher Meine Allmacht kennt,
Ist Eins mit Mir und Mir in allem gleich.

9 Sein Dasein geht in Meinem Dasein auf,
   Und Ich in seinem; er verherrlicht Mich,
   Und wird durch Mich verklärt. So lebt er frei
   Von Täuschung in der hohen Wahrheit Licht

10 Wer Mir in Liebe treu ergeben ist,
   Und Mich in Wahrheit ehrfurchtsvoll verehrt,
   Dem geb' ich gerne Meiner Weisheit Kraft,
   Und Meine Gnade leitet ihn zu Mir.

11 In seinem Herzen wohnend, bin Ich selbst
   Der Wahrheit Licht, das dann sein Eigen ist,
   Und dessen Kraft die Dunkelheit zerstört,
   Die aus der Nichterkenntnis Nacht entsprang.

Ardschuna:

12 Ja, Du bist Parabrahm, das höchste Sein,
   Die Zuflucht aller und die Läuterung,
   Des Weltalls Geist, der unermeßlich ist,
   Der Götter Ursprung, und der Herr des Himmels.

13 Dies sagen alle Seher, auch Narada,
   Vyasa, Asita und Devalas;
   Sie alle lehrten es; Du lehrst es selbst,
   Und was Du selber lehrst, muß Wahrheit sein.

14 Und dennoch können Götter nicht und Geister,
   Noch auch die Engel Dein Geheimnis fassen,
   Dein göttlich' Wesen, Deine Majestät,
   Wenn Du in eigner Form Dich offenbarst.

15 Nur Du allein erkennst es; Du allein,
   O Gott der Götter, Schöpfer aller Wesen,
   Des Daseins Ursprung, Quelle alles Lebens
   Und Herr des Weltalls! Du erkennst Dich selbst.

16 Nur Du kannst Deine Herrlichkeit verkünden,
   Mit der Du liebevoll das All erfüllst,
   Die alle Welten durch ihr Dasein preisen,
   Und ohne welche nichts vollkommen ist.

17 Doch wie, o Herr, soll ich Dein Selbst erkennen?
   In welcher von den ungezählten Formen,
   Die Erd und Himmel und den Weltkreis füllen,
   Erscheinst Du selbst, vollkommen offenbar?

18 Vergebens sinn' ich nach. O lehre mich
   Nun klar und deutlich Deine Herrlichkeit
   Und die Vollkommenheit von Deinem Wesen;
   Denn Deiner Weisheit werd' ich niemals satt.

Krischna:

19 Wohlan! Ich will sie deutlich dir beschreiben;
   Doch nenn' ich dir die höchsten Zeichen nur;
   Denn Meine Fülle ist unendlich groß;
   Kein endlich Wesen kann Mich ganz erkennen.

20 Ich bin der Geist, der in der Seele Tiefe,
   In jedem Wesen unergründlich wohnt;
   Der Dinge Anfang, Mitte und ihr Ende,
   Ihr Ursprung, Dasein und ihr Untergang.

21 Ich bin das Wirkende im Reich der Kräfte,
   Der Sonnenglanz im Himmelssonnenchor,
   Der Sturmgott, wenn im Raum die Winde brausen,
   Der helle Mond im nächtgen Sternenheer.

22 Ich bin das Buch der Lieder in den Veden,
   In Indras Himmel bin ich Vasava.
   Von allen Sinnen bin ich die Empfindung,
   Und unter Geisteskräften der Verstand.

23 Ich bin Shankara unter den Zerstörern,
   Der Riesen Größe und der Geister Geist,
   Das Feuer unter allem, was da läutert,
   Und unter Bergesgipfeln der Meru.

24 Bei Priestern bin ich stets der Hohepriester;
   Von den im Weltall ringenden Gewalten
   Der Oberfeldherr; unter den Gewässern
   Der Ozean, der alle Fluten trinkt.

25 Wo Weise sind, bin ich der Sitz der Weisheit,
   In jedem andachtsvollen Laut das OM,
   Der Himalaya unter den Gebirgen,
   Und die Erhebung im Gebet der Frommen.

26 Der Baum des Lebens unter allen Bäumen,
   Und unter den Erleuchteten das Licht,
   Die Harmonie im Rundgesang der Sphären
   Und unter Heiligen die Heiligung.

Hinduismus

27 Bin Uttschaihsrava unter edlen Rossen,
    Das Flügelpferd der hohen Poesie;
    Airavata als Elefantenkönig,
    Und unter Männern höchster Potentat.

28 Ich bin der Blitz in feurigen Geschossen,
    Und unter fetten Kühen die Natur,
    Als Zeugungskraft der holde Liebesgott
    Und unter klugen »Schlangen« Wißbegier.

29 Der Drachenkönig bin ich unter Drachen.
    Als Wassergott der Schöpfer aller Welten,
    Von Stammesältesten der Menschheit Stamm.
    Und Yama unter denen, die da richten,

30 In aller Zeitenmessung Ewigkeit,
    Und unter Zauberkünstlern die Magie,
    Der Löwe unter beutelustgen Tieren,
    Der Adler unter allem, was da fliegt.

31 Die Freiheit bin ich in dem Reich der Lüfte,
    Als Gott des Kriegs bin ich das Kriegesglück,
    Als Wassertiersymbol das Krokodil,
    Und unter Flüssen stellt mich Ganges dar.

32 Ich bin der Anfang, Mitte und das Ende
    Der ganzen Welt, ihr Schein sowohl als Sein,
    Der Weisen Weisheit und der Augen Licht,
    Das Sehn der Sehenden, der Sprache Wort.

33 Das A im Alphabet, der Rede Sinn,
    Das Leben aller Lebenden, die Liebe
    Der Liebenden, die keine Grenzen hat;
    Der Allerschaffer und der Allernährer;

34 Kein Ding und doch der Ursprung aller Dinge,
    Und auch der Tod, das Ende jedes Dinges.
    Als Tugend bin Ich die Zufriedenheit,
    Bescheidenheit, Beredsamkeit, Geduld.

35 Als Hymne bin Ich selbst das Hohelied,
    Als Weihgebet das heilge Gayatri,
    Von Monaten der Mond des neuen Lebens,
    Und holder Frühling in den Jahreszeiten.

36 In des Betrügers Hand das Würfelspiel.
   Der Glanz in allen Dingen, welche glänzen,
   Die Güte in den guten Menschenherzen,
   Der Großen Größe und der Sieg der Sieger.

37 Als Vasudeva bin ich Herr des Alls,
   Und unter Menschen du, Ardschuna, selbst;
   Als Büßer stellt verkörpert mich Vyasa,
   Als Dichterfürst der Held Usana dar.

38 Ich bin in allem Gott, der Starken Stärke,
   Der Schönen Schönheit und der Schlauen List,
   Das Wissen im Verstand der Wissenden,
   Die Stille, wo das Gottgeheimnis wohnt.

39 In jedem Ding bin Ich des Dinges Same,
   In jeder Kraft die Urkraft aller Kräfte,
   In jedem Sein der Ursprung alles Seins;
   Denn Ich bin alles; ohne Mich ist nichts.

40 Nichts, was da lebt, lebt anders als durch Mich,
   Und Meines Daseins Fülle hat kein Ende.
   Unendlich groß ist Meine Herrlichkeit;
   Doch nur ein Teil davon ist hier erwähnt.

41 Und wo ein Ding in seinen Eigenschaften
   Dir herrlich scheint, da bin Ich selbst in ihm.
   Das, was es herrlich scheinen läßt, ist nur
   Der Widerschein von Meiner Herrlichkeit.

42 Allein wozu, Ardschuna, weitres Forschen?
   Ich bin in allen Dingen nur Ich selbst,
   Doch ging aus Meinem Selbst das ganze All
   Als Offenbarung Meiner Selbst hervor.

XI

Von der Offenbarung der Persönlichkeit Gottes

Ardschuna:

1 Verschwunden ist der Nichterkenntnis Nacht,
   Und das Geheimnis hat sich mir eröffnet;
   Denn was Du über Adhyatman mich gelehrt,
   Hat mir des Irrtums Fessel abgestreift.

2 Den Ursprung und das Ende aller Wesen
   Erklärtest Du, erhabner Meister, mir;
   Wie alles nur in Dir sein Dasein hat,
   Und Du das Eine Wesen aller bist.

3 Doch möcht' ich wohl, o Herr, Dich selbst erblicken,
   So wie Du selbst in deinem Wesen bist,
   In Deiner eigenen Persönlichkeit,
   Hoch über allem Blendwerk der Erscheinung.

4 Und wenn ich fähig bin, Dich selbst zu schau'n,
   O Mächtigster, in Deiner Herrlichkeit,
   So zeige mir, o Herr, Dein Angesicht
   Und offenbare mir Dein wahres Selbst.

Krischna:

5 So siehe denn, o Sohn der Erde, Mich
   Als Einen in der Vielheit der Gestalten,
   Die himmlischer Natur, verschiedenartig
   Und zahlreich wie des Himmels Sterne sind.

6 Versenke deinen Blick ins Reich der Götter,
   Ins Reich der Geister, Engel und Dämonen,
   Wo Himmelskräfte auf und niedersteigen,
   Und sich in Formen herrlich offenbaren.

7 Erblicke als ein einheitliches Ganze
   Die ganze Welt mit allen ihren Formen.
   Sie ist Mein Leib, Ich selbst in ihr der Geist;
   Was es auch sei, dies alles ist in Mir.

8 Doch mit des Körpers Augen kannst du nicht
Mein göttliches und eignes Selbst erblicken;
Drum will Ich dir das Geistesauge öffnen.
Erblicke Meine mystische Natur!

Sandschaya:

9 Als nun der Herr der Welten dies gesprochen,
Da offenbarte er dem Erdensohn
Sich selbst, in seiner eigenen Gestalt
Als Herrscher, der die ganze Welt umfaßt.

10 Mit vielerlei Aspekten, vielerlei,
Bewußtseinsformen, herrlich, vielgestaltig,
Mit jeder Pracht des Himmels ausgestattet
Durchdrungen auch von jeder Himmelskraft,

11 Bekleidet mit der göttlichen Natur,
Bekränzt mit allem, was der Himmel trägt,
Mit Wohlgeruch erfüllt, ein wunderbares,
Lichtvolles, liebend und allsehend Wesen.

12 Und stiegen tausend Sonnen auch zugleich
Am Horizont empor, so wäre doch
Ihr Licht nicht jener Herrlichkeit vergleichbar,
Die dort Ardschunas Geistesauge sah.

13 Da sah Pandava nun das ganze Weltall
Mit allem, was in diesem sich bewegt
Und nicht bewegt, als Vielheit der Erscheinung,
Und doch als Eines nur in Wahrheit.

14 Erfüllt von Staunen sank Ardschuna nieder,
Es sträubte sich sein Haar; anbetungsvoll
Das Haupt verneigend, faltet' er die Hände,
Und sprach zum Herrn des Weltalls dann, wie folgt:

Ardschuna:

15 In deinem Leibe, Gott, erblick' ich alle Götter
Und der lebendgen Wesen zahlreich' Heer;
Brahma, den Herrn, im Lotuskelche sitzend,
Die hohen Weisen und die Götterschlangen.

Hinduismus

16 Mit vielen Armen, mit unzählgen Brüsten,
    Durch die du alles in der Welt ernährst,
    Und auch mit vielen Augen, seh ich dich;
    Da ist kein Anfang, Mitte oder Ende.

17 Du trägst die Krone, Keule und den Schild,
    Ein Meer von Glanz nach allen Seiten strahlend;
    Es blendet mich dein Licht, das sonnengleich
    Nach jeder Richtung seine Pfeile sendet.

18 Du bist der Eine, du das höchste Ziel
    Der Selbsterkenntnis und das Herz des Alls,
    Der Hüter des unsterblichen Gesetzes,
    Der ewge Grund von allem, was da ist.

19 Ohn' Anfang, ohne Mitte, ohne Ende,
    Ewig in deiner Kraft, in deinem Tun.
    Die Sonne und der Mond sind deine Augen,
    Es glänzt dein Angesicht wie Feuerschein,

20 Du füllst den Weltenraum mit deinem Licht,
    Und deine Liebe wärmt das ganze All;
    Denn alle Himmel und die Weltregionen
    Sind voll von dir und deiner Herrlichkeit.

21 Und zeigst du dich in deiner Schreckgestalt,
    So zittern die drei Welten, es entfliehn
    Die Götter, und der Rischis Scharen sprechen,
    Die Hände faltend: »Großer! Heil sei dir!«

22 Sie alle preisen dich, den Heiligen:
    Adityas, Rudras, Vasus, Sadhyas,
    Viswas und Aswins, Maruts, Asuras,

23 In großen Scharen stehen sie und staunen
    Ob deiner allumfassenden Gestalt;
    Die Welten sehen deine Majestät
    Mit Furcht und Zittern, und es bebt mein Herz.

24 Den Himmel streifend seh' ich dich, du leuchtest
    In vielen Farben; offen ist dein Mund,
    Und mich erschrecken deine Flammenaugen;
    Denn keine Ruhe, Vishnu, find' ich da.

25 Es starren deine Zähne mir entgegen,
   Und deinem Mund entströmt der Weltenbrand;
   Die Sinne schwinden mir; mich faßt Entsetzen!
   Sei gnädig mir, o großer Herr der Welt!

26 Die Söhne Dhritaraschtras und die Schar
   Der großen Erdenherrscher, Bhischma, Drona
   Und Karna mit der Blüte unsres Heers,
   Die ausgezeichnetsten von unsern Kriegern,

27 Verschwinden all' im fürchterlichen Schlund,
   Im Rachen, der von scharfen Zähnen starrt.
   Ach! Viele seh' ich mit zermalmten Gliedern
   In dieser Zähne Zwischenräumen hängen.

28 Wie Flüsse, die sich in das Meer ergießen,
   In raschem Lauf sich ihrem Ziele nähernd,
   So drängen sich die besten unsrer Helden
   Unwiderstehlich in den Flammenschlund.

29 Und wie die Mücke nach dem Lichte strebend
   Im Flammenbett dem Untergang sich weiht,
   So eilen unaufhaltsam diese Welten
   Mit Schnelligkeit dem Untergange zu.

30 Verschlingend schlürfst du alle Sterblichen,
   O Herr, mit deinen Flammenlippen auf;
   Dein Licht durchdringt das Weltall, und es sengen
   Verderbenbringend deine Feuerstrahlen.

31 Sag an, wer bist du, der so schrecklich scheint?
   Ich beuge mich vor dir. O sei mir gnädig!
   Dich zu erkennen wünsche ich von Herzen
   Doch deine Offenbarung faß' ich nicht.

Krischna:

32 Ich bin die Zeit, die Weltzerstörerin,
   Vernichtend jedes menschliche Geschlecht.
   Von allen Kriegern, die du hier erblickst,
   Wird außer dir kein einzger mir entrinnen.

33 Deshalb erhebe dich in deiner Kraft,
   Nimm dir den Sieg und seine Herrlichkeit.
   Durch meinen Arm ist schon der Feind erschlagen;
   Sei du Mein Werkzeug; Ich bin deine Macht.

34 Zertritt sie alle, Bischma, Drona, Karna
    Und Yayadratha und die andern Krieger.
    Von mir sind sie zermalmt; drum zittre nicht.
    Frisch auf zum Kampf! du sollst der Sieger sein.

Sandschaya:

35 Als nun Ardschuna diese Worte hörte,
    Da hob er ehrfurchtsvoll die Hände auf
    Zum Herrn der Welt. Er war von Angst erfüllt
    Und sprach zu Krischna bebend diese Worte:

Ardschuna:

36 Mit Recht, o Krischna, freuet sich die Welt
    In deinem Licht und deiner Herrlichkeit.
    Die Riesen fliehen schreckerfüllt dahin,
    Der Zwerge Scharen sinken vor dir nieder.

37 Nur dir gebührt der Ruhm, o Weltbeherrscher;
    Höher als Brahm, aus dem das Sein entsprang,
    Unendlich bist du, Wohnung aller Welten!
    Alleiniger, der ist und auch nicht ist.

38 Du bist der höchste Gott, der erste Schöpfer,
    Des ganzen Weltalls allerbester Schatz;
    Du bist die Wahrheit, die sich selbst erkennt;
    Endlos in Form, der Grund von allem Dasein.

39 Du bist Varuna, Vaya, Agni, Yama,
    Der Mond, der Herr, der Vater aller Wesen,
    Dein ist die Ehre; dein ist die Verehrung,
    Ohn' Unterlaß und ohne Ende dein.

40 Dein sei der Preis in aller Höh' und Tiefe,
    Von allen Seiten sei das Lob nur dein.
    In Macht unendlich, endlos in der Stärke,
    Bist du das All und du erhältst das All.

41 Wenn ich vertraulich meinen Freund dich nannte
    Und rief: »O Yadava! o Krischna! Herr!«
    Von Leichtsinn oder Neigung hingerissen,
    In Nichterkenntnis deiner Majestät;

42 Wenn ich nicht stete Ehrfurcht dir erwiesen
   Beim Sitzen, Gehen, Liegen oder Stehn;
   Wenn ich allein war, oder in Gesellschaft,
   O Heiliger! Verzeih es, Herr der Welt!

43 Du aller Vater! Aller Wesen Herr!
   Du Weltenlehrer, du, der Weisheit Quelle!
   In den drei Welten kommt dir niemand gleich.
   Du bist unendlich groß in deiner Macht;

44 Drum werf' ich demutsvoll mich vor dir nieder,
   Und flehe dich um deine Gnade an.
   Sei gütig mir, so wie dem Sohn der Vater,
   Der Freund dem Freund, der Liebste der Geliebten.

45 Im Anblick deiner niegesehnen Wunder
   Erfreuet sich mein Herz; doch ist mir bang.
   In anderer Gestalt möcht' ich dich schauen,
   Zeig mir die andre, Allerbarmer! Herr!

46 Wie ich dich sah, möcht ich dich wiederschauen,
   Mit deiner Krone und von Licht umflossen.
   Vierarmig offenbare dich mir wieder,
   Du Tausendarmiger, Unendlicher.

Krischna:

47 Durch meiner Gnade mystische Gewalt
   Hast du, Ardschuna, meine Form gesehen,
   Unendlich, strahlend, und das All umfassend.
   Wie's außer dir noch niemals jemand sah.

48 Nicht durch das Veden-Lesen, noch durch Opfer,
   Durch Denken nicht und nicht durch gute Werke,
   Auch nicht durch Buße kann ein Sterblicher
   Mich so erkennen, wie du mich erschaut.

49 Sei nicht bestürzt, noch gib dich hin der Furcht,
   Weil du in meiner Schreckgestalt mich sahst.
   Sei frei von Angst und sieh mit frohem Herzen
   Mich wieder in der vorigen Gestalt.

Hinduismus

Sandschaya:

50 Als Vasudeva so gesprochen hatte,
Erschien er wieder in der eignen Form.
Der Anblick seiner lieblichen Erscheinung
Verlieh dem schon Verzagten neuen Mut.

Ardschuna:

51 Da ich dich, Herr, nun wieder so erblicke,
Als Gottheit in der Menschheit, find' ich auch
Die Ruhe wieder und es regt aufs neu
Zum Weitervorwärtsstreben sich mein Mut.

Krischna:

52 Die Form, in der du mich gesehen hast,
Wird von den Sterblichen nur schwer erkannt.
Sie ist verborgen; selbst die Götter sehnen
Sich ohne Unterlaß nach ihrem Anblick.

53 Nicht durch das Lesen in den heilgen Schriften,
Nicht durch Gebete, Fasten und Kastei'n,
Auch nicht durch fromme Opfergaben kann
Die Menschheit diesen Anblick sich erkaufen;

54 Doch wer sich ganz in Liebe mir ergibt,
Und mich allein nur liebt, erkennt mich so.
Er, wahrlich, kann mich so in Wahrheit sehen;
Mein Anblick ist's, der ihn unsterblich macht.

55 Wer alles, was er tut, in meinem Namen,
In meiner Kraft vollbringt, kein Wesen haßt,
Von Selbstsucht frei nach mir allein nur ringt,
Und sich mit mir vereinigt, kommt zu mir.

XII

Von der Vereinigung mit dem Höchsten durch die Kraft der Göttlichen Liebe.

Ardschuna:

1 Dir dienen, Herr, die einen als dem Gott,
Der offenbarlich ist, und andre, die
Dich als den Einen, der nicht offenbar,
Den Körperlosen, Ewigen betrachten.
Wer von den beiden geht den bessern Weg?

Krischna:

2 Wer treulich mir im festen Glauben dient,
So wie er mich in seinem Herzen findet,
In einer Form, die er erfassen kann,
Den halt' ich heilig und er ist mir lieb.

3 Doch wer mich als den Ewigen erkennt,
Als Namenlosen und Nichtoffenbaren,
Unvorstellbaren und als Höchsten, der
Von keiner Form beschränkt, unendlich ist;

4 Wer so mich ehrt, und meine Gegenwart
In allen Wesen sieht und in der Kraft
Des Guten lebend, sich des Daseins freut,
Der geht am Ende in mich ein.

5   Doch schwer
Und mühsam ist der Weg für jene,
Die dem Nichtoffenbaren das Gemüt
Entgegenwenden; schwer zu finden ist
Der Pfad des Geistes für das Fleischgeborne.

6 Wer sich mit reinem Herzen mir ergibt
Und was er tut, in meiner Kraft vollbringt,
Dem Selbst entsagend sich in mir befestigt
Und Tag und Nacht sich meinem Dienste weiht;

Hinduismus

7   Den werd' ich sicher aus der Sturmflut heben;
    Im Wogenschwall des Lebensmeeres soll
    Er nicht versinken; ich errette ihn,
    Weil er in mir die rechte Rettung sucht.

8   So wende mir dein Herz vor allem zu;
    Erfasse mich mit deinem ganzen Wollen:
    Laß deinen Geist in mir die Ruhe finden
    Und streb empor zu meiner Seligkeit.

9   Und kannst du diese Höhe nicht erreichen,
    Und zieht dein Geist dich, Erdensohn, hinab,
    Weil du zu lau bist, ganz dich hinzugeben,
    Nun, so versuch es denn mit niedrem Flug.

10 Schwing dich empor durch weihevolle Andacht.
    Gelingt dir dieses nicht, so ehre mich
    In deinem Tun. Wirkst du für mich allein,
    So wirst du zur Vollkommenheit gelangen.

11 Und bist du auch zu diesem noch zu schwach,
    So suche Zuflucht immerhin in mir,
    Entsage gern den Früchten deiner Werke
    Und gib dich mir in voller Demut hin.

12 Wohl ist das Wissen besser als der Fleiß,
    Doch ist die Liebe besser als das Wissen,
    Und die Entsagung besser noch; denn wer
    In Liebeskraft entsagt, ist nah dem Ziel.

13 Wer keinem Wesen Böses will, und frei
    Von Haß und Selbstsucht und barmherzig ist,
    Im Glück und Unglück immer gleich sich bleibt,
    Geduldig und zufrieden immerdar,

14 Im rechten Glauben treu, mit festem Willen
    Das Herz bezähmt und das Gemüt auf mich
    Gerichtet hält, sich gänzlich mir ergibt
    Und mich verehrt und liebt, der ist mir lieb.

15 Wer niemand mehr auf dieser Welt betrübt
    Und selbst durch nichts betrübt wird, sondern hoch
    Erhaben über Lust und Schmerzen ist,
    Von Zorn und Furcht befreit, der ist mir lieb.

16 Wer ruhevoll und rein, vertrauensvoll,
    Von Vorurteilen und von Zweifeln frei,
    Mein Werk vollbringt und jedem Lohn entsagend,
    Nur mich verherrlicht will, der ist mir lieb.

17 Wer nichts persönlich will und nichts verwirft,
    Wer nichts betrauert und auch nichts begehrt,
    Wer alles abstreift, was vergänglich ist,
    Und nur das Höchste liebt, der ist mir lieb.

18 Wer gegen Freund und Feind gleichmütig ist,
    Ruhm und Beleidigung, des Winters Frost,
    Des Sommers Hitze, Lust sowohl als Schmerz
    Mit Gleichmut tragen kann, der ist mir lieb.

19 Allein am meisten lieb' ich jene, die
    Mich über alles lieben, deren Leben
    Die Liebe ist. Sie lieb' ich über alles
    Und ich ernähre sie mit meiner Liebe.

XIII

Von der Erlangung der wahren Erkenntnis vermittels der Unterscheidung zwischen dem Geistlichen und dem Stofflichen

Ardschuna:

1 Gern möcht' ich nun, o Herr, dich reden hören
 Von diesen Leibern, die zu leben scheinen,
 Und von der Seele, die das Wahre sieht.
 Worin besteht die Täuschung der Erscheinung?

Krischna:

2 O Erdensohn, der Stoff, den du erblickst,
 Ist Kschetra (das »Gefäß«), ein Spielplatz ist's,
 In dem des Lebens Kräfte sich bewegen.
 Was wahrnimmt, ist Kschetradschna (oder »Geist«).

3 Ich bin die Seele, die in allen Dingen
 Enthalten ist; die wahrnimmt und erkennt.
 Die wirkliche Erkenntnis ist nur jene,
 Die in sich selbst das, was sie ist, erkennt.

4 So höre denn, was jener Spielraum ist,
 Was sich ihm eignet und woher er stammt;
 Was ihn verändert und was ihn belebt
 Und ihm den Schein der eignen Größe leiht.

5 Die Elemente, das bewußte Leben,
 Gemüt und unsichtbare Geisteskraft,
 Die äußre Körperform mit ihren Toren
 Und die fünf Sinne bilden das Gefäß,

6 Das sich die Seele baut. Abneigung, Neigung,
 Empfindung, Eigenwille, Lust und Schmerz,
 Denkfähigkeit und Selbstbewußtsein sind
 Die Eigenschaften, die ihm angehören.

7 Bescheidenheit, Aufrichtigkeit, Geduld,
 Rechtschaffenheit und Unschuld, Reinheit, Treue,
 Beständigkeit und Starkmut, Selbstbeherrschung,
 Ehrfurcht für Heiliges und Wahrheitsliebe,

8 Verachtung sinnlicher Vergnügungen,
Erkenntnis all des Übels, das Geburt
Verursacht (nämlich: Alter, Krankheit, Schmerz
Und Tod der Dinge, die vergänglich sind),

9 Dann Geistesgröße und Erhabenheit,
Nichtüberschätzung der Familienbande,
Die uns an Weib und Kind und Heimat fesseln,
Ein ruhevolles Herz in Freud' und Leid,

10 Mit Glaubenshoheit und ein fromm Gemüt,
Zur Andacht stets gestimmt und oft in mich
Vertieft, ein Herz, das mir ergeben, liebt,
Mit mir allein zu sein und Vielheit meidet.

11 Ausdauer im Verharren in dem Geist
Der Wahrheit und der Liebe. – Dieses ist
Die wahre Gottesweisheit; alles andere
Entspringt der Nichterkenntnis, Dunkelheit.

12 Dies ist das Licht und die Erkenntnis, welche
Unsterblichkeit verleiht, das Absolute
Ohn' Anfang oder Ende, welches weder
Das Sat (das Sein) noch Asat (Nichtsein) ist.

13 Gott ist und ist auch nicht! In allen Formen
Der Herrscher, ist er dennoch unbeschränkt.
Des Himmels Kräfte sind des Herrschers Hände,
Allsehend ist sein Auge, seine Füße

14 Sind überall; er ist es, der die Welt
Erleuchtet und erhält und sie umfaßt.
Glorreich in aller Sinne Kraft und doch
An nichts gebunden; Meister jedes Werkes,

15 Und doch von allem frei; bewegungslos
Und der Beweger doch von allem; Er,
Den niemand fassen kann, und der von allem
Der Träger ist, der unteilbare Eine;

16 Unendlich nah, und unermeßlich ferne,
Ist selbst das Leben, das er allen gibt.
Er ist der Allerhalter, der am Ende
Die Welt zerstört und sie aufs neu erschafft.

Hinduismus

17 Er ist das Licht der Lichter, das die Nacht
Erleuchtet; der Erkenner, das Erkannte
Und die Erkenntnis selbst, die in den Herzen
Von allen Wesen wohnt.

18 Nun hab' ich Dir
Verkündet, was des Lebens Quelle ist,
Und was der Stoff. Wer wahrhaft an mich glaubt,
Und mich in mir erkennt, der kommt zu mir.

19 Auch sollst du wissen, daß sowohl der Geist
Als auch das Stoffliche ohn' Anfang ist,
Und daß die Eigenschaften der Natur
In der Natur selbst ihren Ursprung haben.

20 Es wirkt der Stoff durch seine eignen Kräfte
Und baut sich wandelbare Formen auf;
Der Geist, der sie bewohnt und überschattet,
Verursacht, daß sie Lust und Leid empfinden.

21 Wenn sich der Geist mit Stofflichem verbindet,
So nimmt er an den Eigenschaften teil,
Die der Natur gehören, und mit ihnen
Erzeugt er durch sie Gutes und auch Böses.

22 Der höchste Weltgeist ist der höchste Herrscher,
»Zuschauer und Besitzer« nennt man ihn.
Verkörpert selbst, in irdscher Hülle bleibt
Er unberührt von Werken der Natur.

23 Wer so sich selbst als diesen Geist erkennt,
Der hat durch ihn das wahre Licht erlangt;
Als Sohn des Lichts, von seiner Last befreit,
Wird er nicht mehr zu neuer Qual geboren.

24 Durch Selbstbeherrschung finden manche Menschen
Das Selbst der Seele; manche finden es
Durch tiefes Denken oder Heiligkeit,
Und wieder andere durch gute Werke.

25 Auch hören manche Menschen davon reden
Und suchen dann nach Licht und finden es.
Der Lehre folgend handeln sie gerecht
Und überwinden so den bittern Tod.

26 Ein jedes Ding, in dem das Leben waltet,
   Ob es beweglich sei, ob unbewegt,
   Ob Pflanze oder Tiergebild', entsteht
   Durch die Vereinigung von Geist und Stoff.

27 Und wer in den veränderlichen Formen
   Mich den alleinigen und höchsten Herrn,
   Den Unerschaffnen, der sich niemals ändert,
   Erblickt, der ist der Seher, welcher sieht.

28 Wer den Allgegenwärtigen, den Herrn
   Der Welt in sich und andern Wesen sieht,
   Der schädigt sich nicht mehr und sündigt nicht;
   Er schreitet sicher der Vollendung zu.

29 Auch wer erkennt, daß das, was die Natur
   Hervorbringt, nur durch die Natur geschieht,
   Daß nicht die Seele handelnd auftritt, sondern
   Nur zusieht und besitzt, auch der sieht klar.

30 Und wer der Wesen ungezähltes Heer
   Als Vielheit sieht, die aus der Einheit stammt,
   In der zuletzt sich alles wieder eint,
   Der hat die Einheit und er lebt in Gott.

31 Der höchste Geist ist frei von jedem Zwang,
   Frei von den Eigenschaften der Natur,
   Und wird, auch wenn er einverleibt erscheint,
   Durch nichts, was die Natur bewirkt, befleckt.

32 Gleichwie der Äther durch die Körper dringt,
   Und doch durch diese nicht verändert wird,
   So wohnt der Weltgeist in den Wesen frei,
   Und wird durch deren Werke nicht befleckt.

33 So wie der Sonnenschein die Luft durchdringt,
   Und doch nicht durch den Ort, in dem er weilt,
   Verdorben wird, so scheint das Licht der Seele
   An allen Orten rein und unbefleckt.

34 Wer durch der Weisheit Auge klar erkennt,
   Wie sich der Geist vom Stoffe unterscheidet,
   Und wie sich Licht und Dunkelheit bekämpfen,
   Der folgt dem Licht und geht zum Frieden ein.

XIV

Das Buch der Religion durch die Trennung von den drei Gewalten der Natur

Krischna:

1 Noch weiter will ich das Geheimnis dir
Enthüllen, das die tiefste Weisheit ist,
Durch deren Offenbarung meine Seher
Zur Wahrheit und Vollkommenheit gelangten.

2 Wer dieser meiner Lehre fest vertraut
Und ihren tiefen Sinn erkennt, der wird
Nicht mehr geboren und nicht mehr berührt
Von Weltentstehung und Weltuntergang.

3 Dies Weltall ist der große Mutterleib,
In den ich aller Dinge Samen streue;
Aus diesem gehen die lebendgen Wesen
Von jeder Art, o Erdensohn, hervor.

4 Denn stets, wenn ein Geschöpf geboren wird,
Gleichviel in welchen Formen es entsteht,
Bin ich's, der Geist, der allen Leben gibt
Und Samen schafft, aus dem die Formen wachsen.

5 Sattwa (Bewußtsein), Radschas (Leidenschaft)
Und Tamas (Nichterkenntnis) sind die drei
Gewalten der Natur. Sie binden stets
Den freien Geist an diese Körperwelt.

6 Von diesen bindet Sattwa, welches rein
Und leuchtend ist, die sündenfreie Seele
Durch Wohlgefallen und Glückseligkeit,
Die aus Erkenntnis seiner Güte kommt.

7 Doch Radschas, der Begierde nah verwandt,
Der Quell der Selbstsucht und der Leidenschaft,
Ergreift die Seele durch die Kraft der Werke,
Die in der Eigenheit ein Mensch vollbringt.

8 Tamas, die Dummheit und der Unverstand,
Die Ausgeburt erkenntnislosen Dunkels,
Ein Nichts, das doch die ganze Welt beherrscht,
Durch Schlaf und Trägheit bindet es die Seele.

9 So herrscht denn Sattwa durch das Lustgefühl,
Radschas durch Tatendrang und Wissensdurst,
Und Tamas durch die blinde Torheit, die
Dem Lichte der Erkenntnis widersteht.

10 Wird Leidenschaft und Dummheit überwunden,
So bleibt das Licht zurück und leuchtet klar;
Geht die Erkenntnis und Begierde unter,
So bleibt die Torheit übrig, und wenn Tamas

11 Und Sattwa schwinden, brennt noch Radschas fort.
Wenn durch die Tore deines ganzen Wesens
Das Licht der Wahrheit scheint, so wirst du finden,
Das Sattwa in dir reif geworden ist.

12 Wenn Sehnsucht, Habsucht oder Wißbegierde,
Gewinnsucht, Strebertum und Tatendrang
Der Seele Ruhe stören, wisse dann,
Daß Radschas in dir Herr des Reiches ist.

13 Wo Dummheit, Trägheit, eitler Größenwahn,
Hochmütige Nichtswisserei, Verharren
Im Irrtum, Zweifelsucht und Aberglauben
Zu Hause sind, da ist Tamas der Herr.

14 Und wenn die Seele diese Welt verläßt,
Wenn Sattwa in ihr herrscht, so geht sie ein
Zur Götterwelt des Lichts, wo jene wohnen,
Die nach dem Guten suchten und es fanden.

15 Doch wenn der Körper stirbt, so lange Radschas
In ihm die Herrschaft hält, so führt der Weg
Ins Reich des Feuers, dorthin, wo der Ort
Für erdgebundene Wesen sich befindet.

16 Und stirbt der Mensch von Tamas' Nacht verhüllt,
Starrköpfig sich dem Glaubenslicht verschließend,
So gibt er seine Menschenrechte auf
Und geht vertiert zu niedern Wesen ein.

Hinduismus

17 Das, was aus Sattwa kommt, wird »gut« genannt;
   Radschas gebiert nur Qual und Tamas Torheit.
   Erkenntnis kommt aus Sattwa, Gier entspringt
   Aus Radschas, und aus Tamas kommt Verdummung.

18 Wer in der Eigenschaft von Sattwa steht,
   Der schwebt im Geist zu lichten Höhn empor;
   Beherrscht von Radschas bleibt er in der Mitte;
   Doch Tamas zieht zum Abgrund ihn hinab.

19 Wenn nun ein Mensch, der Weisheit hat, begreift,
   Wie diese Kräfte der Natur in ihm
   Sich offenbaren, und er das erkennt,
   Was über diesen steht, dann ist er frei.

20 Nicht mehr vollbringt er selber dann die Werke,
   Aus denen diese Körperwelt entsteht:
   Er ist von Tod, Geburt und Sünde frei,
   Und trinkt das Wasser der Unsterblichkeit.

Ardschuna:

21 Woran erkennt man, Herr, denjenigen,
   Der diesen Sieg errungen hat? Wie lebt
   Ein solcher Mensch, und wie gelingt es ihm,
   Durch Geisteskraft sich so zu überwinden?

Krischna:

22 Wer, ohne seine Ruhe zu verlieren,
   Den Glanz des Lichtes, der Begierde Feuer,
   Der Torheit Dunkelheit, wenn sie in ihm
   Vorhanden sind, ertragen kann und nicht

23 Durch etwas, das ihm fehlt, verbittert wird;
   Wer so, wie einer, den dies nicht betrifft,
   Zuschauern gleich die Spiele der Natur
   Betrachtend, spricht: »Sie folgen dem Gesetz!«

24 Wem Lusterfüllung oder Schmerzempfindung,
   Ein Stein, ein Klumpen Goldes, Freund und Feind
   Gleichwertig sind, wer immer ruhevoll,
   Erhaben über Lob und Tadel ist;

25 Von nichts mehr angezogen werden kann und nichts
   Im Weltall fürchtet, weil er das Gesetz,
   Das über allem steht, erkennt; der wird
   Ein Überwinder der Natur genannt.

26 Und wer mir so in Treu und festem Glauben
   Ergeben ist und mich vor allem ehrt,
   Den mach ich frei von den Naturgewalten;
   Er geht in mich, in Brahmas Wesen, ein.

27 Denn ich bin Brahmas segensreiche Wohnung,
   Die Heimat der Unsterblichkeit, der Geist,
   Das Dasein, die Erkenntnis, das Gesetz
   Und aller Wesen höchste Seligkeit.

XV

Das Buch der Religion
durch die Erlangung des Höchsten

Krischna:

1 Man sagt, daß Aswattha, der Feigenbaum,
 Der seine Wurzeln hoch im Himmel hat
 Und dessen Zweige sich zur Erde senken,
 Geheiligt sei. – Wer ihn kennt, kennt das All.

2 Aufwärts und abwärts streben seine Blätter;
 Und durch die Eigenschaften der Natur
 Genährt, entspringen seine Wurzeln stets
 Aufs neu den Werken, die der Mensch vollbringt.

3 Auf dieser Erde wird der Baum des Lebens,
 Sein Ursprung und sein Ende nicht erkannt;
 Wer aber mit dem Schwerte der Entsagung
 Von seinem Herzen diese Wurzeln trennt,

4 Der geht zum Höchsten ein, in jene Wohnung,
 Von der, wer sie erreicht hat, nimmermehr
 Zurück sich sehnt; zur Quelle aller Wahrheit,
 Aus der der Strom des Lebens ewig fließt.

5 Wer frei von Eitelkeit und Selbstwahn ist,
 Den Hang zum Bösen mutig überwindet
 Und sich von ganzem Herzen Gott ergibt,
 Der geht in Gottes höchste Wohnung ein.

6 Dort leuchtet eine andre Sonne, dort
 Erhellt ein andrer Mond den Himmel, dort
 Erscheint ein andres Licht, und wem es leuchtet,
 Der ist von Irrtum und von Sünde frei.

7 Wenn in der offenbaren Welt ein Strahl
 Von meinem Geist in eine Form sich kleidet,
 So zieht er aus dem Reiche der Natur
 Das Sinnesleben und die Denkkraft an.

8 So wird die Seele mit dem Fleisch verbunden,
Und wenn sie es verläßt, so sammelt sie
Den Duft des Irdischen, so wie der Wind
Der Blumen Wohlgerüche mit sich führt.

9 Verbunden mit dem Aug' und Ohr, Geruch,
Geschmack, Gefühl und Denken wird die Seele
Dem Fleische untertan und unterwirft
Sich gern der Herrschaft dieser Sinneswelt.

10 Die Unverständigen erkennen nicht
Den Geist, der kommt und geht und der, verbunden
Mit den drei Eigenschaften der Natur,
Verkörpert auftritt. Die Erleuchteten

11 Erkennen ihn in ihrem eignen Herzen,
In seinem Selbst; allein der eitle Tor,
Vom Eigenwahn verblendet, sieht ihn nicht,
Selbst wenn er eifrig ihn zu schau'n sich müht.

12 Von mir ist all die goldne Herrlichkeit,
Die in der Sonne scheint, das Silberlicht,
Das von dem Monde strahlet, und von mir
Der Glanz des Feuers, der die Welt erhellt.

13 Eindringend in den Boden, geb' ich Kraft
Und Feuer allem, was die Mutter Erde
Gebiert; ich bin es, der den Nahrungssaft
Durch Wurzeln, Zweige, Stamm und Blüte treibt,

14 Als Lebenswärme werd' ich offenbar
In Wesen, welche atmen. Zweifach ist
Mein Atem, innerlich und äußerlich,
Geistig und tierisch. So ernähr' ich alles.

15 Zweifach ist alles Dasein in der Welt:
Das ungeteilte Eine und das Andere,
Das teilbar ist. Was lebt, ist teilbar,
Das Ungeteilte ist das herrschende Prinzip.

16 Doch über allem ist der Geist,
Des Geisteskraft die ganze Welt durchdringt,
Der sie erfüllet und erhält, der Herr,
Der Ewige, der niemals untergeht.

Hinduismus

17 Weil ich erhabener als das Geteilte,
Und höher als das Ungeteilte bin,
So nennt man mich mit Recht den höchsten Gott,
Den Puruschottama.

18   Und wer mich so
Vom Irrtum frei in seinem Herzen kennt,
Und sich zu mir mit allen seinen Kräften
Von ganzer Seele wendet, kommt zu mir.

19 Dies ist das heilige Geheimnis, das
Ich dir enthülle, weil du sündlos bist.
Wer es begreift, hat Weisheit und nichts mehr
Mit dieser Welt zu schaffen; er ist frei.

XVI

Das Buch von der Getrenntheit des Göttlichen von dem Ungöttlichen

Krischna:

1 Furchtlosigkeit und Herzensreinheit, Wille
   Zum Streben nach der Freiheit, Liebesfülle
   Für alles, was da lebt, Ausdauer, Opfermut,
   Zurückgezogenheit und Selbstbeherrschung,

2 Entsagung, Unschuld, Wahrheitsliebe, Güte,
   Freigebigkeit, Barmherzigkeit, Geduld,
   Bescheidenheit und Gleichmut, innre Ruhe,
   Beständigkeit, ein freudiges Gemüt,

3 Zornlosigkeit und Milde, Keuschheit, Stärke,
   Verstandesklarheit und ein ruhig Herz;
   Das sind die Eigenschaften aller Wesen,
   Die himmlischer Geburt entgegengehen.

4 Zorn, Neid und Roheit, Selbstvergötterung,
   Dummheit und Eitelkeit und Heuchelei;
   Dies sind die Zeichen der Unseligen,
   Auf die das Schicksal der Asuras wartet.

5 Die himmlische Geburt bringt Seligkeit;
   Die andre führt zur Knechtschaft und zum Leid.
   Doch traure deshalb nicht, o teurer Prinz!
   Dir steht als Mensch der Weg zum Höchsten frei.

6 In jedem Menschen wohnen zwei Naturen:
   Die göttliche und auch die tierische.
   Die eine hab' ich dir bereits erklärt;
   Vernimm nun die Beschaffenheit der zweiten:

7 Den Wesen, welche den Asuren gleichen,
   Ist nicht ihr Ursprung noch ihr Ziel bekannt.
   Schlafwandlern gleichend leben sie, man findet
   In ihnen weder Rechttun noch Verstand.

8 Sie sagen: »Diese Welt hat kein Gesetz
 Der Ordnung, keine Wahrheit, keinen Herrn;
 Sie ist aus blindem Ungefähr entstanden;
 Des Daseins Zweck ist sinnlicher Genuß.«

9 Und diesem Irrtum folgend handeln sie;
 Denn unrein ist ihr Herz und das Gemüt
 Verdunkelt, der Verstand verwirrt. So sind
 Sie, die Verlorenen, der Fluch der Welt.

10 Sie geben unersättlichen Gelüsten
 Sich hin und sind voll Zorn und Eitelkeit;
 Vom Schein geblendet lieben sie die Täuschung
 Und ihre Lebensweise ist verkehrt.

11 Die Lüge halten sie für wahr und lieben
 Den Irrtum, der zum Tode führt; sie kennen
 Die Wahrheit nicht und opfern am Altare
 Des Götzens ihres wahngebornen Selbsts.

12 Von vielerlei Verlockungen umstrickt,
 Der Wollust, Torheit und dem Zorn ergeben,
 Ist ihr Bestreben, Reichtum anzuhäufen,
 Um ihre Lüste zu befriedigen.

13 Sie sprechen: »Dieses hab' ich heut' erreicht,
 Und jenes hoff' ich morgen zu gewinnen.
 Der eine Wunsch ward heute mir erfüllt,
 Den andern hoff' ich morgen zu erlangen.

14 Schon hab' ich heute diesen Feind bezwungen,
 Und jenen hoff' ich morgen zu vernichten.
 Ich bin ein Herr der Erde, ich bin stark
 Und mächtig; ja! mein Wille ist Gesetz.

15 Wir sind die Reichen und Hochwohlgebornen;
 Wer lebt so flott und elegant wie wir?
 Was uns belustigt, das genießen wir.«
 So sprechen diese Wesen wahnbetört.

16 Vom Wirbelsturm der Leidenschaften stets
 Im Kreis getrieben, und vom Netz des Irrtums
 Umfangen, streben sie hinab und sinken
 Hinunter in den eklen Höllenschlund.

17 Hochmütig, trotzig und besitzestrunken
   Sind diese Wesen; ihre frommen Werke
   Sind Heuchelei; sie opfern nur zum Scheine,
   Und wertlos sind die Gaben, die sie bringen.

18 Der Selbstsucht und der Eitelkeit ergeben,
   Starrsinnig und voll Hochmut, hassen sie,
   Die Läst'rer, Mich in ihren eignen Formen
   Und in den Formen derer, die sie zeugen.

19 Verhaßt und hassend, grausam, herzlos, schlecht,
   So stehn sie als der Menschheit Abschaum da;
   Sie, die Unheiligen, Verlorenen
   Verstoß' ich in die Leiber der Dämonen.

20 Und vom Dämonenschoß geboren, gehn
   Als Toren von Geburt sie zu Geburt;
   So wandeln sie fortan den tiefsten Weg,
   Bis sie zuletzt zu Mir sich wieder wenden.

21 Der Hölle Tor ist dreifach; dreifach ist
   Der Weg, der zu ihm führt: Die Wollust, Zorn
   Und Geiz. Vermeide sie! Wer sie vermeidet,
   Der geht den rechten Weg und findet Frieden.

XVII

Das Buch der Religion durch die dreifache Art des Glaubens

Ardschuna:

1   Was ist, o Herr, der Zustand jener Menschen,
    Die Gutes tun und treu im Glauben sind,
    Allein sich nicht um Vorgeschriebnes kümmern?
    Ist's Sattwa, Radschas oder Tamas – Sprich!

Krischna:

2   Des Menschen Glaube hat ein dreifach Wesen,
    Je nach der Eigenschaft, der er entspringt:
    Der wahre Glaube, der begehrliche
    Und dann der dunkle, der aus Torheit stammt.

3   Der Glaube eines jeden Menschen kommt
    Aus dessen eignem Wesen. Was er liebt,
    Das ist er selbst, und was er ist, das liebt er
    Und glaubt es auch, und wird damit vereint.

4   Die Sattwa-Menschen beten zu den Göttern,
    Die Radschas-Menschen zu den Rakschasas
    Und Yakschas; doch die Tamas-Menschen
    Zu Pretas, Bhutas (Teufeln und Gespenstern).

5   Und wer im frommen Eigensinn sich müht,
    Bußwerke übend, die nicht vom Gesetz
    Geboten sind und ihren Ursprung nur
    Im Selbstwahn haben, der betrügt sich selbst.

6   Wer so des Körpers Elemente quält,
    Die in dem Körper eingeschlossen sind,
    Der quält auch mich, der ich in allem wohne;
    Dem Bösen huldigt er, nicht aber mir.

7   So wie die Nahrung immer dreifach ist
    In ihrer Wirkung, so ist dreifach auch
    Die Buße, Opfer und Almosengeben.
    Vernimm, wie sich die Arten unterscheiden:

8 Die Nahrung, welche Lebenskraft vermehrt,
Und Wohlbefinden, Ruh' und Stärke gibt,
Gereift, wohlschmeckend und verdaulich ist,
Wird von den Sattwa-Menschen vorgezogen.

9 Die andre, welche scharf und reizerregend,
Gewürzhaft, feurig, salzig, sauer ist,
Das Blut erhitzt und Schmerz und Krankheit bringt,
Wird von den Radschas-Menschen sehr geliebt.

10 Doch das, was faul, geschmacklos, abgestanden,
Verdorben, schmutzig, weggeworfen ist,
Und edleren Naturen nicht behagt,
Ist noch den Tamaswesen angenehm.

11 Ein Opfer, welches selbstlos ohne Wunsch
Nach Lohn und Lob gebracht wird, im Gefühl
Der Pflicht, so wie es das Gesetz verlangt,
Entspringt aus Sattwa (der Erkenntniskraft).

12 Ein Opfer, dargebracht aus Gier nach Lohn,
Um etwas Beßres dafür einzutauschen,
Aus Eitelkeit, Gewinnsucht, Prahlerei,
Hat die Natur der Radschas-Eigenschaft.

13 Wer gegen das Gesetz und sinnlos opfert,
Erkenntnislos, dem wahren Glauben fern,
Und ohne daß Gott Anteil daran hat,
Der opfert aus der Tamas-Eigenschaft.

14 Des Leibes Buße ist, wenn man in Wahrheit
Die Gottheit ehret, den Erleuchteten
Verehrung zollt und gegen alle
Geduldig, liebevoll und gütig ist.

15 Das Wort, das wahrhaft ist und niemand schmerzt,
Der Rede Freundlichkeit und Herzensgüte,
Der frommen Seele heiliges Gebet
Ist Buße, die der Mensch im Sprechen übt.

16 Des Herzens Reinheit, Gleichmut, Schweigsamkeit,
Beharrlich' Streben nach der Heiligung,
Ein fromm Gemüt und Willensfestigkeit
Ist innre Buße, die der Geist vollbringt.

17 Dies ist der wahren Buße dreifach Wesen,
   Und wird sie ohne Hoffnung auf Gewinn
   Im Licht des Glaubens ausgeübt, so ist's
   Die Sattwa-Eigenschaft, die sie erfüllt.

18 Doch wer sich solcher Buße nur bedient,
   Um Lob und Vorteil dadurch zu gewinnen,
   Der ist ein Heuchler, eitel ist sein Werk,
   Und es entspringt der Radschas-Eigenschaft.

19 Die Buße aber, welche zwecklos ist,
   Aus Aberglauben unternommen wird,
   Auch jene, die zur Selbstqual unternommen,
   Nur schadet, hat die Tamas-Eigenschaft.

20 Wer stets zur rechten Zeit, am rechten Ort,
   Aus Mitleid und mit freudigem Gemüt
   Almosen spendet, weil's die Pflicht verlangt,
   Und nichts dafür erwartet, gibt aus Sattwa.

21 Wer eine Gabe bringt, weil er sich denkt,
   Gewinn und Vorteil dadurch zu erlangen,
   Auch wer mit Unlust, widerwillig gibt,
   Der handelt in der Radschas-Eigenschaft.

22 Und wer in barscher Weise, mit Verachtung,
   Zur Unzeit oder am unrechten Ort,
   Almosen jenen gibt, die es mißbrauchen,
   Der ist von Tamas-Eigenschaft bewegt.

XVIII

Das Buch von der Erlösung und Entsagung durch Heiligung

Ardschuna:

1 Erkläre mir, o Herr des Himmels, Du,
  Dem alle Herzen froh entgegenschlagen,
  Das Wesen der Enthaltsamkeit (Sanyasam)
  Und was Tyaga, die Entsagung ist.

Krischna:

2 Die Weisen sagen, daß Enthaltsamkeit
  Darin bestehe, daß man unterläßt
  Ein Werk zu tun, das die Begierde fordert.
  Entsagung ist Verzicht auf jeden Lohn.

3 Drum lehren manche, gar nichts mehr zu tun,
  Weil alles Menschenwerk nur Torheit sei.
  Und andere sagen, daß man Buße tun
  Und gute Werke stets vollbringen soll.

4 So höre nun, o Tapfrer, was ich dir
  Erklären werde: Dreifach ist die Art,
  In der sich die Entsagung äußern kann,
  Im Tun sowohl als auch im Unterlassen.

5 Anbetung, Opfer und die edlen Werke
  Der Frömmigkeit sind nicht zu unterlassen;
  Geschehen sollen sie ohn' Unterlaß.
  Den Menschen dienen sie zur Läuterung.

6 Doch sollen alle diese Werke stets
  Selbstlos (in Gottes Kraft und Gottes Namen)
  Und ohne Anspruch auf Verdienst geschehen.
  Dies ist mein unabänderlich' Gesetz.

7 Das Unterlassen eines Werkes, das
  Geschehen soll, ist unrecht, wer dies tut,
  Vollbringt dadurch der Nichterkenntnis Tat,
  Die aus der Tamas-Eigenschaft entspringt.

Hinduismus

8 Wer das vermeidet, was geschehen soll,
   Weil es ihm peinlich oder nicht genehm,
   Der handelt eigenwillig; Radschas ist
   Der Quell, aus dem sein Unterlassen stammt.

9 Wer aber das, was man vollbringen soll,
   Vollbringt, weil es vollbracht sein soll, und sich
   Um gar nichts, was das Werk ihm bringt, bekümmert,
   Der handelt in der Sattwa-Eigenschaft.

10 Wer keinen Widerwillen hat, ein Werk
   Zu tun, das ihm nichts bringt, und kein Verlangen,
   Das, was ihm gute Früchte bringt, zu tun,
   Der ist entsagend und er handelt recht.

11 Kein Mensch kann ganz und gar dem Tun entsagen,
   Solang im Leib er auf der Erde lebt.
   Wer aber auf die Früchte seiner Werke
   Von Herzen ganz verzichtet, der entsagt.

12 Der Werke Früchte im zukünftgen Leben
   Sind dreifach, nämlich die erfreulichen,
   Die schlimmen und gemischten; aber wo
   Kein Werk vollbracht wird, da ist keine Frucht.

13 »Der Dinge fünf bedarf ein jedes Werk«;
   So lehrt die Sankhya Philosophie:

14 Die Kraft zum Handeln und den Handelnden,
   Das Werkzeug, dann das Tun und schließlich Gott.

15 Was für ein Werk ein Mensch vollbringen mag,
   Im Denken, Sprechen oder Handeln, ob
   Es böse oder gut, in jedem Fall geschieht
   Es durch die Fünfheit dieser Elemente.

16 Wer deshalb, wenn er etwas unternimmt,
   Sich selbst als den alleinig Handelnden
   Betrachtet, ist vom Wahn des Selbsts geblendet;
   Er kennt die Wahrheit nicht und urteilt falsch.

17 Doch wer von Selbstwahn frei und unberührt
   Von Eigennützigkeit ein Werk vollbringt,
   Der schadet niemandem; er tötet nicht,
   Wenn auch durch ihn ein Heer vernichtet würde.

18 Der Elemente drei sind Grund des Handelns:
    Erkenntnis, das erkennende Gemüt
    Und das Erkannte. Auch gehört zum Werk
    Die Tat, der Täter und das Instrument.

19 Man sagt, daß die Erkenntnis, der Vollbringer
    Und auch die Handlung selbst in ihren Arten
    Dreifach verschieden seien. Höre nun,
    Was die verschiednen Eigenschaften sind:

20 Das wahre Wissen, das aus Sattwa kommt,
    Ist's, wenn das eine Leben man erkennt,
    Das allen Dingen Leben gibt, das Eine
    Unteilbar im Geteilten offenbar.

21 Wer dieses Eine kennt, der hat auch alles
    Darin erkannt; wer vielerlei erkennt
    Und dieses eine nicht, der kennt in Wahrheit
    Noch nichts; aus Radschas stammt sein scheinbar Wissen.

22 Und falsches Wissen ist es, wenn ein Mensch
    Mit ganzer Seel' an einem Dinge hängt,
    Als ob dies eine alles sei. Umnachtet
    Von Tamas kennt er nicht des Daseins Grund.

23 Das rechte Tun ist Handeln, wie es das
    Gesetz gebietet, das begierdenlos,
    Selbstlos und nicht aus Neigung oder Haß
    Geübt wird; Sattwa ist sein lichter Quell.

24 Geboren aus Begierde ist die Tat,
    Wenn zur Erfüllung irgend eines Wunsches,
    Den man persönlich hegt, sie dienen soll.
    Ein solches Tun hat Radschas-Eigenschaft.

25 Doch wird im Unverstand ein Werk vollbracht,
    Aus Torheit, ohne Rücksicht auf die Folgen,
    Unwissend, ob es schadet oder nützt,
    So hat die Handlung Tamas-Eigenschaft.

26 Von dem Vollbringer eines Werkes, der
    Erkenntnisvoll und frei von Habsucht ist,
    Und nicht um Lohn sich kümmert, wird gesagt
    Er wirke in der Weisheit Eigenschaft.

27 Und im Vollbringer, der begehrlich ist,
   Die Früchte seiner Werke zu erlangen,
   Den bald die Freude, bald das Leid erfüllt,
   Ist Leidenschaft das herrschende Prinzip.

28 Doch wer nachlässig, töricht, unentschlossen,
   Erkenntnislos und zweifelnd, ungeschickt,
   Betrügerisch und unberufen handelt,
   Der handelt in der Dummheit Eigenschaft.

29 Nun höre ferner noch von mir die Art
   Der Unterscheidung von den Tätigkeiten
   Des Intellekts, die je nach ihrem Wesen
   Aus Sattwa, Radschas oder Tamas stammen.

30 Vom Sattwa-Licht ist der Verstand erleuchtet,
   Wenn er die Tätigkeit und Ruhe kennt,
   Begreift, was Furcht ist und Furchtlosigkeit,
   Und was die Seele bindet und befreit.

31 Doch wenn ihm unklar vor dem Auge schwebt,
   Was Recht und Unrecht, oder wenn er sieht,
   Was Wahrheit ist, und sie nicht fest ergreift,
   So ist von Radschas' Flammen er ergriffen.

32 Und wenn der Intellekt, in Nacht verhüllt,
   Die Lüge achtet und für Wahrheit hält,
   Wenn dem Verkehrten jedes Ding verkehrt
   Erscheint, so hat er Tamas' Eigenschaft.

33 Wahrhaft beharrlich ist Beharrlichkeit,
   Wenn man durch sie des Herzens eignen Trieb,
   Den Lebensatem und die Sinne meistert.
   Dann wirkt die Kraft in Sattwas Eigenschaft.

34 Von Radschas ist Beharrlichkeit befleckt,
   Wenn man mit Festigkeit an Dingen hält,
   Die man begehrt, und wenn man Werke schafft,
   Um deren Früchte selber zu genießen.

35 Doch eitler Starrsinn, der nicht weichen will,
   An Furcht und Torheit, Trübsal oder Zweifel
   Gebunden ist, und liebt, was Schaden bringt,
   Der ist aus Tamas' Finsternis geboren.

36 Nun höre noch von dem, was Freude bringt
   Und Traurigkeit vertreibt, sein dreifach Wesen:

37 Wahrhaft und gut ist jene Seligkeit,
   Die nicht vergeht. Am Anfang schmeckt sie bitter
   Wie Gift, am Ende doch wie Nektar gut.
   Nimm sie; sie hat in sich die Sattwa-Klarheit.

38 Doch was am Anfang dir wie Nektar scheint
   Und dann am Ende Gift (die Sinneslust,
   Die aus Berührung mit der Sinneswelt
   Entsteht), das wirkt in Radschas-Eigenschaft.

39 Verderblich aber und am Anfang wie
   Am Ende schlecht ist das Vergnügen,
   Das aus der Sünde und der Torheit kommt;
   In ihm ist Tamas' dunkle Eigenschaft.

40 Es gibt auf Erden nichts, o teurer Prinz,
   Und nichts im Himmel und der Götterwelt,
   Das frei von diesen Eigenschaften wäre;
   Aus ihnen bildet sich die Körperwelt.

41 Die Pflichten der Brahmanen und der Krieger,
   Der Ackerbauenden und Sklaven sind
   Durch die drei Eigenschaften der Natur
   Bestimmt, die diesen Wesen angehört.

42 Denn wer in Wahrheit ein Brahmane ist,
   Ist ruhigen Gemüts und selbstbeherrscht,
   Von Herzen rein, geduldig und gelehrt,
   Und stets bestrebt, die Wahrheit zu erringen.

43 Des Kriegers Wesen ist die Tapferkeit,
   Aus seiner eigenen Natur geboren:
   Ausdauer, Treue, Schlauheit, Festigkeit,
   Entschlossenheit und Stärke, Edelmut.

44 Des Landmanns und des Kaufmanns Werke gehen
   Aus deren eigener Natur hervor.
   Der Bauer pflügt das Land, der Kaufmann handelt,
   Und seinem Trieb gehorchend, dient der Knecht.

45 Und wer das Werk, zu dem ihn die Natur
   Berufen hat, mit Fleiß und Treue,
   Was es auch sei, gewissenhaft erfüllt,
   Steigt sicher aufwärts zur Vollkommenheit,

Hinduismus

46 Und er gelangt zum Gipfel durch die Liebe,
Zum Guten, das des Lebens Quelle ist,
Durch Andacht und durch Werke, wenn er ihn,
Der dieses Weltall ausgebreitet hat,
Verherrlicht.

47 Besser ist's, das eigne Werk,
Wenn auch mit schwachen Kräften zu vollbringen
In gutem Glauben, als durch fremde Kräfte
Zum Werk getrieben, Sklavendienste tun.

48 Wer seine Pflicht erfüllt, der sündigt nicht,
Wenn auch sein Werk noch nicht vollkommen ist,
Denn wie der Rauch vom Feuer strömt, so ist
Auch alles Tun vom Irrtum nimmer frei.

49 So unterlasse nicht das Werk der Pflicht.
Nur der erlangt vollkommne Freiheit, der
Begierdenlos, im Geiste der Entsagung
Sein Werk vollbringt und keinen Lohn begehrt.

50 Erfahre nun, o Sohn der Erde, wie
Der Weise, der den wahren Frieden findet,
Vollkommenheit in Gott, das höchste Sein,
Daseins-Erkenntnis-Seligkeit erlangt:

51 Wer reinen Herzens und Mir ganz ergeben,
Zum Guten fest entschlossen, selbstbeherrscht
Und frei von Neigung und Abneigung ist,

52 Im Mittelpunkt des Herzens einsam wohnt,
Von wo in Liebe er das All betrachtet,
In allen Dingen immer mäßig ist,
Den Leib, die Zunge, das Gemüt beherrscht,

53 Von Ungeduld und Hochmut, Wollust, Zorn,
Selbstsucht und Habsucht frei, an nichts mehr hängt,
Was diese Erde und die Himmelswelt
Ihm bieten könnten, der wird Eins mit Brahma.

54 Und Eins geworden mit dem Geist des Alls
Erlangt sein Geist in Gott die ewge Ruhe.
Dort trauert er um nichts mehr und verlangt
Auch nichts und hat nach nichts mehr ein Begehren;

55 Denn in ihm selbst ist Alles. Geht er ein
   In Mich, so ist er Eins mit Mir, und sein
   Ist meine Größe, meine Macht, mein Sein,
   Mein Wesen, meine Weisheit, meine Kraft.

56 Und wenn er auch als Mensch auf Erden wandelt,
   Und auch im Erdenleib verkörpert wirkt,
   So steht er dennoch fest in meiner Gnade –
   Durch meine Stärke findet er sein Ziel.

57 Tu, was du tust, im Geiste der Entsagung,
   Indem an mich, den Herrn der Welt, du denkst,
   Laß mir für den Erfolg die Sorge; denk
   An mich und opfre mir Gemüt und Herz.

58 Vertrau auf mich und leb in meinem Glauben:
   Durch Glaubenskraft erringst du leicht den Sieg,
   Doch wenn du nur der eignen Kraft vertraust,
   Und mich nicht hörst, so wirst du untergehn.

59 Wenn du im Selbstwahn sagst: »Ich will nicht kämpfen«,
   Betrügst du dich; die eigene Natur
   Wird dich durch ihre Eigenschaften zwingen
   Zum Kampf, auch wenn du ihn nicht willst.

60 Was du, vom Schein betrogen, meiden möchtest,
   Das wirst du schließlich gegen deinen Willen
   Zu tun gezwungen werden, durch die Kräfte,
   Die sich im Innern deines Wesens regen.

61 Ein Meister wohnt im Innern der Geschöpfe,
   Er hat im Menschenherzen seinen Thron.
   Durch seinen Willen leitet er die Menschen
   Zum Guten an. Sein Wille ist Gesetz.

62 In Ihm nimm deine Zuflucht, deine Hilfe;
   Gib dich Ihm ganz aus voller Seele hin;
   Dann wirst durch seine Gnade du den Frieden,
   Des höchsten Daseins Seligkeit erlangen.

63 So hab' ich nun die tiefste aller Lehren,
   Das heilige Geheimnis dir erklärt.
   Bedenke wohl, was du gehört, und wähle,
   So wie du willst; es steht die Wahl dir frei.

64 Und nun noch einmal laß Mich dich ermahnen,
   Den Weg zu suchen, der zum Heile führt.
   Du bist Mir teuer, darum will ich dir
   Das heiligste Geheimnis offenbaren:

65 Laß Mich dein Herz verwalten, opfre dich
   In Meinem Herzen auf in festem Glauben;
   So wirst du sicherlich zu Mir gelangen;
   Das schwör ich dir, denn sieh, du bist Mir lieb.

66 Laß alle Formen und Gebräuche fahren,
   Und komm zu Mir, als deinem Zufluchtsort.
   Von allem Übel werd' ich dich erlösen.
   Sei Eins mit Mir und fürchte dich nicht mehr.

67 Dies ist die Lehre; aber sie ist nicht
   Bestimmt für jene, die nicht glauben können,
   Auch nicht für die, die keine Ehrfurcht haben,
   Noch für die Eiteln und die Lästerer.

68 Wer aber dieses heilige Geheimnis,
   Das heiligste von allen, jene lehrt,
   Die mich verehren wollen, kommt zu mir
   Und opfert mir das beste aller Werke.

69 Es kann mir niemand bessern Dienst erweisen;
   Ein solcher Mensch ist mir vor allen lieb.
   Durch seinen Mund verkünd ich meine Lehre;
   Und niemand wird mir teurer sein als er.

70 Und auch wer dieses heilige Gespräch
   Mit Andacht liest und sich erbaut,
   Der bringt mir ein willkommnes Opfer dar
   Und ist mir teuer. Ja, so soll es sein!

71 Wer dieser Lehre glaubensvoll vertraut,
   Mit Weisheit ihren tiefen Sinn durchschaut
   Und treulich sie befolgt, der geht beim Tode
   Zur höchsten Seligkeit und Ruhe ein.

72 Hast du, o Prinz, dies alles nun genau
   Vernommen und verstanden: ist dein Herz
   Von Sorgen frei, und ist die Dunkelheit,
   Die dein Gemüt belastete, verschwunden?

Ardschuna:

73 Vernommen hab' ich es, o Herr des Himmels.
Ich traure nicht mehr, deine Gnade hat
Mein Herz erleuchtet, mein Gemüt verklärt.
Verschwunden sind die Zweifel, klar die Wahrheit
Und was dein Wort befiehlt, das will ich tun.

Sandschaya:

74 Dies ist das wunderbare Zwiegespräch
Des Herrn des Himmels mit dem Sohn der Erde,
So wie ich es belauschte. Heilger Schauer
Durchbebte mir, als ich's vernahm, das Herz.

75 Durch Gottes Gnade, nicht aus eigner Kraft,
Vernahm ich es, das heilige Geheimnis,
Die Yoga-Lehre, von dem Herrn des Yoga
Gelehrt. So wurd' es mir geoffenbart.

76 Und jedesmal, so oft ich daran denke,
Erfüllt ein heller Jubel meine Brust.
Und groß ist meine Freude, unaussprechlich
Die Seligkeit, die mein Gemüt durchdringt.

77 Was ich empfand, das kann ich nicht beschreiben,
Als ich den Herrn des Himmels sichtbar sah.
Anbeten nur und staunen kann der Mensch,
Wenn sich das Licht der Gottheit offenbart.

78 Wo immer Krischna, Herr des Yoga, waltet,
Und ihm Ardschuna dient, da ist der Sieg
Gewiß; da fehlt es nicht an Glück und Segen;
Da ist die Kraft und Freiheit; dies steht fest.

Buddhismus

Dhammapada
Mahayana Shraddhotpada Shastra

Der Buddha ging von dem dem Hinduismus entgegengesetzten Ende des Spektrums aus. Er befaßte sich nicht mit dem Mysterium des Seins, sondern mit der Tatsache des Wandels und Werdens. Wie Heraklit im Verhältnis zu Parmenides in der griechischen Tradition, sah er alles als nichtdauernd, nichtsubstantiell, dem Wandel und der Auflösung unterworfen. Nicht nur die äußere Welt der Sinneserscheinungen, sondern auch die innere Welt des Bewußtseins sah er als in stetigem Fluß begriffen. Doch als er unter dem Bo-Baum, dem Baum der Erleuchtung, meditierte, erkannte er, daß jenseits dieses Flusses des Wandels und Werdens etwas Dauerhaftes, Unveränderliches existiert. Aber er scheute sich, ihm einen Namen zu geben, da dies wieder eine Substanz, ein Wesen vorausgesetzt hätte, und so nannte er es Nirvana, das »Erlöschen«, das Aufhören des Wandels und Werdens. Das ist die bleibende und höchste Einsicht des Buddhismus, die Wahrnehmung, daß es hinter allen Veränderungen der Sinne und des Denkens, hinter allen Phänomenen eine unveränderliche Realität gibt, die nicht mit Namen genannt werden kann, sondern allen Namen und Formen erst ihre Bedeutung gibt.

In der frühen Überlieferung des Buddhismus, dem sogenannten Hinayana, das »kleine Fahrzeug«, lag der Nachdruck auf dem »achtfachen edlen Pfad«, dem Weg des Einzelnen zur Erlösung vom Leiden dieser Welt und zum Frieden des Nirvana. Doch zu einem späteren Zeitpunkt wurde ein neuer Weg eröffnet, der Mahayana, das »große Fahrzeug«, bei dem der Bodhisattva, der Mensch, der die Erleuchtung erlangt hatte, das Gelübde ablegte, nicht eher ins Nirvana einzutreten, als bis alle lebenden Wesen erlöst wären. Das öffnete den Weg zu einer neuen Art des Mitleids (*karuna*) nicht nur für die Menschen, sondern für alle Geschöpfe. Gleichzeitig entwickelte sich die Vorstellung, daß der Buddha nicht nur der Erleuchtete war, der den Weg zur Befreiung gefunden hatte, sondern auch der Erlöser, der den Weg der Befreiung für die ganze Menschheit und die ganze Welt öffnen konnte. Im Lauf der Zeit wurde der Mahayana zu einer philosophischen Bewegung von immenser Komplexität und einer ungeheuren Verfeinerung des Denkens. Es ist subtiler als das Kants oder irgendeines modernen Philosophen, doch zeugt es immer noch vom transzendenten Mysterium, vom unergründlichen Grund des Bewußtseins, in dem alle Wahrheit zu finden ist.

Dhammapada
Der Wahrheit-Pfad

I

Das Paar-Kapitel

1 Vom Herzen gehn die Dinge aus,
　Sind herzgeboren, herzgefügt:
　Wer bösgewillten Herzens spricht,
　Wer bösgewillten Herzens wirkt,
　Dem folgt notwendig Leiden nach,
　Gleichwie das Rad dem Hufe folgt.

2 Vom Herzen gehn die Dinge aus,
　Sind herzgeboren, herzgefügt:
　Wer wohlgewillten Herzens spricht,
　Wer wohlgewillten Herzens wirkt,
　Dem folgt notwendig Freude nach,
　Dem untrennbaren Schatten gleich.

3 »Gescholten hat man mich, verletzt,
　Hat mich besiegt, hat mich verlacht«:
　Wer solchen Sinn im Herzen hegt,
　Von Feindschaft läßt er nimmer ab.

4 »Gescholten hat man mich, verletzt,
　Hat mich besiegt, hat mich verlacht«:
　Wer solchen Sinn zu bannen weiß,
　Von Feindschaft läßt er eilig ab.

5 Es wird ja Feindschaft nimmermehr
　Durch Feindschaft wieder ausgesöhnt:
　Nichtfeindschaft gibt Versöhnung an;
　Das ist Gesetz von Ewigkeit.

6 Die Menschen sehn es selten ein,
　Daß Dulden uns geduldig macht:
　Doch wer es einsieht, wer es weiß,
　Gibt alles Eifern willig auf.

7 Den Wohl und Lust Erspähenden,
　Den Sinnbetörten, Haltlosen,
　Den Mittagmahl-Unmäßigen,
　Den Trägen, Feigen, Schwächlichen,
　Den hat der Tod in seiner Macht,
　Wie Sturmwind einen schwanken Baum.

8 Den Leid und Wehe Kennenden,
  Den Sinnbezähmten, Standhaften,
  Den karges Mahl Genießenden,
  Den Unentwegten, Tüchtigen,
  Den, wahrlich, zwingt der Tod nicht mehr,
  Wie Sturm nicht zwingt die Felsenwand.

9 Wer ungeheilt von trübem Drang
  Den trüben Rock ergreifen will,
  Der Wahrheit und Entsagung fremd:
  Dem ziemet nicht das Mönchgewand.

10 Doch wer geheilt von trübem Drang
   Fest stehet in der Ordenszucht,
   Der Wahrheit und Entsagung treu:
   Ja, dem geziemet der trübe Rock.

11 Wer Unreales wähnt real,
   Reales aber unreal,
   Der irren Sinnes Wandelnde
   Erreichet nicht Realität.

12 Doch wer Reales weiß real
   Und Unreales unreal,
   Der rechten Sinnes Wandelnde
   Eilt rüstig zur Realität.

13 Gleichwie die Hütte, schlecht gedeckt,
   Von Güssen rasch durchrieselt wird:
   So wird ein schlecht gewahrtes Herz
   Durchrieselt schleunig von Begier.

14 Gleichwie die Hütte, wohl gedeckt,
   Von keinem Guß durchrieselt wird:
   So wird ein wohl gewahrtes Herz
   Durchrieselt nimmer von Begier.

15 Gequält hienieden, gequälet drüben,
   An beiden Orten ist gequält der Sünder;
   Den Qualentflammten erfaßt Entsetzen,
   Erkennt er seine eigne Freveltat.

16 Beglückt hienieden, beglücket drüben,
   An beiden Orten ist beglückt der Gute;
   Den heiter Frohen erfaßt Entzücken,
   Erkennt er seine eigne lautre Tat.

17 Es reut hienieden, es reuet drüben,
    An beiden Orten reuet es den Sünder;
    »Verruchtes tat ich«, seufzt er klagend,
    Und heftiger schluchzt er an üblem Ort.

18 Es freut hienieden, es freuet drüben,
    An beiden Orten freuet sich der Gute;
    »Verdienste hab' ich« weiß er freudig,
    Und seliger lacht ihm der reine Ort.

19 Mag einer viel Vortreffliches zwar sprechen,
    Doch sorglos trägen Sinnes nicht erfüllen:
    Dem Hirten gleich, der Herden andrer hütet,
    Hat keinen Teil er am Asketentum.

20 Mag einer wenig Treffliches nur sprechen,
    Doch ganz und gar der Lehre sich ergeben,
    Erloschen der Begier, dem Haß, dem Wahne:
    Der Einsichtige, völlig Herzerlöste,
    Der nicht am Diesseits, nicht am Jenseits haftet,
    Der hat Asketentumes Teil erlangt.

II

Das Ernst-Kapitel

21 Ernst leitet zur Todlosigkeit,
 Leichtsinn zum Reich des Sterbens hin;
 Die Ernsten sterben nimmermehr,
 Die Leichten sind den Leichen gleich.

22 Vollkommen dieses Ernsts bewußt
 In allem und in jedem Ding
 Sind Weise ernsten Sinnes froh,
 Sind selig ihrer Heiligung.

23 Die Selbstvertieften, Standhaften,
 Die unentwegt Gewaltigen,
 Die weise Überwindenden
 Erreichen Unvergleichliches,
 Nirvana, allerhöchstes Heil.

24 Des kräftig Kühnen, klar Bewußten,
 Des wohl Bedachten, Makellosen, Reinen,
 Des Selbstbezähmten, Starken, Ordenstreuen,
 Des Ernsten Ehre reift empor zur Höhe.

25 Mit Heldenmut und ernstem Sinn,
 Mit Selbstbezähmung und Verzicht
 Schafft, Standhafte, ein Eiland euch,
 Das jeder Flut gewachsen sei.

26 Dem leichten Sinn ergeben sich
 Erlahmte Männer, ohne Mut;
 Den Ernst bewahrt der weise Mann
 Als köstlich besten Schatzeshort.

27 Ergebt euch nicht dem leichten Sinn,
 O folgt nicht der Liebeslust!
 Der ernst in sich gekehrte Mönch
 Ist höchstem Heile selig nah.

28 Wenn mutig mit des Ernstes Kraft
 Der Weise sich vom Leichtsinn löst,
 Blickt von der Weisheit Warte er
 Leidlos in diese Leidenswelt:
 Wie einer, der am Gipfel steht,

Buddhismus

   Tief unten Talbewohner sieht,
   Betrachtet er gestählten Sinns
   Die Toren und das Torentum.

29 Ernst unter lässig leichtem Volk,
   Wach unter Schlafversunkenen,
   Dem Renner unter Kleppern gleich,
   Besitzlos zieht der Weise hin.

30 Durch Ernst erwarb sich Maghava,
   Der Götterfürst, den ersten Rang;
   Verehrung wird dem Ernst zuteil,
   Verachtung trifft den Leichtsinn stets.

31 Der ernsten Mutes frohe Mönch,
   Der Graus erkennt im leichten Sinn,
   Empfindet jedes Daseinsband,
   Ob grob, ob fein, wie Feuersglut.

32 Der ernsten Mutes frohe Mönch,
   Der Graus erkennt im leichten Sinn,
   Entronnen der Vergänglichkeit
   Ist baldig dem Nirvna nah.

III

Das Herz-Kapitel

33 Das aufgeregte, schwanke Herz,
    Das schwer sich festigt, schwer gehorcht,
    Vom Weisen wird es schlicht gemacht,
    Wie Pfeilholz von des Bogners Hand.

34 Wie Fischlein aus der Wasserflut
    Gelockt, geschleudert auf das Land:
    So zuckt und zappelt dieses Herz
    In Todesangst und Todesfurcht.

35 Des raschen, schwer bezwingbaren,
    Des ungezügelt schweifenden,
    Des wilden Herzens Bändigung
    Ist gut: gebändigt wirkt es Heil.

36 Das äußerst schwer ergründliche,
    Das heimlich tief verborgene,
    Das jedem Wunsch gefüge Herz,
    Das, Weise, habet wohl in Acht:
    Das wohlgewahrte wirket Heil.

37 Weit wandert, einsam schweift es hin,
    Das Körperlose, Innerste,
    Das Herz – wer das bezwingen kann,
    Entkommt aus diesem Todesreich.

38 Das unstete, zerstreute Herz,
    Der wahren Lehre unkundig,
    Das flatterhaft befriedigte,
    Das reift zur Weisheit nicht heran.

39 Geklärt von Herzens Glutenstrom,
    Befreit von Geistes Ungestüm,
    Dem Guten und dem Bösen fern,
    Kein Fürchten kennt der Wachende.

40 Dem irdnen Krug vergleiche diesen Körper,
    Worin dein Herz als Festung du verteidigst;
    Zertriff den Tod mit vollem Weisheitstrahle
    Und hüte den Besiegten, sei unnahbar.

Buddhismus

41 Gar bald wird dieser Körper da
    Am Boden liegen, unbewußt,
    Der elende, erbärmliche,
    Gleich unnützbaren Abfällen.

42 Was Feind dem Feind zu tun vermag,
    Was Haß dem Haß erdenken mag:
    Das schlechtem Sinn ergebne Herz
    Fügt Schlimmeres dem Eigner zu.

43 Was Vater und was Mutter auch,
    Was auch Verwandte, Freunde tun:
    Das rechtem Sinn ergebne Herz
    Fügt Besseres dem Eigner zu.

IV

Das Blumen-Kapitel

44 Wer wird diese Welt überwältigen,
   Dies Todesreich mit seiner Götterschar?
   Wer wird den leuchtenden Wahrheitpfad,
   Wie der Edle eine Blume, sich erpflücken?

45 Wer kämpft, wird die Welt überwältigen,
   Dies Todesreich mit seiner Götterschar,
   Wer kämpft, wird den leuchtendenWahrheitpfad,
   Wie der Edle eine Blume, sich erpflücken.

46 Als Schaumgebild betrachte diesen Körper,
   Erkenne wohl sein trügerisches Dasein,
   Zerbrich des Todeskönigs Blumenpfeile,
   Entschwinde dem Bereiche seiner Herrschaft.

47 Den holde Blumen Pflückenden,
   Den Herzenslust-Gefesselten
   Ergreift, wie Hochflut überfällt
   Ein schlafend Dorf, der jache Tod.

48 Den holde Blumen Pflückenden,
   Den Herzenslust-Gefesselten,
   Noch ungesättigt im Genuß
   Zwingt ihn der Tod in seine Macht.

49 Wie eine Biene Honigseim
   Aus milder Duftesblüte saugt
   Und dann, gesättigt, weiter fliegt:
   So wandle mittags auch der Mönch.

50 Nicht andrer Fehler, andrer Pein,
   Nicht ihr Getan und Nichtgetan:
   Blick dir ins eigne Herz hinein,
   Sieh dein Getan und Nichtgetan.

51 Wie köstlich aufgeblühter Kelch,
   Duftlos, doch voller Farbenreiz:
   So ist ein schön gesprochnes Wort
   Unwirksam, wenn kein Handeln folgt.

Buddhismus

52 Wie köstlich aufgeblühter Kelch,
   Voll Duft und voller Farbenreiz:
   So ist ein schön gesprochnes Wort
   Erwirksam, wenn das Handeln folgt.

53 Gleichwie aus reichem Blumenkorb
   Viel Kränze man erflechten kann:
   So flechte viel Verdienstliches
   Der Sterbliche ins Leben ein.

54 Dem Wind entgegen ziehn nicht Blütendüfte,
   Noch Sandelhauch, noch Blumenwohlgerüche:
   Doch selbst den Sturm durchweht der Duft der Guten,
   Der Duft des Edlen dringt nach allen Seiten.

55 Das Sandelholz, den Evabaum,
   Die Lotusblüte, den Jasmin:
   All diese Düfte übertrifft
   Der Wohlgeruch des Tüchtigen.

56 Nicht weit erstreckt sich jener Duft
   Vom Sandelholz, vom Evabaum:
   Der Wohlgeruch der Tüchtigen
   Weht über alle Götter hin.

57 Die Fährte dieser Tüchtigen,
   Der ernstergriffen Wandelnden,
   Der völlig klar Vollendeten,
   Ist unsichtbar dem Todesgott.

58 Gleichwie auf einem Haufen Mist,
   Geschichtet an dem Straßenrand,
   Ein Lotushaupt erstehen mag,
   Wohlriechend, herrlich anzuschaun:

59 So strahlt aus wirrer Welt hervor,
   Weit über alles Blindenvolk,
   In weisheitklarer Heiligkeit
   Ein Jünger des erwachten Herrn.

V

Das Toren-Kapitel

60 Lang ist die Nacht dem Wachenden,
   Lang ist der Weg dem müden Leib,
   Lang ist der unverständigen
   Wahrheitverkenner Wandelsein.

61 Triffst du auf deiner Wanderschaft
   Den Besseren, den Gleichen nicht,
   So wandre einsam, wackern Muts:
   Mit Toren schließt man keinen Bund.

62 »Ich habe Kinder, habe Geld«:
   Geschlagnen Geistes denkt's der Tor!
   Sich selbst besitzt man nicht einmal,
   Geschweige Kind, geschweige Gut.

63 Ein Tor, der seine Torheit merkt,
   Wahrhaftig, weise heißt man ihn;
   Ein Tor, der sich ein Weiser dünkt,
   Wahrhaftig, der wird Tor genannt.

64 Wenn auch sein ganzes Leben lang
   Der Tor um einen Weisen ist,
   Er wird die Wahrheit nicht verstehn,
   Dem Löffel in der Suppe gleich.

65 Wenn auch nur einen Augenblick
   Der Sinnige den Weisen sieht,
   Er wird die Wahrheit schnell verstehn,
   Gleichwie die Zunge Suppe schmeckt.

66 Als Eigenfeinde würgen sich
   Die Toren, die Verblendeten,
   Begehen böser Taten Schuld,
   Erwerben bittre Sündenfrucht.

67 Nicht solche Tat ist wohlgetan,
   Die reueschwer alsbald uns quält,
   Und deren Lohn man kummervoll
   Mit herbem Tränenblick empfängt.

68 Doch solche Tat ist wohlgetan,
    Die aller Reue ledig geht,
    Und deren Lohn man freudevoll
    In milder Heiterkeit empfängt.

69 Das Süße hat der Tor im Sinn,
    So lang die Sünde nicht gereift:
    Ist aber reif die Sündenfrucht,
    Dann fällt dem Leiden er anheim.

70 Mag alle Monat einmal nur
    So viel auf Grases Spitze geht
    Der Tor an Nahrung gönnen sich:
    Vom Werte der Verstehenden,
    Der recht die Dinge Wägenden
    Erlangt er auch kein Sechzehntel.

71 Die jetzt vollbrachte böse Tat
    Gerinnt nicht gleich, wie frische Milch:
    Verzehrend folgt dem Toren sie,
    Wie Feuer unter Asche glüht.

72 Sofern zu eignem Nachteil nur
    Erkenntnis sich im Torenhaupt
    Erhebt, erdrückt sein kleines Glück,
    Das Hirn zermalmend, jählings sie.

73 Gar manchen reizt des Pöbels Gunst,
    Lockt Vorrang in der Jüngerschar,
    Sticht Herrschaft in der Mönchklausur,
    Verehrung in der Laienwelt:

74 »Ich, ja wahrhaftig, hab's gekonnt,
    Sie alle mögen's wissen nur,
    Die Weltlichen und Geistlichen,
    Mir, wahrlich, soll an jedem Ort
    Zu jeder Zeit in jedem Ding
    Das ganze Volk zu Willen sein!«
    Das ist der Wunsch des Törichten,
    Und heftiger wächst Gier und Stolz.

75 »Erkenntnis, wahrlich, bringt Gewinn,
    Erkenntnis deckt Nirvana auf«:
    Der also dies Ergründende,
    Der Jünger des erwachten Herrn
    Ertrage Ehren gleichgültig,
    Er weihe sich der Einsamkeit.

VI

Das Weisen-Kapitel

76 Als Schatzverkünder gelte dir
   Ein Mann, der weiß, was trefflich ist,
   Der Denker, der das Wort erwägt,
   Als Weiser sei er hochgeschätzt;
   Verehrung eines solchen Manns
   Führt Übel nicht, führt Wohl dir zu.

77 Er lehre lauter, deute fein
   Und halte rein die Ordenszucht:
   Als Freund ist er den Guten wert,
   Nur Schlechte sehn den Feind in ihm.

78 Ergib dich schlechten Freunden nicht,
   Ergib dich nicht gemeinem Volk,
   Die edle Freundschaft halte hoch,
   Den besten Männern schließ dich an.

79 Wahrheitbeseligt, heiter, froh,
   Geklärten Geistes, reinen Sinns:
   Im Dauerglück der Heilsordnung
   Verweilt der Weise wonniglich.

80 Kanäle schlichten Bauern durch das Feld,
   Die Bogner schlichten spitze Pfeile zu,
   Die Zimmrer schlichten schlanke Balken ab,
   Sich selber, wahrlich, machen Weise schlicht.

81 Wie hoch erhabner Felsengrat
   Im Sturme unbeweglich steht,
   So stehn im Tadel, stehn im Lob
   Die Weisen unerschüttert da.

82 Wie tiefer klarer Alpensee
   Hell durchsichtig im Lichte liegt,
   Wird durch der Wahrheit lautres Wort
   Hell durchsichtig der Weisen Sinn.

83 Die Edlen wandern hin an alle Orte,
   Kein Wunscheston erklingt in den Gestillten,
   Vom Wohl berührt so wie berührt vom Wehe,
   Kein schrilles Wort vernimmt man von den Weisen.

84 Nicht für dich selbst und nicht für einen andern,
   Nicht wünsche Söhne, Reichtum, Königsherrschaft,
   Nicht wünsch dir widerrechtliches Gedeihen:
   Sei redlich du und tüchtig, standhaft, weise.

85 Gar wenige des Menschenvolks
   Durchkreuzen diesen Weltenstrom;
   Das ganze übrige Geschlecht
   Eilt nur am Ufer hin und her.

86 Doch jene Wahrheitdürstenden,
   Ergeben einem einzigen Ziel,
   Dem völlig klar verkündeten,
   Dem klar erkannten Wahrheitwerk:
   Sie werden kreuzen dieses Reich,
   Den ungeheuern Todesstrom.

87 Gemeinem Wesen abgewandt
   Weih edlem Werk der Weise sich:
   Als Bettelmönch vom Hause fort,
   Der Heimatstätte fern und fremd,
   Gelüste ihn der Einsamkeit,
   Der schwer genießbaren, Genuß;

88 Entgangen gierer Leidenschaft,
   Erlöst vom Wünschen, willensrein,
   Entglühe allertiefstem Grund
   Der Weise jeden Herzenshang.

89 Die in vollkommner Heiligung
   Gestählten Herzvollendeten,
   Die wunschentwunden Wandelnden,
   Die Daseinsende-Seligen,
   Die wahnerwacht Erstrahlenden:
   Das sind die Welterloschenen.

VII

Das Heiligen-Kapitel

90 Der seinen Weg gegangen ist,
   Der Sorgenüberwältiger,
   Der überall Entdaseinte,
   Der hinter sich zurücke ließ
   Das ganze Kettenlabyrinth:
   Genesen ist er jeder Qual.

91 Verstehende erheben sich,
   Voll Ekel an der Häuslichkeit:
   Wie Schwäne fort vom Sumpfe ziehn,
   Verlassen frei sie Haus und Hof.

92 Der Gang der Fülle-Fliehenden,
   Ernährung klar Erkennenden,
   Im Leeren, Unbeschreiblichen,
   Erlösenden Verweilenden:
   Gleichwie der Vögel Himmelsflug
   Ist schwer erfindbar derer Gang.

93 Der Pfad des Wahnerloschenen,
   Des Atzung-Unabhängigen,
   Im Leeren, Unbeschreiblichen,
   Erlösenden Verweilenden:
   Gleichwie der Vögel Himmelsflug
   Ist schwer erfindbar dessen Pfad,

94 Den Heitern, dessen Sinne sanft geworden
   Wie Wagenlenkers wohlbezähmte Rosse,
   Den Dünkelledigen, den Wahnerlösten:
   Die Götter selbst beneiden einen solchen.

95 Der Erde gleich, die niemals zornig wird,
   Wie Steingetäfel unerregbar stark,
   Hell durchsichtig wie schlammgeklärter See:
   Kein solcher kehrt zurück ins Wandelsein.

96 Gestillt ist seines Herzens Sinn,
   Gestillt das Wort, gestillt die Tat
   Des weisheitklar Vollendeten,
   Des friedestillen Heiligen.

Buddhismus

97 Wer keinem Hörensagen traut,
    Wer weiß, was unvergänglich ist,
    Und das Vergängliche vertilgt:
    Der Raum und Zeit Zermalmende,
    Der Willenswahn-Entsündigte
    Ist wahrlich allerhöchster Held.

98 Sei's nah dem Dorfe, nah dem Wald,
    Sei's in der Ebne, im Gebirg:
    Die Stätte, wo ein Heil'ger weilt,
    Ist ein entzückend schöner Ort.

99 Entzückend ist der Waldesgrund;
    Wo sich die Menge nicht ergetzt,
    Ergetzen gierlos Heil'ge sich:
    Sie jagen nicht den Lüsten nach.

VIII

Das Tausenden-Kapitel

100 Und seien's tausend Worte auch,
Geordnet ohne Sinn und Zweck:
Ein Sinnspruch ist vortrefflicher,
Der Frieden dem Vernehmer bringt.

101 Und seien's tausend Strophen auch,
Geordnet ohne Sinn und Zweck:
Ein Strophensatz ist trefflicher,
Der Frieden dem Vernehmer bringt,

102 Wer auch einhundert Strophen spricht,
Geordnet ohne Sinn und Zweck:
Ein Wahrheitspruch ist trefflicher,
Der Frieden dem Vernehmer bringt.

103 Nicht wer zehnhunderttausend Mann
Am Schlachtfeld überwältigt hat:
Wer einzig nur sich selbst besiegt,
Der, wahrlich, ist der stärkste Held.

104 Vorzüglicher als Völkersieg
Ist eignen Herzens Bändigung;
Dem selbstbezwungen Lebenden,
Beständig standhaft Wandelnden,

105 Dem kann kein Gott, kein Genius,
Selbst Satan mit dem Brahma nicht
Den Sieg entreißen irgendwie,
Dem also stets Verweilenden.

106 Magst Tausenden allmonatlich
Durch hundert Jahre Spendung tun:
Verehrst nur einen Augenblick
Du einen Selbstgewaltigen,
Ist diese Ehrung trefflicher
Als spenden hundert Jahre lang.

107 Und dienst du volle hundert Jahr'
Dem Feuerkult im Waldeshain:
Verehrst nur einen Augenblick

Du einen Selbstgewaltigen,
Ist diese Ehrung trefflicher
Als opfern hundert Jahre lang.

108 Was immer auch ein frommer Lohnbegehrer
Im Lauf des Jahres opfern mag und beten:
Dies alles taugt auch keinen einz'gen Heller,
Verneigung vor den Tüchtigen ist besser.

109 Dem liebevoll Begrüßenden,
Gereifte stets Verehrenden
Erreift gelinde viererlei:
Der Leib, das Leben, Wohlsein, Kraft.

110 Und lebt man hundert Jahre auch,
Untüchtig, ohne ernsten Sinn:
Weit besser ist ein einz'ger Tag
Des selbstvertieften Tüchtigen.

111 Und lebt man hundert Jahre auch,
Unweise, ohne ernsten Sinn:
Weit besser ist ein einz'ger Tag
Des selbstvertieften Wissenden.

112 Und lebt man hundert Jahre auch,
Unstrebsam, ohne Kampfesmut:
Weit besser ist ein einz'ger Tag
Des starken Mutergriffenen.

113 Und lebt man hundert Jahre auch,
Unkundig dieser Wandelwelt:
Weit besser ist ein einz'ger Tag
Des Wandelwelt-Erkennenden.

114 Und lebt man hundert Jahre auch,
Unkundig des Erlösungswegs:
Weit besser ist ein einz'ger Tag
Des Toderlösung-Kennenden.

115 Und lebt man hundert Jahre auch,
Unkundig jenes höchsten Ziels:
Weit besser ist ein einz'ger Tag
Des höchstes Ziel Erschauenden.

IX

Das Sünden-Kapitel

116 O wende bald zum Guten dich,
    Verschließ dein Herz dem Sündentrieb:
    Denn wer nur lässig Rechtes tut
    Bleibt doch der Sünde wohlgeneigt.

117 Wenn Sündiges der Mensch getan hat,
    So tue er es nimmer wieder,
    Noch denke er daran mit Sehnsucht:
    Denn schmerzlich brennet Sündenfülle.

118 Wenn Treffliches der Mensch getan hat,
    So tue er es immer wieder,
    Und denke stets daran mit Sehnsucht:
    Denn glücklich machet Tugendfülle.

119 Auch einem Bösen geht es gut,
    So lang das Böse nicht gereift;
    Ist aber reif die böse Frucht,
    Dann geht es schlecht dem schlechten Mann.

120 Auch einem Guten geht es schlecht,
    So lang das Gute nicht gereift;
    Ist aber reif die gute Frucht,
    Dann geht es gut dem guten Mann.

121 Das Böse achte nicht gering:
    »Darüber bin ich längst hinaus« –
    Ein Tropfen nach dem anderen
    Füllt endlich doch den Wasserkrug,
    Voll wird des Toren Sinn und Herz,
    Allmählich sammelnd Böses an.

122 Das Gute achte nicht gering:
    »Darüber bin ich längst hinaus« –
    Ein Tropfen nach dem anderen
    Füllt endlich doch den Wasserkrug,
    Voll wird des Weisen Sinn und Herz,
    Allmählich sammelnd Gutes an.

123 Gleichwie ein reicher Handelsherr,
    Mit vielem Gut, doch schlecht beschützt,

Den düstern Räuberhohlweg flieht,
Gleichwie der Lebensfreudige
Zurückbebt vor dem Giftpokal:
So scheue alles Sündige.

124 Wenn unverwundet deine Hand,
Magst ruhig du berühren Gift,
Die heile Haut durchdringt es nicht:
Kein Übel quält den Sündlosen.

125 Wer einem rechtgesinnten Manne Unrecht tut,
Dem graden, standhaften, dem makellosen,
Auf jenen Toren fällt zurück das Unrecht,
Wie feiner Staub, den man dem Wind entgegenwirft.

126 Als Embryo kehrt der zurück,
Zur Hölle der Verworfene,
Zum Himmel steigt der Gute auf,
Total erlischt der Heilige.

127 Nicht in der Luft, nicht in der Meerestiefe,
Nicht in dem Herzen fernster Bergeshöhle,
Nicht findet in der Welt man jene Stätte,
Wo man der eignen Schuld entfliehen könnte.

128 Nicht in der Luft, nicht in der Meerestiefe,
Nicht in dem Herzen fernster Bergeshöhle,
Nicht findet in der Welt man jene Stätte,
Wo man dem Tode nicht erliegen müßte.

X

Das Qualen-Kapitel

129 Ein jedes Wesen scheuet Qual,
Ein jedes Wesen flieht den Tod:
Erkenn dich selbst in jedem Sein,
Und quäle nicht und töte nicht.

130 Ein jedes Wesen scheuet Qual,
Und jedem ist sein Leben lieb:
Erkenn dich selbst in jedem Sein,
Und quäle nicht und töte nicht.

131 Wer mitleidlos die Wesen quält,
Die heiß begehren, so wie er,
Wohlauf zu sein und frohgemut,
Erlangt kein Wohl nach seinem Tod.

132 Wer mitleidvoll kein Wesen quält,
Das heiß begehret, so wie er,
Wohlauf zu sein und frohgemut,
Erlanget Wohlsein nach dem Tod.

133 Zu keinem rede hart und rauh,
Leicht möchte er's erwidern dir;
Gar schmerzlich ach! ist Zank und Streit,
Zu Tätlichkeiten kommt es bald.

134 Gelangst in Aufruhr nimmer du,
Gleich einer Glocke, die zersprang,
So hast Nirvana du erreicht,
Kein Sturmgeläute gibt es mehr.

135 Gleichwie der Hirt die Herde mit
Dem Stocke in die Ställe treibt:
So treibt das Alter und der Tod
Die Lebenden dem Ende zu.

136 Verwerfliches begeht der Tor
Und denkt dabei nicht weiter dran:
Dann aber brennt die eigne Tat
Den Unbedachten glühend heiß.

Buddhismus

137 Wer friedlos naht den Friedlichen,
 Wer strafend quält die Straflosen,
 Eilt zehnfach Üblem schleunig zu,
 Zum einen oder anderen:

138 Er mag erfahren bittres Leid,
 Verlust von Gütern und den Tod,
 Es kann ihn treffen Irrsinns Nacht,
 So wie auch schwerer Krankheit Qual;

139 Der König mag ihn vorladen
 Und halten fürchterlich Gericht;
 Sein Weib, sein Kind mag hinsiechen,
 Sein Hab und Gut zugrunde gehn,

140 Verzehren und vernichtigen
 Des Feuers Wut ihm Haus und Hof;
 Und stirbt er, tritt der Ruh'lose
 Ins Dasein in der Höllenwelt.

141 Nicht diese und nicht jene Büßerregel –
 Entblößten Körpers sitzen, stehn und gehen,
 Das Haar in Scheitelflechten aufzubinden,
 Geweihte Zeichen auf die Stirne salben,
 Zuweilen aller Nahrung sich enthalten,
 Ekstatisch regungslos am Boden liegen,
 Den Leib mit Asche, Staub und Mist bestreuen,
 Auf seinen Fersen stetig auszuharren –
 Kann läutern den, der noch Begehrung heget.

142 Und wenn auch einer schmuck und reinlich aussieht,
 Beruhigt, friedreich, standhaft, keuschen Wandels,
 Der keinem Wesen etwas Böses zufügt,
 Der ist ein Brahmane, ein Büßer, ist ein Jünger.

143 Gibt's einen Mann wohl in der Welt,
 Des Schamgefühl so mächtig ist,
 Daß jedem Anstoß er entgeht,
 Gleichwie dem Sporn ein edles Roß?
 Gleichwie ein edles Roß vom Sporn getroffen,
 So seid ergriffen, eifrig, unermüdlich.

144 Durch recht Vertrauen, rechtes Leben, rechtes Streben,
 Durch rechte Selbstvertiefung, rechte Seinsergründung,
 Durch rechtes Wissen und durch rechten Wandel,
 Stets einsichtvoll und gleichmütig verweilend,
 Mögt überwinden ihr dies ganze Leiden.

145 Kanäle schlichten Bauern durch das Feld,
Die Bogner schlichten spitze Pfeile zu,
Die Zimmrer schlichten schlanke Balken ab,
Sich selber, wahrlich, machen Dulder schlicht.

XI

Das Alter-Kapitel

146 Wie kann man lachen, lustig, froh,
Da alles Sein in Flammen steht!
Von tiefster Finsternis umhüllt
Sehnt ihr euch nicht empor zum Licht?

147 Sieh dieses bunte Scheinbild an,
Das ganz aus Wunden nur besteht,
Das sieche, voll von Willensdrang,
Das dauerlos erstirbt, verstiebt.

148 Das Alter zehret diesen Leib,
Ein Nest ist er für Seuchenbrut,
Gebrechlich jeden Augenblick;
Die faule Masse löst sich auf,
Denn Tod ist ja des Lebens Zweck.

149 Was hat man doch dort hingelegt,
Wie Kürbisse zur Herbsteszeit?
Gelbgraue Schädelknochen sind's –
Wer hat da Lust, noch froh zu sein!

150 Die Knochenburg, bedeckt mit Fleisch,
Erfüllt von Blutes Saft und Kraft,
Beherbergt Alter, Not und Tod,
Hochmut und Stolz und Heuchelei.

151 Gebrechlich wird der schöne Königswagen,
Und auch den Körper da beschleicht das Alter:
Der Edlen Lehre aber wird nicht älter.
Die Edlen, wahrlich, lernen von den Edlen.

152 Wer nichts gehört hat, nichts versteht,
Der altert nur nach Ochsenart:
Sein Bauch wächst immer mehr und mehr,
Doch seine Einsicht wachset nicht.

153 Endlosen Lebens Seinsformen
Hab' immer wieder ich durchirrt,
Den suchend, der dies Haus erbaut,
Leidvoll ist stets erneutes Sein.

154 Erkannt bist, Hauserbauer, du,
Nicht mehr wirst du das Haus erbaun!
All deine Balken sind zerstört,
Vernichtet ist das ganze Haus,
Vernichtungselig hat das Herz
Des Wollens Aufhebung erreicht.

155 Wer nicht der Welt entsaget hat,
Noch Geld erwarb, so lang er jung,
Siecht wie ein alter Reiher hin
An einem fischerstorbnen Sumpf.

156 Wer nicht der Welt entsaget hat,
Noch Geld erwarb, so lang er jung,
Liegt da, zerbrochnem Bogen gleich,
Beweinend längstentschwundne Kraft.

Buddhismus

XII

Das Selbst-Kapitel

157 Wem teuer ist das eigne Selbst,
Der hüte es in treuer Hut;
Drei tiefeinsame Nachtstunden
Durchwache stets der weise Mann.

158 Sich selbst zuerst befestige
Der Weise auf dem rechten Pfad:
Dann erst belehre andre er,
Kein Fehl, kein Tadel ziemet ihm.

159 Wer also, wie er's andre lehrt,
Das eigne Selbst bezwingen kann,
Mag auch bekehren dann, vielleicht;
Sich selbst besiegen, das ist schwer!

160 Das Selbst nur ist des Selbstes Herr,
Welch höhern Herren gäb' es wohl!
Mit allbezähmtem Selbst, fürwahr,
Erlangt man schwer erlangbaren,
Besitzt man einzig seltnen Herrn.

161 Die böse Tat, vom Selbst getan,
Vom Selbst erzeugt, vom Selbst gereift,
Zermalmt den Toren, wie Gestein
Zermalmt vom Diamanten wird.

162 Wes Bosheit keine Grenzen kennt,
Der bringt sich selbst gar bald dahin,
Lianengleich von ihr umstrickt,
Wo ihn sein Feind zu sehen wünscht.

163 Leicht ist das Schlechte, Sündige,
Das, was uns selbst nur Unheil schafft;
Was aber frommt, was aber gut,
Ach, wie so äußerst schwer ist das!

164 Wer schmähend schilt die Heilsordnung
Der Heiligen, Vollendeten,
Der treu und standhaft Wandelnden,

Er selbst dem Schlechten zugetan,
Reift, ähnlich dem Katthako-Baum,
Sich selbst Verderbens Früchte aus.

165 Das eigne Selbst tut Sündiges,
Das eigne Selbst ist bösgesinnt;
Das eigne Selbst flieht Sündiges,
Das eigne Selbst ist reingesinnt;
Selbst ist man böse oder rein:
Kein andrer kann Erlöser sein.

166 Das eigne Heil gib nimmer auf
Um fremden, noch so großen Heils;
Hast du das eigne Heil erkannt,
Gedenke eifrig deiner selbst.

XIII

Das Welt-Kapitel

167 Gemeines fliehe überall,
Leb nicht in dumpfer Trägheit hin,
Verabscheue, was falsch und schlecht,
Treib in der Welt dich nicht umher.

168 Sei wachsam, halte standhaft aus,
Geh weiter deinen rechten Gang;
Wer recht geht, lebt glücklich hier,
In diesem und in jenem Sein.

169 Geh weiter deinen rechten Gang,
Folg nicht dem falschen, bösen Weg;
Wer recht geht, lebt glücklich hier,
In diesem und in jenem Sein.

170 Als Schaumblase sieh diese Welt,
Als Luftgebild sieh diese Welt:
Dann sieht dich, der du also schaust,
Der Herr des Todes nimmermehr.

171 Geht, schaut euch an die schöne Welt,
Die wie ein Königswagen gleißt –
Nur Toren sind hineinverstrickt,
Kein Band hält mehr die Wissenden.

172 Wer früher töricht sorglos war,
Doch endlich seine Schuld erkennt,
Der leuchtet durch die finstre Welt
Gleichwie der Mond aus Wolkennacht.

173 Wer einst begangne böse Tat
In wahrer Buße tief bereut,
Der leuchtet durch die finstre Welt
Gleichwie der Mond aus Wolkennacht.

174 In blinder Nacht liegt diese Welt,
Klar sehen hier nur wenige;
Dem netzbefreiten Vogel gleich
Steigt selten einer himmelwärts.

175 Flamingos fliegen durch die Luft,
Magiegewaltig Mächtige

Durchfliegen jedes Raumes Reich,
Als Sieger im Verneinungskampf
Entfliegen Heilige der Welt.

176 Ein lügenhafter, falscher Mensch,
Der aller Wahrheit abgesagt
Und sorglos wähnt, daß ja der Tod
Das Ende seines Wesens sei,
Der ist zu jedem Fehl bereit.

177 Nicht, wahrlich, steigen Geizige zur Welt der Götter,
Die Törichten verpönen Liebesgaben;
Der Weise aber freuet sich des Gebens,
Wird gebend selig diese Welt verlassen.

178 Vorzüglicher als Kaisermacht,
Vorzüglicher als Himmelsglück,
Vorzüglicher als Weltherrschaft
Ist des Erlösungsweges Ziel.

XIV

Das Buddha-Kapitel

179 Des Sieg nicht wieder übersiegt wird,
Dem siegend keiner mehr entgegen ziehet,
Ihn, den Erwachten, Allerkenner,
Den Unergreifbaren könnt ihr nicht greifen.

180 Den nirgendwo ergreifen können
Des Wollens gierig heiße Daseinstriebe,
Ihn, den Erwachten, Allerkenner,
Den Unergreifbaren könnt ihr nicht greifen.

181 Den einsichtfroh Entsagenden,
In tiefster Ruh' Beseligten:
Die Götter selbst beneiden ihn,
Den Auferwachten, Standhaften.

182 Schwer ist es, Mensch zu werden hier,
Schwer lebt sich's bei den Sterblichen,
Schwer hört man von dem wahren Heil,
Schwer trifft man einen Buddha an.

183 Sich allem Bösen wenden ab,
Erkämpfen Gutes Schritt um Schritt,
Sein Herz von Schlacken rein zu glühn:
Das ist Erwachter Lehrgebot.

184 Geduld ist höchste Buße, Dauertugend,
Das höchste Heil: das künden an Erwachte;
Und Pilger ist nicht, wer den andern angreift,
Asket nicht, wer mit andern sich verärgert.

185 Nie streiten, niemals greifen an,
In reiner Zucht gezügelt sein,
Beim Mahle kennen rechtes Maß,
An fern entlegnem Orte ruhn,
Nach hohem Ziele herzbestrebt:
Das ist Erwachter Lehrgebot.

186 Kein Regen Goldes sättigt je
Der Menschen stets erneute Gier;
»Begierden trügen, schmerzen uns«:
In solchem Wissen wohlbewährt,

187 Sogar für höchste Himmelslust
    Ganz ohne Herz und ohne Sinn,
    Beseligt einen wahren Sohn
    Des siegreich Allvollendeten
    Einzig des Wollens Aufhebung.

188 Wie manche Zuflucht suchet man,
    Gepeitscht von wilder Schreckensfurcht,
    Als Berg und Fels, als Wald und Hain,
    Geweihten Baums und Altars Statt.

189 Doch dies gewährt nicht Sicherheit,
    Dies ist die höchste Zuflucht nicht,
    An solcher Zufluchtstätte wird
    All unser Leiden nicht gestillt.

190 Wer bei dem Buddha, seinem Wort
    Und seinen Jüngern Zuflucht fand,
    Erkennt mit voller Weisheitkraft
    Die heiligen vier Wahrheiten:

191 Das Leid, des Leidens Ursache,
    Des Leidens Überwältigung,
    Den heil'gen achtgeteilten Weg,
    Der zu des Leidens Ende führt.

192 Dies, wahrlich, bietet Sicherheit,
    Dies ist die höchste Zuflucht uns,
    Wer diese Zuflucht sich erkor,
    Wird allen Leidens selig frei.

193 Ein edler Mann tritt selten auf,
    Nicht überall entstehet er;
    Wo ein Erhabener erscheint,
    Gedeihet alles Volk umher.

194 Gut, daß Erwachte auferstehn,
    Gut, daß sie Wahrheit lehren uns,
    Gut Eintracht in der Jüngerschaft,
    Gut die Askese Friedlicher.

195 Wer Ehrungswürdige verehrt,
    Die Buddhas, oder Jünger auch,
    Die jeden bösen Trieb besiegt,
    Die allem Gram und Schmerz entrückt,

196 Wer solche Männer hochverehrt,
Die Allerlösten, Furchtlosen,
Des großes, großes Heilverdienst
Ist unermeßlich, unschätzbar.

XV

Das Glück-Kapitel

197 O wie so glücklich leben wir,
　　Haßlos unter Gehässigen!
　　In dieser haßerfüllten Welt
　　Verweilen haßerlöset wir.

198 O wie so glücklich leben wir,
　　Heil unter den Unheilbaren!
　　In dieser heilverlornen Welt
　　Verweilen heilgesundet wir.

199 O wie so glücklich leben wir,
　　Gierlos unter den Gierigen!
　　In dieser gierverzehrten Welt
　　Verweilen giergesundet wir.

200 O wie so glücklich leben wir,
　　Die wir gar nichts besitzen, nichts!
　　Von Heiterkeit durchsättiget
　　Wie lichte Götter strahlen wir.

201 Ein Sieg erzeuget Wut und Haß,
　　Besiegte leben unglücklich;
　　Glücklich lebt der Beruhigte,
　　Gleich fern von Sieges Lust und Not,

202 Kein Feuer brennt wie Lustbegier,
　　Kein Sündenübel gleicht dem Haß,
　　Kein Leiden gleicht dem Lebenswahn,
　　Kein größres Glück als höchste Ruh'.

203 Der Hunger ist das höchste Weh,
　　Der Lebenswahn das höchste Leid:
　　Wer dies, der Wahrheit treu, erkannt,
　　Dem ist Nirvana höchstes Glück.

204 Gesundheit ist das höchste Gut,
　　Zufriedenheit der reichste Schatz,
　　Gemütsruhe der beste Freund,
　　Nirvana allerhöchstes Glück.

205 Wer jenen köstlichen Geschmack
　　Der Einsamkeit gekostet hat

Buddhismus

      Und im Genusse tiefer Ruh'
      Beglückt, beseliget verweilt,
      Leidlos ist der und sündenfrei,
      Einschlürfend den Erlösungstrank.

206 Vortrefflich, Edele zu sehn,
      Mit ihnen sein ist stets Gewinn;
      Wer nichts mit Toren schaffen muß,
      O der sei früh und spät beglückt.

207 Wer töricht mit den Toren lebt,
      Der wandelt langer Irrnis Pfad,
      Denn Torenumgang schafft uns Leid,
      Gleichwie ein Feind, auf Schritt und Tritt;
      Doch hold beglücken Weise uns,
      Gleichwie ein teures Wiedersehn.

208 Dem Standhaften, dem Weisen, Vielerfahrnen,
      Der, lasttiergleich, geduldig tragend ausharrt,
      Der stets getreu der Heilsordnung ergeben:
      Dem also Edlen, Guten, Einsichtvollen,
      Dem folge nach, gleichwie der Mond den Sternen.

XVI

Das Liebes-Kapitel

209 Bequem und lässig, kleingesinnt,
    Zu ernstem Leben unfähig,
    Sein Wohl aufopfernd schnöder Lust,
    Beneidet man den Standhaften.

210 Leb im Verein mit Lieben nicht
    Gleichwie auch nicht mit Unlieben:
    Getrennt von Lieben sein ist Leid,
    Leid ist Verein mit Unlieben.

211 Daher schließ dich an Liebes nicht,
    Geliebtes lassen ist so schlimm!
    Kein Daseinsband verstricket den,
    Dem nichts mehr lieb noch unlieb ist.

212 Aus Liebem sprießet Gram hervor,
    Aus Liebem sprießet Furcht hervor:
    Wer sich von Liebem losgesagt,
    Hat keinen Gram und keine Furcht.

213 Aus Freude sprießet Gram hervor,
    Aus Freude sprießet Furcht hervor:
    Wer von der Freude losgelöst,
    Hat keinen Gram und keine Furcht.

214 Aus Wollust sprießet Gram hervor,
    Aus Wollust sprießet Furcht hervor:
    Wer von der Wollust losgelöst,
    Hat keinen Gram und keine Furcht.

215 Der Leidenschaft entsprießet Gram,
    Der Leidenschaft entsprießet Furcht:
    Wer von der Leidenschaft erlöst,
    Hat keinen Gram und keine Furcht.

216 Dem Lebenstrieb entsprießet Gram,
    Dem Lebenstrieb entsprießet Furcht:
    Wer losgelöst vom Lebenstrieb,
    Hat keinen Gram und keine Furcht.

217 Den Ordensregel Wahrenden,
    Den klar die Lehre Kennenden,

Buddhismus

      Den Rechtlichen, Wahrhaftigen,
      Den seine Pflicht Erfüllenden,
      Den schätzt und liebet alles Volk.

218 Wer sich nach dem Unnennbaren,
      Im Innersten ergriffen, sehnt,
      Erstorben aller Willensgier,
      Der heißt: »ein Aufwärtssteigender«.

219 Den lang entbehrten teuern Mann,
      Der heil aus fernen Landen kommt,
      Begrüßet bei der Wiederkehr
      All seiner Lieben traute Schar;

220 So, wahrlich, auch empfangen ihn,
      Der Gutes tat, im neuen Sein
      Die guten Taten insgesamt,
      Wie Freunde einen lieben Freund.

XVII

Das Zorn-Kapitel

221 Den Zorn gib auf, verlasse allen Hochmut,
Befreie dich von allen Daseinsbanden;
Der an dem Körperlichen nicht mehr haftet,
Den Untreffbaren treffen keine Leiden.

222 Wer seinen raschen Zorn anhält,
Wie ein Gespann in vollem Lauf,
Den nenne Wagenlenker ich;
Nur Zaumhälter sind andere.

223 Durch Sanftmut triff den Zornigen,
Den Bösen durch die gute Tat,
Schenkend besieg den Geizigen,
Den Lügner durch das wahre Wort.

224 Sei wahrhaft, diene nicht dem Zorn
Und gib, wenn man um wenig fleht:
Durch diese drei Gewohnheiten
Erhebst du zu den Göttern dich.

225 Die keinem Wesen Leides tun,
Die heilig wandeln immerdar
Gehn ein ins Unvergängliche,
Wo alles Weh total erlischt.

226 Den wachsam stets Verweilenden,
Bei Tag und Nacht sich Übenden,
Nirvana heiß Begehrenden
Entschwindet aller Willenswahn.

227 Nicht war es bei den Alten so
Wie bei den Heutigen der Brauch,
Zu schmähen den, der schweigsam bleibt,
Zu schmähen den, der vieles spricht,
Zu schmähn auch den, der maßvoll spricht,
Zu schmähen jeden in der Welt.

228 Es war nicht und es wird nicht sein
Und lebt auch gegenwärtig nicht
Ein überall Geschmäheter,
Ein überall Gepriesener.

229 Wenn aber die Verständigen
 Den Weisen, Reinen, Standhaften,
 Den makellosen Heiligen
 Einmütig preisen Tag für Tag,

230 Ihn, der dem reinsten Golde gleicht:
 Wer möchte schmähn dann solchen Mann?
 Sogar die Götter preisen ihn,
 Selbst vom Brahman wird er verehrt.

231 Der Taten Ungestüm halt an,
 Im Handeln sei du wohlbezähmt;
 Verlasse böser Taten Pfad,
 Dem guten Handeln bleibe treu.

232 Der Worte Ungestüm halt an,
 Im Reden sei du wohlbezähmt;
 Verlasse böser Rede Pfad,
 Der guten Rede bleibe treu.

233 Des Herzens Ungestüm halt' an,
 Im Denken sei du wohlbezähmt;
 Verlasse bösen Sinnens Pfad,
 Dem guten Denken bleibe treu.

234 Die Weisen, welche wohlbezähmt
 In Taten und in Worten sind,
 Die Weisen, die ihr Herz bezähmt:
 Ja, diese nennt man ganz bezähmt.

XVIII

Das Flecken-Kapitel

235 Verwelktem Blatte gleichst du heute,
Des Todes Diener harren deines Kommens schon,
Du stehst am Rande deines Lebens,
Für Reisezehrung aber hast du nicht gesorgt.

236 Erglühe selbst als eigne Leuchte,
Entbrenne eilig, werde weisheitfroh,
Von allem Unreinen geläutert
Enteilest du ins Reich der Heiligen.

237 Zu Jahren bist du nun gekommen,
Bist nun dem Tode nah und näher,
Kein weitrer Aufenthalt wird dir nunmehr zuteil,
Für Reisezehrung aber hast du nicht gesorgt.

238 Erglühe selbst als eigne Leuchte,
Entbrenne eilig, werde weisheitfroh,
Von allem Unreinen geläutert
Wirst nimmer du Geburt und Alter schaun.

239 Der Weise treibe nach und nach,
Allmählich und zur rechten Zeit,
Geschicktem Silberschmiede gleich,
Des eignen Herzens Flecken aus.

240 Wo auf dem Eisen sich der Rost erhebt,
Zerfrißt von dort er weiter das Metall:
So auch erfährt durch eigne Taten
Der Übermütige Verderbens Unheil.

241 Nichtübung ist des Spruches Fluch,
Des Hauses Fluch Bequemlichkeit,
Die Eitelkeit der Schönheit Fluch,
Und Trägheit Fluch dem Wachsamen.

242 Besudelt ist ein schamlos Weib,
Besudelt, wer aus Absicht gibt,
Besudelt jede böse Tat
In diesem und in jenem Sein;

243 Doch schlimmere Besudelung,
Ja, allerschlimmste gibt es noch:

Buddhismus

        Verblendung ist das tiefste Schwarz!
        Von diesem Makel reinigt euch
        Und werdet, Jünger, fleckenlos.

244 Der Unverschämte, Listige,
        Der Streitbold, Schreier, Bramarbas,
        Der Krähenfreche, Dummdreiste,
        Der lebt gar leicht in seinem Schmutz;

245 Doch schwer lebt, wer bescheiden ist,
        Wer stets dem Reinen zugetan,
        Wer frei von Schmutz und Übermut
        Einsichtig lautres Leben führt.

246 Wer Lebewesen niederschlägt,
        Wer Lug und Trug beharrlich treibt,
        Wer nimmt, was ihm nicht angehört,
        Wer seines Nächsten Weib verführt,

247 Wer Rausch begehrend trinkt und trinkt
        Und sich der Schlemmerei ergibt:
        Der gräbt hier in der Welt sich selbst
        Durch solches Tun die Wurzeln aus.

248 Dies wisse nur, o Menschensohn:
        Verderblich ist der leichte Sinn!
        Auf daß nicht Gier und blinder Wahn
        Dich lange ketten an das Leid.

249 Almosenspeise gibt das Volk
        Je nach Belieben, gut und schlecht:
        Der Mönch, der neidisch mißgestimmt
        Auf andrer Speis' und Trank hinblickt,
        Dem wird bei Tag nicht, nicht bei Nacht
        Zuteil der Selbstvertiefung Glück.

250 Wer aber alle Gier vertilgt,
        Mit Stumpf und Stiel vernichtet hat,
        Dem wird bei Tag, dem wird bei Nacht
        Zuteil der Selbstvertiefung Glück.

251 Kein Feuer brennt wie Lustbegier,
        Kein Fallstrick hält so fest wie Haß,
        Kein Netz verstrickt wie Unverstand,
        Kein Fluß rast wie der Durst dahin.

252 Des Nächsten Fehler sieht man leicht,
        Die eigenen jedoch gar schwer;
        Die Schwächen andrer deckt man auf

So viel als möglich, recht mit Lust,
Behutsam birgt man eigene,
Wie Würfelspieler ihre List.

253 Wer auf der andern Schwächen blickt
Und immer nur auf Tadel sinnt,
Des Willenswahn nimmt zu und zu,
Fern ist der Willenswendung er.

254 Im Luftraum bleibet keine Spur,
Das Äußre heiligt keinen Mönch,
Die Menschheit lacht in Wahnes Lust,
Vollendete sind frei von Wahn,

255 Im Luftraum bleibet keine Spur,
Das Äußre heiligt keinen Mönch,
Das Dasein währt nicht ewiglich,
Die Auferwachten wanken nicht.

XIX

Das Recht-Kapitel

256 Nicht also ist man rechtschaffen,
Daß hastig man ein Urteil fällt;
Wer beide Teile sichtend klärt,
So Recht wie Unrecht, einsichtvoll,

257 Und dann nach wohlerwognem Recht
Ein unparteiisch Urteil spricht:
Der Rechtbewahrer, Rechtkenner,
Der wird »Rechtschaffener« genannt.

258 Nicht jener ist ein Weisheitfreund,
Der große schöne Reden hält:
Der Ruhige, ohne Zorn und Furcht,
Der wird ein »Weisheitfreund« genannt.
Nicht weil man große Reden hält,

259 Ist man ein Wahrheitkundiger;
Wenn einer wenig nur gelernt
Und durch die Tat der Wahrheit lebt:
Der ist ein Wahrheitkundiger,
Der Wahrheit bis zum Tode treu.

260 Ein Ehrwürdiger ist nicht der,
Des Haupt mit weißem Haar bedeckt.
Herangereift ist seine Zeit,
»Umsonst gealtert« heißt man ihn;

261 In jenem, wo die Wahrheit wohnt,
Recht, Güte, Selbstverzicht, Geduld:
Der Fleckenreine, Standhafte,
Der wird »Ehrwürdiger« genannt.

262 Nicht durch der Rede Glanz und Macht,
Nicht durch des Leibes Wohlgestalt,
Wird liebenswürdig schön ein Mann,
Der neidisch, selbstisch, listig ist;

263 Wer aber alle Gier vertilgt,
Mit Stumpf und Stiel vernichtet hat:
Der Einsichtvolle, rein von Haß,
Wird »liebenswürdig schön« genannt.

264 Tonsur macht nicht den Büßer aus;
Ein Zuchtloser, Verlogener,
Voll Wunschbegier und Willensdrang
Wie könnte der ein Büßer sein!

265 Wer aber jede Sünde tilgt,
So groß wie klein, restlos, total:
Weil er das Böse abgebüßt,
Deshalb wird »Büßer« er genannt.

266 Nicht also ist man Bettelmönch,
Weil man erbittet mildes Mahl:
Wer völlig treu der Lehre lebt,
Ist Bettelmönch, kein anderer.

267 Wer heilig überwunden hat,
Was hier als gut und bös erscheint,
Und wissensklar sein Leben lebt:
Der, wahrlich, heißet »Bettelmönch«.

268 Nicht Einsilbigkeit Törichter,
Beschränkter macht zum Einsiedler;
Wer aber prüfend abwägend
Einzig bewahrt das beßre Teil

269 Und alles Böse schüttelt ab:
Nur der wird also Einsiedler;
Wer beide Welten einsichtig
Durchschaut, der heißet »Einsiedler«.

270 Nicht also wird zum Herren man,
Weil herrisch man die Wesen quält:
Wer alle Wesen herzlich liebt
Ist weit und breit als »Herr« bekannt.

271 Nicht durch des Ordens strenge Zucht
Auch nicht durch vieles Studium,
Erst durch der Selbstvertiefung Glück
Und durch die hehre Einsamkeit

272 Empfind' ich der Entsagung Heil,
Vor dem die Welt mit Grausen flieht
Als Mönch; beruhigt bin ich nun,
Zerstört ist aller Willenswahn.

XX

Das Weg-Kapitel

273 Der beste Weg ist der des Heils,
Die beste Wahrheit die des Leids,
Der Dinge bestes Heiligkeit,
Der beste Mensch der Sehende.

274 Ja, dieser ist der wahre Weg,
Kein andrer macht das Auge rein;
In seiner Fährte schreitet hin,
So blendet ihr den Herrscher Tod.

275 In seiner Fährte vorschreitend
Macht ihr ein Ende allem Leid;
Verkündet ward von mir der Weg,
Erkannt die Ebbung aller Qual.

276 Ihr selbst müßt streben heißen Sinns,
Die Buddhas sind Verkünder nur;
Den Standhaften, den Weisen wird
Erlösung aus dem Todesreich.

277 »Das ganze Sein fließt immerfort« –
wer dies mit weisem Sinne sieht
Wird bald des Leidenlebens satt:
Das ist der Weg zur Läuterung.

278 »Das ganze Sein ist flammend Leid« –
Wer dies mit weisem Sinne sieht
Wird bald des Leidenlebens satt:
Das ist der Weg zur Läuterung.

279 »Die ganze Welt ist wesenlos« –
Wer dies mit weisem Sinne sieht,
Wird bald des Leidenlebens satt:
Das ist der Weg zur Läuterung.

280 In Kampfesnöten ohne Kampfesneigung,
Jung, kräftig, und doch schwach und matt und lässig,
Verzagten, trägen Denkens und Entschließens,
Nicht findet weise der Bequemliche den Weg.

281 Die Rede wahrend, wahrend die Gedanken,
Bewahr vor allem Bösen auch dein Handeln;
Hast die drei Tatengänge du geläutert,
Magst du gelangen auf den Weg der Heiligen.

282 Der Weisheit Vater ist der Ernst,
Der Leichtsinn ist der Weisheit Tod;
Erkenne wohl den Scheideweg:
Da winkt der Tod, das Leben dort,
Und wähle standhaft jenen Pfad,
Wo deine Weisheit wachsend steigt.

283 Den Willen fället, nicht den Wald,
Im Willenswalde wohnet Graus;
Habt diesen Wald ihr ganz gefällt,
Dann, Jünger, seid ihr willenlos.

284 So lang vertilgt nicht ist die Willensgier,
Ganz, ohne kleinsten Rest, des Manns zum Weibe,
So lang auch bleibet er gebunden,
Wie an die Mutterkuh ein säugend Kalb.

285 Entreiß dir alle Eigenliebe,
Wie man im Herbste Spargellotus auszieht;
Vollende die Erlösung, das Nirvana,
Das der Vollkommene verkündet hat.

286 »Hier werde ich die Regenzeit
Und dort den Sommer zubringen«:
So plant und überlegt der Tor,
Der Zwischenfälle denkt er nicht.

287 Wem Weib und Kind und Haus und Hof
Betörend fesseln jeden Sinn,
Dem naht, wie Hochflut überfällt
Ein schlafend Dorf, der jache Tod.

288 Die Kinder bieten keinen Schutz,
Die Eltern nicht, die Brüder nicht,
Kein Freund und kein Genosse hilft,
Wann uns der Tod ergriffen hat.

289 Wer dies als notwendig erkennt,
Der Weise, treu der Ordenszucht,
Wird klären binnen kurzer Zeit,
Den Weg, der zum Nirvana führt.

XXI

Das Sammel-Kapitel

290 Wenn kleinen Glückes Aufgebung
Ein großes Glück als Ziel verspricht,
Laß fahren, Weiser, kleines Glück,
Nach großem Glücke strebt dein Sinn.

291 Wer andern Wesen Wehe wirkt
Zum Zwecke seines eignen Wohls,
Versenkt in Wütens wilden Wahn
Wird er vom Wüten nicht erlöst.

292 Was da zu tun ist, tun sie nicht,
Was nicht zu tun ist, tun sie nur:
Das aufgeblähte, blöde Volk,
Dem Wahne fällt es blind anheim.

293 Doch wer da stetig ist und stark,
Des Leibes Elend innig merkt,
Der meidet, was zu meiden ist,
Vollbringt, was da vollbracht sein will:
Dem Denker, der die Dinge kennt,
Vergeht alsbald, was Wähnen war.

294 Wer Mutter, Vater umgebracht,
Wer Khattiyo-Königsmörder ist,
Wer Land und Volk vernichtet hat:
Schuldlos steht da ein Heiliger.

295 Wer Mutter, Vater umgebracht,
Wer Brahma-Königsmörder ist,
Ja, wer gemordet einen Mönch:
Schuldlos steht da ein Heiliger.

296 Wohl aufgewacht sind wachsam stets
Die Jünger Buddha Gautamas,
Die Tag und Nacht mit treuem Sinn
Gedenken des erwachten Herrn.

297 Wohl aufgewacht sind wachsam stets
Die Jünger Buddha Gautamas,
Die Tag und Nacht mit treuem Sinn
Gedenken seiner Heilslehre.

298 Wohl aufgewacht sind wachsam stets
    Die Jünger Buddha Gautamas,
    Die Tag und Nacht mit treuem Sinn
    Gedenken seiner Heilsordnung.

299 Wohl aufgewacht sind wachsam stets
    Die Jünger Buddha Gautamas,
    Die Tag und Nacht mit treuem Sinn
    Das Elend dieses Körpers sehn.

300 Wohl aufgewacht sind wachsam stets
    Die Jünger Buddha Gautamas,
    Die Tag und Nacht beseligt sind
    Durch Sanftmut, Güte und Geduld.

301 Wohl aufgewacht sind wachsam stets
    Die Jünger Buddha Gautamas,
    Die Tag und Nacht beseligt sind
    Durch heil'ges Selbstvertiefungsglück.

302 Schwer ist es, Eremit zu sein,
    Schwer findet man daran Geschmack;
    Schwer lebt man in der Häuslichkeit,
    Schwer lastet Sorgenpein auf uns;
    Schwer lebt man mit den Heimischen,
    Schwer lebt, wer in die Fremde zieht;
    Wohlan denn: wandre nimmermehr
    Und läutre dich von allem Leid.

303 Ein treuer Mönch, im Wandel fest,
    Ist reich an Habe, reich an Ruhm:
    Sei er nun da, sei er nun dort,
    Wohin er kommt, wird er verehrt.

304 Von ferne sieht man Edle schon,
    Wie das Himalaya-Gebirg;
    Doch die Gemeinen schwinden rasch,
    Wie nächtlich abgeschoßner Pfeil.

305 Allein sitzend, allein schlafend,
    Allein wandelnd entschloßnen Muts,
    Allein zähmend das eigne Selbst,
    Verweile froh im Waldesgrund.

XXII

Das Höllen-Kapitel

306 Wer Falsches aussagt, steigt hinab zur Hölle,
Und wer getan als ungetan verleugnet;
Sie beide sind gleichwertig nach dem Tode,
Elende Menschen werden sie im neuen Dasein.

307 Gar mancher trägt das Mönchgewand
Und ist ein Schurke, ist ein Lump,
Die Schlechten steigen selbst hinab
Durch schlechtes Tun zu schlechtem Sein.

308 Weit besser eine Stahlkugel
Verschlingen, die rotglühend ist,
Denn milde Speisung nehmen an
Als schlechter, sittenloser Mönch.

309 Vier Dingen fällt anheim ein Weiberjäger,
Der Frauen andrer zu verführen trachtet:
Unrechtem Tun, unerquicktem Schlafe,
Dem Tadel und zuletzt dem Höllenwege.

310 Unrecht begeht man und man mehrt die Sündenlast,
Des ängstlich still versteckten Paares Lust ist kurz,
Der König läßt verhängen schwere Strafe;
So jage denn ein Mann nicht Weiber andrer.

311 Gleichwie durch scharfes Rispengras
Die blöde Hand zerschnitten wird,
So zerrt zum Höllenweg hinab
Mißleitetes Asketentum.

312 Was taugen Taten, lässig lau
Gelübde, listig abgelegt?
Asketentum in Säumigkeit
Hat karge Süße, kargen Lohn.

313 Die Pflicht erfülle, unverzagt
Vollbringe, was der Orden heischt;
Ein listig schlau-verschlagner Mönch
Bestäubt sich immer mehr und mehr.

314 Nicht auszuführen böse Tat
   Ist besser: später reut es uns.
   Wohl auszuführen gute Tat
   Ist besser: denn sie reuet nicht.

315 Wie steile Burg im Grenzgebiet
   Bewacht wird innen, außen stets,
   So hüte du dein eignes Herz
   Beharrlich jeden Augenblick:
   Wer oft nur einen Augenblick
   Verpaßt, erholt sich Höllenpein.

316 Die Menschen, die Schamfreies schämt
   Und nicht beschämt, was schamvoll ist,
   Verkehrter Lehre zugetan
   Beschreiten sie den schlechten Weg.

317 Die Menschen, die Furchtloses schreckt
   Und Fürchterliches nicht ergreift,
   Verkehrter Lehre zugetan
   Beschreiten sie den schlechten Weg.

318 Die Tadelloses tadlig sehn
   Und Tadliges untadelig,
   Verkehrter Lehre zugetan
   Beschreiten sie den schlechten Weg.

319 Die Tadliges als Tadel sehn
   Und Untadliges tadelfrei,
   Der rechten Lehre zugetan
   Beschreiten sie den guten Weg.

XXIII

Das Elefanten-Kapitel

320 Ich trug, gleichwie der Elefant
Im Schlachtgewühl den Pfeil empfängt,
Geduldig scharfer Rede Qual;
Gemein ist ja das Menschenvolk.

321 Bezähmt geleiten sie ihn her,
Bezähmt besteigt der König ihn;
Bezähmt ist der Vorzüglichste,
Der Schimpf und Spott geduldig trägt.

322 Gut sind gezähmte Maultiere,
Gut edle Pferde, wohlgehegt,
Gut Elefanten, sanft gemacht:
Doch besser, der sich selbst bezähmt.

323 Denn wahrlich: keins von diesen führt
Ins unbetretne Reich dich hin,
Wohin mit wohlbezähmtem Selbst
Der Selbstbesieger hingelangt.

324 Dhanapalako, der wilde Elefant,
Dem herber Brunstsaft über beide Schläfen rinnt,
Gefangen nimmt er keine Nahrung an,
Es denkt an seinen teuern Wald der Elefant.

325 Ein müder, mattgewordner, fauler Vielfraß,
Der schläfrig träge überall herumliegt,
Gleich gnadenbrotgenährtem Elefanten,
Tritt wieder, immer wieder in das Dasein.

326 Einst stürmte jubelnd dieses wilde Herz dahin,
Wohin sein Wille, seine Lust, sein Glück es trieb:
Von heut an werd' ich tapfer halten dich zurück,
Gleichwie der Bändiger den Elefanten zwingt.

327 Seid wachsam heiter-ernsten Sinns
Und hütet wohl das eigne Herz;
Reißt aus dem Irrweg euch heraus,
Wie sumpfversunkner Elefant.

328 Wenn einen einsichtigen Freund du findest,
Der mit dir wandelt ernst, entschlossen, standhaft,
Siegreich bezwingend sämtliche Gefahren,
Leb heiter-glücklich du mit ihm, o Weiser.

329 Wenn keinen einsichtigen Freund du findest,
Der mit dir wandelt ernst, entschlossen, standhaft,
Gleichwie ein König nach des Reichs Besiegung,
Zieh hin allein, dem Waldeselefanten gleich.

330 Wer einsam bleibt, ist besser dran,
Mit Toren schließt man keinen Bund;
Allein zieh hin und meide alles böse Tun,
Still, heiter, frei, dem Waldeselefanten gleich.

331 Ein Glück sind Freunde, wenn uns Not betroffen,
Ein Glück Zufriedenheit, sei's diese, jene,
Ein Glück der edle Sinn beim Lebensende,
Ein Glück, das ganze Leiden zu verlassen.

332 Ein Glück der Welt ist Mutterschaft,
Ein Glück ist auch die Vaterschaft,
Ein Glück der Welt ist, Mönch zu sein,
Ein Glück ist auch die Heiligkeit.

333 Ein Glück ist stete Redlichkeit,
Ein Glück gesichertes Vertraun,
Ein Glück, weisheitergriffen sein,
Ein Glück, nichts Böses je zu tun.

XXIV

Das Lust-Kapitel

334 Des sorglos hinlebenden Menschensohns
Durstige Lebenslust wächst wie ein Schlinggewächs;
Er stürmt dahin von Sein zu Sein,
Gleichwie ein Affe, der im Walde Früchte sucht.

335 Wen diese niedre Lebenslust,
Die Weltbeherrscherin, beherrscht,
Dem schießen Qualen quellend auf,
Wie Flechtengras im Wiesengrund.

336 Doch wer sie, diese Lebenslust,
Die schwer bezwingbar ist, bezwingt,
An dem kann haften keine Qual,
Wie Wasser nicht den Lotus netzt.

337 Was Herrliches will sagen ich
Euch allen, die ihr um mich seid:
Des Wollens Wurzel grabet aus,
Gleichwie der Wurzelgräber gräbt!
Damit euch nicht, wie Wasser Schilf,
Der Tod zerreiße wieder neu.

338 Gleichwie ein wurzelunversehrter starker Baum,
Wenn auch gefällt, von neuem wiederum erwächst,
So auch erwächst das Leiden immer wiederum
Aus seiner unversehrten Wurzel Lebenslust.

339 Wer Dutzenden von Lustströmen,
Die mächtig durch sein Mark rinnen,
Von Willensgier betöret folgt,
Den Tollen fegt die Flut hinweg.

340 Die Fluten fließen überall,
Aufschießend steht das Unkraut da.
Habt ihr dies Unkraut wachsen sehn,
Reißt weise ihm die Wurzel aus.

341 In des Begehrens Flusse hinfließend
Befriedigen die Wesen ihre Lust,
Die reizberückten, Wohlsein wünschenden
Gehn wieder zu Geburt und Alter hin.

342 Von Lebenslust umzingelt ist das Volk,
    Rennt rund herum, gehetztem Hasen gleich;
    In Daseinsbanden schmachten alle,
    Sie leiden wieder, immer wieder lange schon.

343 Von Lebenslust umzingelt ist das Volk,
    Rennt rund herum, gehetztem Hasen gleich;
    Wohlan: die Lebenslust verneine
    Ein Mönch, der seine Heiligung ersehnet.

344 Wer nach Nirvana seinen Willen hingewandt,
    Willenserlöst ist er und dennoch willensvoll;
    Seht ihn, betrachtet einen solchen:
    Erlöst ist er und eilt zum Bunde hin!

345 Nicht jenes Band benennen fest die Weisen,
    Das man aus Stahl, aus Holz, aus Hanf verfertigt:
    Des Willens Wunschbegier nach Gold und Schätzen,
    Nach Kindern, Weibern inbrünstig Verlangen,

346 Das, wahrlich, nennen festes Band die Weisen,
    Zu Boden zerrend, zähe, schwer zu lösen.
    Dies Band durchschneidend ziehn sie fort vom Hause,
    Die Wunschlosen, der Liebe Glück verlassend.

347 Die Giergebundnen leben in den Fluten,
    Wie in dem selbstgewirkten Netz der Spinne;
    Durchreißend dieses schreiten hin die Weisen,
    Die Wunschlosen, das ganze Leid verlassend.

348 Vergangenes lasse, lasse Künftiges,
    Laß Gegenwärtiges, Weltüberwinder!
    Mit überall erlöstem Herzen
    Gehst nimmer zu Geburt und Alter hin.

349 Des Absichtvollen, brennend Wünschenden,
    Wild aufgeregt nach Wohlsein Spähenden
    Gierige Lebenslust wächst immer mehr und mehr,
    Er schweißet eifrig feste Fessel sich.

350 Doch wer voll Einsicht froh beruhigt weilt,
    Das Weh mit klarem Geiste stets bedenkt,
    Der, wahrlich, wird zernichtigen,
    Der wird zerhaun das zähe Todesband.

351 Vollendung habe ich erreicht,
    Bin furcht- und schuldlos, willensrein,
    Zerstört hab' ich das Weltgerüst,
    Das letzte Dasein leb' ich nun.

Buddhismus

352 Vom Wollen rein, von Schuld erlöst,
Klar kennend dieser Lehre Sinn
Verstehe man den ganzen Text,
So wie den Anfang auch den Schluß;
Ein solcher lebt zum letzten Mal,
Den »Weisheithehren« heißt man ihn.

353 Allüberwinder, Allerkenner bin ich,
Von allen Dingen ewig abgeschieden,
Verlassend alles, lebenswahngeläutert,
Durch mich allein belehrt, wen kann ich nennen?

354 Alle Gaben überwältigt Wahrheitgabe,
Alle Würzen überwältigt Wahrheitwürze,
Alle Wonnen überwältigt Wahrheitwonne –
Willenswendung überwältigt alles Wehe.

355 Zugrunde richtet Reichtums Glück
Den Narren, der nicht Rettung sucht;
Aus Gier nach Reichtum schädigt er
Die andern als sein eigen Selbst.

356 Unkrautverzehrt liegt da das Land,
Und gierverzehrt ist dieses Volk:
Gierlosen milde Gabe weihn
Trägt wahrlich hocherhabne Frucht.

357 Unkrautverzehrt liegt da das Land,
Und haßverzehrt ist dieses Volk:
Haßlosen milde Gabe weihn
Trägt wahrlich hocherhabne Frucht.

358 Unkrautverzehrt liegt da das Land,
Und wahnverzehrt ist dieses Volk:
Wahnlosen milde Gabe weihn
Trägt wahrlich hocherhabne Frucht.

359 Unkrautverzehrt liegt da das Land,
Und wunschverzehrt ist dieses Volk:
Wunschlosen milde Gabe weihn
Trägt wahrlich hocherhabne Frucht.

XXV

Das Mönch-Kapitel

360 Beim Sehn behüten sich ist gut,
Gut, sich behüten beim Gehör,
Beim Riechen hüten sich ist gut,
Gut, sich behüten beim Geschmack,

361 Beim Fühlen hüten sich ist gut,
Gut, sich behüten beim Gespräch,
Beim Denken hüten sich ist gut,
Gut, überall behüten sich:
Ein Mönch, der allbehütet ist,
Wird alles Leidens selig los.

362 Wahrend die Hände, wahrend die Füße,
Wahrend die Rede, gewahrt ganz und gar,
Selbstberuhigt, -beglückt und -entrücket,
Einsam beseliget – den nenne Mönch ich.

363 Ein Mönch, der mit bezähmtem Mund,
Von Hochmut frei, zu sprechen weiß
Und Wahrheit zeigt und Wahrheit lehrt:
Des Rede ist wie Honig süß.

364 Der in der Lehre lebende,
Der sich der Lehre freuende,
Der ernstlich sie ergründende,
Auf ihren Sinn bedachte Mönch
Bleibt treu dem Guten zugetan.

365 Dein Almosen schätz nicht gering,
Beneide nicht die anderen;
Dem Mönch, der Gaben andrer giert,
Wird Selbstvertiefung nicht zuteil.

366 Den Mönch, der wenig nur erhielt
Und seinen Teil gering nicht schätzt,
Ihn, wahrlich, preisen Götter selbst,
Den Reinen, Edlen, Standhaften.

Buddhismus

367 Wem gänzlich alles Ich und Mir
In diesem Scheindasein entschwand,
Und Kummer nicht im Busen brennt:
Ein solcher, ja, wird »Mönch« genannt.

368 Der gütig, mild verweilende,
Der Ordnung Buddhas frohe Mönch
Erreichet wohl der Ruhe Reich,
Des Daseinsendes Seligkeit.

369 Schöpf aus, o Mönch, dies schwere Schiff,
Entleert führt es dich leicht hinweg:
Bist leer du von Begier und Haß,
Dann eilst du zum Nirvana hin.

370 Fünf schneide durch, laß fahren fünf,
Von fünfen mach dich völlig frei:
Ein Mönch, der den fünf Wahnströmen
Entrann, heißt »Fluterretteter«.

371 Wach selbstvertieft, o Mönch, laß Trägheit,
Laß Liebeslust dir nicht ins Herze schleichen,
Wehr ab die bittre Glut des Leichtsinns,
Auf daß du, qualentbrannt, nicht klagest: »Wehe!«

372 Nicht wird Vertiefung Unweisem,
Und Weisheit Unvertieftem nicht;
Der selbstvertiefte weise Mönch,
O, der ist dem Nirvana nah.

373 In leere Zelle eintretend,
Gestillt-beruhigten Gemüts,
Wird überirdisch wohl dem Mönch,
Der klar die ganze Wahrheit sieht.

374 Wenn immer tiefer er durchschaut
Dies Lebensterbens-Wandelsein,
Ergreift ihn Wonneseligkeit,
Da er das Ewige erkennt.

375 Dies ist das Erste, Vornehmste,
Was hier dem weisen Mönche ziemt:
Die Sinne halte er bezähmt,
Zufrieden lebe er beglückt,
Der Ordenszucht standhaft getreu;

376 Nur edle Freunde wähle er,
Geläuterte, Gefestigte,
Er selbst sei gütig, sanft und mild,

Im Wandel rein und makellos:
Dies wird ihn selig sättigen,
Und enden wird er alles Leid.

377 Gleichwie die Staude des Jasmins
Die welken Blüten schüttelt ab:
So werfet Gier, so werfet Haß,
Ihr Jünger, weit hinweg von euch.

378 Der Tuns- und Redens-Ruhige,
Der Stillgewordne, Standhafte,
Der Weltlust abgewandte Mönch:
Der wird »Beruhigter« genannt.

379 Du selbst treib rüstig an dich selbst
Und läutre dich durch dich allein;
So, selbstbehütet, einsichtvoll,
Wirst glücklich weilen du, o Mönch.

380 Das Selbst nur ist des Selbstes Herr,
Das Selbst nur ist des Selbstes Hort!
Daher behüte wohl dich selbst,
Wie edles Roß der Händler hegt.

381 Der vielbeglückt-durchwonnigte,
Der Ordnung Buddhas frohe Mönch
Erreichet wohl der Ruhe Reich,
Des Daseinsendes Seligkeit.

382 Wer sich, ein zarter Jüngling noch,
Als Mönch dem Orden Buddhas weiht,
Der leuchtet durch die finstre Welt
Gleichwie der Mond aus Wolkennacht.

XXVI

Das Heiligen-Kapitel

383 Durchkreuze kräftig diesen Strom
Der Willenslust, o Heiliger;
Kennst du des Daseins Aufhebung,
Dann weißt du, was das Nichtsein ist.

384 Wenn beide Pole dieses Seins
Der Heil'ge überwunden hat,
Dann fallen alle Fesseln ab
Von ihm, dem klar Verstehenden.

385 Wem Jenseits so wie Diesseits schwand,
Wem Diesseits, Jenseits nicht mehr gilt,
Den Stachellosen, Seinlosen,
Den heiß' ich einen Heiligen.

386 Den selbstvertieft still Sitzenden,
Gewirkten Werkes, frei von Wahn,
Das höchste Gut Genießenden,
Den heiß' ich einen Heiligen.

387 Bei Tage strahlt der Sonne Licht,
Bei Nacht der milde Mondenschein,
In Waffenglanz der Krieger strahlt,
Der Priester strahlt in sich vertieft,
Den ganzen Tag, die ganze Nacht
Erstrahlt der Wache hell verklärt.

388 Wer sündenheil, wird »Heiliger«,
Wer einsam, »Eremit« genannt,
Wer seiner eignen Schuld entsagt,
Heißt deshalb ein »Entsagender«.

389 Man greife keinen Heiligen an,
Doch, angegriffen, flieh' er nicht;
Weh dem, der einen Heiligen schlägt,
Und weh auch ihm, der jenen flieht.

390 Nicht wenig fördert es den wahren Büßer,
Wenn allem Gnügen er sein Herz verschließet;
Doch nach und nach entsagt er jeder Selbstqual,
Und nach und nach besiegt er dieses Leiden.

391 Bei wem in Taten, Worten nicht
    Und in Gedanken Fehl nicht ist:
    Den dreifach fest Behüteten,
    Den heiß ich einen Heiligen.

392 Wer dir die Wahrheit aufschloß,
    Die der Vollendete gelehrt,
    Den mögst du ehren nach Gebühr,
    Wie Feuer ehrt der Brahmane.

393 Nicht Haargeflecht, nicht Ahnenzahl,
    Nicht hoher Rang macht heilig dich:
    Doch wenn du wahrer Lehre folgst,
    Dann wirst du rein, wirst Heiliger.

394 Was hilft dein Haargeflecht, o Tor,
    Was deine Tracht, das härne Hemd!
    Im Innern haust Verderben dir,
    Das Äußre machst du hell und blank.

395 Das Wesen, welches Lumpen trägt,
    Das magre, nervensehnige,
    Einsam im Walde selbstvertieft:
    Das heiß ich einen Heiligen.

396 Den preis ich nicht als Brahmanen,
    Der fleischlich bloß geboren ward,
    »Ja, ja!« nur sagt er immerzu
    Und strebt nach diesem, strebt nach dem:
    Wer weder dies noch das erstrebt,
    Den preis ich einen Brahmanen.

397 Wer jedes Band durchschnitten hat
    Und nimmermehr erschüttert wird,
    Den Überwinder, fesselfrei,
    Den heiß ich einen Heiligen.

398 Wer Band und Riemen, Strang und Seil
    Mit Macht zerschnitten hat entzwei
    Und, auferwacht, den Riegel hebt:
    Den heiß ich einen Heiligen.

399 Wer Schmähung, Schläge, Haft und Tod
    Geduldig, ruhig, sanft erträgt:
    Den Dulderheld, der herrlich taugt,
    Den heiß ich einen Heiligen.

Buddhismus

400 Der unerzürnbar schlichte Mann,
    Der alles aushält, nichts verwünscht,
    Der sanft das letzte Dasein lebt:
    Den heiß ich einen Heiligen.

401 Dem Tropfen gleich am Lotusblatt,
    Dem Senfkorn gleich an spitzem Pfriem:
    Wer an der Lust nicht hängen bleibt,
    Den heiß ich einen Heiligen.

402 Der Leiden Ende, wer es da
    Hienieden noch an sich erfährt,
    Von Lasten ledig, Fesseln frei:
    Den heiß ich einen Heiligen.

403 Der tief bedacht ist, weise will,
    Den Weg und Abweg deutlich schaut,
    Das höchste Gut errungen hat,
    Den heiß ich einen Heiligen.

404 Den weltlicher und geistlicher
    Gemeinschaft Unzugänglichen,
    Den heimlos, wunschlos Wandernden,
    Den heiß ich einen Heiligen.

405 Verwerfend jede Waff' und Wehr,
    Nicht Tieren feind, nicht Pflanzen feind:
    Wer weder tötet, weder schlägt,
    Den heiß ich einen Heiligen.

406 Wutlos in dieser Wütenswelt,
    Wehrlos in dieser Waffenwelt,
    Wunschlos in dieser Wunscheswelt:
    Den heiß ich einen Heiligen.

407 Wer abgeworfen Gier und Haß
    Und Hochmut und Scheinheiligkeit,
    Senfsamen gleich von spitzem Pfriem:
    Den heiß ich einen Heiligen.

408 Wer ohne Ärger, ohne Grimm
    Der Wahrheit klare Sprache spricht,
    Wodurch er keinen kränken kann,
    Den heiß ich einen Heiligen.

409 Wer da nicht Großes, Kleines nicht,
    Was fein ist, grob, schön, unschön ist,
    Wer nichts von allem nehmen mag:
    Den heiß ich einen Heiligen.

410 Wer nichts erhofft von dieser Welt,
Wer nichts erhofft von jener Welt,
Von Hoffnung heil ist, fesselfrei:
Den heiß ich einen Heiligen.

411 Wer nirgend haften, hangen kann,
In Weisheit nimmer ungewiß,
Am ew'gen Ufer angelangt:
Den heiß ich einen Heiligen.

412 Wer guter Tat und böser Tat,
Wer beiden Fesseln sich entwand,
Den gramlos gierlos Lauteren,
Den heiß ich einen Heiligen.

413 Dem reinen vollen Monde gleich,
Dem strahlend heiter Herrschenden,
Den Gnügehabensendiger,
Den heiß ich einen Heiligen.

414 Wer diesem Irrweg, diesem Sumpf,
Dem Wahn der Wandelwelt entrann,
Gerettet, welterlöst, vertieft,
Unwandelbar, unzweifelhaft,
Erloschen ohne Überrest:
Den heiß ich einen Heiligen.

415 Wer da der Liebe Glück verließ
Und haus- und heimlos weiterzieht,
Den Liebegnügensendiger,
Den heiß ich einen Heiligen.

416 Wer da den Willenstrieb verließ
Und haus- und heimlos weiterzieht,
Den Willegnügensendiger,
Den heiß ich einen Heiligen.

417 Entronnen diesem Menschenreich,
Entgangen aller Götterwelt,
Von jedem Joche losgelöst:
Den heiß ich einen Heiligen.

418 Der Lust und Unlust abgewandt,
Verglommen nirgend haftend an,
Den Überwinder aller Welt:
Den heiß ich einen Heiligen.

Buddhismus

419 Der Wesen Schwinden, wer es merkt,
 Und ihr Erscheinen allzumal,
 Unhaftbar, selig, auferwacht:
 Den heiß ich einen Heiligen.

420 Von dem nicht Götter, Geister nicht,
 Und Menschen nicht die Spur erspähn:
 Den Wahnversieger, Weiheherrn,
 Den heiß ich einen Heiligen.

421 Wem nichts mehr gilt Vergangenheit,
 Nichts Zukunft und nichts Gegenwart,
 Wer nichts erstrebt, wer nichts mehr nimmt:
 Den heiß ich einen Heiligen.

422 Den Hehren, Allerherrlichsten,
 Den Helden, Hocherhabenen,
 Den Wehe-Überwältiger,
 Den Klaren, Allvollkommenen,
 Den Wachen, den Vollendeten,
 Den heiß ich einen Heiligen.

423 Vergangen Dasein, wer das kennt,
 So Unterwelt wie Oberwelt,
 Und die Geburten hat versiegt,
 Alleinig durch die Dinge schaut:
 Den Allvollendensendiger,
 Den heiß ich einen Heiligen.

Mahayana Shraddhotpada Shastra
Glaubenserweckung

Buddhismus

Vorwort

Dieser Kommentar zum Mahayana Shraddhotpada Shastra gehört zu den tiefsten und herrlichsten Büchern, die je geschrieben worden sind. Er erläutert die Bedeutung des Mahayana als des edlen Pfades zur Erleuchtung und zum Nirvana, und enthüllt so die Entfaltung der Wahrheit der Geist-Essenz unter den Bedingungen dieser Saha-Welt. Sein Horizont ist weit und tief, ruhig und friedevoll wie der freie Raum, und seine Kraft unerschöpflich und mannigfaltig wie der grenzenlose Ozean. Er umfaßt sowohl die Götter- als auch die Menschenwelt, ja er offenbart den Ursprung aller verselbständigten Begriffe. Auf Grund seiner Knappheit und Tiefe sind nur wenige imstande, ihn zu verstehen.

In Indien hatten zur Zeit der Abfassung dieses Kommentars, sechshundert Jahre, nachdem unser Herr, der Tathagata, ins Nirvana eingegangen war, Philosophie und Religion einen hohen Entwicklungsstand erreicht und sich zahlreiche Schulen und Kulte ausdifferenziert, so daß allenthalben Häresie und Irrtum herrschten. Nur in einem Punkt waren sich diese Strömungen einig, nämlich im gemeinsamen Angriff auf die wahre Lehre des Buddhismus und in seiner Verleumdung. In dieser Krisensituation trat in Indien ein Gelehrter mit außergewöhnlichen Fähigkeiten auf: Ashvaghosha. Er wurde zum größten Glaubensstreiter seiner Zeit, und es gelang ihm, alle Gegner des Buddhismus zum Schweigen zu bringen. Als brahmanischer Gelehrter hatte er sämtliche Schulen der Philosophie studiert, war jedoch zur Überzeugung gelangt, daß er in der Wahrheit des Mahayana den letzten Grund der Wahrheit und des Glaubens gefunden hatte, und tief und unerschütterlich glaubte er an den Mahayana-Buddhismus.

Einst war er ein stolzer, egoistischer, buchstabengläubiger Brahmane gewesen. Doch unter dem Einfluß seines neuen Glaubens erwachte sein Herz zu Weite und Mitleid. Er entschloß sich, jedermann diese Lehre, wenn sich irgend Gelegenheit dazu bot, bereitwillig zu erklären. In diesem Geist des Mitleids und erkennend, wie sehr die Menschen unter ihren Irrtümern litten, schrieb er diesen Kommentar, um dadurch die drei Juwelen des Buddhismus (Buddha, Dharma und Sangha, d.h. den Buddha, seine Lehre und seine Gemeinschaft) zu verbreiten und ihre Anziehungskraft auf die Menschen wiederzubeleben. Jeder, der durch die Lektüre seines Buches den reinen Glauben in sich erweckt hätte, würde sich unmittelbar von seinen häretischen Ansichten abwenden und den wahren Pfad betreten. Aber seit den Zeiten des Herrn, des Tathagata, hat man diese

Mahayana Shraddhotpada Shastra

Mahayana-Lehre nur unvollkommen verstanden, weil sie noch nicht völlig zur Reife gekommen war. In China hatte man noch nicht einmal von ihr gehört. Erst in der Spätzeit der Liang-Dynastie (505-552) interessierte sich Kaiser Liang Wu-ti für diese indische Lehre und schickte eine Abordnung nach Magadha in Indien, die Kopien der indischen Sanskrittexte besorgen und gelehrte Meister einladen sollte, mit ihr nach China zurückzukehren. Diese Abordnung stieß in Indien auf einen großen Sanskritmeister namens Kulananda, später besser unter dem Namen Paramartha bekannt. Er hatte als Hochschullehrer zunächst die indische Philosophie und Religion gründlich erforscht, sich dann aber ausschließlich den Lehren des Mahayana-Buddhismus zugewandt und war ein Meister mit großen Einsichten in dessen Wahrheit geworden. Das war genau der Meister, nach dem die chinesischen Abgesandten suchten, und sie luden ihn ein, mit ihnen nach China zu kommen und unter dem Schutz des Kaisers dort zu leben. Zuerst lehnte Paramartha ab, doch willigte er, nachdem ihn sein König sehr dazu gedrängt hatte, ein und segelte mit geeigneten Mitarbeitern und einer Anzahl Bilder und Bücher nach China.

Der Kaiser empfing ihn mit größter Hochachtung. Doch unglücklicherweise brach schon nach zehn Tagen ein Aufstand aus. Der Palast wurde belagert, und in kaum achtzig Tagen war der Kaiser hungers gestorben. Der indische Meister war nun ohne Schutz, jedoch nicht ohne Freunde. Anfänglich plante er, in seine Heimat zurückzukehren, doch rieten ihm einige von uns, unter ihnen Graf Shaube, Mitglied des Geheimen Kronrats und des Generalstabs, zu bleiben. Sie brachten ihn an einen sicheren Aufenthaltsort im Kien-shing-Tempel in Hengtschu in der Provinz Hunan.

Im dritten Jahr Shen-Sengs (557) begann der Meister mit der Übersetzung dieses Shastra und beendete sie nach zwei Jahren in einem Band, wobei er den Mahayana-Buddhismus überaus lebendig und klar erläuterte. Außerdem übersetzte er viele weitere Schriften, insbesondere den »Metaphysischen Buddhismus« in zwanzig Bänden, die »Metaphysik des Mahavagga« in vier Bänden und die »Interpretation der neun Arten des Bewußtseins« in zwei Bänden. Der große Meister Paramartha wurde dabei von dem indo-skythischen Meister Surnam und anderen unterstützt. Ich war einer der chinesischen Schreiber, die ihre Interpretationen in klassischen chinesischen Schriftzeichen niederschrieben. Diese Arbeit dauerte insgesamt zwei Jahre.

Seitdem hat sich diese Erläuterung der Theorie und Praxis des Mahayana-Buddhismus, verfaßt von dem verehrungswürdigen Patriarchen Ashvaghosha, in der gelehrten Welt durchgesetzt, und viele häretische Gelehrte haben sich den rechtgläubigen gebeugt. Zu meinem großen Be-

Buddhismus

dauern bin ich dem verehrungswürdigen Patriarchen niemals persönlich begegnet. Doch schätze ich mich glücklich, Gelegenheit gehabt zu haben, seine herrliche Lehre studieren und seine tiefe Weisheit bezeugen und preisen zu können. Ich verehrte diese Prinzipien so sehr, daß ich gar nicht mehr aufhören konnte, mich damit zu beschäftigen. Trotz meiner Unbildung war ich so vermessen, die Ehre, die mündlichen Kommentare meiner Kollegen niederzuschreiben, nicht auszuschlagen. Sollte jemals größeren Gelehrten als mir diese Schrift zufällig vor Augen kommen, wäre ich ihnen sehr verbunden, wenn sie eventuelle Fehler berichten würden.

Geschrieben von dem Bhikshu Chih-chi der Liang-Dynastie

Anrufung

Verehrung unserem großen, von Mitleid erfüllten, allgegenwärtigen, allwissenden, allmächtigen Erlöser!

Verehrung seiner Macht und ungeoffenbarten universellen Fülle!

Verehrung seiner Tätigkeit, vollkommen ausgewogen und den Notwendigkeiten angepaßt!

Verehrung der reinen Geist-Essenz, weit und tief wie das Meer!

Verehrung ihrem unendlichen Reichtum an Tugenden und Verdiensten! Mögen sie durch ernsthafte, aufrichtige Praxis voll zur Entwicklung kommen!

In deinem Namen lege ich den Mahayana aus, um alles Mißtrauen und jedes häretische Vorurteil fühlender Wesen zu zerstreuen!

Möge ich durch die Erweckung ihres Glaubens an den Mahayana die Buddha-Samen für eine nie endende Ernte aussäen!

Dieser Kommentar geht von der Voraussetzung aus, daß es eine Methode gibt, durch die der Glaube an den Mahayana entwickelt werden kann. Aus diesem Grund und keinem andern, fühlte ich mich zur Abfassung dieser Interpretation des Mahayana-Prinzips gedrängt. Die Interpretation besitzt fünf Teile: 1. Einführung. 2. Im Mahayana verwendete Ausdrücke. 3. Die Interpretation des Mahayana. 4. Die Praxis des Mahayana. 5. Der Nutzen der Mahayana-Praxis.

Teil I

Einführung

So mancher wird sich fragen, was mich veranlaßt hat, diesen Kommentar zu schreiben. Die Antwort lautet: Acht Arten von Gründen und Affinitäten haben mich zu dieser Arbeit bewogen. Meine erste und hauptsächliche Absicht war, alle fühlenden Wesen vom Leiden zu erlösen und zu ewiger Seligkeit zu führen. Niemals war es mein Wunsch, durch dieses Werk weltlichen Ruhm, Reichtum oder Ehren zu erringen. Der zweite Grund war mein Wunsch, die wahre Bedeutung der Lehren des Herrn, des Tathagata, so darzustellen, daß alle fühlenden Wesen sie von Anfang an richtig verstehen könnten. Der dritte Grund war, jenen, die auf dem Pfad zur Erleuchtung schon Fortschritte gemacht haben, zu helfen, das Erreichte zu bewahren und nicht etwa wieder zu verlieren. Der vierte Grund war, den Glauben von Anfängern auf dem Pfad zu wecken und zu stärken und sie zu noch ernsthafterem Streben zu ermuntern. Der fünfte Grund war, all jenen, die dem Pfad folgen, geeignete Mittel an die Hand zu geben, sich von der Behinderung durch schlechtes Karma zu befreien, sich von den Begierden und der Verblendung des Egoismus freizuhalten und überhaupt dem Netz übler Einflüsse zu entgehen. Der sechste Grund war der Wunsch, allen Suchern zu den richtigen Methoden des »Anhaltens und Sich-Besinnens« zu verhelfen und sie dadurch vor den falschen Auffassungen weltlich gesinnter Menschen und der Hinayana-Schüler zu schützen. Der siebte Grund war, den Lesern die geeigneten Mittel, den göttlichen Namen des Amitabha-Buddha auszusprechen, auseinanderzusetzen und ihnen zu beweisen, daß sie, sprächen sie eindeutig ausgerichtet den Namen »Amitabha« aus, mit Sicherheit im reinen Land des Buddha wiedergeboren würden, und einmal dort wiedergeboren, niemals mehr einen Rückfall erleiden müßten. Der achte Grund war, jenen, in denen durch die Lektüre dieser Abhandlung der Glaube erweckt würde, die unschätzbaren Vorteile der Dhyana-Praxis vor Augen zu führen und sie zu einem ernsthaften Durchhalten in dieser Praxis zu bewegen. Das sind die Gründe, die mich zum Abfassen dieses Kommentars veranlaßt haben.

Nun könnte weiter gefragt werden, warum ein Kommentar, solange der Dharma in den Sutras selbst präsent ist, überhaupt erforderlich ist. Meine Antwort lautet: Es ist wahr, die Lehren des Buddha sind in den Sutras voll enthalten. Doch da das Karma und die vererbten Dispositionen der fühlenden Wesen sehr verschieden sind und sich auch ihre Erfahrungen und Arten des Strebens stark voneinander unterscheiden, va-

Buddhismus

riieren auch die Bedingungen, unter denen der Glaube in ihnen erwachen und seine Früchte von ihnen erfahren werden können. Als der Herr, der Tathagata, auf Erden weilte, verstanden jene fühlenden Wesen, die mit klarem, einsichtigem Verstand dem Herrn, dem Buddha, zuhörten, seine Worte, die nach Form und Sinn über die Sinnenwelt hinausgingen und von ihm vollkommen stimmig ausgelegt wurden, recht gut. Es bestand damals also keine Notwendigkeit für eine Abhandlung wie diese. Doch nach dem Nirvana des Herrn, des Tathagata, hatte sich die Situation gewandelt. Die Lehren beschränkten sich jetzt auf geschriebene Worte, und der Verstand der Menschen war weniger scharf und verschiedenartiger ausgeprägt. Manche erwarben sich ein Verständnis der Lehre durch langes, andere durch kurzes Selbststudium. Manche, denen es an Verstandeskraft gebrach, erlangten doch Verständnis, indem sie umfangreiche gelehrte Kommentare durcharbeiteten. Anderen, die von langen, ermüdenden Interpretationen nur verwirrt wurden, halfen kurze und bündige. Aufgrund dieser Umstände dachte ich, ein neuer, sich von den bisherigen unterscheidender Kommentar sei durchaus am Platze, und fühlte mich getrieben, die Lehren des Herrn in all ihrer tiefen Weisheit darzustellen und kurz und knapp, jedoch klar und genau vorzutragen.

Teil II

Im Mahayana verwendete Ausdrücke

Allgemein gesprochen benutzt der Mahayana zwei Kategorien von Ausdrücken. Die eine wird verwendet, wenn vom Dharma als Essenz, die andere, wenn vom Dharma als Prinzip die Rede ist. Der Dharma ist der Geist aller fühlenden Wesen. Dieser Geist umfaßt sämtliche Begriffe, ob sie sich auf die Welt der Erscheinungen oder auf die Welt des Geistes beziehen und zur Reinheit und Freiheit der Ewigkeit führen. Mittels der Begriffe dieses Geistes läßt sich das Prinzip des Mahayana entwickeln und begreifen. In der einen Hinsicht offenbart er uns die eigentliche Essenz des Mahayana, in der anderen spiegelt er das Erscheinen und Verschwinden der Dinge wider, das auf Grund von Ursachen und Bedingungen erfolgt, und entfaltet die Möglichkeiten und Tätigkeiten des Mahayana-Prinzips.

Das Mahayana-Prinzip läßt sich auf drei Arten interpretieren. Die erste ist unermeßliche Ausdehnung, also seine alles umfassende Ganzheit, in der alle Begriffe im Keim, aber noch undifferenziert und von gleicher Beschaffenheit, enthalten sind, der Menge nach weder abnehmend noch zunehmend, sondern in vollkommener Reinheit und Einheit verharrend. Die zweite ist seine unermeßliche Potenz. Wie der Schoß des Tathagata ist er die Quelle aller Dharmas, aller Naturen und Verdienste bis zur Unendlichkeit der Unendlichkeiten. Die dritte ist die unermeßliche Zahl seiner sich manifestierenden Tätigkeiten, die alle denkbaren guten Ursachen und Wirkungen entstehen lassen, sei es, daß sie zu dieser irdischen Welt, sei es zur geistigen Welt gehören und zur vollkommenen Reinheit und Freiheit der Ewigkeit führen. Sie ist der Pfad, auf dem alle Buddhas das Nirvana erlangt haben, und durch sie werden einst alle Bodhisattva-Mahasattvas ans sichere Ufer der Tathagataschaft gelangen.

Teil III

Die Interpretation des Mahayana

Die Interpretation des Mahayana läßt sich in drei Abschnitte gliedern. Der erste befaßt sich mit der Explikation des wahren Prinzips. Der zweite ist eine Zurückweisung falscher Lehren und Vorurteile. Der dritte bezieht sich auf die richtige Praxis, die zur Erleuchtung führt.

1
Explikation des wahren Prinzips

Zunächst also zur Explikation des wahren Prinzips. Der Geist hat zwei Türen, durch die seine Tätigkeit ihren Ausgang nimmt. Die eine führt zur Verwirklichung der reinen Essenz des Geistes, die andere führt zu den verschiedenen Manifestationen des Erscheinens und Verschwindens, des Lebens und Todes. Durch beide Türen gehen jeweils sämtliche Begriffe des Geistes, und zwar so miteinander verwoben, daß sie nie voneinander getrennt waren und es auch niemals sein werden.

Was ist unter der reinen Essenz des Geistes zu verstehen? Es ist die äußerste Reinheit und Einheit, die allumfassende Ganzheit, die Quintessenz der Wahrheit. Die Essenz des Geistes gehört weder zum Tod noch zur Wiedergeburt. Sie ist ungeschaffen und ewig. Die Begriffe des bewußten Geistes dagegen haben sich verselbständigt und sondern sich durch falsche Wertungen und Vorstellungen von der Realität ab. Könnte der Geist vom wertenden Denken freigehalten werden, gäbe es keine willkürlichen Gedanken, die das Auftreten von Formen, Existenzen und Bedingungen verursachen. Daher waren ur-anfänglich alle Begriffe frei von Verselbständigung, eigenen Namen, mentalen Färbungen und Zuständen. Ihrem Wesen nach sind sie nämlich alle von gleicher Beschaffenheit, weder veränderlich noch zerstückelbar noch zerstörbar. Da sie alle von **einer** Beschaffenheit und **einer** Reinheit sind, spricht man von der Geist-Essenz.

Denn die Differenzierungen durch Worte sind nur falsche Vorstellungen, ohne Grundlage in der Realität. In ihrer Falschheit besitzen sie nur ein relatives Dasein, da falsche Vorstellungen und Gedanken entstehen und vergehen. Worte an sich haben keinen Wert, selbst wenn sie sich auf die Geistessenz beziehen, da es im Wesen des Geistes nichts gibt, was durch Worte ergriffen oder benannt werden könnte. Doch benutzen wir immerhin Worte, um von Worten frei zu werden, bis wir einmal die reine, wort-lose Essenz erlangen. In der Essenz des Geistes gibt es nichts, das weggenommen und nichts, das hinzugefügt werden könnte. Alle Begriffe gehören dort ungeteilt zur Realität. Sie sind nicht künstlich geschaffen, sondern unveränderlich, unaussprechlich und vom Verstand un-denkbar. Sie sind die Essenz des Geistes selbst. Vielleicht fragt jetzt jemand, warum, wenn doch alle Begriffe so aufgefaßt werden müssen, sich fühlende Wesen ihrer bedienen können, um ihren Geist aus der Konkretheit in die Abstraktheit der reinen Essenz des Geistes zu erheben? Die Antwort ist, daß, wann immer ein fühlendes Wesen Worte in Bezug auf die reine Essenz des Geistes gebraucht, es daran denken sollte, daß sie im Grunde falsch sind, und sich nicht auf willkürliche Vorstellungen noch Unterscheidungen zwischen ihnen selbst und dem gesprochenen Wort und dem Gegenstand, über den gesprochen wird, fixieren sollte. Wenn Menschen Worte benützen, um ihre Gedanken auszudrücken, sollten sie immer daran denken, daß Worte völlig unabhängig vom Sprecher sind und der Mensch nicht von ihnen Besitz ergreifen darf. Wenn ein fühlendes Wesen sich auf diese Weise von allen willkürlichen Vorstellungen freihalten könnte, würde das bedeuten, daß es die Einheit mit der reinen Essenz aller Begriffe erlangt hätte.

Wenn wir nun im folgenden verschiedene Aspekte der Essenz des Geistes unterscheiden, so läßt sich zunächst der Aspekt der Leere seiner unveränderlichen Essenz konstatieren. Denn sie ist in der Lage, ihre ursprüngliche Wirklichkeit zu entfalten. Andererseits ist auch der Aspekt der Nicht-Leere vorhanden. Denn sie besitzt ihre eigene Substantialität und alle denkbaren Verdienste nicht vergiftender Natur, das heißt, sie hat ihre eigene Daseinsberechtigung. Der erste ist ein Aspekt der Verneinung, der zweite ein Aspekt der Bejahung. Von Uranfang her ist die Geist-Essenz niemals in einen Austausch mit irgendwelchen verdorbenen, wertenden Begriffen eingetreten. Sie ist stets frei und leer von Wertungen im Reich der Gedanken und Phänomene gewesen. Denn sie ist vollkommene Einheit, vollkommene Reinheit. Es sollte klar sein, daß das wahre Wesen der Geist-Essenz keinem verselbständigten Begriff irgendeines Phänomens oder Nicht-Phänomens angehört, noch einem Begriff der Abwesenheit von Phänomenen oder der Nicht-Abwesenheit von Phänomenen, noch einem Begriff der Einheit oder Geteiltheit oder der Abwesenheit der Einheit oder Geteiltheit. Mit andern Worten: Sie hat kein sonderndes Bewußtsein, sie gehört zu keiner Art beschreibbarer Natur. Verselbständigungen und ein Bewußtsein von ihnen entstehen nur, wenn fühlende Wesen falsche, sondernde Vorstellungen hegen, und ihr Geist die Dinge wertet, wobei ein Gedanke nach dem andern entsteht, ohne daß wirkliche Entsprechungen zwischen ihnen und den Dingen bestünden. Daraus ergeben sich Verwirrung, Konflikt und Leiden. Das also ist damit gemeint, wenn gesagt wird, die Geist-Essenz sei leer. Doch wenn die Wahrheit vollständig verstanden ist, wird sich auch zeigen, daß der Begriff der Leere, insofern er sich auf die Geist-Essenz bezieht, selbst »leer« ist. Wenn der Geist ganz von falschen Vorstellungen freigehalten werden kann, läßt sich dem Ausdruck »Leere« kein einsehbarer Sinn mehr zuschreiben.

Andererseits darf man sich die Geist-Essenz auf keinen Fall als leer in Bezug auf ihr vollkommen universelles Wesen denken. Sie ist nur leer in dem Sinne, daß sie ihrem wahren Wesen nach keine falschen Elemente enthält, ist sie doch der reine Dharmakaya, das eigentliche So-Sein der Wahrheit. Da sie ihrer Natur nach von ewiger Dauer und unveränderlich ist und die Gesamtheit alle Begriffe in vollkommen ungeteilter Reinheit besitzt, ist sie der Gipfel der Nicht-Leere. Zugleich darf man sich aber keinesfalls vorstellen, die Geist-Essenz besitze ihr eigentümliche, übersinnliche Phänomene. So ist es keineswegs: Sie enthält keine vorstellbaren oder unvorstellbaren Phänomene, sondern ist vollkommene Leere und kann nur begriffen werden, wenn der Geist, über seine Gedankenprozesse der Wertungen und alle Einbildung der Ichheit hinausgelangend, sich selbst mit dem reinen So-Sein der Geistessenz vereinigt.

Weiterhin besitzt die Geist-Essenz den Aspekt des Erscheinens und Verschwindens, den wir uns als Geburt und Tod denken. In diesem Zusammenhang stellen wir uns die Geist-Essenz als den Schoß des Tathagata vor. Doch in Wirklichkeit kommt nichts hervor und kehrt nichts zurück, und gibt es keinen Schoß des Tathagata. Denn die Natur des Erscheinens und Verschwindens deckt sich mit der Natur des Nicht-Erscheinens und Nicht-Verschwindens. Die reine Essenz des Geistes ist weder Einheit noch Vielheit. Dennoch stellen wir sie uns als das unvorstellbare Alaya-vijnana vor, den »Speicher« oder »universellen Geist«. Dieses Alaya-Bewußtsein umfaßt zwei wesentliche Aspekte, die sämtliche bestimmten Begriffe sowohl einlassen als auch wieder entlassen können. Der eine Aspekt ist der der Erleuchtung, der andere der der Unwissenheit.

In ihrem Aspekt der Erleuchtung ist die Geist-Essenz frei von jeder Verselbständigung und jedem Denken in Wertungen. Sie ist allumfassend und dehnt sich unendlich in alle Richtungen aus, weit wie der offene Raum und ebenso rein, unveränderlich und unbegrenzbar. Es ist der Dharmakaya der Tathagataschaft. Es ist die Erleuchtung als angeborene Veranlagung. Aber da es sich um Erleuchtung handelt, weist sie schon auf ihr konkretes Erscheinen voraus. Doch Erleuchtung als Veranlagung und die konkret werdende Erleuchtung sind von ein und derselben Art. Da es den Begriff »Erleuchtung« gibt, gibt es auch den Begriff »Nicht-Erleuchtung«, und da es den Begriff »Nicht-Erleuchtung« gibt, gibt es auch den Begriff »Erleuchtung«. Aufgrund der Begriffe »Erleuchtung« und »Nicht-Erleuchtung« gibt es den Begriff »Erreichen der Erleuchtung«. Aber »Erleuchtung«, »Nicht-Erleuchtung« und »Erreichen der Erleuchtung« sind alle von ein und derselben Art und Einheit. Wenn sich der Geist seines innersten Wesens, der Erleuchtung, bewußt wird, spricht er davon als von »Erleuchtung«. Wenn er nicht erleuchtet ist, was sein inneres Wesen wäre, sprechen wir von Unwissenheit. Aber im Alaya-vijnana ist kein Unterschied zwischen den beiden, da gibt es nur die vollkommene Reinheit des Dharmakaya.

Bei den Menschen tritt Erleuchtung in verschiedenen Graden der Reinheit auf. Sobald ein gewöhnlicher Mensch sich des Unterschieds zwischen richtigen Gedanken und falschen Gedanken bewußt wird, zwischen guten Gedanken und bösen Gedanken, läßt sich schon sagen, er sei erleuchtet. Doch ist das noch eine höchst rudimentäre Form der Erleuchtung. Wenn Hinayana-Schüler mit ihrer Dhyana-Praxis beginnen, sind sie sich ihrer wertenden Gedanken bewußt und zugleich auch bewußt, daß diese Gedanken keinen Wert an sich besitzen. Von ihnen heißt es dann, sie hätten Erleuchtung erlangt.

Doch ist das auch noch eine sehr primitive Form der Erleuchtung. Sobald sie dann ihre wertenden Begriffe, im Bewußtsein ihrer Falschheit, anhalten, ist das schon eine höhere Art von Erleuchtung. Und wenn sie, indem sie sich der besitzergreifenden Natur der wertenden Gedanken bewußt werden und sich dann doch daran erinnern, daß sogar diese wertenden Gedanken ihrem Wesen nach keine besitzergreifenden Eigenschaften besitzen, zu Bodhisattvas werden, ist ihre Erleuchtung teilweise schon im Einklang mit der Geist-Essenz.

Wenn dann die Bodhisattvas von Stufe zu Stufe fortschreiten, entwickeln sie ein immer besseres Gespür für das Auftreten dieser falschen Unterscheidungen, reagieren immer schneller darauf und entwickeln immer bessere Mittel, deren Auftauchen zu verhindern und sie, wenn sie doch auftauchen, zu ignorieren. Bis sie zuletzt in einen Zustand der Achtsamkeit gelangen, bei dem sie sich auch von den feinstgesponnenen Begriffen freihalten können und wissen, daß der essentielle Geist in seiner Reinheit ewig währt. Das ist dann ein Zustand vollkommenen Einklangs und kann mit Recht Erleuchtung genannt werden. Deshalb heißt es in den Sutras: Wenn ein fühlendes Wesen fähig ist, sich von allem wertenden Denken freizuhalten, hat es die Weisheit eines Buddha erlangt.

Im Vorhergehenden haben wir von der Entstehung bewußter, wertender Gedanken gesprochen. Um aber die Wahrheit zu sagen: Es gibt kein Entstehen irgendwelcher Gedanken, da die bewußte Verstandestätigkeit vollkommen subjektiv und bloß eingebildet ist. Den meisten Menschen, so heißt es, fehlt die Erleuchtung. Das liegt nicht daran, daß sie keine Ge-

Buddhismus

danken hätten, sondern in ihnen läuft von Anfang an ein kontinuierlicher Strom von Wertungen ab, eine der andern ohne Unterbrechung folgend. Sie verharren also noch in anfangloser Unwissenheit. Doch wenn ein Bodhisattva alle Stufen erstiegen und einen Zustand des Nicht-Denkens erlangt hat, erlebt er, daß alle Phänomene bewußter Gedankentätigkeit – ihr Entstehen, Wachsen, Vorbeiziehen und Verschwinden – das selbe wie Nicht-Denken sind, daß alle erscheinenden Veränderungen schon in der primären Erleuchtungsnatur der Geist-Essenz, wiewohl noch nicht manifest, enthalten sind, und daß der Urzustand der Erleuchtung auch der Endzustand der Erleuchtung ist.

Nun ergibt sich die Frage, wie diese scheinbaren Unterschiede aus der Reinheit der Geist-Essenz entstehen können. Die Antwort lautet: Wegen der vollkommenen Anpassung des Alaya-vijnana an die vielen Verunreinigungen, die sich seit anfanglosen Zeiten auf ihm angesammelt haben. Sie sind für die Entstehung von zwei Klassen Phänomenen verantwortlich, die untrennbar vom innersten Wesen der Erleuchtung sind und doch in gegenseitiger Beziehung stehen. Die eine Klasse besteht aus Phänomenen, die sich auf die Reinheit des Denkens beziehen und sich auf die Erleuchtung zubewegen, die andere Klasse aus Phänomenen, die sich aufs Karma beziehen und auf die Unwissenheit zubewegen.

Mittels der Reinheit seines einsichtigen Denkens ist der Bodhisattva imstande, richtige Methoden und geeignete Mittel anzuwenden, um dem Einfluß dieser Verunreinigungen zu entkommen, sich aus ihrer Verstrickung zu lösen, die versklavende Kraft der bewußten Wertungen zu zerstören und mit Hilfe der Intuition zur Verwirklichung des reinen Dharmakaya zu gelangen.

Zwar gehören alle Phänomene des Verstandes: seine Wahrnehmungen, seine Wertungen, sein Bewußtsein, zur Natur der Nicht-Erleuchtung. Doch da die Natur der Nicht-Erleuchtung der der Erleuchtung gleich ist, ist sie weder zerstörbar noch unzerstörbar. Sie ist wie die Wellen auf der Oberfläche des Ozeans, vom wehenden Wind hervorgerufen. Beide sind am Geschehen beteiligt. Aber Wasser besitzt die Natur der Bewegung nicht in sich selbst. Wenn der Wind zu wehen aufhört, legen sich die Wellen wieder, und das Wasser kehrt zur ursprünglichen Ruhe zurück.

Dasselbe gilt für die fühlenden Wesen. Ihr reiner, essentieller Geist wird sozusagen durch den Wind der Unwissenheit aufgewühlt. Aber weder der Verstand noch die Unwissenheit besitzen eigene Substanz oder Form oder Phänomene, noch ist der eine von der andern getrennt. Da Aufgewühltheit nicht zum Wesen des Geistes gehört, werden, wenn die Unwissenheit zerstört ist, auch die aufwühlenden Phänomene falscher Vorstellungen und wertender Gedanken verschwinden. Denn die Kraft der Intuition wühlt das wahre Wesen des Geistes in keiner Weise auf.

In den nach außen gerichteten Tätigkeiten des wertenden Verstandes ist Karma der Niederschlag des Trägheitsmomentes dieses Verstandes, das ihn dazu treibt, noch immer mehr zu werten. Doch in den in unvorstellbarer Weise auf Einheit gerichteten Tätigkeiten der reinen Intuition ist Karma der Niederschlag ihrer Einheit bewirkenden Anziehungskraft, die Vielheiten zu Einheiten macht, zu allen Arten über die Sinnenwelt hinausgehender Synthese und geheimnisvollen Wundern führt und im Herzen ernsthafter Schüler allerlei spirituellen Segen und Kräfte erzeugt, die dann in ihrer Gesamtheit, wegen der Gelübde dieser Schüler, allen fühlenden Wesen zur Verfügung stehen.

Vergleicht man die Erleuchtung mit einem Raum oder einem klaren Spiegel, so zeigt sich ihre Größe in einer vierfachen Signatur. Die erste Signatur ist, daß, wenn man alle Gegenstände weit genug vom Spiegel entfernt, keine Reflexion mehr stattfindet. Ebenso gibt es keine Störung der Stille des Geistes mehr, wenn alle störenden mentalen Bedingungen und alle durch die Sinnesorgane mit Gegenständen in Beziehung stehenden Mentalsphären entfernt sind. Diese erste Signatur ist also die Offenbarung der Größe des Geistes in Gestalt seiner Leere.

Die zweite Signatur ist die seiner Größe in Bezug auf seine Bestätigung der Wahrheit. Gleichgültig, welche Phänomene oder Bedingungen sich in der Saha-Welt befinden – sie werden im Spiegel der reinen Essenz des Geistes mit vollkommener Wahrheit und Unparteilichkeit wiedergegeben. Da gibt es nichts, was eintritt, nichts, was austritt. Nichts geht verloren oder wird vernichtet. Denn in der wahren Geist-Essenz sind alle Begriffe von derselben Beschaffenheit, die im So-Sein der Geist-Essenz unveränderlich und fortwährend dauert. Denn die wahre Geist-Essenz ist keinen Verderbnissen unterworfen, die sie verderben könnten, und selbst die von ihr widerspiegelten verdorbenen Begriffe haben keine Wirkung auf sie. Ihr intuitives Wesen wird niemals aufgewühlt, sondern verfügt im Gegenteil über unbegrenzte, nicht vergiftende Eigenschaften, die alle Lebewesen dahingehend beeinflussen, daß sie in die Einheit und Reinheit der reinen Geist-Essenz hineingezogen werden.

Die dritte Signatur der Geist-Essenz in ihrer Eigenschaft als Spiegel ist die Bestätigung ihrer Größe in Bezug zur Freiheit. Ebenso wie ein Spiegel alle vor ihm aufgestellten Gegenstände reflektiert, so reflektiert die Geist-Essenz alle Begriffe frei, ohne von ihnen befleckt zu werden. Sie treten in aller Freiheit hervor, getrennt von allen Hindernissen und Beschwerlichkeiten des Wissens, von allen zusammengesetzten und einander gleichförmigen Erscheinungen. Denn die Geist-Essenz ist alles rein, hell und frei.

Die vierte Signatur ist eine Bestätigung des Mitgefühls und der Hilfeleistung. Denn da die Geist-Essenz von allen Beschränkungen der Selbstheit frei ist, zieht sie alles in gleicher Weise in ihre allumfassende Reinheit und Einheit und ihren Frieden hinein. Sie erleuchtet alle Geister mit der gleichen Helligkeit, so daß alle fühlenden Wesen das gleiche Recht auf Erleuchtung besitzen, die gleiche Möglichkeit, das höchste Prinzip der Güte auszuüben, und die gleiche Gewißheit, daß einst alle fühlenden Wesen die Erleuchtung erlangen, ihre Wurzel des Verdienstes reifen lassen und ihre innere Buddha-Natur verwirklichen werden.

Betrachten wir jetzt das eigentliche Wesen der Nicht-Erleuchtung. Auf den vorhergehenden Seiten sagten wir, Nicht-Erleuchtung hänge mit Unwissenheit zusammen. Das ist richtig in dem Sinne, daß das Denken, wenn es von seinen falschen Vorstellungen und Wertungen verwirrt ist, seine eigene Geist-Essenz und die prinzipielle Gleichheit all seiner Begriffe nicht deutlich erblickt. Sobald der Verstand aufgrund der unterschiedlichen Sinneseindrücke und -wahrnehmungen Wertunterschiede konstatiert, beginnt er sofort damit, sie zu Begriffen zu vereinigen, zu benennen, zu analysieren und über sie nachzudenken, woraus alle möglichen falschen Urteile und das Ich-Bewußtsein entstehen. Die wertenden Gedanken haben keine eigene Substanz. In dieser Hinsicht unterscheiden sie sich nicht im geringsten vom Denken in seiner Ganzheit, das durch sein essentielles Wesen rein und erleuchtend ist. Ein unwissender Mensch, der von seinem wertenden Verstand beherrscht wird, gleicht einem Mann, der den Weg verloren hat. Wenn wir von einem Menschen sprechen, der den Weg verloren hat, gehen wir davon aus, daß er ursprünglich einen Begriff vom richtigen Weg hatte, von dem er abgeirrt ist. Ohne diesen ursprünglichen Begriff eines richtigen Weges und eines Ziels, das er erreichen möchte, hat das »Abirren« keinen Sinn. Das selbe ist der Fall mit fühlenden Wesen, von denen man sagt, sie seien nicht erleuchtet. Sie haben eine angeborene Anlage zur Erleuchtung, doch wegen ihrer falschen Vorstellungen und Wertungen gehen sie in die Irre. Insofern haben Unwissenheit und Erleuchtung nur einen relativen Sinn. Hätte ein Mensch keinen Begriff von Erleuchtung, so hätte er auch keinen Begriff von Unwissenheit. Und könnte er dann auch seine Unwissenheit abschütteln, hätte er doch noch keinen Begriff von Erleuchtung. Gerade durch den wertenden Verstand, der einen Menschen in die Irre führt, vermag er auch Erleuchtung zu erlangen. Deshalb können wir in Wahrheit von der wahren und erleuchtenden Natur des menschlichen Denkens sprechen. Könnte er sich jedoch allen Bewußtseins von seiner erleuchtenden Natur entledigen, würde auch die Signatur der Erleuchtung verschwinden.

Aufgrund der wertenden Unwissenheit bringt der Verstand drei Arten von Begriffen hervor, die eng miteinander zusammenhängen und von den Wertungen selbst untrennbar sind. Der erste ist der Begriff der Tätigkeit, der zweite der Begriff des Täters und der dritte der Begriff einer Welt der Taten. Den ersten nennt man Karma. Gäbe es nur den Zustand reiner Erleuchtung, so würde das Denken ungestört und in Ruhe verharren. Doch wegen der wertenden Unwissenheit wird das Denken gestört, und diese Störung und ihr Trägheitsmoment nennen wir Karma. Sobald der Geist durch seine Wertungen gestört wird, entsteht Verlangen, dem wiederum Leiden folgt. All dies ist im Begriff des Karma enthalten.

Der zweite Begriff heißt Egoismus. Sobald der Geist Wertunterschiede wahrnimmt, weckt er das Verlangen, das Greifen nach den Dingen und das daraus folgende Leiden. Dann bemerkt der Geist auch, daß sich manches auf sein Ich und manches auf das Nicht-Ich bezieht, woraus der Begriff des Täters entsteht, eines Ichs. Könnte der Geist unberührt von Unterscheidungen und Wertungen verharren, so würde der Begriff eines Ichs verlöschen.

Der dritte ist der Begriff einer uns umgebenden Welt, die Nicht-Ich ist. Unabhängig von einem Täter hätte es keinen Sinn, von einer äußeren Welt der Dinge zu sprechen, die erzeugt wird, auf die eingewirkt wird und die auf Einwirkungen reagiert. Wird jemand frei vom Begriff des Ich, so verschwindet damit auch der Begriff einer äußeren Welt.

Und weiter: Wegen der wertenden Unwissenheit und des engen Zusammenhangs zwischen den Begriffen des Denkens, des Denkers und des Gedachten gibt es sechs Arten psychischer Phänomene. Erstens gibt es Empfindungen der Sympathie und Antipathie. Zweitens werden diese sich in schneller Folge ablösenden Empfindungen vom Gedächtnis festgehalten und durch eine Art Trägheitsmoment intensiviert. Drittens führt dieses Trägheitsmoment zu einem Greifen nach dem Angenehmen und einem Zurückweichen vor dem Unangenehmen, so daß der Mensch sich entweder im Glück oder im Unglück befindet. Viertens gibt es aufgrund dieser Situation eine Art Kontinuität oder »Haften«, das auf den Denkenden selbst zurückwirkt und seine Gedanken bedingt, worauf er den Dingen Namen gibt und ihnen falsche Bedeutungen zuschreibt. Fünftens wirken diese falschen Namen und wertenden Gedanken auf die Vorstellung des Menschen von einer äußeren Welt ein, bedingen seine Umgebung und bauen ein ihn konditionierendes Karma auf. Sechstens entwickelt dieses Karma, das sich seit anfanglosen Zeiten immer weiter anhäuft, eine immer stärkere Tendenz zur Wirksamkeit, die den Denkenden versklavt, bis er seine Freiheit nach und nach einbüßt. Also sehen wir, daß verunreinigende Gedanken und Leiden nicht durch sich selbst existieren, sondern aus der Nicht-Erleuchtung der wertenden Unwissenheit entstehen.

Weiter stehen diese beiden Begriffe Erleuchtung und Nicht-Erleuchtung in zweifacher Beziehung zueinander. Die erste ist eine Beziehung der Ähnlichkeit, die zweite eine Beziehung der Unähnlichkeit. Wie verschiedene von einem Töpfer hergestellte Gefäße sich darin ähneln, daß sie alle aus Lehm bestehen, so ist es auch mit den verschiedenen Arten des Karma und der karmischen Illusionen. Sowohl die verunreinigenden als auch die reinigenden Arten haben ihre einzige Wirklichkeit in der reinen Geist-Essenz. In diesem Sinne sind sie einander ähnlich, wie ja auch die Sutras sagen: Alle fühlenden Wesen weilen stets im Nirvana. Trotzdem ist das Ding, das man Erleuchtung nennt, nichts, das durch Übung erreicht werden könnte, noch läßt es sich durch menschliche Hände schaffen. Es ist unberührbar und ungreifbar, ohne Form, die sichtbar, und ohne Natur, die beschreibbar wäre. Der Grund, weshalb Erleuchtung verschiedene Manifestationen der Form und äußeren Gestalt annehmen kann, liegt nur in der konditionierenden Kraft des Karma, je nach den Verunreinigungen des Geistes. Erleuchtung und Weisheit haben ihrer wahren Natur nach nichts mit materiellen Formen oder Erscheinungen zu tun, so daß sie Objekte der Sinneswahrnehmung werden könnten.

Die Beziehung der Unähnlichkeit ist folgende: Wie die unterschiedlichen, vom Töpfer angefertigten Gefäße unendlich verschieden sind, so sind auch die Manifestationen der wertenden Gedanken des Verstandes, sowohl der erleuchtenden als auch der verunreinigenden, unendlich verschieden. So wie das Karma der Menschen und die karmischen Bedingungen unterschiedlich sind, so sind auch die Manifestationen ihrer konditionierenden Kraft verschieden und einander unähnlich.

Des weiteren hat, was im Vorhergehenden über das Erscheinen und Verschwinden, also was als Geburt und Tod bekannt ist, gesagt wurde, seine besonderen Ursachen und Bedingungen. Wir wollen damit sagen, daß fühlende Wesen mit ihrem fortwährend aktiven, wertenden und denkenden Verstand unaufhörlich ein System falscher Bilder und Vorstellungen aufbauen, die zu Verunreinigungen auf dem Antlitz des Alaya-vijnana werden und ein Ich-Bewußtsein mit seinem Hang zu Wünschen und Gewohnheiten des Ergreifens und Anhaftens erzeugen, was alles vom denkenden Verstand abhängig ist und kein eigenes Wesen besitzt. Dieses System falscher Vorstellungen, das vom denkenden Verstand abhängt und wiederum die Ursachen und Bedingungen für die Entwicklung des Verstandes bereithält, ist die Unwissenheit. Doch gerade durch sie entsteht der intuitive Verstand (manas), der einsichtige Verstand (mano-vijnana) und der sechsfache Sinnenverstand (die vijnanas). Manas, der Verbindung sowohl zum Alaya-vijnana als auch zum mano-vijnana hält, vermittelt zwischen den beiden und ruft die Begriffe des Sinnen-Bewußtseins einerseits, die Fähigkeiten der einsichtigen Verstandestätigkeit und der Intuition andererseits hervor, die zu Unwissenheit bzw. Erleuchtung führen. Sobald die nicht-erleuchtende Natur sich zu regen beginnt, entsteht das Wahrnehmungsvermögen, die Manifestationskraft der wertenden Gedanken. Sie greift nach den Bedingungen und verursacht einen kontinuierlichen Strom von Veränderungen und Verwandlungen, aus dem das Bewußtsein eines Ichs und einer äußeren Welt mit Ursachen und Bedingungen entsteht. Diese falsche Vorstellung von einem Ich besitzt fünf Aspekte oder Namen. Der erste ist sein Tätigkeits-Bewußtsein (Karma-Bewußtsein), was bedeutet, daß dank der Kraft der Unwissenheit, Einzelheiten hervorzubringen, die nicht-erleuchtenden Potenzen des Denkens erweckt und in Tätigkeit versetzt werden. Der zweite ist das Entwicklungs-Bewußtsein oder die Kraft, Eindrücke in Wahrnehmungen umzuwandeln. Der dritte ist das Reflexions-Bewußtsein, das alle Arten von Wahrnehmungen, die sich aus dem Kontakt von Objekten mit den Sinnesorganen ergeben, reflektiert und sie, spontan und ohne Vorurteile, zu Einheiten vereinigt. Der vierte ist das Werturteils-Bewußtsein, das diese vereinigten Wahrnehmungen, insofern sie in Beziehung zu ihm selbst stehen, in günstige oder ungünstige, reine oder unreine einteilt. Der fünfte ist das Gedächtnis-Bewußtsein, das alle Begriffe im Denken und in ihren gegenseitigen Beziehungen und Synthesen unaufhörlich festhält. Es hält alle seit anfangloser Vergangenheit aufgehäuften Elemente des Karma in Tätigkeit und registriert jeweils ihren genauen Wert. Es zwingt den Geist, die Wirkungen des Karma, seien sie schmerzhaft oder angenehm, zu ertragen, bis sie zur vollen Reife gediehen sind. Es ruft vergangene Erfahrungen plötzlich in Erinnerung und projiziert seine falschen Bilder in die Zukunft. Es ist die Ursache aller Illusionen der dreifachen Welt, die keine andere Ursache haben als den wertenden und denkenden Verstand. Ohne den Verstand gibt es keine Objekte für die Sinne. Alle Begriffe dieser Objekte entstehen im Verstand und werden von den falschen Verstandestätigkeiten entwickelt und zur Erscheinung gebracht. Keiner hat eigene Substanz, sie alle werden in gleicher Weise durch die falschen Vorstellungen der Unwissenheit der fühlenden Wesen zur Erscheinung gebracht und in fortwährender Verbindung miteinander gehalten. Sie sind in Wirklichkeit wie Reflexionen in einem Spiegel, die, hält man sie fest, zu Halluzinationen von einem Ich und einer äußeren Welt führen, doch den Geist in Ruhe lassen, wenn man sie vorbeiziehen läßt und der unterscheidende, denkende Verstand zu denken aufhört.

Wegen der verlangenden, besitzergreifenden Natur des Verstandes nistet sich dieses Gedächtnis-Bewußtsein immer mehr im Geist ein. Es entwickelt und intensiviert die falsche Vorstellung von einem Ich und verleiht dessen eingebildeten Interessen ständig übertriebene Bedeutung. Das ist der Grund, weshalb man das Gedächtnis-Bewußtsein auch als Egoismus-Bewußtsein, als Trennungs-Bewußtsein auffaßt. Denn aufgrund der Tätigkeit des Gedächtnis-Bewußtseins wird der Geist durch seine egoistischen Verlangen, Vorurteile und eingebildeten Beschwerlichkeiten immer mehr von seiner eigentlichen Einheit mit der reinen Geist-Essenz getrennt.

Sehr schwer ist zu verstehen, wie sich der begriffliche, wertende, denkende, bewußte Verstand zur Geist-Essenz verhält: wie er entsteht, sich entwickelt und sich behauptet. Normale Sterbliche können es unmöglich verstehen, und sogar Hinayana-Schüler verstehen es oft noch nicht. Bodhisattvas, die mit ihren Übungen zum Anhalten der Gedanken und zur Verwirklichung der Wahrheit in reinem Glauben beginnen, gelangen, sobald sie einen gewissen Grad der Einsicht erreichen, zu einem gewissen, wenn auch kleinen, Maß an Verständnis. Sogar Bodhisattvas, die bis zur Stufe der Unbewegtheit und Dauerhaftigkeit gelangt sind, können es noch nicht völlig verstehen. Nur Buddhas können es.

Der wesentliche Geist ist rein und unbefleckt von Natur aus. Unwissenheit eignet ihm nur als oberflächliche, flüchtige Verunreinigung. Doch aufgrund ihrer verunreinigenden Natur entstehen aus der Unwissenheit alle Arten und Grade mentaler Illusionen, Begriffe und voneinander unterschiedener Erscheinungen. Aber trotz seiner Beziehung zum verunreinigten Verstand verharrt der Geist, in seiner Essentialität, für immer in unveränderlicher, unwandelbarer Reinheit. Diese tiefe Beziehung unveränderlicher Reinheit zu den entstehenden Unreinheiten wird nur von der höchsten, vollkommenen Weisheit der Buddhas verstanden. Da der Verstand die vollkommene Reinheit der allumfassenden Ganzheit nicht erkennen kann, nimmt er die Gewohnheit an, sich Unterschiede vorzustellen, wo keine sind, und so wird der Verstand, in Disharmonie mit sich selbst, zur Marionette der Unwissenheit.

Es gibt sechs verschiedene Arten mentaler Verunreinigung. Die erste ist Verunreinigung infolge einer mit Zustimmung des Schülers eingegangenen Bindung, von der Schüler, Pratyekabuddhas und Bodhisattvas der ersten Stufen befreit werden können und von der sich Bodhisattvas, sobald sie die Stufe der »Selbstmeisterung« erreicht haben, weit fernhalten. Die zweite ist Verunreinigung infolge einer Bindung, die der Schüler trotz seiner Mißbilligung und seines Widerstands eingegangen ist. Diese läßt sich teilweise in den Griff bekommen, wenn der Bodhisattva durch die Ernsthaftigkeit seiner Übungen allmählich, von Stufe zu Stufe fortschreitend, zur Stufe der Verwirklichung gelangt, wenn ihm also, obwohl noch im Kontakt mit den Wertunterschieden und Leidenschaften der äußeren Welt, deren Leere zu Bewußtsein kommt. Wenn er dann weiter bis zur Stufe des »In-die-Weite-Gehens« fortschreitet und alle Gedanken und Erinnerungen an Wertunterschiede zurückläßt, wahrhaft in der inneren Welt wohnend, wird er diese Verunreinigung beherrschen können. Die dritte Art ist Verunreinigung durch mit Zustimmung eingegangene Bindung an Wertungen des einsichtigen Verstandes, also das Haften an Ideen und Definitionen. Diese Verunreinigung läßt sich durch des Bodhisattvas vollkommenes, selbstloses Befolgen der Vorschriften allmählich beseitigen und wird vollständig aufgelöst, wenn einer ein weites Herz voller Mitleid entwickelt und die Verfügung über geeignete, wirksame Mittel erhält. Diese werden ihm zuteil, sobald er alle willkürlichen Begriffe von den Erscheinungen preisgibt und von der äußeren Moral zur inneren Weisheit und schließlich vollkommener Geisterfülltheit fortschreitet. Die vierte Art ist die Verunreinigung des einsichtigen Verstandes, trotz seiner Mißbilligung und seines Widerstands. Sie kann beseitigt werden, wenn der Bodhisattva zum innersten Grund des sinnenfreien Denkens durchdringt. Die fünfte Art ist die Verunreinigung bei einem Bodhisattva, der immer noch an der Vorstellung eines wahrnehmenden, wertenden Verstandes hängt, obwohl er nicht mehr daran gefesselt ist. Davon kann er frei werden, indem er im sinnenfreien Denken Fortschritte macht, wobei es dann keinen Gedanken an Ich oder Nicht-Ich mehr gibt, an Selbstheit oder Andersheit, und indem er über jede Dualität und Unvollständigkeit hinaussteigt und vollkommenen Gleichmut erringt. Die sechste Art ist die Verunreinigung des Denkens, die ein Bodhisattva aufgrund des allgemeinen, universellen Karmas hinnehmen muß, bis er in die große Wahrheitswolke der Tathagataschaft eintaucht.

Um diese Punkte zu vervollständigen, wollen wir noch die folgenden Bemerkungen hinzufügen. Die gewöhnliche Nicht-Verwirklichung der Reinheit der Essenz und Einheit der allumfassenden Ganzheit kann zum Teil durch das Erwecken eines reinen Glaubens beseitigt werden, um dann, wenn der Bodhisattva durch seine ernsthafte Dyana-Praxis die Stufen emporsteigt, allmählich noch besser beseitigt zu werden, bis er zur höchsten Stufe der Tathagataschaft gelangt, wo sie vollständig beseitigt wird. Was das Prinzip der gegenseitigen Bindung oder ihr Fehlen betrifft, so ist damit gemeint, daß der Verstand stets in Kontakt mit den unterschiedlichen Begriffen steht, die aus den Sinnen entstehen und mittels verdorbener oder reiner Gedanken ausdifferenziert werden, und daß er für ihre Beziehungen der Gleichheit und Verwandtschaft empfänglich ist. Was das Prinzip des Widerstandes anbelangt, so ist damit gemeint, daß der Geist, solange er im Besitz der Fähigkeit der Intuition ist, die alle Zustände des Bewußtseins übersteigt, und sich deren Ähnlichkeiten und Verwandtschaften ganz unbewußt ist, niemals irgendwelche Wertungen durchführt oder Urteile fällt, sondern spontan die wahre Natur der Dinge reflektiert.

Was das Prinzip der Verunreinigungen durch den Verstand betrifft, so bezieht es sich auf die Hindernisse, die das Leuchten der innersten Weisheit der reinen Geist-Essenz verdunkeln. Was das Prinzip der Unwissenheit betrifft, so bedeutet es das intellektuelle Hindernis, das verursacht, daß die durch das Licht der sinnenfreien Intelligenz hervorgerufene freie Erhellung des allgemeinen Karmas verdunkelt wird. Was ist damit gemeint? Es ist damit gemeint, daß durch gedankliche Verunreinigungen und falsche Vorstellungen der Geist gestört und zu verschiedenen Formen äußerer Tätigkeit bewogen wird, was im Gegensatz zu seiner wahren Natur des Gleichmuts steht. Reine Begriffe, unbeschmutzt durch die Werturteile des Verstandes, kommen und gehen unbemerkt. Doch durch Unwissenheit gestört, verlieren sie ihre Ruhe und ihr erleuchtendes Wesen und vermehren das Weltenkarma.

Weiter: In ihrer Manifestation als Geburt und Tod hat die Geist-Essenz zwei Erscheinungsweisen. Erstens weist sie einen Rohzustand auf, der im Geist gewöhnlicher Menschen auftritt, und zweitens einen verfeinerten Zustand, der sich im Geist der Buddhas manifestiert. Der Geisteszustand eines Bodhisattva-Novizen ist, so könnte man sagen, der einer verfeinerten Rohheit, und der Geisteszustand eines fortgeschrittenen Bodhisattvas der einer rohen Verfeinerung. Doch diese beiden Zustände der Rohheit und Verfeinerung existieren nur wegen der verunreinigenden Macht der Unwissenheit. Während die Gedanken des Verstandes erscheinen und verschwinden, hegt und pflegt er sie auf unterschiedliche Art, woraus sich Ursachen und Bedingungen für Affinitäten entwickeln. Die Ursachen sind das nicht-erleuchtete Wesen der Unwissenheit, und da es Affinitäten unter diesen Ursachen gibt, entwickeln sich unterschiedliche Bedingungen. Würden die Ursachen verschwinden, verschwänden auch die Affinitäten, und, was noch mehr ist: Verschwänden die Ursachen, so würden auch jene Teile der Verstandeseigenschaften, die ihnen entsprechen, verschwinden.

Man kann nun fragen: Wenn alle Verstandeseigenschaften verschwinden würden, was würde dann aus der ununterbrochenen Kontinuität der Verstandestätigkeit werden? Oder: Wenn es nach dem Verschwinden der Verstandeseigenschaften doch noch eine Kontinuität der Verstandestätigkeit gäbe, wie könnten wir dann vom Verschwinden der Verstandeseigenschaften sprechen?

Die Antwort ist: Was das Verschwinden der Verstandeseigenschaften betrifft, so ist damit das Verschwinden der willkürlichen Verstandesbegriffe gemeint, nicht das Verschwinden der Substantialität des Verstandes in der Geist-Essenz. Es ist genauso wie beim Verhältnis von Wind, Wasser und Wellen. Der Wind besitzt die Kraft, das Wasser aufzuwühlen und dadurch Wellen zu erzeugen. Wenn aber kein Wasser da ist, bleibt die Kraft im Zustand der Potentialität, und es gibt keine Wellen. Doch so lange Wasser und Wind da sind, gibt es Wellen. Ferner: Wenn der Wind

Mahayana Shraddhotpada Shastra

seine Kraft zu bewegen verliert, gibt es keine Wellen, auch wenn Wasser vorhanden ist. Der Grund dafür ist, daß sowohl Wind als auch Wasser zur Erzeugung von Wellen erforderlich sind. So ist es nun auch mit der Unwissenheit, dem Verstand und den unterscheidenden Gedanken. Der Grund dafür, daß die Unwissenheit zur Ursache störender Gedanken wird, liegt in der essentiellen Stabilität des Geistes. Verlöre der Geist seine Stabilität, würden alle Lebewesen verschwinden, weil es dann für die Unwissenheit kein Instrument gäbe, auf dem sie spielen könnte. Doch ebenso, wie die Substantialität des Geistes niemals verschwindet, behält der Geist auch seine Kontinuität.

Doch sollte eines Tages die Unwissenheit verschwinden, würden mit ihr alle willkürlichen Begriffe von Form und Phänomenen verschwinden. Aber das bedeutete nicht das Verschwinden der reinen Weisheit des Geistes.

Es herrscht eine beständige Abfolge von Gedanken, reinen und verunreinigten. Sie findet wegen der Wechselwirkung von vier Faktoren statt. Erstens gibt es das letztgültige Prinzip der reinen Essenz des Geistes. Der zweite Faktor ist die Ursache aller Verunreinigungen des Geistes, nämlich die Unwissenheit. Der dritte ist der wertende Verstand, oder das Karma-Bewußtsein. Der vierte sind die falschen Bedingungen der äußeren Welt, also die sechs Objekte der Sinne.

Wir können uns die Wechselwirkung dieser vier Faktoren als einen Prozeß des »Räucherns« vorstellen. Ein vollkommen sauberes Kleid riecht nicht. Wird es aber lange Zeit mit duftenden Kräutern zusammengepackt, so wird es von deren Geruch »durchräuchert«. So ist es auch mit diesen vier Faktoren. Jeder versucht den anderen zu durchräuchern, sobald sie miteinander in Beziehung treten. Die reine Geist-Essenz ist von Natur aus frei von jeder Verunreinigung. Doch durch Verbindung mit der Unwissenheit werden ihre reinen Begriffe verunreinigt. Umgekehrt sind die unreinen Begriffe der Unwissenheit ihrer Natur nach frei von jeder karmischen Reinheit. Doch da ihre Substantialität sich in der Reinheit der Geist-Essenz befindet, erhalten sie an deren Reinheit Anteil.

Wie ist es möglich, daß aufgrund der normalen »Durchräucherung« der Unwissenheit kontinuierlich unreine Begriffe entstehen? Dadurch, daß die reine Geist-Essenz die Potenz besitzt, sämtliche begrifflichen Ideen ins Dasein zu rufen. Daraus folgt, daß sich dabei das Prinzip der Verselbständigung und Wertung entwickelt, das wir Unwissenheit nennen. Und weil diese Unwissenheit unreine Begriffe ins Dasein ruft, kommt es zur normalen Durchräucherung der Geist-Essenz. Durch diese normale Durchräucherung entwickelt sich die Erscheinung eines falschen Denkens, und aufgrund dieses falschen Denkens ergibt sich die normale Durchräucherung der Unwissenheit. Da die Unwissenheit die reinen Begriffe der Geist-Essenz nicht erkennt, ruft sie durch ihre nicht-erleuchtende Natur fortwährend Manifestationen falscher Bedingungen ins Dasein. Dadurch, daß es diese falschen Bedingungen gibt, treten Affinitäten zwischen ihnen und dem falschen Denken auf, die den denkenden Verstand unaufhörlich an ihre Existenz erinnern und ihn somit »durchräuchern«. Sie rufen unaufhörlich ein Greifen nach den Dingen, Aktivitäten, alle Arten sich anhäufenden Karmas und alle Arten des Leidens, psychisch und physisch, ins Dasein.

Es gibt zwei Wege, auf denen die falschen Bedingungen einer äußeren Welt den Verstand »durchräuchern«. Erstens dadurch, daß sie seine Fähigkeit zu denken fortwährend steigern, und zweitens, indem sie sein Verlangen und sein Greifen nach den Dingen dauernd verstärken. Das falsche Denken hat ebenfalls seine zwei Wege zur Durchräucherung der falschen Bedingungen der äußeren Welt. Erstens indem es das fundamentale Tätigkeits-Bewußtsein, durch das Schüler, Pratyekabuddhas, Arhats und Bodhisattvas alle Arten von Leiden, Tode und Geburten, ertragen können, belebt, zweitens, indem es dauernd das Werturteils-Bewußtsein steigert, auf Grund dessen gewöhnliche Menschen alle Arten von Leiden unter dem Druck ihres Karmas erdulden. Die normale Durchräucherung der Unwissenheit wiederum manifestiert sich ebenfalls auf zwei Arten: Erstens gibt es eine primäre normale Durchräucherung, durch die sich das Karma eines Menschen, oder sein Tätigkeits-Bewußtsein, entwickelt, zweitens eine damit Hand in Hand gehende Entwicklung des Verlangens-Bewußtseins, des Bewußtseins, das an den angenehmen Sinnesobjekten hängt. Die erste Durchräucherung erweckt aufgrund der von ihr erzeugten Leiden eine Abneigung gegen Geburt und Tod, die zweite drängt das Bewußtsein aufgrund der von ihr erzeugten Freuden dazu, nach immer noch mehr zu greifen.

Wie aber werden ununterbrochen reine Begriffe durch die Durchräucherung der Unwissenheit erzeugt? Das liegt daran, daß es eine Potentialität der reinen Begriffe gibt, die auf die Unwissenheit reagiert, im falschen Denken einen Abscheu vor dem Schmerz von Geburt und Tod erzeugt und die Unwissenheit dazu veranlaßt, mit Eifer und Ernst nach dem Nirvana zu suchen. Dieser Abscheu vor dem Schmerz von Geburt und Tod und die ernsthafte Suche nach dem Nirvana reagiert dann umgekehrt auf die Geist-Essenz. Infolgedessen erhält der denkende Verstand eine Vorstellung von seiner wesentlichen Natur und unterscheidet sie von der veränderlichen, schmerz-erzeugenden Natur des erfahrenden Verstandes, wodurch er die Überzeugung von der Unwirklichkeit der Natur des letzteren gewinnt und fähig wird, die richtigen Mittel zum Sich-Fernhalten von diesen unbefriedigenden Erfahrungen und Störungen anzuwenden. In der Überzeugung, daß alle äußeren Bedingungen und all die Werturteile des bewußten Verstandes keine wahre Existenz besitzen, geht er dazu über, geeignete Mittel anzuwenden und so zu handeln, daß er diesen falschen Bedingungen und Gedanken mit Gleichmut gegenübertritt. Er fürchtet sie weder, noch greift und verlangt er nach ihnen, noch denkt er überhaupt an sie. Auf diese Weise wird durch die langwährende Durchräucherung der Unwissenheit seitens der Geist-Essenz der Zustand der Unwissenheit ingesamt beseitigt. Und wenn die Unwissenheit beseitigt ist, ist es auch mit dem Entstehen von Gedanken, die sich verselbständigen und werten, vorbei. Und wenn all diese Gedanken aufhören, sind keine Begriffe von äußeren Dingen und Bedingungen mehr da, die auf den Menschen über die Sinne eine Anziehungskraft ausüben könnten. Wenn alle Bedingungen und Wertungen an ein Ende gelangt sind, hören alle psychischen Phänomene auf, den Geist zu stören, und er wird leer und ruhig. Das Ersterben aller Störungen ist das Erreichen des Nirvana, des Zustands vollkommener Freiheit.

Betrachten wir nun weiter die Reaktionen des falschen Denkens und die reinen Begriffe der Geist-Essenz. Die gewöhnliche Durchräucherung des falschen Denkens durch die reinen Begriffe der Geist-Essenz ist von zweierlei Art: Erstens ist da die Durchräucherung des Werturteils-Bewußtseins, durch die Schüler, Pratyekabuddhas und Arhats, das Leiden von Leben und Tod verabscheuend, bei ihrer Absicht und ihren Bemühungen, die vollkommene Erleuchtung zu erlangen, entsprechend ihren individuellen Bedürfnissen und Möglichkeiten Hilfe erhalten. Zweitens ist da die gewöhnliche Durchräucherung der Zustände des Denkens, durch die die Bodhisattvas mit Eifer, Mut und vollkommenem Glauben von Stufe zu Stufe fortschreiten, bis ihr Ziel – Nirvana – erreicht ist.

Die gewöhnliche Durchräucherung der Geist-Essenz durch das falsche Denken ist ebenfalls von zweierlei Art: Erstens ist da das gewöhnliche Durchräuchern der Möglichkeiten der wahren Natur eines Menschen, zweitens das gewöhnliche Durchräuchern der wahren Tätigkeiten des Geistes, die aber keine eigentlichen Tätigkeiten, sondern das spontane Zur-Einheit-Führen der Verwirrungen und Spannungen des Denkens sind. Seit anfanglosen Zeiten war das Denken von den echten, nicht vergiftenden, reinen Begriffen des Geistes erfüllt. Sie sind jetzt aber verunreinigt und verdeckt von einem unvorstellbaren Karma, so daß sie in allen möglichen Formen und Zuständen erscheinen. Mittels der Wechselwirkung dieser beiden Reaktionsarten werden die fühlenden Wesen dazu veranlaßt, das Leiden von Geburt und Tod zu verabscheuen und von sich aus nach der Erlangung des Nirvana zu suchen. So erweckt diese Wechselwirkung den Glauben der Menschen an ihre wahre Geist-Essenz und befähigt sie, mit der Praxis der Hingabe zu beginnen, sie fortzuführen und die notwendig dabei auftretenden Einschränkungen zu ertragen.

Buddhismus

Wenn das Vorhergehende wahr ist: daß alle fühlenden Wesen von ihrer reinen Geist-Essenz erfüllt sind, deren reine Begriffe aber zugleich der gewöhnlichen Durchräucherung ausgesetzt sind – wie kommt es dann, daß einige fühlende Wesen reinen Glauben in sich erwecken, andere jedoch nicht? Und wie kommt es, daß so viele und große Ungleichheit unter den fühlenden Wesen herrscht, und woher kommt es, daß die meisten ihre trostlosen Runden von Tod und Geburt weiter drehen, während nur wenige reinen Glauben in sich erwecken, mit ernstem Fleiß geeignete Mittel anwenden und Nirvana erlangen?

Die Antwort ist, daß, während die Geist-Essenz in allen dieselbe und von der gleichen Beschaffenheit ist, sie doch durch die Durchräucherungskraft der Unwissenheit in unterschiedlicher Weise verunreinigt wird und daher ihre Verunreinigungen auf unterschiedlichen Wegen und in unterschiedlichem Grad manifestiert, so daß deren Anzahl unberechenbar ist. So groß ist die Mannigfaltigkeit ihrer Persönlichkeiten, Erfahrungen, Hindernisse und Leiden, daß nur der Buddha sie verstehen kann und alle mit vollkommenem Mitleid umfaßt.

Da alle fühlenden Wesen trotz ihrer gemeinsamen Buddhanatur der Durchräucherung durch die Unwissenheit ausgesetzt sind, würden sie, wenn die Durchräucherung durch die reine Geist-Essenz nicht ebenfalls fortwährend stattfände, tiefer und tiefer in die Verunreinigungen der Unwissenheit fallen. Doch aufgrund des Mitleids des Buddha stoßen sie früher oder später auf Ursachen und Affinitäten, die ihnen ermöglichen, reinen Glauben in sich zu erwecken und sich von ihrer Gefangenschaft in der Unwissenheit zu befreien. Wenn sie von geeigneten Ursachen und Affinitäten in Besitz genommen werden, ist jedes Erreichen möglich. Es ist die Natur des Holzes, zu brennen, doch brennt Holz nicht, wenn keine geeigneten Bedingungen vorliegen und keine entzündende Ursache hinzukommt. Holz entzündet oder verbrennt sich nicht selbst. Wenn daher fühlende Wesen befreit und erleuchtet werden sollen, müssen geeignete Ursachen und Affinitäten da sein. Von Natur aus besitzen fühlende Wesen die Affinität zur Befreiung und Erleuchtung, aber ohne geeignete Ursachen und Bedingungen erreichen sie sie nicht. Selbst wenn sie eine Buddhanatur besitzen, aber nicht das Glück haben, auf einen Buddha oder erfahrenen Meister oder Bodhisattva zu stoßen, vermögen sie von sich aus das Nirvana nicht zu erlangen. Ebenso gilt: Wenn sie, wie günstig die äußeren Bedingungen auch sein mögen, für die Durchräucherung durch die reinen Begriffe des Geistes nicht faßbar wären, so daß keine Erweckung des Glaubens stattfände, wie könnten sie dann dazu gelangen, das Leiden von Wiedergeburt und Tod zu verabscheuen und mit ernster Bereitschaft das Erlangen Nirvanas zu suchen? Doch wenn sowohl Ursachen als auch Affinitäten, ihre Buddhanatur, die Räucherungskraft der Geist-Essenz und die gütige Belehrung und Sympathie der Bodhisattvas vorhanden sind, werden ein Abscheu vor dem Leiden von Geburt und Tod, das Erwachen des Glaubens und die Absicht auftreten, Güte zu praktizieren und aufs Nirvana zuzustreben. Dann werden sie, wenn ihr Karma reif geworden ist, ganz plötzlich auf einen Buddha oder Bodhisattva stoßen, der ihnen die Wohltaten und die Freude auf dem Pfad zur Erleuchtung und zur Buddhaschaft zeigt.

Es findet eine unaufhörliche Durchräucherung der äußeren Tätigkeiten der fühlenden Wesen durch die reinen Begriffe der fundamentalen Geist-Essenz statt. Mittels dieser Durchräucherung nehmen diese äußeren Tätigkeiten eine Kraft der Affinität zu ähnlichen Tätigkeiten an, die sie in immer engerer Synthese und Harmonie zueinander hinzieht. Diese Kraft der Affinität zeigt sich auf unzählige Arten, doch um sie besser betrachten zu können, wollen wir davon ausgehen, es gebe nur zwei Arten. Die erste ist die Affinität, die Gleiches zueinander hinzieht.

Die Affinität zwischen unähnlichen Dingen dagegen zeigt sich in dem Mitleid, das Schüler, von den transzendenten Kräften der Buddhas und Bodhisattvas unterstützt, vom ersten Augenblick ihrer hingebungsvollen Suche nach Erleuchtung allen fühlenden Wesen erweisen, deren bessere Natur sie zu entwickeln und zu stärken suchen. Dieses Mitleid wird offenbar, wenn sie ihre Familien, Eltern, Verwandten, Diener, Freunde, ja sogar erklärten Feinde treffen oder an sie denken. Es offenbart sich im Erwachen des Strebens, diese Menschen zu unterrichten und sie durch die vier Wege der Mildtätigkeit, guten Werke, selbstvergessenen Freundlichkeit und Zuneigung zu beeinflussen. Solche Taten der Güte wirken auf die Schüler selbst zurück und stärken und vertiefen ihren eigenen Glauben und ihr eigenes Streben, allen fühlenden Wesen Gutes zu erweisen und sie durch das Band brüderlicher Liebe zueinander hinzuziehen.

Diese Art der Affinität ist von zweierlei Art. Die eine Art ist unmittelbar in dem Sinne, daß ihre Wirkungen schon in der Gegenwart sichtbar werden. Die andere Art ist distanzierter, in dem Sinne, daß ihre Wirkungen fortdauern und erst lange danach in späteren Wiederverkörperungen Frucht tragen. Man kann diese Affinitäten noch weiter in zwei Gruppen einteilen, nämlich eine wachsende und sich entwickelnde Affinität und eine unveränderliche Affinität, die auftritt, wenn die Erleuchtung erlangt ist und sie wechselseitig genießt.

Die Affinität zwischen Ähnlichkeiten ist darin zu sehen, daß die Buddhas ihre Einheit mit allen fühlenden Wesen in der Reinheit der Geist-Essenz erkennen. Sie zeigt sich in der Selbstlosigkeit des Mitleids und der Selbst-Hingabe der Buddhas. Sie ist zu sehen in der fortwährenden Bereitschaft der Buddhas, den Menschen in ihrer Not zu helfen. Und wegen dieses Mitleids können die Menschen, aufgrund ihrer Anlage für intuitives Samadhi, einmal die Buddhaschaft erleben, genauso wie die Buddhas die Leiden der Menschen erleben.

Man kann bei dieser gegenseitigen Durchräucherung der Geist-Essenz und der Tätigkeiten zwei Aspekte unterscheiden, je nachdem, ob die Menschen für die Reaktionen der gewöhnlichen Durchräucherung bereit oder nicht bereit sind. Die nicht bereiten sind jene gewöhnlichen Schüler, Pratyekabuddhas und Arhats, die zwar genügend Glauben besitzen, um, sobald sie die gewöhnliche Durchräucherung in Bezug auf ihre Werturteile und ihr von diesen Urteilen abhängiges Bewußtsein erfahren, mit ihrer Praxis zu beginnen, doch diese Urteile weder zu beseitigen imstande sind, noch einen Zustand wechselseitiger Verbindung mit ihrer Geist-Essenz erlangen, noch bereitwillig ihre Praxis fortsetzen, noch in wechselseitiger Verbindung mit den Tätigkeiten der Buddhas stehen. Solche Schüler und Bodhisattvas muß man als noch nicht bereit für die Erleuchtung einstufen.

Jene aber, die für die Erleuchtung bereit sind, sind die fortgeschrittenen Bodhisattvas, die alle Werturteile und das von ihnen abhängige Bewußtsein beseitigt haben, in wechselseitiger Beziehung zu den unbegreiflichen Buddha-Tätigkeiten, die im Grunde keine Tätigkeiten sind, stehen, bereitwillig ihre Praxis der Hingabe fortsetzen und sich aufrichtig und vollkommen auf die Durchräucherungskraft ihrer reinen Geist-Essenz verlassen, die ihre Unwissenheit zunichte macht und sie zur Buddhaschaft führt. Solche Dharmakaya-Bodhisattvas sind bereit zur Erleuchtung.

Dieser Unterschied zwischen den Bereiten und Nicht-Bereiten erklärt sich dadurch, daß die unreinen Begriffe des menschlichen Denkens seit anfanglosen Zeiten durch die gewöhnliche Durchräucherung der Unwissenheit verunreinigt worden sind. Und diese Durchräucherung wird andauern, bis die Menschen die Buddhaschaft erlangen. Dann aber wird sie völlig zunichte gemacht. Im Gegensatz dazu besitzen die reinen Begriffe der Geist-Essenz die Kraft der Durchräucherung in ihrer eigenen Natur – während die unreinen Begriffe des falschen Denkens langsam, aber sicher zunichtegemacht werden –, und ihr begrifflich reiner Dharmakaya wird in ununterbrochener Kontinuität zur Offenbarung gebracht.

Die dreifache Natur der Geist-Essenz

Die Wesenssubstanz der Geist-Essenz ist unvorstellbar rein, und alle fühlenden Wesen, gewöhnliche Menschen, Schüler, Pratyekabuddhas, Arhats, Bodhisattvas und Buddhas sind deshalb, ihrer Wesensnatur nach, von derselben Reinheit. In keinem Wesen ist sie zuwenig, in keinem Wesen zuviel. Auch hat sie keinen Ursprung des Entstehens oder eine Zeit des wieder Verschwindens. Sie währt immer, eine dauernde, unveränderliche Realität. Von ihrem anfanglosen Anfang an ist sie im Vollbesitz aller Tugenden und Verdienste. Sie ist im Vollbesitz strahlender Weisheit und Helligkeit, und dringt durch die Reinheit ihrer Begriffe überallhin durch. Alles sieht sie richtig und wahr, ihr Denken ist von Natur aus frei und vorurteilslos, stets verharrt sie in seligem Frieden, ist rein, frisch, unveränderlich, stets im Überfluß vorhanden, niemals zerfallend, niemals aufhörend, niemals begreiflich, eine unbegrenzbare Quelle, ein Schoß üppigster Fruchtbarkeit, ein Verstand von vollkommener Klarheit und Universalität – des Tathagata Wahrheits-Körper, der allumfassende Dharmakaya.

Nun entsteht vielleicht die Frage: Wenn die Geist-Essenz frei von allen Begriffen des Erscheinenden ist, wie läßt sich dann sagen, sie besitze zwar wirklich alle Arten von Verdiensten und Tugenden, aber sie besitze sie nicht so, daß sie Besitz von ihnen ergriffe? Die Geist-Essenz ist in ihrer Natur der Reinheit frei von aller Verselbständigung, vom Werten und von Dualismen jedweder Art. Alle Objekte besitzen nur einen Geschmack, den Geschmack der Realität. Doch da sie vom Prinzip des Erscheinens und Verschwindens abhängen, tragen sie aufgrund ihres Tätigkeits-Bewußtseins die Signatur der Verselbständigung, des Wertens und gegensätzlicher Dualismen an sich. Es ist zwar richtig, daß der Geist alle reinen Begriffe umfaßt. Und doch besitzt er in Wirklichkeit keine wertenden Gedanken, sondern nur aufgrund seiner Verunreinigung entwickeln sich diese wertenden Gedanken, die veranlassen, daß der Geist seine Erleuchtung verliert, falschen Bildern ausgeliefert wird, und auf diese Weise durch alle möglichen Umstände versklavt und zur Marionette der Unwissenheit wird. Entstünden keine wertenden Gedanken, so würde der Geist, wegen seiner Geist-Essenz, nur Weisheit und Helligkeit zeigen. Doch wenn das Denken Wert- und Vorurteile entstehen läßt, wird der Geist schnell verdunkelt und zur Beute eingebildeter Phänomene. Wird also die Geist-Essenz eines Menschen von allem Hang zu Wert- und Vorurteilen ferngehalten, strahlt er die ihm inhärente Helligkeit in alle Teile der Begriffswelt aus. Wird aber das Denken durch seine falschen Bilder verwirrt, büßt der Geist seine wahre, intuitive Einsicht und sein Verständnis ein, wird veränderlich, unglücklich, unbeherrscht, unrein, verstrickt sich in die Dinge und wird das Opfer unzähliger Plagen und Hindernisse. Solange der Geist nicht verwirrt ist, spiegelt er seine Potentialität in Bezug auf alle reinen Verdienste und Tugenden wider. So zeigt sich, daß der Besitz aller reinen Verdienste und Tugenden der natürliche, einfache Zustand der Geist-Essenz ist, unbeschmutzt durch Gedanken der Verselbständigung oder des Wertens. Sie ist der wahre Dharmakaya, der wahre Tathagata-Schoß.

Es wurde das Tätigkeits-Bewußtsein der Geist-Essenz erwähnt. Was ist das Wesen ihrer Tätigkeit? Die Tätigkeit des falschen Bewußtseins ist eine äußere Tätigkeit, die nur Veränderungen, gesteigerte Komplexität und Verwirrung mit sich bringt. Doch die Tätigkeit der reinen Geist-Essenz ist eine innere Tätigkeit, die Harmonie, Einfachheit und Einheit mit sich bringt. Alle Buddhas und Tathagatas haben von Anfang an Herzen voller Mitleid entwickelt und spontan die Paramitas der Mildtätigkeit, selbstlosen Güte, Demut und Geduld, Eifer und Ausdauer, Ruhe und Weisheit zum Ausdruck gebracht – nicht um etwas für sich selbst zu gewinnen, sondern um der fühlenden Wesen willen. Sie haben große Eide abgelegt und sich der Befreiung aller fühlenden Wesen aus ihrer Gefangenschaft in der Welt der Sinne geweiht. Doch wird diese Befreiung nicht durch äußere Taten, sondern durch eine innere Anziehungskraft des Geistes bewirkt, die durch Zeit und Umstände nicht begrenzt, sondern ohne Ende ist, bis in die Unendlichkeit der Zukunft hinein. Die Tätigkeiten von Buddhas und Tathagatas sind ewig, weil sie das Gegenteil der äußeren Tätigkeiten des falschen Bewußtseins sind, die der Erschöpfung und Trägheit unterworfen sind. Ihre Tätigkeiten machen Energie frei und speichern sie, wodurch die ursprüngliche Reinheit, Einheit und der Friede wiederhergestellt werden.

Tathagatas und Buddhas betrachten die fühlenden Wesen als ihresgleichen und hegen keine Vorstellungen von Trennung und Verselbständigung. Für sie sind die fühlenden Wesen, wie sie selbst, aus ein und derselben Geist-Essenz hervorgegangen, in der es keine Wertunterschiede gibt, die man auseinanderhalten müßte. Da sie so große Weisheit besitzen und über so gute Mittel verfügen, sind bei ihnen alle durch Unwissenheit hervorgerufenen Verunreinigungen vernichtet. Sie haben ihre Einheit mit dem reinen Dharmakaya verwirklicht, im Besitz einer sich stets erneuernden und unvorstellbaren Potenz, Tätigkeiten und ein Karma hervorzubringen, das unaufhörlich in alle Teile der Welt ausgestrahlt wird und ebenso unaufhörlich zu seiner ersten Einheit, Reinheit und Ruhe zurückkehrt. Sie greifen nicht nach irgendwelchen willkürlichen Begriffen ihrer stets Harmonie stiftenden, integrierenden Tätigkeiten. Denn warum sollten sie nach etwas greifen, was sie schon besitzen: dem ganzen Körper der Möglichkeiten des Dharmakaya? Ihre Tätigkeiten sind nicht bedingt durch Ursachen und Umstände, sie fließen spontan aus ihnen hervor, sobald sich die im Grunde nur eingebildeten Bedürfnisse der fühlenden Wesen zeigen.

Diese Harmonie stiftenden Tathagata-Tätigkeiten, die jedoch keine Tätigkeiten im weltlichen Sinn sind, sind von zweierlei Art. Die erste kann vom Bewußtsein gewöhnlicher Menschen, Schüler und Pratyekabuddhas wahrgenommen werden, und ist bekannt als der Nirmanakaya, der erscheinende Körper des Buddha und seiner unerforschlichen Tätigkeiten. Doch die gewöhnlichen Menschen, die Schüler und Pratyekabuddhas machen sich nicht klar, daß sich der Nirmanakaya nur aufgrund ihres eigenen beschränkten Bewußtseins und ihrer falschen Vorstellungen manifestiert. Sie glauben, alles Sichtbare stamme aus ihm vorhergehenden Ursachen und Bedingungen, greifen danach und suchen Vorteil daraus zu ziehen, wodurch ihnen seine wahre Bedeutung entgeht.

Die zweite Art von Tätigkeiten kann nur vom gereinigten Bewußtsein der höchsten Bodhisattvas wahrgenommen werden. Diese Tätigkeiten haben keine Form, die unterschieden und beschrieben werden könnte. Es ist der Dharmakaya in seinem spirituellen, prinzipiellen Aspekt. Es ist der Belohnungs-Körper aller Buddhas, es ist der immerwährende Seligkeits-Körper der Buddhaschaft, der unbegreifliche, unerforschliche Sambhogakaya. Dieser Sambhogakaya besitzt große, grenzenlose Möglichkeiten, und der selige Frieden, in dem er verharrt, ist mit unvorstellbar schönen Zierden geschmückt, die sich abzeichnen, wenn sich seine potentielle Weisheit und Barmherzigkeit dadurch manifestiert, daß er spontan auf die Bedürfnisse der fühlenden Wesen eingeht. Er ist keinen Beschränkungen durch Grenzen oder Umfang unterworfen, er besitzt weder Sphären noch Punkte. Obgleich er auf jedes Bedürfnis reagiert, verharrt er doch stets in fortwährendem, unveränderlichem Frieden, unvermindert und unverändert. Seine Verdienste und Tugenden werden durch Dinge wie die Paramitas und sonstige nicht vergiftende Düfte verwirklicht. Und noch mehr: Er ist im Vollbesitz grenzenloser Möglichkeiten der Freude und des seligen Friedens. Das ist der Grund, weshalb er Sambhogakaya genannt wird.

Der Aspekt des Dharmakaya, der vom Bewußtsein gewöhnlicher Menschen wahrgenommen werden kann, ist nur ein Schatten des Sambhogakaya und nimmt verschiedene Färbungen an, je nachdem, von welchem Gesichtswinkel der sechs Reiche der Existenz aus er betrachtet wird. Die rohe Wahrnehmung dieses Körpers durch das gewöhnliche Bewußtsein kann sich keinen Begriff von seinen Möglichkeiten des Glücks und der Freude machen. Diese Menschen sehen nur seine Widerspiegelung in Gestalt des Nirmanakaya. Der Begriff wiederum, den angehende Bodhisattvas von ihm gewinnen, ist ebenfalls nur partiell und unbefriedigend, doch immerhin wahr, insofern er von ihrem aufrichtigen Glauben an ihre reine Geist-Essenz ausgeht. Sie bemerken zumindest, daß seine Möglichkeiten und Zierden weder kommen noch gehen, frei von allen Beschränkungen, und Manifestationen, nicht Teile des reinen Dharmakaya sind. Doch in dem Maße, wie die Bodhisattvas von Stufe zu Stufe fortschreiten, wird ihr Bewußtsein gereinigt, ihre Vorstellungen vom Dharmakaya werden tiefer und kommen dem Geheimnis näher, ihre Harmonie stiftenden Aktivitäten werden unabhängiger von den Sinnen, bis sie, sobald sie die höchste Stufe erreicht haben, intuitiv seine wahre Realität zu erkennen vermögen. Bei dieser letzten Erkenntnis werden die letzten Spuren ihrer individuellen Ichheit und der Ichheit ihrer Bodhisattva-Brüder getilgt sein, und übrigbleibt nur die Erkenntnis einer einzigen, durch keine Unterschiede geteilten Buddhaschaft.

Nun mag sich die Frage aufdrängen: Wenn der Dharmakaya der Buddhas unabhängig von jedweder Formen-Wahrheit oder -Vorstellung ist, wie können sie sich dann zu sichtbaren Formen manifestieren? Die Antwort lautet, daß der Dharmakaya die eigentliche Essenz aller sichtbaren Formen ist, weshalb er sich in sichtbaren Formen manifestieren kann. Der Geist und das, was er sieht, befinden sich seit anfanglosen Zeiten in ein und derselben Einheit, da die wesentliche Natur der sichtbaren Formen nichts als Geist ist. Da die Essenz des Sichtbaren keine physische Form besitzt, ist sie dasselbe wie der Dharmakaya, formlos und doch alle Teile der Universen durchdringend. Das Sichtbare, das die Geist-Essenz manifestiert, ist seiner Wesensnatur nach leer von allen Begrenzungen oder definierenden Punkten. Wenn daher die Bedingungen günstig sind, können sich Erscheinungen in jedem Teil der Universen manifestieren. Sie sind, was ihr Erscheinen betrifft, allein vom Geist abhängig. Also gibt es Bodhisattvas von großer Ausdehnung, Sambhogakayas von großer Ausdehnung und Zierden von großer Ausdehnung, die sich alle voneinander unterscheiden und doch leer von allen begrenzenden Sphären oder definierenden Punkten sind. Denn Tathagatas sind imstande, sich in körperlichen Formen überall zu manifestieren, ohne daß sie einander behindern oder daß es zu Konflikten kommt. Diese wundersame gegenseitige Durchdringung ist einem Bewußtsein, das vom Sinnenverstand abhängt, unvorstellbar, doch selbstverständlich für die unvorstellbaren, spontanen Tätigkeiten der Geist-Essenz.

2
Zurückweisung der falschen Lehren und Vorurteile

Um nun wiederum im Bewußtsein der fühlenden Wesen Glauben zu wecken, damit sie sich vom Kreislauf der Tode und Wiederverkörperungen abwenden und den Pfad betreten, der zur Erleuchtung und zum Nirvana führt, ist es notwendig, die Falschheit der gewöhnlichen Vorstellungen von einem Ich-Selbst und seinen Aggregaten der Sinnesempfindung, Wahrnehmung, des Wertens und Bewußtseins aufzuzeigen. Wenn jemand von den Fesseln dieser besitzergreifenden Aggregate frei werden will, muß er ihre Unwirklichkeit klar einsehen. Diese Wahnvorstellung von einer Ich-Persönlichkeit läßt sich auf zwei Weisen betrachten. Erstens ihre Aspekte, die aus dem physischen Körper entstehen, und zweitens ihre Aspekte, die im Intellekt entstehen.

Betrachten wir zuerst die Aspekte, die aus dem physischen Körper entstehen. Man kann sie, entsprechend den Vorstellungen des gewöhnlichen Verstandes über sie, unter fünf Gesichtspunkten betrachten.

Der erste ist jener ihrer Aspekte, der vom Sinnenverstand wahrgenommen wird. Nach den Sutras existieren die Tathagatas in einem Zustand der Leere und Ruhe. Gewöhnliche Geister interpretieren das so, als ob der Geist der Tathagatas leer und ruhig wäre, wie man in der physischen Welt leer und ruhig ist. Sie begreifen nicht, daß sich diese Aussage auf die nicht-materiellen Wahrnehmungen des denkenden Verstanden, also auf die metaphysische Welt, bezieht. Daher meinen sie fälschlich, diese Art »Leere« sei eine charakteristische Eigenschaft der Tathagatas. Um ihren Geist von dieser falschen Vorstellung zu befreien, ist zu zeigen, daß »Leere« dieser Art eine falsche, in ihren eigenen Köpfen entstehende Vorstellung ist und nur in Beziehung zu ihren Sinnen und ihrem wertenden Verstand existiert, also keine eigene Substantialität besitzt. Ihre sichtbare Manifestation muß in der Tendenz des Menschen gesehen werden, sich dem Kreislauf von Geburt und Tod zuzuwenden und darin zu verharren. All diese optischen und mentalen Wahrnehmungen und deren Bewertungen gehören zum Verstand und haben getrennt vom Verstand kein Dasein. Sobald dies der Verstand begreift, sieht er auch, daß sogar die Vorstellung von einem reinen Raum eine falsche, willkürliche Vorstellung ist. Und das selbe gilt von allen Arten physischer Bedingungen und Vorstellungen über sie, von denen der gewöhnliche Verstand glaubt, sie existierten wirklich. Statt dessen sind sie alle nur die falschen Erzeugnisse des erfahrenden Bewußtseins, und wenn der Verstand die Falschheit dieser Vorstellungen einsieht, lösen sich die Gegenstände selbst in Nichts auf. Es bleibt dann nichts übrig als die Reinheit der Geist-Essenz, die strahlend in allen zehn Richtungen der Universen gegenwärtig ist. Dies ist die wahre Bedeutung der innersten, allumfassenden Weisheit der Tathagatas.

Der zweite Aspekt des Egoismus, wie er vom Sinnenverstand wahrgenommen wird, bezieht sich auf die Vorstellung von Substantialität. In den Sutras wird festgestellt, daß sich alle Vorstellungen von der Welt in einem Zustand der Leere befinden. Dies wird von gewöhnlichen Geistern so interpretiert, als ob sie sich im Zustand physischer Leere befänden. Doch in Wirklichkeit bezieht es sich auf einen Zustand mentaler Leere, also aufs Mentale. Gewöhnliche Geister wenden das auf all ihre Vorstellungen an – auch auf ihre Vorstellungen von der Geist-Essenz und vom Nirvana – und halten sie deshalb für leer von aller »Substantialität«. Um ihren Verstand von dieser falschen Vorstellung zu befreien, ist zu zeigen, daß der Dharmakaya der Geist-Essenz nicht leer von seiner eigenen wahren Substantialität ist. Die Geist-Essenz ist angefüllt mit ihren eigenen Verdiensten und Tugenden, allumfassend, von unbegrenzten Möglichkeiten, unvorstellbar weit und schön.

Der dritte Aspekt ergibt sich aus der Aussage der Sutras, der Schoß des Tathagata sei weder in einem Zustand des Zunehmens noch in einem Zustand des Abnehmens. Und seine Substantialität sei in einen unerschöpflichen Vorrat reiner Begriffe von Verdiensten und Tugenden eingebettet. Gewöhnliche Geister verstehen die wahre Bedeutung dieser Aussage nicht und glauben, sie beziehe sich auf einen Besitz, der von den den Menschen eigentümlichen Verdiensten und Tugenden verschieden wäre. Um ihren Verstand von dieser falschen Vorstellung zu reinigen, ist zu zeigen, daß die wahre Bedeutung der Geist-Essenz ihre undifferenzierte Reinheit ist. Sie ist rein von allen sich unterscheidenden begrifflichen Verunreinigungen, wie etwa dem falschen Begriff von Geburt und Tod.

Der vierte Aspekt ergibt sich aus der Aussage der Sutras, alle unreinen, verderbten Vorstellungen von Tod und Wiederverkörperung, die zur Welt gehören, existierten wirklich, weil sie aus dem Schoß des Tathagata kämen – also in Bezug zum Physischen –, und alle Vorstellungen seien nicht unabhängig von der Geist-Essenz. Doch als gewöhnliche Menschen verstehen sie die wahre Bedeutung der Aussagen der Sutras nicht und stellen sich vor, das Selbst des Tathagata-Schoßes sei völlig in Begriffe wie Tod und Wiederverkörperung, die zur Welt gehören, eingebettet. Um ihren Verstand von diesem falschen Verständnis zu befreien, ist zu zeigen, daß der Schoß des Tathagata von anfanglosen Zeiten an nur die reinen Begriffe undifferenzierter Verdienste und Tugenden umfaßt, die alle von der wahren Bedeutung der Geist-Essenz weder unabhängig noch von ihr verschieden sind. Denn all die verderbten Begriffe, lästigen Wertunterschiede und dummen Werturteile, die allesamt nicht den geringsten Wert ha-

Mahayana Shraddhotpada Shastra

ben, existieren nur als die Illusionen des denkenden Geistes, nicht in dessen wahrer, wesentlicher Natur. Noch mehr: Sie standen niemals in irgendeiner Entsprechung zum Schoß des Tathagata. Wäre es so, daß die Substantialität der Geist-Essenz in die falschen Vorstellungen von Geburt und Tod eingebettet ist, aber dann von intuitiver Erkenntnis vernichtet werden könnte, so wäre das wirklich eine Absurdität.

Der fünfte Aspekt des Egoismus ergibt sich aus den Feststellungen der Sutras, daß Geburt und Tod aus dem Tathagata-Schoß entstehen, daß aber auch das Erlangen Nirvanas aus derselben Quelle stammt. Doch als gewöhnliche Menschen verstehen sie die wahre Bedeutung dieser Aussagen der Sutras nicht und stellen sich vor, die fühlenden Wesen hätten einen Anfang und ein Ende und das von den Tathagatas erlangte Nirvana hätte ebenfalls Anfang und Ende und Wiederverkörperungen in dieser Saha-Welt. Um ihren Verstand von dieser falschen Annahme zu befreien, müssen wir sie nur auf die Tatsache aufmerksam machen, daß der Tathagata-Schoß leer von jedem Anfang oder Ende oder irgendwelchen Beziehungen der Aufeinanderfolge ist. Dasselbe gilt auch von der Unwissenheit. Sollte jemand behaupten, es gebe von dieser Saha-Welt unabhängige Wesen, die transzendentale Eigenschaften besitzen, so lautete unsere Antwort, der einzige Grund für solche Behauptungen können nur die unbeweisbaren Lehren häretischer Bücher sein. Außerdem gibt es kein Ende, das man sich in Bezug auf den Tathagata-Schoß vorstellen könnte, denn das von den Buddhas erlangte Nirvana, das dem Tathagata-Schoß gleicht wie dieser ihm, hat ebenfalls keinen Anfang und kein Ende.

Zweitens wollen wir die Aspekte des Egoismus, die aus den immateriellen, mentalen Fähigkeiten entstehen, betrachten. Sie beziehen sich auf das Haften an Vorstellungen vom Wesen der »Persönlichkeit«, wie es die unreifen Schüler des Hinayana demonstrieren, wenn sie glauben, der Tathagata habe lediglich die Nicht-Existenz eines Ich-Selbstes der Persönlichkeit gelehrt, während sie weiterhin die Vorstellung von einer Selbstheit hegen, die die Erleuchtung und das Nirvana erlangt. So wie gewöhnliche Menschen Angst vor physischen Schmerzen haben, so fürchten diese Schüler ein Versagen bei ihren Bemühungen, die Erleuchtung und das Nirvana zu erlangen, und heften sich an die Vorstellung eines Nirvana für ihr Ich-Selbst. Um ihren Verstand von diesen irrigen Vorstellungen zu befreien, werde ihnen zur Kenntnis gebracht, daß, ebenso wie die physischen Vorstellungen, die aus den Reaktionen der Sinne entstehen, ihrer Natur nach keiner Wiederverkörperung unterworfen sind, so auch die metaphysischen, aus dem Intellekt stammenden Vorstellungen keinem Tod unterworfen sind, denn ihrer Essenz nach sind sie von Anfang an im Nirvana.

Will jemand von der besitzergreifenden Natur dieser Aspekte des Ich-Selbstes frei werden, so muß er klar einsehen, daß alle mentalen Vorstellungen, die reinen wie die unreinen, nur in einem Zustand der Bezüglichkeit existieren. Sie haben keine Selbstheit an und für sich. Von Anfang an sind sie weder Stoff noch Geist, weder Intelligenz noch Bewußtsein, weder Existenz noch Nicht-Existenz: Sie sind völlig imaginär. Doch da sie trotzdem eine Art relativer Existenz besitzen, werden sie vom Herrn, dem Tathagata, als brauchbare Mittel benützt, um fühlende Wesen mittels Worten auf den Pfad zur Erleuchtung zu führen. Die Absicht des Herrn, des Tathagata, ist, fühlende Wesen mittels ihres Denkens von der Fessel ihres Denkens zu befreien und sie zu ihrem Ursprung in der Geist-Essenz zurückzuführen. Doch wer den Verstand sich nur auf Worte und Begriffe fixieren und nach ihnen greifen läßt, verstrickt ihn umso mehr in den Kreislauf von Geburt und Tod und hindert ihn daran, sich in seine wahre Natur, die Weisheit, zu erheben.

3
Richtige, zur Erleuchtung führende Praxis

Zunächst müssen wir definieren, was wir unter richtiger, zur Erleuchtung führender Praxis verstehen, und genau zwischen der von den Buddhas erlangten Spontanität des Handelns und der primitiven, mühsamen Praxis unterscheiden, die die Bodhisattvas zu Beginn ihrer Hingabe an den Weg betreiben. Es gibt drei Motive, die einen Novizen dazu bewegen können, mit seiner Praxis zu beginnen.

Das erste ist das Erwachen des Glaubens an den Dharma. Das zweite ist eine gewisse Einsicht im Hinblick darauf, was von ihm verlangt wird, falls er den Dharma verwirklichen will. Das dritte ist die sich weiter entfaltende Einsicht, die in ihm entsteht, wenn er Schritt für Schritt den Dharma verwirklicht.

Betrachten wir zuerst das Erwachen und Reifen eines reinen Glaubens an den Dharma. Jedes fühlende Wesen, wie unkonzentriert sein Denken auch noch sein mag, verfügt über instinktive Verhaltensweisen, die es veranlassen, auf Freundlichkeit positiv zu reagieren, vor Schmerz zurückzuweichen, das Böse zu fürchten, vor Vergeltung zurückzuschrecken, auf eigene Bemühung und Erfolg zu vertrauen und auf Besseres zu hoffen. Kommt es zufällig mit einem Buddha in Berührung, opfert ihm Gaben und verehrt ihn oder sein Bildnis, so entwickelt sich der Keim des Glaubens. Nach zehntausend Kalpas ist dieser Glaube dann vielleicht so weit gereift, daß alle Buddhas und Bodhisattvas ein solches Wesen lehren können, wie es mit seiner Hingabe an den Weg einen Anfang macht.

Vielleicht erwacht in einem Menschen auch aufgrund einer natürli-

Mahayana Shraddhotpada Shastra

chen Disposition zum Mitleid ein Glaube an die Vorstellung von einem übernatürlichen, mitleidigen Wesen, woraufhin er dann mit seiner Praxis der Hingabe beginnt. Oder der Glaube erwacht, weil der Mensch spürt, der Dharma fehle ihm, oder aus der Furcht, er könnte ihm verlorengehen, worauf ein solcher Mensch mit der Hingabe beginnt, um sich das wahre Dharma zu bewahren. All diese Wege, mit der Praxis der Hingabe zu beginnen, sind Ausdruck wahren Glaubens. Ein solcher Glaube wird nicht vergeblich sein, noch wird er Rückschritte erleiden, sondern sich unter den geeigneten Bedingungen zum rechten Streben entwickeln und in die rechten Wege der Praxis einmünden, bis er schließlich im wahren Samadhi der Buddhaschaft aufgeht.

Es mag andere Menschen geben, die zwar eine weniger entwickelte günstige Disposition besitzen, doch viele Kalpas hindurch extreme Pein und Schmerz erlitten haben. Wenn sie zufällig auf Buddhas stoßen, ihnen Gaben darbringen und sie verehren, erwecken auch sie ihren Glauben und beginnen mit ihrer Hingabe, um eine glückliche Wiederverkörperung in dieser Welt oder bei den Devas in irgendeinem höheren Reich des Himmels oder als Arhat oder als Pratyekabuddha in einem »privaten« Nirvana zu erlangen.

Es gibt auch welche, die das wahre Mahayana-Erlangen der Buddhaschaft suchen möchten, deren Verdienstwurzel aber nicht genügend Festigkeit besitzt, so daß sie einmal ernsthaft, dann wieder richtungslos streben, einmal vorwärts, dann rückwärts schreiten. Sie beginnen also mit der Praxis der Hingabe, getrieben von einem mehr oder weniger starken Impuls. Aber da es ihnen an Festigkeit fehlt, verlassen sie, wenn sie auf Schwierigkeiten oder Hindernisse in ihrem Innern stoßen, den Mahayana-Pfad wieder und betreten den Pfad der Hinayana-Schüler und Pratyekabuddhas.

Daraus ist ersichtlich, daß es zwar viele Beweggründe für Schüler gibt, mit ihrer Praxis der Hingabe zu beginnen, daß sie aber alle auf dem Erwachen des Glaubens beruhen. Betrachten wir jetzt die richtigen Gründe, mit der Praxis der Hingabe zu beginnen. Sie sind von dreierlei Art. Erstens Gründe, die auf einer vernünftigen Einsicht in die Wahrheit der Geist-Essenz beruhen. Das sind die Gründe, die am schnellsten zum Ziel führen. Zweitens Gründe, die auf dem ernsten Willen des Schülers beruhen, die Vorschriften einzuhalten und ein gutes Leben zu führen. Drittens auf einem mitleidigen Herzen beruhende Gründe. Ein solches Herz erblickt das Leiden der fühlenden Wesen und hegt in seiner Güte den Wunsch, sie davon zu befreien.

Man könnte nun aus dem Gesagten den Schluß ziehen, ein Schüler, der wahre Einsicht in die Geist-Essenz besitzt und sich ganz auf sie konzentriert, brauche nichts weiter zu tun, als ruhig darauf zu warten, daß

Buddhismus

sich die Erleuchtung und das Nirvana einstellen. Die Antwort darauf lautet, daß ein Schüler einem kostbaren Edelstein gleicht, dessen Glanz unter einer Schmutzschicht verborgen ist. Um den reinen Glanz des Edelsteins zu genießen, muß man ihn zuerst polieren. Die wahre Natur der Geist-Essenz ist rein und fleckenlos, doch im Schüler ist sie unter Anhäufungen von Schmutz verborgen, die erst durch geeignete Mittel beseitigt werden müssen, wenn er Erleuchtung erlangen will. Deshalb muß er, zusätzlich zu seiner klaren Einsicht in den Dharma, auch die Vorschriften einhalten und ein weites, mitleidiges Herz entwickeln.

Es gibt vier Arten geeigneter Mittel zum Beginn und zur Fortsetzung der Praxis der Hingabe, wenn das Vertrauen eines Menschen, die Erleuchtung zu erlangen, gerechtfertigt sein soll. Das erste ist, bestimmte vernunftgemäße Überzeugungen grundsätzlicher Natur einzusehen und sich zu ihnen zu bekennen. Ein Schüler sollte sich bei seiner Praxis bewußt an die wahre Natur aller Begriffe erinnern: daß sie leer sind von Verselbständigung, frei von Wiederverkörperungen, ledig aller Vorurteile und nicht dem Kreislauf von Tod und Geburt unterworfen. Er sollte sich bewußt an die Tatsache erinnern, daß Begriffe aber auch durch und durch relativ sind und von Ursachen und Affinitäten verändert, vereinigt oder zerstört werden können. Er sollte sich bewußt an die Tatsache des Karmas und dessen unvermeidliches Reifwerden erinnern und sich vornehmen, ein gutes Karma aufzubauen, indem er in Aufrichtigkeit und Treue alle Vorschriften einhält, alle Paramitas praktiziert und alle Praxis des bewußten Sich-Erinnerns, des äußeren Einhaltens der Vorschriften und des inneren Einhaltens der Paramitas aus einem weiten, mitleidigen Herzen heraus tut. Er sollte versuchen, alle Verdienste und Tugenden zu entwickeln. Er sollte mit allen fühlenden Wesen Mitgefühl haben und versuchen, Glauben und Streben in ihnen zu erwecken. Er darf nicht zu sehr ans Nirvana denken oder versuchen, für sich selbst Besitz davon zu ergreifen, denn in den reinen Begriffen der Geist-Essenz gibt es keinen Wunsch, kein Besitzergreifen und kein Haften.

Die zweite Art geeigneter Mittel der Praxis besteht darin, Scham- und Reuegefühle zu entwickeln, wenn man böse Gedanken zugelassen oder böse Taten begangen hat. Durch dieses Mittel bewahrt man sich davor, solchen Versuchungen wieder nachzugeben. Denn die Geist-Essenz muß von allen Verunreinigungen durch das Böse freigehalten werden. Die dritte Art ist, die Wurzel der Güte zu entwickeln: durch spontanes, williges Vollbringen aller Arten von Mildtätigkeit für Bedürftige und durch bereitwilliges Darbringen von Opfern für den Buddha, den Dharma und den Orden. Das bedeutet, den Buddha zu preisen und ihn anzuflehen, alle fühlenden Wesen zu befreien und zu erleuchten. Es bedeutet, Anbetung, Liebe und Hingabe an den Buddha, den Dharma und den Orden

Mahayana Shraddhotpada Shastra

zu praktizieren, mit vollkommener Aufrichtigkeit, um den eigenen Glauben und seine Ernsthaftigkeit bei der Suche nach der höchsten, vollkommenen Erleuchtung zu mehren. Denn nur durch Beschützen und Unterstützen der Kraft des Buddha, des Dharma und des Sangha erlangt der Schüler Erleuchtung. Um sich selbst mit den reinen Begriffen der Geist-Essenz in Einklang zu bringen, muß man frei von allen Hindernissen, sowohl von außen als auch von innen, sein.

Das vierte geeignete Mittel ist, Mitleid zu üben, den tiefen Wunsch zu realisieren, daß alle fühlenden Wesen unterrichtet und befreit werden, daß bis in alle Ewigkeit kein einziges vergessen werden und alle ins Nirvana gebracht werden möchten, und daß die Verdienste des Schülers diesem Ziel zugutekommen möchten. Und wenn der Schüler in Harmonie mit den reinen Begriffen der Geist-Essenz leben will, darf er niemals mit seinen mitleidigen Wünschen und Gelübden aufhören oder sie unterbrechen.

Die Wesensnatur der reinen Begriffe der Geist-Essenz ist, daß sie alles umfaßt und in sich einschließt, daß sie alle fühlenden Wesen in ihrer vollkommenen Reinheit und Einheit in sich aufnimmt, ohne auch nur den Schatten einer Verselbständigung, sei es im Verstand, sei es im Mitleid, aufzuweisen. Jeder Bodhisattva, der diesen feierlichen Pranadana abgegeben hat, wird zu einem bestimmten Maß intuitiver Einsicht in den reinen Dharmakaya seiner Geist-Essenz gelangen. Wenn ein Bodhisattva durch Intuition in den reinen Dharmakaya eintritt, ermöglicht ihm das, sinnenfreie Fähigkeiten von achterlei Art zu manifestieren, die allen fühlenden Wesen zum Segen gereichen. Erstens kann er, entsprechend der Lauterkeit und dem Ernst seines Pranadana, nach dem Beispiel der Buddhas von den himmlischen Palästen des Tusita-Reiches herabsteigen, in einen menschlichen Mutterleib eintreten, die Periode der Schwangerschaft durchleben, als Mensch geboren werden, ein Bhikshu werden, Erleuchtung erlangen, das Rad des Dharma in Bewegung setzen und ins Nirvana eingehen. Doch läßt sich von solchen Bodhisattvas nicht sagen, daß sie den Dharmakaya erreicht hätten, ist doch ihr Karma, das sie aus unendlichen Perioden vergangener Zeitalter ererbt haben, noch nicht voll ausgereift. Daher bleiben sie in noch folgenden Wiedergeburten in wechselseitiger Verbindung mit kleineren Leiden. Aber obwohl sie diese kleineren Leiden ertragen müssen, sind sie aufgrund ihrer übersinnlichen Freiheit und Macht, die zu ihrem großen Pranadana gehören, nicht an sie gefesselt. Einige dieser Bodhisattvas, so heißt es in den Sutras, müssen für eine gewisse Periode ins Reich des Bösen hinabsteigen, was aber nicht bedeutet, daß sie Rückschritte gemacht hätten. Es bedeutet nur, daß sie, um ihr restliches Karma zur Reife zu bringen, das Leiden dieser niederen Reiche auskosten müssen, damit sie auch noch vom letzten vielleicht verbliebenen Schatten der Trägheit geheilt werden und die wahre Buddhaschaft nicht mehr verfehlen. Denn dann sind ihr Mut und ihre Kühnheit ausreichend groß. Solche Bodhisattvas werden aufgrund ihrer Erfahrungen in den niederen Reichen ihre Praxis der Hingabe mit neuem Ernst beginnen und niemals mehr müde oder träge werden oder Angst davor haben, zurückzufallen. Und wenn sie auch erführen, sie müßten, um das Nirvana zu erlangen, unermeßliche Kalpas lang Not und Härte ertragen, so würden sie doch in ihrem Eifer bei der Praxis niemals mehr nachlassen oder feige und furchtsam werden. Denn sie haben dann reinen Glauben an die Lehre erlangt, daß alle reinen Begriffe seit anfanglosen Zeiten ihrem eigenen Wesen nach Nirvana selbst sind.

Einsicht und Praxis

Wenn Bodhisattvas von Stufe zu Stufe fortschreiten, gewinnen sie eine immer klarere Einsicht in den Dharma und wie er noch vollkommenerer praktiziert werden kann. Wenn sich das erste Asamkya-Kalpa ihrer Praxis seinem Ende zuneigt, erlangen diese Bodhisattvas sinnenfreie Einsicht in das Wesen der reinen Begriffe der Geist-Essenz und richten ihre Praxis darauf aus. Wenn sie sehen, daß das Wesen der reinen Begriffe frei ist von aller Gewinnsucht, Habsucht, Gier und aller Begehrlichkeit, bringen sie ihre Praxis damit in Einklang, indem sie den Paramita der Mildtätigkeit praktizieren. Wenn sie sehen, daß das Wesen der reinen Begriffe der Geist-Essenz frei ist von Verunreinigung durch sinnliches Begehren, bringen sie ihre Praxis damit in Einklang, indem sie den Paramita der Einhaltung der Vorschriften praktizieren.

Wenn sie sehen, daß das Wesen der reinen Begriffe frei ist von aller Rachsucht, Bosheit und Zorn, versuchen sie, damit in Einklang zu kommen, indem sie den Paramita der Geduld und Demut praktizieren. Wenn sie sehen, daß das Wesen der reinen Begriffe frei ist von aller Trägheit, von Müßiggang und Gleichgültigkeit, versuchen sie, damit in Einklang zu kommen, indem sie den Paramita des Eifers und der Ausdauer praktizieren. Wenn sie sehen, daß das Wesen der reinen Begriffe frei ist von aller Störung und Verwirrung, ja die Vervollkommnung jeder Dauer und friedlichen Ruhe ist, versuchen sie, in Einklang damit zu kommen, indem sie den Paramita der Ruhe praktizieren. Wenn sie sehen, daß das Wesen der reinen Begriffe frei von allem durch Abspaltung und Verselbständigung verursachten Obskurantismus und der von Unwissenheit verursachten Dunkelheit ist, hell leuchtend im Glanz der Wahrheit, versuchen sie, in Einklang damit zu kommen, indem sie den Paramita der Weisheit praktizieren.

Verwirklichen und Erreichen

Betrachten wir nun die sich entfaltende Einsicht, die sich bei einem Bodhisattva einstellt, der das »Objekt« seines Glaubens und seiner ernsthaften Praxis erreicht. Vom ersten Erwachen seines Glaubens und dem Beginn seiner Praxis an bis zur vollen Verwirklichung und zum Erreichen hatte er immer nur ein »Objekt« vor Augen gehabt: Erleuchtung und Buddhaschaft um aller fühlenden Wesen willen. Doch kann man ein solches Ziel wirklich »Objekt« nennen? Wenn wir es uns als Zustand oder innere Verfassung vorstellen, die er sich als Ich-Persönlichkeit erringen müßte, wäre es wohl so. Doch wir haben bereits festgestellt, daß die Vorstellung von einer Ich-Persönlichkeit eine falsche Vorstellung ist, die die höchsten Bodhisattvas bereits hinter sich gelassen haben. In den reinen Begriffen der Geist-Essenz gibt es weder Objekt noch Subjekt. Es gibt nur das Wesen der Weisheit, den reinen Dharmakaya. Dieser ist es, den die höchsten Bodhisattvas verwirklichen und erreichen. In einem Augenblick echter Verwirklichung bringen sie ihre Gaben allen Buddhas in allen Buddha-Reichen aller Universen dar und verehren sie, flehen sie an, das Rad des Dharma um aller fühlenden Wesen willen in Bewegung zu setzen, erwecken Glauben im Herzen aller Anfänger, helfen ihnen, lassen ihnen alle reinen Verdienste und Tugenden zukommen und sind schließlich an Ort und Stelle, wenn die Verwirklichung eintritt, um diese Schüler im reinen So-Sein der Erleuchtung, dem reinen Dharmakaya, willkommen zu heißen. Und all dies tun sie nicht als verherrlichte Persönlichkeit, sondern als die Buddhaschaft selbst. Doch die ängstlichen und feigen Schüler werden sie manchmal mit Worten wie: »Ihr werdet nach unendlichen Zeiten Erleuchtung und Buddhaschaft erlangen« anspornen, oder die trägen und langsamen Schüler feuern sie vielleicht durch allerlei geschickte Kunstgriffe an. Doch in all diesen Fällen sind das Erwachen des Glaubens und der Beginn der Praxis die gleichen, weshalb auch das Verwirklichen und Erreichen der Erleuchtung die gleichen sind. Es gibt keine Dharmas, die einen Schüler schnell und den andern langsam zur Erleuchtung brächten. Alle Dharmas sind von gleicher Kraft, alle Schüler müssen lange, viele Asamkyas von Kalpas lang, praktizieren, und kein Bodhisattva-Mahasattva hat die Erleuchtung je in kürzerer Zeit erreicht. Es ist nur wegen der Unterschiede in Disposition und Milieu der Lebewesen, daß scheinbar unterschiedliche Maßnahmen angewendet und unterschiedliche Fortschritte gemacht werden. Doch in Wahrheit ist im reinen Dharmakaya alles in vollkommenem Gleichgewicht und in Reinheit.

Die Potenz der Verdienste und Tugenden der Bodhisattva-Mahasattvas

Wenn nun Bodhisattva-Mahasattvas ihren Glauben erwecken und sich entschließen, spirituelle Hingabe und Disziplin zugunsten aller fühlenden Wesen zu praktizieren, entsteht eine Potenz großer Verdienste und Tugenden, die wir jetzt unter drei Gesichtspunkten betrachten wollen. Der erste ist der wahre Geist, denn er umfaßt und hegt keine Verselbständigungen und Werturteile, keine Parteilichkeiten und Vorurteile. Der zweite ist der Geist der vollkommenen Weisheit, denn er entfaltet alle Arten brauchbarer und geeigneter Prinzipien und Mittel. Der dritte ist der Geist des vollkommenen Mitleids, denn er entfaltet Tätigkeiten bzw. ein Karma-Bewußtsein, das mit allen fühlenden Wesen mitfühlt, Wohlwollen für sie hegt und spontan bereit ist, ihre Nöte zu lindern und ihnen auf unzählige und unvorstellbare Arten Wohltaten zu erweisen, wobei die Bodhisattvas ohne jeden selbstsüchtigen Gedanken erscheinen und wieder verschwinden. Weiterhin erreicht diese Art Bodhisattva-Mahasattvas, wenn sie ihre Verdienste und Tugenden zur Reife gebracht haben, die endgültige Vollkommenheit der Reinheit, Einheit und des Friedens, unvorstellbar erhaben, harmonisch und beseligend, den reinen Dharmakaya. In der unerforschlichen Integrität dieser endgültigen Reinheit, die spontan, dauerhaft und unendlich ist, verschwindet die Unwissenheit. Das ist die letztgültige, allumfassende Weisheit, der unbefleckte Schoß aller reinen Dharmas und der erwachende Glaube und der Beginn spiritueller Hingabe und Praxis aller fühlenden Wesen. Es ist der letztgültige, universelle Atem, der in strahlender, schöpferischer Tätigkeit ausströmt und durch intuitives Mitgefühl und grenzenloses Wohlwollen wieder in die vollkommene Reinheit, Einheit und Friedsamkeit des reinen Dharmakaya eingeht, und all dies zum Wohl aller fühlenden Wesen, damit sie alle eins seien und ihre vollkommene Einheit voll verwirklichen.

An dieser Stelle mag sich die Frage aufdrängen: Wenn das Prinzip der Verselbständigung und Wertung durch das Verschwinden der Unwissenheit überwunden wird, wie kann dann die Allwissenheit der vollkommenen Weisheit von den Bodhisattva-Mahasattvas erlangt werden? Wenn aufgrund des unendlichen Raumes eine Unendlichkeit von Universen entsteht, und wenn aufgrund der Unendlichkeit der Universen eine Unendlichkeit fühlender Wesen existiert, und wenn es aufgrund unendlich vieler Wesen eine Unendlichkeit von Charakteren und Dispositionen und Zuständen und Umständen und verschiedenen Tätigkeiten gibt – wie vermag dann selbst ein Bodhisattva-Mahasattva vollkommene Einsicht oder die Herrschaft über angemessene Mittel oder die höchste, vollkommene Weisheit zu erlangen? Die Erklärung ist, daß all diese Unendlichkeit von Unendlichkeiten völlig von der vollkommenen Selbstbewußtheit des Seligkeits-Körpers der Buddhaschaft umfaßt wird, die der unaussprechliche Dharmakaya, frei von aller Unterschiedlichkeit oder Ansätzen zu einer Unterschiedlichkeit, ist. Doch da die fühlenden Wesen Illusionen von Objekten, Zuständen und ihrer Selbstheit hegen, und eben wegen dieser Selbstheit, sind das wertende Denken und der Egoismus und das Besitzergreifen und Haften und das Karma entstanden. Doch all diese Einbildungen darf man nicht als wesentliche Merkmale der Natur des reinen Dharmakaya betrachten. Sie bilden kein Fundament für eine niemals irrende Einsicht oder die vollkommene Verwirklichung der Wahrheit selbst. Doch wenn die höchsten Bodhisattva-Mahasattvas durch Intuition mit der Wahrheit identisch werden, werden sie frei von all diesem Denken in Unterschieden und Vorurteilen, frei, auf die ununterschiedene Reinheit ihrer Geist-Essenz zu reagieren. Ihr Verstand vermag alle falschen Begriffe widerzuspiegeln, doch ohne irgendwelche Färbung oder Verlangen, wodurch sie vollkommene Weisheit und die Herrschaft über geeignete Mittel und Harmonie stiftende Tätigkeiten erlangen. Dadurch, daß sie sich mittels der Intuition und voller Mitgefühl und Wohlwollen ins Bewußtsein und die Wünsche und Begrenzungen aller fühlenden Wesen hineinversetzen, vermögen sie deren Dharmas zu erhellen und alle fühlenden Wesen zu erlösen. Das ist die Antwort auf die Frage, auf welche Weise geläuterte Bodhisattva-Mahasattvas die höchste, vollkommene Weisheit erlangen können: Weil sie die Einbildungen der fühlenden Wesen begreifen und mit ihnen mitfühlen, aber zugleich mittels Intuition in die Reinheit und Einheit von deren Geist-Essenz eintreten können, nicht indem sie außerhalb stehen und Urteile fällen, sondern eins mit allen fühlenden Wesen sind: Sie sind sie selbst, sie sind Buddhas, Geist-Essenz und der Dharmakaya selbst, untrennbar eins mit ihnen.

Noch eine andere Frage mag auftauchen: Wenn alle Buddhas von den frühesten Zeiten an über diese sinnenfreien Kräfte der Weisheit, des Mitleids und der Herrschaft über unbegrenzte geeignete Mittel zum Wohl aller fühlenden Wesen verfügen, wie kommt es dann, daß die fühlenden Wesen das Wohlwollen und die segensreichen Taten dieser Buddhas nicht erkennen und schätzen und auf sie nicht durch erwachenden Glauben und den Beginn hingebungsvoller Praxis reagieren, um dann auf die richtige Weise Erleuchtung und Buddhaschaft zu erlangen? Und daß stattdessen die meisten fühlenden Wesen gleichgültig sind und lieber ihre Illusionen hegen und pflegen, um dann die aus der Unwissenheit folgenden Leiden auf sich nehmen zu müssen? Die Antwort ist, daß alle Buddhas und Tathagatas und Bodhisattva-Mahasattvas, wenn sie mit dem reinen Dharmakaya identisch geworden sind, alle Universen in gleicher Weise und mit Kraft und Spontanität durchqueren. Doch in ihrer reinen Essenz alle Lebewesen umfassend, und da sie ewig in Beziehung zu ihnen stehen und vom selben Wesen wie sie sind, erwarten sie eine freiwillige und sich mit Notwendigkeit ergebende Antwort, die notwendiger Bestandteil der vollkommenen Reinheit und Einheit des Dharmakaya ist. Der Verstand der fühlenden Wesen ist tatsächlich wie ein Spiegel, der alle Dharmas reflektiert. Aber wenn der Spiegel fleckig oder schmutzig ist, gibt es keine klare Reflexion. Erst wenn der Spiegel des menschlichen Verstandes und Herzens durch den erwachenden Glauben und den Beginn spiritueller Praxis gereinigt ist, können die Menschen hoffen, auf Buddhas zu treffen, Erleuchtung zu erlangen und ihre eigene Identität mit dem Dharmakaya zu verwirklichen.

Teil IV

Die Praxis des Mahayana

Soweit unsere Darlegung der Grundprinzipien des Mahayana. Wir wollen jetzt zur Praxis des Mahayana übergehen, und um dabei voranzukommen, müssen wir zunächst aufzeigen, welche Rolle der Glaube für die Praxis spielt, besonders am Anfang, wenn das Denken des Bodhisattva-Novizen das rechte Samadhi noch nicht erlangt hat. Wir werden dann weiter erklären, welche Art Glauben ein Schüler haben sollte und wie er diesen Glauben in seiner Praxis umsetzt. Es gibt vier Arten des Glaubens. Zuerst muß der neue Schüler Glauben an das fundamentale, letztgültige Prinzip der Dinge besitzen: daß es vollkommene Weisheit, vollkommenes Mitleid und vollkommene Einheit ist. Dabei sollte er voll Freude daran denken, daß er mit der reinen Geist-Essenz identisch ist. Zweitens sollte der Schüler einen starken Glauben an die Buddhaschaft besitzen. Das heißt, er sollte aufrichtig an die Verdienste und Tugenden der Buddhas glauben und sich stets an sie erinnern, um innerlich zu erleben, daß er Gemeinschaft mit ihnen hat, um ihnen Opfer in Form von Gebeten und Gaben darzubringen, und um Instruktion und Anleitung durch sie zu suchen. Drittens sollte der Schüler einen unerschütterlichen Glauben an die Weisheit, das Mitleid und die Kraft des Dharma besitzen. Das heißt, er sollte ihn als unfehlbaren Führer bei seiner Durchführung der Paramita-Ideale betrachten und sich ihm unbedingt anvertrauen. Viertens sollte der Schüler einen ungeheuchelten, herzlichen, starken Glauben an die Bruderschaft der heimlosen Bhikshus besitzen, für sie sorgen, ihren geringen Bedürfnissen abhelfen, von ihnen Instruktion und Mitgefühl für seine eigene Praxis erwarten, damit er seinen Glauben vervollkommnen kann und sie sich gemeinsam auf die Buddhaschaft zubewegen.

Es gibt sechs Wege, den Glauben zu üben. Der erste ist der Weg der Mildtätigkeit. Der zweite der Weg selbstloser Güte im Einhalten der Vorschriften. Der dritte der Weg der Geduld und Demut, der vierte der Weg des Eifers und der Ausdauer, der fünfte der Weg der Ruhe, auf dem alle wertenden Gedanken aufhören und still die Wahrheit selbst verwirklicht wird. Der sechste ist der Weg der Weisheit.

Erstens der Weg der Mildtätigkeit. Das Ziel dieser Übung ist, die eigene Habsucht und Begierde zu entwurzeln. Um dies zu bewerkstelligen, sollte der Schüler sich in Freigebigkeit üben. Kommt ein Bettler zu ihm, so sollte er ihm Geld oder Dinge, die der andere besonders dringend braucht, geben, diskret und freundlich, so viel in seinen Kräften steht und bis an die Grenze seiner Möglichkeiten, je nach dem Bedürfnis des andern, damit der Not der Bettler abgeholfen wird und sie ihn dankbaren Herzens wieder verlassen. Oder wenn der Schüler jemandem begegnet, der in Gefahr, Not oder Bedrängnis ist, sollte er ihm Mut zusprechen und ihm so weit wie möglich helfen. Oder wenn einer zu ihm kommt und Unterricht im Dharma wünscht, erkläre ihn der Schüler dem Betreffenden bescheiden und geduldig, unter Anwendung geeigneter Mittel, so gut und klar er ihn, seinen Fähigkeiten entsprechend, auslegen kann. Diese Mildtätigkeit soll der Schüler einfach und unauffällig praktizieren, ohne Hintergedanken des Ehrgeizes und persönlichen Interesses oder Hoffnung auf Belohnung und Lob, und nur daran denken, daß Geben und Empfangen ein Schritt zur Erleuchtung beider Beteiligten sein sollte, für beide in gleicher Weise.

Zweitens der Weg des Einhaltens der Vorschriften. Das Ziel dieser Übung ist, sich von allem selbstsüchtigen Besitzergreifen, von Genüssen, Vergnügungen und persönlichen Interessen freizumachen. Es bedeutet, kein fühlendes Wesen zu töten, nicht zu stehlen, nicht zu ehebrechen, nicht zu betrügen, zu verleumden, üble Nachrede zu führen oder zu schmeicheln. Handelt es sich um einen Laien, soll er sich von allen Handlungen der Gier, von Neid, Betrug, Schädigung, Unrecht, Haß, Zorn und häretischen Überzeugungen fernhalten. Ist es ein Bhikshu, soll er alle verletzenden und Ärgernis erregenden Taten vermeiden, sich von der Hast und Geschäftigkeit des weltlichen Lebens fernhalten und in Einsamkeit und Stille leben, bettelnd und sich daran gewöhnend, mit dem Notwendigsten zufrieden zu sein. Er sollte Reue über den kleinsten Fehler empfinden und stets klug und wachsam handeln. Keine der Instruktionen des Herrn, des Tathagata, darf er vernachlässigen und muß stets bereit sein, Menschen, die unter Verdächtigungen oder Verleumdungen leiden, zu verteidigen, damit sie nicht in noch tieferes Elend geraten.

Drittens der Weg der Geduld. Er bedeutet, Geduld zu üben, wenn man von anderen belästigt oder gepeinigt wird, und aufsteigende Gedanken des Übelwollens und der Rache zu unterdrücken. Er bedeutet, geduldig zu sein, wenn der eigene Stolz verwundet wird, wenn man persönliche Verluste erleidet, kritisiert, gelobt oder mit Schmeichelei überhäuft wird. Er bedeutet, geduldig und unbewegt sowohl im Glück als auch im Unglück zu sein, in angenehmen und unangenehmen Situationen.

Viertens der Weg des Eifers. Das Ziel dieser Übung ist, sich so zu verhalten, daß man den Versuchungen der Faulheit und Müdigkeit nicht nachgibt. Sie lehrt den Schüler, wenn er Erfolg hat oder gelobt wird, in seinen Bemühungen nicht nachzulassen, sondern immer von neuem mit Entschiedenheit die Erleuchtung zu suchen. Sie stärkt den Schüler, die Versuchungen der Schüchternheit oder falschen Bescheidenheit zu bestehen. Immer sollte er sich frühere Leiden ins Gedächtnis zurückrufen, die entstanden waren, weil er leichtsinnig, und nicht zu seinem Besten, Böses tat, und durch die Erinnerung daran seinen Eifer und seine Ausdauer erneuern, fleißig alle Arten verdienstvoller und tugendhafter Taten zu üben, die andern und ihm selbst zugutekommen und ihm künftige Leiden ersparen. Auch wenn er ein Bhikshu ist, leidet er vielleicht noch unter nicht reif gewordenem Karma aus früheren Leben und steht dadurch schlechten Einflüssen offen, oder er ist noch in weltliche Angelegenheiten verstrickt oder für eine Familie verantwortlich oder leidet unter chronischen Krankheiten und Behinderungen. Angesichts all dieser hinderlichen Belastungen sollte er doch mutig und eifrig bleiben, tagsüber unaufhörlich und fleißig seinen Übungen obliegen und in den sechs Nachtwachen auf der Hut vor müßigen Gedanken sein, indem er fortwährend mit Eifer und Aufrichtigkeit, sie unablässig wiederholend, Gebete an sämtliche Buddhas richtet und sie anfleht, in der Welt zu bleiben, um das Rad des Dharma in Bewegung zu setzen, alle richtigen Bemühungen des Schülers zu unterstützen, alle Taten der Güte zu ermutigen, Glauben in den Glaubenslosen zu erwecken, Gelübde richtiger Art zu ermuntern und ihre Verdienste der Erleuchtung allen fühlenden Wesen zugutekommen zu lassen. Ist einer nicht eifrig und ausdauernd bei seinen Übungen, wird er den sich immer höher auftürmenden Hindernissen, die ihn von der Pflege seiner Hingabe-Wurzel abhalten wollen, nicht gewachsen sein.

Fünftens der Weg der Ruhe. Das Ziel dieser Übung ist ein zweifaches: Einerseits soll der Schüler alle störenden Gedanken – und alle wertenden Gedanken sind störend – anhalten und alle in ihm aufsteigenden Stimmungen und Emotionen zur Ruhe bringen, so daß sich sein Geist auf die Praxis der Meditation und Erkenntnis konzentrieren und diese Praxis willig und freudig ausführen kann. Andererseits gilt es, »Reflexion« oder Meditation, sobald der Geist durch das Anhalten aller Gedanken zur Ruhe gekommen ist, nicht auf wertende, sondern auf mehr einsichtige Weise zu praktizieren, nämlich so, daß der Sinn und die Bedeutung der Gedanken und Erfahrungen erlebt wird, und dadurch die Praxis ebenfalls willig und freudig auszuführen. Durch diese zweifache Praxis des »Anhaltens und Verwirklichens« wird sich der Glaube des Schülers, bereits erwacht, weiter entwickeln, und die beiden Aspekte dieser Praxis werden allmählich ineinander übergehen – das Bewußtsein ist vollkommen in Ruhe, aber höchst tätig im Verwirklichen. Früher hatte der Schüler Vertrauen in seine Fähigkeit des Wertens gesetzt. Doch dieses Vertrauen wird nun entwurzelt und aufgehoben.

Wer das »Anhalten« praktiziert, sollte sich an einen ruhigen Ort zurückziehen, oder besser noch an einem ruhigen Ort leben, aufrecht dasitzen und mit ernster, eifriger Zielstrebigkeit den Geist zu beruhigen und zu sammeln suchen. Zunächst achtet man auf seinen Atem, doch ist es unklug, dies zu lange zu tun oder das Bewußtsein zu lange auf bestimmten Erscheinungen, sichtbaren Dingen oder aus den Sinnen entstehenden Vorstellungen, etwa den Urelementen Erde, Wasser, Feuer und Äther, oder auf Wahrnehmungen, speziellen Vorlieben, Urteilen, Launen oder Empfindungen des niederen Verstandes ruhen zu lassen. Alle Arten von Vorstellungen müssen schon im Keim erstickt werden, sogar das Bewußtsein, sie beherrschen und beseitigen zu wollen, muß der Schüler loslassen. Das Bewußtsein muß wie ein Spiegel werden, also die Dinge widerspiegeln, sie aber nicht beurteilen oder festhalten wollen. Vorstellungen an sich haben keine Substanz, man lasse sie daher aufsteigen und unbeachtet vorübergehen. Aus den Sinnen und dem niederen Verstand aufsteigende Vorstellungen nehmen von sich aus keine Form an, es sei denn, die Aufmerksamkeit ergreift von ihnen Besitz. Ignoriert man sie jedoch, gibt es kein Erscheinen und Verschwinden. Dasselbe gilt für die Umstände außerhalb des Bewußtseins: Man sollte ihnen nicht erlauben, sich der Aufmerksamkeit zu bemächtigen oder die Übungen zu behindern. Da aber das Bewußtsein nicht absolut leer sein kann, auch wenn es aus den Sinnen und dem wertenden Verstand aufsteigende Gedanken beseitigt und ignoriert, muß der Schüler diese Gedanken durch richtiges Denken ersetzen.

Da aber erhebt sich sogleich die Frage: Was ist richtiges Denken? Die Antwort lautet: Richtiges Denken heißt, daß der Schüler den Geist selbst, seine reine, ununterschiedene Essenz erfährt. Selbst wenn wir also ruhig dasitzen und das Denken auf seine reine Essenz gerichtet halten, sollte kein umherschweifendes Bewußtsein vom Selbst, von irgendeiner Selbstverwirklichung oder irgendwelchen Phänomenen der Erkenntnis mehr da sein. Die reine Geist-Essenz läßt sich durch aufsteigende oder erscheinende Wirkungen der Tendenz zur Verselbständigung nicht ergreifen.

Sechstens der Weg der Weisheit. Ziel der Übung ist, den Schüler dahin zu bringen, daß er die Einsicht, zu der er durch die vorhergehenden Wege der Praxis gelangt ist, gewohnheitsmäßig anwendet. Selbst beim Aufstehen, Stehen, Gehen, Handeln, Stehenbleiben sollte der Geist konstant auf die Tat und das Tun konzentriert sein, nicht auf seine Beziehung zu ihr oder ihren Charakter oder Wert. Man sollte denken: Jetzt »geschieht« Gehen, jetzt »geschieht« Handeln, jetzt »geschieht« Stehenbleiben, jetzt »geschieht« Erleben. Nicht: Ich gehe, ich handle so oder so, das ist gut, das ist schlecht, ich erwerbe mir Verdienste dadurch, ich erlebe, wie wunderbar das alles ist. Denn dann stellen sich vagabundierende Gedanken, Gefühle des Triumphes oder der Niedergeschlagenheit, des Versagens und des Unglücklichseins ein. Stattdessen sollte man sich ein-

Mahayana Shraddhotpada Shastra

fach auf die Tat selbst konzentrieren, in der Einsicht, daß sie ein geeignetes Mittel ist, Ruhe des Geistes, Verwirklichung, Einsicht und Weisheit zu erlangen, und die Übungen gläubig, willig und freudig auszuführen. Nach langer Praxis wird dann die Gefangenschaft in alten Gewohnheiten schwächer und verschwindet schließlich, und an ihre Stelle treten Zuversicht, Zufriedenheit, Achtsamkeit und Ruhe.

Was soll die Weisheits-Übung letzten Endes bewirken? Es gibt drei Klassen von Zuständen, die den Schüler am Fortschritt auf dem Pfad zur Erleuchtung hindern: erstens die Verlockungen der Sinne, äußeren Umstände und des wertenden Verstandes. Zweitens die inneren Zustände des Geistes, seine Gedanken, Wünsche und Stimmungen. Sie zu eliminieren, ist der Zweck der vorhergehenden Übungen. Die dritte Klasse sind die instinktiven, tief verwurzelten, heimtückischen und hartnäckigen Triebe, der Wille zum Leben und zum Genuß, der Selbsterhaltungstrieb, der das eigene Leben und die eigene Person schützen will, und der Wille zur Fortpflanzung, der Gier und Lust, Furcht und Zorn, Verblendung und egoistischen Hochmut hervorruft. Die Übung des Weisheits-Paramita soll den Schüler befähigen, diese fundamentalen, triebhaften Hindernisse in den Griff zu bekommen und zu beseitigen. Dadurch wird der Geist allmählich klarer, heller, friedeerfüllter. Einsicht klärt, Glaube vertieft und weitet, bis beide im unvorstellbaren Samadhi der reinen Geist-Essenz miteinander verschmelzen. Wer mit der Weisheits-Übung fortfährt, wird immer weniger zur Beute der Gedanken an Angenehmes oder Unangenehmes werden, sein Glaube wird sicherer, durchdringender, segenbringender und frischer, und die Furcht vor Rückschlägen schwindet.

Doch man glaube nicht, diese Errungenschaften seien leicht und schnell zu erwerben. Viele Wiederverkörperungen sind dazu notwendig, viele Asamkyas von Kalpas müssen vergehen. So lange Zweifel, Unglauben, Verleumdung, böse Taten, karmische Hindernisse, Glaubensschwäche, Hochmut, Faulheit, Verwirrung des Denkens fortbestehen, oder auch nur ein Schatten davon, gibt es kein Erreichen des Buddha-Samadhi. Ist es aber erreicht, wird der Mensch in der strahlenden Helligkeit des höchsten Samadhi fähig sein, zusammen mit allen Buddhas die vollkommene Einheit aller fühlenden Wesen mit dem Dharmakaya der Buddhaschaft zu erfahren. Im reinen Dharmakaya gibt es keine Dualität, nicht den Schatten irgendwelcher Unterschiede. Alle fühlenden Wesen sind bereits, wenn sie es nur zu erfahren vermögen, im Nirvana. Die reine Geist-Essenz ist das höchste Samadhi. Die reine Geist-Essenz ist **Anuttara-Samyak-Sambodhi**, ist Prajna Paramita, höchste, vollkommene Weisheit.

Teil V

Der Nutzen der Mahayana-Praxis

Es mag Schüler geben, deren Wurzel der Verdienste noch nicht reif, deren Selbstbeherrschung noch schwach und deren Fähigkeit zur Anwendung ihrer Einsichten noch begrenzt ist, die aber doch aufrichtig nach Erleuchtung streben. Sie werden unter Umständen zeitweise von Maras und bösen Einflüssen, die ihre guten Absichten vereiteln wollen, angegriffen und verwirrt werden. Solche Schüler müssen sich, wenn sie Verführerisches sehen – anziehende Mädchen, starke junge Männer –, stets daran erinnern, daß all diese versucherischen, verlockenden Dinge vom Bewußtsein erzeugt sind.

Tun sie dies, so wird die Versucher-Kraft verschwinden und sie nicht länger behelligen. Haben sie Visionen von himmlischen Göttern und Bodhisattvas und Tathagatas, umgeben von himmlischen Herrlichkeiten, müssen sie sich nur daran erinnern, daß auch diese bewußtseinserzeugt und unwirklich sind. Und wenn sie geheimnisvollen Dharanis, Vorträgen über die Paramitas, Erläuterungen der großen Prinzipien des Mahayana lauschen und dadurch in gehobene Stimmung versetzt und erregt werden, müssen sie sich daran erinnern, daß auch diese leer und bewußtseinserzeugt sind und daß sie selbst in ihrer Essenz Nirvana sind. Und wenn sie besondere innere Erlebnisse haben, bei denen sie übernatürliche Kräfte besitzen, sich an frühere Leben erinnern oder künftige Leben voraussehen oder anderer Menschen Gedanken lesen können oder die Freiheit besitzen, andere Buddha-Länder zu besuchen, oder plötzlich über unglaubliche Beredsamkeit verfügen – was alles sie in Versuchung führt und nach weltlicher Macht, Reichtum und Ruhm begehren läßt –, oder wenn sie von extremen Gefühlen versucht werden, zuzeiten jähzornig, zuzeiten heiter, mitunter überaus gütig und mitleidig, dann wieder aggressiv, oder wach und zielstrebig, dann wieder träge und dumm sind, zuzeiten voller Glauben und Eifer bei ihren Übungen, dann wieder mit anderen Dingen beschäftigt und nachlässig:

All das läßt sie unablässig hin und herschwanken, und manchmal erleben sie sogar eine Art eingebildeten Samadhis, dessen sich die Häretiker brüsten. Aber es ist nicht das wahre Samadhi. Und noch später kann es ihnen passieren, daß sie, weit fortgeschritten, einen Tag, zwei Tage, sogar sieben Tage lang in Trance versunken sind, keine Speise zu sich nehmen und sich nur von inwendiger Speise ihres Geistes nähren, so daß sie von ihren Freunden bewundert werden und sich sehr gut und stolz und mit sich zufrieden fühlen. Und noch später werden sie überaus exzentrisch und essen manchmal wenig, manchmal gierig und im Übermaß, wobei sich ihr Gesichtsausdruck fortwährend verändert.

Wegen all dieser sonderbaren Erscheinungen und Entwicklungen im Verlauf ihrer Praxis sollten Schüler sehr auf der Hut sein und sich stets unter Kontrolle halten. Sie sollten weder nach den flüchtigen, substanzlosen Sinnendingen und Begriffen und Stimmungen des Verstandes greifen noch sich an sie binden. Verhalten sie sich so, werden sie in der Lage sein, sich vor allen karmischen Hindernissen zu schützen. Sie sollten stets dessen eingedenk sein, daß die falschen Samadhis und Entrückungen der Häretiker immer mit Unvollkommenheiten behaftet sind, sowie Affinitäten zur dreifachen Welt besitzen, die die Häretiker dazu verleiten, nach weltlicher Ehre und persönlichen Interessen zu greifen und stolz zu sein. Und wenn sie durch dieses Greifen und ihre Vorurteile und Verunreinigungen beschmutzt und von ihren guten buddhistischen Freunden und erfahrenen Meistern getrennt werden, verfehlen sie den Pfad der Buddhas und geraten rasch auf den Pfad der Häretiker.

Das wahre Samadhi der Geist-Essenz ist frei von allen willkürlichen Vorstellungen, Vorurteilen und Erfahrungen. Es gibt dabei nur Reinheit und selige Ruhe. Wenn die fortgeschrittenen Buddhas ins wahre Samadhi eintreten, verschwinden alle verselbständigten Begriffe des Körpers und des Geistes. Zurück bleibt nur das reine Bewußtsein von der Wahrheit in ihrer ununterschiedenen Ganzheit, und der Geist erfährt wahre Freiheit und Frieden, die durch keine Wolken des Egoismus oder der Ichbezogenheit verdunkelt sind.

Wenn fortgeschrittene Bodhisattvas dieses wahre Samadhi der Geist-Essenz praktizieren, erlangen sie schon im gegenwärtigen Leben zehn große Vorteile. Erstens stehen sie jederzeit unter dem Schutz aller Buddhas und Bodhisattvas, die den ewigen Sangha bilden, und empfangen deren Hilfe. Zweitens fürchten sie nie mehr das Böse. Drittens erlangen sie klärende Einsicht und intuitives Verständnis und werden von falschen Lehren nicht mehr verwirrt und verstört. Viertens bezweifeln sie die tiefe Dharma-Lehre nicht mehr, und ihre Prädispositionen und karmischen Hindernisse verschwinden allmählich. Fünftens nehmen die instinktiven Wünsche, die verdächtigenden und bösartigen Empfindungen ein Ende. Sechstens nimmt ihr Glaube an die guten Absichten und das Wohlwollen der Tathagatas und die Weisheit und das Mitleid der Buddhaschaft zu. Siebtens werden sie angesichts des Lebens und des Todes mutig und heiter bleiben und dem Schmerz und allen Empfindungen der Zerknirschung und Verzagtheit entrinnen. Achtens entfalten sie selbst ein weites, mitleidiges Herz, sie gewinnen eine sanfte, milde Einstellung, die allen Hochmut zerstört und sich von Taten anderer nicht beeinflussen läßt.

Neuntens finden sie kein Vergnügen an weltlichen Dingen mehr, und wenn sie vielleicht auch Samadhi noch nicht erlangt haben, bewahren sie doch unter allen Umständen Ruhe. Zehntens werden sie, nach der Erlangung Samadhis, niemals mehr Gefangene ihrer sinnenerzeugten Vorstellungen sein.

Hier endet diese Abhandlung über die Theorie und Praxis des Mahayana-Buddhismus, bestimmt, Glauben an ihn zu erwecken. Mittels dieser Theorie und Praxis sind die Bodhisattvas in der Lage, von Stufe zu Stufe zur vollkommenen Erlangung der Erleuchtung und Buddhaschaft voranzuschreiten. Alle Bodhisattva-Mahasattvas der Vergangenheit haben mittels dieses Dharmas Glauben in sich erweckt, mit der Praxis der Hingabe begonnen, sie mit Ernst und Ausdauer fortgeführt und das Ziel des Glaubens an die Buddhaschaft erreicht. Dasselbe gilt für alle Bodhisattvas der Gegenwart und der Zukunft: Sie erwecken Glauben in sich, setzen ihre Praxis unablässig fort und erreichen so mit Sicherheit die Erfüllung ihres Glaubens. Deshalb sollten alle fühlenden Wesen den gleichen Glauben in sich erwecken und ihn fleißig und treu erforschen und ausüben.

Damit ist diese Interpretation des Dharma beendet. Möge jedes Verdienst, das daraus entsteht, allen fühlenden Wesen zum Segen gereichen und sie zur Buddhaschaft führen.

Die chinesische Tradition
Tao Te King

Während der Genius Indiens stets für metaphysisches Denken stand, wandte sich der Genius Chinas dem praktischen Leben zu. Konfuzius, der typische chinesische Weise, dessen Denken China 2000 Jahre lang beherrschte, bevor es von der grobschlächtigen Ideologie des Marxismus verdrängt wurde, entwarf ein philosophisches System, das das Leben sowohl des Einzelnen als auch der Gesellschaft regelte. Das Grundprinzip der konfuzianischen Philosophie war *jen*, was mit »Menschlichkeit« übersetzt werden kann. Diese Philosophie ist in der Tat ein sehr tiefes, ethisches System, aber eine Ethik besonderer Art. Es beruhte auf der Verehrung der »Ahnen«, bei der »Kindestreue« als höchstes Prinzip galt, und war in einem Regelwerk von Riten organisiert. Rituale, die heute ihre Bedeutung praktisch verloren haben, sind die Kunst, den alltäglichen Handlungen des Lebens transzendente Bedeutung zu geben. In der modernen Gesellschaft gilt jede normale Aktivität als profan (wörtlich: »außerhalb des Tempels«). Aber für Konfuzius, wie für die meisten alten Völker, erhielt jede Handlung dadurch Bedeutung, daß man sie auf eine übernatürliche Quelle bezog. Der Mensch ist Teil eines kosmischen Ganzen. Und jedes menschliche Handeln, Essen und Trinken, Gehen und Sprechen, Heiraten und für die Familie sorgen, Säen und Ernten, Krankenpflege und Sterben, muß auf das Universum, zu dem wir gehören, und auf die Kraft, die das Universum regiert, welchen Namen sie auch tragen mag, bezogen sein. Das war es, was Konfuzius anstrebte, und er hatte solchen Erfolg damit, daß die chinesische Gesellschaft bis in unsre Zeit hinein durch seine philosophischen Grundsätze regiert wurde.

Doch obwohl Konfuzius an die Frömmigkeit glaubte, war er kein Mystiker. Es blieb Lao tse, oder wer auch immer das Tao Te King verfaßt hat, überlassen, die tiefere Realität hinter der sozialen Ordnung zu enthüllen. Lao tses Philosophie weist zwei Grundprinzipien auf. Das erste ist Wu Wei, oder »aktive Inaktivität«. Lao tse erkannte, daß alles menschliche Handeln seinen Ursprung in einer Macht hat, die inaktiv ist. Er nannte sie den »unbehauenen Klotz«. Bevor irgendein Handeln ins Dasein tritt, wird es in einem »ruhigen Punkt« konzipiert, auf einer Ebene des Bewußtseins, die nicht wahrnehmbar und in diesem Sinne unbewußt ist. Dies führte Lao tse zu seinem anderen großen Grundprinzip, der Niedrigkeit, der Bescheidenheit, wie Wasser, das immer die niedrigste Stelle sucht. Diese beiden Grundprinzipien führten zur Entdeckung des Weiblichen als der bewegenden Kraft der menschlichen Existenz. Die Chinesen sahen das Universum als ein Kräftespiel zwischen zwei Kräften, dem

Die chinesische Tradition

Yin und dem Yang. Das Yin ist weiblich, das Yang männlich, und alles menschliche Glück hängt von der richtigen Beziehung zwischen Yin und Yang ab. So gelang es den Chinesen, den Dualismus zu vermeiden, der das westliche Bewußtsein so gespalten hat, und das Leben in Begriffen der Harmonie und Wechselbeziehung zu sehen, einer gegenseitigen Abhängigkeit, eines Zusammenfallens der Gegensätze, von dem auch Nikolaus von Kues sprach. Sie allein vermag das menschliche Leben vor der Gewaltsamkeit und Dominanz des Männlichen über das Weibliche zu bewahren, die die westliche Welt charakterisieren.

Tao Te King

1. Das Tao, das enthüllt werden kann, ist nicht das ewige Tao.
Der Name, der genannt werden kann, ist nicht der ewige Name.
Das Namenlose ist das Beginnen von Himmel und Erde.
Das Benannte ist die Mutter der zehntausend Dinge.
Stets ohne Wunsch, sieht man das Geheimnis.
Stets voller Wünsche, sieht man die Erscheinungsformen.
Diese beiden entspringen der gleichen Quelle, unterscheiden sich
   jedoch im Namen: dies erscheint dunkel.
Das Dunkle inmitten von Dunkelheit.
Das Tor zu allem Geheimnis.

2. Alle unter dem Himmel können Schönes als schön wahrnehmen,
   nur weil es Häßliches gibt.
Alle können Gutes als gut erkennen, nur weil es Schlechtes gibt.

   Daher zeigen sich Haben und Nicht-Haben gemeinsam.
Schwer und leicht ergänzen einander.
Lang und kurz widersprechen einander.
Hoch und tief ruhen aufeinander.
Stimme und Klang schwingen miteinander.
Vorn und hinten folgen einander.

   Daher wandert der Weise umher, ohne zu handeln,
   und lehrt ohne Worte.
Die zehntausend Dinge entstehen und vergehen unaufhörlich.
Hervorbringen und doch nicht in Besitz nehmen.
Wirken und sich doch kein Verdienst anrechnen.
Das Werk tun und es dann vergessen.
So wird es von Dauer sein.

3. Wird der Begabte nicht erhöht, so ist dem Streit vorgebeugt.
Werden keine Schätze angesammelt,
   so ist dem Diebstahl vorgebeugt.
Werden keine wunscherzeugenden Dinge wahrgenommen,
   so ist der Verwirrung des Herzens vorgebeugt.

   Wenn die Weisen herrschen, leeren sie daher die Herzen
   und füllen die Bäuche.
Sie schwächen den Ehrgeiz und stärken die Knochen.

Wenn es den Menschen an Wissen und Wünschen fehlt,
dann werden Vernünftler sich nicht einzumischen suchen.
Durch Nicht-Handeln wird sich alles zum Guten fügen.

4 Das Tao ist ein leeres Gefäß; es wird genutzt, aber niemals gefüllt.
O, unergründlicher Ursprung der zehntausend Dinge!
Die Schärfe mildern,
Den Knoten entwirren,
Den Glanz lindern,
Dem Staub sich verbinden.
O, tief verborgen und doch stets gegenwärtig!
Ich weiß nicht, woher es kommt.
Ahnvater der Kaiser ist es.

5 Himmel und Erde sind unbarmherzig;
Sie sehen die zehntausend Dinge als Strohpuppen.
Die Weisen sind unbarmherzig;
Sie sehen die Menschen als Strohpuppen.

Der offene Raum zwischen Himmel und Erde ist wie ein Blasebalg.
Die Gestalt wandelt sich, nicht aber das Wesen.
Je mehr er sich bewegt, desto mehr bringt er hervor.
Mehr Worte zählen weniger.
Halte am Mittelpunkt fest.

6 Der Geist des Tales versiegt niemals.
Er ist das Weibliche, die Mutter des Ursprungs.
Sein Eingangstor ist die Wurzel von Himmel und Erde.
Es ist wie ein kaum wahrnehmbarer Schleier.
Setze es ein; es wird niemals fehlschlagen.

7 Himmel und Erde sind von ewiger Dauer.
Warum dauern Himmel und Erde ewig an?
Sie sind unerschaffen,
Daher immer lebendig.
Der Weise steht zurück, darum ist er voraus.
Er ist enthaftet, darum mit allem eins.
Durch selbst-loses Handeln erlangt er Vollkommenheit.

8 Das zuhöchst Gute ist dem Wasser vergleichbar.
Das Wasser schenkt den zehntausend Dingen Leben
  und müht sich dabei nicht.
Es fließt an Orte, die Menschen abweisen, und darin ist es
  wie das Tao.

Halte deine Wohnung in der Nähe des Landes.
Dringe tief ins Herz ein in der Meditation.
Sei sanft und gütig im Umgang mit anderen.
Sei wahrhaftig im Reden.
Sei gerecht im Entscheiden.
Sei tüchtig bei Geschäften.
Beachte den rechten Zeitpunkt beim Handeln.

Kein Kampf – kein Tadel.

9 Besser sofort anhalten als etwas bis zum Rande füllen.
Schärfe die Klinge übermäßig, und bald wird
   die Schneide abstumpfen.
Horte Gold und Jade im Überfluß, und niemand
kann sie schützen.
Erhebe Anspruch auf Reichtum und Titel, und Unheil wird folgen.
Ziehe dich zurück, wenn das Werk getan ist.
Dies ist der Weg des Himmels.

10 Wenn du Körper und Seele ernährst und das Eine umfängst,
Kannst du dann dem Trennenden entgehen?
Wenn du dich ganz hingibst und biegsam wirst,
Kannst du dann wie ein neugeborenes Kind sein?
Wenn du die ursprüngliche Ein-Sicht reinigst und läuterst,
Kannst du dann makellos sein?
Wenn du alle Menschen liebst und über das Land herrschst,
Kannst du dann ohne Klugheit sein?
Wenn du die Pforten des Himmels öffnest und schließt,
Kannst du dann die Rolle des Weiblichen spielen?
Wenn du alle Dinge verstehst und für sie offen bist,
Bist du dann fähig zum Nicht-Handeln?
Leben hervorbringen und ernähren.
Innehaben und doch nicht in Besitz nehmen.
Wirken und doch kein Verdienst beanspruchen.
Lenken und doch nicht beherrschen.
Dies ist Ursprüngliche Tugend.

11 Dreißig Speichen teilen sich in die Nabe des Rades:
   Das Loch in der Mitte macht es brauchbar.
Forme Ton zu einem Gefäß:
   Der leere Raum darin macht es brauchbar.

Die chinesische Tradition

Brich Türen und Fenster in ein Zimmer:
   Die Öffnungen machen es brauchbar.
Daher kommt Vorteil aus dem, was ist;
Brauchbarkeit aus dem, was nicht ist.

12 Die fünf Farben blenden das Auge.
Die fünf Töne betäuben das Ohr.
Die fünf Gewürze stumpfen den Geschmack ab.
Rennen und Jagen machen den Geist ver-rückt.
Kostbare Dinge führen in die Irre.

Daher läßt sich der Weise von dem leiten, was er spürt,
   und nicht von dem, was er sieht.
Jenes läßt er los, dieses erwählt er.

13 Nimm Ungnade bereitwillig an.
Nimm Unglück als menschliche Bedingtheit an.

Was meinst du mit »Ungnade bereitwillig annehmen«?
Finde dich damit ab, bedeutungslos zu sein.
Sei nicht um Verlust oder Gewinn besorgt.
Dies wird »Ungnade bereitwillig annehmen« genannt.

Was meinst du mit »Unglück als menschliche
   Bedingtheit annehmen«?
Unglück rührt daher, einen Körper zu haben.
Wie könnte es Unglück ohne einen Körper geben?

Gib dich voller Demut hin; dann kann dir die Sorge
   für alle Dinge anvertraut werden.
Liebe die Welt wie dein eigenes Selbst, dann kannst du wirklich
   für alle Dinge Sorge tragen.

14 Schaue, es kann nicht gesehen werden – es ist jenseits von Form.
Lausche, es kann nicht gehört werden – es ist jenseits von Klang.
Greife zu, es kann nicht gehalten werden – es ist ungreifbar.
Diese drei sind unbestimmbar;
Daher fügen sie sich zu einem zusammen.

Von oben ist es nicht hell;
Von unten ist es nicht dunkel:
Ein ununterbrochener Faden, der sich nicht nachzeichnen läßt.
Ins Nicht-Sein kehrt er zurück.
Die Form des Formlosen,
Das Abbild des Bildlosen.
Jenseits von Beschreibung und Vorstellung wird es genannt.

Stehe davor, und da ist kein Anfang.
Folge ihm, und da ist kein Ende.
Ruhe im uralten Tao,
Bewege dich mit der Gegenwart.
Der Wesenskern des Tao ist: vom uralten Beginnen zu wissen.

15 Die Meister der Vorzeit waren feinsinnig, rätselhaft,
    tiefgründig, empfänglich.
Die Tiefe ihres Wissens ist unergründlich.
Weil es unergründlich ist,
Können wir nur ihre Erscheinungsform umschreiben:
Vorsichtig – wie Männer, die im Winter einen Strom durchqueren.
Wachsam – wie Männer, die sich einer Gefahr bewußt sind.
Zuvorkommend – wie Besucher zu Gast.
Nachgiebig – wie Eis, das zerschmilzt.
Einfach – wie unbeschnitzte Holzklötze.
Leer – wie eine Höhlung.
Undurchschaubar – wie schlammige Tümpel.

Wer kann in Ruhe abwarten, während sich der Schlamm setzt?
Wer kann in Stille verweilen, bis zum Augenblick des Handelns?
Befolger des Tao suchen nicht nach Erfüllung.
Da sie keine Erfüllung suchen, werden sie durch kein
    Verlangen nach Änderung vom Wege abgebracht.

16 Mache dich selbst von allem leer.
Laß den Geist in Ruhe weilen.
Die zehntausend Dinge entstehen und vergehen,
    während das Selbst ihr Zurückgehen betrachtet.
Sie wachsen und gedeihen und kehren dann
    zum Ursprung zurück.
Die Rückkehr zum Ursprung ist Stille, und dies ist
    der Weg der Natur.
Der Weg der Natur ist keinem Wechsel unterworfen.
Das Unwandelbare zu kennen bedeutet Ein-Sicht.
Das Unwandelbare nicht zu kennen bringt Unheil.
Im Wissen um das Unwandelbare ist der Geist offen.
Offenen Geistes wirst du offenen Herzens sein.
Bist du offenherzig, wirst du königlich handeln.
Bist du königlich, wirst du den Himmel erlangen.
Bist du des Himmels, wirst du eins mit dem Tao sein.
Eins mit dem Tao, das ist zeitlos sein.
Selbst wenn der Körper stirbt, das Tao vergeht niemals.

Die chinesische Tradition

17 Das Allerhöchste ist unter den Menschen kaum anerkannt.
Darauf folgt das, was sie kennen und lieben.
Darauf das, was sie fürchten.
Darauf das, was sie verachten.

Wer nicht genügend vertraut, wird kein Vertrauen finden.

Werden Taten ausgeführt
Ohne unnötiges Reden,
Sagen die Menschen: »Wir haben das gemacht!«

18 Wenn das große Tao in Vergessenheit gerät,
Erheben sich Wohlwollen und Sittenlehre.
Wenn Klugheit und Scharfsinn entstehen,
Nimmt die große Heuchelei ihren Anfang.

Wenn kein Frieden in der Familie herrscht,
Tauchen kindliche Liebe und Ehrfurcht auf.
Wenn das Land in Wirren und Chaos gerät,
Treten ergebene Staatsdiener auf.

19 Gib Heiligkeit auf, verzichte auf Klugheit,
Und es wird für alle hundertmal besser sein.

Gib Freundlichkeit auf, verzichte auf Sittlichkeit,
Und die Menschen werden kindliche Ehrfurcht und
    Liebe wiederentdecken.

Gib Geschicklichkeit auf, verzichte auf Gewinn,
Und Räuber und Diebe werden verschwinden.

Diese drei sind allein äußere Formen; für sich selbst
    sind sie ungenügend.
Es ist wichtiger,
Die Einfachheit zu erkennen,
Seine eigene wahre Natur zu verwirklichen,
Die Selbstsucht abzulegen
Und das Verlangen zu mäßigen.

20 Gib die Gelehrsamkeit auf, und mache Schluß mit deinen Sorgen.

Gibt es einen Unterschied zwischen Ja und Nein?
Gibt es einen Unterschied zwischen gut und böse?
Muß ich fürchten, was andere fürchten? Welch ein Unsinn!
Andere Menschen geben sich zufrieden und erfreuen sich
    am Opferfest des Ochsen.
Im Frühling gehen manche zum Park und ersteigen die Terrassen.

Nur ich allein lasse mich treiben, weiß nicht, wo ich bin.
Wie ein neugeborenes Kind, bevor es das Lachen lernt,
Bin ich allein, nirgends ein Ort hinzugehen.

Andere haben mehr als sie brauchen, nur ich allein besitze nichts.
Ich bin ein Narr. O ja! Verwirrt bin ich.
Andere Menschen sind hell und licht,
Nur ich allein bin trüb und schwach.
Andere Menschen sind flink und schlau,
Nur ich allein bin träg und dumm.
O, ich treibe dahin wie die Wellen des Meeres,
Richtungslos, wie der rastlose Wind.

Jedermann sonst ist geschäftig,
Nur ich allein bin ziellos und niedergedrückt.
Ich bin anders.
Mich ernährt die Große Mutter.

21 Die höchste Tugend liegt darin, dem Tao und nur
   dem Tao zu folgen.
Das Tao ist unfaßbar und flüchtig.
O, es ist flüchtig und unfaßbar, und doch ist das Urbild darin.
O, es ist unfaßbar und flüchtig, und doch ist die Form darin.
O, es ist trüb und dunkel, und doch ist das Wesen darin.
Dieser Wesenskern ist ganz wirklich, in ihm liegt
   Vertrauen begründet.
Vom allerersten Beginnen bis zum Jetzt geriet sein Name
   niemals in Vergessenheit.
Auf diese Weise nehme ich das Erschaffene wahr.
Wie weiß ich um die Wege der Schöpfung?
Eben darum.

22 Gib nach und trage den Sieg davon.
Beuge dich und sei aufrecht.
Mache dich leer und sei voll.
Schöpfe dich aus und sei neu.
Besitze wenig und habe Gewinn.
Besitze viel und sei verwirrt.

Daher umfangen die Weisen das Eine.
Und geben ein Beispiel für alle.
Weil sie keinen Prunk entfalten,
Strahlen sie nach außen.
Weil sie sich nicht rechtfertigen,
Ragen sie hervor.

Die chinesische Tradition

Weil sie sich nicht rühmen,
Erlangen sie Anerkennung.
Weil sie nicht prahlen,
Kennen sie kein Zaudern.
Sie streiten nicht,
Deshalb streitet niemand mit ihnen.
Daher sagen die Alten: »Gib nach und trage den Sieg davon«.
Ist dies ein leerer Spruch?
Sei wahrhaft ungeteilt,
Und alle Dinge werden zu dir kommen.

23 Es entspricht der Natur, wenig zu reden.
Heftige Winde währen nicht den ganzen Morgen.
Starker Regen währt nicht den ganzen Tag.
Warum ist das so?
Himmel und Erde!
Wenn nicht einmal Himmel und Erde den Dingen Dauer
   verleihen können,
Wie ist es dann dem Menschen möglich?

Wer dem Tao folgt,
Ist eins mit dem Tao.
Wer Tugend übt,
Erfährt Tugend.
Wer den Weg verliert,
Fühlt sich verloren.
Wenn du eins mit dem Tao bist,
Nimmt dich das Tao auf.
Wenn du eins mit Tugend bist,
Ist die Tugend immer da.
Wenn du eins mit Verlust bist,
Wird der Verlust bereitwillig erfahren.

Wer nicht genügend vertraut,
Wird kein Vertrauen finden.

24 Wer auf Zehenspitzen steht, ist nicht standfest.
Wer gestelzte Schritte macht, kann nicht Schritt halten.
Wer sich zur Schau stellt, ist nicht erleuchtet.
Wer selbstgerecht ist, wird nicht geachtet.
Wer sich rühmt, erreicht nichts.
Wer prahlt, wird nicht durchhalten.

Für die, welche dem Tao folgen, ist das »zusätzliche Nahrung und
unnützes Gepäck«.
Sie bringen keine Glückseligkeit.
Befolger des Tao meiden sie daher.

25 Etwas geheimnisvoll Geformtes,
Das schon vor Himmel und Erde entstand.
In Schweigen und Leere
Steht es einzig und unwandelbar da,
Ist immer gegenwärtig und in Bewegung.
Vielleicht ist es die Mutter der zehntausend Dinge.
Ich weiß seinen Namen nicht.
Nenne es Tao.
Aus Mangel für ein besseres Wort nenne ich es groß.

Groß ist es und fließt dahin.
Es fließt in die Ferne.
Aus der Ferne kehrt es zurück.

Daher: »Das Tao ist groß;
Der Himmel ist groß;
Die Erde ist groß;
Auch der König ist groß.«
Dies sind die vier großen Mächte des Universums,
Und der König ist eine von ihnen.

Der Mensch folgt der Erde.
Die Erde folgt dem Himmel.
Der Himmel folgt dem Tao.
Das Tao folgt dem,
was in Einklang mit der Natur ist.

26 Das Schwere ist Wurzel des Leichten;
Die Ruhe ist Herr der Unrast.

Daher läßt der Weise, tagsüber wandernd,
Sein Gepäck nicht aus den Augen.
Selbst wenn es wunderschöne Dinge zu sehen gibt,
Bleibt er unberührt und gelassen.

Warum sollte der Herr über zehntausend Wagen
leichtfertig vor aller Welt handeln?
Leichtfertig sein meint, die eigene Wurzel verlieren.
Rastlos sein meint, die Herrschaft über sich selbst verlieren.

Die chinesische Tradition

27 Ein guter Läufer hinterläßt keine Spuren;
Ein guter Redner macht keine Versprecher;
Ein guter Rechner braucht keinen Rechenstab.
Eine gute Tür braucht kein Schloß,
Doch kann niemand sie öffnen.
Gutes Binden erfordert kein Knoten,
Doch niemand kann es lockern.

Daher nimmt sich der Weise aller Menschen an
Und schließt niemanden aus.
Er nimmt sich aller Dinge an
Und läßt nichts aus.

Dies wird »dem Licht folgen« genannt.

Was ist ein guter Mensch?
Der Lehrer für einen schlechten Menschen.
Was ist ein schlechter Mensch?
Die Verantwortung für einen guten Menschen.
Wird der Lehrer nicht geachtet
Und für den Schüler nicht gesorgt,
Entsteht Verwirrung – wie schlau man auch sein mag.
Dies ist des Rätsels Lösung.

28 Wisse um die Stärke des Mannes,
Aber bewahre die Vorsicht einer Frau.
Sei das Strömen des Universums!
Als Strömen des Universums,
Stets wahrhaftig und unerschütterlich,
Werde erneut wie ein kleines Kind.

Wisse um das Weiße,
Aber bewahre das Schwarze.
Sei der Welt ein Beispiel!
Als Beispiel für die Welt,
Stets wahrhaftig und beharrlich,
Kehre zum Unendlichen zurück.

Wisse um den Ruhm,
Aber bewahre die Bescheidenheit.
Sei das Tal des Universums!
Als Tal des Universums,
Stets wahrhaftig und voll innerer Kraft,
Kehre in den Zustand eines unbehauenen Klotzes zurück.

Wird der Klotz behauen, läßt er sich nutzen.
Macht der Weise sich ihn zunutze, wird er zum Herrscher.
Darum: »Ein guter Schneider schneidet wenig«.

29 Denkst du wohl, du kannst das Universum in die Hand
nehmen und es vollkommener machen?
Ich glaube nicht, daß sich dies tun läßt.

Das Universum ist heilig.
Vollkommener machen kannst du es nicht.
Wenn du es zu verändern suchst, wirst du es zugrunde richten.
Wenn du es festzuhalten versuchst, wirst du es verlieren.

So sind die Dinge manchmal voraus, manchmal zurück;
Manchmal fällt das Atmen schwer, manchmal
geschieht es mühelos;
Manchmal ist Kraft da und manchmal Schwäche;
Manchmal wird man nach oben getragen, manchmal
nach unten gedrückt.

Daher meidet der Weise Übertreibung, Maßlosigkeit
und Selbst-Zufriedenheit.

30 Wenn immer du mit einem Herrscher über
den Weg des Tao berätst,
Gib ihm den Rat, keine Gewalt einzusetzen, will er
die Welt gewinnen.
Denn dies würde einzig Widerstand bewirken.
Überall dort, wo die Armee vorbeizog, schießt Dornengestrüpp
in die Höhe.
Auf den Spuren eines großen Krieges folgen magere Jahre.
Tue nur, was getan werden muß.
Mache dir niemals die Macht zunutze.

Erreiche dein Ziel,
Aber frohlocke darüber niemals.
Erreiche dein Ziel,
Aber prahle damit niemals.
Erreiche dein Ziel,
Aber stolz sei darauf niemals.
Erreiche dein Ziel,
Weil dies dem natürlichen Lauf entspricht.
Erreiche dein Ziel,
Aber nicht durch gewaltsames Vorgehen.

Die chinesische Tradition

Auf Gewalt folgt ein Verlust an Stärke.
Dies entspricht nicht dem Weg des Tao.
Was dem Tao widerspricht, findet ein trübes Ende.

31 Gute Waffen sind Werkzeuge der Furcht, bei allen Geschöpfen
 sind sie verhaßt.
Daher wenden Befolger des Tao sie niemals an.
Der Weise bevorzugt links,
Der Krieger bevorzugt rechts.

Waffen sind Werkzeuge der Furcht; für den Weisen
 sind es keine Hilfsmittel.
Er gebraucht sie nur, wenn er keine andere Wahl hat.
Sein Herz liebt Ruhe und Frieden,
Und ein Sieg ist kein Grund zur Freude.
Wenn dich ein Sieg erfreut, dann hast du Gefallen am Töten;
Wenn du Gefallen am Töten hast, kannst du dich selbst
 nicht vollenden.

Bei freudigen Anlässen erhält die linke Seite den Vorzug.
Bei traurigen Anlässen die rechte Seite.
In einer Armee steht der Feldherr links,
Der Oberbefehlshaber rechts.
Dies bedeutet, daß der Krieg wie ein Begräbnis geführt wird.
Wenn viele Menschen getötet werden,
Sollten sie mit aufrichtigem Schmerz beklagt werden.
Deshalb muß ein Sieg wie ein Begräbnis begangen werden.

32 Das Tao bleibt für immer unbestimmt.
Obgleich es im ungeformten Zustand klein ist, kann es nicht
 erfaßt werden.
Wenn Könige und Herrscher es anschirren könnten,
Würden ihnen die zehntausend Dinge wie selbstverständlich
 gehorchen.
Himmel und Erde würden sich vereinigen
Und sanfter Regen fallen.
Die Menschen würden keine weiteren Anweisungen brauchen
 und alle Dinge ihren natürlichen Lauf nehmen.

Ist das Ganze erst einmal geteilt, brauchen die einzelnen Teile
 Namen.
Doch Namen gibt es bereits genug.
Man muß wissen, wann innezuhalten ist.

Das Wissen, wann innezuhalten ist, verhütet Unheil.
Das Tao inmitten der Welt ist wie ein Fluß,
  der zum Meer heimfließt.

33 Andere zu kennen bedeutet Weisheit;
Das Selbst zu kennen bedeutet Erleuchtung.
Andere zu meistern erfordert Kraft;
Das Selbst zu meistern erfordert Stärke.

Wer weiß, daß er genug besitzt, ist reich.
Ausdauer ist ein Zeichen von Willensstärke.
Wer da bleibt, wo er ist, hält durch.
Zu sterben, aber nicht zu vergehen ist ewige Gegenwart.

34 Das große Tao fließt überallhin, nach links wie nach rechts.
Die zehntausend Dinge werden durch es bedingt;
  es hält nichts zurück.
Schweigend erfüllt es seinen Sinn und fordert nichts.

Es nährt die zehntausend Dinge,
Und doch ist es nicht ihr Herr.
Es kennt kein Ziel, es ist sehr klein.

Die zehntausend Dinge kehren zu ihm zurück,
Doch ihr Herr ist es nicht.
Es ist sehr groß.

Es zeigt seine Größe nicht
Und ist deshalb wahrhaft groß.

35 Alle Menschen werden zu dem kommen, der sich an das Eine hält,
Denn dort liegen Ruhe und Glück und Frieden begründet.

Vorüberziehende mögen für Musik und ein gutes Essen
  haltmachen;
Einer Beschreibung des Tao
Scheint es jedoch an Gehalt oder Geschmack zu fehlen.
Man kann es nicht hören, kann es nicht sehen,
Und doch läßt es sich nicht ausschöpfen.

36 Was schrumpft,
Muß sich zuvor dehnen.
Was abnimmt,
Muß zuvor stark sein.
Was niedergehalten wird,

Muß sich zuvor erheben.
Vor dem Empfangen
Muß erst das Geben da sein.

Dies wird die Wahrnehmung des Wesens der Dinge genannt.
Das Weiche und Schwache überwindet das Harte und Starke.

Fische können tiefe Gewässer nicht verlassen,
Und die Waffen eines Landes sollten nicht offen
  zur Schau gestellt werden.

37 Das Tao verweilt im Nicht-Tun,
Doch nichts bleibt ungetan.
Wenn Könige und Herrscher dies befolgten,
Würden sich die zehntausend Dinge ihrer Natur nach entwickeln.
Wenn diese noch zu handeln verlangten,
Würden sie zur Einfachheit formloser Wirklichkeit zurückkehren.
Ohne Form gibt es kein Verlangen.
Ohne Verlangen herrscht heitere Geistesruhe.
Auf diese Weise wären alle Dinge im Frieden.

38 Ein wahrhaft guter Mensch ist sich seiner Güte nicht bewußt
Und ist deshalb gut.
Ein törichter Mensch versucht, gut zu sein
Und ist deshalb nicht gut.

Ein wahrhaft guter Mensch tut nichts,
Doch läßt er nichts ungetan.
Ein törichter Mensch ist immerfort tätig,
Doch bleibt vieles zu tun übrig.

Wenn ein wirklich wohlwollender Mensch etwas tut,
  läßt er nichts ungetan.
Wenn ein gerechter Mensch etwas tut, läßt er vieles zu tun übrig.
Wenn ein Gestrenger etwas tut und keinen Anklang findet,
Rollt er sich die Ärmel hoch im Versuch, die Ordnung
  zu erzwingen.

Daher, wenn das Tao verlorengeht, herrscht Güte.
Wenn Güte verlorengeht, herrscht Wohlwollen.
Wenn Wohlwollen verlorengeht, herrscht Gerechtigkeit.
Wenn Gerechtigkeit verlorengeht, herrscht die Vorschrift.
Die Vorschrift nun ist die Hülse von Treu und Glauben,
  der Beginn von Verwirrung.

Das Wissen um die Zukunft ist nichts weiter als blumenreicher
Putz des Tao.
Es ist der Anfang des Wahns.

Daher verweilt der wahrhaft Große bei dem, was wirklich,
und nicht bei dem, was an der Oberfläche ist –
Bei der Frucht und nicht bei der Blume.
Nimm deshalb das eine an und weise das andere zurück.

39 Die folgenden Dinge aus uralter Zeit entstehen aus dem Einen:
Der Himmel ist ungeteilt und klar.
Die Erde ist ungeteilt und fest.
Der Geist ist ungeteilt und stark.
Das Tal ist ungeteilt und voll.
Die zehntausend Dinge sind ungeteilt und lebendig.
Könige und Herrscher sind ungeteilt, und das Land
verhält sich recht.
Sie alle sind kraft des ungeteilten Seins.

Die Klarheit des Himmels verhindert sein Herabstürzen.
Die Festigkeit der Erde verhindert ihr Zerbersten.
Die Stärke des Geistes verhindert sein Ausschöpfen.
Die Fülle des Tals verhindert sein Austrocknen.
Das Wachsen der zehntausend Dinge verhindert ihr Vergehen.
Die Führung durch Könige und Herrscher verhindert
das Untergehen des Landes.

Daher ist das Demütige die Wurzel des Erhabenen.
Das Tiefe ist die Grundlage des Hohen.
Prinzen und Herrscher betrachten sich selbst als »verwaist«,
»verwitwet« und »unwürdig«.
Sind sie nicht von der Demut abhängig?

Allzu viel Erfolg ist nicht von Vorteil.
Klimpere nicht wie Jade
Und dröhne auch nicht wie ein Steinhammer.

40 Zurückkehren ist die Bewegung des Tao.
Nachgeben ist die Weise des Tao.
Die zehntausend Dinge werden aus dem Sein geboren.
Sein entsteht aus Nicht-Sein.

41 Der kluge Schüler hört vom Tao und übt es mit Sorgfalt.
Der durchschnittliche Schüler hört vom Tao und schenkt ihm
von Zeit zu Zeit einen Gedanken.

Die chinesische Tradition

Der törichte Schüler hört vom Tao und lacht schallend.
Ohne Gelächter wäre das Tao nicht, was es ist.

Darum heißt es:
Der lichte Pfad erscheint trüb;
Vorwärtsgehen erscheint als Rückzug;
Der leichte Weg erscheint hart;
Die höchste Tugend erscheint leer;
Große Reinheit erscheint befleckt;
Reichtum an Tugend erscheint unangemessen;
Die Stärke von Tugend erscheint schwach;
Wahre Tugend erscheint unwahr;
Das vollkommene Viereck hat keine Ecken;
Große Begabung kommt spät zur Reife;
Die höchsten Töne sind schwer zu hören;
Die größte Form hat keine Gestalt.
Das Tao ist verborgen und namenlos.
Das Tao allein nährt alles und bringt es zur Vollendung.

42 Aus dem Tao entstand Eins.
Aus Eins entstand Zwei.
Aus Zwei entstand Drei.
Aus Drei entstanden die zehntausend Dinge.

Die zehntausend Dinge tragen in sich Yin und umfangen Yang.
Sie erlangen Einklang, wenn sie diese Kräfte miteinander verbinden.

Die Menschen wollen nicht gerne »verwaist«, »verwitwet«
    oder »unwürdig« sein;
So aber bezeichnen sich Könige und Herrscher.

Denn man gewinnt durch Verlust
Und verliert durch Gewinn.

Was andere lehren, lehre auch ich – dies ist:
»Ein gewaltsamer Mensch wird eines gewaltsamen Todes sterben.«
So lautet der Kern meiner Lehren.

43 Das Allerweichste im Universum
Überwindet das Allerhärteste im Universum.
Was ohne Form ist, kann eindringen, wo kein Raum ist.
Daher weiß ich um den Wert des Nicht-Handelns.

Lehren ohne Worte und Wirken ohne Tun
Werden nur von sehr wenigen verstanden.

44 Ruhm oder das Selbst: was zählt mehr?
Das Selbst oder Reichtum: was ist kostbarer?
Gewinn oder Verlust: was ist schmerzvoller?

Wer an Dingen haftet, wird viel leiden.
Wer hortet, wird schweren Verlust erfahren.
Ein genügsamer Mensch ist niemals enttäuscht.
Wer weiß, wann innezuhalten ist, gerät nicht in Bedrängnis.
Er wird allzeit sicher sein.

45 Große Vollendung erscheint unvollkommen,
Doch überdauert sie ihre Brauchbarkeit.
Große Fülle erscheint leer,
Doch kann sie nicht ausgeschöpft werden.

Große Geradlinigkeit erscheint verdreht.
Große Klugheit erscheint einfältig.
Große Beredsamkeit erscheint unbeholfen.

Bewegung überwindet das Kalte.
Ruhe überwindet das Heiße.
Ruhe und Gelassenheit bringen Ordnung in die Dinge
   des Universums.

46 Wenn das Tao in der Welt gegenwärtig ist,
Karren die Pferde Dünger.
Wenn das Tao der Welt fern ist,
Werden Kriegsrosse vor der Stadt gezüchtet.

Es gibt keine größere Sünde als Verlangen,
Keinen größeren Fluch als Unzufriedenheit,
Kein größeres Unglück, als etwas für sich selbst wollen.
Wer weiß, daß genug genügt, wird daher immer genug haben.

47 Ohne hinauszugehen, kannst du die ganze Welt verstehen.
Ohne aus dem Fenster zu schauen, kannst du das Wirken
   des Himmels sehen.
Je weiter du wanderst, desto weniger weißt du.

Daher versteht der Weise, ohne umherzuschweifen;
Er sieht ohne Schauen;
Er wirkt ohne Tun.

Die chinesische Tradition

48 Im Streben nach Gelehrsamkeit wird Tag für Tag etwas erworben.
Im Befolgen des Tao wird Tag für Tag etwas aufgegeben.

Weniger und weniger wird getan,
Bis Nicht-Tun erreicht ist.
Wird nichts getan, bleibt nichts ungetan.

Die Welt wird dadurch gelenkt, daß man den Dingen
ihren Lauf läßt.
Durch Eingreifen kann sie nicht gelenkt werden.

49 Der Weise hat keine Sorge um sich.
Er ist sich der Nöte anderer bewußt.

Ich bin gut zu Menschen, die gut sind.
Ich bin auch gut zu Menschen, die nicht gut sind.
Denn Tugend ist Güte.
Ich setze Vertrauen in Menschen, die vertrauenswürdig sind.
Ich setze auch Vertrauen in Menschen, die nicht
vertrauenswürdig sind.
Denn Tugend ist Vertrauen.

Der Weise ist behutsam und demütig – der Welt
scheint er verwirrend.
Die Menschen blicken auf ihn und hören ihm zu.
Er verhält sich wie ein kleines Kind.

50 Zwischen Geburt und Tod
Folgen drei von zehn dem Leben,
Drei von zehn dem Tod.
Und auch die Zahl der Menschen, die geradewegs von der
Geburt zum Tode ziehen, ist drei von zehn.
Warum ist das so?
Weil sie ihr Leben auf der grobstofflichen Ebene leben.

Wer weiß, wie zu leben ist, kann überallhin wandern,
Ohne Furcht vor Nashorn oder Tiger.
Er wird nicht verwundet im Kampf.
Denn bei ihm finden Nashörner keine Stelle, um ihr
Horn hineinzustoßen,
Tiger keine Stelle, um ihre Klauen zu gebrauchen,
Waffen keine Stelle, um zu durchbohren.
Warum ist das so?
Weil er keine Stelle hat für das Eindringen des Todes.

51 Alle Dinge entstehen aus dem Tao.
Die Tugend nährt sie.
Der Urstoff bildet sie.
Die Weltumstände formen sie.
Darum ehren alle zehntausend Dinge das Tao und
achten die Tugend.
Verehrung für das Tao und Achtung vor der Tugend
werden nicht verlangt,
Sie liegen jedoch im Wesen der Dinge.

Daher entstehen alle Dinge aus dem Tao.
Von der Tugend werden sie genährt,
Entfaltet, versorgt,
Beschirmt, ermutigt,
Aufgezogen und bewahrt.
Erschaffen, ohne zu beanspruchen.
Wirken, ohne sich Verdienst anzurechnen.
Lenken, ohne einzugreifen.
Dies ist Mystische Tugend.

52 Der Uranfang des Universums
Ist die Mutter aller Dinge.
Kennt man die Mutter, so kennt man auch die Söhne.
Die Söhne zu kennen, doch in Verbindung mit der Mutter
zu bleiben,
Befreit von Todesfurcht.

Halte deinen Mund verschlossen,
Wache über die Sinne,
Und das Leben ist immer Fülle.
Öffne deinen Mund,
Sei immer geschäftig,
Und das Leben ist ohne Hoffnung.

Das Kleine sehen bedeutet Ein-Sicht;
Sich der Macht fügen bedeutet Stärke.
Gebrauche das äußere Licht, kehre zur Ein-Sicht zurück,
Und werde auf diese Weise vor Schaden bewahrt.
Dies ist Erlernen von Unwandelbarkeit.

53 Wenn ich auch nur ein bißchen Verstand habe,
Werde ich doch auf der Hauptstraße wandern, und meine einzige
Furcht wird sein, daß ich von ihr abweiche.
Es ist einfach, sich an die Hauptstraße zu halten,
Aber die Menschen werden gerne auf Seitenpfade geführt.

Die chinesische Tradition

Wenn der Hof prunkvoll geschmückt ist,
Sind die Felder voller Unkraut
Und die Kornkammern leer.
Einige kleiden sich prächtig,
Tragen scharfe Schwerter
Und prassen in Speise und Trank;
Sie besitzen mehr, als sie gebrauchen können.
Räuberbarone sind es.
Das ist gewiß nicht der Weg des Tao.

54 Was fest begründet ist, kann nicht entwurzelt werden.
Was fest ergriffen wird, kann nicht entgleiten.
Von Menschenalter zu Menschenalter wird es in Ehren gehalten.

Entwickle Tugend in dir selbst,
Und Tugend wird wahrhaft sein.
Entwickle sie in der Familie,
Und Tugend wird reich vorhanden sein.
Entwickle sie im Dorf,
Und Tugend wird zunehmen.
Entwickle sie im Staat,
Und Tugend wird im Überfluß da sein.
Entwickle sie in der Welt,
Und Tugend wird überall sein.

Daher, betrachte den Einzelnen als Einzelnen;
Betrachte die Familie als Familie;
Betrachte das Dorf als Dorf;
Betrachte den Staat als Staat,
Betrachte die Welt als Welt.

Wie weiß ich, daß so die Welt beschaffen ist?
Durch Betrachtung.

55 Wer von Tugend erfüllt wird, ist wie ein neugeborenes Kind.
Wespen und Schlangen werden ihn nicht stechen;
Wilde Tiere werden ihn nicht anfallen;
Von Raubvögeln wird er nicht angegriffen werden.
Seine Knochen sind weich, seine Muskeln schwach,
Aber sein Griff ist fest.
Er hat die Vereinigung von Mann und Frau nicht erfahren,
   ist jedoch ganz ungeteilt.
Seine Mannhaftigkeit ist stark.
Er schreit den ganzen Tag und wird nicht heiser.
Dies ist vollkommener Einklang.

Vom Einklang wissen bedeutet Unwandelbarkeit.
Von Unwandelbarkeit wissen bedeutet Erleuchtung.
Es ist nicht klug, umherzuhasten.
Einschränkung des Atems bewirkt Verspannung.
Wenn zuviel Energie verbraucht wird, folgt Erschöpfung.
Dies entspricht nicht dem Weg des Tao.
Was auch immer dem Tao widerspricht, wird nicht lange andauern.

56 Wer weiß, redet nicht.
Wer redet, weiß nicht.

Halte deinen Mund verschlossen.
Wache über deine Sinne.
Mäßige deine Schärfe.
Vereinfache deine Probleme.
Verhülle dein Glänzen.
Sei eins mit dem Staub der Erde.
Dies ist ursprüngliche Einheit.

Wer diesen Zustand erlangt hat,
Sorgt sich nicht um Freund und Feind,
Um Nutzen und Schaden, um Ehre und Schande.
Darum ist dies der höchste Stand des Menschen.

57 Regiere einen Staat mit Gerechtigkeit.
Führe Krieg mit überraschenden Maßnahmen.
Werde zum Herrscher über die Welt ohne Kampf.
Wie weiß ich, daß dies so ist?
Eben darum.

Je mehr Gesetze und Einschränkungen,
Desto ärmer die Menschen.
Je schärfer die Waffen der Menschen,
Desto mehr Unglück im Land.
Je geschickter und klüger die Menschen sind,
Desto mehr seltsame Dinge tauchen auf.
Je mehr Regeln und Vorschriften,
Desto mehr Diebe und Räuber.

Daher sagt der Weise:
Ich setze nichts ins Werk, und die Menschen werden gebessert.
Ich erfreue mich des Friedens, und die Menschen werden redlich.
Ich tue nichts, und die Menschen werden reich.
Ich habe keine Wünsche, und die Menschen kehren zum
    guten und einfachen Leben zurück.

Die chinesische Tradition

58 Wenn das Land mit leichter Hand gelenkt wird,
Sind die Menschen einfach.
Wenn das Land mit Strenge beherrscht wird,
Sind die Menschen verschlagen.

Glück ist in Unglück verwurzelt.
Unglück lauert unter Glück.
Wer weiß, was die Zukunft bringt?
Es gibt keine Ehrlichkeit.
Ehrlichkeit wird unehrlich.
Güte wird zu Zauberei.
Die Verzauberung des Menschen währt lange Zeit.

Daher ist der Weise scharf, aber nicht schneidend,
Treffend, aber nicht durchdringend,
Freimütig, aber nicht rücksichtslos,
Glänzend, aber nicht blendend.

59 Im Sorgen für andere und im Dienste des Himmels
Ist nichts dem Gebrauch von Beschränkung vergleichbar.
Beschränkung beginnt mit dem Aufgeben der eigenen
    Vorstellungen.
Dies hängt davon ab, wieviel Tugend in der Vergangenheit
    angesammelt wurde.
Wenn ein guter Vorrat an Tugend vorhanden ist, dann
    ist nichts unmöglich.
Wenn nichts unmöglich ist, dann gibt es keine Begrenzungen.
Wenn ein Mensch keine Begrenzungen kennt, dann ist er
    befähigt zum Herrscher.
Das mütterliche Prinzip des Herrschens erhält sich über lange Zeit.
Dies nennt man: tiefe Wurzeln und ein festes Fundament haben,
Das Tao langen Lebens und immerwährender Schau.

60 Das Regieren des Landes ist wie das Braten eines kleinen Fisches.
Tritt an die Welt mit dem Tao heran,
Und das Böse wird keine Macht haben.
Nicht, daß das Böse nicht mächtig wäre,
Aber seine Macht wird nicht zum Schaden anderer gebraucht.
Nicht nur wird es anderen nicht schaden,
Sondern auch der Weise selbst wird geschützt sein.
Sie verletzen einander nicht,
Und die Tugend in einem jeden ist Stärkung für beide.

61 Ein großes Reich ist wie Mündungsland.
Es ist der Zusammenfluß der Welt,
die Mutter des Universums.

Das Weibliche überwindet das Männliche durch Stillhalten;
Abwartend hält es sich in der Stille verborgen.

Wenn daher ein großes Land einem kleineren Land nachgibt,
Wird es über das kleine Land siegen.
Und wenn sich ein kleines Land einem großen Land unterordnet,
Kann es das große Land überwinden.
Darum: Wer siegen will, muß sich beugen,
Und wer siegt, erreicht das, weil er sich beugt.

Ein großes Reich bedarf vieler Menschen;
Ein kleines Land bedarf des Dienens.
Ein jedes erhält, was es sich wünscht.
Sich zu beugen ist einem großen Reich angemessen.

62 Das Tao ist der Ursprung der zehntausend Dinge.
Es ist der Schatz des guten und der Schutz des schlechten
  Menschen.
Schöne Reden können Ansehen erkaufen;
Gute Taten können Achtung gewinnen.
Wenn ein Mensch schlecht ist, gib ihn nicht auf.
Daher, am Tag, wenn der Herrscher gekrönt wird
Oder die drei Staatsbeamten ernannt werden,
Sende nicht ein Geschenk aus Jade oder ein Gespann
  mit vier Pferden,
Sondern bleibe in der Stille und bringe das Tao als Gabe dar.
Warum mag jeder anfangs das Tao so sehr?
Ist es nicht deshalb, weil du findest, wonach du suchst,
  und weil dir vergeben wird, wenn du fehlgehst?
Daher ist es der größte Schatz des Universums.

63 Übe Nicht-Handeln.
Wirke ohne Tun.
Schmecke das Geschmacklose.
Vergrößere das Kleine, vermehre das Wenige.
Vergelte Bitterkeit mit Fürsorge.

Erkenne die Einfachheit im Schwierigen.
Erreiche Größe in kleinen Dingen.

Im Universum werden die schwierigen Dinge so getan,
  als wären sie leicht.

Die chinesische Tradition

Im Universum erschaffen kleine Handlungen große Taten.
Der Weise sucht nichts sehr Großes zu bewältigen
Und erlangt so Größe.

Unbesonnene Versprechen fördern geringes Vertrauen.
Dinge leichtfertig nehmen führt in große Schwierigkeit.
Weil der Weise Schwierigkeiten stets entgegentritt,
Erfährt er sie nie.

64 Frieden wird leicht bewahrt;
Unglück wird leicht überwunden, noch ehe es beginnt.
Das Spröde wird leicht zerschmettert;
Das Kleine wird leicht zerstreut.

Gehe es an, noch ehe es geschieht.
Bringe die Dinge in Ordnung, noch ehe Verwirrung herrscht.

Ein Baum von der Dicke einer Armspanne entsprießt einem
    zarten Schößling;
Eine neunstufige Terrasse gründet auf einem Erdhaufen;
Eine Reise von tausend Meilen beginnt mit einem Schritt.

Wer handelt, vereitelt seine eigene Absicht;
Wer ergreift, verliert.
Der Weise handelt nicht, und so wird ihm nichts vereitelt.
Er ergreift nicht und verliert deshalb nicht.

Gewöhnlich scheitern Menschen, wenn sie an der Schwelle
    des Erfolges stehen.
Verwende daher ebensoviel Sorgfalt auf das Ende wie
    auf den Anfang;
Dann wird es kein Scheitern geben.

Daher sucht der Weise Freiheit von Verlangen.
Er hortet keine kostbaren Güter.
Er lernt, nicht an Vor-Stellungen festzuhalten.
Er bringt die Menschen zu dem zurück, was sie verloren.
Er hilft den zehntausend Dingen, ihr eigenes Wesen zu finden –
Sieht jedoch vom Handeln ab.

65 Am Anfang suchten diejenigen, die um das Tao wußten,
    andere nicht zu erleuchten,
Sondern ließen sie in Unwissenheit.
Warum ist es so schwierig zu herrschen?
Weil die Menschen so klug sind.
Herrscher, die Klugheit zu nutzen suchen,

Betrügen das Land.
Die ohne Klugheit regieren,
Sind ein Segen für das Volk.
Es gibt diese beiden Möglichkeiten.
Sie zu verstehen ist Ursprüngliche Tugend.
Ursprüngliche Tugend geht tief und reicht weit.
Sie führt alle Dinge wieder zurück
Zum großen Eins-Sein.

66 Warum ist das Meer König über hundert Ströme?
Weil es tiefer liegt als sie.
Darum ist es der König über hundert Ströme.

Wollte der Weise die Menschen lenken, müßte er ihnen
 mit Bescheidenheit dienen.
Wollte er sie anführen, müßte er ihnen nachfolgen.
So werden sich die Menschen, wenn der Weise herrscht,
 nicht unterdrückt fühlen;
Wenn er ihnen voransteht, wird ihnen kein Schaden zugefügt.
Die ganze Welt unterstützt ihn und wird seiner nicht überdrüssig.

Weil er nicht wettstreitet,
Trifft er auf keinen Wettstreit.

67 Jeder unter dem Himmel sagt, daß mein Tao groß ist
 und unvergleichlich.
Weil es groß ist, scheint es anders.
Wäre es nicht anders, würde es sich schon seit langem
 verloren haben.

Ich habe drei Schätze, die ich hüte und bewahre.
Der erste ist Mitleid; der zweite Mäßigkeit;
Der dritte, anderen nicht voraus sein wollen.
Von Mitleid kommt Mut; von Mäßigkeit kommt Großzügigkeit;
Von Demut kommt Führerschaft.

Heutzutage meiden die Menschen Mitleid, versuchen jedoch,
 mutig zu sein;
Sie verzichten auf Mäßigkeit, versuchen jedoch, großzügig zu sein;
Sie vertrauen nicht auf Demut, versuchen jedoch, immer
 der Erste zu sein.
Das ist sicherer Tod.

Mitleid bringt Sieg im Kämpfen und Stärke im Verteidigen.
Es ist das, womit der Himmel bewahrt und bewacht.

Die chinesische Tradition

68 Ein guter Soldat ist nicht gewalttätig.
Ein guter Kämpfer ist nicht zornig.
Ein guter Gewinner ist nicht rachsüchtig.
Ein guter Dienstherr ist bescheiden.
Dies ist bekannt als Geschick im Umgang mit Menschen.
Seit uralten Zeiten war dies bekannt als die vollkommene
Einheit mit dem Himmel.

69 Unter Soldaten gibt es eine Redensart:
Ich wage nicht, den ersten Zug zu machen, sondern
spiele lieber den Gast;
Ich wage nicht, einen Zoll vorzustoßen, sondern
weiche lieber einen Fuß zurück.

Dies nennt man marschieren, scheinbar ohne sich zu bewegen,
Deine Ärmel aufrollen, ohne deinen Arm zu zeigen,
Den Feind gefangennehmen, ohne ihn anzugreifen,
Gewappnet sein ohne Waffen.

Es gibt kein größeres Verhängnis, als den Feind zu unterschätzen.
Indem ich den Feind unterschätze, verliere ich bald,
was ich hochachte.

Daher, wenn die Schlacht beginnt,
Wird gewinnen, wer scheinbar unterlegen ist.

70 Meine Worte sind leicht zu verstehen und leicht auszuführen,
Doch niemand unter dem Himmel kennt sie oder handelt
nach ihnen.

Meine Worte stammen aus uralter Zeit.
Meine Handlungen sind diszipliniert.
Weil die Menschen nicht verstehen, haben sie auch
keine Kenntnis von mir.

Wenige sind es, die mich kennen;
Die mich schmähen, werden geehrt.
Daher trägt der Weise grobe Kleider und hält das Juwel
in seinem Herzen verborgen.

71 Unwissenheit zu kennen gilt als Stärke.
Wissen nicht zu kennen gilt als Krankheit.

Wenn man an dieser Krankheit erkrankt, dann ist man nicht krank.
Der Weise ist nicht krank, weil er an dieser Krankheit erkrankt ist.
Daher ist er nicht schwach.

72 Wenn den Menschen der Sinn für Ehrfurcht fehlt,
dann wird es Unheil geben.

Dränge nicht in ihre Häuser.
Störe sie nicht bei der Arbeit.
Wenn du dich nicht einmischst, werden sie deiner nicht müde.

Daher kennt der Weise sich selbst, aber zeigt sich nicht vor,
Hat Selbst-Achtung, aber ist nicht anmaßend.
Jenes läßt er los, dieses erwählt er.

73 Ein mutiger und hitziger Mann wird töten oder getötet werden.
Ein mutiger und besonnener Mann wird stets das Leben bewahren.
Was von diesen beiden ist zuträglich, was schädlich?
Einigen Dingen ist der Himmel nicht gewogen. Wer weiß warum?
Selbst der Weise ist darin nicht sicher.

Das Tao des Himmels kämpft nicht, und doch überwindet es.
Es spricht nicht, und doch wird ihm geantwortet.
Es bittet nicht, doch wird es mit allem Nötigen versorgt.
Es erscheint mühelos, und doch folgt es einem Plan.

Des Himmels Netz ist weit ausgeworfen.
Wenngleich seine Maschen grob sind, entschlüpft nichts.

74 Wenn die Menschen sich nicht vor dem Sterben fürchten,
Nützt es nichts, ihnen mit dem Tode zu drohen.

Wenn die Menschen in ständiger Furcht vor dem Sterben leben,
Und wenn der Mensch wegen eines Gesetzesbruches getötet wird,
Wer wird es dann noch wagen, das Gesetz zu brechen?

Es gibt immer einen amtlichen Henker.
Wenn du seinen Platz einnehmen willst,
Entspricht das dem Versuch, ein Zimmermeister zu sein
    und Holz zu hacken.
Wenn du Holz wie ein Zimmermeister zu hacken versuchst,
    wirst du nur deine Hand verletzen.

75 Warum hungern die Menschen?
Weil die Herrscher das Geld in Form von Steuern aufzehren.
Darum hungern die Menschen.

Warum sind die Menschen aufrührerisch?
Weil sich die Herrscher allzusehr einmischen.
Darum sind die Menschen aufrührerisch.

Die chinesische Tradition

Warum denken die Menschen so wenig an den Tod?
Weil die Herrscher allzuviel vom Leben verlangen.
Darum nehmen die Menschen den Tod leicht.

Wenn man von wenigem leben muß, weiß man Besseres,
als das Leben hochzuschätzen.

76 Ein Mensch kommt zart und nachgiebig zur Welt.
Bei seinem Tode ist er hart und starr.
Frische Pflanzen sind weich und voller Lebenssaft.
Bei ihrem Tode sind sie verdorrt und trocken.

Daher ist das Starre und Unbeugsame der Schüler des Todes.
Das Weiche und Nachgiebige ist der Schüler des Lebens.

So gewinnt eine Armee ohne Wendigkeit niemals eine Schlacht.
Ein Baum, der unbiegsam ist, wird leicht gebrochen.

Das Harte und Starke wird vergehen.
Das Sanfte und Schwache wird andauern.

77 Das Tao des Himmels ist wie das Spannen eines Bogens.
Das Hohe wird gesenkt und das Tiefe gehoben.
Ist die Sehne zu lang, wird sie verkürzt;
Genügt sie nicht, wird sie verlängert.

Das Tao des Himmels ist es, von denen zu nehmen,
  die zuviel haben, und denen zu geben, die nicht genug haben.
Die Art des Menschen ist anders.
Er nimmt von denen, die nicht genug haben, um denen zu geben,
  die bereits zuviel haben.
Welcher Mensch hat mehr als genug und gibt es der Welt?
Allein der Mensch des Tao.

Daher wirkt der Weise ohne Anerkennung.
Er vollendet, was getan werden muß, ohne dabei zu verweilen.
Er versucht nicht, sein Wissen zu zeigen.

78 Nichts ist weicher und nachgiebiger unter dem Himmel als Wasser.
Doch nichts ist besser für das Angreifen des Festen und Starken;
Nichts kommt ihm gleich.
Das Weiche kann das Harte überwinden.
Das Bewegliche kann das Starre überwinden.
Jedermann unter dem Himmel weiß dies,
Doch niemand setzt es in die Tat um.

Daher sagt der Weise:
Wer die Demütigung der Menschen auf sich nimmt, ist fähig,
 über sie zu herrschen.
Wer das Unglück des Landes auf sich nimmt, verdient es,
 König über die Welt zu sein.
Oftmals klingt die Wahrheit widersinnig.

79 Nach einem erbitterten Streit muß einiger Groll zurückbleiben.
Was ist daran zu ändern?
Daher hält sich der Weise an seine Hälfte der Abmachung,
Erzwingt jedoch nicht, was ihm zusteht.
Ein Mann von Tugend erfüllt seinen Teil,
Ein Mann ohne Tugend aber verlangt von den anderen,
 daß sie ihren Verpflichtungen nachkommen.
Das Tao des Himmels ist gerecht.
Es bleibt immer bei den guten Menschen.

80 Ein kleines Land hat weniger Menschen.
Obwohl es Maschinen gibt, die zehn- bis hundertmal schneller
 arbeiten können als der Mensch, werden sie nicht gebraucht.
Die Menschen nehmen den Tod ernst und reisen nicht weit.
Obwohl sie Boote und Wagen haben, benutzt sie niemand.
Obwohl sie Rüstung und Waffen haben, stellt sie niemand
 zur Schau.
Die Menschen kehren zum Knoten von Schnüren
 anstelle des Schreibens zurück.
Ihre Speise ist einfach und gut, ihre Kleider aus feinem Gewebe,
 aber schlicht, ihre Häuser fest gebaut;
Sie sind mit ihren Gebräuchen glücklich.
Obwohl sie in Sichtweite ihrer Nachbarn leben
Und krähende Hähne und kläffende Hunde von der anderen Seite
 des Weges zu hören sind,
Lassen sie einander doch in Frieden, während sie alt werden
 und sterben.

81 Wahre Worte sind nicht schön.
Schöne Worte sind nicht wahr.
Gute Menschen wollen nichts beweisen.
Wer beweisen will, ist nicht gut.
Wer weiß, ist nicht gelehrt.
Die Gelehrten wissen nicht.

Die chinesische Tradition

Der Weise versucht niemals, Dinge anzuhorten.
Je mehr er für andere tut, desto mehr besitzt er.
Je mehr er anderen gibt, desto größer sein Reichtum.
Das Tao des Himmels ist treffend, ohne jedoch zu verletzen.
Das Tao des Weisen ist müheloses Tun.

Sikhismus

Morgengebet
Abendgebet
Nachtgebet

Zwar hat es in Indien immer viele Götter und Göttinnen, viele Namen und Gestalten Gottes gegeben, doch zeigte sich schon von Anfang an auch eine Tendenz zum Monotheismus. Der Rig Veda selbst spricht von dem »einen Wesen« (*ekam sat*), »von dem die Weisen auf viele Arten sprechen«. Dieses eine Wesen wurde in den Upanishaden als Brahman und Atman bezeichnet. Doch als sich der Geist der *bhakti*, der persönlichen Hingabe an Gott, entwickelte, nahm dieses eine Sein einen persönlicheren Charakter an. Das zeigt sich deutlich in der Bhagavadgita, wo Krishna als der Avatar, die Inkarnation Vishnus, als »Name und Form« des einen Gottes aufgefaßt wird. Doch in Indien verstand man, anders als in den semitischen Religionen, daß man den einen, ewigen und allgegenwärtigen Gott durchaus unter verschiedenen Namen und Formen verehren konnte. Vishnu, Shiva, Rama, Krishna und auch die Muttergottheit, die Devi, sie alle wurden als verschiedene Namen und Formen der einen, unendlichen, ewigen, unveränderlichen Realität, des Grundes und Ursprungs aller Schöpfung, aufgefaßt. Natürlich besteht dadurch die Gefahr eines Rückfalls in den Polytheismus, in einen Glauben an viele Götter, an viele Ursprünge der Schöpfung, so daß keine letzte Einheit oder Wahrheit im Universum mehr gesehen wird. Doch die gegenteilige Gefahr, in die die semitischen Religionen gerieten, ist, daß Gott, die letzte Realität, mit einem bestimmten Namen und einer Form, Jahwe oder Allah, identifiziert wird, und alle, die diesen bestimmten Namen und diese Form Gottes nicht annehmen wollen, verurteilt werden. In der Sikh-Religion jedoch wurde eine Form des Monotheismus gefunden, der andere Namen und Formen des einen Gottes akzeptieren konnte, während er doch ein strenger Monotheismus blieb: die Hingabe an das eine, absolute, ewige, unveränderliche Wesen und die Wahrheit, in der die Fülle alles persönlichen Seins, aller Weisheit und Güte enthalten ist. Es war die große Leistung Guru Nanaks, daß er sowohl Hindus als auch Moslems im Glauben an den einen Gott zu versöhnen suchte. »Ich gehöre mit Körper und Seele«, konnte er sagen, »zu dem einen Gott, der sowohl Allah, als auch Ram ist«. Der Grund, warum es Guru Nanak gelang, verschiedene Namen und Formen Gottes mit dem Glauben an den einen Gott zu versöhnen, ist, daß bei ihm Gott nicht außerhalb des Menschen projiziert, sondern als dem Menschen innewohnend aufgefaßt wurde. Für ihn war Gott die Wahrheit, immanent im Herzen des Menschen, das Wort, das Licht, der Name über allen Namen. Niemals hat es einen derart reinen Monotheismus wie den Guru Nanaks gegeben. So-

Sikhismus

bald Gott nach außerhalb projiziert wird, entsteht eine Trennung zwischen Mensch und Gott, woraus alle anderen Trennungen entspringen – zwischen Mensch und Mensch und schließlich zwischen Mann und Frau. In den semitischen Religionen stellt man sich Gott stets in männlichen Begriffen vor. Jahwe und Allah sind immer »Er«. Doch in der Sikh-Tradition ist Gott sowohl Vater als auch Mutter: »Du bist mein Vater, Du bist meine Mutter, Du bist mein Bruder, Du bist mein Verwandter.« So singt Guru Arjan. Wenn das Weibliche in Gott abgelehnt wird, wird es auch in der menschlichen Gesellschaft abgelehnt oder unterdrückt. Es kommt uns heute allmählich zu Bewußtsein, daß wir in einer patriarchalischen Kultur leben, in der es, da das Weibliche in Gott abgelehnt wird, zu einer Unterordnung der Frau unter den Mann kam.

Morgengebet

Ein Gott
Sein Name ist Wahrheit
Er ist der Schöpfer
Er ist die Höchste Wesenheit
Bei Ihm ist keine Angst
Bei Ihm ist keine Feindschaft
Seine Gestalt ist zeitlos
Er stammt aus keinem Schoß
Er ist aus sich selbst –
Durch des Gurus Gnade wird Er erkannt.

Besinnung

1

Von Anbeginn ist Er die Wahrheit, seit Anbeginn der Zeiten ist Er die Wahrheit,
Er ist die Wahrheit, Nanak, und Er wird die Wahrheit sein.
Trotz allem Denken ist Er nicht zu denken, und wenn man hunderttausend Male Ihn bedächte,
Trotz allem Stilleschweigen gelangt man nicht zur Stille, und wenn man noch so lang in Andacht harrte.
Den Hungrigen vergeht ihr Hunger nicht und lüden sie auf sich auch die Schätze aller Welten;
Und wenn man tausend Male hunderttausendfache Klugheit hätte, sie könnte einem auf dem Wege keinen Beistand leisten.
Wie kommt man zu Wahrhaftigkeit? Wie bricht man die Umzinglung durch die Falschheit auf?
Nanak: Du mußt dem Willen Gottes folgen, das ist dir als Schicksal aufgegeben.

2

Durch den Willen Gottes wird das Gestaltete hervorgebracht, doch der Wille Gottes läßt sich nicht erklären;
Durch den Willen Gottes entstehn die Lebewesen, durch den Willen Gottes gelangen sie zu Herrlichkeit;

Sikhismus

Durch den Willen Gottes ist mancher hoch und mancher niedrig, durch den Willen Gottes und wie es durch Ihn vorgezeichnet ist, empfängt man Glück und Leid;
Durch den Willen Gottes findet mancher Gnade, durch den Willen Gottes muß mancher ewig durch den Existenzenkreislauf irrn;
Dem Willen Gottes ist alles untertan, was ist; außerhalb des Willens Gottes kann nichts sein.
Nanak, niemand wird hinfort der Ichsucht frönen, wenn er des Willens Gottes eingedenk ist.

3

Manche wollen Gottes Macht besingen, doch wer hat die Macht dazu?
Einer singt von Seinen Gaben, in welchen er das Siegel Gottes sieht;
Einer singt von Seiner Herrlichkeit und Seinen großen Taten; einer singt von Seiner Weisheit, die unergründlich ist;
Einer singt davon, wie Er den Körper zuerst bereitet und dann zu Staub verwandelt; einer singt davon, wie Er der Seele den Körper wieder nimmt;
Einer singt davon, daß Er sich nur von ferne zeigt; einer singt davon, daß Er hier von Angesicht zu Angesicht erschaut wird.
Und wenn man dauernd von Ihm spräche, man käme damit nicht ans Ende, auch wenn man spräche, spräche, spräche, unendlich viele Male.
Er schenkt und schenkt, und wir, wir werden müde, dieweil wir immer nur empfangen; Wegzehrung durch alle Zeiten hin sind Seine Gaben für uns;
Nanak, mit Seinem Willen hält der Allmächtige die ganze Welt in Gang, selig lächelnd, frei von Sorgen.

4

Gott ist der Wahre, Wahrheit ist Sein Name; wer von Ihm spricht, empfindet grenzenlose Liebe;
Fortwährend bitten wir um Seine Gaben, und Er, der Geber, gibt;
Was aber haben wir Ihm darzubringen, damit wir im Audienzsaal Seines Hofes Seiner angesichtig werden?
Wie könnten wir es schaffen, so zu sprechen, daß Er uns hört und Seine Liebe schenkt?
Zur Nektarstunde versenk dich in den Namen, der die Wahrheit ist, sowie in Seine Herrlichkeit!
Als Folgen unsrer Taten empfangen wir die Hüllen unsrer Leiber, durch Seinen Gnadenblick jedoch Erlösung.
Nanak, erkenne dies: Alles ist nur Er, der wahrhaftig ist.

5

Er ist nicht einzusetzen oder herzustellen, Er, der Makellose, ist aus sich selbst;
Wer Ihm dient, gelangt zu Ehren; Nanak, besinge Ihn, den Hort der Herrlichkeit!
Sing und hör Sein Lob und heg im Herzen Liebe zu Ihm; wirf das Leid von dir und nimm das Glück mit in dein Innres!
Aus dem Wort des Gurus tönt der Offenbarungston, aus dem Wort des Gurus tönt der Veda, in das Wort des Gurus geht man ein,
Der Guru ist Gott Shiva, ist Vishnu, ist Brahma, ist Mutter Parvati;
Selbst wenn ich Ihn erkennte, so könnte ich Ihn doch nicht nennen, denn was von Ihm zu sagen wäre, das läßt sich nicht in Worte fassen.
O Guru, dies eine nur mach mir bewußt: Daß ich nicht Ihn vergessen darf, der einzig allen Lebewesen gibt.

6

Ich wollte wohl an Pilgerorten heiligende Bäder nehmen, wenn ich Gott damit gefallen könnte, doch warum sollte ich das tun, wenn es Ihm nicht gefällt?
Und wenn ich alle Schöpfungen durchsuchte, es gäbe nichts in ihnen, was man erwerben könnte, wenn nicht durch Seine Gnade.
Vernimmt man nur ein Wort des Gurus, wird man im Innern mit einem Schatz von Kleinodien beschenkt.
O Guru, dieses eine nur mach mir bewußt: Daß ich nicht Ihn vergessen darf, der einzig allen Lebewesen gibt.

7

Wenn die Lebensspanne eines Menschen vier Weltzeitalter selbst umfaßte, ja die mal zehn genommen, wenn er in aller Welt berühmt wär und ein jeglicher ihm folgte,
Wenn auch sein guter Name ruhmbedeckt wär, wenn er in aller Welt gepriesen würde,
Niemand scherte sich um ihn, wenn Gottes Gnadenblick nicht auf ihm läge,
Für einen Wurm, verächtlicher als alle Würmer, würde ihn sogar ein Sünder halten und ihn schmähen;
Nanak, Gott verleiht dem Tugendlosen Tugend, und den Tugendhaften schenkt Er nur noch mehr davon; aber es gibt keinen, Ihm irgendeine Tugend zu verleihen.

8

Im Hören auf das Wort wird man den Siddhas, Pirs und Götterfürsten gleich, im Hören auf das Wort versteht man das Geheimnis der Erde, des Stieres, der sie stützt, und des Himmelsraumes;

Im Hören auf das Wort erkennt man alle Weltregionen, die Oberwelten und die Unterwelten; im Hören auf das Wort kann einen der Tod nicht mehr erfassen;

Nanak, ewig selig sind die Frommen, denn indem sie hören, schwinden ihnen Leid und Sünde.

9

Im Hören auf das Wort wird man den Göttern Shiva, Brahma, Indra gleich; im Hören auf das Wort wird auch der Niedere des Lobes würdig;

Im Hören auf das Wort erlangt man Yoga-Fertigkeiten und Einsicht in geheime Deutungen des Körperbaus; im Hören auf das Wort versteht man die Veden und die orthodoxe Überlieferung;

Nanak, ewig selig sind die Frommen, denn indem sie hören, schwinden ihnen Leid und Sünde.

10

Im Hören auf das Wort erwirbt man Wahrheit, Zufriedenheit, Erkenntnis; im Hören auf das Wort wird man so rein, als hätte man an allen Pilgerorten rituell gebadet;

Im Hören auf das Wort erlangt man solche Ehre wie durch eifriges Studieren; im Hören auf das Wort findet man spontan Versenkung;

Nanak, ewig selig sind die Frommen, denn indem sie hören, schwinden ihnen Leid und Sünde.

11

Im Hören auf das Wort stößt man in die Tiefen der Tugendmeere vor; im Hören auf das Wort wird man ein Shaikh, ein Pir, ein König;

Im Hören auf das Wort finden Blinde auf den rechten Weg; im Hören auf das Wort findet man im grundlos tiefen Meere Grund;

Nanak, ewig selig sind die Frommen, denn indem sie hören, schwinden ihnen Leid und Sünde.

Morgengebet

12

Wie es ist zu glauben, das kann man nicht in Worte fassen, und wenn das einer tut, reut ihn das später;
Ein Schreiber kann es nicht mit Tinte und Papier erfassen, auch wenn er noch so angestrengt darüber nachdenkt;
Denn der makellose Name ist von solcher Art: Nur aus eignem tiefem Glauben kann man Ihn erkennen.

13

Wenn man glaubt, wird einem innigstes Gewahren und Begreifen; wenn man glaubt, gewinnt man Einsicht in den ganzen Kosmos;
Wenn man glaubt, schlägt einen der Tod nicht auf den Schädel; wenn man glaubt, dann braucht man nicht mehr mit dem Todesgott zu ziehen;
Denn der makellose Name ist von solcher Art: Nur aus eignem tiefem Glauben kann man Ihn erkennen.

14

Wenn man glaubt, dann stößt man auf kein Hindernis auf seinem Wege; wenn man glaubt, so geht man ruhmvoll unter aller Augen her;
Wenn man glaubt, geht man auf breiter Straße und nicht auf engem Pfad; wenn man glaubt, dann steht man fest in Recht und Glauben;
So ist der makellose Name: Nur aus eignem tiefem Glauben kann man Ihn erkennen.

15

Wenn man glaubt, gelangt man an die Pforte zur Erlösung; wenn man glaubt, wird man auch den Verwandten Glaubensstütze,
Wenn man glaubt, so wird man selbst gerettet und rettet seinerseits als Guru seinen Schüler; wenn man glaubt, so braucht man nicht zu betteln, Nanak;
Denn der makellose Name ist von solcher Art: Nur aus eignem tiefem Glauben kann man Ihn erkennen.

16

Die Heiligen sind Gottes Auserwählte, sie sind die Höchsten,
An Seinem Hof gelangen sie zu Ehren und sind die Zierde an des Königs Tür; dem einen Guru nur gilt ihre Andacht.

Des Schöpfers Taten aufzuzählen ist unmöglich, ob man es nun in Worten oder in Betrachtung möchte tun.
Der Stier, von dem die Welt gestützt wird, heißt Rechtschaffenheit; er ist der Sohn des Mitleids; der Strick, mit dem er angebunden ist, ist die Zufriedenheit.
Wahres Erkennen hat man dann, wenn man begreift, wie groß die Last ist, die auf diesem Stiere ruht;
Unter dieser Erde gibt es Erden noch und noch, was für eine Kraft muß unten sein, um diese Last zu tragen?
Von allen Lebewesen sind die Arten und Farben mit ihren Namen aufgeschrieben mit übervoller Feder;
Wie riesig wäre die Bilanz davon, wenn sich nur jemand drauf verstände, sie zu führen!
Wie groß die Macht, die Schönheit und der Gabenreichtum! Wer könnte das ermessen?
Mit einem einzigen Befehl hat Gott die Schöpfung ausgebreitet, dadurch entstanden Hunderttausende von Flüssen.
Wie könnt ich Deine Macht ergründen, wo ich nicht einmal nur zur Opfergabe für Dich tauge!
Gut ist ein Werk nur dann, wenn Du an ihm Gefallen findest; Gestaltloser, Du bist fest in Ewigkeit!

17

Unermeßlich oft erklingt Dein Name im Gebet, unermeßlich ist die Liebe zu Dir, unermeßlich sind die Gottesdienste und Askese, die Dir gelten,
Unermeßlich oft rezitiert man aus den heilgen Schriften, unermeßlich viele sind es, die sich mittels Yoga-Praktiken von der Welt abwenden,
Unermeßlich viele Fromme betrachten Deine Herrlichkeit und Weisheit, unermeßlich viele Gütige und Gabenreiche gibt es,
Unermeßlich viele Helden ertragen Deinetwegen unverwandt Verwundungen, unermeßlich viele sind in tiefstem Schweigen ganz in Dich versunken.
Wie könnt ich Deine Macht ergründen, wo ich nicht einmal nur zur Opfergabe für Dich tauge!
Gut ist ein Werk nur dann, wenn Du an ihm Gefallen findest; Gestaltloser, Du bist fest in Ewigkeit!

18

Unermeßlich viele Toren und Blinde gibt es, unermeßlich viele Diebe und Betrüger,

Morgengebet

Unermeßlich viele üben Zwangsherrschaft, unermeßlich viele begehen Meuchelmord,
Unermeßlich viele Sünder ergehen sich in Sünden, unermeßlich viele Lügner werden wieder neu geboren, um zu lügen,
Unermeßlich viele Unreine ernähren sich von Schmutz, unermeßlich viele verleumden andere und laden so sich Sündenlasten auf.
Nanak in seiner Niedrigkeit betrachtet dies und sagt: Ich tauge ja noch nicht einmal für Dich zur Opfergabe!
Gut ist ein Werk nur dann, wenn Du an ihm Gefallen findest; Gestaltloser, Du bist fest in Ewigkeit!

19

Unermeßlich viele Namen hast Du und unermeßlich viele Stätten, unermeßlich viele Welten, für uns gänzlich unzugänglich;
Es ist schon Sünde, sie als unermeßlich zu bezeichnen, und dennoch: Allein mit Worten kann man Deinen Namen sprechen, allein mit Worten Dich lobpreisen,
Allein mit Worten kann man Deine Weisheit rühmen und Deine Herrlichkeit besingen,
Allein mit Worten die Lehre von Dir niederschreiben und verkünden;
Mit Worten ist uns unser Schicksal auf die Stirn geschrieben, doch auf der Stirn von Dem, der das geschrieben hat, steht nichts;
Wie Er's verfügt, empfangen wir; soviel Er auch erschaffen hat, es ist alles nur Sein Name,
Es ist kein Ort, wo nicht Sein Name ist. Wie könnt ich Deine Macht ergründen, wo ich nicht einmal nur zur Opfergabe für Dich tauge!
Gut ist ein Werk nur dann, wenn Du an ihm Gefallen findest; Gestaltloser, Du bist fest in Ewigkeit!

20

Wenn Hände, Füße und der ganze Körper schmutzbedeckt sind, spült man den Schmutz mit Wasser ab;
Wenn ein Kleidungsstück urinbesudelt ist, dann wäscht man es mit Seife sauber,
Und wenn der Sinn befleckt von Sünden ist, dann wäscht man ihn im Liebesbad des Namens.
Gerechter oder Sünder ist man nicht durch bloße Worte, vielmehr nach seinem Handeln verbucht man seine Taten;
So wie man sät, so erntet man; Nanak, wir kommen und wir gehen nach Gottes Willen.

21

Mit Pilgerfahrten und Askese, Barmherzigkeit und frommen Gaben
erwirbst du allenfalls Verdienst vom Ausmaß eines Sesamkorns;
Wasch dich rein mit einem Bad am Pilgerorte deines Innern, indem du
Gottes Namen lauschst und an Ihn glaubst;
Du mußt denken: Gott, Dein ist alle Tugend, ich aber habe keine, und
wenn man keine Tugend hat, so kann man Gott nicht lieben;
Heil Dir, Du selber bist die materielle Welt und bist der Schöpfergott
kraft Deines Wortes, Du bist die Wahrheit, Du bist schön, Du bist
ewig selig;
In welcher Zeit und Woche, an welchem Tag, zu welcher Stunde,
In welcher Jahreszeit, in welchem Monat entstand die Schöpfung?
Die Pandits haben's nicht in den Puranas finden können,
Die Qazis haben's nicht aus dem Koran angeben können,
Tag und Stunde kennt kein Yogi, niemand Jahreszeit und Monat;
Allein der Schöpfer weiß es, der die Schöpfung schafft;
Wie kann ich von Ihm sprechen, wie huldige ich Ihm, wie preis ich Ihn
und wie erkenn ich Ihn?
Nanak, ein jeder spricht von Ihm, gescheiter einer als der andere,
Er ist der Große Herr, groß ist Sein Ruhm, Sein ist alles, was erschaffen ist.
Nanak, wenn einer von sich selber sagt, er könne Ihn begreifen, wird er
im Jenseits keinen Ruhm erlangen!

22

Hunderttausende von Unterwelten, Hunderttausende von Himmels-
räumen gibt es,
Und die Veden sagen uns nur eins: Wer an ihre Grenzen vorzustoßen
sucht, der scheitert;
Die Schriften der Muslime sprechen von achtzehntausend Welten, die in
Wirklichkeit nur eine Wurzel haben;
Da mag man noch soviel berechnen, und wer auch immer die Berech-
nung anstellt, stirbt drüber hin.
Nanak, rühme Ihn, den Großen, denn Er allein kennt das Geheimnis.

23

Die Menschen rühmen Gott, den Rühmenswerten, und loten Ihn in
ihrem mystischen Erleben doch nicht aus:
Ähnlich fließen Flüsse und Kanäle ins Meer hinein, wo sie dann nicht
mehr zu erkennen sind.

Morgengebet

Die Herrn der Meere und die Fürsten mit ihren ganzen Schätzen
Können sich nicht messen mit einem Würmlein, welches immer Gottes
eingedenk ist.

24

Unendlich ist Sein Ruhm, unendlich, was es von Ihm zu berichten gäbe,
Unendlich, was zu hören und zu sehen wäre; wir wissen nicht, was Er im
Sinne hat, denn es ist unendlich;
Unendlich die Gestaltungen, die Er erschaffen hat, wir können sie nicht
kennen; unendlich ist ihr Ausmaß, wir kennen's nicht.
Noch so viele mögen sich bis zur Erschöpfung quälen, um an Seine
Grenzen zu gelangen, sie schaffen's nicht;
Seine Grenzen kennt nicht einer, und je mehr man Ihn beschreibt, umso
größer wird Er.
Groß ist der Herr, hoch Seine Stätte, über alle Höhe hocherhaben ist
Sein Name;
Nur einer, der genauso hocherhaben ist wie Er, kann diesen Hocherhabnen kennen.
Wie groß Er ist, das weiß nur Er allein; Nanak, wir empfangen alle Gaben
aus der Gnade Gottes, der voll Erbarmen auf uns blickt.

25

Deine reiche Gnade läßt sich nicht beschreiben, Du bist der große Geber
und selbst begehrst Du nicht einmal so viel wie ein Sesamkörnchen;
Unzählbar sind die Kämpfer, die Dich bittend angehn; kein Gedanke
daran, sie zu zählen; und viele gibt es auch, die sich an ihren Sünden
ganz zugrunde richten;
Viele empfangen dauernd Deine Gaben und leugnen das, und es gibt
viele Toren, die alles nur zusammenraffen ohne Dank;
Viele sterben unaufhörlich vor Gram und Hunger, und auch dies ist
Deine Gabe, Geber!
Befreiung aus Gefangenschaft geschieht, wenn Du es willst, und niemand
sonst kann sie verfügen.
Falls ein Schwätzer Dich benennen will, wird er schon selbst erfahren,
wie er dafür gestraft wird.
Du selbst nur weißt, Du selbst nur gibst, und viele auch legen davon
Zeugnis ab.
Wem Gott die Gabe, Ihn zu loben und zu preisen, schenkt, Nanak, der
ist der König über alle Könige.

26

Unschätzbar kostbar sind die Eigenschaften Gottes, unschätzbar kostbar ist der Handel damit,
Unschätzbar kostbar, welche damit handeln, unschätzbar kostbar ihre Warenlager,
Unschätzbar kostbar die, die dort verkehren, unschätzbar kostbar, was sie von da mit sich nehmen, unschätzbar kostbar ist die Waage, unschätzbar kostbar ist das Maß,
Unschätzbar kostbar Gottes Gunsterweise, unschätzbar kostbar ist das Siegel, an dem sie zu erkennen sind, unschätzbar kostbar Seine Gnade, unschätzbar kostbar Sein Erlaß.
So unschätzbar kostbar ist das alles, daß es nicht in Worten auszusprechen ist; doch wenn es einer unaufhörlich tut, so geht er darin schließlich voller Andacht auf;
Es sprechen davon Veden und Puranas, und die Gelehrten sprechen davon und drücken es in ihren Kommentaren aus,
Brahma und Indra sprechen davon, die Hirtenfrauen und Govinda, Shiva und die Siddhas und viele, viele noch, die die Erleuchtung fanden;
Es sprechen davon Götter und Dämonen, Himmelswesen, Helden, Weise, alle, die Ihm dienen;
Viele sprechen von Ihm – sie machen den Versuch, von Ihm zu sprechen! –, doch alle sterben drüber hin;
Und wenn Er noch so viele schüfe, keiner wäre fähig, Ihn in Worten auszudrücken.
Er ist so groß, wie's Ihm gefällt; Nanak, Er alleine, der Wahrhaftige, kennt sich.
Wenn da ein Schwätzer Ihn in Worten namhaft machen will, dann wird man ihn verzeichnen dürfen als größten unter allen Toren.

27

Wie sehen Haus und Hof aus, wo Du wohnst und Dich um alles kümmerst?
Viele Musikanten spielen dort unendlich viele Weisen,
In vielen Melodien singt man dort, und es gibt viele Sänger.
Es singen Dir der Wind, das Wasser und das Feuer, es singt an Deinem Tore König Dharma,
Es singen Dir Citra und Gupta, die sich darauf verstehen, Buch zu führen; und was sie so erfassen, zieht König Dharma dann bei seinem Richtspruch in Betracht.

Morgengebet

Es singen Dir die Götter Shiva, Brahma, Parvati; in Schönheit strahlen sie, auf alle Zeit von Dir umsorgt;
Es singen in Deinem Hofe Indras, die, auf ihren Indra-Thronen sitzend, von Gottheiten umgeben sind.

Es singen Dir die Siddhas, die in Dich versunken sind; es singen Dir die Frommen, die Dich betrachten;
Es singen Dir Asketen, Gerechte und solche, die ihr Genügen in Dir finden; es singen Dir die Helden mit ihrem wilden Mut.

Es singen Dir die Pandits und die Vorzüglichsten der Seher, sie rezitieren ohne Unterlaß dabei die Veden;
Es singen Dir die herzbetörend schönen Frauen, und Himmel, Welten, Unterwelten singen Dir.

Es singen Dir die Kleinodien, die Du erschaffen hast und alle Pilgerorte,
Es singen Dir die Recken und Helden in ihrer großen Kraft, es singen Dir die Borne aller Lebewesen.

Es singen Dir die Welten, Kontinente, das ganze Universum; alles das hast Du gemacht, und Du bewahrst und hältst es.

Nur die vermögen Dir zu singen, an denen Du Gefallen findest; es sind die Frommen, die Dich lieben und die durchtränkt von Deiner Süße sind.

Ich weiß es nicht, wie viele noch Dir singen; wie könnte Nanak das begreifen?

Du, Du alleine bist in Ewigkeit die Wahrheit, Du der Wahre Herr, Wahr ist Dein Name;
Du bist und Du wirst sein, Du, der Du die Schöpfung geschaffen hast, vergehst nicht, und Du wirst auch nicht vergehen.

Die Schöpfung mit ihren vielen Farben, Arten, Sorten hast Du gemacht, Du selbst hast die Gestaltungskraft hervorgebracht,
Alles hast Du gemacht, und Du betrachtest das, was Du erschaffen hast und wie es Dir zur Herrlichkeit gereicht.

Du wirst nur tun, was Dir gefällt, Dir kann man nichts befehlen,
Du bist der König, König über alle Herren; Nanak, Deinem Willen müssen alle folgen.

28

Zufriedenheit statt Ringen in den Ohren, ernstes Streben statt der Gabenschale und des Bettelsacks, und die Versenkung nimm als Asche,
Das Denken an den Tod leg statt des Flickenumhangs an, die Keuschheit deines Leibes sei deine Yoga-Disziplin, der Glaube diene dir als Stab,
Die ganze Menschheit gelte dir als der eigne Ordenszweig; wenn du dein Herz besiegt hast, hast du die Welt besiegt.

Gott allein entbiete deinen demutsvollen Gruß: Er, der Makellose, ist der Anfang, anfangslos und unzerstörbar, durch alle Zeiten hin ist Er der einzig Eine.

29

Deine Speise sei Erkenntnis, deine Klosterökonomin sei Barmherzigkeit,

Im Herzen eines jeden Menschen sollst du den Ton der Offenbarung hörbar machen, so wie der Yogi sonst sein Ritualhorn klingen läßt,

Gott alleine ist dein Meister, der Herrscher über alle wunderbaren Schätze und Fähigkeiten und über alles, was es sonst an Freuden gibt.

Vereinigung und Trennung, das sind die beiden Dinge, die die Welt bestimmen; sie werden uns zuteil, wie es das Schicksal will.

Gott allein entbiete deinen demutsvollen Gruß: Er, der Makellose, ist der Anfang, anfangslos und unzerstörbar, durch alle Zeiten hin ist Er der einzig Eine.

30

Eine Mutter sei geboren worden, sagt man, und drei Söhne habe sie, welche maßgeblich für alles seien:

Einer bringt die Welt hervor, einer unterhält sie und einer hält über sie Gericht;

Er läßt sie walten, wie es Ihm gefällt und wie Er es befiehlt,

Er sieht nach ihnen, sie aber können Ihn nicht sehen; groß ist dieses Wunder!

Gott allein entbiete deinen demutsvollen Gruß: Er, der Makellose, ist der Anfang, anfangslos und unzerstörbar, durch alle Zeiten hin ist Er der einzig Eine.

31

Gottes Wohnsitz ist in allen Welten, in allen Welten stehen Seine Speicher, alles in diesen hat Er ein für allemal beschafft;

Der Schöpfer hat ein jegliches erschaffen und sieht danach; Nanak, wahrhaftig sind die Werke dieses Wahren.

Gott allein entbiete deinen demutsvollen Gruß: Er, der Makellose, ist der Anfang, anfangslos und unzerstörbar, durch alle Zeiten hin ist Er der einzig Eine.

32

Wenn aus einer Zunge hunderttausend würden und aus hunderttausend zwanzigmal so viele,
Und wenn man Hunderttausende von hunderttausend Malen den einen Namen des Schöpfungsherrn ausspräche,
Dann könnte man auf diesem Wege die Treppe hinauf zum Herrn erklimmen und würde eins mit Ihm.
Wenn sie die Himmelsstimme hören, dann werden sogar Würmer drunten neiderfüllt;
Nanak, allein durch Seine Gnade kann man zu Gott gelangen, andres zu behaupten wär verlogen.

33

In unsrer Macht liegt nichts: Nicht Sprechen und nicht Schweigen, nicht Fordern und nicht Geben,
Nicht Leben und nicht Sterben, nicht Herrschaft und Besitz, obwohl wir darauf eingebildet sind;
In unsrer Macht liegt nichts: Nicht mystisches Erleben, nicht Erkenntnis, nicht Betrachtung
Und auch nicht die Methode, wie man sich aus der Welt befreien kann;
Nur Er hat diese Macht, der diese Welt erschaffen hat und nach ihr sieht;
Nanak, es ist keiner hoch und keiner niedrig.

34

Gott schuf die Nächte, die Jahreszeiten, die Tage gemäß dem Mond- und Sonnenlauf, Wind und Wasser, das Feuer und die Unterwelten;
Da hinein setzte Er die Erde, und da bewahrt Er sie als Stätte der Gerechtigkeit,
Und darin wieder Lebewesen und Lebensstile jeglicher Schattierung mit unendlich vielen Namen;
Er urteilt über sie nach ihren Taten, denn Er ist Wahr, wahrhaftig ist Sein Königshof.
Es glänzen dort die Auserwählten, und durch Seine Gnade empfangen sie das Siegel Gottes des Barmherzigen;
Dort wird auf Unzureichend und Vollkommenheit befunden; Nanak, dies läßt sich erst erkennen, wenn man hingeschieden ist.

35

So lautet das Gesetz des Reiches der Gerechtigkeit; nun will ich nennen, wie die Vorschriften im Reiche der Erkenntnis lauten:
Viele, viele Arten von Wind, von Wasser und von Feuer gibt es, viele Krishnas gibt es, viele Shivas,
Viele Brahmas, von denen alles ausgestattet wird mit vielen Formen, Farben und Gewandungen,
Viele, viele Räume, wo die Lebewesen handeln, viele Weltenberge und viele, viele Dhruvas mit ihren Predigten,
Viele Indras, viele Monde, viele Sonnen, viele Regionen, viele Länder,
Viele Siddhas, Erleuchtete und Yoga-Meister, viele, viele Formen der Muttergöttin,
Viele Götter und Dämonen, viele Weise, viele Meere voll Juwelen,
Viele, viele Kreaturen, viele Lehren, viele Herrscher,
Viele Arten mystischen Erlebens und viele Gläubige; Nanak, es gibt unendlich viele.

36

Im Reiche der Erkenntnis dominiert Erkenntnis, dort hat man seine Wonne an Musik und an Vergnügen ohne Zahl.
Das Reich des Strebens ist Schönheit seinem Wesen nach; viele unvergleichlich schöne Dinge werden dort hervorgebracht;
Dies läßt sich nicht in Worte fassen, und wenn es einer täte, so würde ihn das später reuen.
Dort werden mystisches Erleben, Einsicht und Verständigkeit hervorgebracht und ein Erkennen, wie es die Götter und die Siddhas haben.

37

Das Reich der Tat ist Stärke seinem Wesen nach, nichts andres waltet dort,
Dort sind die Kämpfer und die starken Helden, und in ihnen allen waltet Rama,
Dort gibt es Sitas über Sitas, ihre Schönheit ist nicht zu beschreiben;
Sie sterben nicht und werden nicht betrogen, denn Rama wohnt in ihren Herzen.
Dort wohnen Gläubige in großer Zahl, und sie empfinden Seligkeit, denn in ihren Herzen wohnt Er, der wahr ist.
Im Reich der Wahrheit wohnt der Gestaltlose, Er hat ein jegliches gemacht und sieht danach mit Seinem Gnadenblick,

Morgengebet

Dort gibt es Kontinente, Sphären, Universen so viele, daß keiner ihre
 Grenzen zu benennen weiß;
Dort gibt es Welten über Welten und Kreaturen über Kreaturen, die nach
 Gottes Willen ihren Aufgaben obliegen;
Heiter blickt dort Gott auf alles und zieht es in Betracht; Nanak, Ihn zu
 beschreiben wär ein Stück so hart wie Eisen.

38

Beherrschung ist des Goldschmieds Schmiede, Beharrlichkeit der Gold-
 schmied,
Die Gesinnung ist der Amboß, das Offenbarungswissen ist der Hammer,
Ehrfurcht der Blasebalg, strenge Askese ist das Feuer, die Liebe ist der
 Schmelztopf, und da hinein gießt man den Nektar;
In dieser wahren Münze wird das Wort geprägt; Menschen, die von Gott
 begnadet sind, können diesem Werk obliegen; Nanak, glückselig
 werden die, auf welche Gott mit Seinem Gnadenblicke schaut.

Epilog

Der Wind ist der Guru, das Wasser der Vater, die Erde die Mutter,
Tag und Nacht, sie sind zwei Ammen, mit diesen Ammen spielt die
 ganze Welt.
In Gottes Gegenwart richtet König Dharma über Gut und Böse;
Nach ihren Taten dürfen die Lebewesen dann in Gottes Nähe weilen
 oder müssen ferne von Ihm bleiben;
Menschen, die ihr mühevolles Werk durchstanden haben und versunken
 in den Namen Gottes hingeschieden sind, Nanak, stehn nun selber
 strahlend da, und auch viele andre sind dank ihrer erlöst.

Abendgebet

1

Wie sehen Haus und Hof aus, wo Du wohnst und Dich um alles kümmerst?
Viele Musikanten spielen dort unendlich viele Weisen,
In vielen Melodien singt man dort, und es gibt viele Sänger.
Es singen Dir der Wind, das Wasser und das Feuer, es singt an Deinem Tore König Dharma,
Es singen Dir Citra und Gupta, die sich darauf verstehen, Buch zu führen; und was sie so erfassen, zieht König Dharma dann bei seinem Richtspruch in Betracht.
Es singen Dir die Götter Shiva, Brahma, Parvati; in Schönheit strahlen sie, auf alle Zeit von Dir umsorgt;
Es singen in Deinem Hofe Indras, die, auf ihren Indra-Thronen sitzend, von Gottheiten umgeben sind.
Es singen Dir die Siddhas, die in Dich versunken sind; es singen Dir die Frommen, die Dich betrachten;
Es singen Dir Asketen, Gerechte und solche, die ihr Genügen in Dir finden; es singen Dir die Helden mit ihrem wilden Mut.
Es singen Dir die Pandits und die Vorzüglichsten der Seher, sie rezitieren ohne Unterlaß dabei die Veden;
Es singen Dir die herzbetörend schönen Frauen, und Himmel, Welten, Unterwelten singen Dir.
Es singen Dir die Kleinodien, die Du erschaffen hast und alle Pilgerorte,
Es singen Dir die Recken und Helden in ihrer großen Kraft, es singen Dir die Borne aller Lebewesen.
Es singen Dir die Welten, Kontinente, das ganze Universum; alles das hast Du gemacht, und Du bewahrst und hältst es.
Nur die vermögen Dir zu singen, an denen Du Gefallen findest; es sind die Frommen, die Dich lieben und die durchtränkt von Deiner Süße sind.
Ich weiß es nicht, wie viele noch Dir singen; wie könnte Nanak das begreifen?
Du, Du alleine bist in Ewigkeit die Wahrheit, Du der Wahre Herr, Wahr ist Dein Name;
Du bist und Du wirst sein, Du, der Du die Schöpfung geschaffen hast, vergehst nicht, und Du wirst auch nicht vergehen.
Die Schöpfung mit ihren vielen Farben, Arten, Sorten hast Du gemacht, Du selbst hast die Gestaltungskraft hervorgebracht,

Abendgebet

Alles hast Du gemacht, und Du betrachtest das, was Du erschaffen hast
   und wie es Dir zur Herrlichkeit gereicht.
Du wirst nur tun, was Dir gefällt, Dir kann man nichts befehlen,
Du bist der König, König über alle Herren; Nanak, Deinem Willen
   müssen alle folgen.

2

Die Menschen rühmen Deine Größe, weil sie vernommen haben, daß
   Du groß bist,
Doch wie groß Du wirklich bist, das erfährt man nur, wenn man Dich
   sieht.
Dein Wert ist unermeßlich und läßt sich nicht benennen,
Und die, die ihn benennen könnten, sind in Dir aufgegangen.

Mein großer Herr, tiefer als tief, herrlich, unauslotbar,
Wie groß, wie reich an Macht Du bist, weiß niemand.

Und wenn auch alle Mystiker in tiefer Andacht sich in Dich versenkten,
Und wenn auch alle, Gelehrte, Weise und die größten Gurus,
Unaufhörlich mit der Ermittlung Deines Werts beschäftigt wären,
Auch nicht ein Gran von Deiner Größe ließe sich ermitteln.
Alle Wahrheitsliebe und Askese, alle guten Werke,
Die Großmächtigkeit der Siddhas, all das stammt nur von Dir,
Niemand erwirbt Vollkommenheit, wenn nicht durch Dich,
Vollkommenheit erwirbt man, wenn man in Deiner Gnade steht, ansonsten bleibt sie unerreichbar.

Was kann ein Mensch, armselig wie er ist, denn von Dir sagen?
Deine Schatzhäuser sind ja von Deinem Ruhme voll!
Was hätt ein Mensch es nötig, sich an jemand sonst zu wenden, wo Du
   ihn doch beschenkst?
Nanak: Du bist der wahre Gott, der alles trefflich fügt.

3

Wenn ich den Namen Gottes bete, lebe ich; vergeß ich ihn, so sterbe ich;
Ein schwerer Weg ist es, den Wahren Namen beharrlich und mit Andacht im Gebet zu sprechen,
Man hungert nach dem Wahren Namen,

Doch wenn man danach hungernd davon essen darf, so wird man frei von allem Leid.
Wie könnte ich Ihn je vergessen, Mutter?
Wahr ist der Herr, wahr ist Sein Name.

Man erschöpft sich schon daran, von Deinem Wahren Namen das kleinste Teilchen nur zu nennen; Sein voller Wert ist überhaupt nicht zu ermitteln.
Und wenn es alle Lebewesen miteinander fertigbrächten, von Ihm zu künden, Er wird davon nicht größer und nicht kleiner.
Er stirbt nicht, niemals wird Er zu betrauern sein, Er beschenkt uns immerfort, der Genüsse ist kein Ende.
Seine Eigenschaft besteht gerade darin, daß niemand außer Ihm ist, Niemand war und niemand sein wird.
Groß wie Er selbst sind Seine Gaben, im Anschluß an den Tag schuf Er die Nacht.
Ein Lebewesen niedrer Art wird man nur, wenn man den Herrn vergißt; Nanak: Niedrigkastig ist man, wenn man nicht den Namen Gottes hat.

4

Diener Gottes, Wahrer Guru, Wahrer Gott, Dich, mein Guru, bitt ich demütig:
Ein Wurm bin ich, elendiglich, ich flieh in Deine Hut, mein Wahrer Guru, gewähre mir die Gnade, daß Dein Name mir erstrahle.

Du mein Freund, mein göttlicher Guru, Dein Name möge mir erstrahlen.
Durch meines Gurus Unterweisung ist der Name mir die Stütze meines Lebens, als mein Gebet pfleg ich den Lobpreis Gottes.

Von großem Glück gesegnet sind die Diener Gottes, die auf nichts als Gottes Namen Glauben setzend nach Ihm dürsten;
Wenn sie, Gott, Deinen Namen haben, so wird ihr Durst gelöscht; in der Gemeinschaft mit den Frommen weilen sie im Glanze Deiner Herrlichkeit.
Elend ist das Los von Menschen, die das Elixier des Gottesnamens nicht erlangen, sie sind dem Tod verfallen:
Wer nicht beim Wahren Guru Zuflucht sucht und sich nicht in die Gemeinschaft mit den Frommen stellt, dessen Leben steht jetzt und immer unter einem Fluch.

Abendgebet

Von Anfang an und immerdar ist jenen Dienern Gottes ein glückliches
  Geschick bestimmt, die die Gemeinschaft mit dem Wahren Guru sich
  erwarben.
Gesegnet die Gemeinschaft mit den Frommen, durch welche man das
  Elixier des Gottesnamens findet; dem Diener Gottes, Nanak, erstrahlt
  in ihr der Name.

5

Warum, mein Herz, mühst du dich ängstlich ab, wo Gott doch Sorge
  trägt für deinen Unterhalt?
Selbst der Kreatur, die Er inmitten von Stein und Fels erschaffen hat,
  stellt Er den Unterhalt bereit.

Mein Mohan, wer bei den Frommen weilen darf, der wird gerettet.
Durch des Gurus Gnade erlangt man die Glückseligkeit,
Trocknes Holz grünt wieder.

Niemand kann dir Halt gewähren, keine Eltern, keine andern Menschen,
  keine Söhne, keine Frau;
Gott gibt jedem Unterhalt, was also hast du Angst, mein Herz?
Der Jungfernkranich kommt über Hunderte von Meilen hergeflogen, und
  währenddessen läßt er seine Brut zurück;
Wer wird sie füttern, wer ihnen ihre Schnäbel stopfen? Er erhält sie, in-
  dem er dauernd an sie denkt!
Alle fabelhaften Schätze, alle Wunderkräfte hält Gott in Seiner Hand;
Diener Gottes, Nanak: Immer, immer wieder, allezeit weih ich mich Dir
  zur Opfergabe, der Du kein Ende und kein Ufer hast.

6

Gott, du bist die Höchste Wesenheit, der Makellose, unerreichbarer als
  unerreichbar, grenzenlos,
Alle versenken sich in Dich, in Dich Gott, wahrer Schöpfer,
Dein sind alle Kreaturen, Du bist's, der ihnen Leben schenkt.
In Gott versenket euch, ihr Frommen, denn Er ist es, der alles Leid
  zerstört.
Nanak: Gott ist aus sich selber Herr, Gott ist aus sich selber Diener; wie
  armselig ist alle Kreatur!
Gott, Du die eine Höchste Wesenheit, Du wohnst im Herzen eines
  jeden, Du durchwaltest alles,
Manche schenken, manche betteln – Mitwirkende sie alle an Deinem
  wunderbaren Spiel,

Sikhismus

Du aus Dir selber bist der Gabenspender, Du aus Dir selber ihr Empfänger, ich kenne niemand außer Dir,
Du bist das Höchste Selbst, ewig und unendlich; wie wäre ich imstande, Deine Eigenschaften zu beschreiben?
In Demut weih ich, Nanak, mich zur Opfergabe allen jenen, die Dir dienen.
Gott, wenn Deine Diener sich in Dich versenken, weilen sie auf alle Zeit in Seligkeit,
Erlösung findet, wer sich, Gott, in Dich versenkt; des Todes Schlinge ist für ihn zerrissen,
Gott, keine Angst gibt es bei Dir; wenn einer sich in Dich versenkt, so nimmst Du ihm die Angst,
Mein Gott, wer je Dir dient, wird in Dich eingehn.
Gesegnet alle die, die sich in Dich versenken; ihnen will Dein Diener Nanak sich demütig zum Opfer weihn.
Schatzhäuser hast Du unermeßlich viele, die von der Liebe Deiner Frommen unermeßlich voll sind,
Viele, unendlich viele Fromme, Gott, lobpreisen Dich,
Unendlich viele sind es, die Dir Gottesdienste vielfältigster Gestalt darbringen, die sich kasteien und die Deinen Namen beten,
Unendlich viele sind es, die immer wieder vor Dir die Texte orthodoxer Überlieferung rezitieren, die Riten üben und all die andern frommen Werke tun;
Gut aber steht es nur um jene frommen Diener, Nanak, an denen Du, mein Gott, Gefallen findest.
Du bist die uranfänglich Höchste Wesenheit, ganz anders als die Schöpfung und gleichwohl ihr Schöpfer; es gibt niemand, der Dir gleicht,
Du bist Äonen um Äonen in alle Ewigkeit der Eine, alleine Du der eine unwandelbare Schöpfer,
Nur das geschieht, was Dir gefällt; nur was Du selbst erschaffst, kann sein,
Die ganze Schöpfung hast Du aus Dir selbst hervorgebracht, und Du selbst zerstörst auch wieder, was Du erschaffen hast;
Der Diener Gottes, Nanak, besingt die Herrlichkeit des Schöpfers, der allwissend ist.

7

Du, mein Herr, Du bist der Wahre Schöpfer,
Nur das, was Dir gefällt, das wird geschehen; nur das, was Du mir geben willst, werd ich empfangen.

Dein ist alles, und alle versenken sich in Dich;

Abendgebet

Wenn Du ihm gnädig bist, erlangt der Mensch das Kleinod Deines
   Namens,
Wer dem Guru folgt, empfängt es; wer seinem Eigensinne folgt, hat es
   verspielt;
Du allein trennst uns von Dir, Du allein läßt uns Dich finden.

Du bist ein Meer und alles ist in Dir,
Es gibt nichts außer Dir,
Die ganze Kreatur ist nur Dein Spiel;
Wem Du bestimmst, von Dir getrennt zu sein, der ist von Dir getrennt;
   wem Du bestimmst, mit Dir vereint zu sein, der wird mit Dir vereint.
Nur der erkennt, dem Du Erkenntnis schenkst,
Und kann, Gott, Deine Herrlichkeit in Ewigkeit besingen;
Wer Dir, Gott, dient, erlangt Glückseligkeit,
Und er geht mühelos in Ureinheit mit Deinem Namen auf.
Du aus Dir selber bist der Schöpfer; alles, was ist, hast Du erschaffen,
Es gibt nichts außer Dir;
Du sorgst für alles, was Du erschaffen hast, und Du alleine kennst es;
Dem Diener Gottes, Nanak, wird dies durch des Gurus Gnade offenbar.

8

In einem Meere wohnen wir, und das Wasser dieses Meeres ist aus Feuer;
Im Schlamme der Verblendung kann man den Fuß nicht rühren; ich hab
   mit angesehen, wie man da versinkt.

Herz, dummes Herz, du gedenkst nicht Dessen, der einzig existiert!
Was Gutes an dir ist, das schmilzt zusammen, weil du Gott vergißt.

Asketisch nicht, nicht fromm und nicht gelehrt bin ich; ich bin geboren
   als ein dummer Tor,
Und daher bitt ich, Nanak, Dich in Demut, daß Du mir Schutz gewähren
   mögest bei Menschen, die Dich nie vergessen.

9

Menschlichen Leib hast du erlangt,
In ihm liegt deine Chance, Gott zu finden;
Alles, was du sonst noch vorhast, wird dir gar nichts nützen:

Sikhismus

Gemeinschaft mit den Frommen pflege und verehr allein den Namen Gottes!
Rüste dich, die Daseinsfluten zu durchschiffen!
Sinnlos geht dein Leben hin, solang du voller Leidenschaft am Blendwerk dieser Welt hängst.

Den Namen Gottes hab ich nicht gebetet, Askese, Disziplin und frommen Lebenswandel nicht geübt,
Den Frommen war ich nicht zu Diensten und hab so Gott den Herrn auch nicht erkannt.
O Nanak, so sprech ich zu Gott: Verwerflich habe ich gehandelt,
Nun such ich Schutz bei Dir; laß Du mich also nicht zuschanden werden!

Nachtgebet

1

Im Haus hier, wo man Gottes des Schöpfers Lobpreis kündet und sich in
Ihn vertieft,
Singet eures Schöpfers Jubellied und gedenket Seiner!
Singet eures Schöpfers Jubellied und gedenket Seiner!
Singet meinem Gott das Jubellied, denn bei Ihm ist keine Furcht!
Ich weih mich diesem Jubellied, auf ewig wird mir Seligkeit in ihm
zuteil.

Gabenreich hat Gott für alle Kreatur gesorgt und wird auch weiter für sie
sorgen;
Den Wert von Seinen Gaben kannst du nicht ermessen, denn wer vermöchte zu berechnen, wieviel Er uns schenkt?
Jahr und Tag der Hochzeit sind festgelegt, und ist sie da, so streichet auf
die Pforte des Hochzeitshauses Öl,
Segnet mich, auf daß sich meine Seele mit dem Herrn vereine!
An jedes Haus ergeht die Einladung zur Hochzeit, immerfort wird einer
zu ihr fortgerufen;
Nanak, gedenke Dessen, der da ruft, denn auch für dich kommt dieser
Tag.

2

Sechs die Gebäude philosophischer Gelehrsamkeit, sechs die Gurus,
sechs die Lehren,
Doch nur Einer ist der Guru aller Gurus, wenn Sein Kleid auch vielgestaltig ist.

Mein Freund, in dem Gebäude, wo man Gottes Lob verkündet,
Sollst du bleiben, denn hier liegt dein Heil.

Wohl gibt es die Sekunden, Minuten, Stunden, Tage, die sich zum Monat
runden,
Auch gibt es wohl die vielen Jahreszeiten, die Sonne aber bleibt die eine
nur;
Nanak, wie vielgestaltig ist des Schöpfers Kleid!

3

Der Himmel gibt die Opferschale ab; Sonne und Mond, sie sind auf ihr die Leuchter, wie Perlen sind auf ihr die Sterne,
Räucherwerk ist der Wind, der mit kühlem Duft von Süden weht; die Lüfte machen Deinen Ehrenwedel, und die Bäume auf der ganzen Welt blühen Dir als Blumen, o Du Licht!

> Was mag dies wohl für eine Lichterandacht sein?
> Für Dich die Lichterandacht ist es, sie bringt den Existenzenkreislauf zum Erliegen,
> Bei ihr erschallt die Kesselpauke des Unangeschlagenen Tons.

Du hast tausend Augen, und Du hast keine Augen,
Du hast tausend Formen, und Du hast keine einzige,
Du hast tausend makellose Füße, und Du hast keinen einzigen,
Du hast keinen Duft an Dir, und trotzdem ist es mir, als wehten mir tausenderlei Düfte von Dir zu.
In allem strahlt Dein Licht, und dieses Licht, das bist alleine Du,
Dir gehören alle Lichter, Du bist das Licht in allen,
Und dies Licht wird offenbar in des Gurus zeugnishafter Unterweisung,
Wer Gefallen vor Dir findet, darf Dir als Leuchte bei der Lichterandacht brennen.
Mein Herz ist voll Verlangen nach Deinen lotosgleichen Füßen, Gott, unsagbar groß mein Durst,
Das Wasser Deiner Gnade schenke dem Papiha-Vogel
Nanak, dann wird er Einkehr halten dürfen in Deinen Namen als seiner Ruhestatt.

4

Die Stadt des Leibes ist erfüllt von Leidenschaft und Zorn, doch wenn du einem Heiligen begegnest, werden sie zunichte;
Weil es mein Schicksal mir bestimmte, fand ich den Guru, und ganz geschmückt mit Liebe zu Gott ist nun mein Herz.

> Verneige dich in Demut vor dem Heiligen – das bringt dir großen Lohn,
> Wirf dich in Demut vor ihm nieder – das bringt dir großen Lohn!

Den Weltlingen, die den Geschmack von Gottes Süße nicht erfahren haben, steckt ihre Ichbezogenheit im Innern wie ein Stachel,

Nachtgebet

Er quält sie da auf Schritt und Tritt, sie müssen leiden und über sich als Strafe den Tod ergehen lassen.
Die Diener Gottes gehn in Seinem Namen auf, gebrochen ist für sie das Leid des Daseins mit seinem Kreislauf von Geburt und Tod,
Den Ewigen, das Höchste Selbst, den Höchsten Gott, Ihn haben sie gefunden, in aller Welt wird ihnen Ruhm zuteil.
Dein sind wir, arm und elend; Gott, schütze uns, erhaben über alle, die erhaben sind!
Mir, Deinem Diener Nanak, ist Dein Name Halt und Stütze, allein in Deinem Namen, Gott, werd ich mit Seligkeit geschmückt.

5

In Demut bitt ich euch, hört, meine Freunde: Nutzt die Gelegenheit, den Heiligen Verehrung zu erweisen,
Erwerbt hier den Profit, der Gott heißt, dann könnt ihr später glücklich leben!

Mit jedem Tag, mit jeder Nacht verringert sich die Zeit, die dir zum Leben bleibt,
Herz, du mußt den Guru finden und so dein Werk vollenden!

Diese Welt hier ist ein Übel; in einem Atemzuge aber rettet sich aus ihr, wer das Höchste Selbst erkannt hat;
Wen Gott erweckt und wem Er Seine Süßigkeit zu trinken gibt, erkennt, was keine Rede künden kann.
Erwerbet das, um dessentwillen ihr auf die Welt gekommen seid: Mit des Gurus Hilfe laßt Gott in euren Herzen wohnen,
In eurem eignen Leibeshause gelanget zum Palaste Gottes, selig und mühelos, dann wird es für euch keine Rückkehr in den Daseinskreislauf geben.
Mein Innrer Lenker, Höchstes Selbst, mein Schöpfer, erfüll mir diese Sehnsucht:
Dein Diener Nanak bittet einzig um das Glück, daß er den Staub der Füße Deiner Heiligen berühren darf.

Islam

Aus dem Koran
Al-Ghazali
Rumi – Gedichte

Wenden wir uns den beiden großen Überlieferungen des semitischen Monotheismus, dem Judentum und Islam zu, so müssen wir uns vor Augen halten, daß beide in einem Milieu der Gewalt und des Konfliktes entstanden sind und sich entwickelt haben. Israel wurde zur eigenständigen Nation durch die Vernichtung aller Erstgeburt der Ägypter und durch die Eroberung Palästinas, und der Islam entstand als eigenständige Religion im Kampf mit den Einwohnern Mekkas. Gewalt und Konflikt haben beide Religionen bis zum gegenwärtigen Tag begleitet. In jeder Religion wurde ein tiefer Glaube an einen einzigen Gott, der jeder Form des Polytheismus entgegengesetzt ist, zum entscheidenden Prinzip, das sie von allen anderen Religionen unterschied und Menschen unterschiedlicher Rasse, Kultur, Sitte und Sprache im Glauben an den einen Gott und die eine Offenbarung, die in einem heiligen Buch enthalten ist, vereinigte. Man kann die Kraft eines solchen Glaubens unmöglich leugnen, oder abstreiten, daß eine Auffassung, die sich Gott als den »Gnädigen und Barmherzigen«, als heilig und gerecht, Schöpfer, Erlöser und Herrn der Welt vorstellt, Tiefe besitzt. Doch läßt sich auch die negative Seite des Monotheismus nicht übersehen. Gott ist zwar gnädig und barmherzig zu allen Gläubigen, doch unversöhnlich in seinem Zorn Ungläubigen gegenüber. Die schlimmsten Eigenschaften eines herrschsüchtigen und kriegerischen Volkes werden auf den Gott dieses Volkes projiziert. Er wird als zornig, rachsüchtig, eifersüchtig, revanchelüstern und gnadenlos seinen Feinden gegenüber und allen, die nicht an ihn glauben, dargestellt. So ist es kein Wunder, daß diese Religionen eine lange Blutspur hinter sich herziehen und bis zur Gegenwart das Ihre dazu beitragen, daß die Welt gespalten bleibt.

Doch soll damit nicht gesagt sein, daß wir die heutigen Juden oder Moslems verdammen wollen. Die Juden und Moslems stehen gegenwärtig, genauso wie die Christen und Hindus, vor der Aufgabe, die kulturellen Grenzen ihrer Religion zu überwinden. Unleugbar werden die göttliche Weisheit und Güte in der Bibel und im Koran auf einzigartige Weise offenbart. Doch kommt die göttliche Offenbarung stets durch Vermittlung von Menschen, und in den sich daraus ergebenden psychologischen und soziologischen Dimensionen jeder Religion liegen auch ihre Grenzen. Die Religion als solche steht heute auf dem Prüfstand. Keine Religion mit einem unwürdigen Bild von Gott kann heute damit rechnen, auf Dauer zu überleben. Das Christentum steht nicht weniger als jede andere Reli-

Islam

gion unter diesem Urteil. Wir haben die Aufgabe, unsere Religion von allen Spuren ihres primitiven Ursprungs zu reinigen und sie im Zusammenhang mit anderen Religionen und der modernen Welt der Wissenschaft zu sehen. Die Welt hält nach einer Religion Ausschau, die die Menschheit eint und der Welt, in der wir leben, einen letzten Sinn und ein letztes Ziel gibt. Die Wissenschaft erlebt derzeit einen Paradigmenwechsel, da das alte, mechanistische System Newtons zusammenbricht und die Relativitätstheorie und Quantenphysik seine Stelle einnehmen. Die Religion ist heute dazu aufgerufen, einen ähnlichen Paradigmenwechsel vorzunehmen, da sie sich einer neuentstehenden Weltsicht gegenübersieht. Wir betrachten heute diese Welt, diesen Planeten, diesen Kosmos, zu dem wir gehören, im Licht unseres gegenwärtigen wissenschaftlichen Bewußtseins und der universellen Weisheit, die aller Religion zugrundeliegt.

Aus dem Koran

Sure 24 »Licht«, Verse 35 und 38

35 Allah ist das *Licht* der Himmel und der Erde. Sein Licht ist gleich einer Nische, in der sich eine Lampe befindet; die Lampe ist in einem Glase, und das Glas gleich einem flimmernden Stern. Es wird angezündet von einem gesegneten Baum, einem Ölbaum…

38 …Und Allah versorgt, wen er will, ohne Maß.

Der Erretter aus dem Irrtum
von al-Ghazali
(Auszüge)

Im Namen Gottes, des Barmherzigen, des Erbarmers

Einleitung

Gelobt sei Gott, mit dessen Preisung jede Botschaft und jede Schrift beginnt. Gesegnet sei der auserwählte Muhammad, Träger der Prophetie und der Botschaft sowie seine Angehörigen und Gefährten, welche zum Rechten leiten.

Nun zum Thema! Mein Bruder im Glauben! Du hast mich gebeten, dir den Zweck der Wissenschaften und ihre Geheimnisse mitzuteilen, die Verfehlungen der Lehrmeinungen und ihre Abgründe zu enthüllen. Du hast mich ferner gebeten, dir von meinem Erdulden bei dem Erkunden des Wahren inmitten der Verwirrung der Schulrichtungen, die sich in Pfade und Wege gespalten haben, zu erzählen. Des weiteren hast du mich danach befragt, wie ich mich mutig von der Niederung der blinden Nachahmung zu den Höhen des selbständigen Erforschens hinentwickelt habe. Ferner möchtest du dich durch deine Frage unterrichten 1. welchen Nutzen ich aus der islamischen Scholastik gezogen habe; 2. was mich die Methoden der Anhänger des Unterrichts zurückweisen ließ, die das Erlangen des Wahren auf die blinde Nachahmung des Imam beschränkten; 3. was ich an den Methoden des Philosophierens mißbilligte; und 4. darüber hinaus, was ich von der Methode des Sufismus angenommen habe; 5. was mir bei meinen Bemühungen in der Untersuchung der Äußerungen der Menschen als Kern des Wahren klar geworden ist; 6. was mich vom Unterricht in Bagdad fernhielt ungeachtet der großen Zahl der dortigen Studenten; 7. und was mich schließlich dazu führte, nach langer Zeit nach Nischapur zurückzukehren.

Ich beeilte mich, deinen Wunsch zu erfüllen, nachdem ich mich von seiner Wahrhaftigkeit überzeugt habe. Mit Gottes Hilfe, im Vertrauen auf Ihn und bei Ihm Zuflucht nehmend, sage ich:

Wisset – Gott möge euch wohl leiten und euch dem Rechten gefügig machen –, daß die Meinungen der Menschen über die Religionen und Glaubensrichtungen, daß die Unterschiede der Imame hinsichtlich der Lehrmeinungen, dazu auch die vielen Gruppen und das Auseinanderklaffen der Schulrichtungen ein tiefes Meer ist, in dem schon viele ertrunken sind und aus dem sich nur wenige gerettet haben. Jede Gruppe behauptet aber, sie sei die gerettete, wobei jede sich nunmehr kurzsichtigerweise über das freut, was sie als eigene Lehrmeinung vertritt. Das ist das, was der Prophet Muhammad, der Aufrichtige und Wahrhaftige, vorausgesehen hat, als er sagte: »Meine Gemeinde wird sich in dreiundsiebzig Gruppen spalten, von denen nur eine sich retten wird.« Beinahe hätte sich bewahrheitet, was er gesagt hat.

Der Erretter aus dem Irrtum

Seit der Blüte meiner Jugend, als ich mich der Volljährigkeit näherte, noch bevor ich zwanzig Jahre alt war, bis jetzt, wo ich über fünfzig Jahre bin, hörte ich nicht auf, mutig und nicht zaudernd oder feige in die Tiefe dieses weiten Meeres und in jede Dunkelheit einzudringen, griff jedes Problem an, stieß in jede Schwierigkeit vor, untersuchte die Glaubensgrundsätze jeder Schulrichtung und machte mir die Geheimnisse der Lehrmeinungen jeder Gruppe klar, damit ich zwischen dem wahrhaftigen und dem falschen, dem Sunniten und dem ketzerischen Erneuerer unterscheiden konnte. Ich verließ keinen Batiniten, ohne mich über seine Lehre unterrichtet, keinen Zahiriten, ohne das Resultat seiner Schule erfahren zu haben. Ferner verließ ich keinen Philosophen, bevor ich mich über den Kern seiner Philososophie erkundigt, keinen islamischen Scholastiker , bevor ich das Ziel seiner Rede und Dialektik erforscht hatte; desgleichen keinen Mystiker, ohne das Geheimnis seiner Lauterkeit entdeckt, keinen Frommen, ohne zu untersuchen, worauf er mit seiner Frömmigkeit zielt, und schließlich keinen Häretiker und Verneiner der göttlichen Eigenschaften, ohne die Hintergründe seines Wagemuts hinsichtlich der Verneinung der göttlichen Eigenschaften und seiner Häresie herausgefunden zu haben, damit ich die Gründe dieser Leute ausfindig machen konnte.

Mein Durst nach der Erfassung der Wahrheiten der Dinge war seit Anfang und während der Blüte meiner Jugend Eigenschaft und Gewohnheit, Instinkt und natürliche Veranlagung, die meinem Wesen von Gott ohne meine Wahl und mein Zutun verliehen wurden, so daß die Fessel der blinden Nachahmung sich schon in der frühen Jugend löste und die überlieferten Glaubensgrundsätze in mir zerbrachen. Denn als ich sah, daß die Kinder der Christen auf nichts anderes als auf das Christentum, die Kinder der Juden auf das Judentum und die Kinder der Muslime zum Islam hin erzogen wurden und ich dazu die Überlieferung des Propheten – Friede sei über ihm – im Ohr hatte: »Jedes Kind wird in seiner natürlichen Beschaffenheit geboren. Es sind seine Eltern, die ihn zum Juden, zum Christen oder zum Magier machen«, drängte es mich in meinem Inneren, die Wahrheit dieser ursprünglichen Natur und die der zufälligen Glaubensgrundsätze, die durch die Nachahmung von Eltern und Lehrern entstanden sind, zu erfahren und zwischen diesen blinden Nachahmungen zu unterscheiden.

Diese blinden Nachahmungen (im Erkennen und Handeln) beginnen mit Belehrungen, aus denen bei der Unterscheidung zwischen dem Wahren und dem Falschen Kontroversen entstehen. Dann sagte ich mir: Mein Bestreben ist, Erkenntnis über die Wahrheiten der Dinge zu erlangen. Deshalb muß danach gefragt werden, wie das Wesen der Erkenntnis ist. Alsdann schien es mir, daß die sichere Erkenntnis diejenige ist, in der

Islam

sich das Erkannte in der Weise enthüllt, daß es keinen Zweifel mehr zuläßt, noch darf diese Erkenntnis von der Möglichkeit des Irrtums oder der des Argwohns begleitet werden. Darüber hinaus darf das Herz diese Möglichkeit nicht einmal dulden. Vielmehr soll die Sicherheit vor dem Irrtum mit der Gewißheit in der Weise verknüpft sein, daß selbst dann, wenn jemand herausfordernd die Unhaltbarkeit einer solchen Gewißheit zu beweisen versucht, indem er zum Beispiel (behauptet), einen Stein in Gold und einen Stock in eine Schlange verwandeln zu können, daraus weder Zweifel noch Ablehnung entstehen dürfen. Denn wenn ich weiß, daß zehn mehr sind als drei, mir gegenüber aber jemand behauptet: »Nein, drei sind mehr als zehn«, mit der Begründung, er könne einen Stock in eine Schlange verwandeln und ihn auch tatsächlich verwandelte – ja, selbst wenn ich diese Verwandlung mit angesehen hätte –, so würde ich deshalb keineswegs an meiner Erkenntnis zweifeln. Er würde allenfalls bei mir ein Erstaunen über seine Fähigkeit zu einer solchen Handlung bewirken. Keineswegs aber gibt es einen Zweifel an dem, was ich erkannt habe!

Dann wurde mir klar, daß alles, was ich nicht in dieser Art und Weise erkenne und was mir nicht diese Art von Gewißheit vermittelt, eine Erkenntnis ist, auf die ich mich nicht verlassen und in der ich keine Sicherheit finden kann. Eine Erkenntnis aber, durch die keine Gewißheit entsteht, ist keine sichere Erkenntnis.

I
Die Einführung in die sophistische Denkweise und die Aufhebung der Erkenntnis

Ich prüfte also alle meine Erkenntnisse und fand mich bar jeder Erkenntnis mit dieser Eigenschaft, mit Ausnahme der auf dem sinnlich Wahrnehmbaren beruhenden Erkenntnis und der Denknotwendigkeiten. Nachdem ich so an meiner bisherigen Erkenntnis verzweifelt war, sagte ich mir, daß sich eine Hoffnung, diese Probleme zu lösen, nur auf die Evidenzen gründen könnte, nämlich die Sinneswahrnehmungen und die Denknotwendigkeiten. Deshalb ist es notwendig, daß ich sie zuerst durchforsche, um sicher zu sein, ob mein Vertrauen in die Sinneswahrnehmungen unerschütterlich und die Sicherheit vor dem Irrtum hinsichtlich der Denknotwendigkeiten von derselben Art und Weise ist wie meine vorhergehende Gewißheit hinsichtlich der unreflektierten und der nachgeahmten (und durch Autorität vermittelten) Erkenntnisse. (Ferner ergibt sich daraus die Frage,) ob diese Gewißheit die gleiche ist wie diejenige der meisten Menschen hinsichtlich der spekulativen Erkenntnisse oder ob sie eine Gewißheit darstellt, die wahrhaftig und frei von Täuschungen und Risiken ist.

Dann machte ich mich mit großem Eifer daran, über die sinnlichen Erkenntnisse und die Denknotwendigkeiten nachzudenken und erwog, ob es möglich sei, sie anzuzweifeln. Nach langem Zweifel bin ich dahin gekommen, auch der sinnlichen Erkenntnis keine Gewißheit zuzugestehen. Der Zweifel an der sinnlichen Erkenntnis begann sich folgendermaßen auszuweiten: Woher nimmst du die Gewißheit der Sinne, unter denen das Sehvermögen das stärkste ist? Das Auge erblickt den Schatten, sieht ihn unbeweglich stehend und urteilt deshalb, er habe keine Bewegung. Durch Erfahrung und Beobachtung erkennt es dann jedoch nach einer Stunde, daß der Schatten beweglich ist und seine Bewegung nicht plötzlich, sondern allmählich, Schritt für Schritt stattfindet, so daß er im Grunde niemals aufgehört hat, sich zu bewegen. Es schaut auf einen Stern und sieht ihn klein wie einen Dinar. Dann zeigen die mathematischen Beweise, daß er in Wirklichkeit größer ist als die Erde. Über all dies und Ähnliches aus dem Bereich der sinnlichen Wahrnehmungen urteilt der Richter der Sinne nach seinen Maßstäben, während der Richter der Vernunft ihn unwiderlegbar zum Lügner erklärt.

Darum habe ich mir gesagt: es gibt auch kein Vertrauen in die sinnlichen Wahrnehmungen. Vielleicht gibt es überhaupt kein Vertrauen außer in die Gegebenheiten der Vernunft, welche zu den primären (Erkenntnissen) gehören, so zum Beispiel unsere Aussage: zehn ist größer als drei. Es können auch nicht Verneinung und Bejahung in ein und derselben Sache zusammentreffen, ebenso wie diese nicht zugleich erschaffen und ewig, existent und nicht existent, notwendig und unmöglich sein kann.

Vom Standpunkt der Sinneswahrnehmungen aus erhebt sich die Frage: Was macht dich so sicher, daß dein Vertrauen in die Gegebenheiten der Vernunft nicht von derselben Art und Weise ist wie das in die sinnlichen Gegebenheiten, wobei du mir zwar zuerst vertraut, mich dann aber durch den Richter der Vernunft zum Lügner erklärt hast? Hättest du nicht ohne den Richter der Vernunft weiterhin an mich geglaubt? Vielleicht versteckt sich ja hinter der Vernunfterkenntnis ein anderer Richter, welcher, sobald er in Erscheinung tritt, das Urteil der Vernunft der Lüge bezichtigt, wie der Richter der Vernunft erschienen ist und das Urteil der sinnlichen Wahrnehmung als Lüge bezeichnet hat. Die Tatsache, daß dieses Erkenntnisvermögen nicht hervortritt, beweist noch nicht die Unmöglichkeit seiner Existenz.

[Meine] Seele hat zunächst gezögert, eine Antwort darauf zu geben. Im Schlaf fand sie aber eine Bestätigung für ihre Problematik. Sie erwiderte: Bist du etwa nicht davon überzeugt, daß du während des Schlafes an Dinge glaubst und dir Zustände einbildest, die von Festigkeit und Dauer sind und die du dann keineswegs anzweifelst? Dann wachst du auf und erkennst, daß es für alle deine Einbildungen und Vermutungen keinen Grund und Nutzen gibt. Was macht dich so sicher, daß alles, woran du in deinem Wachzustand durch die Sinne oder durch die Vernunft glaubst, im Verhältnis zu dem Zustand, in dem du dich befindest, wahr ist? Es ist doch möglich, daß ein Zustand über dich hereinbricht, dessen Verhältnis zu deinem Wachzustand genauso ist wie das Verhältnis deines Wachzustandes zu dem deines Schlafes und dein Wachzustand in bezug auf diesen Zustand Schlaf bedeuten würde! Wenn dieser Zustand über dich hereinbräche, so würdest du sicher sein, daß alles, was du dir durch deine Vernunft vorgestellt hast, inhaltlose Einbildungen sind.

Vielleicht ist dieser Zustand derjenige, von dem die Sufis behaupten, er sei der ihrige. Denn sie behaupten, daß sie in den Zuständen, die sie erleben, wenn sie in sich selbst versunken und von ihren Sinnen losgelöst sind, Phänomene erfahren, welche den Vernunftgegebenheiten widersprechen, oder möglicherweise ist dieser Zustand der des Todes, denn der Prophet Muhammad – Friede sei über ihm – sagte: »Menschen befinden sich in einem Schlaf. Wenn sie sterben, werden sie wach.« Es könnte sein, daß das Diesseits im Verhältnis zum Jenseits ein Schlaf ist. Wenn der Mensch stirbt, werden ihm die Dinge anders erscheinen als er sie gegenwärtig sieht. Alsdann wird ihm mitgeteilt: »Wir haben dir den Schleier von deinen Augen genommen, so daß dein Blick heute scharf ist.« Als mir diese Gedanken kamen und sie in meiner Seele bohrten, versuchte

Der Erretter aus dem Irrtum

ich, ein Heilmittel dagegen zu finden, was mir jedoch nicht gelang. Denn dies könnte durch nichts anderes als durch einen Beweis erreicht werden. Ein solcher aber läßt sich nur mit Hilfe der primären Erkenntnisse konstruieren. Werden diese nicht anerkannt, dann kann der Beweis nicht geführt werden. Diese Krankheit verschlimmerte sich und dauerte ungefähr zwei Monate.

Während dieser Zeit befand ich mich in der Seelenlage eines Sophisten, was weder in meinem Denken noch in meinen Aussagen zum Ausdruck kam, bis der erhabene Gott mich von dieser Krankheit heilte, die Seele wieder in den Zustand der Gesundheit und der Ausgeglichenheit zurückfand und die notwendigen Gegebenheiten der Vernunft auf der Basis der Sicherheit und Gewißheit wieder annehmbar und vertrauenswürdig wurden. Dies geschah nicht durch einen geordneten Beweis und eine systematische Redeweise, sondern durch ein Licht, das der erhabene Gott in meine Brust warf, jenes Licht, welches als Schlüssel der meisten Erkennntnisse gilt.

Wer also glaubt, daß die Enthüllung der Wahrheit nur von den niedergeschriebenen Argumenten abhängig ist, der hat die große Barmherzigkeit Gottes eingeengt. Als der Prophet – Friede sei über ihm – nach dem Sinn und der Bedeutung der »Ausdehnung« im Koranischen Vers gefragt wurde: »Und wenn Gott einen recht leiten will, weitet er ihm die Brust für den Islam«, erwiderte er: »Es ist ein Licht, das Gott in das Herz hineinwirft.« Er wurde ferner gefragt: »Und was ist sein Zeichen?« Er erwiderte: »Die Abkehr von dem verführerischen Diesseits und die Rückkehr zum ewigen Jenseits.« Es ist ferner das Licht, von dem der Prophet – Friede sei über ihm – sagte: »Der erhabene Gott hat die Menschen in Dunkelheit geschaffen, dann hat er sie mit seinem Lichte besprengt.« Von diesem Licht soll die Enthüllung (der Wahrheit) erhofft werden. Dieses Licht entsprießt ferner zu manchen Zeiten der göttlichen Güte. Man soll sich für dieses Licht vorbereiten, wie der Prophet Muhammad – Friede sei über ihm – sagte: »An bestimmten Tagen eures Lebens läßt Gott seine Gaben ausströmen. Begebt euch in sie hinein.«

Diese Berichte zielen darauf, in uns eine große Anstrengung zur Erforschung (der primären Erkenntnisse) zu bewirken, um nach dem zu streben, was (an sich) unerforschbar ist. Denn die primären Erkenntnisse sind kein Gegenstand des Forschens, weil sie in unserem Geiste (bereits) vorhanden sind. Wird ein Vorhandenes untersucht, so geht es verloren und bleibt verborgen. Jedoch kann demjenigen, der nach etwas strebt, das unerforschbar ist, wenigstens nicht vorgeworfen werden, daß er vernachlässige, dem nachzustreben, was erforschbar ist.

II
Über die Klassifizierung der Forscher

Nachdem der erhabene Gott mich von dieser Krankheit durch seine Gnade und die Unbegrenztheit seiner Güte geheilt hatte, sah ich, daß die Forscher auf vier Gruppen zurückgeführt werden können:

1. Die Mutakallimun (d. s. die islamischen Scholastiker): sie behaupten, die Menschen der Einsicht und des spekulativen Denkens zu sein.
2. Die Batiniten: sie behaupten, die Träger des Unterrichts und die privilegierten Empfänger (des Wissens) durch einen unfehlbaren Imam zu sein.
3. Die Philosophen: sie behaupten, sie seien Menschen der Logik und des Beweises.
4. Die Sufis: sie behaupten, die Auserwählten der göttlichen Anwesenheit, des Schauens und der Erleuchtung zu sein.

Ich sagte mir dann: Das Wahre kann nicht außerhalb dieser vier Gruppen gesucht werden, insofern sie diejenigen sind, die nach der Erlangung des Wahren streben. Wenn sich das Wahre von diesen vier Gruppen entfernt, besteht keine Hoffnung mehr, es jemals anderswo zu finden. Denn gibt man die blinde Nachahmung einmal auf, so kann man auch kein Verlangen mehr haben, zu ihr zurückzukehren. Denn es ist eine Voraussetzung des blinden Nachahmers, daß er nicht weiß, daß er nachahmt. Wenn er von diesem Umstand erfährt, bricht das Glas seiner Nachahmung derart, daß es sich nicht mehr zusammensetzen läßt. Seine Splitter kann man nicht durch Zusammensammeln und Umwickeln wieder zusammenleimen, sondern sie allein durch Feuer schmelzen und in eine neue Form gießen.

Dann beeilte ich mich beim Studium dieser vier Wege, um ihre Lehren zu erkunden. Ich begann, mich zunächst mit der islamischen Scholastik, zweitens mit der Philosophie, drittens mit den Lehren der Batiniten und zuletzt mit dem Weg der Mystiker zu beschäftigen.

Die islamische Scholastik
Ihr Ziel und Ergebnis

Ich nahm das Studium der islamischen Scholastik auf und habe sie mir angeeignet und sie begriffen. Ich las die Schriften der zuverlässigen Fachleute unter ihnen und schrieb meinerseits so viel über sie, wie ich für er-

Der Erretter aus dem Irrtum

forderlich hielt. Dabei stieß ich auf eine Wissenschaft, die zwar für ihre eigenen Ziele ausreichend ist, nicht aber für meine eigenen. Denn das Ziel dieser Wissenschaft ist die Bewahrung des sunnitischen Glaubensgrundsatzes und sein Schutz vor der Verwirrung der ketzerischen Erneuerer.

Denn der erhabene Gott hat seinen Dienern durch die Zunge seines Propheten einen Glaubensgrundsatz vermittelt, welcher die Wahrheit ist und die Richtigkeit ihrer Religion und ihres Lebens enthält. Die Erkenntnis davon wird durch den Koran und die muhammedanische Überlieferung vermittelt. Dann flüsterte der Satan in das Bewußtsein der ketzerischen Erneuerer Dinge ein, die der muhammedanischen Überlieferung (Sunna) widersprechen. Sie beschäftigten sich so sehr damit, daß sie entgegen dem Glaubensgrundsatz des Wahren dessen Anhänger fast in Verwirrung gestürzt hätten. Deshalb ließ der erhabene Gott die Gruppe der Scholastiker entstehen, die er bewegte, die Sunna durch geordnete Redeweise zu verteidigen, wodurch offenbar wurde, welche Verwirrung die Anhänger der ketzerischen Erneuerer mit der überlieferten Sunna angerichtet hatten. Dadurch entstand die islamische Scholastik und ihre Anhänger.

Einige von ihnen erfüllten ihre Pflicht so, wie Gott es ihnen aufgetragen hatte, nämlich die Sunna in der besten Weise zu verteidigen und für die Bewahrung des Glaubensgrundsatzes zu kämpfen, den sie von der Prophetie angenommen haben, und dem entgegenzutreten, was die ketzerische Erneuerung hervorgebracht hat. Jedoch stützten sie sich dabei auf Prämissen, die sie von ihren Gegnern übernahmen. Dazu zwang sie entweder die blinde Nachahmung, der Konsensus der Gemeinde oder die einfache Annahme aus dem Koran und der Überlieferung. Meist beschäftigten sie sich damit, die Widersprüche der Gegner nachzuweisen und sie wegen der Folgen ihrer Prämissen zur Rechenschaft zu ziehen. Dies ist jedoch für jemanden, der nur die Denknotwendigkeiten akzeptiert, wenig nützlich. Deshalb genügte mir die islamische Scholastik nicht. Sie heilte mich nicht von meiner Krankheit, über die ich mich beklagte.

Sicherlich, als diese Wissenschaft entstand, sie immer mehr ihre Zeit beherrschte und die Diskussionen über sie andauerten, strebten die islamischen Scholastiker danach, von der bloßen Verteidigung der Sunna zu der Suche nach den Wahrheiten der Dinge überzugehen. Sie befaßten sich mit der Bestimmung der Wesenheiten, den Akzidenzien (der Dinge) und ihren Grundsätzen. Da dies aber nicht das eigentliche Ziel ihrer Wissenschaft war, erreichten ihre Abhandlungen nicht den höchsten Zweck, weshalb durch diese Wissenschaft nichts geschah, was die Dunkelheit der Verwirrungen völlig beseitigen konnte, die durch Streitigkeiten unter den Menschen entstanden waren. Ich halte es nicht für ausgeschlossen, daß jemand anders (mit den Ergebnissen dieser Wissenschaft) zufrieden sein könnte. Ja, ich zweifele sogar nicht daran, daß dies bei einer ganzen Gruppe von Menschen der Fall sein könnte, jedoch auf eine Weise, die bei manchen Themen, die mit den primären Erkenntnissen nichts zu tun haben, mit blinder Nachahmung vermischt ist.

Nun ist es mein Anliegen, meinen Zustand zu beschreiben, nicht aber diejenigen zu rügen, welche in der Scholastik Heilung fanden. Denn die Heilmittel sind je nach der Art der Krankheit unterschiedlich. Wie oft nutzt ein Medikament dem einen Kranken und fügt einem anderen Schaden zu!

Die Philosophie

[...]

Nachdem ich das Studium der islamischen Scholastik beendet hatte, begann ich, mich mit der Philosophie zu beschäftigen. Ich erfuhr mit Gewißheit, daß man die Fäulnis einer Wissenschaft nicht erkennen kann, solange man nicht in die Tiefe ihrer Grundlagen eingedrungen ist, bis man dabei dem besten ihrer Gelehrten gleichkommt und ihn übertrifft. In dieser Lage wird man erkennen, was jener Gelehrte selbst von dieser Wissenschaft an Tiefe und Gefahr nicht entdeckt hat. Erst dann könnte die Behauptung von der Fäulnis jener Wissenschaft sich als richtig erweisen.

Ich habe keinen einzigen Gelehrten des Islam gefunden, der sich mit dieser Aufmerksamkeit und diesem Eifer dem Studium der Philosophie widmete. Vielmehr gab es in den Büchern der islamischen Scholastiker dort, wo sie sich mit den Antworten auf die Philosophen beschäftigten, nichts außer unzusammenhängenden und komplizierten Worten, deren Widersprüchlichkeit und Falschheit eindeutig ist. Sie können nicht einmal einen gewöhnlichen Menschen verblenden, geschweige denn einen, der für sich beansprucht, die Besonderheiten der Wissenschaften erfaßt zu haben.

Daraufhin erkannte ich, daß die Zurückweisung einer Lehrmeinung, bevor man sie verstanden und ergründet hat, ein Herumtappen im Dunkeln ist. Deshalb strengte ich mich an, mir diese Wissenschaft aus ihren Quellen durch die bloße selbständige Lektüre, ohne Hilfe eines Lehrers anzueignen. Diesem Anliegen widmete ich mich in der Zeit, in der ich mich von meiner üblichen Autorentätigkeit, der Lehre in den religiösen Wissenschaften und der Verpflichtung frei war, dreihundert Studenten in Bagdad zu unterrichten.

Der erhabene Gott ließ mich allein durch die Lektüre während dieser mir abgestohlenen Zeit den höchsten Grad ihrer (philosophischen) Wis-

Der Erretter aus dem Irrtum

senschaften in weniger als zwei Jahren erkennen. Nachdem ich all dies verstanden hatte, hörte ich nicht auf, darüber noch ungefähr ein Jahr lang nachzudenken; ich bewegte es in meinen Gedanken hin und her und überprüfte noch einmal seine Tiefen und Gefahrstellen, bis ich ein unbezweifelbares Wissen darüber erlangte, worin die Täuschung und die Verfälschung besteht, was davon wahr ist und was bloße Einbildung darstellt.

[...]

Die Wege der Sufis

Nachdem ich die Beschäftigung mit diesen Wissenschaften beendet hatte, wandte ich mich mit großem Eifer dem Weg der Mystiker zu. Ich erkannte, daß ihr Weg nur durch die Verbindung von Theorie und Praxis nachvollziehbar ist. Der Ertrag ihrer Tätigkeit besteht darin, die Hindernisse für die Entfaltung der Seele zu beseitigen und sich über deren verwerfliche Gesinnung und ihre bösen Eigenschaften zu erheben, um so das Herz von all dem, was außer Gott ist, zu befreien und es mit der (ständigen) Anrufung Gottes zu schmücken.

Die Theorie war für mich leichter als die Praxis. So begann ich, mir ihre Lehren durch die Lektüre ihrer Schriften anzueignen, zum Beispiel »Qut al-qulub« (»Die Nahrung der Herzen«) von Abu-Talib al-Makki, die Bücher von al-Harit al-Muhasibi und die überlieferten Aphorismen von al-Guneid, as-Sibli, Abu-Yazid al-Bistami – Gott möge ihre Seelen heiligen – und andere Bücher ihrer Meister, bis ich den Kern ihrer wissenschaftlichen Ziele erkannt und mir angeeignet hatte, was man sich über ihren Weg durch Lernen und Zuhören aneignen kann.

Es schien mir klar, daß man zu ihren spezifischen Eigenschaften nicht durch Studium, sondern nur durch Schmecken, (seelisches) Erleben und Verwandlung der Eigenschaften gelangen kann. Und was für ein Unterschied, ob man die Definition der Gesundheit und der Sattheit, ihre Ursachen und Bedingungen kennt, oder ob man selbst gesund und satt ist! Und was für ein Unterschied, ob man die Definition der Trunkenheit kennt, welche ein Ausdruck eines Zustandes ist, der entsteht, wenn Dämpfe vom Magen hinaufsteigen und das Denkvermögen beherrschen, oder ob man selbst betrunken ist und von der Definition keine Ahnung hat! Es besteht auch ein Unterschied zwischen einem Betrunkenen, der über Trunkenheit (von vornherein) nichts weiß, und einem solchen, der zwar (an sich) darüber Bescheid weiß, im Zustand der Trunkenheit aber nichts von seiner Kenntnis hat. Der Nüchterne kennt die Bestimmung und die Ursache der Trunkenheit, ohne selbst betrunken zu sein. Der Arzt, wenn er selbst krank ist, kennt die Definition der Gesundheit, ihre Ursachen und Heilmittel, obwohl er seiner Gesundheit beraubt ist. So ist es auch ein Unterschied, ob du das Wesen der Askese, ihre Bedingungen und Ursachen theoretisch kennst, oder ob du (selbst) ein Asket bist und dein Erlebniszustand die Entsagung der Welt ist.

Deshalb erkannte ich mit Sicherheit, daß die Mystiker Menschen der Erlebniszustände, nicht aber der bloßen Reden sind. Was ich durch theoretische Wissenschaft lernen konnte, hatte ich mir angeeignet. Es blieb, was nicht durch Zuhören und Lernen, sondern durch Schmecken und Handeln zu erlangen ist. Durch meine Beschäftigung mit den von mir betriebenen Wissenschaften und eingeschlagenen Wegen entstand in mir im Untersuchen der beiden Arten der Wissenschaften, nämlich der religiösen und der rationalen, ein unerschütterlicher Glaube an den erhabenen Gott, an die Prophetie und an den Jüngsten Tag. Diese drei Glaubensgrundsätze sind in meiner Seele nicht durch einen bestimmten niedergeschriebenen Beweis, sondern durch unzählige festverwurzelte Ursachen, Begleitumstände und Erfahrungen begründet, deren Einzelheiten nicht aufgezählt werden können.

Mir war bereits klar geworden, daß es keine Hoffnung auf die Glückseligkeit im Jenseits gibt außer durch Frömmigkeit und Enthaltung der Seele von allen Neigungen, und daß der Kern all dessen ist, die Bindung des Herzens an die Welt zu lösen, indem man von dem verführerischen Diesseits Abstand nimmt und sich dem ewigen Jenseits zuwendet und sich dem erhabenen Gott mit völliger Entschlossenheit hingibt. Ferner war mir klar geworden, daß man dies nicht anders als dadurch erreicht, daß man auf Ruhm und Reichtum verzichtet und vor Beschäftigungen und Bindungen flieht.

Daraufhin betrachtete ich meine eigenen Lebensverhältnisse. Ich fand mich in Bindungen verstrickt, die mich von allen Seiten erfaßten. Meine Arbeiten – unter ihnen als beste meine Lehrtätigkeit und der Unterricht – erschienen mir im Hinblick auf den Weg zum Jenseits als Beschäftigungen mit unbedeutenden und nutzlosen Wissenschaften. Dann dachte ich über die Intention meiner Lehrtätigkeit nach und befand sie als unrein vor dem erhabenen Gott. Ihr Beweggrund und ihre Motivation waren das Streben nach Ruhm und großem Ansehen. So war ich sicher, an den Rand eines Abgrundes zu geraten und mich der Hölle zu nähern, falls ich nicht schlagartig mit der Änderung meiner Lebensweise beginnen sollte.

Deshalb hörte ich nicht auf, eine Zeit lang darüber nachzudenken, als ich noch die Freiheit der Wahl hatte; an einem Tag entschied ich mich für die Abreise aus Bagdad, um Abstand zu den dortigen Verhältnissen zu gewinnen, und schon am nächsten Tag widerrief ich diesen Entschluß. Kaum machte ich einen Schritt vorwärts, machte ich auch einen zurück. Am Morgen war ich von dem wahrhaftigen Verlangen nach dem Jenseits

Der Erretter aus dem Irrtum

beseelt, am Abend wurde dieser Wunsch von der Streitmacht der Neigung angegriffen, so daß er wieder nachließ. So rissen mich die Leidenschaften der Welt mit ihren Fesseln hin und her, damit ich bliebe, während der Herold des Glaubens mich aufrief:»Mach dich auf den Weg! Mach dich auf den Weg! Es bleibt vom Leben nur wenig, und eine lange Reise steht dir noch bevor. Alles Wissen und Handeln, das dich beschäftigt, ist Heuchelei und Einbildung! Wenn du dich nicht jetzt auf das Jenseits vorbereitest, wann willst du es dann tun? Wenn du mit diesen Verhältnissen nicht jetzt brichst, wann willst du es dann tun?«

Daraufhin wurde in mir das Motiv bestärkt, und die Entscheidung zur Flucht wurde zur Gewißheit. Dann aber kehrte der Satan zurück und sagte:»Dies ist bloß ein vorübergehender Zustand. Wehe dir, wenn du ihm nachgibst, denn er verfliegt schnell. Wenn du ihm aber einmal Folge geleistet hast, dein großes Ansehen und deine sicheren, geordneten, von Ärgernissen und Störungen freien Verhältnisse und deine unangefochtene Sicherheit, frei von jeder Streitigkeit mit den Gegnern, aufgegeben hast, so könnte es sehr wohl sein, daß deine Seele sich nach all dem zurücksehnt, eine Rückkehr dir jedoch dann nicht mehr möglich sein wird.«

So stand ich sechs Monate lang von Ragab 488 n. H. (Juli 1095 n. Chr.) an unschlüssig zwischen den Anziehungskräften der Leidenschaften des Diesseits und den Forderungen des Jenseits. In diesem Monat wandelte sich die Sache von einer Angelegenheit der freien Entscheidung zu einer des Zwangs. Denn Gott ließ meinen Mund verstummen, so daß ich an meiner Lehrtätigkeit gehindert wurde. Um meinen Schülern, die zu mir kamen, einen Gefallen zu tun, bemühte ich mich, wenigstens einen einzigen Tag zu unterrichten. Doch meine Zunge vermochte kein einziges Wort hervorzubringen. Es gelang mir einfach nicht, etwas zu sagen. Diese Hemmung meiner Zunge hinterließ eine Traurigkeit im Herzen, wodurch die Fähigkeit zum Verdauen und zum Schmecken von Speisen und Getränken verloren ging. Ich konnte weder einen Brei schlucken noch einen Bissen verdauen. Dadurch wurden meine Kräfte so geschwächt, daß die Ärzte die Hoffnung auf Heilung aufgaben und sagten:»Dies ist eine Sache, die das Herz befallen hat und von da aus auf das Gemüt übergegangen ist. Dafür gibt es keine ärztliche Behandlung, es sei denn man erholt sich selbst von dem Kummer, der die Seele befallen hat.«

Als ich meine Unfähigkeit spürte und meine Entscheidungsfreiheit völlig verlor, suchte ich Zuflucht bei dem erhabenen Gott. Es war die Zuflucht desjenigen, der in seiner Zwangslage keinen Ausweg mehr sah. Er antwortete mir als der,»der den erhört, der in Not ist, wenn er zu ihm betet.« Er erleichterte meinem Herzen die Abkehr von Ruhm und Reichtum, Familie und Freunden. Ich gab den Entschluß vor, nach Mekka ab-

Islam

zureisen, während ich heimlich meine Reise nach Damaskus vorbereitete. Dies tat ich aus Furcht, daß der Kalif und alle meine Freunde meine Entscheidung, in Damaskus zu bleiben, erfahren könnten. Deshalb betrieb ich mit allen Kunstgriffen meine Abreise aus Bagdad, während ich entschlossen war, niemals dorthin zurückzukehren.

Ich war den Angriffen der religiösen Führer des Irak ausgesetzt. Denn es gab unter ihnen keinen, der ein religiöses Motiv für die Abwendung von meiner bisherigen Lebensweise anerkennen wollte, da sie glaubten, meine (bisherige) Stellung sei die höchste in der Religion. »Dies ist (nun einmal) der Stand ihres Wissens, den sie erreicht haben.« Dabei gerieten die Leute auf der Suche nach Motiven für mein Verhalten in Verwirrung. Außerhalb des Irak vermutete man, die Furcht vor den Herrschern sei für mich bestimmend gewesen. Wer aber den Herrschern nahe stand und sah, wie diese eng an mir hingen und mir ergeben waren, während ich mich von ihnen abwandte und auf ihre Bitte keine Rücksicht nahm, der sagte: »Dies ist eine göttliche Fügung, für die es keinen anderen Grund gibt außer einem bösen Blick, der die Muslime und die Schar der Gelehrten traf.«

Also verließ ich Bagdad, nachdem ich meinen gesamten Besitz verteilt hatte und nur das behielt, was für mich und meine Kinder zum Lebensunterhalt nötig war. Ich tat dies mit der Begründung, daß die Staatseinkünfte des Irak für Wohltätigkeitszwecke bestimmt waren und einer Stiftung zugunsten der Muslime zuflossen. Nirgendwo in der Welt habe ich eine Institution gefunden, die es einem Gelehrten besser erlaubt hätte, für seine Familie zu sorgen.

Ich begab mich nach Damaskus, wo ich mich ungefähr zwei Jahre lang aufhielt. Während dieser Zeit nahmen mich Zurückgezogenheit, Einsamkeit, (religiöse und geistige) Übungen und Kampf (gegen das eigene Ich) voll in Anspruch, womit ich danach trachtete, die Seele zu läutern, die (ethische) Gesinnung zu verbessern und das Herz für die Anrufung des erhabenen Gottes zu reinigen, wie ich dies von der Wissenschaft der Sufis gelernt hatte. Eine Zeit lang zog ich mich in die Moschee von Damaskus zurück. Ich stieg auf das Minarett und schloß mich dort den ganzen Tag lang ein.

Danach ging ich nach Jerusalem. Täglich begab ich mich in die Felsenmoschee und schloß mich auch hier ein. Danach bewegte mich der Drang nach der Erfüllung der Pilgerpflicht und der Erlangung der Hilfe durch die Segnungen Mekkas und Medinas und den Besuch des Grabes des Gesandten Gottes – Friede sei über ihm – nach der Erledigung des Besuches des Grabes des Geliebten Gottes Abraham – Gottes Friede sei über ihm. Ich reiste also nach Higaz.

Der Erretter aus dem Irrtum

Eine Weile später zogen mich verschiedene Sorgen und die Bitten (meiner Kinder) in die Heimat. Ich kehrte also zurück, obwohl mir der Gedanke an eine Heimkehr so weit entfernt war wie wohl keinem anderen. Auch in der Heimat suchte ich die Zurückgezogenheit im Streben nach der Einsamkeit und der Reinigung des Herzens, die der Anrufung Gottes dienen. Jedoch hatten die Zeitereignisse, wichtige Familienangelegenheiten und die Erfordernisse des täglichen Lebens Einfluß auf die Weise (der Verwirklichung) meines Zieles und störten die Reinheit meiner Einsamkeit, die zu erleben mir nur gelegentlich gelang. Trotzdem gab ich die Hoffnung nicht auf, dieses Ziel zu erreichen. Hindernisse hielten mich davon ab, doch fand ich immer wieder den Weg in die Reinheit meiner Einsamkeit zurück.

Zehn Jahre dauerte dieser Zustand an. Während dieser Zeit der Zurückgezogenheit erschlossen sich mir Dinge, die ich weder aufzählen noch ergründen kann. Folgendes möchte ich hier erwähnen, damit man daraus Nutzen zieht: Ich wußte mit Gewißheit, daß die Sufis diejenigen sind, die auf dem Wege des erhabenen Gottes voranschreiten, besonders weil ihre Lebensweise die beste aller Lebensweisen, ihr Weg der richtigste aller Wege und ihre Gesinnung die reinste aller Gesinnungen ist. Ja sogar, wenn man die Vernunft aller Vernünftigen, die Weisheit aller Weisen und das Wissen der Gelehrten, denen sich die Geheimnisse der Offenbarung erschlossen haben, in sich vereinigte, um auch nur etwas von der Lebensweise und der Gesinnung der Sufis zu verändern und durch etwas Besseres zu ersetzen, so würde ihnen dies nicht gelingen. Denn alle ihre Bewegungen und Ruhehaltungen, in ihrem Äußeren wie auch im Inneren, sind der Lichtnische der Prophetie entnommen. Hinter diesem Lichte der Prophetie gibt es kein anderes Licht auf Erden, von dem Erleuchtung erlangt werden kann.

Im allgemeinen, was könnte man über einen solchen Weg sagen? Seine Reinheit ist die erste Bedingung, nämlich die gänzliche Reinigung des Herzens von allem, was außer dem erhabenen Gott ist. Der Schlüssel zu dieser Reinigung, welcher sich zu ihr verhält wie die Gebetseröffnung zum Gebet selbst, ist das gänzliche Versinken des Herzens in die Anrufung Gottes. Ihr letztes Ziel ist das völlige Aufgehen in Gott. Dies ist zumindest das Ende in bezug auf die Anfänge, die sich dem Bereich der freien Wahl und der Selbstaneignung beinahe entziehen, was wahrhaftig der Anfang des Weges ist. Was davor ist, ähnelt einem Vorraum für den, der ihn beschreiten will.

Der Anfang des Weges beginnt mit Visionen und Offenbarungen, so daß sie (die Sufis) im Wachzustand die Engel und die Geister der Propheten schauen können. Sie hören Stimmen und empfangen segensreiche Botschaften von ihnen. Dann erhöht sich dieser Zustand von dem blo-

Islam

ßen Schauen der Bilder und der Symbole zu Stufen, die mit Worten nicht mehr beschrieben werden können. Niemand kann versuchen, dies auszudrücken, ohne daß seine Beschreibung einen klaren Fehler enthält, den er nicht umgehen kann.

Allgemein gesagt führt die Sache zu einer Nähe Gottes, die sich die eine Gruppe annähernd als Innewohnen, die andere als Vereinigung und noch eine andere als Erlangung vorstellt. All dies ist falsch. Wir zeigten die Gründe dafür in unserem Buch »al-Maqsid al-asna« (»Das erhabenste Ziel«). Wer einen solchen Zustand erlebt, sollte nicht mehr darüber aussprechen, als (dieser Vers besagt):

> *Es geschah, was geschah,*
> *Ich erinnere es nicht.*
> *Als Gutes vermut' es,*
> *Erfrage es nicht.*

Allgemein ausgedrückt: Wem nicht etwas davon durch Schmecken beschert ist, wird von der Wirklichkeit der Prophetie nichts anderes als den Namen erfahren. Die Wundertaten der Heiligen stellen die ersten Kennzeichen der Propheten dar. Dieses war der anfängliche Zustand des Gesandten Gottes Muhammad – Segen und Friede sei über ihm –, als er zu dem Berg Hira' ging, wo er mit seinem Gott allein war und betete, so daß die Araber von ihm sagten: »Muhammad liebt seinen Gott leidenschaftlich.« Dies ist ein Zustand, der von demjenigen als Wirklichkeit durch Schmecken empfunden wird, der sich auf diesen Weg begibt. Wem dieses Schmecken nicht selbst geschenkt wird, der kann sich durch Erfahrung und Bericht anderer darüber vergewissern, wenn er häufig mit ihnen (den Sufis) verkehrt, damit er aus Indizien dies mit Sicherheit versteht. Wer auch immer an ihrer Gesellschaft teilnimmt, gewinnt von ihnen diesen Glauben. Denn sie sind Leute, deren Gefährte niemals unglücklich ist. Wem aber diese Gesellschaft nicht geschenkt wird, der sollte durch eindeutige Beweise die Gewißheit der Möglichkeit dieses Zustandes erfassen, wie wir dies in unserem Buch »'Aga'ib al-qalb« (»Die Wunder des Herzens«) aus unserer Enzyklopädie »Die Wiederbelebung der Religionswissenschaften« dargestellt haben.

Die Vergewisserung durch Beweise ist Erkenntnis, das Erleben des Zustandes (der Nähe Gottes) ist Schmecken, und das Akzeptieren von Berichten und Erfahrungen anderer im Vertrauen auf sie ist Glaube. Dies sind drei Stufen: »Gott läßt diejenigen von euch in die Höhe steigen, die glauben und denen das Wissen gegeben ist.« Danach kommen unwissende Leute, welche die Grundlage all dessen verleugnen und sich darüber wundern. Sie hören, spotten und sagen: »Erstaunlich! Wie können sie bloß so spinnen!«

Über diese Leute sagte der erhabene Gott: »Unter ihnen (den Ungläubigen) gibt es welche, die hören dir zu. Aber wenn sie schließlich von dir weggehen, sagen sie zu denen, denen das Wissen gegeben worden ist: ›Was hat er eben gesagt?‹ Das sind diejenigen, denen Gott ihr Herz versiegelt hat und die (nur) ihren (persönlichen) Neigungen folgen.« Gott hat ihre Ohren versiegelt und ihre Augen geblendet.

Durch (meine eigene) Ausübung ihres Weges ist mir in unbedingter Weise die Wirklichkeit der Prophetie und ihre besondere Eigenschaft klar geworden. Deshalb muß sich die Aufmerksamkeit auf ihre Grundlage richten, weil die Menschen sie dringend nötig haben.

III
Die Wirklichkeit der Prophetie und ihre Notwendigkeit für alle Menschen

Wisse, daß das Wesen des Menschen in seiner ursprünglichen Natur leer und einfach, ohne jegliche Erfahrung der Welten des erhabenen Gottes geschaffen ist. Diese Welten sind zahlreich. Keiner kann sie zählen außer dem erhabenen Gott, wie er selbst es ausgesprochen hat: »Über die Heerscharen deines Herren weiß er nur selber Bescheid.« Der Mensch erlangt die Erfahrung der Welten durch Sinneswahrnehmungen. Jede dieser Sinneswahrnehmungen ist dazu geschaffen, daß der Mensch die Welt der existierenden Dinge erkundet. Mit »Welten« meinen wir die Gattungen der existierenden Dinge.

Das erste, was im Menschen geschaffen wird, ist der Tastsinn, mit dem er viele Gattungen der existierenden Dinge wahrnimmt, wie Wärme, Kälte, Feuchtigkeit, Trockenheit, Sanftheit, Rauheit und anderes. (Aber) der Tastsinn ist mit Sicherheit unfähig, die Farben und die Töne wahrzunehmen. Sie sind sogar für den Tastsinn so gut wie nicht vorhanden. Dann wird ihm das Sehvermögen geschaffen, mit dem er die Farben und die Gestalten wahrnimmt. Das ist die umfassendste aller Sinneswelten. Dann wird ihm Gehör eingehaucht, wodurch er Töne und Melodien hört. Danach wird ihm der Geschmack geschaffen und so fort, bis er die Welt der Sinne hinter sich läßt. Erst dann wird ihm das Unterscheidungsvermögen im Alter von beinahe sieben Jahren geschaffen. Dies ist aber ein weiteres Stadium der Entwicklung seiner Existenz. In ihm nimmt er Dinge wahr, die die Welt der Sinneswahrnehmungen überschreiten, von denen nichts in der Sinnenwelt existiert.

Dann steigt er auf in ein anderes Stadium, in dem ihm die Vernunft geschaffen wird, wodurch er Notwendigkeiten, Möglichkeiten und Unmöglichkeiten und andere Dinge wahrnimmt, die in den frühen Stadien nicht existieren.

Jenseits der Vernunft gibt es ein anderes Stadium, in dem sich ein anderes Auge öffnet, mit dem er das Verborgene und was in der Zukunft geschehen wird und andere Dinge erblickt, von denen die Vernunft ebenso ausgeschlossen ist wie das Unterscheidungsvermögen von der Wahrnehmung der rationalen Dinge (Intelligibilia) und das Sinnesvermögen von den Wahrnehmungen des Unterscheidungsvermögens. So wie der Unterscheidungsfähige dann, wenn ihm die rationalen Dinge vorgelegt würden, diese zurückweisen und für unwahrscheinlich halten würde, so weisen manche Vernunftbegabte die Erkenntnisse der Prophetie zurück und halten diese für unwahrscheinlich. Das ist die Ignoranz selbst! Denn sie haben keinen anderen Beweis, auf den sie sich stützen, als daß die Prophetie ein Entwicklungsstadium für sie darstellt, das sie nicht erreicht haben, und deshalb vermuten sie, daß es an sich selbst nicht existiert! Ein Blindgeborener würde die Farben und die Formen nicht verstehen und ihre Existenz nicht zugeben, wenn er sie nicht durch übereinstimmenden Bericht und Hörensagen erführe und man ihm nicht von Anfang an davon erzählte. Der erhabene Gott hat dies alles seinen Geschöpfen nähergebracht, indem er ihnen ein Modell für die Eigenheit der Prophetie gab, nämlich den Schlaf. Der Schlafende nimmt das wahr, was in der Zukunft geschehen wird, entweder unmittelbar oder in Form eines Bildes, das durch Deutung erklärt wird.

Wenn jemand dies nicht selbst erfahren hätte und man ihm mitteilen würde:»Es gibt Menschen, die ohnmächtig umkippen als wären sie tot, wobei Tastsinn, Gehör und Sehvermögen sie verlassen, und die dann das Verborgene wahrnehmen«, so würde er dies bestreiten, einen Beweis für dessen Unmöglichkeit erbringen und sagen:»Die Sinnesorgane sind die Mittel der Wahrnehmung. Wer also diese Dinge nicht wahrnimmt, wenn die Sinnesorgane präsent und funktionsfähig sind, der wird sie bei ihrem Stillstand erst recht nicht wahrnehmen.«

Dies ist eine Art von Schluß, die durch praktische Erfahrung und Beobachtung widerlegt wird. Wie die Vernunft ein Stadium in der Entwicklung des Menschen darstellt, in dem ein Auge entsteht, wodurch man verschiedene Arten von rationalen Dingen schaut, von denen die Sinne ausgeschlossen sind, so verhält es sich mit der Prophetie: Sie ist der Ausdruck eines Stadiums, in dem ein Auge entsteht, das ein Licht besitzt und in dessen Licht das Verborgene und andere Dinge sichtbar werden, welche die Vernunft nicht wahrnimmt.

Zweifel an der Prophetie bezieht sich entweder auf ihre Möglichkeit, ihre Existenz oder auf ihr Auftreten in einer bestimmten Person.

Der Beweis für ihre Möglichkeit ist ihre Existenz, und der Beweis ihrer Existenz ist das Vorhandensein bestimmter Erkenntnisse in der Welt, die nicht allein durch Vernunft erlangt werden können wie etwa die Wissenschaften der Medizin und der Astronomie. Wer nach diesen Erkenntnissen strebt, der erfährt in unbedingter Weise, daß sie durch nichts als durch göttliche Inspiration und den Beistand des erhabenen Gottes erlangt werden können, denen aber das Experiment keinen Zugang bietet. Denn unter den astronomischen Gesetzen gibt es welche, die sich in allen tausend Jahren ein einziges Mal bewahrheiten. Wie kann dies durch ein Experiment erfaßt werden? Genauso verhält es sich mit den Eigenschaften der Medikamente.

Durch diesen Beweis ist es klar geworden, daß ein Weg zur Erfahrung solcher Dinge möglich ist, die nicht von der Vernunft erkannt werden können. Das ist es, was mit »Prophetie« gemeint ist. Das heißt aber nicht, Prophetie bedeute allein die Erfahrung solcher Dinge. Vielmehr ist die Wahrnehmung dieser Art, welche über die Wahrnehmung der Vernunft hinausgeht, nur eine der Eigenschaften der Prophetie. Darüber hinaus hat sie viele andere Eigenschaften. Was wir erwähnten, ist nur ein Tropfen aus ihrem Meer. Wir erwähnten dies, weil du über ein Modell von ihr verfügst, nämlich deine Wahrnehmung im Schlaf. Ferner besitzt du Erkenntnisse von ihrer Art in der Medizin und der Astronomie, nämlich die Wunder der Propheten, zu denen die Intellektuellen vermittels der Vernunft niemals Zugang finden.

Die übrigen Eigenschaften der Prophetie werden nur durch das Schmecken erkannt, wenn man sich auf den Weg der Mystik begibt. Denn dies hast du nur durch ein Beispiel verstanden, das dir gegeben wurde, nämlich den Schlaf. Ohne dieses hättest du nicht zugestimmt. Wenn der Prophet eine Eigenschaft besitzt, für die du gar kein Beispiel hast, so kannst du sie niemals verstehen. Wie kannst du sie also für glaubhaft halten? Der Glaube folgt erst nach dem Verstehen. Dieses Modell kommt zu Beginn des Weges der Mystik zustande. Dadurch entsteht (zum einen) eine Art von Schmecken entsprechend dem Erlangten und (zum anderen) eine Art von Überzeugung von dem noch nicht Erlangten durch Vergleich mit dem (bereits) Erlangten. Diese einzige Eigenschaft genügt dir, um an die Grundlage der Prophetie zu glauben.

Wenn du daran zweifelst, ob eine bestimmte Person ein Prophet sei oder nicht, so erlangst du die Gewißheit nur durch die Kenntnis ihres habituellen Verhaltens entweder durch Beobachtung oder durch übereinstimmenden Bericht und durch Hörensagen. Denn wenn du Kenntnis von Medizin und Recht hast, so wirst du Juristen und Mediziner durch Beobachtung ihres Habitus und Vernehmen ihrer Aussagen erkennen, auch dann, wenn du sie persönlich gar nicht gesehen hast. Du bist auch nicht unfähig zu erkennen, daß as-Safi'i – Gott möge sich seiner erbarmen – ein Jurist und Galen ein Mediziner war, und zwar durch eine wahrhafte Erkenntnis, die nicht nachgeahmt und von anderen übernommen ist. Indem du etwas von Recht und Medizin lernst und ihre Bücher und Abfassungen studierst, entsteht bei dir ein notwendiges Wissen über ihren Habitus. So verhält es sich, wenn du den Sinn der Prophetie verstanden und lange über den Koran und die Überlieferungen nachgedacht hast, so entsteht bei dir dann ein notwendiges Wissen darüber, daß Muhammad – Gottes Segen und Friede sei über ihm – auf der höchsten Stufe der Prophetie steht. Überzeuge dich selbst durch die Ausübung dessen, was er über die Gottesdienste und ihren Einfluß auf die

Reinigung des Herzens und ihre Notwendigkeit für alle Menschen gesagt hat und wie er – Gottes Segen und Friede sei über ihm – in seiner Rede wahrhaftig war: »Wer gemäß seinem Wissen handelt, dem vermacht Gott das Wissen dessen, wovon er nichts weiß«, und wie wahrhaftig war er in seiner Rede: »Wer einem Ungerechten Hilfe leistet, dem möge Gott diesen zum Herrscher über ihn werden lassen«; und wie wahrhaftig war er in seiner Rede: »Wessen Sorgen zu einer einzigen geworden sind (nämlich der um das Jenseits), dem möge der erhabene Gott alle Sorgen des Diesseits und des Jenseits ersparen.« Wenn du all dies in tausend, zweitausend und abertausend Malen erprobst, so wirst du dir ein notwendiges Wissen erwerben, an dem du niemals zweifeln kannst.

Auf diesem Weg sollst du die Gewißheit der Prophetie erstreben, nicht aber durch die Verwandlung des Stocks in eine Schlange und durch die Spaltung des Mondes. Denn wenn du allein darauf schaust, ohne die vielen unzähligen Indizien hinzuzufügen, so wäre es möglich, daß du sie für Magie und Täuschung hieltest und es eine von Gott gelenkte Irreführung sei. Denn »Gott führt irre, wen er will, und er leitet recht, wen er will.«

Alle Fragen, die die Wunder betreffen, kommen auf dich zu. Wenn sich dein Glaube auf eine geordnete Rede über das Wunder als Beweis (für die Prophetie) stützt, dann wird dein Glaube durch eine geordnete Rede in Hinblick auf die Problematik und die Scheinargumente, die man gegen sie erheben wird, vereitelt werden. Möge ein solches Wunder einer der Beweise und Begleitargumente in dem gesamten Denken darüber sein, damit dir ein notwendiges Wissen entsteht, dessen Grundlage allerdings unbestimmt bleibt, wie im Falle desjenigen, dem eine Gruppe (von Menschen) eine zuverlässige Überlieferung mitteilt. Er kann nicht feststellen, daß die Gewißheit auf die Aussage eines einzelnen, bestimmten Individuums zurückgeht, sondern er weiß nicht, woher sie stammt; (ihr Ursprung) liegt weder außer der Gesamtheit all dessen, noch wird er durch die einzelnen Individuen bestimmt. Das ist der starke wissenschaftliche Glaube. Das Schmecken aber ist wie (eigentliches) Schauen und in die Hand Nehmen, das sich nirgendwo anders als auf dem Wege der Mystik findet.

[...]

Wir bitten den allmächtigen Gott, uns zu denjenigen zu zählen, die Er auserwählt und bevorzugt, die Er zum Wahren geführt und geleitet hat, zu denen, denen Er Seinen Namen eingegeben hat, so daß sie Ihn niemals vergessen, die Er vor der Bosheit ihrer eigenen Seele bewahrt, damit sie niemand anderen außer Ihm lieben, und die Er zu sich selbst heraufgehoben hat, damit niemand anderer außer Er selbst verehrt wird.

RUMI

Gedichte
aus dem Mathnawi und dem Diwan

Islam

1   **Das Lied der Flöte**

   Hör auf der Flöte Klang, was er dir sagt,
   Wie sie voll Sehnsucht über Trennung klagt:

   »Seit man mich abschnitt am beschilften See,
   Weint alle Welt bei meinem tiefen Weh.

   Denn wer getrennt ist von des Ursprungs Glück,
   Sehnt sich nach Einheit mit dem Quell zurück.

   Der Klagesang stellt mein Geheimnis dar,
   Doch nehmen Ohr und Auge es nicht wahr.«

   Der Liebe Brand ist's, brennt im Flötenlied,
   Der Liebe Braus ist's, der den Wein durchzieht.

   Gibt's einen Freund, der wie die Flöte liebt?
   Sie kündet, wie der Liebe Blut sich gibt.

2   **Erinnerte Musik**

   Die Weisen sprechen: »Diese Klänge,
   Sie kommen aus dem Firmament auf uns herab.

   Es sind des Himmelsrades Klänge, die die Menschen,
   Mit Laute und mit Kehle nachempfinden.«

   Die Frommen sprechen: »'s ist des Paradieses Werk,
   Das jeden Mißklang dennoch süß erklingen läßt.

   Wir alle sind ein Teil von Adam doch gewesen,
   Und hörten drum die Klänge einst im Paradies.

   Obzwar uns Lehm- und Wasserwesen Zweifel überkamen,
   Sind Spuren dieser Klänge im Gedächtnis uns bewahrt geblieben.«

   Wer liebt, holt seine Nahrung sich aus der Musik;
   In ihr entfaltet sich des Einsseins Traum.

   Des Herzens Träume leben durch sie wieder auf,
   Sie nehmen gar Gestalt an durch die Klänge.

   Der Liebe Feuer wird entfacht durch diese Töne,
   Und auch das Forscherfeuer dessen, der den Klang
      im »Wasser« sucht.

3 Ferne des Geliebten

Warum nicht klagen, wie die Nacht es tut, die ihren Tag verlor,
Da ich des heiß Geliebten helles Antlitz jetzt entbehren muß?

Sogar sein Unmut scheint mir in der Seele angenehm.
Sie will ich ihm, dem Freunde, der mein Herz so quält,
  zum Opfer bringen.

Ich liebe meine Seele und auch meinen Schmerz,
Dem Unvergleichlichen, dem König meiner Seele, zu Gefallen.

Die Tränen, die ich seinetwegen weine,
Sind schöne Perlen. Doch die Menschen sehn nur Tränen.

Der Seele meiner Seele gilt die bittre Klage.
Doch ist's im Grunde keine Klage, ich erzähle nur:

Das Herz behauptet: »Er hat mich gekränkt.«
Wie habe ich sein armes Liebesheucheln dann verlacht!

O sei gerecht zu mir, Du der Gerechten Stolz!
Du bist der Ehrenplatz, und ich die Schwelle Deiner Tür.

Wo aber sind denn Ehrenplatz und Schwelle?
Wie können »wir« und »ich« noch sein, wo mein Geliebter ist?

O Du, des Seele frei geworden ist von »wir« und »ich«!
O Du, Essenz der Seele, die im Manne ist und in der Frau!

Wenn Mann und Frau vereint sind, bist Du jener Eine.
Sind alle »Ichs« getilgt, bist jener Eine Du.

Dies »Ich« und dieses »Wir« erschufst Du nur darum,
Damit Du mit Dir selbst das Spiel des Gottesdienstes
  spielen könntest,

Damit die »Ichs« und »Dus« zu einer Seele würden
Und dann zuguterletzt in Dir, Geliebtester, versänken.

Islam

4 Hochzeit der reinen Herzen

O welch ein Augenblick des Glücks, da wir hier
 im Palaste sitzen, du und ich,
Mit zwei Gestalten, zwei Figuren, doch mit einer Seele, du und ich.

Das grüne Laub des Hains und alle Vogelstimmen
 machen uns unsterblich,
Wenn wir einmal in jenen Garten kommen, du und ich.

Die Himmelssterne werden ihre Blicke auf uns richten:
Wir zeigen ihnen dann den Mond, wir, du und ich.

Wir, du und ich, sind dann nicht mehr getrennt,
 und im Entzücken ineinander aufgegangen,
Voll Wonne und verschont von närrischem Gerede, du und ich.

Die Himmelsvögel insgesamt, die bunt gefiederten,
 verzehren sich in blankem Neid,
Dort, wo wir miteinander fröhlich lachen werden, du und ich.

Das ist das größte Wunder: Du und ich, wir sitzen
 hier im selben Winkel
Und sind im selben Augenblick gemeinsam im Irak, in Khorasan: ja, du und ich.

5 Ein Schlaf und ein Vergessen

Seit vielen Jahren lebt ein Mann in einer Stadt.
Doch kaum daß er zum Schlaf die Augen schließt,

Erblickt er eine andre Stadt, voll Gut und Böse.
Die Heimatstadt vergißt er drüber ganz und gar.

Nun sagt er aber nicht zu sich: »Hier diese Stadt ist neu für mich.
Die meine ist es nicht. Ich hab' hier nichts verloren.«

Er meint vielmehr, sein ganzes Leben
Hab' er schon hier verbracht, von Anfang an in ihr gewohnt.

Wen wundert's dann, wenn sich die Seele ihres Heimatorts,
Den sie dereinst bewohnte und wo sie geboren war,

Nicht mehr erinnert! Denn im Traum von dieser Welt ist sie
Ganz eingehüllt, wie ein von Wolken eingehüllter Stern.

Gerade weil sie so viel Städte schon durchwandert hat,
trübt ihren Blick der Staub. Und immer noch ist er
nicht weggewischt.

6 Der Schmerz der Toten

Wahr sprach der Menschen Führer[1]:
Daß jeder, der durch diese Welt je ging,

Nicht Trauer und Bedauern ob des Todes selbst empfunden hat,
Doch nur ein hundertfach Bedauern,
   weil er die Gelegenheit verstreichen ließ.

»Warum nur hatte ich dem Tod nicht ins Gesicht gesehn?
Hinfällig ist doch all der Reichtum und der Schmuck!

Mein Leben lang war mir der Blick getrübt
Von den Phantomen, die beim Tod verschwinden.«

Die Toten trauern nicht, weil sie gestorben sind:
»Es ist, weil von der Welt der Formen man uns trennte.

Wir sahen nicht, daß sie nur Abbild ist und Schaum.«
Der Schaum entspringt dem Meer und wird von ihm gespeist.

Wenn auf das Land das Meer den Schaum geworfen hat,
Geh' hin zum Friedhof und betrachte dort den »Schaum«!

Und frage ihn: »Warum bewegst du dich nicht mehr?
Wirft denn das Meer dich nicht mehr aus?«

Doch er erwidert stumm, denn seine Lage ist beredt genug:
»Stell' diese Frage doch dem Meer, nicht mir!«

Wie soll das Abbild, das dem Schaum gleicht,
   ohne Welle sich bewegen?
Wie soll der Staub hochfliegen ohne Wind?

Da du des Staubes Bild kennst, sieh den Wind dir an!
Da du den Schaum siehst, sieh auch, wie das Meer ihn schafft!

So komm und sieh! Allein die Einsicht ist's, die in dir dauert,
Der Rest von dir ist Fett und Fleisch und Schuß
   und Kette des Gewebs.

Laß deinen ganzen Körper Sehkraft sein,
Und geh im Sehen auf, im Sehen auf, im Sehen!

Islam

Ein Blick sieht nur zwei Ellen weiter auf dem Weg.
Ein andrer sieht zwei Ebenen des Seins –
und das Gesicht des Königs.

1] Mohammed

7 Nicht wiedergeboren

Und sagte man zum Embryo im Mutterleib:
»Da draußen ist noch eine wunderbare Welt,

Groß ist die Erde, und sie blüht,
Mit hundert schönen Dingen, vielen Früchten,

Mit Bergen, Meeren, weiten Ebenen,
Mit Gärten, Parkanlagen, Feldern,

Mit einem hohen Himmel, reich an Licht,
Mit Sonne, Mondschein, Hunderten von Sternen!

Ganz unbeschreiblich sind all ihre Wunder.
Was weilst du noch im Dunkel voller Leid,

Trinkst Blut in deinem engen,
Mit Schmutz und Elend angefüllten Folterloch?«

Der Embryo, nichts andres kennend, würde widersprechen,
Die Botschaft ganz verwerfen und nichts glauben.

Absurd erschien' ihm dies, als Täuschung und Erfindung,
Da er in seiner Blindheit sich kein Bild vom Draußen
   machen könnte.

Genauso geht es auch den Menschen dieser Welt,
Wenn von der andren Welt die Heiligen erzählen:

Sie sagen, daß die Welt hier eine Grube ist,
   sehr dunkel und sehr eng,
Daß aber draußen eine Welt liegt, für die Sinne nicht
   zu riechen und zu sehen.

Nichts dringt davon ans Ohr der Menschen dieser Welt,
Da es verhüllt von der Begierde dickem, grobem Schleier,

So wie die Gier nach Blut den Embryo behindert –
Blut ist die Speise seines engen Heims –,

An den Bericht von einer Außenwelt zu glauben,
Da er nur Blut als Speise kennt.

8 Last des Lebens

Aus Dir kam mir zuerst dies Fluten im Gemüt, dies Auf und Ab.
Sonst hätte sich mein Meer, Du Herrlicher, ja nie bewegt.

Aus Dir kam mir der schwanke Wankelmut.
So sende mir aus Dir nun gnädig auch Entschlossenheit.

Du, der Du Männer schwach wie Frauen machst,
Schwach hast Du mich gemacht, der Du auch wieder Hilfe gibst.

Wann nimmst Du mir die Schwäche, Herr?
Zeig *einen* Weg mir, stell' mich nicht vor hundert Pfade!

Ich bin wie ein Kamel, ganz dürr, mit wundem Rücken,
Dem freien Willen ausgesetzt, der wie ein Sattel scheuert.

Ein Mal hängt er auf dieser Seite schwer herab,
Ein ander Mal zerrt er an jener Seite.

Nimm mir die schlecht verteilte Last doch wieder ab,
Laß mich im Garten Deiner Gnade weiden.

An hunderttausend Jahr treib ich nun schon dahin
Ganz unfreiwillig, wie ein Stäubchen in der Luft.

Doch sollte ich auch jene andre Zeit und Lage
  schon vergessen haben –
Die Reise tief im Schlaf erinnert mich daran.

Des Nachts entkomm' ich diesem Folterkreuz,
Der Welt entfliehend zu der Seelenwiese,

Und trinke Milch der längst vergangnen Tage,
Gespendet von der Amme »Schlaf«, o großer Freund.

Die ganze Welt flieht vor dem freien Willen und dem Sein im Hier
Und stürzt sich in die Trunkenheit.

Um vom Bewußten für die Dauer eines Atemzugs erlöst zu sein,
Verschmäht sie nicht den Wein und nicht betäubende Musik.

Denn allen ist bewußt, daß dieses Sein im Hier ein Fallstrick ist,
Daß freier Wille, Denken und Erinnern eine Hölle sind.

Islam

9 Der Geist der Heiligen

Es gibt ein Wasser, das vom Himmel strömt,
Durch Gottes Gnade reinigt es die Welt.

Ist's dann verbraucht, und seine Kraft erschöpft,
Getrübt von fremdem Schmutz, eilt es zurück,

Zurück zur Quelle, die die Reinheit ist.
Von dort fließt es, erfrischt, erneut zur Welt

Und hinterläßt dort seine Herrlichkeit.
Dies Wasser ist der Geist der Heiligen,

Der Balsam Gottes für die wunden Seelen,
Der strömt, und selbst zum Bettler wird, bis er

Zum Licht des Himmelsschöpfers wiederkehrt.

10 Kinder des Lichts

Jenseits der Sterne gibst's noch andre Sterne,
Von schlechtem Einfluß nicht verfinstert, und auch selbst
 nicht übel wirkend.

Sie wandern in ganz andren Himmeln,
Ganz andren als den sieben uns bekannten Himmeln,

Und leuchten stetig in der Lichterstrahlung Gottes,
Einander nicht verbunden, noch getrennt der eine
 von dem andern.

Wenn diese Sterne das Geschick bestimmen,
So fliegt die Seele auf. Doch wer nicht glaubt, verglüht.

Und über alle Seelen streute Gott sein Licht.
Doch nur die Seligen, die ihr Gewand ausbreiteten, empfingen es.

Und als sie diese Fülle Licht gewonnen hatten,
Da wandten sie sich von den Dingen ab, und nur Gott zu.

Was aus dem Meer stammt, geht zurück zum Meer.
Woher etwas auch kommt, es kehrt zurück, woher es kam:

Zum Berg die raschen Ströme,
Zu unsrem Körper die von Liebe angetriebne Seele.

11 Der Hohepriester »Liebe«

Den heftig Liebenden verrät sein Herz:
Kein Schmerz ist quälender als Herzensschmerz.

Die Liebe ist ein Mangel eigner Art,
Der Sternenweg zu Gottes Gegenwart.

Brennt sie im Diesseits- oder Jenseitshaus,
Am Ende führt sie hier wie dort hinaus.

Wenn der Verstand erklärt, was Liebe ist,
So tappt er wie der Esel auf dem Mist.

Die Liebe und den Liebenden beschreibt
Allein die Liebe, die sie selber bleibt,

Wie nur die Sonne von sich selber weiß.
Betrachte sie! So hast du den Beweis!

12 Zu Dir wende ich mich

O Du mein Seelentrost in dieser Zeit des Leids,
O Du mein Geistesschatz in Todes Bitterkeit.

Was sich die Phantasie nie vorgestellt, und der Verstand
    noch nie gesehen hat,
Das kommt von Dir zu meiner Seele. Zu Dir wende
    ich mich drum und bete an.

Durch Deine Gnade bleibt mein Blick voll Liebe
    auf die Ewigkeit gerichtet,
Wenn nicht die Pracht, die doch vergeht, mich in die Irre führt.

Der Duft des Boten, der mir gute Nachricht von Dir bringt,
Auch wenn Du mich nicht rufst, klingt mir viel süßer noch ins Ohr
    als süßester Gesang.

Und würde selbst die Gnade, die nicht endet, mir
    die größten Reiche bieten,
Und würde auch der tief verborgne Schatz mir
    alle Dinge offenbaren,

So würde meine Seele sich doch niederwerfen,
    in den Staub ihr Antlitz pressen,
Und würde rufen: »Von all diesen Dingen sei doch nur
    die Liebe eines Wesens, wie Du bist, für mich!«

Islam

13 Die Wahrheit in uns

War einst ein schöner Garten, Bäume voller Obst,
Und Trauben, Gras und Laub.

Ein Sufi saß im Garten, strebte nach Erfüllung,
Nach Sufi-Art den Kopf auf seine Knie gelegt.

Und als er so in sich versunken saß,
Da schreckte ihn ein Störenfried aus seiner Ruhe auf.

»Was schläfst du nur? Sieh doch die Reben!
Sieh doch die Bäume, sieh das grüne Laub, die Zeichen Gottes!

Hat er nicht diese Zeichen vor uns ausgebreitet und gesagt:
Seht da, geht zu den Zeichen meiner Gnade!«

Der Sufi aber sprach: »Die Zeichen trage ich im Herzen.
    Warum eiferst du?
Die Dinge draußen sind nur Zeichen dieser Zeichen, weiter nichts.

Die Gärten und das Grün, sie sind im Seelenauge,
Und außerhalb siehst du nur Reflexionen, Spiegelungen
    wie im Wasser.

So spiegelt sich im Denken, in der Vorstellung,
Des Menschen Herz und Seele.«

Was ist die Schönheit dieser Welt? Ein Bild doch nur,
Wie Zweige eines Gartens, die sich zitternd spiegeln
    auf der Fläche eines Stroms –

Des ew'gen Gartens Zweige, der
Im Herzen des vollkommnen Menschen unverwelklich dauert.

14 Der Mann, der auf dem Weg zur Hölle zurückblickte

Die unsichtbaren Wächterengel vor und hinter ihm,
Er sah sie plötzlich, als er weiterging.

Sie trieben ihn und stießen ihn mit Schwertern weiter:
»Los, Hund, los, geh zu deinem Lager!«

Doch er verharrt und weigert sich,
Und hoffnungsvoll blickt er zurück.

Die Tränen fallen wie im Herbst der Regen,
Denn nur die Hoffnung bleibt ihm noch, nichts sonst.

Und jedes Mal, wenn er sich wendet,
Fällt unverwandt sein Blick auf Seine Gegenwart,
 die Gegenwart des Heiligen.

Doch jetzt gebietet Gott aus Seiner Welt des Lichts:
»Sagt ihm: O Mensch, du Taugenichts!

Was wartest du? Du Grube voller Übel!
Was blickst du so zurück, du Tollkopf du?

Als man dir damals das Verzeichnis deiner Missetaten zeigte,
Warum sahst du nicht hin? Nun hast du deine Strafe!«

Der aber sprach: »Was Du beschrieben hast,
Das bin ich hundertfach, ja hundertfach, ja hundertfach!

Doch außer dem, was ich geleistet und getan,
Und außerhalb von Gut und Böse, Glaube und Unglaube,

Und außerhalb von Folgsamkeit und Ungehorsam
Hegt' ich doch immer Hoffnung auf die reine Gnade.

Drum wende ich mich nun erneut an Deine reine Gnade
Und schaue nicht auf das, was ich getan.

Mein Leben hast Du mir bedingungslos als Ehrenkleid gegeben.
Stets habe ich darauf gebaut.«

Als er nun seine Sünden so gestanden hatte,
Da schenkte Er ihm Seine reine Gnade. Zu den Engeln sagte Er:

»Führt ihn nun doch zu Mir zurück!
Es blickte aus dem Auge seines Herzens stets die Zuversicht
 auf Mich, die Hoffnung.

Nichts will Ich ihm nachtragen, gehen laß Ich ihn
Und seine Fehler will Ich ihm vergeben.

Ein Feuerwerk der Gnade will Ich zünden,
Daß von den Fehlern und Vergehen nichts mehr bleibt,

Und selbst in seinem schwächsten Funken noch
Verbrennen Fehler, Schicksal und der freie Wille.

Ein Feuer lege Ich an das Gewand des Menschen,
 seine Körperwohnung,
Und seine Dornenhecke wird zum heil'gen Rosenbeet.«

Islam

15 Alle werden wir von Ihm gezogen

Auch wer blind nachahmt, ob er gut ist oder schlecht,
Der wird gebunden und zu Ihm gezogen.

Und allen Menschen geht es so, selbst wenn sie widerstreben.
Nur jene widerstreben nicht, die um's Geheimnis dieses
   Handelns Gottes wissen.

Denn für den blinden Nachahmer gilt immer: »Folge unter Zwang!«
Doch für den Menschen, der in reiner Wahrheit lebt, gilt:
   »Folge frei!«

Der eine liebt die Amme nur von wegen ihrer Milch,
Der andre gibt sein Herz Der, die verhüllt ist, hin.

Das Kind ahnt nichts von Ihrer Schönheit
Und will nur Milch von Ihr.

Der andre aber liebt die Amme selbst
Und gibt sich rückhaltlos der Liebe zu Ihr hin.

Doch sei's, daß einer Gott um einer andern Sache,
   nicht um Seinetwillen, liebt,
Um seine Gnade ewig zu erfahren,

Sei's auch, daß einer Gott um keiner andern Sache,
   nur um Seinetwillen, liebt,
Um niemals mehr von Ihm getrennt zu sein –

In beiden Fällen geht die Suche von der gleichen Quelle aus:
Er, der die Herzen an Sich zieht, Er bindet beider Herzen.

16 Der mystische Weg

Stopft Watte in das Ohr des niedren Fühlens,
Damit das innre Ohr euch nicht ertaubt.

Seid ohne Fühlen, ohne Hören, Denken,
Damit ihr hört, wie Gott euch ruft: »Kehrt um!«

Die äußre Reise ist das, was wir reden, was wir tun,
Die innre Reise aber trägt sich überm Himmel zu.

Des Körpers Reise findet auf dem Festland statt.
Doch wenn die Seele reist, so geht sie übers
   Wasser der Empfindungen.

17 »Hier bin Ich«

Einst rief ein Mann die Nacht hindurch nur »Allah«,
Bis ihm sein Mund ganz süß war von dem Wort.

Der Teufel aber sprach: »Wo bleibt denn nun, Freund vieler Worte,
Die Antwort, das 'Hier bin Ich', auf die vielen 'Allah'-Rufe?

Bisher ist auch nicht eine Antwort von dem Thron herab ergangen.
Wie viele 'Allahs' willst du denn noch so verbissen sagen?«

Da sank dem Mann das Herz. Er legte sich zum Schlaf
Und sah im Traum Khizr[1] im Grünen.

Der fragte: »Horch! Warum willst du jetzt nicht mehr 'Allah' sagen?
Warum bereust du denn dein Rufen?«

Er gab zur Antwort: »Das 'Hier bin Ich' kommt ja nie!
Ich fürchte, ich bin nicht mehr zu der Tür gewendet.«

Da sagte Khizr: »Heißt es nicht: Dein 'Allah' ist Mein 'Hier bin Ich',
Und all dein Flehen, Schmerz und Kummer künden nur von Mir?

Mit deiner Furcht und Liebe fängst du Meine Huld,
Rufst du 'o Herr', ist immer ein 'Hier bin Ich' drin enthalten.«

1) Khizr – nach islamischer Überlieferung Prophet und Weggefährte des Mose

18 Die Seele des Gebets

Dschalal 'l-din wurde gefragt: »Gibt es einen Weg, der mich noch näher zu Gott führt als das rituelle Gebet?« »Nein«, gab Dschalal 'l-din zur Antwort. »Doch besteht das Gebet nicht nur aus Formen. Das Formengebet hat einen Anfang und ein Ende wie alle Formen, Körper und alles, was an Sprache und Klang teilhat. Die Seele aber ist un-bedingt und unendlich, ohne Anfang und Ende. Die Propheten haben uns das wahre Wesen des Gebets erklärt...

Gebet ist das Versinken und Freiwerden der Seele vom gewöhnlichen Bewußtsein, so daß all diese Formen außerhalb sind. Dann ist nicht einmal mehr Raum in ihr für Gabriel, der reiner Geist ist. Man könnte sagen, der Mensch, der so betet, ist von allen religiösen Pflichten befreit, da er seines urteilenden Verstandes ledig ist. Ganz in der göttlichen Einheit aufzugehen ist die Seele des Gebets.«

Islam

19 Der Freund, der »Ich« sagte

Es kam ein Mann und klopfte an des Freundes Tür.
Der fragte: »Wer ist draußen, der mir so vertraut?«

Der andre sagte: »Ich.« Da sprach der Freund:
»Geh! Es ist noch nicht Zeit.
Für einen Rohen ist an meinem Tisch kein Platz.«

Was aber, außer Trennungsfeuer,
Kocht alles Rohe gar? Was sonst befreit es von der Heuchelei?

Da ging der Arme, und ein volles Reisejahr
Verzehrten ihn des Trennungsbrandes Flammen.

Erst als der Leidende gekocht war, kam er wieder
Und schlich so um des Freundes Haus herum.

Höflich und schüchtern klopft' er an die Tür,
Kein falsches Wort sollt' seinem Mund entschlüpfen.

Da rief sein Freund: »Wer ist da vor der Tür?«
Der andre sprach: »Der vor der Tür ist, bist du selbst, Geliebter!«

Da sprach der Freund: »Nun, da du 'ich' bist, Ich, tritt ein.
Denn zwei Ichs haben keinen Raum in meinem Haus.«

20 Aufstieg der Seele

Ich starb als Stein und wurde Pflanze.
Ich starb als Pflanze und stieg auf zum Tier.

Ich starb als Tier und wurde Mensch.
Was also soll ich fürchten? Wurde ich durch's Sterben je geringer?

Das nächste Mal sterb' ich als Mensch,
Um als ein Engel, schön geflügelt, aufzusteigen.

Doch auch als Engel muß ich weiter auf die Suche gehn,
Denn alles geht zugrunde außer Ihm.

Als Engel opfre ich mich noch einmal
Und werde etwas jenseits allen Ahnens.

Dann gehe ich ins Nichts-Sein ein, das wie ein Orgelbrausen
Verkündet: »Wahrlich, alle kehren wir zu Ihm zurück!«

21 Das Gebet des Hirten

Am Weg traf Mose einen Hirten,
Der ständig rief: »O Gott, der Du die Wahl triffst, wie Du willst,

Wo bist Du denn? Ich will Dein Diener sein.
Ich will Dir Deine Schuhe flicken und die Haare kämmen.

Ich will Dir Deine Kleider waschen und Dich lausen.
Die Milch will ich Dir holen, o Du Großer!

Ich will Dir Deine Händchen küssen und die Füßchen
Dir massieren.
Wenn Du zu Bett gehst, will ich Dir Dein Zimmer fegen.«

Solch wirres Zeug sprach dieser Hirte unablässig.
Da sagte Mose: »Mit wem sprichst du eigentlich, du Narr?

Was für ein Unsinn, Lästerung und Raserei!
Stopf dir doch lieber Watte in den Mund!

Ja wirklich, Feindschaft ist die Freundschaft eines Dummen.
Gott, der Erhabene, kann solchen Dienst fürwahr entbehren!«

Der Hirte, voller Schreck, zerriß sein Kleid.
Er seufzte tief und schlich sich in die Wüste.

Doch da erging das Wort von Gott zu Mose:
»Da, Meinen Diener hast du jetzt von Mir getrennt!

Kamst du, um zu vereinen,
Oder kamst du, um zu trennen?

Ein eignes Wesen gab Ich jedem Menschen,
Und jedem gab Ich eigne Ausdruckskraft.

Die Inder loben Mich auf Inder-Art,
Die Sindhi loben Mich auf Sindhi-Art.

Ich achte nicht auf Äußeres und Worte.
Ich achte auf das Innre und das Wesen.

Ich schaue in das Herz, ob Demut darin wohnt,
Auch wenn die Worte nicht voll Demut sind.

Genug der Phrasen, hintersinnigen Gedanken, schönen Bilder!
Ich will nur Brennen! Brennen! Sorge, daß du brennst!

Entzünde dir im Herzen Liebesfeuer!
Verbrenne die Gedanken und die Phrasen!

Islam

Ach, Mose, einer kennt genau die Bräuche,
Von andrer Art ist aber, wessen Seele brennt!«

Von allen Religionen unterscheidet sich die Religion der Liebe.
Wer liebt, hat seinen eignen Weg und Glauben.

22 Fortschritt des Menschen

Erst kam er in die Welt der Steine,
Und aus der Welt der Steine ging er in das Pflanzenreich.

Er lebte Jahre dann als Pflanze,
Vergaß das früh're Leben – denn zu ungleich sind die beiden.

Und als er von der Pflanze sich zum Tier erhob,
Vergaß er alles, was des Pflanzenlebens ist,

Nur wenn er sich doch einmal sehnt,
Zumeist im Frühling, wenn die Blumen blühen,
    fällt's ihm wieder ein.

Dem Kinde gleich, das nur die Brust der Mutter will,
Kennt er nicht das Geheimnis seines Wunschs nach Saugen.

23 Reifsein ist alles

O Seele, trink der Weisheit Worte, deren Licht verhüllt ist,
Weil du das unverhüllte Licht noch nicht erträgst,

Damit du einst das wahre Licht erträgst
Und das, was jetzt verhüllt ist, ohne Schleier siehst.

Und streife durch den Himmel wie ein Stern,
Doch reise ohne Himmel, nicht bedingt vom Himmel!

Genauso kommst du auch vom Nichts ins Sein.
Wie kamst du? Sprich! Du kamst betäubt!

Die Wege, die du kamst, hast du vergessen.
Doch einen Wink will ich dir geben.

Laß das Bewußtsein fahren und gib acht!
Schließ' deine Ohren, und dann hör' gut zu!

Doch nein, mehr sag' ich nicht, du bist mir noch nicht reif,
Du bist im Frühling, kennst den Sommer nicht.

Die Welt, ihr Edlen, sie ist wie ein Baum,
Wir sind darauf die halbgereiften Früchte.

Fest klammern sie sich an den Ast,
Weil sie, noch unreif, wie sie sind, für den Palast nicht taugen.

Doch wenn sie reif und süß sind und dem Mund
   schön schmeicheln,
Dann lassen sie die Zweige los.

Wem jene große Seligkeit den Mund versüßte,
Dem liegt nichts mehr am Süßen dieser Welt.

Nun ist noch etwas ungesagt. Doch dies sagt dir
Der heil'ge Geist, er braucht mich nicht dazu,

O nein! Selbst sag' es dir ins eigne Ohr
– Nicht ich und auch kein andrer, da du ich bist –

So, wie du, wenn du schläfst,
Von dir hinwanderst zu dir selbst

Und zu dir selbst dich sprechen hörst und denkst, es sei ein andrer,
Der zu dir insgeheim im Schlafe flüstert:

O lieber Freund, du bist nicht nur ein kleines Du.
Du bist der Himmel und das tiefe Meer,

Das mächtig-volle Du – neunhundert Dus –,
Der Ozean, der Strudel Hunderter von Dus.

O rede nicht, damit du von dem großen Redner hörst,
Was niemals ausgesprochen wird durch einen Mund.

O rede nicht, damit der Geist statt deiner spricht.
Wirf alle Worte über Bord, wenn du im »Wort«,
   in Noahs Arche[1], bist.

1] »Arche« ist hebräisch auch gleich »Wort«

Judentum

Die Sprüche Salomos
Das Buch Jesus Sirach
Die Weisheit Salomos

Die Sprüche Salomos

Kapitel 1-9

Judentum

1

1 Sprichwörter Salomos, des Sohnes Davids,
  des Königs von Israel:
2 um Weisheit zu lernen und Zucht,
  um kundige Rede zu verstehen,
3 um Zucht und Verständnis zu erlangen,
  Gerechtigkeit, Rechtssinn und Redlichkeit,
4 um Unerfahrenen Klugheit zu verleihen,
  der Jugend Kenntnis und Umsicht.
5 Der Weise höre und vermehre sein Wissen,
  der Verständige lerne kluge Führung,
6 um Sinnspruch und Gleichnis zu verstehen,
  die Worte und Rätsel der Weisen.
7 Gottesfurcht ist Anfang der Erkenntnis,
  nur Toren verachten Weisheit und Zucht.
8 Höre, mein Sohn, auf die Mahnung des Vaters,
  und die Lehre deiner Mutter verwirf nicht!
9 Sie sind ein schöner Kranz auf deinem Haupt
  und eine Kette für deinen Hals.
10 Mein Sohn, wenn dich Sünder locken,
   dann folg ihnen nicht,
11 wenn sie sagen: Geh mit uns,
   wir wollen darauf lauern, Blut zu vergießen,
   ohne Grund dem Arglosen nachzustellen;
12 wie die Unterwelt wollen wir sie lebendig verschlingen,
   Männer in ihrer Kraft, als wären sie dem Grab verfallen.
13 Manch kostbares Stück werden wir finden,
   mit Beute unsere Häuser füllen.
14 Wirf dein Los in unserm Kreis,
   gemeinsam sei uns der Beutel.
15 Mein Sohn, geh nicht mit ihnen,
   halte deinen Fuß fern von ihrem Pfad!
16 Denn ihre Füße laufen dem Bösen nach,
   sie eilen, Blut zu vergießen.
17 Umsonst wird das Netz ausgespannt
   vor den Augen aller Vögel;

Die Sprüche Salomos

18 sie aber lauern auf ihr eigenes Blut,
   sie trachten sich selbst nach dem Leben.

19 So enden alle, die sich durch Raub bereichern:
   Wer ihn an sich nimmt, dem raubt er das Leben.

20 Die Weisheit ruft laut auf der Straße,
   auf den Plätzen erhebt sie ihre Stimme.

21 Am Anfang der Mauern predigt sie,
   an den Stadttoren hält sie ihre Reden:

22 Wie lang noch, ihr Törichten, liebt ihr Betörung,
   gefällt den Zuchtlosen ihr dreistes Gerede,
   hassen die Toren Erkenntnis?

23 Wendet euch meiner Mahnung zu!
   Dann will ich auf euch meinen Geist ausgießen
   und meine Worte euch kundtun.

24 Als ich rief, habt ihr euch geweigert,
   meine drohende Hand hat keiner beachtet;

25 jeden Rat, den ich gab, habt ihr ausgeschlagen,
   meine Mahnung gefiel euch nicht.

26 Darum werde auch ich lachen,
   wenn euch Unglück trifft,
   werde spotten, wenn Schrecken über euch kommt,

27 wenn der Schrecken euch wie ein Unwetter naht
   und wie ein Sturm euer Unglück hereinbricht,
   wenn Not und Drangsal euch überfallen.

28 Dann werden sie nach mir rufen, doch ich höre nicht,
   sie werden mich suchen, aber nicht finden.

29 Weil sie die Einsicht haßten
   und nicht die Gottesfurcht wählten,

30 meinen Rat nicht wollten,
   meine ganze Mahnung mißachteten,

31 sollen sie nun essen von der Frucht ihres Tuns
   und von ihren Plänen sich sättigen.

32 Denn die Abtrünnigkeit der Haltlosen ist ihr Tod,
   die Sorglosigkeit der Toren ist ihr Verderben.

33 Wer aber auf mich hört, wohnt in Sicherheit,
   ihn stört kein böser Schrecken.

2

1 Mein Sohn, wenn du meine Worte annimmst
und meine Gebote beherzigst,
2 der Weisheit Gehör schenkst,
dein Herz der Einsicht zuneigst,
3 wenn du nach Erkenntnis rufst,
mit lauter Stimme um Einsicht bittest,
4 wenn du sie suchst wie Silber,
nach ihr forschst wie nach Schätzen,
5 dann wirst du die Gottesfurcht begreifen
und Gotteserkenntnis finden.
6 Denn der Herr gibt Weisheit,
aus seinem Mund kommen Erkenntnis und Einsicht.
7 Für die Redlichen hält er Hilfe bereit,
den Rechtschaffenen ist er ein Schild.
8 Er hütet die Pfade des Rechts
und bewacht den Weg seiner Frommen.
9 Dann begreifst du, was Recht und Gerechtigkeit ist,
Redlichkeit und jedes gute Verhalten;
10 denn Weisheit zieht ein in dein Herz,
Erkenntnis beglückt deine Seele.
11 Besonnenheit wacht über dir,
und Einsicht behütet dich.
12 Sie bewahrt dich vor dem Weg des Bösen,
vor Leuten, die Verkehrtes reden,
13 die den rechten Weg verlassen,
um auf dunklen Pfaden zu gehen,
14 die sich freuen am bösen Tun
und jubeln über die Verkehrtheit des Schlechten,
15 deren Pfade krumm verlaufen
und deren Straßen in die Irre führen.
16 Sie bewahrt dich vor der Frau des andern,
vor der Fremden, die verführerisch redet,
17 die den Gefährten ihrer Jugend verläßt
und den Bund ihres Gottes vergißt;

18 ihr Haus sinkt hinunter zur Totenwelt,
   ihre Straße führt zu den Totengeistern hinab.
19 Wer zu ihr geht, kehrt nie zurück,
   findet nie wieder die Pfade des Lebens.
20 Darum geh auf dem Weg der Guten,
   halte dich an die Pfade der Gerechten;
21 denn die Redlichen werden das Land bewohnen,
   wer rechtschaffen ist, wird darin bleiben.
22 Die Frevler aber werden aus dem Land verstoßen,
   die Verräter aus ihm weggerissen.

3

1 Mein Sohn, vergiß meine Lehre nicht,
   bewahre meine Gebote in deinem Herzen!
2 Denn sie vermehren die Tage und Jahre deines Lebens
   und bringen dir Wohlergehen.
3 Nie sollen Liebe und Treue dich verlassen;
   binde sie dir um den Hals,
   schreib sie auf die Tafel deines Herzens!
4 Dann erlangst du Gunst und Beifall
   bei Gott und den Menschen.
5 Mit ganzem Herzen vertrau auf den Herrn,
   bau nicht auf eigene Klugheit;
6 such ihn zu erkennen auf all deinen Wegen,
   dann ebnet er selbst deine Pfade.
7 Halte dich nicht selbst für weise,
   fürchte den Herrn, und fliehe das Böse!
8 Das ist heilsam für deine Gesundheit
   und erfrischt deine Glieder.
9 Ehre den Herrn mit deinem Vermögen,
   mit dem Besten von dem, was du erntest.
10 Dann füllen sich deine Scheunen mit Korn,
   deine Fässer laufen über von Wein.
11 Mein Sohn, verachte nicht die Zucht des Herrn,
   widersetz dich nicht, wenn er dich zurechtweist.
12 Wen der Herr liebt, den züchtigt er,
   wie ein Vater seinen Sohn, den er gern hat.

13 Wohl dem Mann, der Weisheit gefunden,
    dem Mann, der Einsicht gewonnen hat.
14 Denn sie zu erwerben ist besser als Silber,
    sie zu gewinnen ist besser als Gold.
15 Sie übertrifft die Perlen an Wert,
    keine kostbaren Steine kommen ihr gleich.
16 Langes Leben birgt sie in ihrer Rechten,
    in ihrer Linken Reichtum und Ehre;
17 ihre Wege sind Wege der Freude,
    all ihre Pfade führen zum Glück.
18 Wer nach ihr greift, dem ist sie ein Lebensbaum,
    wer sie festhält, ist glücklich zu preisen.
19 Der Herr hat die Erde mit Weisheit gegründet
    und mit Einsicht den Himmel befestigt.
20 Durch sein Wissen brechen die tiefen Quellen hervor
    und träufeln die Wolken den Tau herab.
21 Mein Sohn, laß beides nicht aus den Augen:
    Bewahre Umsicht und Besonnenheit!
22 Dann werden sie dir ein Lebensquell,
    ein Schmuck für deinen Hals;
23 dann gehst du sicher deinen Weg
    und stößt mit deinem Fuß nicht an.
24 Gehst du zur Ruhe, so schreckt dich nichts auf,
    legst du dich nieder, erquickt dich dein Schlaf.
25 Du brauchst dich vor jähem Erschrecken nicht zu fürchten
    noch vor dem Verderben, das über die Frevler kommt.
26 Der Herr wird deine Zuversicht sein,
    er bewahrt deinen Fuß vor der Schlinge.
27 Versag keine Wohltat dem, der sie braucht,
    wenn es in deiner Hand liegt, Gutes zu tun.
28 Wenn du jetzt etwas hast, sag nicht zu deinem Nächsten:
    Geh, komm wieder, morgen will ich dir etwas geben.
29 Sinne nichts Böses gegen deinen Nächsten,
    der friedlich neben dir wohnt.
30 Bring niemand ohne Grund vor Gericht,
    wenn er dir nichts Böses getan hat.
31 Beneide den Gewalttätigen nicht,
    wähle keinen seiner Wege;

32 denn ein Greuel ist dem Herrn der Ränkeschmied,
die Redlichen sind seine Freunde.

33 Der Fluch des Herrn fällt auf das Haus des Frevlers,
die Wohnung der Gerechten segnet er.

34 Die Zuchtlosen verspottet er,
den Gebeugten erweist er seine Gunst.

35 Die Weisen erlangen Ehre,
die Toren aber häufen Schande auf sich.

4

1 Ihr Söhne, hört auf die Mahnung des Vaters, merkt auf,
damit ihr Einsicht lernt;

2 denn gute Lehre gebe ich euch.
Laßt nicht ab von meiner Weisung!

3 Als ich noch ein Knabe war bei meinem Vater,
das zarte und einzige Kind meiner Mutter,

4 da lehrte er mich und sagte zu mir:
Nimm dir meine Worte zu Herzen,
folge meinen Geboten, und du wirst leben.

5 Erwirb dir Weisheit, erwirb dir Einsicht,
vergiß sie nicht, weich nicht ab von meinen Worten!

6 Laß nicht von ihr, und sie wird dich behüten,
liebe sie, und sie wird dich beschützen.

7 Anfang der Weisheit ist: Erwirb dir Weisheit,
erwirb dir Einsicht mit deinem ganzen Vermögen!

8 Halte sie hoch, dann wird sie dich erhöhen;
sie bringt dich zu Ehren, wenn du sie umarmst.

9 Sie setzt dir einen schönen Kranz auf das Haupt,
eine prächtige Krone wird sie dir schenken.

10 Höre, mein Sohn, und nimm meine Worte an,
dann mehren sich die Jahre deines Lebens.

11 Den Weg der Weisheit zeige ich dir,
ich leite dich auf ebener Bahn.

12 Wenn du gehst, ist dein Schritt nicht beengt,
wenn du läufst, wirst du nicht straucheln.

13 Halt fest an der Zucht, und laß davon nicht ab,
bewahre sie; denn sie ist dein Leben.

14 Betritt nicht den Pfad der Frevler,
   beschreite nicht den Weg der Bösen!
15 Meide ihn, geh nicht auf ihm,
   kehr dich von ihm ab, und geh vorbei!
16 Denn sie schlafen nicht, ehe sie Böses tun;
   der Schlaf flieht sie, bis sie Verbrechen begehen.
17 Sie essen das Brot des Unrechts
   und trinken den Wein der Gewalttat.
18 Doch der Pfad der Gerechten ist wie das Licht am Morgen;
   es wird immer heller bis zum vollen Tag.
19 Der Weg der Frevler ist wie dunkle Nacht;
   sie merken nicht, worüber sie fallen.
20 Mein Sohn, merk auf meine Worte,
   neige dein Ohr meiner Rede zu!
21 Laß sie nicht aus den Augen,
   bewahre sie tief im Herzen!
22 Denn Leben bringen sie dem, der sie findet,
   und Gesundheit seinem ganzen Leib.
23 Mehr als alles hüte dein Herz;
   denn von ihm geht das Leben aus.
24 Vermeide alle Falschheit des Mundes,
   und Verkehrtheit der Lippen halt von dir fern!
25 Deine Augen sollen geradeaus schauen,
   und deine Blicke richte nach vorn!
26 Ebne die Straße für deinen Fuß,
   und alle deine Wege seien geordnet.
27 Bieg nicht ab, weder rechts noch links,
   halt deinen Fuß vom Bösen zurück!

5

1 Mein Sohn, merk auf meinen weisen Rat,
  neige meiner Einsicht dein Ohr zu,
2 damit du Besonnenheit bewahrst
  und deine Lippen auf Klugheit achten.
3 Denn die Lippen der fremden Frau triefen von Honig,
  glatter als Öl ist ihr Mund.

4 Doch zuletzt ist sie bitter wie Wermut,
scharf wie ein zweischneidiges Schwert.

5 Ihre Füße steigen zur Totenwelt hinab,
ihre Schritte gehen der Unterwelt zu.

6 Den ebenen Pfad zum Leben verfehlt sie,
sie geht krumme Wege und merkt es nicht.

7 Nun denn, ihr Söhne, hört auf mich,
weicht nicht ab von den Worten, die mein Mund spricht.

8 Halte deinen Weg von ihr fern,
komm ihrer Haustür nicht nahe!

9 Sonst schenkst du andern deine Kraft,
deine Jahre einem Rücksichtslosen;

10 sonst sättigen sich Fremde an deinem Besitz,
die Frucht deiner Arbeit kommt in das Haus eines andern,

11 und am Ende wirst du stöhnen,
wenn dein Leib und dein Fleisch dahinsiechen.

12 Dann wirst du bekennen:
Weh mir, ich habe die Zucht gehaßt,
mein Herz hat die Warnung verschmäht;

13 ich habe nicht auf die Stimme meiner Erzieher gehört,
mein Ohr nicht meinen Lehrern zugeneigt.

14 Fast hätte mich alles Unheil getroffen
in der Versammlung und in der Gemeinde.

15 Trink Wasser aus deiner eigenen Zisterne,
Wasser, das aus deinem Brunnen quillt.

16 Sollen deine Quellen auf die Straße fließen,
auf die freien Plätze deine Bäche?

17 Dir allein sollen sie gehören,
kein Fremder soll teilen mit dir.

18 Dein Brunnen sei gesegnet;
freu dich der Frau deiner Jugendtage,

19 der lieblichen Gazelle, der anmutigen Gemse!
Ihre Liebkosung mache dich immerfort trunken,
an ihrer Liebe berausch dich immer wieder!

20 Warum solltest du dich an einer Fremden berauschen,
den Busen einer andern umfangen?

21 Denn der Weg eines jeden liegt offen vor den Augen des Herrn,
er achtet auf alle seine Pfade.

Judentum

22 Der Frevler verfängt sich in der eigenen Schuld,
die Stricke seiner Sünde halten ihn fest.

23 Er stirbt aus Mangel an Zucht,
wegen seiner großen Torheit stürzt er ins Verderben.

6

1 Mein Sohn, hast du deinem Nächsten Bürgschaft geleistet,
hast du einem Fremden den Handschlag gegeben,

2 hast du dich durch deine Worte gebunden,
bist du gefangen durch deine Worte,

3 dann tu doch dies, mein Sohn: Reiß dich los;
denn du bist in die Hände deines Nächsten geraten.
Geh eilends hin, und bestürm deinen Nächsten!

4 Gönne deinen Augen keinen Schlaf,
keinen Schlummer deinen Wimpern,

5 entreiß dich seiner Hand wie eine Gazelle,
wie ein Vogel der Hand des Jägers!

6 Geh zur Ameise, du Fauler,
betrachte ihr Verhalten, und werde weise!

7 Sie hat keinen Meister,
keinen Aufseher und Gebieter,

8 und doch sorgt sie im Sommer für Futter,
sammelt sich zur Erntezeit Vorrat.

9 Wie lang, du Fauler, willst du noch daliegen,
wann willst du aufstehen von deinem Schlaf?

10 Noch ein wenig schlafen, noch ein wenig schlummern,
noch ein wenig die Arme verschränken, um auszuruhen.

11 Da kommt schon die Armut wie ein Strolch über dich,
die Not wie ein zudringlicher Bettler.

12 Ein Nichtsnutz, ja ein Gauner,
wer daherkommt mit Lügen im Mund,

13 wer mit den Augen zwinkert, mit den Füßen deutet,
Zeichen gibt mit den Fingern.

14 Tücke im Herzen, stets voll böser Ränke,
zettelt er jederzeit Händel an.

15 Darum wird plötzlich das Verderben über ihn kommen,
im Nu, ohne Rettung, wird er zerschmettert.

Die Sprüche Salomos

16 Sechs Dinge sind dem Herrn verhaßt,
sieben sind ihm ein Greuel:
17 Stolze Augen, eine falsche Zunge,
Hände, die unschuldiges Blut vergießen,
18 ein Herz, das finstere Pläne hegt,
Füße, die schnell dem Bösen nachlaufen,
19 ein falscher Zeuge, der Lügen zuflüstert,
und wer Streit entfacht unter Brüdern.
20 Achte, mein Sohn, auf das Gebot deines Vaters,
mißachte nicht die Lehre deiner Mutter!
21 Binde sie dir für immer aufs Herz,
und winde sie dir um den Hals!
22 Wenn du gehst, geleitet sie dich,
wenn du ruhst, behütet sie dich,
beim Erwachen redet sie mit dir.
23 Deine eine Leuchte ist das Gebot
und die Lehre ein Licht,
ein Weg zum Leben sind Mahnung und Zucht.
24 Sie bewahren dich vor der Frau des Nächsten,
vor der glatten Zunge der Fremden.
25 Begehre nicht in deinem Herzen ihre Schönheit,
laß dich nicht fangen durch ihre Wimpern!
26 Einer Dirne zahlt man bis zu einem Laib Brot,
die Frau eines andern jagt dir das kostbare Leben ab.
27 Trägt man denn Feuer in seinem Gewand,
ohne daß die Kleider in Brand geraten?
28 Kann man über glühende Kohlen schreiten,
ohne sich die Füße zu verbrennen?
29 So ist es mit dem, der zur Frau seines Nächsten geht.
Keiner bleibt ungestraft, der sie berührt.
30 Verachtet man nicht den Dieb,
auch wenn er nur stiehlt,
um sein Verlangen zu stillen, weil er Hunger hat?
31 Wird er ertappt, so muß er siebenfach zahlen,
den ganzen Besitz seines Hauses geben.
32 Wer Ehebruch treibt, ist ohne Verstand,
nur wer sich selbst vernichten will, läßt sich darauf ein.

33 Schläge und Schande bringt es ihm ein,
unaustilgbar ist seine Schmach.

34 Denn Eifersucht bringt den Ehemann in Wut,
er kennt keine Schonung am Tag der Rache.

35 Kein Sühnegeld nimmt er an;
magst du auch Geschenke häufen, er willigt nicht ein.

7

1 Mein Sohn, achte auf meine Worte,
meine Gebote verwahre bei dir!

2 Achte auf meine Gebote, damit du am Leben bleibst,
hüte meine Lehre wie deinen Augapfel!

3 Binde sie dir an die Finger,
schreib sie auf die Tafel deines Herzens!

4 Sag zur Weisheit: Du bist meine Schwester!,
und nenne die Klugheit deine Freundin!

5 Sie bewahrt dich vor der Frau eines andern,
vor der Fremden, die verführerisch redet.

6 Vom Fenster meines Hauses,
durch das Gitter, habe ich ausgeschaut;

7 da sah ich bei den Unerfahrenen,
da bemerkte ich bei den Burschen
einen jungen Mann ohne Verstand:

8 Er ging über die Straße, bog um die Ecke
und nahm den Weg zu ihrem Haus;

9 als der Tag sich neigte, in der Abenddämmerung,
um die Zeit, da es dunkel wird und die Nacht kommt.

10 Da! Eine Frau kommt auf ihn zu,
im Kleid der Dirnen, mit listiger Absicht;

11 voll Leidenschaft ist sie und unbändig,
ihre Füße blieben nicht mehr im Haus;

12 bald auf den Gassen, bald auf den Plätzen,
an allen Straßenecken lauert sie.

13 Nun packt sie ihn, küßt ihn,
sagt zu ihm mit keckem Gesicht:

14 Ich war zu Heilsopfern verpflichtet,
und heute erfüllte ich meine Gelübde.

15 Darum bin ich ausgegangen, dir entgegen,
ich habe dich gesucht und gefunden.

16 Ich habe Decken über mein Bett gebreitet,
bunte Tücher aus ägyptischem Leinen;

17 ich habe mein Lager besprengt
mit Myrrhe, Aloe und Zimt.

18 Komm, wir wollen bis zum Morgen in Liebe schwelgen,
wir wollen die Liebeslust kosten.

19 Denn mein Mann ist nicht zu Hause,
er ist auf Reisen, weit fort.

20 Den Geldbeutel hat er mitgenommen,
erst am Vollmondstag kehrt er heim.

21 So macht sie ihn willig mit viel Überredung,
mit schmeichelnden Lippen verführt sie ihn.

22 Betört folgt er ihr,
wie ein Ochse, den man zum Schlachten führt,
wie ein Hirsch, den das Fangseil umschlingt,

23 bis ein Pfeil ihm die Leber zerreißt;
wie ein Vogel, der in das Netz fliegt
und nicht merkt, daß es um sein Leben geht.

24 Darum, ihr Söhne, hört auf mich,
achtet auf meine Reden!

25 Dein Herz schweife nicht ab auf ihre Wege,
verirre dich nicht auf ihre Pfade!

26 Denn zahlreich sind die Erschlagenen,
die sie gefällt hat;
viele sind es, die sie ermordet hat;

27 ihr Haus ist ein Weg zur Unterwelt,
er führt zu den Kammern des Todes.

8

1 Ruft nicht die Weisheit,
erhebt nicht die Klugheit ihre Stimme?

2 Bei der Stadtburg, auf den Straßen,
an der Kreuzung der Wege steht sie;

3 neben den Toren, wo die Stadt beginnt,
am Zugang zu den Häusern ruft sie laut:

Judentum

4   Euch, ihr Leute, lade ich ein,
    meine Stimme ergeht an alle Menschen:

5   Ihr Unerfahrenen, werdet klug,
    ihr Törichten, nehmt Vernunft an!

6   Hört her! Aufrichtig rede ich.
    Redlich ist, was meine Lippen reden.

7   Die Wahrheit spricht meine Zunge,
    Unrechtes ist meinen Lippen ein Greuel.

8   Alle meine Worte sind recht,
    keines von ihnen ist hinterhältig und falsch.

9   Für den Verständigen sind sie alle klar
    und richtig für den, der Erkenntnis fand.

10 Nehmt lieber Bildung an als Silber,
    lieber Verständnis als erlesenes Gold!

11 Ja, Weisheit übertrifft die Perlen an Wert,
    keine kostbaren Steine kommen ihr gleich.

12 Ich, die Weisheit, verweile bei der Klugheit,
    ich entdecke Erkenntnis und guten Rat.

13 Gottesfurcht verlangt, Böses zu hassen.
    Hochmut und Hoffart, schlechte Taten
    und einen verlogenen Mund hasse ich.

14 Bei mir ist Rat und Hilfe;
    ich bin die Einsicht, bei mir ist Macht.

15 Durch mich regieren die Könige
    und entscheiden die Machthaber, wie es Recht ist;

16 durch mich versehen die Herrscher ihr Amt,
    die Vornehmen und alle Verwalter des Rechts.

17 Ich liebe alle, die mich lieben,
    und wer mich sucht, der wird mich finden.

18 Reichtum und Ehre sind bei mir,
    angesehener Besitz und Glück;

19 meine Frucht ist besser als Gold und Feingold,
    mein Nutzen übertrifft wertvolles Silber.

20 Ich gehe auf dem Weg der Gerechtigkeit,
    mitten auf den Pfaden des Rechtes,

21 um denen, die mich lieben, Gaben zu verleihen
    und ihre Scheunen zu füllen.

22 Der Herr hat mich geschaffen im Anfang seiner Wege,
vor seinen Werken in der Urzeit;

23 in frühester Zeit wurde ich gebildet,
am Anfang, beim Ursprung der Erde.

24 Als die Urmeere noch nicht waren,
wurde ich geboren,
als es die Quellen noch nicht gab, die wasserreichen.

25 Ehe die Berge eingesenkt wurden,
vor den Hügeln wurde ich geboren.

26 Noch hatte er die Erde nicht gemacht und die Fluren
und alle Schollen des Festlands.

27 Als er den Himmel baute, war ich dabei,
als er den Erdkreis abmaß über den Wassern,

28 als er droben die Wolken befestigte
und Quellen strömen ließ aus dem Urmeer,

29 als er dem Meer seine Satzung gab
und die Wasser nicht seinen Befehl übertreten durften,

30 als er die Fundamente der Erde abmaß,
da war ich als geliebtes Kind bei ihm.
Ich war seine Freude Tag für Tag
und spielte vor ihm allezeit.

31 Ich spielte auf seinem Erdenrund,
und meine Freude war es, bei den Menschen zu sein.

32 Nun, ihr Söhne, hört auf mich!
Wohl dem, der auf meine Wege achtet.

33 Hört die Mahnung, und werdet weise,
lehnt sie nicht ab!

34 Wohl dem, der auf mich hört,
der Tag für Tag an meinen Toren wacht
und meine Türpfosten hütet.

35 Wer mich findet, findet Leben
und erlangt das Gefallen des Herrn.

36 Doch wer mich verfehlt, der schadet sich selbst;
alle, die mich hassen, lieben den Tod.

9

1 Die Weisheit hat ihr Haus gebaut,
ihre sieben Säulen behauen.

2 Sie hat ihr Vieh geschlachtet, ihren Wein gemischt
und schon ihren Tisch gedeckt.

3 Sie hat ihre Mägde ausgesandt
und lädt ein auf der Höhe der Stadtburg:

4 Wer unerfahren ist, kehre hier ein.
Zum Unwissenden sagt sie:

5 Kommt, eßt von meinem Mahl,
und trinkt vom Wein, den ich mischte.

6 Laßt ab von der Torheit, dann bleibt ihr am Leben,
und geht auf dem Weg der Einsicht!

7 Wer den Zuchtlosen tadelt, erntet Schimpf,
wer den Frevler rügt, erntet Schande.

8 Rüge den Zuchtlosen nicht; sonst haßt er dich.
Rüge den Weisen, dann liebt er dich.

9 Unterrichte den Weisen, damit er noch weiser wird;
belehre den Gerechten, damit er dazulernt.

10 Anfang der Weisheit ist die Gottesfurcht,
die Kenntnis des Heiligen ist Einsicht.

11 Ja, durch mich werden deine Tage zahlreich,
nehmen die Jahre deines Lebens zu.

12 Bist du weise, so bist du weise zum eigenen Nutzen,
bist du aber unbeherrscht, hast du allein es zu tragen.

13 Frau Torheit fiebert nach Verführung;
das ist alles, was sie versteht.

14 Sie sitzt vor der Tür ihres Hauses
auf einem Sessel bei der Stadtburg,

15 um die Vorübergehenden einzuladen,
die geradeaus ihre Pfade gehen:

16 Wer unerfahren ist, kehre hier ein.
Zum Unwissenden sagt sie:

17 Süß ist gestohlenes Wasser,
heimlich entwendetes Brot schmeckt lecker.

18 Und er weiß nicht, daß Totengeister dort hausen,
daß ihre Gäste in den Tiefen der Unterwelt sind.

Das Buch Jesus Sirach

Kapitel 1-6; 24; 43, Vers 13, bis 50, Vers 29

1

1. Alle Weisheit stammt vom Herrn,
   und ewig ist sie bei ihm.
2. Den Sand des Meeres, die Tropfen des Regens
   und die Tage der Vorzeit, wer hat sie gezählt?
3. Die Höhe des Himmels, die Breite der Erde
   und die Tiefe des Meeres, wer hat sie gemessen?
4. Früher als sie alle ist die Weisheit erschaffen,
   von Ewigkeit her die verständige Einsicht.
5. Die Quelle der Weisheit ist das Wort Gottes in der Höhe;
   ihre Wege sind die ewigen Gebote.
6. Die Wurzel der Weisheit – wem wurde sie enthüllt,
   ihre Pläne – wer hat sie durchschaut?
7. Die Kenntnis der Weisheit, wem wurde sie offenbart?
   Ihre mannigfachen Wege, wer hat sie erkannt?
8. Nur einer ist weise, höchst ehrfurchtgebietend:
   der auf seinem Thron sitzt, der Herr.
9. Er hat sie geschaffen, geschaut und gezählt,
   sie ausgegossen über all seine Werke.
10. Den Menschen ist sie unterschiedlich zugeteilt;
    er spendet sie denen, die ihn fürchten.

11. Die Gottesfurcht ist Ruhm und Ehre,
    Hoheit ist sie und eine prächtige Krone.
12. Die Gottesfurcht macht das Herz froh,
    sie gibt Freude, Frohsinn und langes Leben.
13. Dem Gottesfürchtigen geht es am Ende gut,
    am Tag seines Todes wird er gepriesen.
14. Anfang der Weisheit ist die Gottesfurcht,
    den Glaubenden ist sie angeboren.
15. Bei den Frommen hat sie einen dauernden Wohnsitz,
    und bei ihren Nachkommen wird sie bleiben.
16. Fülle der Weisheit ist die Gottesfurcht,
    sie labt die Menschen mit ihren Früchten.
17. Ihr ganzes Haus füllt sie mit Schätzen an,
    die Speicher mit ihren Gütern.

18 Krone der Weisheit ist die Gottesfurcht,
   sie läßt Heil und Gesundheit sprossen.
19 Verständnis und weise Einsicht gießt sie aus,
   sie erhöht den Ruhm aller, die an ihr festhalten.
20 Wurzel der Weisheit ist die Gottesfurcht,
   ihre Zweige sind langes Leben.
21 Die Gottesfurcht hält Sünden fern,
   wer in ihr verbleibt, vertreibt allen Zorn.

22 Ungerechter Zorn kann nicht Recht behalten,
   wütender Zorn bringt zu Fall.
23 Der Geduldige hält aus bis zur rechten Zeit,
   doch dann erfährt er Freude.
24 Bis zur rechten Zeit hält er mit seinen Worten zurück,
   dann werden viele seine Klugheit preisen.
25 In den Kammern der Weisheit liegen kluge Sinnsprüche,
   doch dem Sünder ist die Gottesfurcht ein Greuel.
26 Begehrst du Weisheit, so halte die Gebote,
   und der Herr wird dir die Weisheit schenken.
27 Denn die Gottesfurcht ist Weisheit und Bildung,
   an Treue und Demut hat Gott Gefallen.
28 Sei nicht mißtrauisch gegen die Gottesfurcht,
   und nahe ihr nicht mit zwiespältigem Herzen!
29 Sei kein Heuchler vor den Menschen,
   und hab acht auf deine Lippen!
30 Überhebe dich nicht, damit du nicht fällst
   und Schande über dich bringst;
   sonst enthüllt der Herr, was du verbirgst,
   und bringt dich zu Fall inmitten der Gemeinde,
   weil du dich der Gottesfurcht genaht hast,
   obwohl dein Herz voll Trug war.

2

1 Mein Sohn, wenn du dem Herrn dienen willst,
  dann mach dich auf Prüfung gefaßt!
2 Sei tapfer und stark,
  zur Zeit der Heimsuchung überstürze nichts!

Judentum

3 Hänge am Herrn, und weiche nicht ab,
damit du am Ende erhöht wirst.

4 Nimm alles an, was über dich kommen mag,
halt aus in vielfacher Bedrängnis!

5 Denn im Feuer wird das Gold geprüft, und jeder,
der Gott gefällt, im Schmelzofen der Bedrängnis.

6 Vertrau auf Gott, er wird dir helfen,
hoffe auf ihn, er wird deine Wege ebnen.

7 Ihr, die ihr den Herrn fürchtet,
hofft auf sein Erbarmen,
weicht nicht ab, damit ihr nicht zu Fall kommt.

8 Ihr, die ihr den Herrn fürchtet, vertraut auf ihn,
und er wird euch den Lohn nicht vorenthalten.

9 Ihr, die ihr den Herrn fürchtet, hofft auf Heil,
auf immerwährende Freude und auf Erbarmen!

10 Schaut auf die früheren Generationen und seht:
Wer hat auf den Herrn vertraut
und ist dabei zuschanden geworden?
Wer hoffte auf ihn und wurde verlassen?
Wer rief ihn an, und er erhörte ihn nicht?

11 Denn gnädig und barmherzig ist der Herr;
er vergibt die Sünden und hilft zur Zeit der Not.

12 Weh den mutlosen Herzen und den schlaffen Händen,
dem Menschen, der auf zweierlei Wegen geht.

13 Weh dem schlaffen Herzen, weil es nicht glaubt;
darum wird es keinen Schutz haben.

14 Weh euch, die ihr die Hoffnung verloren habt.
Was werdet ihr tun, wenn euch der Herr zur Rechenschaft zieht?

15 Wer den Herrn fürchtet, ist nicht ungehorsam gegen sein Wort,
wer ihn liebt, hält seine Wege ein.

16 Wer den Herrn fürchtet, sucht ihm zu gefallen,
wer ihn liebt, ist erfüllt von seinem Gesetz.

17 Wer den Herrn fürchtet, macht sein Herz bereit
und demütigt sich vor ihm.

18 Besser ist es, in die Hände des Herrn zu fallen
als in die Hände der Menschen.
Denn wie seine Größe, so ist sein Erbarmen,
und wie sein Name, so sind auch seine Werke.

3

1 Hört, ihr Söhne, was das Recht des Vaters ist,
und handelt danach, damit es euch gut geht.

2 Denn der Herr hat den Kindern befohlen, ihren Vater zu ehren,
und die Söhne verpflichtet, das Recht ihrer Mutter zu achten.

3 Wer den Vater ehrt,
erlangt Verzeihung der Sünden,

4 und wer seine Mutter achtet,
gleicht einem Menschen, der Schätze sammelt.

5 Wer den Vater ehrt, wird Freude haben an den eigenen Kindern,
und wenn er betet, wird er Erhörung finden.

6 Wer den Vater achtet, wird lange leben,
und wer seiner Mutter Ehre erweist, der erweist sie dem Herrn.

7 Wer den Herrn fürchtet, ehrt seinen Vater
und dient seinen Eltern wie Vorgesetzten.

8 Mein Sohn, ehre deinen Vater in Wort und Tat,
damit aller Segen über dich kommt.

9 Der Segen des Vaters festigt die Wurzel,
doch der Fluch der Mutter reißt die junge Pflanze aus.

10 Such deinen Ruhm nicht darin,
den Vater herabzusetzen,
denn das ist keine Ehre für dich.

11 Die Ehre eines Menschen ist die seines Vaters;
wer seine Mutter verachtet, sündigt schwer.

12 Mein Sohn, wenn dein Vater alt ist,
nimm dich seiner an,
und betrübe ihn nicht, solange er lebt.

13 Wenn sein Verstand abnimmt, sieh es ihm nach,
und beschäme ihn nicht in deiner Vollkraft!

14 Denn die Liebe zum Vater wird nicht vergessen,
sie wird als Sühne für deine Sünden eingetragen.

15 Zur Zeit der Bedrängnis wird sie dir vergolten werden;
   sie läßt deine Sünden schmelzen wie Wärme den Reif.
16 Wie ein Gotteslästerer handelt,
   wer seinen Vater im Stich läßt,
   und von Gott ist verflucht, wer seine Mutter kränkt.
17 Mein Sohn, bei all deinem Tun bleibe bescheiden,
   und du wirst mehr geliebt werden als einer, der Gaben verteilt.
18 Je größer du bist, um so mehr bescheide dich,
   dann wirst du Gnade finden bei Gott.
19 [...]
20 Denn groß ist die Macht Gottes,
   und von den Demütigen wird er verherrlicht.
21 Such nicht zu ergründen, was dir zu wunderbar ist,
   untersuch nicht, was dir verhüllt ist.
22 Was dir zugewiesen ist, magst du durchforschen,
   doch das Verborgene hast du nicht nötig.
23 Such nicht hartnäckig zu erfahren,
   was deine Kraft übersteigt.
   Es ist schon zu viel, was du sehen darfst.
24 Vielfältig sind die Gedanken der Menschen,
   schlimmer Wahn führt in die Irre.
25 Wer kein Auge hat, dem fehlt das Licht,
   wer keine Einsicht hat, dem fehlt die Weisheit.

26 Ein trotziges Herz nimmt ein böses Ende,
   wer aber das Gute liebt, den wird es geleiten.
27 Ein trotziges Herz schafft sich viel Leid,
   und der Frevler häuft Sünde auf Sünde.
28 Für die Wunde des Übermütigen gibt es keine Heilung,
   denn ein giftiges Kraut hat in ihm seine Wurzeln.
29 Ein weises Herz versteht die Sinnsprüche [der Weisen],
   ein Ohr, das auf die Weisheit hört, macht Freude.
30 Wie Wasser loderndes Feuer löscht,
   so sühnt Mildtätigkeit Sünde.
31 Wer Gutes tut, dem begegnet es auf seinen Wegen;
   sobald er wankt, findet er eine Stütze.

4

1 Mein Sohn, entzieh dem Armen nicht den Lebensunterhalt,
und laß die Augen des Betrübten nicht vergebens warten!
2 Enttäusche den Hungrigen nicht,
und das Herz des Unglücklichen errege nicht!
3 Verweigere die Gabe dem Bedürftigen nicht,
4 und mißachte nicht die Bitten des Geringen!
5 Verbirg dich nicht vor dem Verzweifelten,
und gib ihm keinen Anlaß, dich zu verfluchen.
6 Schreit der Betrübte im Schmerz seiner Seele,
so wird Gott, sein Fels, auf sein Wehgeschrei hören.

7 Mach dich beliebt in der Gemeinde,
beuge das Haupt vor dem, der sie führt.
8 Neige dem Armen dein Ohr zu,
und erwidere ihm freundlich den Gruß!
9 Rette den Bedrängten vor seinen Bedrängern;
ein gerechtes Gericht sei dir nicht widerwärtig.
10 Sei den Waisen wie ein Vater
und den Witwen wie ein Gatte!
Dann wird Gott dich seinen Sohn nennen,
er wird Erbarmen mit dir haben
und dich vor dem Grab bewahren.

11 Die Weisheit belehrt ihre Söhne,
sie mahnt eindringlich alle, die auf sie achten.
12 Wer sie liebt, liebt das Leben,
wer sie sucht, wird Gott gefallen.
13 Wer sie ergreift, findet Ehre beim Herrn
und wird unter Gottes Segen leben.
14 Der Dienst an ihr ist Dienst am Heiligtum;
wer sie liebt, den liebt der Herr.
15 Wer auf mich hört, wird gerecht richten,
wer mir zuhört, wohnt in meinen innersten Kammern.
16 Hat er Vertrauen zu mir, wird er mich erlangen,
auch seine Nachkommen werden mich besitzen.

Judentum

17 Denn unerkannt gehe ich mit ihm
und prüfe ihn durch Versuchungen.
Furcht und Bangen lasse ich über ihn kommen,
bis sein Herz von mir erfüllt ist.

18 Dann wende ich mich ihm zu,
zeige ihm den geraden Weg
und enthülle ihm meine Geheimnisse.

19 Weicht er ab, so verwerfe ich ihn
und überlasse ihn denen, die ihn vernichten.

20 Mein Sohn, achte auf die rechte Zeit,
und scheue das Unrecht!
Deiner selbst sollst du dich nicht schämen müssen.

21 Es gibt eine Scham, die Sünde bringt,
und eine Scham, die Ehre und Ruhm einträgt.

22 Sei nicht parteiisch, dir selbst zum Schaden,
strauchle nicht, dir selbst zum Fall.

23 Halte zur rechten Zeit dein Wort nicht zurück,
verbirg deine Weisheit nicht!

24 Denn die Weisheit zeigt sich in der Rede
und die Einsicht in der Antwort der Zunge.

25 Widerstreite der Wahrheit nicht;
deiner Torheit sollst du dich schämen.

26 Schäme dich nicht, von der Sünde umzukehren,
leiste nicht trotzig Widerstand!

27 Unterwirf dich nicht dem Toren,
nimm keine Rücksicht auf den Herrscher!

28 Bis zum Tod setz dich ein für das Recht,
dann wird der Herr für dich kämpfen.

29 Sei nicht prahlerisch mit deinen Worten
und schlaff und matt in deinem Tun!

30 Spiel nicht in deinem Haus den Löwen,
vor dem sich deine Knechte fürchten müssen.

31 Deine Hand sei nicht ausgestreckt zum Nehmen
und verschlossen beim Zurückgeben.

5

1 Verlaß dich nicht auf deinen Reichtum,
und sag nicht: Ich kann es mir leisten.
2 Folg nicht deinem Herzen und deinen Augen,
um nach dem Begehren deiner Seele zu leben.
3 Sag nicht: Wer vermag etwas gegen meine Macht?
Denn der Herr rächt die Verfolgten.
4 Sag nicht: Ich habe gesündigt, doch was ist mir geschehen?
Denn der Herr hat viel Geduld.
5 Verlaß dich nicht auf die Vergebung,
füge nicht Sünde an Sünde,
6 indem du sagst: Seine Barmherzigkeit ist groß,
er wird mir viele Sünden verzeihen.
Denn Erbarmen ist bei ihm, aber auch Zorn,
auf den Frevlern ruht sein Grimm.
7 Zögere nicht, dich zu ihm zu bekehren,
verschieb es nicht Tag um Tag!
Denn sein Zorn bricht plötzlich aus,
zur Zeit der Vergeltung wirst du dahingerafft.
8 Vertrau nicht auf trügerische Schätze;
sie nützen nichts am Tag des Zorns.

9 Worfle nicht bei jedem Wind,
und geh nicht auf jedem Pfad!
10 Bleib fest bei deiner Überzeugung,
eindeutig sei deine Rede.
11 Sei schnell bereit zum Hören,
aber bedächtig bei der Antwort!
12 Nur wenn du imstande bist,
antworte deinem Mitmenschen,
wenn nicht, leg die Hand auf den Mund!
13 Ehre und Schmach liegen in der Hand des Schwätzers,
des Menschen Zunge ist sein Untergang.
14 Laß dich nicht doppelzüngig nennen,
und verleumde niemand mit deinen Worten!
Denn für den Dieb ist Schande bestimmt,
schlimme Schmach für den Doppelzüngigen.

15 Im Kleinen wie im Großen handle nicht unrecht,
   sei nicht statt eines Freundes ein Feind!

6

1 Schlimmen Ruf und Schande
   erntet die schmähsüchtige Frau,
   ebenso schlecht ist der doppelzüngige Mann.

2 Verfall nicht der Macht deiner Gier;
   sie wird wie ein Stier deine Kraft abweiden.

3 Dein Laub wird sie fressen, deine Früchte verderben
   und dich zurücklassen wie einen dürren Baum.

4 Freche Gier richtet ihre Opfer zugrunde
   und macht sie zum Gespött des Feindes.

5 Sanfte Rede erwirbt viele Freunde,
   freundliche Lippen sind willkommen.

6 Viele seien es, die dich grüßen,
   dein Vertrauter aber sei nur einer aus tausend.

7 Willst du einen Freund gewinnen,
   gewinne ihn durch Erprobung,
   schenk ihm nicht zu schnell dein Vertrauen!

8 Mancher ist Freund je nach der Zeit,
   am Tag der Not hält er nicht stand.

9 Mancher Freund wird zum Feind,
   unter Schmähungen deckt er den Streit mit dir auf.

10 Mancher ist Freund als Gast am Tisch,
   am Tag des Unheils ist er nicht zu finden.

11 In deinem Glück ist er eins mit dir,
   in deinem Unglück trennt er sich von dir.

12 Trifft dich ein Unglück, wendet er sich gegen dich
   und hält sich vor dir verborgen.

13 Von deinen Feinden halte dich fern,
   vor deinen Freunden sei auf der Hut!

14 Ein treuer Freund ist wie ein festes Zelt;
   wer einen solchen findet, hat einen Schatz gefunden.

15 Für einen treuen Freund gibt es keinen Preis,
   nichts wiegt seinen Wert auf.

16 Das Leben ist geborgen bei einem treuen Freund,
ihn findet, wer Gott fürchtet.

17 Wer den Herrn fürchtet, hält rechte Freundschaft,
wie er selbst, so ist auch sein Freund.

18 Mein Sohn, lerne Zucht von Jugend an,
und du wirst Weisheit gewinnen, bis du ergraut bist.

19 Wie ein Pflüger und Schnitter geh auf sie zu,
und warte auf ihren reichen Ertrag!
Du wirst in ihrem Dienst nur wenig Mühe haben
und bald ihre Früchte genießen.

20 Rauh ist sie für den Toren,
wer ohne Einsicht ist, erträgt sie nicht.

21 Wie ein schwerer Stein lastet sie auf ihm,
er zögert nicht, sie abzuwerfen.

22 Denn die Zucht ist wie ihr Name,
vielen ist sie unbequem.

23 Höre, mein Sohn, nimm meine Lehre an,
verschmäh nicht meinen Rat!

24 Bring deine Füße in ihre Fesseln,
deinen Hals unter ihr Joch!

25 Beuge deinen Nacken, und trage sie,
werde ihrer Stricke nicht überdrüssig!

26 Mit ganzem Herzen schreite auf sie zu,
mit voller Kraft halte ihre Wege ein!

27 Frage und forsche, suche und finde!
Hast du sie erfaßt, laß sie nicht wieder los!

28 Denn schließlich wirst du bei ihr Ruhe finden,
sie wandelt sich dir in Freude.

29 Ihre Fessel wird dir zum sicheren Schutz,
ihre Stricke werden zu goldenen Gewändern.

30 Ein Goldschmuck ist ihr Joch,
ihre Garne sind ein Purpurband.

31 Als Prachtgewand kannst du sie anlegen,
sie aufsetzen als herrliche Krone.

32 Wenn du willst, mein Sohn, kannst du weise werden,
du wirst klug, wenn du dein Herz darauf richtest.

Judentum

33 Bist du bereit zu hören, so wirst du belehrt,
neigst du dein Ohr, erlangst du Bildung.

34 Verweile gern im Kreis der Alten,
wer weise ist, dem schließ dich an!

35 Lausche gern jeder ernsten Rede,
keinen Weisheitsspruch laß dir entgehen!

36 Achte auf den, der Weisheit hat, und suche ihn auf;
dein Fuß trete seine Türschwelle aus.

37 Achte auf die Furcht vor dem Herrn,
sinn allezeit über seine Gebote nach!
Dann gibt er deinem Herzen Einsicht,
er macht dich weise, wie du es begehrst.

24

1 Die Weisheit lobt sich selbst,
sie rühmt sich bei ihrem Volk.

2 Sie öffnet ihren Mund in der Versammlung Gottes
und rühmt sich vor seinen Scharen:

3 Ich ging aus dem Mund des Höchsten hervor,
und wie Nebel umhüllte ich die Erde.

4 Ich wohnte in den Höhen,
auf einer Wolkensäule stand mein Thron.

5 Den Kreis des Himmels umschritt ich allein,
in der Tiefe des Abgrunds ging ich umher.

6 Über die Fluten des Meeres und über alles Land,
über alle Völker und Nationen hatte ich Macht.

7 Bei ihnen allen suchte ich einen Ort der Ruhe,
ein Volk, in dessen Land ich wohnen könnte.

8 Da gab der Schöpfer des Alls mir Befehl;
er, der mich schuf,
wußte für mein Zelt eine Ruhestätte.
Er sprach: In Jakob sollst du wohnen,
in Israel sollst du deinen Erbbesitz haben.

9 Vor der Zeit, am Anfang, hat er mich erschaffen,
und bis in Ewigkeit vergehe ich nicht.

10 Ich tat vor ihm Dienst im heiligen Zelt
und wurde dann auf dem Zion eingesetzt.

11 In der Stadt, die er ebenso liebt wie mich,
   fand ich Ruhe,
   Jerusalem wurde mein Machtbereich.

12 Ich faßte Wurzel bei einem ruhmreichen Volk,
   im Eigentum des Herrn, in seinem Erbbesitz.

13 Wie eine Zeder auf dem Libanon wuchs ich empor,
   wie ein wilder Ölbaum auf dem Hermongebirge.

14 Wie eine Palme in En-Gedi wuchs ich empor,
   wie Oleandersträucher in Jericho,
   wie ein prächtiger Ölbaum in der Schefela,
   wie eine Platane am Wasser wuchs ich empor.

15 Wie Zimt und duftendes Gewürzrohr,
   wie beste Myrrhe strömte ich Wohlgeruch aus,
   wie Galbanum, Onyx und Stakte,
   wie Weihrauchwolken im heiligen Zelt.

16 Ich breitete wie eine Terebinthe meine Zweige aus,
   und meine Zweige waren voll Pracht und Anmut.

17 Wie ein Weinstock trieb ich schöne Ranken,
   meine Blüten wurden zu prächtiger und reicher Frucht.

19 Kommt zu mir, die ihr mich begehrt,
   sättigt euch an meinen Früchten!

20 An mich zu denken ist süßer als Honig,
   mich zu besitzen ist besser als Wabenhonig,
   Mein Andenken reicht bis zu den fernsten Generationen.

21 Wer mich genießt, den hungert noch, wer mich trinkt,
   den dürstet noch.

22 Wer auf mich hört, wird nicht zuschanden,
   wer mir dient, fällt nicht in Sünde.
   Wer mich ans Licht hebt, hat ewiges Leben.

23 Dies alles ist das Bundesbuch des höchsten Gottes,
   das Gesetz, das Mose uns vorschrieb
   als Erbe für die Gemeinde Jakobs.

25 Es ist voll von Weisheit, wie der Pischonfluß (voll Wasser ist),
   wie der Tigris in den Tagen der ersten Ähren;

26 es strömt über von Einsicht, ähnlich der Flut des Eufrat,
   ähnlich dem Jordan in den Tagen der Ernte;

27 es fließt von Belehrung über, ähnlich dem Nil,
   ähnlich dem Gihon in den Tagen der Weinlese.

28 Wer als erster es erforschte, kam nicht ans Ende,
ebensowenig ergründet es der letzte.

29 Übervoll wie das Meer ist sein Sinn,
sein Rat ist tiefer als der Ozean.

30 Ich selbst war wie ein Bewässerungsgraben,
wie ein Kanal, der hinabfließt zum Garten.

31 Ich dachte: Ich will meinen Garten tränken,
meine Beete bewässern.
Da wurde mir der Kanal zum Strom,
und mein Strom wurde zum Meer.

32 So strahle ich weiterhin Belehrung aus wie die Morgenröte,
ich lasse sie leuchten bis in die Ferne.

33 Weiterhin gieße ich Lehre aus wie Prophetenworte
und hinterlasse sie den fernsten Generationen.

34 Seht, nicht allein für mich habe ich mich geplagt,
sondern für alle, die Weisheit suchen.

43

13 Gottes Machtwort zeichnet den Blitz hin,
läßt die Brandpfeile seines Gerichtes leuchten.

14 Zu seinem Dienst hat er einen Speicher geöffnet,
läßt er Wolken fliegen wie Vögel.

15 Seine Allmacht ballt die Wolken zusammen
und schlägt aus ihnen Hagelsteine.

16 Seines Donners Stimme läßt die Erde beben,
mit seiner Kraft erschüttert er die Berge.
Sein Wort hetzt den Südwind auf,

17 den tobenden Nordwind, den Sturm und Orkan.
Seinen Schnee streut er aus wie Vogelschwärme;
wie einfallende Heuschrecken wirbelt er herab.

18 Sein weißer Glanz blendet die Augen,
bei seinem Rieseln bebt das Herz.

19 Auch den Reif schüttet er aus wie Salz
und läßt Eisblumen sprießen wie Dornen.

20 Den kalten Nordwind läßt er wehen,
wie Erdschollen läßt er die Quellen erstarren.
Jedes stehende Gewässer überzieht er
und bekleidet den Teich wie mit einem Panzer.

21 Das Grün der Berge versengt er wie durch Hitze,
die sprossende Flur wie durch Flammenglut.

22 Linderung für alles ist das Träufeln der Wolken,
der Tau, der sich ergießt,
um das Trockene zu erfrischen.

23 Sein kluger Plan bändigte das Meer
und pflanzte Inseln im Ozean ein.

24 Die Seefahrer erzählen von der Weite des Meeres;
hören es unsere Ohren, so erschaudern wir.

25 Dort gibt es Wunderwesen, die erstaunlichsten seiner Werke,
allerlei Getier und die Ungeheuer des Weltmeers.

26 In seinem Dienst hat sein Bote Erfolg,
und durch sein Wort vollzieht er seinen Willen.

27 Sagten wir nochmal soviel, wir kämen an kein Ende;
darum sei der Rede Schluß: Er ist alles!

28 Wir können (ihn) nur loben, aber nie erfassen,
ist er doch größer als alle seine Werke.

29 Überaus ehrfurchtgebietend ist der Herr,
unbegreiflich ist seine Stärke.

30 Ihr, die ihr den Herrn lobt, singt laut,
soviel ihr könnt; denn nie wird es genügen.
Ihr, die ihr ihn preist, schöpft neue Kraft,
werdet nicht müde; denn fassen könnt ihr es nie.

31 Wer hat ihn gesehen, daß er erzählen könnte,
und wer kann ihn loben, wie es ihm entspricht?

32 Die Menge des Verborgenen ist größer als das Genannte,
nur wenige von seinen Werken habe ich gesehen.

33 Alles hat der Herr gemacht,
und den Frommen hat er Weisheit verliehen.

44

1 Die ehrwürdigen Männer will ich preisen,
unsere Väter, wie sie aufeinander folgten.

2 Viel Ehre hat der Höchste ausgeteilt,
viel von seiner Größe, seit den Tagen der Vorzeit:

Judentum

3 Männer, die über die Erde als Könige herrschten
und die berühmt waren durch ihre Macht;
die Rat erteilten durch ihre Einsicht,
die prophetisch alle Dinge erschauten;

4 Fürsten des Volkes wegen ihrer Klugheit,
angesehen wegen ihres Scharfsinns;
redekundig durch ihre Kenntnis der Schriften,
Lehrer von Sinnsprüchen durch ihre Lebenserfahrung;

5 Dichter von Liedern in Versmaß,
Verfasser von geschriebenen Sinnsprüchen;

6 tüchtige Männer, auf Macht gestützt,
unbehelligt in ihrem Wohnsitz:

7 Sie alle waren geehrt zu ihrer Zeit,
und ihr Ruhm blühte in ihren Tagen.

8 Manche hinterließen einen Namen,
so daß man ihr Lob weitererzählte.

9 Andere blieben ohne Nachruhm;
sie sind erloschen, sobald sie starben.
Sie sind, als wären sie nie gewesen,
und ebenso auch ihre Kinder.

10 Jene aber sind die ehrwürdigen Männer,
deren Hoffnung nicht vergeht.

11 Bei ihren Nachkommen bleibt ihr Gut,
ihr Erbe bei ihren Enkeln.

12 Ihre Nachkommen halten fest an ihrem Bund,
und ebenso ihre Kinder, um der Väter willen.

13 Ihre Nachkommen haben für immer Bestand,
ihr Ruhm wird niemals ausgelöscht.

14 Ihr Leib ist in Frieden bestattet,
ihr Name lebt fort von Geschlecht zu Geschlecht.

15 Von ihrer Weisheit erzählt die Gemeinde,
ihr Lob verkündet das versammelte Volk.

16 Henoch ging seinen Weg mit dem Herrn
und wurde entrückt:
ein Beispiel der Gotteserkenntnis für alle Zeiten.

17 Der gerechte Noach wurde untadelig befunden,
zur Zeit des Untergangs war er ein neuer Anfang.
Durch ihn blieb ein Rest erhalten,
der Bund mit ihm beendete die Sintflut.

18 Ein ewiger Bund wurde mit ihm geschlossen:
   Nie wieder sollte alles Leben vernichtet werden.
19 Abraham wurde der Vater vieler Völker,
   seine Ehre blieb makellos.
20 Er hielt das Gebot des Höchsten
   und trat in einen Bund mit ihm.
   Wie ihm befohlen wurde, hat er sich beschnitten;
   in der Prüfung wurde er treu befunden.
21 Darum hat ihm Gott mit einem Eid zugesichert,
   durch seine Nachkommen die Völker zu segnen,
   sie zahlreich zu machen wie den Staub auf der Erde
   und seine Nachkommen zu erhöhen wie die Sterne,
   ihnen Besitz zu geben von Meer zu Meer,
   vom Eufrat bis an die Grenzen der Erde.
22 Das gleiche sicherte er Isaak zu,
   um Abrahams, seines Vaters, willen.
23 Den Bund mit allen Vorfahren übertrug er auf ihn.
   Auch auf Israels Haupt ruhte der Segen.
   Er bestätigte ihm die Erstgeburt
   und übergab ihm sein Erbe.
   Er bestimmte es für die Stämme
   zum Anteil für die Zwölf.
   Er ließ von ihm einen Mann abstammen,
   der bei allen Lebenden in Ansehen stand:

45

1 Geliebt von Gott und den Menschen:
  Mose, sein Andenken sei zum Segen.
2 Er nannte ihn einen Gott
  und stärkte ihn zu furchterregenden Taten.
3 Durch sein Wort ließ er schnell die Zeichen geschehen
  und verlieh ihm Macht vor dem König.
  Er sandte ihn zum Volk und zeigte ihm seine Herrlichkeit.
4 Wegen seiner Treue und Bescheidenheit
  erwählte er ihn aus allen Sterblichen.
5 Er ließ ihn seine Stimme hören
  und zu der dunklen Wolke herantreten.
  In seine Hand legte er die Gebote,
  die Lehre voll Leben und Einsicht,

um Jakob seine Gesetze zu lehren
und Israel seine Satzungen und Vorschriften.

6 Gleich ihm erhöhte er einen Heiligen:
Aaron aus dem Stamm Levi.

7 Er hat ihn bestellt für das ewige Priesteramt
und über ihn seine Hoheit ausgebreitet.
Er beglückte ihn mit seiner Herrlichkeit
und umhüllte ihn mit dem schönsten Schmuck.

8 Er kleidete ihn ganz in Pracht
und schmückte ihn mit herrlichen Gewändern:
mit Beinkleidern, Leibrock und Obergewand.

9 Dessen Saum verzierte er mit Glöckchen im Kreis
und mit klingenden Granatäpfeln ringsum.
Sie sollten bei seinen Schritten lieblichen Klang geben,
damit er im Heiligtum zu hören war
und sein Volk aufmerksam wurde.

10 Auch schmückte er ihn
mit den heiligen Gewändern aus Gold,
aus violettem und rotem Purpur – einer Kunstweberarbeit –,
mit der Lostasche für den Schiedsspruch, dem Efod,

11 und dem Gürtel aus Karmesin – einer Weberarbeit –,
mit den Edelsteinen, gestochen wie Siegel
und eingefaßt – einer Steinschneiderarbeit –;
auf ihnen standen in eingeschnittener Schrift
die Namen der Stämme Israels,
um sie (bei Gott) in Erinnerung zu bringen;

12 sodann der Goldreif auf dem Kopfbund,
die Rosette mit der eingravierten Inschrift: Heilig!
Eine herrliche Pracht, eine gewaltige Auszeichnung,
eine Augenweide, eine vollendete Schönheit.

13 Vorher hat es nichts Ähnliches gegeben, und niemals darf es ein Unbefugter tragen. Nur seinen Söhnen hat er dies anvertraut, und so halten es seine Söhne für alle Zeiten.

14 Sein Speiseopfer wird ganz verbrannt,
zweimal täglich, als regelmäßiges Opfer.

15 Mose hat ihn in sein Amt eingesetzt
und ihn mit heiligem Öl gesalbt.
So wurde ihm ein ewiger Bund gewährt

und auch seinen Nachkommen, solange der Himmel steht:
den Dienst zu tun, für Gott Priester zu sein
und sein Volk in seinem Namen zu segnen.

16 Er hat ihn erwählt aus allen Lebenden,
damit er Brandopfer und Fettstücke darbringe,
den beruhigenden Duft des Gedenkopfers aufsteigen lasse
und für die Söhne Israels Sühne erwirke.

17 Er gab ihm seine Gebote
und Vollmacht über Gesetz und Recht.
So unterwies Aaron sein Volk im Gesetz
und Israels Söhne im Recht.

18 Als sich Unbefugte gegen ihn empörten
und in der Wüste auf ihn eifersüchtig wurden,
die Leute um Datan und Abiram sowie Korach
und sein Anhang, in heftiger Wut,

19 da sah es der Herr und wurde zornig,
er vernichtete sie in seinem glühenden Zorn.
Er bewirkte ein Wunder gegen sie
und vertilgte sie in der Flamme seines Feuers.

20 Das Ansehen Aarons vermehrte er noch
und gab ihm sein Erbteil:
Die heiligen Erstlinge gab er ihm zur Nahrung,

21 die Gaben für den Herrn sollten sie essen.
Die Schaubrote wurden sein Anteil,
und die Abgaben sollten ihm
und seinen Nachkommen zufallen.

22 Vom Landbesitz des Volkes aber sollte er nichts erben,
in ihrer Mitte kein Erbteil erhalten;
denn der Herr ist sein Anteil
und sein Erbe inmitten der Söhne Israels.

23 Ferner Pinhas, der Sohn Eleasars:
Er bekam als dritter das hohe Amt,
weil er sich einsetzte für den Gott des Alls
und für sein Volk in die Bresche trat,
als er dem Antrieb seines Herzens folgte
und für die Söhne Israels Sühne erwirkte.

24 Darum hat der Herr auch für ihn eine Bestimmung getroffen,
einen Heilsbund gestiftet;

Er sollte das Heiligtum versorgen.
So sollte ihm und seinen Söhnen
das Hohepriesteramt gehören für ewige Zeiten.

25 Sein Bund mit David, dem Sohn Isais aus dem Stamm Juda,
bestand in der Erbnachfolge eines Herrschers von Gottes Gnaden;
ebenso gehört die Erbnachfolge Aarons Pinhas
und seinen Söhnen.
Nun lobt den gütigen Herrn, der euch mit Ehre gekrönt hat.

26 Er gebe euch Weisheit ins Herz,
sein Volk in Gerechtigkeit zu lenken,
damit euer Glück nie endet
noch euer hohes Amt bis in fernste Zeiten.

46

1 Ein tapferer Kriegsheld war Josua, der Sohn Nuns,
der Mose im Amt des Propheten zur Seite stand.
Er war dazu geschaffen, seinem Namen entsprechend,
für die Erwählten Gottes eine große Hilfe zu sein,
an den Feinden Rache zu nehmen
und Israel in sein Erbland zu führen.

2 Wie herrlich war er, wenn er die Hand erhob
und das Sichelschwert schwang gegen eine Stadt.

3 Wer konnte ihm standhalten,
wenn er die Kriege des Herrn führte?

4 Blieb nicht auf seinen Befehl die Sonne stehen,
wurde nicht ein Tag doppelt so lang?

5 Er rief zu Gott, dem Höchsten,
als er in Not war, umringt von seinen Feinden;
der höchste Gott erhörte ihn
und ließ Hagelsteine und Eis regnen.

6 Er schleuderte sie auf das feindliche Volk,
am Abhang vernichtete er die Gegner.
So sollten alle dem Untergang geweihten Völker erkennen,
wie genau der Herr ihre Kämpfe beobachtet.
Auch war er dem Herrn in allem ergeben

7 und bewies Treue in den Tagen des Mose.
Josua und Kaleb, der Sohn Jefunnes,

sie blieben standhaft beim Aufruhr des Volkes,
wandten das Zorngericht von der Gemeinde ab
und machten dem üblen Gerede ein Ende.

8 Darum wurden sie beide auch verschont,
als einzige von den sechshunderttausend Männern des Fußvolks,
und in ihr Erbland geführt, in das Land,
wo Milch und Honig fließen.

9 Gott gab dem Kaleb Kraft,
die ihm bis ins Greisenalter erhalten blieb,
damit er die Höhen des Landes besetzen konnte;
auch seine Nachkommen behielten das Erbe.

10 Dadurch sollten alle Söhne Jakobs erkennen,
wie gut es ist, dem Herrn in allem ergeben zu sein.

11 Dann die Richter, jeder mit seinem Namen:
alle, die sich nicht beirren ließen
und nicht abtrünnig wurden von Gott.
Ihr Andenken sei zum Segen.

12 Ihre Gebeine mögen von ihrer Stätte emporsprossen
und ihren Ruhm erneuern an den Söhnen.

13 Geschätzt von seinem Volk,
geliebt von seinem Schöpfer,
mit Sehnsucht erwartet von Geburt an,
dem Herrn geweiht im Prophetenamt:
Samuel, der Richter und Priester.
Auf Gottes Wort hin führte er das Königtum ein
und salbte Fürsten für das Volk.

14 Im Auftrag des Herrn berief er die Versammlung ein
und wachte über die Zelte Jakobs.

15 Als Seher wurde er befragt wegen seiner Zuverlässigkeit
und war in seinem Wort ein verläßlicher Prophet.

16 Auch er rief zu Gott,
als er das Milchlamm opferte;

17 da donnerte der Herr vom Himmel her,
unter gewaltigem Dröhnen ließ er seine Stimme hören.

18 Er demütigte die feindlichen Heerführer
und vernichtete alle Fürsten der Philister.

Judentum

19 Als Samuel sich dann zur Ruhe legte,
rief er den Herrn und seinen Gesalbten als Zeugen an:
Von wem nahm ich Geschenke an, und seien es nur Sandalen?
Aber niemand brachte etwas gegen ihn vor.
Bis zu seinem Ende zeigte sich seine Weisheit
vor Gott und allen Menschen.

20 Er wurde sogar befragt,
nachdem er schon gestorben war,
und kündigte dem König sein Schicksal an.
Aus der Erde erhob er seine Stimme und weissagte,
um den Frevel des Volkes zu beenden.

47

1 Nach ihm stand Natan auf,
um vor David hinzutreten.

2 Wie das Fett herausgehoben ist aus dem Opferfleisch,
so David aus Israel.

3 Er spielte mit Löwen, als wären es Ziegen,
mit Bären, als wären es Schafe.

4 In seiner Jugend erschlug er den Riesen
und befreite das Volk von der Schmach,
indem er mit der Hand die Schleuder schwang
und Goliats Hochmut zerbrach.

5 Denn er hatte Gott, den Höchsten, angerufen,
und dieser gab seiner rechten Hand Kraft,
um den kampferprobten Mann niederzustrecken
und die Macht seines Volkes zu mehren.

6 Darum haben ihn die Frauen besungen
und ihm zugerufen: Zehntausend (erschlug er)!

7 Als er die Krone trug, führte er Krieg
und demütigte ringsum die Feinde.
Er schlug die feindlichen Philister
und zerbrach ihre Macht bis heute.

8 Bei allen seinen Taten stimmte er Loblieder an
auf Gott, den Höchsten, mit rühmenden Worten.
Er liebte seinen Schöpfer von ganzem Herzen,
alle Tage pries er ihn mit Liedern.

9 Vor dem Altar ließ er Saiteninstrumente aufstellen
und schuf Psalmweisen für die Harfenbegleitung.

Das Buch Jesus Sirach

10 Den Festen verlieh er Glanz
und verschönerte die Feiertage im Kreislauf des Jahres.
Vom Lobgesang auf Gottes heiligen Namen
hallte das Heiligtum wider schon vor dem Morgen.

11 Der Herr verzieh ihm seine Sünde
und begründete seine Macht für immer.
Er übergab ihm das Königsgesetz
und festigte seinen Thron über Israel.

12 Seinetwegen erstand ihm als Nachfolger
ein weiser Sohn, der in Sicherheit leben konnte.

13 Salomo war König in friedlichen Tagen,
Gott verschaffte ihm Ruhe ringsum.
Er baute ein Haus für den Namen des Herrn
und errichtete ein Heiligtum für immer.

14 Wie weise warst du in deiner Jugend,
von Bildung strömtest du über wie der Nil.

15 Die Erde bedecktest du mit deinem Wissen,
bis zur Himmelshöhe ließest du Lieder aufsteigen.

16 Bis zu den fernsten Inseln gelangte dein Ruhm,
und man begehrte danach, dich zu hören.

17 Durch Lied und Sinnspruch, Rätsel und Gleichnis
hast du die Völker in Staunen versetzt.

18 Du wurdest benannt nach dem Namen des Hochgeehrten,
der auch über Israel ausgerufen ist.
Gold hast du angehäuft wie Eisen
und das Silber vermehrt wie Blei.

19 Doch gabst du dich den Frauen hin
und ließest sie herrschen über deinen Leib.

20 Du hast deine Ehre befleckt
und dein Ehebett entweiht.
So hast du Zorn über deine Nachkommen gebracht
und Klage über dein Ehelager,

21 indem das Volk unter zwei Zepter kam
und aus Efraim ein abtrünniges Reich wurde.

22 Gott aber hat seine Huld nicht aufgegeben
und keines seiner Worte unerfüllt gelassen.
Er hat seinem Erwählten den Sproß und Sohn nicht ausgerottet,

Judentum

die Nachkommen seines Freundes nicht ausgetilgt.
So hat er Jakob einen Rest gelassen
und David einen Wurzelsproß aus ihm selbst.

23 Salomo entschlief in Verzweiflung
und hinterließ einen starrköpfigen Sohn,
reich an Torheit, arm an Einsicht: Rehabeam,
der durch seinen Entschluß das Volk entzweite.
Dann stand Jerobeam auf, der Sohn Nebats;
sein Andenken sei ausgelöscht.
Er sündigte und verführte Israel zur Sünde.
Er verschuldete Efraims Fall
24 und die Vertreibung aus ihrem Land.
Ihre Sünde wurde sehr groß,
25 allem Bösen gaben sie sich hin.

48

1 Da stand ein Prophet auf wie Feuer,
seine Worte waren wie ein brennender Ofen.

2 Er entzog ihnen ihren Vorrat an Brot,
durch sein Eifern verringerte er ihre Zahl.

3 Auf Gottes Wort hin verschloß er den Himmel,
und dreimal ließ er Feuer herniederfallen.

4 Wie ehrfurchtgebietend warst du, Elija,
wer dir gleichkommt, kann sich rühmen.

5 Einen Verstorbenen hast du vom Tod erweckt,
aus der Unterwelt, nach Gottes Willen.

6 Könige hast du ins Grab geschickt,
Vornehme von ihren Lagern hinweg.

7 Am Sinai hast du Strafbefehle vernommen,
am Horeb Urteile der Rache.

8 Könige hast du gesalbt für die Vergeltung
und einen Propheten als deinen Nachfolger.

9 Du wurdest im Wirbelsturm nach oben entrückt,
in Feuermassen himmelwärts.

10 Von dir sagt die Schrift,
du stehst bereit für die Endzeit,

um den Zorn zu beschwichtigen, bevor er entbrennt,
um den Söhnen das Herz der Väter zuzuwenden
und Jakobs Stämme wieder aufzurichten.

11 Wohl dem, der dich sieht und stirbt;
denn auch er wird leben.

12 Elija ist im Wirbelsturm entschwunden,
Elischa wurde mit seinem Geist erfüllt.
Doppelt so viele Zeichen wirkte er,
zu Wundern wurden alle Worte aus seinem Mund.
Solange er lebte, hat er vor niemand gezittert,
kein Sterblicher hatte Macht über seinen Geist.

13 Nichts war für ihn unerreichbar,
noch im Grab zeigte sein Leichnam Prophetenkraft.

14 In seinem Leben vollbrachte er Wunder
und bei seinem Tod erstaunliche Taten.

15 Trotz allem bekehrte das Volk sich nicht;
sie ließen nicht ab von ihren Sünden,
bis sie aus ihrem Land verschleppt
und in alle Welt verstreut wurden.
Aber für Juda ist ein kleiner Rest geblieben
und dem Haus David noch ein Fürst.

16 Von ihnen taten einige, was recht ist,
andere verübten unerhörten Frevel.

17 Hiskija sicherte seine Stadt,
indem er Wasser hineinleitete.
Mit dem Eisen durchbrach er Felsen
und dämmte den Teich zwischen Bergen ein.

18 In seinen Tagen zog Sanherib herauf
und entsandte den Rabschake.
Dieser streckte seine Hand gegen Zion aus,
und übermütig lästerte er Gott.

19 Da zitterten sie trotz allem Übermut ihres Herzens,
und wanden sich wie eine Gebärende.

20 Sie riefen zu Gott, dem Höchsten,
und streckten nach ihm die Hände aus.
Er hörte auf ihr lautes Flehen
und half ihnen durch Jesaja.

Judentum

21 Er schlug die Assyrer in ihrem Lager
    und verwirrte sie durch eine Seuche.

22 Denn Hiskija hatte das Rechte getan,
    war festgeblieben auf Davids Wegen,
    die der Prophet Jesaja ihm gewiesen hatte,
    der große und zuverlässige Seher.

23 Auf Jesajas Befehl ging die Sonne zurück,
    und er verlängerte dem König das Leben.

24 Mit großer Geisteskraft schaute er die Zukunft
    und tröstete die Trauernden in Zion.

25 Für fernste Zeit verkündete er das Kommende
    und das Verborgene, bevor es geschah.

49

1 Der Name Joschija gleicht duftendem Weihrauch,
   würzig und vom Salbenmischer zubereitet.
   Sein Andenken ist süß wie Honig im Mund
   und wie ein Lied beim Weingelage.

2 Denn er litt wegen unserer Treulosigkeit
   und machte den abscheulichen Götzen ein Ende.

3 Er richtete sein Herz ganz auf Gott
   und bewies Treue in Zeiten des Unrechts.

4 Außer David, Hiskija und Joschija
   haben alle Könige ruchlos gehandelt:
   Bis zu ihrem Untergang haben die Könige von Juda
   das Gesetz des Höchsten verlassen.

5 Ihre Macht gaben sie an andere hin,
   ihre Ehre an ein fremdes Volk.

6 Sie zündeten die Heilige Stadt an,
   so daß die Straßen verödeten,

7 zur Strafe dafür, daß sie Jeremia mißhandelt haben,
   obwohl er vom Mutterleib an zum Propheten geschaffen war,
   um auszureißen, niederzureißen und zu vernichten,
   aber auch um aufzubauen, einzupflanzen und zu stärken.

8 Ezechiel sah eine Vision
   und beschrieb die Gestalten am Thronwagen.

9   Er gedachte auch des Ijob,
der die Wege der Gerechtigkeit einhielt.

10   Ferner die Zwölf Propheten:
Ihre Gebeine mögen von ihrer Stätte emporsprossen.
Sie brachten Heilung für Jakobs Volk
und halfen ihm durch zuverlässige Hoffnung.

11   Wie könnten wir Serubbabel gebührend preisen,
war er doch wie ein Siegelring an der rechten Hand,

12   ebenso Jeschua, den Sohn des Jozadak?
Sie beide erbauten zu ihrer Zeit das Gotteshaus;
sie errichteten den heiligen Tempel,
der zu dauernder Herrlichkeit bestimmt ist.

13   Nehemia, sein Andenken in Ehren!
Er baute unsere Trümmer wieder auf
und stellte das Zerstörte wieder her,
Tore und Riegel setzte er ein.

14   Kaum einer auf Erden kommt Henoch gleich,
darum wurde er auch lebend entrückt.

15   Gab es je einen Mann wie Josef?
Selbst sein Leichnam wurde sorgfältig erhalten.

16   Sem, Set und Enosch sind hoch geehrt,
aber Adam übertrifft alle Menschen an Ruhm.

50

1   Der größte unter seinen Brüdern, der Ruhm seines Volkes,
ist der Priester Simeon, der Sohn Johanans.
Zu seiner Zeit wurde das Gotteshaus ausgebessert,
in seinen Tagen der Tempel befestigt.

2   Zu seiner Zeit wurde die Mauer gebaut,
die Zinnen der Gotteswohnung beim Königspalast.

3   In seinen Tagen wurde der Teich gegraben,
ein Becken, groß wie ein Meer.

4   Er hat sein Volk gegen Plünderung gesichert,
seine Stadt gegen den Feind befestigt.

5   Wie herrlich, wenn er herausschaute aus dem Zelt,
wenn er heraustrat zwischen dem Vorhang:

Judentum

6 wie ein leuchtender Stern zwischen den Wolken,
 wie der Vollmond in den Tagen des Festes,

7 wie die strahlende Sonne über dem Königspalast,
 wie ein Regenbogen, der in den Wolken erscheint,

8 wie Blütenzweige in den Tagen des Festes,
 wie eine Lilie an Wasserläufen,
 wie das Grün des Libanon an Sommertagen,

9 wie Weihrauchfeuer auf dem Speiseopfer,
 wie ein vergoldetes Gefäß, mit dem Hammer getrieben
 und mit Edelsteinen besetzt,

10 wie ein üppiger Ölbaum voll von Früchten,
 wie ein wilder Ölbaum mit saftigen Zweigen.

11 [Wie herrlich,] wenn er die Prachtgewänder angelegt
 und sich mit allem Schmuck bekleidet hatte,
 wenn er emporstieg zum erhabenen Altar
 und die Einfassung des heiligen Raumes mit Glanz erfüllte,

12 wenn er die Opferstücke aus der Hand seiner Brüder nahm,
 während er selbst bei dem aufgeschichteten Holz stand.
 Rings umgab ihn der Kranz seiner Söhne
 wie junge Zedern auf dem Libanon.
 Wie Pappeln am Bach umstanden ihn

13 alle Söhne Aarons in ihrer Pracht,
 die Feueropfer des Herrn in ihrer Hand
 vor der ganzen Versammlung Israels,

14 bis er den Dienst am Altar vollendet
 und das Opferholz für den Höchsten geordnet hatte.

15 Dann streckte er die Hand nach dem Becher aus
 und opferte von dem Blut der Trauben;
 er goß es aus an den Fuß des Altars
 zum beruhigenden Duft für den Höchsten,
 den König des Alls.

16 Jetzt stießen die Söhne Aarons
 in die getriebenen Trompeten,
 sie bliesen mit gewaltigem Schall
 zur Erinnerung vor dem Höchsten.

17 Alle Versammelten beeilten sich
 und warfen sich auf ihr Gesicht zur Erde nieder,
 um den Höchsten anzubeten,
 den Heiligen Israels.

18 Dann stimmte man die Gesänge an
und ließ zur Musik süßen Jubel ertönen.
19 Alles Volk jubelte
im Gebet vor dem Barmherzigen,
bis der Priester den Dienst des Herrn vollendet
und ihm die vorgeschriebenen Opfer dargebracht hatte.
20 Dann stieg er herab und erhob seine Hände
über die ganze Gemeinde Israels.
Der Segen des Herrn war auf seinen Lippen,
den Namen des Herrn nennen zu dürfen war sein Ruhm.
21 Sie aber fielen zum zweitenmal nieder,
um den Segen von ihm zu empfangen.
22 Nun lobt den Herrn, den Gott des Alls,
der Wunderbares auf der Erde vollbringt,
der einen Menschen erhöht vom Mutterschoß an
und an ihm handelt nach seinem Gefallen.
23 Er gebe euch Weisheit ins Herz,
und der Friede sei mit euch.
24 Beständig bleibe seine Huld bei Simeon;
er erhalte ihm den Bund mit Pinhas,
der weder ihm gebrochen werden soll
noch seinen Nachkommen, solange der Himmel steht.

25 Zwei Völker verabscheue ich,
und das dritte ist kein Volk:
26 Die Bewohner von Seir und vom Philisterland
und das törichte Volk, das in Sichem wohnt.

27 Weise Bildung und passende Sinnsprüche von Jesus,
dem Sohn Eleasars, des Sohnes Sirachs,
dessen Herz von Schriftauslegung überströmte
und der Einsicht hervorquellen ließ.
28 Wohl dem Mann, der hierüber nachsinnt;
wer es sich zu Herzen nimmt, wird weise.
29 Wer danach handelt, hat Kraft zu allem;
denn die Gottesfurcht ist ihr tiefster Inhalt.

Die Weisheit Salomos

Kapitel 1-9

1

1. Liebt Gerechtigkeit, ihr Herrscher der Erde,
   denkt in Frömmigkeit an den Herrn,
   sucht ihn mit reinem Herzen!
2. Denn er läßt sich finden von denen,
   die ihn nicht versuchen, und zeigt sich denen,
   die ihm nicht mißtrauen.
3. Verkehrte Gedanken trennen von Gott;
   wird seine Macht herausgefordert,
   dann weist sie die Toren zurück.
4. In eine Seele, die auf Böses sinnt,
   kehrt die Weisheit nicht ein,
   noch wohnt sie in einem Leib,
   der sich der Sünde hingibt.
5. Denn der heilige Geist, der Lehrmeister, flieht vor der Falschheit,
   er entfernt sich von unverständigen Gedanken
   und wird verscheucht, wenn Unrecht naht.
6. Die Weisheit ist ein menschenfreundlicher Geist,
   doch läßt sie die Reden des Lästerers nicht straflos;
   denn Gott ist Zeuge seiner heimlichen Gedanken,
   untrüglich durchschaut er sein Herz und hört seine Worte.
7. Der Geist des Herrn erfüllt den Erdkreis,
   und der, der alles zusammenhält, kennt jeden Laut.
8. Darum bleibt keiner verborgen, der Böses redet,
   das Strafurteil geht nicht an ihm vorüber.
9. Die Pläne des Frevlers werden untersucht;
   der Herr erfährt von seinen Reden und bestraft seine Vergehen.
10. Denn das eifersüchtige Ohr hört alles,
    kein leises Murren bleibt ihm verborgen.
11. Hütet euch also vor unnützem Murren,
    und verwehrt eurer Zunge das Verleumden!
    Denn euer heimliches Reden verhallt nicht ungehört,
    und ein Mund, der lügt, tötet die Seele.
12. Jagt nicht dem Tod nach in den Irrungen eueres Lebens,
    und zieht nicht durch euer Handeln das Verderben herbei!
13. Denn Gott hat den Tod nicht gemacht
    und hat keine Freude am Untergang der Lebenden.

14 Zum Dasein hat er alles geschaffen,
und heilbringend sind die Geschöpfe der Welt.
Kein Gift des Verderbens ist in ihnen,
das Reich des Todes hat keine Macht auf der Erde;
15 denn die Gerechtigkeit ist unsterblich.

16 Die Frevler aber holen winkend und rufend den Tod herbei
und sehnen sich nach ihm wie nach einem Freund;
sie schließen einen Bund mit ihm,
weil sie es verdienen, ihm zu gehören.

2

1 Sie tauschen ihre verkehrten Gedanken aus und sagen:
Kurz und traurig ist unser Leben;
für das Ende des Menschen gibt es keine Arznei,
und man kennt keinen, der aus der Welt des Todes befreit.
2 Durch Zufall sind wir geworden,
und danach werden wir sein, als wären wir nie gewesen.
Der Atem in unserer Nase ist Rauch,
und das Denken ist ein Funke,
der vom Schlag des Herzens entfacht wird;
3 verlöscht er, dann zerfällt der Leib zu Asche,
und der Geist verweht wie dünne Luft.
4 Unser Name wird bald vergessen,
niemand denkt mehr an unsere Taten.
Unser Leben geht vorüber wie die Spur einer Wolke
und löst sich auf wie ein Nebel,
der von den Strahlen der Sonne verscheucht
und von ihrer Wärme zu Boden gedrückt wird.
5 Unsere Zeit geht vorüber wie ein Schatten,
unser Ende wiederholt sich nicht;
es ist versiegelt, und keiner kommt zurück.
6 Auf, laßt uns die Güter des Lebens genießen
und die Schöpfung auskosten,
wie es der Jugend zusteht.
7 Erlesener Wein und Salböl sollen uns reichlich fließen,
keine Blume des Frühlings darf uns entgehen.
8 Bekränzen wir uns mit Rosen, ehe sie verwelken;

9   keine Wiese bleibe unberührt
    von unserem ausgelassenen Treiben.
    Überall wollen wir Zeichen der Fröhlichkeit zurücklassen;
    das ist unser Anteil, das fällt uns zu.

10 Laßt uns den Gerechten unterdrücken,
    der in Armut lebt,
    die Witwe nicht schonen
    und das graue Haar des betagten Greises nicht scheuen!

11 Unsere Stärke soll bestimmen, was Gerechtigkeit ist;
    denn das Schwache erweist sich als unnütz.

12 Laßt uns dem Gerechten auflauern!
    Er ist uns unbequem und steht unserem Tun im Weg.
    Er wirft uns Vergehen gegen das Gesetz vor
    und beschuldigt uns des Verrats an unserer Erziehung.

13 Er rühmt sich, die Erkenntnis Gottes zu besitzen,
    und nennt sich einen Knecht des Herrn.

14 Er ist unserer Gesinnung ein lebendiger Vorwurf,
    schon sein Anblick ist uns lästig;

15 denn er führt ein Leben,
    das dem der andern nicht gleicht,
    und seine Wege sind grundverschieden.

16 Als falsche Münze gelten wir ihm;
    von unseren Wegen hält er sich fern wie von Unrat.
    Das Ende der Gerechten preist er glücklich und prahlt,
    Gott sei sein Vater.

17 Wir wollen sehen, ob seine Worte wahr sind,
    und prüfen, wie es mit ihm ausgeht.

18 Ist der Gerechte wirklich Sohn Gottes,
    dann nimmt sich Gott seiner an
    und entreißt ihn der Hand seiner Gegner.

19 Roh und grausam wollen wir mit ihm verfahren,
    um seine Sanftmut kennenzulernen,
    seine Geduld zu erproben.

20 Zu einem ehrlosen Tod wollen wir ihn verurteilen;
    er behauptet ja, es werde ihm Hilfe gewährt.

21 So denken sie, aber sie irren sich;
    denn ihre Schlechtigkeit macht sie blind.

22 Sie verstehen von Gottes Geheimnissen nichts,
sie hoffen nicht auf Lohn für die Frömmigkeit
und erwarten keine Auszeichnung für untadelige Seelen.

23 Gott hat den Menschen zur Unvergänglichkeit erschaffen
und ihn zum Bild seines eigenen Wesens gemacht.

24 Doch durch den Neid des Teufels kam der Tod in die Welt,
und ihn erfahren alle, die ihm angehören.

3

1 Die Seelen der Gerechten sind in Gottes Hand,
und keine Qual kann sie berühren.

2 In den Augen der Toren sind sie gestorben,
ihr Heimgang gilt als Unglück,

3 ihr Scheiden von uns als Vernichtung;
sie aber sind in Frieden.

4 In den Augen der Menschen wurden sie gestraft;
doch ihre Hoffnung ist voll Unsterblichkeit.

5 Ein wenig nur werden sie gezüchtigt;
doch sie empfangen große Wohltat.
Denn Gott hat sie geprüft und fand sie seiner würdig.

6 Wie Gold im Schmelzofen hat er sie erprobt
und sie angenommen als ein vollgültiges Opfer.

7 Beim Endgericht werden sie aufleuchten wie Funken,
die durch ein Stoppelfeld sprühen.

8 Sie werden Völker richten und über Nationen herrschen,
und der Herr wird ihr König sein in Ewigkeit.

9 Alle, die auf ihn vertrauen,
werden die Wahrheit erkennen,
und die Treuen werden bei ihm bleiben in Liebe.
Denn Gnade und Erbarmen wird seinen Erwählten zuteil.

10 Die Frevler aber werden für ihre Pläne bestraft,
sie, die den Gerechten mißachtet haben
und vom Herrn abgefallen sind.

11 Unglücklich sind alle,
die Weisheit und Belehrung verachten;
leer ist ihre Hoffnung, vergeblich sind ihre Mühen
und wertlos ihre Taten.

Judentum

12 Ihre Frauen sind unverständig
und ihre Kinder böse,
fluchbeladen ist ihr Geschlecht.

13 Selig ist die Kinderlose, die unschuldig blieb
und kein Lager der Sünde kannte;
sie wird gleich einer Mutter geehrt,
wenn die Seelen ihren Lohn empfangen.

14 Selig ist auch der Kinderlose,
der sich nicht frevelhaft verging
und gegen den Herrn nichts Böses plante;
besondere Gnade wird seiner Treue zuteil
und ein gar köstlicher Anteil am Tempel des Herrn.

15 Denn ruhmreich ist der Lohn guter Mühe
und unvergänglich die Wurzel der Klugheit.

16 Doch die Kinder von Ehebrechern verkümmern,
und die Nachkommen einer sündigen Verbindung
schwinden dahin.

17 Auch wenn sie lange leben, gelten sie nichts,
und ehrlos ist am Ende ihr Alter.

18 Sterben sie früh, so haben sie keine Hoffnung
und keinen Trost am Tag des Gerichts;

19 denn schlimm ist das Ende eines schuldhaften Geschlechts.

4

1 Besser ist Kinderlosigkeit mit Tugend;
unsterblich ist ihr Ruhm,
sie steht in Ehren bei Gott und bei den Menschen.

2 Ist sie zugegen, ahmt man sie nach;
ist sie entschwunden, sehnt man sie herbei.
In der Ewigkeit triumphiert sie,
geschmückt mit dem Kranz,
Siegerin im Wettstreit um einen edlen Preis.

3 Doch die große Kinderschar der Frevler bringt keinen Nutzen;
sie ist ein unechtes Gewächs,
treibt keine Wurzeln in die Tiefe
und faßt keinen sicheren Grund.

4 Breitet es auch eine Zeitlang üppig seine Zweige aus,
so wird es doch vom Wind hin und her geschüttelt
und von der Gewalt der Stürme entwurzelt.
5 Die Äste, die noch schwach sind, werden geknickt;
ihre Frucht ist unbrauchbar, unreif und ungenießbar,
zu gar nichts geeignet.
6 Denn die Kinder eines sündigen Beischlafs
treten im Gericht als Zeugen auf
für die Schlechtigkeit ihrer Eltern.

7 Der Gerechte aber, kommt auch sein Ende früh,
geht in Gottes Ruhe ein.
8 Denn ehrenvolles Alter besteht nicht in einem langen Leben
und wird nicht an der Zahl der Jahre gemessen.
9 Mehr als graues Haar bedeutet für die Menschen die Klugheit,
und mehr als Greisenalter wiegt ein Leben ohne Tadel.
10 Er gefiel Gott und wurde von ihm geliebt;
da er mitten unter Sündern lebte, wurde er entrückt.
11 Er wurde weggenommen,
damit nicht Schlechtigkeit seine Einsicht verkehrte
und Arglist seine Seele täuschte.
12 Denn der Reiz des Bösen verdunkelt das Gute,
und der Taumel der Begierde verdirbt den arglosen Sinn.
13 Früh vollendet, hat der Gerechte doch ein volles Leben gehabt;
14 da seine Seele dem Herrn gefiel,
enteilte sie aus der Mitte des Bösen.
Die Leute sahen es, ohne es zu verstehen;
sie nahmen es sich nicht zu Herzen,
15 daß Gnade und Erbarmen seinen Auserwählten zuteil wird,
Belohnung seinen Heiligen.
16 Der Gerechte, der entschlafen ist,
verurteilt die Frevler, die noch leben,
die früh vollendete Jugend
das hohe Alter des Ungerechten.
17 Die Frevler sehen das Ende des Weisen,
verstehen aber nicht, was der Herr mit ihm wollte
und warum er ihn in Sicherheit brachte.
18 Sie sehen es und gehen darüber hinweg;
doch der Herr lacht über sie.

19 Dann werden sie verachtete Leichen sein,
ewiger Spott bei den Toten.
Sie werden verstummen,
wenn er sie kopfüber hinabstürzt
und aus ihren Grundfesten reißt.
Sie werden völlig vernichtet und erleiden Qualen;
die Erinnerung an sie verschwindet.

20 Zitternd kommen sie zum Gericht über ihre Sünden;
ihre Vergehen treten ihnen entgegen und überführen sie.

5

1 Dann wird der Gerechte voll Zuversicht dastehen vor denen,
die ihn bedrängt und seine Mühen verachtet haben.

2 Wenn sie ihn sehen, packt sie entsetzliche Furcht,
und sie geraten außer sich
über seine unerwartete Rettung.

3 Jetzt denken sie anders; seufzend
und voll Angst sagen sie zueinander:

4 Dieser war es, den wir einst verlachten,
verspotteten und verhöhnten, wir Toren.
Sein Leben hielten wir für Wahnsinn
und sein Ende für ehrlos.

5 Jetzt zählt er zu den Söhnen Gottes,
bei den Heiligen hat er sein Erbteil.

6 Also sind wir vom Weg der Wahrheit abgeirrt;
das Licht der Gerechtigkeit strahlte uns nicht,
und die Sonne ging nicht für uns auf.

7 Bis zum Überdruß gingen wir die Pfade des Unrechts
und des Verderbens
und wanderten durch weglose Wüsten,
aber den Weg des Herrn erkannten wir nicht.

8 Was nützte uns der Übermut,
was brachten uns Reichtum und Prahlerei?

9 All das ist vorbei wie ein Schatten,
wie eine flüchtige Nachricht.

10 Wie wenn ein Schiff durch die wogende Flut fährt:
Ist es vorübergezogen,
so ist von ihm keine Spur mehr zu finden,
kein Pfad seines Kiels in den Wellen.

Die Weisheit Salomos

11 Wie wenn ein Vogel durch die Luft fliegt:
Kein Zeichen findet sich von seiner Bahn;
er peitscht die leichte Luft mit seinem Flügelschlag
und durchschneidet sie mit gewaltig rauschenden Schwingen,
doch bleibt kein Zeichen seines Weges in ihr zurück.

12 Oder wie wenn ein Pfeil auf das Ziel geschossen wird:
Die geteilte Luft strömt sofort wieder zusammen,
so daß man seine Bahn nicht mehr erkennt.

13 So sind wir ins Dasein getreten, um hinzuschwinden;
wir hatten keinerlei Tugend aufzuweisen,
sondern wurden von unserer Schlechtigkeit verschlungen.

14 Ja, die Hoffnung des Frevlers ist wie die Spreu,
die der Wind verweht,
wie der Gischt, den der Sturm verjagt,
wie der Rauch, den der Wind zerstäubt;
sie schwindet wie die Erinnerung an einen flüchtigen Gast.

15 Die Gerechten aber leben in Ewigkeit,
der Herr belohnt sie, der Höchste sorgt für sie.

16 Darum werden sie aus der Hand des Herrn
das Reich der Herrlichkeit empfangen
und die Krone der Schönheit.
Denn er wird sie mit seiner Rechten behüten
und mit seinem Arm beschützen.

17 Er rüstet sich mit seinem Eifer
und macht die Schöpfung zur Waffe,
mit der er die Feinde bestraft.

18 Als Panzer zieht er Gerechtigkeit an,
und als Helm setzt er strenges Gericht auf.

19 Als Schild nimmt er unüberwindliche Heiligkeit,

20 und grimmigen Zorn schärft er zum Schwert;
zusammen mit ihm kämpft die ganze Welt gegen die Toren.

21 Treffsicher fahren die Blitzespfeile dahin;
abgeschossen aus den Wolken
wie von einem wohlgerundeten Bogen,
fliegen sie auf ihr Ziel.

22 Eine Steinschleuder entsendet Hagelkörner,
die voll von göttlichem Zorn sind.
Das Wasser des Meeres wütet gegen die Feinde,
und Ströme schlagen grimmig über ihnen zusammen.

23 Der Atem des Allmächtigen erhebt sich gegen sie
und trägt sie wie ein Sturm davon.
So bringt die Gesetzlosigkeit Verheerung über die ganze Erde,
und das böse Tun stürzt die Throne der Mächtigen.

6

1 Hört also, ihr Könige, und seid verständig,
lernt, ihr Gebieter der ganzen Welt!

2 Horcht, ihr Herrscher der Massen,
die ihr stolz seid auf Völkerscharen!

3 Der Herr hat euch die Gewalt gegeben,
der Höchste die Herrschaft,
er, der eure Taten prüft und eure Pläne durchforscht.

4 Ihr seid Diener seines Reichs,
aber ihr habt kein gerechtes Urteil gefällt,
das Gesetz nicht bewahrt
und die Weisung Gottes nicht befolgt.

5 Schnell und furchtbar wird er kommen
und euch bestrafen;
denn über die Großen ergeht ein strenges Gericht.

6 Der Geringe erfährt Nachsicht und Erbarmen,
doch die Mächtigen werden gerichtet mit Macht.

7 Denn der Herrscher des Alls scheut niemand
und weicht vor keiner Größe zurück.
Er hat klein und groß erschaffen
und trägt gleiche Sorge für alle;

8 den Mächtigen aber droht strenge Untersuchung.

9 An euch also, ihr Herrscher, richten sich meine Worte,
damit ihr Weisheit lernt und nicht sündigt.

10 Wer das Heilige heilig hält, wird geheiligt,
und wer sich darin unterweisen läßt, findet Schutz.

11 Verlangt also nach meinen Worten;
sehnt euch danach, und ihr werdet gute Belehrung empfangen.

12 Strahlend und unvergänglich ist die Weisheit;
wer sie liebt, erblickt sie schnell, und wer sie sucht, findet sie.

13 Denen, die nach ihr verlangen,
gibt sie sich sogleich zu erkennen.

14 Wer sie am frühen Morgen sucht, braucht keine Mühe,
   er findet sie vor seiner Türe sitzen.
15 Über sie nachzusinnen ist vollkommene Klugheit;
   wer ihretwegen wacht, wird schnell von Sorge frei.
16 Sie geht selbst umher, um die zu suchen, die ihrer würdig sind;
   freundlich erscheint sie ihnen auf allen Wegen
   und kommt jenen entgegen, die an sie denken.
17 Ihr Anfang ist aufrichtiges Verlangen nach Bildung;
   das eifrige Bemühen um Bildung aber ist Liebe.
18 Liebe ist Halten ihrer Gebote;
   Erfüllen der Gebote sichert Unvergänglichkeit,
19 und Unvergänglichkeit bringt in Gottes Nähe.
20 So führt das Verlangen nach Weisheit zur Herrschaft hinauf.
21 Ihr Herrscher der Völker, wenn ihr Gefallen an Thronen
   und Zeptern habt,
   dann ehrt die Weisheit, damit ihr ewig herrscht.

22 Ich will verkünden, was die Weisheit ist und wie sie wurde,
   und will euch kein Geheimnis verbergen.
   Ich will ihre Spur vom Anfang der Schöpfung an verfolgen,
   ihre Kenntnis will ich verbreiten
   und nicht an der Wahrheit vorbeigehen.
23 Verzehrender Neid soll mich nicht auf meinem Weg begleiten;
   denn er hat mit der Weisheit nichts gemein.
24 Eine große Anzahl von Weisen ist Heil für die Welt,
   ein kluger König ist Wohlstand für das Volk.
25 Laßt euch also durch meine Worte unterweisen;
   es wird euch von Nutzen sein.

7

1 Auch ich bin ein sterblicher Mensch wie alle anderen,
   Nachkomme des ersten,
   aus Erde gebildeten Menschen.
   Im Schoß der Mutter wurde ich zu Fleisch geformt,
2 zu dem das Blut in zehn Monaten gerann
   durch den Samen des Mannes und die Lust,
   die im Beischlaf hinzukam.

Judentum

3 Geboren atmete auch ich die gemeinsame Luft,
ich fiel auf die Erde, die Gleiches von allen erduldet,
und Weinen war mein erster Laut wie bei allen.

4 In Windeln und mit Sorgen wurde ich aufgezogen;

5 kein König trat anders ins Dasein.

6 Alle haben den einen gleichen Eingang zum Leben;
gleich ist auch der Ausgang.

7 Daher betete ich, und es wurde mir Klugheit gegeben;
ich flehte, und der Geist der Weisheit kam zu mir.

8 Ich zog sie Zeptern und Thronen vor,
Reichtum achtete ich für nichts im Vergleich mit ihr.

9 Keinen Edelstein stellte ich ihr gleich;
denn alles Gold erscheint neben ihr wie ein wenig Sand,
und Silber gilt ihr gegenüber soviel wie Lehm.

10 Ich liebte sie mehr als Gesundheit und Schönheit
und zog ihren Besitz dem Lichte vor;
denn niemals erlischt der Glanz, der von ihr ausstrahlt.

11 Zugleich mit ihr kam alles Gute zu mir,
unzählbare Reichtümer waren in ihren Händen.

12 Ich freute mich über sie alle,
weil die Weisheit lehrt, sie richtig zu gebrauchen,
wußte aber nicht, daß sie auch deren Ursprung ist.

13 Uneigennützig lernte ich, und neidlos gebe ich weiter;
ihren Reichtum behalte ich nicht für mich.

14 Ein unerschöpflicher Schatz ist sie für die Menschen;
alle, die ihn erwerben, erlangen die Freundschaft Gottes.
Sie sind empfohlen durch die Gaben der Unterweisung.

15 Mir aber gewähre Gott, nach meiner Einsicht zu sprechen
und zu denken, wie die empfangenen Gaben es wert sind;
denn er ist der Führer der Weisheit
und hält die Weisen auf dem rechten Weg.

16 Wir und unsere Worte sind in seiner Hand,
auch alle Klugheit und praktische Erfahrung.

17 Er verlieh mir untrügliche Kenntnis der Dinge,
so daß ich den Aufbau der Welt
und das Wirken der Elemente verstehe,

18 Anfang und Ende und Mitte der Zeiten,
die Abfolge der Sonnenwenden
und den Wandel der Jahreszeiten,
19 den Kreislauf der Jahre und die Stellung der Sterne,
20 die Natur der Tiere und die Wildheit der Raubtiere,
die Gewalt der Geister und die Gedanken der Menschen,
die Verschiedenheit der Pflanzen und die Kräfte der Wurzeln.
21 Alles Verborgene und alles Offenbare habe ich erkannt;
denn es lehrte mich die Weisheit, die Meisterin aller Dinge.

22 In ihr ist ein Geist,
gedankenvoll, heilig, einzigartig,
mannigfaltig, zart, beweglich,
durchdringend, unbefleckt, klar,
unverletzlich, das Gute liebend, scharf,
23 nicht zu hemmen, wohltätig, menschenfreundlich,
fest, sicher, ohne Sorge,
alles vermögend, alles überwachend
und alle Geister durchdringend,
die denkenden, reinen und zartesten.
24 Denn die Weisheit ist beweglicher als alle Bewegung;
in ihrer Reinheit durchdringt und erfüllt sie alles.
25 Sie ist ein Hauch der Kraft Gottes
und reiner Ausfluß der Herrlichkeit des Allherrschers;
darum fällt kein Schatten auf sie.
26 Sie ist der Widerschein des ewigen Lichts,
der ungetrübte Spiegel von Gottes Kraft,
das Bild seiner Vollkommenheit.
27 Sie ist nur eine und vermag doch alles;
ohne sich zu ändern, erneuert sie alles.
Von Geschlecht zu Geschlecht tritt sie in heilige Seelen ein
und schafft Freunde Gottes und Propheten;
28 denn Gott liebt nur den,
der mit der Weisheit zusammenwohnt.
29 Sie ist schöner als die Sonne
und übertrifft jedes Sternbild.
Sie ist strahlender als das Licht;
30 denn diesem folgt die Nacht,
doch über die Weisheit siegt keine Schlechtigkeit.

8

1 Machtvoll entfaltet sich ihre Kraft
 von einem Ende zum andern
 und durchwaltet voll Güte das All.

2 Sie habe ich geliebt und gesucht von Jugend auf,
 ich suchte sie als Braut heimzuführen
 und fand Gefallen an ihrer Schönheit.

3 Im Umgang mit Gott beweist sie ihren Adel,
 der Herr über das All gewann sie lieb.

4 Eingeweiht in das Wissen Gottes,
 bestimmte sie seine Werke.

5 Ist Reichtum begehrenswerter Besitz im Leben,
 was ist dann reicher als die Weisheit, die in allem wirkt?

6 Wenn Klugheit wirksam ist,
 wer in aller Welt ist ein größerer Meister als sie?

7 Wenn jemand Gerechtigkeit liebt,
 in ihren Mühen findet er die Tugenden.
 Denn sie lehrt Maß und Klugheit,
 Gerechtigkeit und Tapferkeit,
 die Tugenden, die im Leben der Menschen
 nützlicher sind als alles andere.

8 Wenn jemand nach reicher Erfahrung strebt:
 sie kennt das Vergangene und errät das Kommende,
 sie versteht, die Worte schön zu formen
 und Rätselhaftes zu deuten;
 sie weiß im voraus Zeichen und Wunder
 und kennt den Ausgang von Perioden und Zeiten.

9 So beschloß ich, sie als Lebensgefährtin heimzuführen;
 denn ich wußte, daß sie mir guten Rat gibt
 und Trost in Sorge und Leid.

10 Mit ihr werde ich Ruhm beim Volke haben
 und trotz meiner Jugend vom Alter geehrt sein.

11 Ich werde als scharfsinniger Richter gelten
 und in den Augen der Mächtigen Staunen erregen.

12 Schweige ich, so warten sie in Spannung,
   spreche ich, so merken sie auf,
   rede ich länger, so legen sie die Hand auf den Mund.
13 Mit ihr werde ich Unsterblichkeit erlangen
   und ewigen Ruhm bei der Nachwelt hinterlassen.
14 Völker werde ich sorgsam leiten,
   und Nationen werden mir untertan sein.
15 Schreckliche Tyrannen werden mich fürchten,
   wenn sie von mir hören;
   in der Volksversammlung werde ich mich als tüchtig
   und im Krieg als tapfer erweisen.
16 Komme ich nach Hause,
   dann werde ich bei ihr ausruhen;
   denn der Umgang mit ihr hat nichts Bitteres,
   das Leben mit ihr kennt keinen Schmerz,
   sondern nur Frohsinn und Freude.
17 Als ich dies bei mir überlegte und in meinem Herzen erwog,
   daß das Leben mit der Weisheit Unsterblichkeit bringt,
18 die Freundschaft mit ihr reine Freude
   und die Mühen ihrer Hände unerschöpflichen Reichtum,
   daß stete Gemeinschaft mit ihr Klugheit bringt
   und das Zwiegespräch mit ihr Ruhm –,
   da ging ich auf die Suche nach ihr, um sie heimzuführen.
19 Ich war ein begabtes Kind und hatte eine gute Seele erhalten,
20 oder vielmehr: gut, wie ich war,
   kam ich in einen unverdorbenen Leib.
21 Ich erkannte aber,
   daß ich die Weisheit nur als Geschenk Gottes erhalten könne –
   und schon hier war es die Klugheit, die mich erkennen ließ,
   wessen Gnadengeschenk sie ist.
   Daher wandte ich mich an den Herrn
   und sprach zu ihm aus ganzem Herzen:

9

1 Gott der Väter und Herr des Erbarmens,
  du hast das All durch dein Wort gemacht.
2 Den Menschen hast du durch deine Weisheit erschaffen,
  damit er über deine Geschöpfe herrscht.

3 Er soll die Welt in Heiligkeit und Gerechtigkeit leiten
 und Gericht halten in rechter Gesinnung.
4 Gib mir die Weisheit, die an deiner Seite thront,
 und verstoß mich nicht aus der Schar deiner Kinder!
5 Ich bin ja dein Knecht, der Sohn deiner Magd,
 ein schwacher Mensch, dessen Leben nur kurz ist,
 und gering ist meine Einsicht in Recht und Gesetz.
6 Wäre einer auch vollkommen unter den Menschen,
 er wird kein Ansehen genießen, wenn ihm deine Weisheit fehlt.
7 Du bist es, der mich zum König deines Volkes
 und zum Richter deiner Söhne und Töchter erwählt hat.
8 Du hast befohlen,
 einen Tempel auf deinem heiligen Berg zu bauen
 und einen Altar in der Stadt deiner Wohnung,
 ein Abbild des heiligen Zeltes,
 das du von Anfang an entworfen hast.
9 Mit dir ist die Weisheit, die deine Werke kennt
 und die zugegen war, als du die Welt erschufst.
 Sie weiß, was dir gefällt und was recht ist nach deinen Geboten.
10 Sende sie vom heiligen Himmel
 und schick sie vom Thron deiner Herrlichkeit,
 damit sie bei mir sei und alle Mühe mit mir teile
 und damit ich erkenne, was dir gefällt.
11 Denn sie weiß und versteht alles;
 sie wird mich in meinem Tun besonnen leiten
 und mich in ihrem Lichtglanz schützen.
12 Dann wird dir mein Handeln gefallen;
 ich werde dein Volk gerecht regieren
 und des Throns meines Vaters würdig sein.
13 Denn welcher Mensch kann Gottes Plan erkennen,
 oder wer begreift, was der Herr will?
14 Unsicher sind die Berechnungen der Sterblichen
 und hinfällig unsere Gedanken;
15 denn der vergängliche Leib beschwert die Seele,
 und das irdische Zelt belastet den um vieles besorgten Geist.
16 Wir erraten kaum, was auf der Erde vorgeht,
 und finden nur mit Mühe, was doch auf der Hand liegt;
 wer kann dann ergründen, was im Himmel ist?

17 Wer hat je deinen Plan erkannt,
   wenn du ihm nicht Weisheit gegeben
   und deinen heiligen Geist aus der Höhe gesandt hast?
18 So wurden die Pfade der Erdenbewohner gerade gemacht,
   und die Menschen lernten, was dir gefällt;
19 durch die Weisheit wurden sie gerettet.

Christentum

Matthäus
Markus
Lukas
Johannes
Brief an die Epheser

Das Christentum begann als eine kleine jüdische Sekte in Jerusalem, die sich aus Schülern des Jesus von Nazareth zusammensetzte, eines Juden, der unter dem römischen Statthalter Pontius Pilatus gekreuzigt worden und seinen Schülern, wie diese behaupteten, nach seinem Tod erschienen war. Aus diesen bescheidenen Anfängen entwickelte sich die christliche Religion. Die ersten Berichte darüber sind in den Briefen des Paulus von Tarsus, eines Mannes, der zu diesem Glauben konvertiert war, enthalten, die er Anfang der fünfziger Jahre des ersten Jahrhunderts, zwanzig Jahre nach den Ereignissen, schrieb. Die ersten Evangelien oder Berichte über das Leben Jesu wurden in der zweiten Hälfte des ersten Jahrhunderts verfaßt, beruhen aber offensichtlich auf mündlichen Traditionen, die in den einzelnen christlichen Gemeinden weitergegeben wurden. Bei der Untersuchung dieser Berichte müssen wir uns daran erinnern, daß sie in Griechisch geschrieben und aus dem ursprünglichen Aramäisch übersetzt worden sind, einem semitischen Dialekt, den Jesus und seine Schüler sprachen. Auch müssen wir berücksichtigen, daß die Geschichten und Lehrsammlungen, die in den Gemeinden überliefert wurden, redaktionell überarbeitet worden sind. Von Markus haben wir hier die ersten zehn Kapitel ausgewählt, die das Grundmuster des Lebens Jesu wiedergeben, wie es in der synoptischen Tradition allgemein akzeptiert wurde, und von Lukas die Kapitel, wo er Markus fortsetzt und seine eigene Version der Lehre Jesu gibt, besonders in den großen Gleichnissen, etwa vom barmherzigen Samariter und vom verlorenen Sohn (Lukas 10 – 21). Dem Muster des Markus fügten Matthäus und Lukas die Kindheitserzählungen, ferner die Erscheinungen nach der Auferstehung und die Berichte über die Lehren Jesu hinzu, die ihnen bekanntgeworden waren. Wir geben hier die Bergpredigt nach Matthäus und die Gleichnisse und Reden bei Lukas wieder, die einen Aspekt der universellen Weisheit illustrieren. Das Evangelium des Johannes ist später, am Ende des ersten Jahrhunderts, entstanden und eröffnet eine andere Welt. Man glaubt im allgemeinen, es sei in Ephesus in der heutigen Türkei niedergeschrieben worden, einer Stadt, die damals ein Zentrum gnostischer Spiritualität war und wo die evangelischen Erzählungen in Berührung mit der umfassenderen Tradition der universellen Weisheit kamen.

Das vierte Evangelium, wie wir es nennen wollen, da sein Verfasser, der »geliebte Jünger«, unbekannt ist, spricht von Jesus als dem Logos, dem Wort oder der Weisheit Gottes. Das liefert den Schlüssel zum ganzen Evangelium. Es ist ein Bericht vom Leben und Lehren Jesu, gesehen im

Christentum

Licht der universellen Weisheit, in dem jedem Ereignis im Leben Jesu eine symbolische Bedeutung zufällt. Das Symbol ist die Sprache der universellen Weisheit. Sie betrachtet das ganze All als ein Symbol Gottes, ein Zeichen, durch das sich die göttliche Weisheit bekanntmacht. In Jesus von Nazareth sieht das Evangelium das höchste Symbol Gottes, das Zeichen, durch das sich die göttliche Weisheit selbst bekanntmacht und der Menschheit in ihrer Fülle vergegenwärtigt. Es offenbart, daß die göttliche Weisheit oder letzte Wahrheit nicht nur durch in ein Buch geschriebene Worte oder eine in einem Dogma eingeschlossene Philosophie bekanntgemacht wird, sondern im »Fleisch«, das heißt unter aktuellen, konkreten Bedingungen menschlicher Existenz. Jesus wurde »unter Pontius Pilatus« zu einer bestimmten Zeit an einem bestimmten Ort und in einer besonderen historischen Situation gekreuzigt. Andererseits offenbart das vierte Evangelium vor allem die innige Beziehung zwischen Jesus und Gott. Die früheste Tradition spricht von Jesus nicht als von einem Gott. Das war einer späteren theologischen Entwicklung vorbehalten. Die ursprüngliche Offenbarung lautete, daß Jesus »ein von Gott beglaubigter Mensch« war (Apostelgeschichte 2, 22), den Gott mit dem Heiligen Geist und mit Kraft »salbte« (Apostelgeschichte 10, 38). Jesus selbst spricht im vierten Evangelium von sich selbst immer so, daß sein Verhältnis zu Gott im Vordergrund steht. Er bezieht alles, was er sagt und tut, auf seinen Ursprung im »Vater«. Das ist die besondere christliche Offenbarung: nicht daß Jesus Gott war, so wie man von Rama und Krishna sagen kann, sie seien Gott, sondern daß er in einer einzigartigen Beziehung zu Gott stand: als Sohn zum Vater.

Es ist bezeichnend, daß Mohammed im Koran darauf bestand, Gott habe keinen Sohn. Denn eine solche Auffassung hätte die Einzigartigkeit des monotheistischen Gottes, an den er glaubte, unterhöhlt. Indem er sich selbst Sohn nannte, setzte sich Jesus in Beziehung zu Gott, zur letzten Wahrheit und Realität. Gott ist in dieser Auffassung keine isolierte Monade. Die Gottheit, das göttliche Wesen selbst, konstituiert sich in einer Beziehung. Doch das bedeutet nicht nur, daß Jesus der Sohn Gottes ist, sondern daß die ganze Menschheit in Jesus zu dieser Beziehung zu Gott geführt wird. Die Schöpfung selbst ist, nach Thomas von Aquin, eine Beziehung zu Gott. Sie hat keine Existenz in sich selbst, sondern existiert nur in Beziehung auf Gott. In Jesus werden die gesamte Schöpfung und die gesamte Menschheit zu dieser lebendigen Beziehung, in der Jesus zum Vater steht, geführt. Wir sind zu »Gottes Volk« geworden (1. Petrusbrief, Kap. 2). Das gerade aber möchte der semitische Monotheismus nicht wahrhaben. Doch die gesamte Überlieferung der universellen Weisheit sieht diese innige Beziehung zwischen Gott und Menschheit, zwischen Gott und Schöpfung. Die Welt ist nicht gespalten, es gibt keine

Trennung zwischen Gott und Welt. Aber Beziehung ist nicht Identität, Jesus ist nicht identisch mit dem Vater, er ist nicht der Vater, und doch ist er eins mit dem Vater. Das ist weder Monismus noch Dualismus, sondern »Nicht-Dualismus« (*advaita*), eine übernatürliche Beziehung, die in menschlichen Begriffen adäquat nicht ausgedrückt werden kann. Wenn Jesus in dieser einzigartigen Beziehung eins mit dem Vater, mit Gott ist, so sind es auch all jene, die auf diesen Ruf antworten. Das Wort, das in Jesus »Fleisch wurde«, »erleuchtet jeden Menschen« (Johannes 1, 9). Dieses Wort ist das Licht, die Wahrheit, das Wort Guru Nanaks, der Name, der über alle Namen ist, der Guru im Innern, von dem jeder äußere Guru zeugt. Als Jesus seine Schüler verließ, sandte er ihnen den Heiligen Geist, der ewig bei ihnen sein würde (Johannes 16, 7). Der Heilige Geist ist die einwohnende Gegenwart Gottes, die Quelle aller Weisheit, Wahrheit und Güte. Vor allem ist er die Liebe, die die Welt schuf und sie erhält, die Gnade und Barmherzigkeit, Güte und Vergebung ist. In der Dreifaltigkeit wird Gott nicht als Person, die der Welt gegenübersteht, offenbart, sondern als die Gemeinschaft der Liebe, die die ganze Menschheit und Schöpfung umfaßt und jene Weisheit ist, die dem All seine Ordnung gibt. Denn Weisheit ist Erkenntnis durch Liebe.

Das Evangelium nach Matthäus
Kapitel 3 bis 7, Vers 29

Christentum

3

1 In jenen Tagen trat Johannes der Täufer auf
und verkündete in der Wüste Judäa:

2 Kehrt um! Denn das Himmelreich ist nahe.

3 Er war es, von dem der Prophet Jesaja gesagt hat:
Eine Stimme ruft in der Wüste:
Bereitet dem Herrn den Weg! Ebnet ihm die Straßen!

4 Johannes trug ein Gewand aus Kamelhaaren
und einen ledernen Gürtel um seine Hüften;
Heuschrecken und wilder Honig waren seine Nahrung.

5 Die Leute von Jerusalem und ganz Judäa
und aus der ganzen Jordangegend zogen zu ihm hinaus;

6 sie bekannten ihre Sünden
und ließen sich im Jordan von ihm taufen.

7 Als Johannes sah,
daß viele Pharisäer und Sadduzäer zur Taufe kamen,
sagte er zu ihnen:
Ihr Schlangen, wer hat euch denn gelehrt,
daß ihr dem kommenden Gericht entrinnen könnt?

8 Bringt Früchte hervor,
die eure Umkehr zeigen,

9 und meint nicht, ihr könntet sagen:
Wir haben ja Abraham zum Vater.
Denn ich sage euch:
Aus diesen Steinen kann Gott Kinder Abrahams machen.

10 Schon ist die Axt an die Wurzel der Bäume gelegt;
jeder Baum, der keine guten Früchte hervorbringt,
wird umgehauen und ins Feuer geworfen.

11 Ich taufe euch nur mit Wasser zum Zeichen der Umkehr.
Der aber, der nach mir kommt, ist stärker als ich,
und ich bin es nicht wert, ihm die Schuhe auszuziehen.
Er wird euch mit heiligem Geist und mit Feuer taufen.

12 Schon hält er die Schaufel in der Hand,
um die Spreu vom Weizen zu trennen.
Den Weizen wird er in seine Scheune bringen,
die Spreu aber wird er in nie erlöschendem Feuer verbrennen.

Matthäus-Evangelium

13 Zu dieser Zeit kam Jesus von Galiläa an den Jordan zu Johannes,
um sich von ihm taufen zu lassen.

14 Johannes aber wollte es nicht zulassen und sagte zu ihm:
Ich müßte von dir getauft werden, und du kommst zu mir?

15 Jesus antwortete ihm: Laß es nur zu!
Denn nur so können wir den Willen Gottes erfüllen.
Da gab ihm Johannes nach.

16 Kaum war Jesus getauft und aus dem Wasser gestiegen,
da öffnete sich der Himmel,
und er sah den Geist Gottes wie eine Taube
auf sich herabkommen.

17 Und eine Stimme aus dem Himmel sprach:
Das ist mein geliebter Sohn, an dem ich Gefallen gefunden habe.

4

1 Dann wurde Jesus vom Geist in die Wüste gebracht;
dort sollte er vom Teufel in Versuchung geführt werden.

2 Als er vierzig Tage und vierzig Nächte gefastet hatte,
bekam er Hunger.

3 Da trat der Versucher an ihn heran und sagte:
Wenn du Gottes Sohn bist, so befiehl,
daß aus diesen Steinen Brot wird.

4 Er aber antwortete:
Es steht geschrieben: Nicht nur von Brot lebt der Mensch,
sondern von jedem Wort, das aus Gottes Mund kommt.

5 Darauf nahm ihn der Teufel mit sich in die heilige Stadt,
stellte ihn oben auf den Tempel

6 und sagte zu ihm:
Wenn du Gottes Sohn bist, so stürz dich hinab;
denn es steht geschrieben: Seine Engel bietet er auf für dich,
und sie werden dich auf Händen tragen,
damit dein Fuß nicht an einen Stein stößt.

7 Jesus antwortete ihm: Ebenso steht geschrieben:
Du sollst den Herrn, deinen Gott, nicht versuchen.

8 Wieder nahm ihn der Teufel mit sich
und führte ihn auf einen sehr hohen Berg;
er zeigte ihm alle Reiche der Welt mit ihrer Pracht

Christentum

9 und sagte zu ihm:
Das alles will ich dir geben,
wenn du vor mir niederfällst und mich anbetest.

10 Da sagte Jesus zu ihm:
Weg mit dir, Satan! Denn es steht geschrieben:
Den Herrn, deinen Gott, sollst du anbeten und ihm allein dienen.

11 Darauf ließ der Teufel von ihm ab;
Engel aber kamen und dienten ihm.

12 Als Jesus hörte, daß man Johannes ins Gefängnis geworfen hatte,
zog er sich nach Galiläa zurück.

13 Er verließ Nazareth, um in Kafarnaum zu wohnen,
das am See liegt, im Gebiet von Sebulon und Naftali.

14 Denn es sollte sich das Wort des Propheten Jesaja erfüllen:

15 Das Land Sebulon und das Land Naftali,
das Land am See und jenseits des Jordan, das heidnische Galiläa:

16 das Volk, das im Dunkel saß, hat ein helles Licht gesehen;
denen, die im Schattenreich des Todes waren,
ist ein Licht erschienen.

17 Von da an verkündete Jesus:
Kehrt um! Denn das Himmelreich ist nahe.

18 Als er am See von Galiläa entlangging, sah er zwei Brüder,
Simon, den man Petrus nennt, und seinen Bruder Andreas;
sie warfen gerade ein Netz in den See, denn sie waren Fischer.

19 Da sagte er zu ihnen:
Kommt, folgt mir nach!
Ich werde euch zu Menschenfischern machen.

20 Ohne zu zögern, ließen sie ihre Netze liegen und folgten ihm.

21 Als er weiterging, sah er zwei andere Brüder,
Jakobus, den Sohn des Zebedäus, und seinen Bruder Johannes;
sie waren mit ihrem Vater Zebedäus im Boot
und richteten ihre Netze. Er rief sie,

22 und sogleich verließen sie das Boot und ihren Vater
und folgten Jesus.

23 Er zog in ganz Galiläa umher, lehrte in den Synagogen,
verkündete das Evangelium vom Reich
und heilte im Volk alle Krankheiten und Leiden.

24 Und sein Ruf verbreitete sich in ganz Syrien. Man brachte Kranke mit den verschiedensten Gebrechen und Leiden zu ihm, Besessene, Mondsüchtige und Gelähmte, und er heilte sie alle.

25 Scharen von Menschen aus Galiläa, der Dekapolis, Jerusalem und Judäa und von jenseits des Jordan folgten ihm.

5

1 Als Jesus die vielen Menschen sah, stieg er auf einen Berg. Er setzte sich, und seine Jünger traten zu ihm.

2 Dann begann er zu reden und lehrte sie:

3 Wohl denen, die vor Gott arm sind; denn ihnen gehört das Himmelreich.

4 Wohl denen, die trauern; denn sie werden getröstet werden.

5 Wohl denen, die keine Gewalt anwenden, denn sie werden das Land erben.

6 Wohl denen, die hungern und dürsten nach der Gerechtigkeit; denn sie werden satt werden.

7 Wohl denen, die barmherzig sind; denn sie werden Erbarmen finden.

8 Wohl denen, die ein reines Herz haben; denn sie werden Gott sehen.

9 Wohl denen, die Frieden stiften; denn sie werden Söhne Gottes genannt werden.

10 Wohl denen, die um der Gerechtigkeit willen verfolgt werden; denn ihnen gehört das Himmelreich.

11 Wohl euch, wenn ihr um meinetwillen beschimpft und verfolgt und auf alle mögliche Weise verleumdet werdet.

12 Freut euch und jubelt: euer Lohn im Himmel wird groß sein. Denn so wurden schon vor euch die Propheten verfolgt.

13 Ihr seid das Salz der Erde. Wenn das Salz seinen Geschmack verliert, womit kann man es wieder salzig machen? Es taugt zu nichts mehr, es wird weggeworfen und von den Leuten zertreten.

14 Ihr seid das Licht der Welt. Eine Stadt, die auf einem Berg liegt, kann nicht verborgen bleiben.

Christentum

15 Man zündet auch nicht eine Lampe an
  und stellt sie unter einen Eimer, sondern auf den Leuchter;
  dann leuchtet sie allen im Haus.

16 So soll euer Licht vor den Menschen leuchten,
  damit sie eure guten Taten sehen
  und euren Vater im Himmel preisen.

17 Denkt nicht, ich sei gekommen,
  um das Gesetz und die Propheten aufzuheben.
  Ich bin nicht gekommen, um aufzuheben,
  sondern um zu erfüllen.

18 Amen, ich sage euch:
  Bis Himmel und Erde vergehen,
  wird auch nicht der kleinste Buchstabe des Gesetzes vergehen,
  bevor nicht alles geschehen ist.

19 Wer auch nur eines von den kleinsten Geboten aufhebt
  und die Menschen entsprechend lehrt,
  der wird im Himmelreich der Kleinste genannt werden.
  Wer sie aber hält und halten lehrt,
  der wird groß sein im Himmelreich.

20 Darum sage ich euch:
  Wenn eure Gerechtigkeit nicht noch viel größer ist als die der
    Schriftgelehrten und Pharisäer,
  werdet ihr nicht in das Himmelreich kommen.

21 Ihr habt gehört, daß zu den Alten gesagt worden ist:
  Du sollst nicht töten;
  wer aber jemand umbringt, soll dem Gericht verfallen sein.

22 Ich aber sage euch:
  Jeder, der seinem Bruder auch nur zürnt,
  soll dem Gericht verfallen sein;
  und wer zu seinem Bruder sagt:
  Du Dummkopf, soll dem Spruch des Hohen Rates verfallen sein;
  wer aber zu ihm sagt:
  Du gottloser Narr, soll dem Feuer der Hölle verfallen sein.

23 Wenn du deine Opfergabe zum Altar bringst
  und dir dabei einfällt, daß dein Bruder etwas gegen dich hat,

24 so laß deine Gabe dort vor dem Altar liegen;
  geh und versöhne dich zuerst mit deinem Bruder,
  dann komm und opfere deine Gabe.

25 Schließ ohne Zögern Frieden mit deinem Gegner,
  solange du mit ihm noch auf dem Weg zum Gericht bist.

Sonst wird dich dein Gegner vor den Richter bringen,
und der Richter wird dich dem Gerichtsdiener übergeben,
und du wirst ins Gefängnis geworfen.

26 Amen, ich sage dir:
Du kommst von dort nicht heraus,
bis du den letzten Pfennig bezahlt hast.

27 Ihr habt gehört, daß gesagt worden ist:
Du sollst nicht die Ehe brechen.

28 Ich aber sage euch:
Wer eine Frau auch nur lüstern ansieht,
hat in Gedanken schon Ehebruch mit ihr begangen.

29 Wenn dich dein rechtes Auge zum Bösen verleitet,
so reiß es aus und wirf es weg!
Denn es ist besser für dich, daß eines deiner Glieder verlorengeht,
als daß dein ganzer Leib in die Hölle geworfen wird.

30 Und wenn dich deine rechte Hand zum Bösen verleitet,
dann hau sie ab und wirf sie weg!
Denn es ist besser für dich, daß eines deiner Glieder verlorengeht,
als daß dein ganzer Leib in die Hölle kommt.

31 Ferner ist gesagt worden:
Wer seine Frau aus der Ehe entläßt,
muß ihr eine Scheidungsurkunde geben.

32 Ich aber sage euch:
Wer seine Frau entläßt, obwohl sie die Ehe nicht gebrochen hat,
liefert sie dem Ehebruch aus;
und wer eine Frau, die aus der Ehe entlassen wurde, heiratet,
begeht Ehebruch.

33 Ihr habt gehört, daß zu den Alten gesagt worden ist:
Du sollst keinen Meineid schwören, und:
Du sollst halten, was du dem Herrn geschworen hast.

34 Ich aber sage euch:
Schwört überhaupt nicht, weder beim Himmel,
denn er ist Gottes Thron,

35 noch bei der Erde, denn sie ist der Schemel seiner Füße,
noch bei Jerusalem, denn es ist die Stadt des großen Königs.

36 Auch bei deinem Haupt sollst du nicht schwören;
denn du kannst kein einziges Haar weiß oder schwarz machen.

37 Euer Ja sei ein Ja, euer Nein ein Nein;
alles andere ist ein Werk des Bösen.

Christentum

38 Ihr habt gehört, daß gesagt worden ist:
Auge um Auge und Zahn um Zahn.

39 Ich aber sage euch:
Leistet dem, der euch etwas Böses antut, keinen Widerstand,
sondern wenn dich einer auf die rechte Backe schlägt,
dann halt ihm auch die andere hin.

40 Und wenn dich einer vor Gericht bringen will,
um dir das Hemd wegzunehmen, dann laß ihm auch den Mantel.

41 Und wenn dich einer zwingen will,
eine Meile mit ihm zu gehen, dann geh zwei mit ihm.

42 Wer dich bittet, dem gib,
und wer von dir borgen will, den weise nicht ab.

43 Ihr habt gehört, daß gesagt worden ist:
Du sollst deinen Nächsten lieben und deinen Feind hassen.

44 Ich aber sage euch:
Liebt eure Feinde und betet für die, die euch verfolgen,

45 damit ihr Söhne eures Vaters im Himmel werdet;
denn er läßt seine Sonne aufgehen über Bösen und Guten,
und er läßt regnen über Gerechte und Ungerechte.

46 Denn wenn ihr nur die liebt, die euch lieben,
welchen Lohn könnt ihr dafür erwarten?
Tun das nicht auch die Zöllner?

47 Und wenn ihr nur eure Brüder grüßt,
was tut ihr damit Besonderes?
Tun das nicht auch die Heiden?

48 Ihr sollt also vollkommen sein,
denn auch euer himmlischer Vater ist vollkommen.

6

1 Hütet euch, eure Frömmigkeit vor den Menschen
zur Schau zu stellen;
sonst habt ihr keinen Lohn von eurem Vater im Himmel
zu erwarten.

2 Wenn du Almosen gibst, laß es also nicht vor dir herposaunen,
wie es die Heuchler in den Synagogen und auf den Gassen tun,
um von den Leuten gelobt zu werden.
Amen, ich sage euch: Sie haben ihren Lohn bereits erhalten.

3 Wenn du Almosen gibst, soll deine linke Hand nicht wissen,
 was deine rechte tut.
4 Dein Almosen soll verborgen bleiben,
 und dein Vater, der auch das Verborgene sieht,
 wird es dir vergelten.
5 Wenn ihr betet, macht es nicht wie die Heuchler.
 Denn sie stellen sich beim Gebet gern in die Synagogen
 und an die Straßenecken, um den Leuten aufzufallen.
 Amen, ich sage euch: Sie haben ihren Lohn bereits erhalten.
6 Du aber geh in deine Kammer, wenn du betest,
 und schließ die Tür zu;
 dann bete zu deinem Vater, der im Verborgenen ist.
 Dein Vater, der auch das Verborgene sieht, wird es dir vergelten.
7 Wenn ihr betet, sollt ihr nicht plappern wie die Heiden,
 die meinen, sie werden nur erhört, wenn sie viele Worte machen.
8 Macht es nicht wie sie;
 denn euer Vater weiß, was ihr braucht, noch ehe ihr ihn bittet.
9 So sollt ihr beten:
 Unser Vater im Himmel, dein Name werde geheiligt,
10 dein Reich komme, dein Wille geschehe
 wie im Himmel, so auf der Erde.
11 Gib uns heute das Brot, das wir brauchen.
12 Und erlaß uns unsere Schulden,
 wie auch wir sie unseren Schuldnern erlassen.
13 Und führe uns nicht in Versuchung,
 sondern rette uns vor dem Bösen.
14 Denn wenn ihr den Menschen ihre Verfehlungen vergebt,
 dann wird euer himmlischer Vater euch auch vergeben.
15 Wenn ihr aber den Menschen nicht vergebt,
 dann wird euer Vater eure Verfehlungen auch nicht vergeben.
16 Wenn ihr fastet, macht kein finsteres Gesicht wie die Heuchler.
 Sie geben sich ein trübseliges Aussehen, damit die Leute merken,
 daß sie fasten.
 Amen, ich sage euch: Sie haben ihren Lohn bereits erhalten.
17 Du aber salbe dein Haar, wenn du fastest,
 und wasche dein Gesicht,

Christentum

18 damit die Leute nicht merken, daß du fastest,
sondern nur dein Vater, der im Verborgenen ist;
und dein Vater, der das Verborgene sieht, wird es dir vergelten.

19 Sammelt euch nicht Schätze auf der Erde,
wo Motten und Würmer sie zerstören und wo Diebe einbrechen und sie stehlen,

20 sondern sammelt euch Schätze im Himmel,
wo keine Motten und Würmer sie zerstören und keine Diebe einbrechen und sie stehlen.

21 Denn wo dein Schatz ist, da ist auch dein Herz.

22 Das Auge gibt dem Körper Licht.
Wenn dein Auge gesund ist, dann wird dein ganzer Körper hell sein.

23 Wenn aber dein Auge krank ist, dann wird dein ganzer Körper finster sein.
Wenn nun das Licht in dir Finsternis ist,
wie groß muß dann die Finsternis sein!

24 Niemand kann zwei Herren dienen;
er wird entweder den einen hassen und den anderen lieben,
oder zu dem einen halten und den anderen verachten.
Ihr könnt nicht Gott dienen und zugleich dem Geld.

25 Deswegen sage ich euch:
Sorgt euch nicht um euer Leben und darum,
daß ihr etwas zu essen habt, noch um euren Leib und darum,
daß ihr etwas anzuziehen habt.
Ist nicht das Leben wichtiger als die Nahrung
und der Leib wichtiger als die Kleidung?

26 Seht euch die Vögel an:
Sie säen nicht, sie ernten nicht und sammeln keine Vorräte;
euer himmlischer Vater ernährt sie.
Seid ihr nicht viel mehr wert als sie?

27 Wer von euch kann mit all seiner Sorge sein Leben auch nur um eine kleine Zeitspanne verlängern?

28 Und was sorgt ihr euch um eure Kleidung?
Lernt von den Lilien, die auf dem Feld wachsen:
Sie arbeiten nicht und weben nicht.

29 Doch ich sage euch:
Selbst Salomo war in all seiner Pracht nicht gekleidet
wie eine von ihnen.

30 Wenn aber Gott schon das Gras so prächtig kleidet,
das heute auf dem Feld steht und morgen ins Feuer
geworfen wird,
um wieviel mehr dann euch, ihr Kleingläubigen.

31 Macht euch also keine Sorgen und fragt nicht:
Was sollen wir essen? Was sollen wir trinken?
Was sollen wir anziehen?

32 Denn um all das geht es den Heiden.
Euer Vater im Himmel weiß, daß ihr das alles braucht.

33 Euch soll es zuerst um sein Reich und seine Gerechtigkeit gehen;
dann wird euch alles andere dazugegeben.

34 Sorgt euch also nicht um morgen;
denn der morgige Tag wird für sich selbst sorgen.
Jeder Tag hat genug eigene Plage.

7

1 Richtet nicht, damit ihr nicht gerichtet werdet!

2 Denn wie ihr richtet, werdet ihr gerichtet werden,
und nach dem Maß, mit dem ihr meßt und zuteilt,
wird euch zugeteilt werden.

3 Warum siehst du den Splitter im Auge deines Bruders,
aber den Balken in deinem Auge beachtest du nicht?

4 Wie kannst du zu deinem Bruder sagen:
Laß mich den Splitter aus deinem Auge herausziehen –
und dabei steckt in deinem Auge ein Balken?

5 Du Heuchler! Zieh zuerst den Balken aus deinem Auge,
dann kannst du versuchen,
den Splitter aus dem Auge deines Bruders herauszuziehen.

6 Gebt das Heilige nicht den Hunden und werft eure Perlen
nicht den Schweinen vor,
denn sie könnten sie mit ihren Füßen zertreten
und sich umwenden und euch zerreißen.

7 Bittet, dann wird euch gegeben;
sucht, dann werdet ihr finden;
klopft an, dann wird euch geöffnet.

8 Denn wer bittet, der erhält;
wer sucht, der findet;
und wer anklopft, dem wird geöffnet.

Christentum

9 Oder ist einer unter euch, der seinem Sohn einen Stein gibt, wenn er um Brot bittet,

10 oder der ihm eine Schlange gibt, wenn er um einen Fisch bittet?

11 Wenn nun schon ihr, die ihr böse seid, euren Kindern gebt, was gut ist,
wieviel mehr wird euer Vater im Himmel denen, die ihn bitten, Gutes geben.

12 Alles, was ihr von anderen erwartet, das tut auch für sie! Darin besteht das Gesetz und die Propheten.

13 Geht durch das enge Tor!
Denn das Tor ist weit und der Weg ist breit, der ins Verderben führt, und viele gehen auf ihm.

14 Aber das Tor ist eng und der Weg ist schmal, der zum Leben führt, und nur wenige finden ihn.

15 Hütet euch vor den falschen Propheten!
Sie kommen in Schafspelzen zu euch, in Wirklichkeit aber sind sie reißende Wölfe.

16 An ihren Früchten werdet ihr sie erkennen.
Erntet man etwa von Dornen Trauben oder von Disteln Feigen?

17 Jeder gute Baum bringt gute Früchte hervor, ein schlechter Baum aber schlechte.

18 Ein guter Baum kann keine schlechten Früchte hervorbringen und ein schlechter Baum keine guten.

19 Jeder Baum, der keine gute Frucht hervorbringt, wird umgehauen und ins Feuer geworfen.

20 An ihren Früchten also werdet ihr sie erkennen.

21 Nicht jeder, der zu mir sagt: Herr! Herr!
wird in das Himmelreich kommen,
sondern nur,
wer nach dem Willen meines Vaters im Himmel handelt.

22 Viele werden an jenem Tag zu mir sagen:
Herr, Herr, sind wir nicht in deinem Namen als Propheten aufgetreten und haben wir nicht mit deinem Namen Dämonen ausgetrieben und mit deinem Namen viele Wunder vollbracht?

23 Dann werde ich ihnen antworten:
Ich kenne euch nicht. Weg von mir, ihr Gottlosen!

24 Wer diese meine Worte hört und danach handelt,
ist wie ein kluger Mann, der sein Haus auf einen Felsen baute.
25 Als nun ein Wolkenbruch kam
und die Wassermassen heranfluteten,
als die Stürme tobten und an dem Haus rüttelten,
da stürzte es nicht ein; denn es war auf einen Felsen gebaut.
26 Wer aber meine Worte hört und nicht danach handelt,
ist wie ein unvernünftiger Mann, der sein Haus auf Sand baute.
27 Als nun ein Wolkenbruch kam
und die Wassermassen heranfluteten,
als die Stürme tobten und an dem Haus rüttelten,
da stürzte es ein; es wurde völlig zerstört.
28 Als Jesus diese Rede beendet hatte,
war die Menge bestürzt über seine Lehre;
29 denn er lehrte sie wie einer, der Vollmacht hat
und nicht wie ihre Schriftgelehrten.

Das Evangelium nach Markus
Kapitel 1 bis 10

Christentum

1

1 Anfang des Evangeliums von Jesus Christus, dem Sohn Gottes:
2 Es begann, wie es bei dem Propheten Jesaja geschrieben steht:
Sieh, ich sende meinen Boten vor dir her,
der dir den Weg bereiten soll.
3 Eine Stimme ruft in der Wüste:
Bereitet dem Herrn den Weg! Ebnet ihm die Straßen!
4 So trat Johannes der Täufer in der Wüste auf und verkündete:
Laßt euch taufen! Bekehrt euch, damit eure Sünden
vergeben werden.
5 Und ganz Judäa und alle Einwohner Jerusalems zogen
zu ihm hinaus;
sie bekannten ihre Sünden und ließen sich im Jordan
von ihm taufen.
6 Johannes trug ein Gewand aus Kamelhaaren
und um seine Hüften einen ledernen Gürtel,
und seine Nahrung waren Heuschrecken und wilder Honig.
7 Er verkündete:
Nach mir kommt einer, der ist stärker als ich;
ich bin es nicht wert, mich zu bücken und ihm die Schuhriemen
zu lösen.
8 Ich habe euch mit Wasser getauft,
er aber wird euch mit heiligem Geist taufen.
9 In jenen Tagen geschah es, daß Jesus aus Nazareth in Galiläa kam
und sich von Johannes im Jordan taufen ließ.
10 Und als er aus dem Wasser stieg, sah er, wie der Himmel sich teilte
und der Geist wie eine Taube auf ihn herabkam.
11 Und eine Stimme aus dem Himmel sprach:
Du bist mein geliebter Sohn, an dir habe ich Gefallen gefunden.
12 Bald darauf trieb der Geist Jesus in die Wüste.
13 Und er blieb vierzig Tage lang in der Wüste
und wurde vom Satan in Versuchung geführt.
Er lebte bei den wilden Tieren, und die Engel dienten ihm.
14 Nachdem man Johannes ins Gefängnis geworfen hatte,
ging Jesus nach Galiläa und verkündete das Evangelium Gottes:
15 Die Zeit ist erfüllt, und das Reich Gottes ist nahe.
Bekehrt euch und glaubt an das Evangelium!

16 Als Jesus am See von Galiläa entlangging,
sah er Simon und Andreas, den Bruder des Simon;
sie warfen gerade auf dem See ihr Netz aus,
denn sie waren Fischer.

17 Da sagte er zu ihnen:
Kommt, folgt mir nach!
Ich werde euch zu Menschenfischern machen.

18 Ohne zu zögern, ließen sie ihre Netze liegen und folgten ihm.

19 Als er ein Stück weiterging, sah er Jakobus,
den Sohn des Zebedäus, und seinen Bruder Johannes;
auch sie waren im Boot und richteten ihre Netze her.

20 Sofort rief er sie, und sie ließen ihren Vater Zebedäus mit seinen
Tagelöhnern im Boot zurück und folgten Jesus.

21 Sie kamen nach Kafarnaum.
Am folgenden Sabbat ging er in die Synagoge und lehrte.

22 Und sie waren bestürzt über seine Lehre;
denn er lehrte wie einer, der Vollmacht hat,
nicht wie die Schriftgelehrten.

23 In ihrer Synagoge saß ein Mann,
der von einem unreinen Geist besessen war.
Der begann zu schreien:

24 Was haben wir mit dir zu tun, Jesus von Nazareth?
Du bist gekommen, um uns ins Verderben zu stürzen.
Ich weiß, wer du bist: der Heilige Gottes.

25 Da drohte ihm Jesus: Schweig und verlaß ihn!

26 Der unreine Geist zerrte den Mann hin und her
und verließ ihn mit lautem Geschrei.

27 Da staunten alle, und einer fragte den anderen:
Was bedeutet das?
Es ist eine neue Lehre, und sie wird mit Vollmacht verkündet.
Auch die unreinen Geister gehorchen seinem Befehl.

28 Und die Kunde von Jesus verbreitete sich rasch in ganz Galiläa.

29 Sie verließen die Synagoge und gingen zusammen mit Jakobus
und Johannes in das Haus des Simon und Andreas.

30 Die Schwiegermutter des Simon lag mit Fieber zu Bett,
und sie sprachen mit Jesus über sie.

31 Er ging zu ihr, faßte sie an der Hand und richtete sie auf.
Da wich das Fieber von ihr, und sie bewirtete sie.

Christentum

32 Am Abend, als die Sonne untergegangen war,
   brachte man alle Kranken und Besessenen zu Jesus.
33 Die ganze Stadt war vor der Haustür versammelt,
34 und er heilte viele, die an mancherlei Krankheiten litten,
   und trieb viele Dämonen aus.
   Und er verbot den Dämonen zu reden;
   denn sie wußten, wer er war.
35 In der Frühe, als es noch dunkel war,
   stand er auf und ging in eine einsame Gegend, um zu beten.
36 Simon und die anderen, die bei ihm waren, eilten ihm nach.
37 Als sie ihn fanden, sagten sie zu ihm: Alle suchen dich.
38 Er antwortete:
   Laßt uns von hier weg in die benachbarten Orte gehen;
   ich will auch dort predigen, denn dazu bin ich gekommen.
39 Und er zog in ganz Galiläa umher,
   predigte in den Synagogen und trieb die Dämonen aus.
40 Da kam ein Aussätziger zu Jesus, fiel vor ihm nieder und bat ihn:
   Wenn du willst, kannst du mich rein machen.
41 Jesus hatte Mitleid mit ihm,
   streckte die Hand aus und berührte ihn und sagte:
   Ich will es: Werde rein!
42 Sofort wich der Aussatz von ihm, und er war rein.
43 Jesus schickte ihn weg und schärfte ihm ein:
44 Sag niemand ein Wort davon, sondern geh,
   zeig dich dem Priester und bring das Reinigungsopfer dar,
   das Mose angeordnet hat;
   das soll für sie ein Beweis (deiner Heilung) sein.
45 Der Mann aber ging weg und erzählte, was geschehen war, überall
      weiter, so daß sich Jesus in keiner Stadt mehr zeigen konnte;
   er hielt sich nur noch außerhalb der Städte
      an einsamen Orten auf.
   Dennoch kamen die Leute von überallher zu ihm.

2

1 Als er einige Tage später wieder nach Kafarnaum kam, wurde bekannt, daß er dort in einem Haus war.

2 Und es versammelten sich so viele Leute, daß nicht einmal mehr vor der Tür Platz war; und er verkündete ihnen das Wort.

3 Da brachte man einen Gelähmten zu ihm, der von vier Männern getragen wurde.

4 Weil sie ihn aber wegen der Volksmenge nicht bis zu Jesus bringen konnten, deckten sie dort, wo er war, das Dach ab und ließen den Gelähmten auf seiner Tragbahre durch die Öffnung hinab.

5 Als Jesus ihren Glauben sah, sagte er zu dem Gelähmten: Mein Sohn, deine Sünden sind dir vergeben.

6 Einige Schriftgelehrte aber, die dort saßen, dachten im stillen:

7 Wie kann dieser Mensch so reden? Er lästert Gott. Wer kann Sünden vergeben außer Gott?

8 Jesus merkte, was sie dachten, und sagte zu ihnen: Warum hegt ihr solche Gedanken?

9 Ist es leichter, zu dem Gelähmten zu sagen: Deine Sünden sind dir vergeben, oder zu sagen: Steh auf, nimm deine Tragbahre und geh umher?

10 Ihr sollt aber erkennen, daß der Menschensohn die Vollmacht hat, auf der Erde Sünden zu vergeben. Und er sagte zu dem Gelähmten:

11 Ich sage dir: Steh auf, nimm deine Tragbahre und geh nach Hause.

12 Der Mann stand sofort auf, nahm seine Tragbahre und ging vor aller Augen weg. Da waren alle außer sich; sie priesen Gott und sagten: So etwas haben wir noch nie gesehen.

13 Jesus ging wieder hinaus an den See. Scharen von Menschen kamen zu ihm, und er lehrte sie.

14 Als er weiterging, sah er Levi, den Sohn des Alfäus, am Zoll sitzen und sagte zu ihm: Folge mir! Da stand Levi auf und folgte ihm.

Christentum

15 Und als Jesus in seinem Haus beim Essen saß,
aßen Zöllner und Sünder mit ihm und seinen Jüngern,
denn schon viele folgten ihm nach.

16 Als die Schriftgelehrten, die zu der Partei der Pharisäer gehörten,
sahen, daß er mit Zöllnern und Sündern aß,
sagten sie zu seinen Jüngern:
Warum ißt er mit Zöllnern und Sündern?

17 Jesus hörte es und sagte zu ihnen:
Nicht die Gesunden brauchen den Arzt, sondern die Kranken.
Ich bin gekommen, um die Sünder zu rufen, nicht die Gerechten.

18 Als einmal die Jünger des Johannes und die Pharisäer fasteten,
kamen Leute zu Jesus und sagten:
Warum fasten deine Jünger nicht,
während die Jünger des Johannes
und die Jünger der Pharisäer fasten?

19 Jesus antwortete ihnen:
Können die Hochzeitsgäste fasten,
solange der Bräutigam bei ihnen ist?
Solange sie den Bräutigam bei sich haben,
können sie nicht fasten.

20 Es werden aber Tage kommen,
da wird ihnen der Bräutigam genommen sein;
an jenem Tag werden sie fasten.

21 Niemand näht ein Stück neuen Stoff auf ein altes Kleid;
sonst reißt der neue Flicken vom alten Kleid ab,
und es entsteht ein noch größerer Riß.

22 Auch füllt niemand neuen Wein in alte Schläuche.
Sonst zerreißt der Wein die Schläuche;
der Wein ist verloren, und die Schläuche sind unbrauchbar.
Neuer Wein gehört in neue Schläuche.

23 An einem Sabbat ging er durch die Kornfelder,
und unterwegs rissen seine Jünger Ähren ab.

24 Da sagten die Pharisäer zu ihm: Sieh dir das an!
Warum tun sie etwas, das am Sabbat verboten ist?

25 Er antwortete: Habt ihr nie gelesen,
was David getan hat, als er und seine Begleiter hungrig waren
und nichts zu essen hatten?

26 Wie er zur Zeit des Hohenpriesters Abjatar
in das Haus Gottes ging und die Schaubrote aß,
die außer den Priestern niemand essen darf,
und auch seinen Begleitern davon gab?

27 Und Jesus fuhr fort:
Der Sabbat ist für den Menschen da,
nicht der Mensch für den Sabbat.

28 Deshalb ist der Menschensohn Herr auch über den Sabbat.

3

1 Als er ein andermal in eine Synagoge ging,
saß dort ein Mann, dessen Arm gelähmt war.

2 Und sie beobachteten Jesus, ob er ihn am Sabbat heilen werde;
denn sie wollten einen Grund zur Anklage gegen ihn finden.

3 Da sagte er zu dem Mann mit dem gelähmten Arm:
Steh auf und stell dich in die Mitte!

4 Und zu den anderen sagte er:
Ist es erlaubt, am Sabbat Gutes statt Böses zu tun,
ein Leben zu retten, statt es zugrunde gehen zu lassen?
Sie aber schwiegen.

5 Da schaute er sie der Reihe nach an,
voll Zorn und Trauer über die Verhärtung ihres Herzens,
und sagte zu dem Mann: Streck deinen Arm aus!
Er streckte ihn aus, und sein Arm war wieder gesund.

6 Da gingen die Pharisäer hinaus und faßten zusammen
mit den Anhängern des Herodes den Beschluß,
Jesus umzubringen.

7 Jesus zog sich mit seinen Jüngern an den See zurück,
und viele Menschen aus Galiläa folgten ihm. Auch aus Judäa,

8 aus Jerusalem und Idumäa,
aus Peräa und aus der Gegend von Tyrus und Sidon
kamen Scharen von Menschen zu ihm,
als sie von all dem hörten, was er tat.

9 Da befahl er seinen Jüngern, ihm ein Boot bereitzuhalten,
damit die Menge ihn nicht erdrücke.

10 Denn er heilte viele, so daß alle, die ein Leiden hatten,
sich an ihn herandrängten, um ihn zu berühren.

Christentum

11 Die von unreinen Geistern Besessenen fielen,
wenn sie ihn sahen, vor ihm nieder und schrien:
Du bist der Sohn Gottes.

12 Er aber verbot ihnen streng,
in der Öffentlichkeit von ihm zu reden.

13 Jesus stieg auf einen Berg und rief die zu sich,
die er sich erwählt hatte, und sie kamen zu ihm.

14 Und er setzte die Zwölf ein, die er bei sich haben
und später aussenden wollte, damit sie predigten

15 und mit seiner Vollmacht Dämonen austrieben.

16 Die Zwölf, die er einsetzte, waren:
Petrus – diesen Beinamen gab er dem Simon –,

17 Jakobus, der Sohn des Zebedäus, und Johannes,
der Bruder des Jakobus – ihnen gab er den Beinamen Boanerges,
das heißt Donnersöhne –,

18 dazu Andreas, Philippus, Bartolomäus, Mattäus,
Tomas, Jakobus, der Sohn des Alfäus, Taddäus, Simon Kananäus

19 und Judas Iskariot, der ihn dann verraten hat.

20 Jesus ging in ein Haus,
und wieder kamen so viele Menschen zusammen,
daß er und die Jünger nicht einmal mehr essen konnten.

21 Als seine Angehörigen das erfuhren,
brachen sie auf, um ihn zurückzuholen;
denn sie sagten: Er ist von Sinnen.

22 Die Schriftgelehrten, die von Jerusalem herabgekommen waren,
sagten:
Er ist von Beelzebul besessen, und:
Mit Hilfe des Anführers der Dämonen treibt er die Dämonen aus.

23 Da rief er sie zu sich und redete zu ihnen in einem Gleichnis:
Wie kann der Satan den Satan austreiben?

24 Wenn ein Reich in sich selbst gespalten ist,
so wird es nicht bestehen können.

25 Und wenn eine Familie in sich selbst gespalten ist,
so wird sie nicht bestehen können.

26 Und wenn sich der Satan gegen sich selbst erhebt
und mit sich selbst im Streit liegt, kann er nicht Bestand haben;
es ist um ihn geschehen.

27 Es kann aber auch keiner in das Haus eines starken Mannes
einbrechen und ihm den Hausrat rauben,
wenn er den Mann nicht vorher gefesselt hat;
erst dann kann er sein Haus plündern.

28 Amen, ich sage euch: Alle Vergehen und Lästerungen
werden den Menschen vergeben werden,
soviel sie auch lästern mögen;

29 wer aber gegen den heiligen Geist lästert,
dem wird in Ewigkeit nicht vergeben,
sondern seine Sünde wird ewig auf ihm lasten.

30 Sie hatten nämlich gesagt:
Er hat einen unreinen Geist.

31 Da kamen seine Mutter und seine Brüder;
sie blieben draußen stehen und ließen ihn herausrufen.

32 Viele Leute saßen um ihn herum, und man sagte zu ihm:
Deine Mutter und deine Brüder stehen draußen
und wollen dich sehen.

33 Er antwortete ihnen:
Wer sind meine Mutter und meine Brüder?

34 Und er blickte auf die Menschen,
die im Kreis um ihn herumsaßen, und sagte:
Das sind meine Mutter und meine Brüder.

35 Wer nach dem Willen Gottes handelt,
der ist für mich Bruder, Schwester und Mutter.

4

1 Ein andermal lehrte er wieder am See,
und eine große Menschenmenge versammelte sich um ihn.
Er bestieg deshalb ein Boot, das im Wasser lag, und setzte sich.
Die Menschen aber standen am Ufer,

2 und er sprach lange zu ihnen
und lehrte in Form von Gleichnissen.
Dabei sagte er zu ihnen:

3 Hört! Ein Sämann ging aufs Feld, um zu säen.

4 Und als er säte, fiel ein Teil der Körner auf den Weg,
und die Vögel kamen und fraßen sie.

5 Ein anderer Teil fiel auf felsigen Boden, wo es nur wenig Erde gab,
und ging sofort auf, weil das Erdreich nicht tief genug war;

Christentum

6 als aber die Sonne hochstieg, wurde die Saat versengt,
und weil sie keine Wurzeln hatte, verdorrte sie.

7 Wieder ein anderer Teil fiel in die Dornen,
und die Dornen wuchsen und erstickten die Saat,
und sie brachte keine Frucht.

8 Ein anderer Teil schließlich fiel auf guten Boden
und brachte Frucht;
er ging auf und vermehrte sich und trug dreißigfach
und sechzigfach und hundertfach.

9 Und Jesus sprach: Wer Ohren hat zum Hören, der höre!

10 Als er allein war, fragten ihn seine Begleiter und die Zwölf
nach dem Sinn der Gleichnisse.

11 Da sagte er zu ihnen:
Euch ist das Geheimnis des Reiches Gottes anvertraut;
jenen aber, die draußen sind, wird alles zum Rätsel;

12 denn sie sollen mit ihren Augen sehen und doch nichts einsehen,
mit ihren Ohren hören und doch nichts verstehen,
damit sie sich nicht bekehren und ihnen nicht vergeben wird.

13 Und er sagte zu ihnen: Ihr versteht dieses Gleichnis nicht?
Wie wollt ihr dann all die anderen Gleichnisse verstehen?

14 Der Sämann sät das Wort.

15 Auf den Weg fällt das Wort bei denen, die es hören,
aber sofort kommt der Satan und nimmt das Wort weg,
das in sie gesät wurde.

16 Ähnlich ist es bei den Menschen,
bei denen das Wort auf felsigen Boden fällt:
Sobald sie es hören, nehmen sie es freudig auf;

17 aber sie haben keine Wurzeln, sondern sind unbeständig,
und wenn sie um des Wortes willen bedrängt
oder verfolgt werden, kommen sie sofort zu Fall.

18 Andere gleichen denen, bei denen das Wort in die Dornen fällt.
Sie hören es,

19 aber die Sorgen der Welt, die Gier nach Reichtum
und die anderen Begierden machen sich breit und ersticken es,
und es bringt keine Frucht.

20 Auf guten Boden ist das Wort bei denen gesät,
die es hören und aufnehmen und Frucht bringen,
dreißigfach und sechzigfach und hundertfach.

21 Er sagte zu ihnen:
Nimmt man etwa eine Lampe und stellt sie
unter einen Eimer oder unter das Bett?
Stellt man sie nicht auf den Leuchter?

22 Es gibt nichts Verborgenes, das nicht offenbar wird,
und nichts Geheimes, das nicht ans Licht kommt.

23 Wenn einer Ohren hat zum Hören, so höre er!

24 Weiter sagte er:
Achtet auf das, was ihr hört!
Nach dem Maß, mit dem ihr meßt und zuteilt,
wird euch zugeteilt werden, ja, es wird euch noch dazugegeben.

25 Denn wer hat, dem wird gegeben;
wer aber nichts hat,
dem wird auch noch das, was er hat, weggenommen.

26 Er sagte:
Mit dem Reich Gottes ist es wie mit einem Mann,
der Samen auf seinen Acker sät;

27 dann schläft er und steht wieder auf, es wird Tag und wird Nacht,
der Same keimt und wächst, und der Mann weiß nicht, wie.

28 Von selbst bringt die Erde ihre Frucht, zuerst den Halm,
dann die Ähre, dann das volle Korn in der Ähre.

29 Sobald aber die Frucht reif ist, legt er die Sichel an;
denn die Zeit der Ernte ist da.

30 Er sagte:
Wie sollen wir das Reich Gottes schildern,
in welchem Gleichnis sollen wir es beschreiben?

31 Es gleicht einem Senfkorn.
Dieses ist das kleinste von allen Samenkörnern,
die man in die Erde sät.

32 Ist es aber gesät, dann geht es auf und wird größer als alle
 anderen Gewächse und treibt große Zweige, so daß in seinem
 Schatten die Vögel des Himmels wohnen können.

33 Durch viele solche Gleichnisse verkündete er ihnen das Wort,
so wie sie es verstehen konnten.

34 Und er redete nur in Gleichnissen zu ihnen.
Seinen Jüngern aber erklärte er alles, wenn er mit ihnen allein war.

35 Am Abend dieses Tages sagte er zu ihnen:
Wir wollen ans andere Ufer fahren.

Christentum

36 Sie schickten das Volk weg und nahmen ihn in dem Boot,
in dem er saß, mit; und andere Boote begleiteten ihn.

37 Plötzlich erhob sich ein heftiger Sturm,
und die Wellen schlugen in das Boot,
so daß es sich mit Wasser zu füllen begann.

38 Er aber lag im Heck des Bootes auf einem Kissen und schlief.
Sie weckten ihn und sagten zu ihm:
Meister, kümmert es dich nicht, daß wir untergehen?

39 Da stand er auf, drohte dem Wind und sagte zu dem See:
Schweig, sei still!
Und der Wind legte sich, und es trat völlige Stille ein.

40 Er sagte zu ihnen:
Warum habt ihr solche Angst? Habt ihr denn keinen Glauben?

41 Da ergriff sie große Furcht, und sie sagten zueinander:
Was ist das für ein Mensch,
daß ihm sogar Wind und Meer gehorchen?

5

1 Sie kamen an das andere Ufer des Sees,
in das Land der Gerasener.

2 Als er aus dem Boot stieg, lief ihm ein Besessener entgegen.
Er kam von den Grabhöhlen,

3 in denen er lebte.
Man konnte ihn nicht einmal mit Fesseln bändigen.

4 Schon oft hatte man ihn an Händen und Füßen gefesselt,
aber er hatte die Ketten gesprengt und die Fesseln zerrissen;
niemand konnte ihn bezwingen.

5 Bei Tag und Nacht war er in den Grabhöhlen und auf den Bergen,
und immer schrie er und schlug sich mit Steinen.

6 Als er Jesus von weitem sah, lief er zu ihm,
warf sich vor ihm nieder

7 und schrie laut:
Was habe ich mit dir zu tun, Jesus, du Sohn des höchsten Gottes?
Ich beschwöre dich bei Gott, quäle mich nicht!

8 Jesus hatte nämlich zu ihm gesagt:
Verlaß diesen Mann, du unreiner Geist!

9 Jesus fragte ihn: Wie heißt du?
Er antwortete: Ich heiße Legion; denn wir sind zahlreich.

10 Und er bat Jesus sehr,
sie nicht aus dieser Gegend zu vertreiben.

11 Ganz in der Nähe weidete gerade an einem Berghang eine große
Schweineherde.

12 Da baten ihn die Dämonen:
Schick uns in die Schweine, laß uns in sie hineinfahren.

13 Jesus erlaubte es ihnen.
Darauf verließen die unreinen Geister den Menschen und fuhren
in die Schweine, und die Herde stürzte sich den Abhang hinab
in den See. Es waren etwa zweitausend Tiere, und alle ertranken.

14 Die Hirten flohen und erzählten alles in der Stadt
und in den Dörfern.
Darauf eilten die Leute herbei, um zu sehen, was geschehen war.

15 Sie kamen zu Jesus und sahen bei ihm den Besessenen,
der die Legion von Dämonen gehabt hatte.
Er saß in ordentlichen Kleidern da und war wieder bei Verstand.
Da fürchteten sie sich.

16 Die anderen, die alles gesehen hatten, berichteten ihnen,
was mit dem Besessenen und mit den Schweinen geschehen war.

17 Darauf baten die Leute Jesus, ihr Gebiet zu verlassen.

18 Und als er ins Boot stieg, bat ihn der Geheilte,
bei ihm bleiben zu dürfen.

19 Aber Jesus erlaubte es nicht, sondern sagte zu ihm:
Geh nach Hause und erzähl deiner Familie,
wie der Herr sich erbarmt und dir geholfen hat.

20 Da ging der Mann weg und verkündete in der ganzen Dekapolis,
wie Jesus ihm geholfen hatte, und alle staunten.

21 Jesus fuhr im Boot wieder an das andere Ufer hinüber,
und eine große Menschenmenge versammelte sich um ihn.
Während er noch am See war,

22 kam ein Synagogenvorsteher namens Jairus zu ihm.
Als er Jesus sah, fiel er ihm zu Füßen

23 und flehte ihn um Hilfe an; er sagte:
Meine Tochter liegt im Sterben. Komm und leg ihr die Hände auf,
damit sie gesund wird und am Leben bleibt.

24 Da ging Jesus mit ihm, gefolgt von einer großen Menschenmenge,
die sich um ihn drängte.

Christentum

25 Darunter war eine Frau,
    die schon seit zwölf Jahren an Blutungen litt.

26 Sie war von vielen Ärzten behandelt und sehr geplagt worden
    und hatte dabei ihr ganzes Vermögen verloren;
    aber es hatte ihr nichts genutzt,
    sondern es ging ihr immer schlechter.

27 Sie hatte von Jesus gehört.
    Nun trat sie im Gedränge von hinten an ihn heran
    und berührte sein Gewand.

28 Denn sie sagte sich:
    Wenn ich auch nur sein Gewand berühre, werde ich geheilt.

29 Sofort hörte die Blutung auf, und sie spürte deutlich,
    daß sie von ihrem Leiden geheilt war.

30 Im selben Augenblick,
    als Jesus fühlte, wie eine Kraft von ihm ausströmte,
    wandte er sich in dem Gedränge um und fragte:
    Wer hat mein Gewand berührt?

31 Seine Jünger sagten zu ihm:
    Du siehst doch, wie sich das Volk um dich drängt, und fragst:
    Wer hat mich berührt?

32 Er blickte umher, um zu sehen, wer es getan hatte.

33 Da kam die Frau, zitternd vor Furcht,
    weil sie wußte, was an ihr geschehen war.
    Sie fiel vor ihm nieder und sagte ihm die ganze Wahrheit.

34 Er aber sagte zu ihr:
    Meine Tochter, dein Glaube hat dir Heilung gebracht;
    geh in Frieden und sei von deinem Leiden geheilt!

35 Während Jesus noch redete, kamen Leute, die zum Haus
    des Synagogenvorstehers gehörten, und sagten zu Jairus:
    Deine Tochter ist gestorben. Was bemühst du den Meister
    noch länger?

36 Jesus, der diese Worte gehört hatte,
    sagte zu dem Synagogenvorsteher:
    Sei ohne Furcht; glaube nur!

37 Und er ließ keinen mitkommen außer Petrus,
    Jakobus und Johannes, den Bruder des Jakobus.

38 Sie gingen zum Haus des Synagogenvorstehers.
    Als Jesus den Lärm bemerkte und hörte, wie sie weinten
    und jammerten,

39 trat er ein und sagte zu ihnen:
Was schreit und klagt ihr?
Das Kind ist nicht gestorben, es schläft nur.
40 Da lachten sie ihn aus.
Er aber schickte alle hinaus und nahm außer seinen Begleitern
nur die Eltern mit in den Raum, wo das Kind lag.
41 Er faßte das Kind an der Hand und sagte zu ihm:
Talita kum, das heißt übersetzt: Mädchen, ich sage dir, steh auf!
42 Sofort stand das Mädchen auf und ging umher.
Es war zwölf Jahre alt.
Die Leute aber gerieten außer sich vor Entsetzen.
43 Doch er verbot ihnen streng, irgend jemand davon zu erzählen;
dann sagte er, man solle dem Mädchen zu essen geben.

6

1 Von dort brach Jesus auf und kam in seine Heimatstadt;
seine Jünger begleiteten ihn.
2 Am Sabbat lehrte er in der Synagoge.
Und die vielen Menschen, die ihm zuhörten, staunten und sagten:
Woher hat er das alles?
Was ist das für eine Weisheit, die ihm gegeben ist?
Und was sind das für Wunder, die durch ihn geschehen?
3 Ist das nicht der Zimmermann, der Sohn der Maria
und der Bruder des Jakobus, Joses, Judas und Simon?
Und leben nicht seine Schwestern hier unter uns?
Und sie waren empört über ihn.
4 Da sagte Jesus zu ihnen:
Überall wird ein Prophet geehrt, nur nicht in seiner Heimat,
bei seinen Verwandten und in seiner Familie.
5 Und er konnte dort kein Wunder tun;
nur einigen Kranken legte er die Hände auf und heilte sie.
6 Und er wunderte sich über ihren Unglauben.
Jesus zog durch die umliegenden Dörfer und lehrte.
7 Er rief die Zwölf zu sich und sandte sie zu je zweien aus,
gab ihnen Macht über die unreinen Geister
8 und gebot ihnen, außer einem Wanderstab
nichts auf den Weg mitzunehmen, kein Brot,
keine Vorratstasche, kein Geld im Gürtel,

Christentum

9   kein zweites Hemd und an den Füßen, nur Sandalen.

10 Und er sagte zu ihnen:
    Bleibt in dem Haus, in das ihr einkehrt,
    bis ihr den Ort wieder verlaßt.

11 Und wenn euch ein Ort nicht aufnimmt
    und man euch nicht hören will, geht weiter und schüttelt
    den Staub von euren Füßen zum Zeugnis gegen sie.

12 Die zwölf Jünger machten sich auf den Weg
    und riefen zur Umkehr auf.

13 Sie trieben viele Dämonen aus
    und salbten viele Kranke mit Öl und heilten sie.

14 Der König Herodes hörte von Jesus;
    denn sein Name war bekannt geworden, und man sagte:
    Johannes der Täufer ist von den Toten auferweckt worden,
    deshalb kann er solche Wunder tun.

15 Andere sagten: Er ist Elija.
    Wieder andere sagten:
    Er ist ein Prophet, wie einer von den alten Propheten.

16 Als aber Herodes von ihm hörte, sagte er:
    Johannes, den ich enthaupten ließ, ist auferweckt worden.

17 Herodes hatte nämlich Johannes festnehmen
    und ins Gefängnis werfen lassen.
    Schuld daran war Herodias, die Frau seines Bruders Philippus,
    die er geheiratet hatte.

18 Denn Johannes hatte zu Herodes gesagt:
    Du hast nicht das Recht, die Frau deines Bruders zu heiraten.

19 Herodias verzieh ihm das nicht und wollte ihn töten lassen.
    Sie konnte ihren Plan aber nicht durchsetzen,

20 denn Herodes fürchtete sich, weil er wußte,
    daß Johannes ein gerechter und heiliger Mann war.
    Darum schützte er ihn. Sooft er mit ihm sprach,
    wurde er unruhig und ratlos, und doch hörte er ihm gern zu.

21 Eines Tages ergab sich für Herodias eine günstige Gelegenheit.
    An seinem Geburtstag lud Herodes seine Hofbeamten
    und Offiziere zusammen mit den vornehmsten Bürgern
    von Galiläa zu einem Festmahl ein.

Markus-Evangelium

22 Da kam die Tochter der Herodias und tanzte,
und sie gefiel dem Herodes und seinen Gästen so sehr,
daß der König zu ihr sagte:
Wünsche dir, was du willst; ich werde es dir geben.

23 Er schwor ihr sogar:
Was du auch von mir verlangst, ich will es dir geben,
und wenn es die Hälfte meines Reiches wäre.

24 Sie ging hinaus und fragte ihre Mutter:
Was soll ich mir wünschen?
Herodias antwortete: Den Kopf des Täufers Johannes.

25 Da lief das Mädchen zum König hinein und sagte:
Laß mir bitte sofort auf einer Schale den Kopf des Täufers bringen.

26 Da wurde der König traurig,
aber weil er vor allen Gästen einen Schwur geleistet hatte,
wollte er ihren Wunsch nicht ablehnen.

27 Deshalb befahl er einem Soldaten,
ins Gefängnis zu gehen und den Kopf des Täufers zu holen.
Der Soldat ging und enthauptete Johannes.

28 Dann brachte er den Kopf auf einer Schale, gab ihn
dem Mädchen, und das Mädchen gab ihn seiner Mutter.

29 Als seine Jünger das hörten, kamen sie,
holten seinen Leichnam und legten ihn in ein Grab.

30 Die Apostel versammelten sich wieder bei Jesus
und erzählten ihm alles, was sie getan und gelehrt hatten.

31 Da sagte er zu ihnen:
Kommt mit an einen einsamen Ort, wo wir allein sind,
und ruht ein wenig aus!
Denn die Leute, die kamen und gingen, waren so zahlreich,
daß sie nicht einmal Zeit zum Essen fanden.

32 Dann fuhren sie mit dem Boot in eine einsame Gegend,
um allein zu sein.

33 Aber man sah sie abfahren, und viele hörten davon;
sie liefen zu Fuß aus allen Städten dorthin und kamen noch
vor ihnen an.

34 Als er ausstieg und die vielen Menschen sah,
hatte er Mitleid mit ihnen;
denn sie waren wie Schafe, die keinen Hirten haben.
Und er lehrte sie vieles.

Christentum

35 Am Abend kamen seine Jünger zu ihm und sagten:
Der Ort ist abgelegen, und es ist schon spät.

36 Schick sie weg, damit sie in die umliegenden Gehöfte
und Dörfer gehen und sich etwas zu essen kaufen.

37 Er erwiderte ihnen: Gebt ihr ihnen zu essen!
Sie sagten zu ihm: Sollen wir weggehen, für zweihundert Denare
Brot kaufen und es ihnen geben, damit sie zu essen haben?

38 Er sagte zu ihnen:
Wie viele Brote habt ihr? Geht und seht nach!
Sie taten es und berichteten: Fünf, und zwei Fische.

39 Dann befahl er den Leuten,
sich in Gruppen ins grüne Gras zu setzen.

40 Und sie setzten sich in Gruppen zu hundert und zu fünfzig.

41 Da nahm er die fünf Brote und die zwei Fische,
blickte zum Himmel auf, sprach den Segen,
brach die Brote und gab sie den Jüngern, damit sie sie
an die Leute austeilten.
Auch die zwei Fische ließ er unter alle verteilen.

42 Und alle aßen und wurden satt.

43 Und als man die Reste der Brote und der Fische einsammelte,
wurden zwölf Körbe voll.

44 Es waren fünftausend Männer, die von den Broten aßen.

45 Gleich darauf forderte er seine Jünger auf, ins Boot zu steigen
und ans andere Ufer nach Betsaida vorauszufahren.
Er selbst wollte inzwischen das Volk wegschicken.

46 Nachdem er sich von den Leuten verabschiedet hatte,
ging er auf den Berg, um zu beten.

47 Als der Abend anbrach, war das Boot mitten auf dem See,
er aber war allein am Ufer.

48 Und er sah, wie sie sich beim Rudern abmühten,
denn sie hatten Gegenwind. Es war um die vierte Nachtwache.
Da ging er auf dem See zu ihnen, wollte aber
an ihnen vorübergehen.

49 Als sie ihn über das Wasser gehen sahen, meinten sie,
es sei ein Gespenst, und schrien auf.

50 Alle sahen ihn und erschraken.
Doch er begann mit ihnen zu sprechen und sagte:
Habt Vertrauen, ich bin es; habt keine Angst!

51 Dann stieg er zu ihnen in das Boot, und der Wind legte sich.
Sie aber waren bestürzt und außer sich.

52 Denn als das mit den Broten geschah,
kamen sie noch nicht zur Einsicht; ihr Herz war verblendet.

53 Sie fuhren über den See hinüber ans Land
und kamen nach Gennesaret; dort legten sie an.

54 Als sie aus dem Boot stiegen, erkannte man ihn sofort.

55 Die Leute aus der ganzen Gegend liefen
und brachten die Kranken auf Bahren zu ihm,
sobald sie hörten, wo er war.

56 Und immer, wenn er in ein Dorf oder eine Stadt
oder ein Gehöft kam, trug man die Kranken ins Freie
und bat ihn, er möge sie wenigstens den Saum
seines Kleides berühren lassen.
Und alle, die ihn berührten, wurden geheilt.

7

1 Die Pharisäer und einige Schriftgelehrte,
die aus Jerusalem gekommen waren, hielten sich bei Jesus auf.

2 Sie sahen, daß einige seiner Jünger mit unreinen,
das heißt mit ungewaschenen Händen aßen.

3 Denn die Pharisäer essen wie alle Juden nur, wenn sie vorher
mit einer Handvoll Wasser die Hände gewaschen haben,
wie es die Überlieferung der Alten vorschreibt.

4 Auch wenn sie vom Markt kommen, essen sie nicht,
ohne sich vorher zu waschen;
noch viele andere überlieferte Vorschriften halten sie ein,
wie das Abspülen von Bechern und Krügen
und kupfernen Kesseln.

5 Die Pharisäer und Schriftgelehrten fragten ihn also:
Warum halten sich deine Jünger nicht an die Überlieferung
der Alten, sondern essen mit unreinen Händen?

6 Er antwortete ihnen:
Recht hatte der Prophet Jesaja, als er über euch Heuchler sagte,
wie es geschrieben steht:
Dieses Volk ehrt mich mit den Lippen, sein Herz aber
ist weit weg von mir.

Christentum

7 Es ist sinnlos, wie sie mich verehren;
was sie lehren, sind Satzungen von Menschen.

8 Ihr gebt Gottes Gebot preis und haltet euch
an die Überlieferung der Menschen.

9 Und weiter sagte Jesus:
Sehr geschickt setzt ihr Gottes Gebot außer Kraft
und haltet euch an eure Überlieferung.

10 Mose zum Beispiel hat gesagt:
Du sollst Vater und Mutter ehren, und:
Wer Vater oder Mutter verflucht,
soll mit dem Tod bestraft werden.

11 Ihr aber sagt:
Wenn einer zu seinem Vater oder seiner Mutter sagt:
Korban, das heißt: Was ich dir schulde, erkläre ich zur Opfergabe,

12 dann laßt ihr nicht mehr zu, daß er etwas für Vater
oder Mutter tut.

13 So setzt ihr durch die Überlieferung,
die ihr euch selbst geschaffen habt,
Gottes Gebot außer Kraft.
Und ähnlich handelt ihr in vielen Fällen.

14 Dann rief er das Volk zu sich und sagte:
Hört mir alle zu und begreift, was ich euch sage!

15 Nichts, was von außen in den Menschen hineinkommt,
kann ihn unrein machen, sondern nur, was aus dem Menschen
herauskommt, das macht ihn unrein.

16 Wenn einer Ohren hat zum Hören, so höre er.

17 Als er die Menge verlassen hatte und nach Hause kam,
fragten ihn seine Jünger nach dem Sinn dieses Ausspruchs.

18 Er antwortete ihnen:
Begreift auch ihr nicht?
Seht ihr nicht ein, daß das, was von außen in den Menschen
hineinkommt, ihn nicht unrein machen kann?

19 Denn es gelangt ja nicht in sein Herz,
sondern in den Magen und wird wieder ausgeschieden.
Damit erklärte Jesus alle Speisen für rein.

20 Weiter sagte er:
Was aus dem Menschen herauskommt, das macht ihn unrein.

21 Denn von innen, aus dem Herzen der Menschen,
kommen die bösen Gedanken, Unzucht, Diebstahl, Mord,

22 Ehebruch, Habgier, Bosheit, Betrug, Ausschweifung, Neid,
Verleumdung, Hochmut und Unvernunft.

23 All dieses Böse kommt von innen und macht
den Menschen unrein.

24 Jesus brach auf und zog von dort in das Gebiet von Tyrus.
Er ging in ein Haus, wollte aber, daß niemand davon erfahre;
doch es konnte nicht verborgen bleiben.

25 Eine Frau, deren Tochter einen unreinen Geist hatte,
hörte von ihm; sie kam sogleich herbei und fiel ihm zu Füßen.

26 Die Frau war eine Heidin, von Geburt Syrophönizierin.
Sie bat ihn, aus ihrer Tochter den Dämon auszutreiben.

27 Da sagte er zu ihr:
Laß zuerst die Kinder satt werden;
denn es ist nicht recht, den Kindern das Brot wegzunehmen
und es den Hunden vorzuwerfen.

28 Sie erwiderte ihm: Ja, du hast recht, Herr!
Aber selbst die Hunde unter dem Tisch bekommen
von dem Brot, das die Kinder übriglassen.

29 Er antwortete ihr:
Um dieses Wortes willen sage ich dir: Geh nach Hause!
Der Dämon hat deine Tochter verlassen.

30 Und als sie nach Hause kam,
fand sie das Kind auf dem Bett liegen und sah,
daß der Dämon es verlassen hatte.

31 Jesus verließ das Gebiet von Tyrus wieder und kam über Sidon
an den See von Galiläa;
von dort zog er weiter in das Gebiet der Dekapolis.

32 Da brachte man einen Taubstummen zu Jesus mit der Bitte,
ihm die Hand aufzulegen.

33 Er nahm ihn beiseite, von der Menge weg,
legte ihm die Finger in die Ohren und berührte
die Zunge des Mannes mit Speichel;

34 dann blickte er zum Himmel auf, seufzte und sprach zu ihm:
Effata, das heißt: Öffne dich!

35 Da öffneten sich seine Ohren,
und sogleich löste sich die Fessel seiner Zunge,
und er konnte richtig reden.

Christentum

36 Jesus verbot ihnen, jemand davon zu erzählen.
Doch je mehr er es ihnen verbot,
desto mehr machten sie es bekannt.

37 Außer sich vor Staunen sagten sie: Er hat alles gut gemacht;
Tauben gibt er das Gehör und den Stummen die Sprache.

8

1 Als wieder viele Menschen um Jesus versammelt waren
und sie nichts zu essen hatten, rief er die Jünger herbei
und sagte zu ihnen:

2 Die Leute tun mir leid;
sie sind schon drei Tage bei mir und haben nichts zu essen.

3 Wenn ich sie hungrig nach Hause schicke,
werden sie unterwegs zusammenbrechen;
denn einige von ihnen sind von weit her gekommen.

4 Seine Jünger antworteten ihm:
Wo soll man hier in der unbewohnten Gegend Brot beschaffen,
um sie alle satt zu machen?

5 Er fragte sie:
Wie viele Brote habt ihr? Sie antworteten: Sieben.

6 Da forderte er die Leute auf, sich auf den Boden zu setzen;
er nahm die sieben Brote, sprach das Dankgebet,
brach die Brote in Stücke und gab sie seinen Jüngern
zum Verteilen;
und die Jünger teilten sie an die Leute aus.

7 Sie hatten auch noch ein paar Fische bei sich.
Jesus segnete sie und ließ auch sie austeilen.

8 Die Leute aßen und wurden satt.
Dann sammelte man die übriggebliebenen Stücke ein,
sieben Körbe voll.

9 Ungefähr viertausend Menschen waren beisammen.
Danach schickte er sie weg.

10 Gleich darauf stieg er mit seinen Jüngern ins Boot
und fuhr in die Gegend von Dalmanuta.

11 Da kamen die Pharisäer und begannen ein Streitgespräch mit ihm.
Und um ihn auf die Probe zu stellen,
forderten sie von ihm ein Zeichen vom Himmel.

12 Da seufzte er tief auf und sagte:
Was fordert diese Generation ein Zeichen?
Amen, ich sage euch:
Dieser Generation wird niemals ein Zeichen gegeben werden.

13 Und er verließ sie, stieg in das Boot und fuhr ans andere Ufer.

14 Die Jünger vergaßen, Brot mitzunehmen;
nur ein einziges hatten sie bei sich im Boot.

15 Und er warnte sie:
Gebt acht, hütet euch vor dem Sauerteig der Pharisäer
und dem Sauerteig des Herodes!

16 Sie aber machten sich Gedanken,
weil sie kein Brot bei sich hatten.

17 Als er das merkte, sagte er zu ihnen:
Was macht ihr euch darüber Gedanken, daß ihr kein Brot habt?
Begreift und versteht ihr immer noch nicht?
Ist denn euer Herz verblendet?

18 Habt ihr Augen und seht nicht und Ohren und hört nicht?
Erinnert ihr euch nicht:

19 Als ich die fünf Brote für die Fünftausend brach,
wieviel Körbe voll Brotreste habt ihr da aufgesammelt?
Sie antworteten ihm: Zwölf.

20 Und als ich die sieben Brote für die Viertausend brach,
wieviel Körbe voll habt ihr da aufgesammelt?
Sie antworteten: Sieben.

21 Da sagte er zu ihnen: Versteht ihr immer noch nicht?

22 Sie kamen nach Betsaida.
Da brachte man einen Blinden zu ihm und bat ihn,
er möge ihn berühren.

23 Er nahm den Blinden bei der Hand, führte ihn zum Dorf hinaus,
bestrich seine Augen mit Speichel, legte ihm die Hände auf
und fragte ihn: Siehst du etwas?

24 Der Mann blickte auf und sagte:
Ich sehe die Menschen;
denn ich sehe etwas umhergehen, das wie Bäume aussieht.

25 Da legte er ihm nochmals die Hände auf die Augen;
nun sah der Mann deutlich.
Er war geheilt und konnte alles ganz genau sehen.

26 Jesus schickte ihn nach Hause und sagte:
Geh aber nicht in das Dorf hinein!

Christentum

27 Jesus ging mit seinen Jüngern in die Dörfer bei Cäsarea Philippi.
Unterwegs fragte er die Jünger: Für wen halten mich die Leute?

28 Sie antworteten ihm:
Die einen für Johannes den Täufer, andere für Elija,
wieder andere für sonst einen Propheten.

29 Da fragte er sie: Und ihr, für wen haltet ihr mich?
Simon Petrus antwortete ihm: Du bist der Messias.

30 Da verbot er ihnen, mit jemand über ihn zu sprechen.

31 Dann eröffnete er ihnen,
der Menschensohn müsse vieles erleiden und von den Ältesten,
Hohenpriestern und Schriftgelehrten verworfen werden;
er werde getötet werden, aber nach drei Tagen auferstehen.

32 Und er redete in aller Offenheit darüber.
Da zog ihn Petrus beiseite und machte ihm Vorwürfe.

33 Jesus wandte sich um,
sah seine Jünger an und wies Petrus mit den Worten zurecht:
Weg mit dir, Satan! Denn du hast nicht das im Sinn,
was Gott will, sondern was die Menschen wollen.

34 Er rief seine Jünger und das Volk zu sich und sagte:
Wer zu mir gehören will, der verleugne sich selbst,
nehme sein Kreuz auf sich und folge mir nach.

35 Denn wer sein Leben retten will, wird es verlieren;
wer aber sein Leben um meinetwillen
und um des Evangeliums willen verliert, wird es retten.

36 Was nützt es einem Menschen, wenn er die ganze Welt gewinnt,
dabei aber sein Leben verliert?

37 Um welchen Preis könnte er sein Leben zurückkaufen?

38 Denn wer sich vor dieser abtrünnigen
und sündigen Generation meiner und meiner Worte schämt,
dessen wird sich auch der Menschensohn schämen,
wenn er mit den heiligen Engeln in der Hoheit
seines Vaters kommt.

9

1 Und er sagte zu ihnen:
Amen, ich sage euch: Von denen, die hier stehen,
werden einige nicht sterben, bis sie gesehen haben,
daß das Reich Gottes in seiner ganzen Macht gekommen ist.

2 Sechs Tage danach nahm Jesus den Petrus, den Jakobus
und den Johannes beiseite und führte sie auf einen hohen Berg,
aber nur sie allein. Und er wurde vor ihren Augen verwandelt;
3 seine Kleider wurden strahlend weiß, so weiß,
wie sie auf Erden kein Färber machen kann.
4 Und es erschien ihnen Elija und mit ihm Mose,
und sie redeten mit Jesus.
5 Da sagte Petrus zu Jesus:
Rabbi, es ist gut, daß wir hier sind;
wir wollen drei Hütten bauen, eine für dich,
eine für Mose und eine für Elija.
6 Er wußte nämlich nicht, was er sagen sollte;
denn sie waren vor Furcht ganz benommen.
7 Da erschien eine Wolke und überschattete sie;
und aus der Wolke kam eine Stimme:
Dies ist mein geliebter Sohn; auf ihn sollt ihr hören.
8 Und als sie sich dann umblickten,
sahen sie niemand mehr bei sich außer Jesus.
9 Während sie den Berg hinabstiegen,
verbot er ihnen, irgend jemand zu erzählen,
was sie gesehen hatten,
bis der Menschensohn von den Toten auferstanden sei.
10 Sie griffen das Wort auf und fragten einander, was das bedeute:
Von den Toten auferstehen.
11 Da fragten sie ihn:
Warum sagen die Schriftgelehrten, zuerst müsse Elija kommen?
12 Er antwortete:
Ja, Elija kommt zuerst und stellt alles wieder her.
Aber warum steht über den Menschensohn geschrieben,
er werde viel leiden müssen und verachtet werden?
13 Ich sage euch:
Elija ist schon gekommen, aber sie haben mit ihm gemacht,
was sie wollten, wie über ihn geschrieben steht.
14 Als sie zu den anderen Jüngern zurückkamen,
sahen sie eine große Menschenmenge um sie versammelt
und Schriftgelehrte, die mit ihnen stritten.
15 Sobald die Leute Jesus sahen,
liefen sie in großer Erregung auf ihn zu und begrüßten ihn.

Christentum

16 Er fragte sie: Warum streitet ihr mit ihnen?
17 Einer aus der Menge antwortete ihm:
Meister, ich habe meinen Sohn zu dir gebracht.
Er hat einen stummen Geist;
18 immer wenn der Geist ihn überfällt, schüttelt er ihn hin und her,
und meinem Sohn tritt Schaum vor den Mund,
er knirscht mit den Zähnen und wird starr.
Ich habe schon deine Jünger gebeten, den Geist auszutreiben,
aber sie konnten es nicht.
19 Da sagte er zu ihnen:
O du ungläubige Generation!
Wie lange muß ich noch bei euch sein!
Wie lange muß ich euch noch ertragen? Bringt ihn zu mir!
20 Und man führte ihn herbei.
Sobald der Geist Jesus sah, riß er den Jungen hin und her,
so daß er stürzte und sich schäumend auf dem Boden wälzte.
21 Jesus fragte den Vater: Wie lange hat er das schon?
Der Vater antwortete: Von Kind auf;
22 oft hat er ihn sogar ins Feuer oder ins Wasser gestürzt,
um ihn umzubringen.
Aber wenn du kannst, hilf uns und hab Mitleid mit uns!
23 Jesus sagte zu ihm:
Wenn du kannst? Alles kann, wer glaubt.
24 Da rief der Vater des Jungen:
Ich glaube, hilf meinem Unglauben!
25 Als Jesus sah, daß das Volk zusammenlief,
drohte er dem unreinen Geist und sagte:
Du stummer und tauber Geist, ich befehle dir,
verlaß ihn und kehr nicht mehr zurück!
26 Und der Geist schüttelte den Jungen hin und her
und verließ ihn mit Geschrei.
Der Junge lag da wie tot, so daß die Leute sagten: Er ist gestorben.
27 Jesus aber faßte ihn an der Hand und richtete ihn auf,
und der Junge erhob sich.
28 Als Jesus nach Hause kam und sie allein waren,
fragten ihn seine Jünger:
Warum konnten wir den Dämon nicht austreiben?
29 Er antwortete ihnen:
Diese Art kann nur durch Gebet ausgetrieben werden.

Markus-Evangelium

30 Sie gingen von dort weg und zogen durch Galiläa.
Er wollte aber nicht, daß jemand davon erfahre;
31 denn er wollte seine Jünger unterweisen.
Er sagte zu ihnen:
Der Menschensohn wird den Menschen ausgeliefert,
und sie werden ihn töten;
doch drei Tage nach seinem Tod wird er auferstehen.
32 Aber sie verstanden den Sinn seiner Worte nicht,
wagten jedoch nicht, ihn zu fragen.
33 Sie kamen nach Kafarnaum.
Und als er im Haus war, fragte er sie:
Worüber habt ihr unterwegs gesprochen?
34 Sie schwiegen, denn sie hatten unterwegs miteinander
darüber gesprochen, wer der Größte sei.
35 Da setzte er sich, rief die Zwölf und sagte zu ihnen:
Wer der erste sein will, soll der Letzte von allen
und der Diener aller sein.
36 Und er stellte ein Kind in ihre Mitte, nahm es in seine Arme
und sagte zu ihnen:
37 Wer ein solches Kind um meinetwillen aufnimmt,
der nimmt mich auf;
wer aber mich aufnimmt, der nimmt nicht nur mich auf,
sondern den, der mich gesandt hat.
38 Da sagte Johannes zu ihm:
Meister, wir haben gesehen, wie jemand, der uns nicht nachfolgt,
in deinem Namen Dämonen austrieb;
und wir wollten ihn daran hindern, weil er uns nicht nachfolgt.
39 Jesus erwiderte:
Hindert ihn nicht! Keiner, der in meinem Namen Wunder tut,
kann so leicht schlecht von mir reden.
40 Denn wer nicht gegen uns ist, der ist für uns.
41 Wer euch auch nur einen Becher Wasser zu trinken gibt,
weil ihr zu Christus gehört – Amen, ich sage euch:
Er wird nicht um seinen Lohn kommen!
42 Wer einen von diesen Kleinen, die (an mich) glauben,
zum Bösen verleitet, für den wäre es besser,
wenn man ihn mit einem Mühlstein um den Hals
ins Meer werfen würde.

Christentum

43 Wenn dich deine Hand zum Bösen verleitet, dann hau sie ab;
es ist besser für dich, als Krüppel das Leben zu erlangen,
als mit zwei Händen in die Hölle zu kommen,
in das nie erlöschende Feuer,

44 wo ihr Wurm nicht stirbt und das Feuer nicht erlischt.

45 Und wenn dich dein Fuß zum Bösen verleitet, hau ihn ab;
es ist besser für dich, verstümmelt das Leben zu erlangen,
als mit zwei Füßen in die Hölle geworfen zu werden,

46 wo ihr Wurm nicht stirbt und das Feuer nicht erlischt.

47 Und wenn dich dein Auge zum Bösen verleitet, reiß es aus;
es ist besser für dich, einäugig in das Reich Gottes zu kommen,
als mit zwei Augen in die Hölle geworfen zu werden,

48 wo ihr Wurm nicht stirbt und das Feuer nicht erlischt.

49 Denn jeder wird mit Feuer gesalzen werden.

50 Das Salz ist etwas Gutes.
Wenn das Salz die Kraft zum Salzen verliert,
womit wollt ihr ihm seine Würze wiedergeben?
Habt Salz in euch und haltet Frieden untereinander!

10

1 Von dort brach er auf und kam in das Gebiet von Judäa
und Peräa.
Wieder kam das Volk zu ihm, und er lehrte es,
wie er gewohnt war.

2 Da kamen Pharisäer zu ihm und fragten:
Darf ein Mann seine Frau aus der Ehe entlassen?
Damit wollten sie ihm eine Falle stellen.

3 Er antwortete ihnen:
Was hat Mose geboten?

4 Sie sagten:
Mose hat erlaubt, die Frau aus der Ehe zu entlassen,
wenn man eine Scheidungsurkunde ausgestellt hat.

5 Jesus entgegnete ihnen:
Nur weil ihr so starrsinnig seid, hat er euch dieses Gebot gegeben.

6 Am Anfang der Schöpfung aber hat Gott sie als Mann
und Frau geschaffen.

7 Darum wird der Mann Vater und Mutter verlassen,
8 und die zwei werden ein Fleisch sein.
  Sie sind also nicht mehr zwei, sondern eins.
9 Was aber Gott verbunden hat,
  das darf der Mensch nicht trennen.
10 Zu Hause befragten ihn die Jünger noch einmal darüber.
11 Er antwortete ihnen:
   Wer seine Frau aus der Ehe entläßt, um eine andere zu heiraten,
   begeht ihr gegenüber Ehebruch.
12 Auch eine Frau begeht Ehebruch, wenn sie ihren Mann
   aus der Ehe entläßt und einen anderen heiratet.
13 Da brachte man Kinder zu ihm, damit er sie
   mit der Hand berührte.
   Die Jünger aber wiesen die Leute ab.
14 Als Jesus das sah, wurde er unwillig und sagte zu ihnen:
   Laßt die Kinder zu mir kommen, hindert sie nicht daran!
   Denn Menschen wie ihnen gehört das Reich Gottes.
15 Amen, ich sage euch:
   Wer das Reich Gottes nicht annimmt, als wäre er ein Kind,
   wird nicht hineinkommen.
16 Und er nahm die Kinder in seine Arme;
   dann legte er ihnen die Hände auf und segnete sie.
17 Als er aufbrechen wollte, lief ein Mann auf ihn zu,
   fiel auf die Knie und fragte ihn:
   Guter Meister, was muß ich tun, um das ewige Leben
   zu gewinnen?
18 Jesus antwortete ihm:
   Warum nennst du mich gut?
   Niemand ist gut außer dem einen Gott!
19 Du kennst doch die Gebote:
   Du sollst nicht töten, nicht die Ehe brechen,
     nicht stehlen, nicht falsch aussagen, nicht rauben;
   du sollst Vater und Mutter ehren.
20 Er antwortete ihm:
   Meister, alle diese Gebote habe ich von Jugend an gehalten.

Christentum

21 Da blickte ihn Jesus an und faßte Zuneigung zu ihm;
er sagte: Eins fehlt dir noch.
Geh, verkauf alles, was du hast, gib das Geld den Armen,
und du wirst einen Schatz im Himmel haben;
dann komm und folge mir nach!

22 Der Mann aber war über das Wort erschrocken
und ging traurig weg; denn er hatte ein großes Vermögen.

23 Da blickte Jesus seine Jünger an und sagte zu ihnen:
Wie schwer ist es für Leute, die viel besitzen,
in das Reich Gottes zu kommen.

24 Die Jünger waren über seine Worte bestürzt.
Jesus aber sagte noch einmal zu ihnen:
Meine Kinder, wie schwer ist es, in das Reich Gottes zu kommen!

25 Eher geht ein Kamel durch ein Nadelöhr,
als daß ein Reicher in das Reich Gottes gelangt.

26 Sie aber erschraken noch mehr und sagten zueinander:
Wer kann dann noch gerettet werden?

27 Jesus sah sie an und sagte:
Für Menschen ist das unmöglich, aber nicht für Gott;
denn für Gott ist alles möglich.

28 Da sagte Petrus zu ihm:
Du weißt, wir haben alles verlassen und sind dir nachgefolgt.

29 Jesus antwortete:
Amen, ich sage euch: Jeder, der Haus, Brüder, Schwestern, Mutter,
Vater, Kinder oder Äcker verläßt um meinetwillen
und um des Evangeliums willen,

30 wird das Hundertfache dafür empfangen:
Jetzt in dieser Welt wird er Häuser, Brüder, Schwestern, Mütter,
Kinder und Äcker erhalten, aber nicht ohne Verfolgungen,
und in der kommenden Welt wird er das Leben erlangen.

31 Viele aber, die jetzt die Ersten sind, werden die Letzten sein,
und die Letzten die Ersten.

32 Während sie auf dem Weg hinauf nach Jerusalem waren,
ging Jesus voraus.
Die Leute wunderten sich über ihn, die Jünger aber hatten Angst.
Da rief er die Zwölf wieder zu sich und erklärte ihnen,
was ihm bevorstehe.

33 Er sagte:
Wir gehen jetzt hinauf nach Jerusalem,
dort wird der Menschensohn den Hohenpriestern
und Schriftgelehrten ausgeliefert;
sie werden ihn zum Tod verurteilen und den Heiden übergeben;

34 sie werden ihn verspotten, anspucken, auspeitschen und töten.
Aber nach drei Tagen wird er auferstehen.

35 Da traten Jakobus und Johannes, die Söhne des Zebedäus, zu ihm
und sagten:
Meister, wir möchten, daß du uns eine Bitte erfüllst.

36 Er antwortete: Was soll ich für euch tun?

37 Sie sagten zu ihm:
Laß einen von uns zu deiner Rechten und den anderen zu deiner
Linken sitzen, wenn du in deiner Herrlichkeit kommst.

38 Jesus erwiderte:
Ihr wißt nicht, worum ihr bittet.
Könnt ihr den Becher trinken, den ich trinke,
oder die Taufe auf euch nehmen, mit der ich getauft werde?

39 Sie antworteten: Wir können es.
Da sagte Jesus zu ihnen:
Den Becher, den ich trinke, werdet ihr trinken, und die Taufe,
mit der ich getauft werde, werdet ihr empfangen.

40 Doch es steht mir nicht zu, die Plätze zu meiner Rechten
oder Linken zu verteilen;
auf ihnen werden die sitzen, die dafür bestimmt sind.

41 Als die zehn anderen das hörten,
ärgerten sie sich über Jakobus und Johannes.

42 Da rief Jesus sie zu sich und sagte:
Ihr wißt, daß die Herrscher ihre Völker unterjochen und die
Mächtigen ihre Macht über die Menschen mißbrauchen.

43 Bei euch aber soll es nicht so sein,
sondern wer bei euch groß sein will, der soll euer Diener sein,

44 und wer bei euch der Erste sein will, soll der Sklave aller sein.

45 Denn auch der Menschensohn ist nicht gekommen,
um sich dienen zu lassen, sondern um zu dienen
und sein Leben als Lösegeld für viele hinzugeben.

Christentum

46 Sie kamen nach Jericho.
Als er mit seinen Jüngern und einer großen Menge
Jericho wieder verließ, saß an der Straße ein blinder Bettler,
Bartimäus, der Sohn des Timäus.

47 Wie er hörte, daß es Jesus von Nazareth war, rief er laut:
Sohn Davids, Jesus, hab Erbarmen mit mir!

48 Viele wurden ärgerlich und befahlen ihm zu schweigen.
Er aber schrie noch viel lauter: Sohn Davids,
hab Erbarmen mit mir!

49 Jesus blieb stehen und sagte:
Ruft ihn her!
Sie riefen den Blinden und sagten zu ihm:
Hab keine Angst, steh auf, er ruft dich!

50 Da warf er seinen Mantel ab, sprang auf und ging zu Jesus.

51 Und Jesus sagte zu ihm: Was soll ich für dich tun?
Der Blinde antwortete: Rabbuni, ich möchte wieder
sehen können.

52 Jesus sagte zu ihm:
Geh! Dein Glaube hat dich geheilt.
Im gleichen Augenblick konnte er wieder sehen,
und er folgte ihm auf seinem Weg.

Das Evangelium nach Lukas
Kapitel 10 bis 22, Vers 38

Christentum

10

1 Danach wählte der Herr noch siebzig andere aus
und schickte sie zu zweien voraus in alle Städte
und Ortschaften, in die er selbst gehen wollte.

2 Er sagte zu ihnen:
Die Ernte ist groß, aber es gibt nur wenig Arbeiter.
Bittet daher den Herrn der Ernte, Arbeiter für seine Ernte
zu schicken.

3 Geht! Ich sende euch wie Schafe mitten unter die Wölfe.

4 Nehmt keinen Geldbeutel mit, keine Vorratstasche
und keine Schuhe! Grüßt niemand unterwegs!

5 Wenn ihr in ein Haus kommt, so sagt als erstes:
Friede diesem Haus!

6 Und wenn dort ein Mann des Friedens wohnt, wird der Friede,
den ihr ihm wünscht, auf ihm ruhen;
andernfalls wird er zu euch zurückkehren.

7 Bleibt in diesem Haus, eßt und trinkt, was man euch anbietet;
denn wer arbeitet, hat Anspruch auf seinen Lohn.
Wechselt nicht von einem Haus in ein anderes!

8 Wenn ihr in eine Stadt kommt und man euch aufnimmt, so eßt,
was euch vorgesetzt wird.

9 Heilt die Kranken, die dort sind, und sagt den Leuten:
Das Reich Gottes ist euch nahe.

10 Wenn ihr aber in eine Stadt kommt, in der man euch
nicht aufnimmt, da stellt euch auf die Straßen und ruft:

11 Selbst den Staub eurer Stadt, der an unseren Füßen klebt,
lassen wir euch zurück.
Doch das sollt ihr wissen: Das Reich Gottes ist nahe.

12 Ich sage euch:
Sodom wird es an jenem Tag nicht so schlimm ergehen
wie dieser Stadt.

13 Weh dir, Chorazin, weh dir, Betsaida!
Wenn einst in Tyrus und Sidon die Wunder geschehen wären,
die bei euch geschehen sind – man hätte dort in Sack
und Asche Buße getan.

14 Tyrus und Sidon wird es beim Gericht nicht so schlimm
ergehen wie euch.

Lukas-Evangelium

15 Und du, Kafarnaum, wie kannst du meinen,
du wirst zum Himmel erhoben?
Nein, in die Unterwelt wirst du hinabgeschleudert.

16 Wer euch hört, der hört mich, und wer euch ablehnt,
der lehnt mich ab;
wer aber mich ablehnt, der lehnt den ab, der mich gesandt hat.

17 Die Siebzig kehrten zurück und berichteten voll Freude:
Herr, sogar die Dämonen gehorchen uns,
wenn wir deinen Namen aussprechen.

18 Da sagte er zu ihnen:
Ich sah den Satan wie einen Blitz vom Himmel fallen.

19 Seht, ich gab euch die Macht, auf Schlangen und Skorpione
zu treten und allen feindlichen Gewalten zu trotzen.
Nichts wird euch schaden können.

20 Doch freut euch nicht darüber, daß euch die Geister gehorchen,
sondern freut euch, daß eure Namen im Himmel verzeichnet sind.

21 In dieser Stunde rief Jesus, vom heiligen Geist erfüllt,
voll Freude aus:
Ich preise dich, Vater, Herr des Himmels und der Erde,
weil du all das den Weisen und Klugen verborgen, aber
den Unmündigen offenbart hast.
Ja, Vater, so hat es dir gefallen.

22 Alles ist mir von meinem Vater anvertraut worden;
niemand weiß, wer der Sohn ist, nur der Vater, und niemand weiß,
wer der Vater ist, nur der Sohn und der, dem es der Sohn
offenbaren will.

23 Jesus wandte sich an die Jünger allein und sagte zu ihnen:
Wohl denen, deren Augen sehen, was ihr seht!

24 Denn – so sage ich euch – viele Propheten und Könige
wollten sehen, was ihr seht, und haben es nicht gesehen,
und wollten hören, was ihr hört, und haben es nicht gehört.

25 Da stand ein Gesetzeslehrer auf, und um Jesus eine Falle
zu stellen, fragte er:
Meister, was muß ich tun, um das ewige Leben zu erlangen?

26 Jesus sagte zu ihm:
Was steht im Gesetz? Was liest du dort?

Christentum

27 Er antwortete:
Du sollst den Herrn, deinen Gott, lieben von ganzem Herzen
und ganzer Seele, mit all deiner Kraft und deinem ganzen
Denken, und: Deinen Nächsten sollst du lieben wie dich selbst.

28 Jesus sagte zu ihm:
Du hast richtig geantwortet. Handle danach, und du wirst leben.

29 Der Gesetzeslehrer wollte seine Frage rechtfertigen
und sagte zu Jesus: Und wer ist mein Nächster?

30 Jesus antwortete:
Ein Mann ging von Jerusalem nach Jericho hinab
und wurde von Räubern überfallen.
Sie plünderten ihn aus und schlugen ihn nieder;
dann gingen sie weg und ließen ihn halbtot liegen.

31 Zufällig kam ein Priester denselben Weg herab;
er sah ihn und ging weiter.

32 Auch ein Levit kam zu der Stelle; er sah ihn und ging weiter.

33 Schließlich kam ein Mann aus Samarien, der auf der Reise war;
als er ihn sah, hatte er Mitleid.

34 Er ging zu ihm hin, goß Öl und Wein auf seine Wunden
und verband sie.
Dann hob er ihn auf sein Reittier, brachte ihn zu einer Herberge
und pflegte ihn.

35 Am anderen Tag holte er zwei Denare hervor,
gab sie dem Wirt und sagte:
Sorge für ihn, und wenn du mehr für ihn verbrauchst,
werde ich es dir bezahlen, wenn ich wiederkomme.

36 Was meinst du:
Wer von diesen dreien hat den Mann, der von den Räubern
überfallen wurde, wie seinen Nächsten behandelt?

37 Der Gesetzeslehrer antwortete:
Der, der barmherzig war und ihm geholfen hat.
Da sagte Jesus zu ihm: Dann geh und handle genauso!

38 Sie zogen zusammen weiter, und er kam in ein Dorf.
Eine Frau namens Marta nahm ihn gastlich auf.

39 Sie hatte eine Schwester, die Maria hieß.
Maria setzte sich dem Herrn zu Füßen und hörte
seinen Worten zu.

40 Marta aber war ganz davon in Anspruch genommen,
für ihn zu sorgen.
Da kam sie zu ihm und sagte: Herr, kümmert es dich nicht,
daß meine Schwester die ganze Arbeit mir überläßt?
Sag ihr, sie soll mir helfen!
41 Der Herr antwortete:
Marta, Marta, du machst dir viele Sorgen und Mühen.
42 Aber nur eines ist notwendig. Maria hat das Bessere erwählt,
das soll ihr nicht genommen werden.

An einem andern Ort war Jesus einmal beim Gebet;

11

1 und als er es beendet hatte, sagte einer seiner Jünger zu ihm:
Herr, lehre uns beten, wie schon Johannes seine Jünger
beten gelehrt hat.
2 Da sagte er zu ihnen: Wenn ihr betet, so sprecht:
Vater, dein Name werde geheiligt. Dein Reich komme.
3 Gib uns täglich das Brot, das wir brauchen.
4 Und erlaß uns unsere Sünden; denn auch wir erlassen jedem,
was er uns schuldig ist. Und führe uns nicht in Versuchung.
5 Dann sagte er zu ihnen:
Einer von euch hat einen Freund und geht um Mitternacht
zu ihm und sagt: Freund, leih mir drei Brote!
6 Denn einer meiner Freunde, der auf Reisen ist,
ist zu mir gekommen, und ich habe ihm nichts anzubieten.
7 Wird dann der Mann drinnen antworten:
Laß mich in Ruhe, die Tür ist schon verschlossen,
und meine Kinder sind mit mir zu Bett gegangen;
ich kann nicht aufstehen und dir etwas geben?
8 Ich sage euch:
Wenn er auch nicht deswegen aufsteht und ihm seine Bitte erfüllt,
weil er sein Freund ist, so wird er doch wegen seiner
Zudringlichkeit aufstehen und ihm geben, was er braucht.
9 Darum sage ich euch:
Bittet, dann wird euch gegeben; sucht, dann werdet ihr finden;
klopft an, dann wird euch geöffnet.
10 Denn wer bittet, der erhält; wer sucht, der findet; und wer anklopft,
dem wird geöffnet.

Christentum

11 Oder ist unter euch ein Vater, der seinem Sohn
eine Schlange gibt, wenn er um einen Fisch bittet,

12 oder einen Skorpion, wenn er um ein Ei bittet?

13 Wenn nun schon ihr, die ihr böse seid, euren Kindern gebt,
was gut ist, wieviel mehr wird der Vater im Himmel denen,
die ihn bitten, den heiligen Geist geben.

14 Jesus trieb einen Dämon aus, der stumm war.
Als der Dämon den Stummen verlassen hatte,
konnte der Mann reden.
Alle Leute staunten.

15 Einige von ihnen aber sagten:
Mit Hilfe von Beelzebul, dem Anführer der Dämonen,
treibt er die Dämonen aus.

16 Andere wollten ihn auf die Probe stellen und forderten
von ihm ein Zeichen vom Himmel.

17 Doch er wußte, was sie dachten, und sagte zu ihnen:
Jedes Reich, das in sich gespalten ist, geht zugrunde,
und Haus um Haus stürzt ein.

18 Wenn der Satan mit sich selbst im Streit liegt,
wie kann sein Reich dann bestehen?
Ihr sagt, daß ich die Dämonen mit Hilfe von Beelzebul austreibe.

19 Wenn ich mit Hilfe von Beelzebul die Dämonen austreibe,
mit wessen Hilfe treiben dann eure Anhänger sie aus?
Sie selbst also sprechen euch das Urteil.

20 Wenn ich aber mit der Kraft Gottes die Dämonen austreibe,
dann ist das Reich Gottes schon zu euch gekommen.

21 Solange ein bewaffneter starker Mann seinen Hof bewacht,
ist sein Besitz sicher;

22 wenn ihn aber ein Stärkerer angreift und besiegt, dann nimmt
ihm der Stärkere die Waffen weg, auf die er sich verlassen hat,
und verteilt alles, was er erbeutet hat.

23 Wer nicht für mich ist, der ist gegen mich;
wer nicht mit mir sammelt, der zerstreut.

24 Ein unreiner Geist, der einen Menschen verlassen hat,
wandert durch die Wüste und sucht einen Ort,
wo er bleiben kann.
Wenn er keinen findet, sagt er:
Ich will in mein Haus zurückkehren, das ich verlassen habe.

Lukas-Evangelium

25 Und wenn er es bei seiner Rückkehr sauber
und geschmückt antrifft,
26 dann holt er sieben andere Geister, die noch übler sind
als er selbst.
Sie ziehen dort ein und lassen sich nieder.
So wird es mit diesem Menschen noch schlimmer als vorher.
27 Als er das sagte, rief eine Frau aus der Menge ihm zu:
Wohl der Frau, deren Leib dich getragen und deren Brust
dich genährt hat.
28 Er aber erwiderte:
Wohl denen, die das Wort Gottes hören und es befolgen.
29 Als immer mehr Menschen zu ihm kamen, sagte er:
Diese Generation ist böse. Sie fordert ein Zeichen;
aber es wird ihr kein anderes gegeben als das Zeichen des Jona.
30 Denn wie Jona für die Einwohner von Ninive ein Zeichen war,
so wird auch der Menschensohn für diese Generation
ein Zeichen sein.
31 Die Königin des Südens wird beim Gericht gegen die Männer
dieser Generation auftreten und sie verurteilen.
Denn die Königin kam vom Ende der Erde, um die Weisheit
Salomos zu hören.
Hier aber ist einer, der mehr ist als Salomo.
32 Die Männer von Ninive werden beim Gericht gegen
diese Generation auftreten und sie verurteilen;
denn sie haben sich nach der Predigt des Jona bekehrt.
Hier aber ist einer, der mehr ist als Jona.
33 Niemand zündet eine Lampe an und stellt sie in einen versteckten
Winkel oder unter einen Eimer, sondern man stellt sie auf den
Leuchter, damit alle, die eintreten, das Licht sehen.
34 Dein Auge gibt dem Körper Licht.
Wenn dein Auge gesund ist, wird auch dein ganzer Körper
hell sein.
Wenn es aber krank ist, dann wird dein Körper finster sein.
35 Achte also darauf, daß das Licht in dir nicht Finsternis ist!
36 Wenn dein ganzer Körper von Licht erfüllt und nichts Finsteres
in ihm ist, dann wird er ganz voll Licht sein, wie wenn
die Lampe dich mit ihrem Schein beleuchtet.
37 Nach dieser Rede lud ein Pharisäer Jesus zum Essen ein.
Jesus ging zu ihm und setzte sich zu Tisch.

Christentum

38 Als der Pharisäer sah, daß er sich vor dem Essen nicht die Hände wusch, war er verwundert.

39 Da sagte der Herr zu ihm:
Ihr Pharisäer! Außen haltet ihr Becher und Teller sauber; innen aber seid ihr voll Raubgier und Bosheit.

40 Ihr Narren! Hat nicht der, der das Äußere schuf, auch das Innere geschaffen?

41 Gebt lieber, was in den Schüsseln ist, den Armen, dann ist für euch alles rein.

42 Doch weh euch Pharisäern! Ihr zahlt den Zehnten von Minze, Gewürzkraut und allem Gemüse, die Gerechtigkeit aber und die Liebe zu Gott vergeßt ihr.
Um sie solltet ihr euch bemühen, ohne jenes zu unterlassen.

43 Weh euch Pharisäern! Ihr wollt in den Synagogen den vordersten Sitz haben und auf den öffentlichen Plätzen von allen gegrüßt werden.

44 Weh euch! Ihr seid wie Gräber, die man nicht mehr sieht; die Leute gehen darüber, ohne es zu merken.

45 Darauf erwiderte ihm ein Gesetzeslehrer:
Meister, damit beleidigst du auch uns.

46 Er antwortete:
Weh auch euch Gesetzeslehrern!
Ihr ladet den Menschen Lasten auf, die sie kaum tragen können, selbst aber rührt ihr keinen Finger.

47 Weh euch! Ihr baut Denkmäler für die Propheten, die von euren Vätern umgebracht wurden.

48 Damit verewigt und billigt ihr die Taten eurer Väter. Jene haben sie umgebracht, ihr errichtet ihnen Bauten.

49 Deshalb hat auch die Weisheit Gottes gesagt:
Ich werde Propheten und Apostel zu ihnen senden, und sie werden einige von ihnen töten und andere verfolgen,

50 damit das Blut aller Propheten, das seit Erschaffung der Welt vergossen wurde, an dieser Generation gerächt wird,

51 vom Blut Abels bis zum Blut des Secharja, der im Vorhof zwischen Altar und Tempel umgebracht wurde.
Ja, ich sage euch:
An dieser Generation wird es gerächt werden.

52 Weh euch Gesetzeslehrern!
Ihr habt den Schlüssel zur Erkenntnis beiseite geschafft.
Ihr selbst seid nicht hineingegangen, und die, die hineingehen wollten, habt ihr daran gehindert.

53 Als Jesus das Haus verlassen hatte, begannen die Schriftgelehrten und Pharisäer, ihn mit vielen Fragen zu bedrängen;

54 sie versuchten, ihm Fallen zu stellen, damit er sich in seinen eigenen Worten verfange.

12

1 Unterdessen strömten Tausende von Menschen zusammen, so daß es ein gefährliches Gedränge gab.
Jesus wandte sich zuerst an seine Jünger und sagte:
Hütet euch vor dem Sauerteig der Pharisäer, das heißt vor der Heuchelei.

2 Nichts ist verhüllt, das nicht enthüllt wird, und nichts ist verborgen, das nicht bekannt wird.

3 Deshalb wird man alles, was ihr im Dunkeln redet, am hellen Tag hören,
und was ihr einander hinter verschlossenen Türen ins Ohr flüstert, das wird man auf den Dächern verkünden.

4 Meine Freunde, ich sage euch:
Fürchtet euch nicht vor denen, die den Leib töten, euch aber sonst nichts tun können.

5 Ich will euch zeigen, wen ihr fürchten sollt:
Fürchtet euch vor dem, der nicht nur töten kann, sondern die Macht hat, euch auch noch in die Hölle zu werfen.
Ja, ich sage euch: Ihn sollt ihr fürchten.

6 Verkauft man nicht fünf Spatzen für ein paar Pfennig?
Und doch vergißt Gott nicht einen von ihnen.

7 Bei euch aber sind sogar die Haare auf dem Kopf alle gezählt.
Fürchtet euch nicht!
Ihr seid mehr wert als alle Spatzen zusammen.

8 Ich sage euch:
Wer sich vor den Menschen zu mir bekennt, zu dem wird sich auch der Menschensohn vor den Engeln Gottes bekennen.

9 Wer mich aber vor den Menschen verleugnet, der wird auch vor den Engeln Gottes verleugnet werden.

Christentum

10 Jedem, der etwas gegen den Menschensohn sagt,
wird vergeben werden;
wer aber den heiligen Geist lästert, dem wird nicht vergeben.

11 Wenn man euch vor die Synagogengerichte und vor andere
Behörden und Ämter schleppt, dann macht euch keine Sorgen,
wie ihr euch verteidigen oder was ihr sagen sollt.

12 Denn der heilige Geist wird euch in der gleichen Stunde
eingeben, was ihr sagen müßt.

13 Einer aus dem Volk bat Jesus:
Meister, sag meinem Bruder, er soll das Erbe mit mir teilen.

14 Er erwiderte ihm:
Mensch, wer hat mich zum Richter oder Schlichter
bei euch gemacht?

15 Dann sagte er zu den Leuten:
Gebt acht und hütet euch vor aller Habsucht!
Denn das Leben eines Menschen hängt nicht von
seinem Vermögen ab, mag es noch so groß sein.

16 Und er erzählte ihnen ein Gleichnis:
Die Felder eines reichen Mannes ließen eine gute Ernte erwarten.

17 Da begann er zu überlegen: Was soll ich tun?
Ich weiß nicht, wo ich meine Ernte unterbringen soll.

18 Schließlich sagte er: So will ich es machen:
Ich werde meine Scheunen abreißen und größere bauen;
dort werde ich mein ganzes Getreide und meine Vorräte
unterbringen.

19 Dann kann ich zu mir selber sagen:
Nun hast du einen großen Vorrat, der für viele Jahre reicht.
Ruh dich aus, iß und trink und laß dir's gut gehen!

20 Da sprach Gott zu ihm:
Du Narr! Noch in dieser Nacht wird dein Leben von dir
zurückgefordert.
Wem wird dann all das gehören, was du aufgehäuft hast?

21 So geht es jedem, der nur für sich selbst Schätze sammelt,
aber vor Gott nicht reich ist.

22 Und er sagte zu seinen Jüngern: Deswegen sage ich euch:
Sorgt euch nicht um euer Leben und darum, daß ihr etwas
zu essen habt, noch um euren Leib und darum, daß ihr
etwas anzuziehen habt.

23   Das Leben ist wichtiger als die Nahrung und der Leib wichtiger als die Kleidung.

24   Seht die Raben:
Sie säen und sie ernten nicht, sie haben keinen Speicher und keine Scheune – Gott ernährt sie.
Wieviel mehr seid ihr wert als die Vögel!

25   Wer von euch kann mit all seiner Sorge sein Leben auch nur um eine kleine Zeitspanne verlängern?

26   Wenn ihr nicht einmal etwas so Geringes könnt, warum macht ihr euch dann Sorgen um all das übrige?

27   Seht die Lilien an: Sie weben nicht und nähen nicht.
Doch ich sage euch: Selbst Salomo war in all seiner Pracht nicht gekleidet wie eine von ihnen.

28   Wenn aber Gott schon das Gras so prächtig kleidet,
das heute auf dem Feld steht und morgen ins Feuer geworfen wird, um wieviel mehr dann euch, ihr Kleingläubigen.

29   Darum fragt nicht, was ihr essen und was ihr trinken sollt, und ängstigt euch nicht!

30   Denn um all das geht es den Heiden in der Welt.
Euer Vater weiß, daß ihr das braucht.

31   Euch soll es um das Reich Gottes gehen;
dann wird euch das andere dazugegeben.

32   Fürchte dich nicht, du kleine Herde!
Euer Vater hat beschlossen, euch das Reich zu geben.

33   Verkauft eure Habe und gebt das Geld den Armen!
Macht euch Geldbeutel, die nicht zerreißen.
Verschafft euch einen Schatz im Himmel, der nicht abnimmt, den kein Dieb findet und den nicht die Motten fressen.

34   Denn wo euer Schatz ist, da ist auch euer Herz.

35   Legt euren Gürtel nicht ab und laßt eure Lampen brennen!

36   Seid wie Menschen, die auf die Rückkehr ihres Herrn warten, der auf einer Hochzeit ist, und die ihm öffnen, sobald er kommt und anklopft.

37   Wohl den Knechten, die der Herr wach findet, wenn er kommt!
Amen, ich sage euch: Er wird sein Gewand hochbinden, sie am Tisch Platz nehmen lassen und sie alle bedienen.

38   Und kommt er erst in der zweiten oder dritten Nachtwache und findet sie wach: wohl ihnen!

Christentum

39 Denkt daran: Wenn der Herr des Hauses wüßte,
in welcher Stunde der Dieb kommt, so würde er verhindern,
daß man in sein Haus einbricht.

40 Haltet auch ihr euch bereit!
Denn der Menschensohn kommt zu einer Stunde,
in der ihr es nicht erwartet.

41 Da sagte Petrus:
Herr, meinst du mit diesem Gleichnis nur uns oder auch
alle die anderen?

42 Der Herr antwortete:
Wer ist denn der treue und kluge Verwalter, den der Herr
einsetzen wird, damit er seinen Dienern zur rechten Zeit gibt,
was sie zum Leben brauchen?

43 Wohl dem Knecht, den der Herr damit beschäftigt findet,
wenn er kommt.

44 Wahrhaftig, das sage ich euch:
Er wird ihn zum Verwalter seines ganzen Vermögens machen.

45 Wenn aber der Knecht denkt: Mein Herr kommt noch lange nicht
zurück, und die Knechte und Mägde schlägt;
wenn er ißt und trinkt und sich berauscht,

46 dann wird der Herr an einem Tag kommen, an dem der Knecht es
nicht erwartet, und zu einer Stunde, die er nicht kennt;
und der Herr wird ihn in Stücke hauen und ihm seinen Platz
unter den Ungläubigen zuweisen.

47 Der Knecht, der den Willen seines Herrn kennt, aber sich nicht
darum kümmert und nicht danach handelt, der wird viele Schläge
bekommen.

48 Wer aber, ohne den Willen des Herrn zu kennen, etwas tut,
das Schläge verdient, der wird wenig Schläge bekommen.
Wem viel gegeben wurde, von dem wird viel zurückgefordert
werden, und wem viel anvertraut wurde, von dem wird um so
mehr verlangt werden.

49 Ich bin gekommen, um Feuer auf die Erde zu werfen;
wie froh wäre ich, wenn es schon brennen würde.

50 Ich muß mit einer Taufe getauft werden,
und wie sehr bin ich bedrückt, solange sie noch
nicht vollzogen ist.

51 Meint ihr, ich sei gekommen, um Frieden auf die Erde zu bringen?
Nein, sage ich euch, sondern Spaltung.

52 Denn von nun an wird es so sein:
Wenn fünf Menschen im gleichen Haus leben,
wird Zwietracht herrschen:
Drei werden gegen zwei stehen und zwei gegen drei,
53 der Vater gegen den Sohn und der Sohn gegen den Vater,
die Mutter gegen die Tochter und die Tochter gegen die Mutter,
die Schwiegermutter gegen die Schwiegertochter und die
Schwiegertochter gegen die Schwiegermutter.
54 Er sagte aber auch zu den Volksscharen:
Sobald ihr im Westen Wolken aufsteigen seht, sagt ihr:
Es gibt Regen. Und es kommt so.
55 Und wenn der Südwind weht, dann sagt ihr:
Es wird heiß. Und es trifft ein.
56 Ihr Heuchler! Das Aussehen der Erde und des Himmels
könnt ihr deuten.
Warum könnt ihr die Zeichen dieser Zeit nicht deuten?
57 Warum findet ihr nicht von selbst das rechte Urteil?
58 Wenn du mit deinem Gegner vor Gericht gehst,
bemühe dich noch auf dem Weg, dich mit ihm zu einigen.
Sonst wird er dich vor den Richter schleppen, und der Richter
wird dich dem Gerichtsdiener übergeben, und der
Gerichtsdiener wird dich ins Gefängnis werfen.
59 Ich sage dir:
Du kommst von dort nicht heraus,
bis du auch das letzte Lepton bezahlt hast.

13

1 Zu dieser Zeit kamen einige Leute zu Jesus und berichteten ihm
von den Galiläern, die Pilatus beim Opfern umbringen ließ,
so daß sich ihr Blut mit dem ihrer Opfertiere vermischte.
2 Da sagte er zu ihnen:
Meint ihr, daß nur diese Galiläer Sünder waren, weil das mit ihnen
geschehen ist, alle anderen Galiläer aber nicht?
3 Nein, im Gegenteil: Wenn ihr euch nicht bekehrt, werdet ihr alle
genauso umkommen.
4 Oder jene achtzehn Menschen, die beim Einsturz des Turms von
Schiloach erschlagen wurden – meint ihr, daß nur sie Schuld
auf sich geladen hatten, alle anderen Einwohner von Jerusalem
aber nicht?

Christentum

5 Nein, im Gegenteil: Wenn ihr euch nicht bekehrt,
 werdet ihr alle genauso umkommen.
6 Und er erzählte ihnen dieses Gleichnis:
 Ein Mann hatte in seinem Weinberg einen Feigenbaum;
 und als er kam und nachsah, ob er Früchte trug, fand er keine.
7 Da sagte er zu seinem Weingärtner:
 Jetzt komme ich schon drei Jahre und sehe nach,
  ob dieser Feigenbaum Früchte trägt und finde nichts.
 Hau ihn um! Wozu soll er weiter den Boden auslaugen!
8 Der Weingärtner erwiderte:
 Herr, laß ihn dieses Jahr noch stehen;
 ich will den Boden um ihn herum aufgraben und düngen.
9 Vielleicht bringt er doch noch Frucht; wenn nicht,
  dann laß ihn umhauen.
10 Am Sabbat lehrte Jesus in einer Synagoge.
11 Dort saß eine Frau, die seit achtzehn Jahren krank war,
  weil sie von einem Dämon geplagt wurde;
 ihr Rücken war krumm, und sie konnte nicht mehr
  aufrecht gehen.
12 Als Jesus sie sah, rief er sie zu sich und sagte:
 Frau, du bist von deinem Leiden erlöst.
13 Und er legte ihr die Hände auf. Im gleichen Augenblick richtete
  sie sich auf und pries Gott.
14 Der Synagogenvorsteher aber war empört darüber,
  daß Jesus am Sabbat heilte, und sagte zu den Leuten:
 Sechs Tage sind dafür da, daß man arbeitet.
 Kommt also an diesen Tagen und laßt euch heilen,
  nicht am Sabbat!
15 Der Herr erwiderte ihm:
 Ihr Heuchler! Bindet nicht jeder von euch am Sabbat seinen
  Ochsen oder Esel von der Krippe los und führt ihn zur Tränke?
16 Diese Tochter Abrahams aber, die der Satan seit achtzehn Jahren
  in seinen Banden hielt, sollte am Sabbat nicht von ihrer Fessel
  befreit werden dürfen?
17 Von diesen Worten waren alle seine Widersacher beschämt;
 das ganze Volk aber freute sich über all die wunderbaren Dinge,
  die er tat.
18 Er sagte:
 Wem ist das Reich Gottes ähnlich, womit soll ich es vergleichen?

19 Es ist wie ein Senfkorn, das ein Mann in seinen Garten säte; es wuchs und wurde zu einem Baum, und die Vögel des Himmels wohnten in seinen Zweigen.

20 Außerdem sagte er: Womit soll ich das Reich Gottes vergleichen?

21 Es ist wie ein Stück Sauerteig, den eine Frau unter drei Sea Mehl mischte, bis das Ganze durchsäuert war.

22 Und er zog von Stadt zu Stadt und von Dorf zu Dorf und lehrte. So setzte er die Reise nach Jerusalem fort.

23 Da fragte ihn einer: Herr, werden nur wenige gerettet? Er sagte zu ihnen:

24 Bemüht euch mit allen Kräften, durch die enge Tür zu gelangen; denn ich sage euch: Viele werden versuchen hineinzukommen, aber es wird ihnen nicht gelingen.

25 Wenn der Herr des Hauses aufsteht und die Tür verschließt, dann steht ihr draußen, klopft an die Tür und ruft: Herr, mach uns auf! Er aber wird euch antworten: Ich weiß nicht, woher ihr seid.

26 Und wenn ihr sagt: Wir haben doch mit dir gegessen und getrunken, und du hast auf unseren Straßen gelehrt.

27 Dann wird er erwidern: Ich sage euch, ich weiß nicht, woher ihr seid. Weg von mir, ihr habt alle Unrecht getan!

28 Ihr aber werdet heulen und mit den Zähnen knirschen, wenn ihr seht, daß Abraham, Isaak und Jakob und alle Propheten im Reich Gottes sind, ihr selber aber ausgeschlossen seid.

29 Dann werden sie von Osten und Westen und von Norden und Süden kommen und im Reich Gottes zu Tisch sitzen.

30 Seht, manche von den Letzten werden die Ersten sein, und manche von den Ersten die Letzten.

31 Zu dieser Zeit kamen einige Pharisäer zu ihm und sagten: Geh weg, verlaß dieses Gebiet; denn Herodes will dich töten.

32 Er antwortete ihnen: Geht und sagt diesem Fuchs: Ich treibe Dämonen aus und heile Kranke heute und morgen, und am dritten Tag bin ich am Ziel.

Christentum

33 Doch heute und morgen und am folgenden Tag muß ich weiterwandern; denn ein Prophet darf nirgendwo anders als in Jerusalem umkommen.

34 Jerusalem, Jerusalem, du tötest die Propheten und steinigst die Boten, die zu dir gesandt werden.
Wie oft wollte ich deine Kinder um mich sammeln, so wie eine Henne ihre Jungen unter ihren Flügeln sammelt; aber ihr habt nicht gewollt.

35 Darum wird euer Haus euch selbst überlassen.
Ich sage euch:
Ihr werdet mich nicht mehr sehen, bis die Zeit kommt, in der ihr ruft: Gepriesen sei er, er kommt im Namen des Herrn!

14

1 Als Jesus an einem Sabbat in das Haus eines der führenden Pharisäer zum Essen kam, beobachtete man ihn genau.

2 Da stand auf einmal ein Mann vor ihm, der an Wassersucht litt.

3 Jesus wandte sich an die Gesetzeslehrer und Pharisäer und fragte: Darf man am Sabbat heilen oder nicht?

4 Sie schwiegen. Da berührte er den Mann, heilte ihn und ließ ihn gehen.

5 Zu ihnen aber sagte er:
Wer von euch wird seinen Sohn oder seinen Ochsen, der in den Brunnen fällt, nicht sofort herausziehen, auch am Sabbat?

6 Darauf konnten sie ihm nichts erwidern.

7 Als er bemerkte, daß sich die Gäste die Ehrenplätze aussuchten, nahm er das zum Anlaß, ihnen eine Lehre zu erteilen.
Er sagte zu ihnen:

8 Wenn du zu einem Festmahl eingeladen bist, setz dich nicht auf den Ehrenplatz.
Denn es könnte jemand eingeladen sein, der vornehmer ist als du,

9 und dann würde der Gastgeber, der dich und ihn eingeladen hat, kommen und zu dir sagen: Mach diesem hier Platz!
Du aber wärst beschämt und müßtest dich auf den untersten Platz setzen.

10 Wenn du also eingeladen bist, setz dich lieber auf den untersten Platz; dann wird der Gastgeber zu dir kommen und sagen: Mein Freund, rück weiter hinauf! Das wird für dich eine Ehre sein vor allen anderen Gästen.

11 Denn wer sich selbst erhöht, wird erniedrigt werden, und wer sich selbst erniedrigt, wird erhöht werden.

12 Dann sagte er zu dem Gastgeber: Wenn du mittags oder abends ein Essen gibst, so lade nicht deine Freunde oder deine Brüder, deine Verwandten oder reiche Nachbarn ein; sonst laden auch sie dich ein, und damit ist alles wieder abgegolten.

13 Nein, wenn du ein Essen gibst, dann lade Arme, Krüppel, Lahme und Feinde ein.

14 Wohl dir, denn sie können es dir nicht vergelten. Es wird dir vergolten werden bei der Auferstehung der Gerechten.

15 Als einer der Gäste das hörte, sagte er zu Jesus: Wohl dem, der im Reich Gottes am Mahl teilnehmen darf!

16 Jesus sagte zu ihm: Ein Mann veranstaltete ein großes Festmahl und lud viele dazu ein.

17 Als das Fest beginnen sollte, schickte er seinen Diener und ließ denen, die er eingeladen hatte, sagen: Kommt, es ist alles bereit!

18 Aber einer nach dem andern ließ sich entschuldigen. Der erste ließ ihm sagen: Ich habe einen Acker gekauft und muß jetzt gehen und ihn besichtigen. Bitte, entschuldige mich!

19 Ein anderer sagte: Ich habe fünf Paar Ochsen gekauft und bin auf dem Weg, sie mir anzusehen. Bitte, entschuldige mich!

20 Wieder ein anderer sagte: Ich habe geheiratet und kann deshalb nicht kommen.

21 Der Diener kehrte zurück und berichtete alles seinem Herrn. Da wurde der Herr zornig und sagte zu seinem Diener: Geh sofort auf die Straßen und Gassen der Stadt und hole die Armen und die Krüppel, die Blinden und die Lahmen!

22 Bald darauf meldete der Diener: Herr, dein Befehl ist ausgeführt; aber es ist immer noch Platz.

Christentum

23 Da sagte der Herr zu dem Diener:
Dann geh auf die Landstraßen und vor die Stadt hinaus
und nötige die Leute zu kommen;
denn ich will, daß mein Haus voll wird.

24 Das aber sage ich euch:
Keiner von denen, die eingeladen waren,
wird an meinem Mahl teilnehmen.

25 Viele Menschen begleiteten ihn;
da wandte er sich an sie und sagte:

26 Wenn jemand zu mir kommt, muß er Vater und Mutter, Frau
und Kinder, Brüder und Schwestern, ja sich selbst gering achten,
sonst kann er nicht mein Jünger sein.

27 Wer nicht sein Kreuz trägt und mir nachfolgt,
kann nicht mein Jünger sein.

28 Wenn einer von euch einen Turm bauen will,
setzt er sich nicht dann zuerst hin und rechnet,
ob seine Mittel dafür ausreichen?

29 Sonst könnte es geschehen, daß er das Fundament gelegt hat,
den Bau aber nicht fertigstellen kann.
Und alle, die es sehen, würden ihn verspotten und sagen:

30 Der da hat einen Bau begonnen und konnte ihn nicht
zu Ende führen.

31 Oder wenn ein König gegen einen anderen in den Krieg zieht,
setzt er sich dann nicht zuerst hin und überlegt, ob er sich
mit seinen zehntausend Mann dem entgegenstellen kann,
der mit zwanzigtausend gegen ihn anrückt?

32 Kann er es nicht, dann schickt er eine Gesandtschaft,
solange der andere noch weit weg ist, und bittet um Frieden.

33 Keiner von euch kann mein Jünger sein,
wenn er nicht auf seinen ganzen Besitz verzichtet.

34 Das Salz ist etwas Gutes.
Wenn aber das Salz seinen Geschmack verliert,
womit kann man ihm Würze wiedergeben?

35 Es taugt weder für den Acker, noch für den Misthaufen,
man wirft es weg.
Wer Ohren hat zum Hören, der höre!

15

1 Alle Zöllner und Sünder kamen zu ihm, um ihn zu hören.

2 die Pharisäer und Schriftgelehrten empörten sich darüber und sagten:
Er läßt sich mit Sündern ein und ißt sogar mit ihnen.

3 Da erzählte er ihnen ein Gleichnis:

4 Wenn einer von euch hundert Schafe hat und eins davon verliert, läßt er dann nicht die neunundneunzig in der Steppe zurück und geht dem verlorenen nach, bis er es findet?

5 Und wenn er es gefunden hat, nimmt er es voll Freude auf die Schultern,

6 und wenn er nach Hause kommt, ruft er seine Freunde und Nachbarn zusammen und sagt zu ihnen:
Freut euch mit mir; ich habe mein Schaf wiedergefunden, das verloren war.

7 Ich sage euch:
ebenso wird auch im Himmel mehr Freude herrschen über einen einzigen Sünder, der umkehrt, als über neunundneunzig Gerechte, die eine Umkehr nicht nötig haben.

8 Oder wenn eine Frau zehn Drachmen hat und eine davon verliert, zündet sie dann nicht eine Lampe an, fegt das ganze Haus und sucht unermüdlich, bis sie das Geldstück findet?

9 Und wenn sie es gefunden hat, ruft sie ihre Freundinnen und Nachbarinnen zusammen und sagt:
Freut euch mit mir; ich habe das Geld wiedergefunden, das ich verloren hatte.

10 Ich sage euch:
Ebenso herrscht auch bei den Engeln Gottes Freude über einen einzigen Sünder, der umkehrt.

11 Weiter sagte er:
Ein Mann hatte zwei Söhne.

12 Der jüngere sagte zu seinem Vater:
Vater, gib mir das Erbteil, das mir zusteht!

Christentum

13 Da teilte der Vater das Vermögen auf.
Nach wenigen Tagen packte der jüngere Sohn alles zusammen
und zog in ein fernes Land.
Dort lebte er in Saus und Braus und verschleuderte
sein Vermögen.

14 Als er alles durchgebracht hatte, kam eine große Hungersnot
über das Land, und es ging ihm sehr schlecht.

15 Da ging er zu einem Bürger des Landes und drängte sich ihm auf;
der schickte ihn aufs Feld zum Schweinehüten.

16 Er hätte gern seinen Hunger mit den Futterschoten gestillt,
die die Schweine fraßen, aber niemand gab ihm davon.

17 Da begann er nachzudenken und sagte:
Wie viele Tagelöhner meines Vaters haben mehr als genug
zu essen, und ich komme hier vor Hunger um.

18 Ich will zu meinem Vater gehen und zu ihm sagen:
Vater, ich habe gegen Gott im Himmel und gegen dich gesündigt.

19 Ich bin nicht mehr wert, dein Sohn zu sein;
mach mich zu einem deiner Tagelöhner.

20 Dann brach er auf und ging zu seinem Vater.
Der sah ihn schon von weitem kommen,
und er hatte Mitleid mit ihm.
Er lief dem Sohn entgegen, fiel ihm um den Hals und küßte ihn.

21 Da sagte der Sohn:
Vater, ich habe gegen Gott im Himmel und gegen dich gesündigt;
ich bin nicht mehr wert, dein Sohn zu sein.

22 Der Vater aber sagte zu seinen Knechten:
Holt schnell das beste Gewand und zieht es ihm an,
steckt ihm einen Ring an die Hand und zieht ihm die Schuhe an.

23 Bringt das Mastkalb her und schlachtet es,
wir wollen ein Festmahl feiern.

24 Mein Sohn war tot und lebt wieder;
er war verloren und ist wieder gefunden.
Und sie begannen, ein Freudenfest zu feiern.

25 Sein älterer Sohn war unterdessen auf dem Feld.
Als er heimging und in die Nähe des Hauses kam,
hörte er Musik und Tanz.

26 Da rief er einen der Knechte und fragte,
was das zu bedeuten habe.

27 Der Knecht antwortete:
Dein Bruder ist gekommen, und dein Vater hat das Mastkalb
schlachten lassen, weil er ihn heil und gesund wieder hat.

28 Da wurde er zornig und wollte nicht hineingehen.
Sein Vater aber kam heraus und redete ihm gut zu.

29 Doch er erwiderte dem Vater:
So viele Jahre schon diene ich dir, und nie habe ich gegen deine
Befehle gehandelt, mir aber hast du nie auch nur einen
Ziegenbock geschenkt, damit ich mit meinen Freunden
ein Festmahl feiern konnte.

30 Kaum aber ist dein Sohn gekommen, der dein Geld mit Dirnen
durchgebracht hat, da hast du für ihn das Mastkalb geschlachtet.

31 Der Vater antwortete ihm: Mein Kind, du bist immer bei mir,
und alles, was ich habe, gehört auch dir.

32 Heute aber müssen wir ein Fest feiern und uns freuen;
denn dein Bruder war tot und lebt wieder; er war verloren
und wurde wieder gefunden.

16

1 Er sagte zu den Jüngern:
Ein reicher Mann hatte einen Verwalter. Diesen verklagte man
bei ihm, daß er sein Vermögen verschleudere.

2 Er ließ ihn rufen und sagte zu ihm:
Was höre ich über dich?
Leg Rechenschaft ab über deine Verwaltung!
Du kannst nicht länger mein Verwalter sein.

3 Da überlegte der Verwalter:
Mein Herr entzieht mir die Verwaltung; was soll ich jetzt tun?
Zu schwerer Arbeit tauge ich nicht; zu betteln, schäme ich mich.

4 Doch – ich weiß, was ich tun muß, damit mich die Leute in ihre
Häuser aufnehmen, wenn ich als Verwalter abgesetzt bin.

5 Und er ließ die Schuldner seines Herrn der Reihe nach
zu sich kommen und fragte den ersten:
Wieviel bist du meinem Herrn schuldig?

6 Er antwortete: Hundert Bat Öl.
Da sagte er zu ihm: Nimm deinen Schuldschein, setz dich gleich
hin und schreibe: Fünfzig.

Christentum

7 Dann fragte er einen andern:
Wieviel bist du schuldig?
Der antwortete: Hundert Kor Weizen.
Da sagte er zu ihm: Nimm deinen Schuldschein
und schreibe: Achtzig.

8 Und Jesus lobte die Klugheit des unehrlichen Verwalters
und sagte:
Die Kinder dieser Welt sind im Umgang mit ihresgleichen
klüger als die Kinder des Lichts.

9 Ich sage euch:
Macht euch Freunde mit Hilfe des ungerechten Reichtums,
damit ihr, wenn es zu Ende geht, in die ewigen Wohnungen
aufgenommen werdet.

10 Wer in den kleinsten Dingen zuverlässig ist, der ist es auch in
den großen, und wer in den kleinsten Dingen unzuverlässig ist,
der ist es auch in den großen.

11 Wenn ihr im Umgang mit dem ungerechten Reichtum
nicht zuverlässig gewesen seid,
wer wird euch dann das rechte und wahre Gut anvertrauen?

12 Und wenn ihr im Umgang mit dem fremden Gut
nicht zuverlässig gewesen seid,
wer wird euch dann unser Gut anvertrauen?

13 Kein Sklave kann zwei Herren dienen.
Er wird entweder den einen hassen und den andern lieben,
oder er wird zu dem einen halten und den andern verachten.
Ihr könnt nicht Gott dienen und zugleich dem Geld.

14 Das alles hörten auch die Pharisäer, die sehr am Geld hingen,
und lachten über ihn.

15 Da sagte er zu ihnen:
Ihr redet den Leuten ein, daß ihr die Gerechten seid;
aber Gott kennt euer Herz. Denn was die Menschen
für bewundernswert halten, das ist für Gott ein Greuel.

16 Bis zu Johannes hatte man nur das Gesetz und die Propheten.
Seitdem wird das Evangelium vom Reich Gottes verkündet,
und alle drängen sich danach.

17 Eher werden Himmel und Erde vergehen,
als daß auch nur der kleinste Buchstabe im Gesetz wegfällt.

18 Wer seine Frau aus der Ehe entläßt und eine andere heiratet,
begeht Ehebruch;
auch wer eine Frau heiratet, die von ihrem Mann aus der Ehe
entlassen wurde, begeht Ehebruch.

19 Es lebte einmal ein reicher Mann, der sich in Purpur
und feines Leinen kleidete und Tag für Tag sein Leben genoß.

20 Vor der Tür des Reichen aber lag ein Armer namens Lazarus,
dessen Leib mit Geschwüren bedeckt war.

21 Er hätte gern seinen Hunger mit dem gestillt, was vom Tisch
des Reichen herunterfiel.
Sogar die Hunde kamen und leckten an seinen Geschwüren.

22 Als nun der Arme starb, wurde er von den Engeln zu Abraham
getragen und erhielt den Platz an seiner Seite.
Auch der Reiche starb und wurde begraben.

23 In der Unterwelt, wo er von Schmerzen gepeinigt wurde,
blickte er auf und sah von weitem Abraham und an seiner
Seite Lazarus.

24 Da rief er:
Vater Abraham, hab Erbarmen und schick Lazarus zu mir;
er soll seinen Finger ins Wasser tauchen und meine Zunge
kühlen, denn ich leide große Qual in diesem Feuer.

25 Abraham erwiderte:
Mein Kind, denk daran, daß du im Leben schon alles Gute
bekommen hast, Lazarus aber nur Schlechtes.
Jetzt wird er dafür getröstet, du aber mußt leiden.

26 Außerdem ist zwischen uns und euch ein tiefer Abgrund,
so daß niemand von hier zu euch oder von dort
zu uns kommen kann.

27 Da sagte der Reiche:
Dann bitte ich dich, Vater, schick ihn in mein Elternhaus!

28 Denn ich habe noch fünf Brüder. Er soll sie warnen,
damit nicht auch sie an diesen Ort der Qual kommen.

29 Abraham aber sagte:
Sie haben Mose und die Propheten, auf die sollen sie hören.

30 Er erwiderte:
Das genügt nicht, Vater Abraham; aber wenn einer von den Toten
zu ihnen kommt, dann werden sie umkehren.

Christentum

31 Darauf sagte Abraham:
Wenn sie auf Mose und die Propheten nicht hören,
werden sie sich auch nicht überzeugen lassen,
wenn einer von den Toten aufersteht.

17

1 Er sagte zu seinen Jüngern:
Es ist unvermeidlich, daß Verführung kommt;
aber wehe dem, der sie verschuldet!

2 Es wäre besser für ihn, wenn man ihn mit einem Mühlstein um den Hals ins Meer werfen würde, damit er keinen von diesen Kleinen zum Bösen verleiten kann.

3 Seht euch vor!
Wenn dein Bruder sündigt, weise ihn zurecht;
und wenn er sich ändert, vergib ihm.

4 Und wenn er dir siebenmal am Tag Unrecht tut
und siebenmal wieder zu dir kommt und sagt:
Ich will mich ändern!, so sollst du ihm vergeben.

5 Die Apostel baten den Herrn:
Stärke unsern Glauben!

6 Der Herr erwiderte:
Wenn euer Glaube auch nur so groß wäre wie ein Senfkorn, könntet ihr zu dem Maulbeerbaum da sagen: Verpflanze dich und wachse weiter im Meer! – er würde euch gehorchen.

7 Wenn einer von euch einen Knecht hat, der pflügt oder das Vieh hütet, wird er etwa zu ihm, wenn er vom Feld kommt, sagen: setz dich gleich zu Tisch?

8 Wird er nicht vielmehr zu ihm sagen:
Mach mir das Abendessen, gürte dich und bediene mich; wenn ich gegessen und getrunken habe, kannst auch du essen und trinken.

9 Bedankt er sich etwa bei dem Knecht, weil er getan hat,
was ihm befohlen wurde?

10 So sollt auch ihr es halten:
Wenn ihr alles getan habt, was euch befohlen wurde,
sollt ihr denken: Wir sind unwürdige Knechte.
Wir haben nur unsere Schuldigkeit getan.

11 Auf dem Weg nach Jerusalem zog Jesus durch das Grenzgebiet von Samarien und Galiläa.

Lukas-Evangelium

12 In einem Dorf kamen ihm zehn aussätzige Männer entgegen.
Sie blieben in der Ferne stehen
13 und riefen laut: Jesus, Meister, hab Erbarmen mit uns!
14 Als er sie sah, sagte er zu ihnen:
Geht und zeigt euch den Priestern!
Sie gingen, und unterwegs wurden sie rein.
15 Einer von ihnen aber kehrte um, als er sah, daß er geheilt war;
und er pries Gott mit lauter Stimme.
16 Er warf sich vor Jesus nieder und dankte ihm.
Und dieser Mann war aus Samarien.
17 Da fragte Jesus: Sind nicht alle zehn rein geworden?
18 Wo sind die übrigen neun? Ist denn keiner umgekehrt, um Gott zu ehren, außer diesem Fremden?
19 Und er sagte zu ihm:
Steh auf und geh! Dein Glaube hat dir geholfen.
20 Als Jesus von den Pharisäern gefragt wurde,
wann das Reich Gottes komme, antwortete er:
Das Reich Gottes kommt nicht so,
daß man es an äußeren Zeichen erkennen könnte.
21 Man kann auch nicht sagen: Seht! Hier ist es! oder: Dort ist es!
Denn: das Reich Gottes ist schon mitten unter euch.
22 Er sagte zu den Jüngern:
Es wird eine Zeit kommen, in der ihr euch danach sehnt,
auch nur einen von den Tagen des Menschensohnes zu erleben,
aber ihr werdet ihn nicht erleben.
23 Und wenn man zu euch sagt:
Dort ist er! Hier ist er! so geht nicht hin und lauft nicht hinterher!
24 Denn wie der Blitz von einem Ende des Himmels
bis zum anderen leuchtet,
so wird der Menschensohn an seinem Tag erscheinen.
25 Vorher aber muß er vieles erleiden und von dieser Generation verworfen werden.
26 Und wie es zur Zeit des Noach war, so wird es auch in den Tagen des Menschensohnes sein.
27 Sie aßen und tranken und heirateten bis zu dem Tag,
an dem Noach in die Arche stieg; dann kam die Flut
und vernichtete alle.

Christentum

28 Und es wird ebenso sein, wie es zur Zeit des Lot war:
Sie aßen und tranken, kauften und verkauften, pflanzten und bauten.

29 Aber an dem Tag, als Lot Sodom verließ,
regnete es Feuer und Schwefel vom Himmel, und alle kamen um.

30 Ebenso wird es an dem Tag sein,
an dem sich der Menschensohn offenbart.

31 Wer dann auf dem Dach ist und seine Sachen im Haus hat,
soll nicht hinabsteigen, um sie zu holen, und wer auf dem Feld ist,
soll nicht ins Haus zurückkehren.

32 Denkt an die Frau des Lot!

33 Wer sein Leben zu retten sucht, wird es verlieren;
wer es aber verliert, wird es gewinnen.

34 Ich sage euch:
Wenn in jener Nacht zwei auf einem Bett liegen,
wird der eine mitgenommen und der andere zurückgelassen.

35 Wenn zwei Frauen an derselben Mühle mahlen,
wird die eine mitgenommen und die andere zurückgelassen.

36 Wenn zwei auf dem Feld sind,
wird der eine mitgenommen und der andere zurückgelassen.

37 Da fragten sie ihn:
Wo wird das geschehen, Herr?
Er antwortete: Wo Aas liegt, sammeln sich auch die Geier.

18

1 Jesus sagte ihnen durch ein Gleichnis,
daß sie allzeit beten und darin nicht nachlassen sollten:

2 In einer Stadt lebte ein Richter, der Gott nicht fürchtete
und auf keinen Menschen Rücksicht nahm.

3 In der gleichen Stadt lebte eine Witwe, die immer wieder
zu ihm kam und sagte:
Schaffe mir Recht gegen meinen Feind!

4 Lange Zeit wollte er nichts davon wissen.
Dann aber dachte er: Obwohl ich Gott nicht fürchte
und auf keinen Menschen Rücksicht nehme,
will ich dieser Witwe doch zu ihrem Recht verhelfen,

5 denn sie läßt mich nicht in Ruhe.
Schließlich kommt sie noch und schlägt mich ins Gesicht.

Lukas-Evangelium

6 Und der Herr fügte hinzu:
Bedenkt, was der ungerechte Richter sagt.

7 Sollte Gott seinen Auserwählten, die Tag und Nacht zu ihm
schreien, etwa nicht zu ihrem Recht verhelfen, sondern zögern?

8 Ich sage euch:
Unverzüglich wird er ihnen ihr Recht verschaffen.
Wenn aber der Menschensohn kommt, wird er dann auf der Erde
noch Glauben antreffen?

9 Einigen, die davon überzeugt waren, gerecht zu sein,
und alle anderen verachteten, erzählte Jesus dieses Beispiel:

10 Zwei Männer gingen zum Tempel hinauf, um zu beten;
der eine war ein Pharisäer, der andere ein Zöllner.

11 Der Pharisäer stellte sich hin und sprach leise dieses Gebet:
Gott, ich danke dir, daß ich nicht wie die anderen Menschen bin,
die Räuber, Betrüger, Ehebrecher oder auch wie dieser
Zöllner dort.

12 Ich faste zweimal in der Woche und gebe dem Tempel
den zehnten Teil meines ganzen Einkommens.

13 Der Zöllner aber blieb hinten stehen und wagte nicht einmal,
seine Augen zum Himmel zu erheben, sondern schlug sich
an die Brust und betete:
Gott, sei mir Sünder gnädig!

14 Ich sage euch:
Dieser, nicht der andere, kehrte als Gerechter nach Hause zurück.
Denn wer sich selbst erhöht, wird erniedrigt werden,
wer sich aber selbst erniedrigt, wird erhöht werden.

15 Man brachte auch kleine Kinder zu ihm,
damit er ihnen die Hand auflegte.
Als die Jünger das sahen, wiesen sie die Leute ab.

16 Jesus aber rief die Kinder zu sich und sagte:
Laßt die Kinder zu mir kommen, hindert sie nicht daran!
Denn Menschen wie ihnen gehört das Reich Gottes.

17 Amen, ich sage euch:
Wer das Reich Gottes nicht annimmt, als wäre er ein Kind,
wird nicht hineinkommen.

18 Ein vornehmer Mann fragte ihn:
Guter Meister, was muß ich tun, um das ewige Leben
zu gewinnen?

Christentum

19 Jesus antwortete:
Warum nennst du mich gut?
Niemand ist gut außer dem einen Gott.
20 Du kennst doch die Gebote:
Du sollst nicht die Ehe brechen, nicht töten, nicht stehlen,
nicht falsch aussagen; du sollst Vater und Mutter ehren.
21 Er erwiderte:
Diese Gebote habe ich alle von Jugend an befolgt.
22 Als Jesus das hörte, sagte er:
Eins fehlt dir noch. Verkauf alles, was du hast, und verteil das Geld
an die Armen, und du wirst einen Schatz im Himmel haben;
dann komm und folge mir nach!
23 Der Mann aber wurde sehr traurig, als er das hörte;
denn er war sehr reich.
24 Jesus sah ihn an und sagte:
Wie schwer ist es für Leute, die viel besitzen,
in das Reich Gottes zu kommen!
25 Denn eher geht ein Kamel durch ein Nadelöhr,
als daß ein Reicher in das Reich Gottes gelangt.
26 Die Leute, die das hörten, fragten:
Wer kann dann noch gerettet werden?
27 Er erwiderte:
Was für Menschen unmöglich ist, ist für Gott möglich.
28 Da sagte Petrus:
Du weißt, wir haben unser Eigentum verlassen
und sind dir nachgefolgt.
29 Jesus antwortete ihnen:
Amen, ich sage euch: Jeder, der Haus oder Ehefrau, Geschwister,
Eltern oder Kinder um des Reiches Gottes willen verläßt,
30 wird dafür das Vielfache in dieser Welt empfangen
und in der kommenden Welt das ewige Leben.
31 Dann nahm er die Zwölf beiseite und sagte zu ihnen:
Wir gehen jetzt nach Jerusalem hinauf;
dort wird sich alles erfüllen, was bei den Propheten
über den Menschensohn geschrieben steht:
32 Er wird den Heiden ausgeliefert, wird verspottet,
mißhandelt und angespuckt werden,
33 und man wird ihn auspeitschen und töten.
Aber am dritten Tag wird er auferstehen.

34 Doch die Jünger verstanden das alles nicht;
   der Sinn der Worte war ihnen verschlossen,
   und sie begriffen nicht, was er sagte.
35 Als Jesus in die Nähe von Jericho kam,
   saß ein Blinder an der Straße und bettelte.
36 Er hörte, daß eine große Menschenmenge vorüberging,
   und fragte, was das zu bedeuten habe.
37 Man sagte ihm, Jesus von Nazareth gehe vorüber.
38 Da rief er laut: Jesus, Sohn Davids, hab Erbarmen mit mir!
39 Die Leute, die vorausgingen, wurden ärgerlich
   und befahlen ihm zu schweigen.
   Er aber schrie noch viel lauter:
   Sohn Davids, hab Erbarmen mit mir!
40 Jesus blieb stehen und ließ ihn zu sich herführen.
   Als der Mann vor ihm stand, fragte ihn Jesus:
41 Was soll ich für dich tun?
   Er antwortete: Herr, ich möchte wieder sehen können.
42 Da sagte Jesus zu ihm:
   Du sollst wieder sehen. Dein Glaube hat dir geholfen.
43 Im gleichen Augenblick konnte er wieder sehen.
   Er pries Gott und folgte Jesus. Und alle Leute,
   die zugesehen hatten, lobten Gott.

19

1 Dann kam er nach Jericho und ging durch die Stadt.
2 Dort wohnte ein Mann, der Zachäus hieß.
  Er war Zollaufseher und hatte viel Geld.
3 Er wollte Jesus gerne sehen, doch die Menschenmenge
  versperrte ihm die Sicht; denn er war klein.
4 Darum lief er voraus und stieg auf einen Feigenbaum,
  um Jesus zu sehen, wenn er vorbeikäme.
5 Als Jesus dorthin kam, schaute er hinauf und sagte zu ihm:
  Zachäus, komm schnell herunter!
  Denn ich muß heute bei dir einkehren.
6 Da stieg er schnell herunter und nahm Jesus freudig bei sich auf.
7 Als die Leute das sahen, wurden sie unwillig und sagten:
  Bei einem Sünder ist er zu Gast.

Christentum

8 Zachäus aber wandte sich an den Herrn und sagte:
Herr, sieh doch, die Hälfte meines Vermögens geb ich den Armen, und wenn ich von jemand zu viel gefordert habe, erstatte ich es ihm vierfach zurück.

9 Da sagte Jesus zu ihm:
Heute ist in dieses Haus das Heil gekommen; auch dieser Mann ist ein Sohn Abrahams.

10 Denn der Menschensohn ist gekommen, um das Verlorene zu suchen und zu retten.

11 Weil Jesus schon nahe bei Jerusalem war, meinten die Menschen, die ihm zuhörten, das Reich Gottes werde sofort erscheinen. Daher erzählte er ihnen ein weiteres Gleichnis.

12 Er sagte:
Ein Mann aus fürstlichem Haus wollte in ein fernes Land reisen, um die Königswürde zu empfangen und dann zurückzukehren.

13 Er rief zehn seiner Diener zu sich, verteilte unter sie zehn Goldstücke und sagte:
Macht Geschäfte damit, bis ich wiederkomme.

14 Da ihn aber die Einwohner seines Landes haßten, schickten sie eine Gesandtschaft hinter ihm her und ließen sagen:
Wir wollen nicht, daß dieser Mann unser König wird.

15 Dennoch wurde er zum König gemacht.
Nach seiner Rückkehr ließ er die Diener, denen er das Geld gegeben hatte, zu sich rufen. Er wollte sehen, welchen Gewinn jeder bei seinen Geschäften erzielt hatte.

16 Der erste kam und sagte: Herr, dein Geld hat sich verzehnfacht.

17 Da sagte der König zu ihm: Sehr schön, du bist ein guter Diener. Weil du im Kleinen zuverlässig warst, sollst du Herr über zehn Städte werden.

18 Der zweite kam und sagte: Dein Geld, Herr, hat sich verfünffacht.

19 Zu ihm sagte der König: Du sollst über fünf Städte herrschen.

20 Nun kam ein anderer und sagte:
Herr, hier hast du dein Geld zurück.
Ich habe es in ein Tuch eingebunden und gut aufbewahrt;

21 denn ich hatte Angst vor dir, weil du ein strenger Mann bist; du hebst ab, was du nicht eingezahlt hast, und erntest, was du nicht gesät hast.

22 Der König antwortete: Nach deinen eigenen Worten will ich
über dich urteilen. Du bist ein schlechter Diener.
Du hast gewußt, daß ich ein strenger Mann bin?
Daß ich abhebe, was ich nicht eingezahlt habe, und ernte, was ich
nicht gesät habe?

23 Warum hast du dann mein Geld nicht auf die Bank gebracht?
Dann hätte ich es mit Zinsen bei meiner Rückkehr
abheben können.

24 Und zu anderen, die dabeistanden, sagte er:
Nehmt ihm das Geld weg und gebt es dem,
der die zehn Goldstücke hat.

25 Sie sagten zu ihm: Herr, er hat doch schon zehn.

26 Ich sage euch:
Wer hat, dem wird gegeben werden; wer aber nichts hat,
dem wird auch noch das, was er hat, weggenommen werden.

27 Doch meine Feinde, die nicht wollten, daß ich ihr König werde –
bringt sie her und macht sie vor meinen Augen nieder!

28 Nach dieser Rede zog Jesus weiter und ging
nach Jerusalem hinauf.

29 Als er in die Nähe von Betfage und Betanien am Ölberg kam,
schickte er zwei Jünger voraus

30 mit dem Auftrag: Geht in das Dorf, das vor uns liegt.
Wenn ihr hineinkommt, werdet ihr ein Eselsfohlen angebunden
finden, auf dem noch nie ein Mensch gesessen hat.
Bindet es los und bringt es her!

31 Wenn jemand euch fragt: Warum bindet ihr es los?,
dann antwortet: Der Herr braucht es.

32 Die beiden Jünger machten sich auf und fanden es so,
wie er es ihnen gesagt hatte.

33 Als sie das Fohlen losbanden, sagten die Leute, denen es gehörte:
Warum bindet ihr das Fohlen los?

34 Sie antworteten: Der Herr braucht es.

35 Dann führten sie es zu Jesus, legten ihre Kleider auf das Tier
und halfen Jesus hinauf.

36 Während er dahinritt, breiteten die Menschen ihre Kleider
auf dem Weg aus.

37 Als er an die Stelle kam, wo der Weg vom Ölberg hinabführt, begannen alle Jünger freudig und mit lauter Stimme Gott zu loben wegen all der Wundertaten, die sie erlebt hatten:

38 Gepriesen sei der König, er kommt im Namen des Herrn! Im Himmel Heil und Herrlichkeit in der Höhe!

39 Da riefen ihm einige Pharisäer aus der Menge zu: Meister, bring deine Jünger zum Schweigen!

40 Er erwiderte: Ich sage euch: Wenn sie schweigen, werden die Steine schreien.

41 Als er näher kam und die Stadt sah, weinte er über sie

42 und sagte: Wenn doch auch du an diesem Tag erkannt hättest, was dir Frieden bringt. Jetzt aber bleibt es vor deinen Augen verborgen.

43 Es wird eine Zeit für dich kommen, in der deine Feinde rings um dich einen Wall aufwerfen, dich einschließen und von allen Seiten bedrängen.

44 Sie werden dich und deine Kinder zerschmettern und keinen Stein auf dem andern lassen; denn du hast die Zeit der Gnade nicht erkannt.

45 Dann ging er in den Tempel und begann, die Händler hinauszutreiben.

46 Er sagte zu ihnen: In der Schrift heißt es: Mein Haus soll ein Haus des Gebetes sein. Ihr aber habt daraus eine Räuberhöhle gemacht.

47 Er lehrte täglich im Tempel. Die Hohenpriester, die Schriftgelehrten und die übrigen Führer des Volkes suchten ihn zu beseitigen.

48 Sie wußten aber nicht, wie sie es machen sollten, denn das ganze Volk hing an ihm und hörte ihn gern.

20

1 Als er eines Tages im Tempel das Volk lehrte und das Evangelium verkündete, kamen die Hohenpriester und Schriftgelehrten mit den Ältesten zu ihm und fragten:

2 Sag uns: Mit welchem Recht tust du das? Wer hat dir dazu die Vollmacht gegeben?

Lukas-Evangelium

3   Er antwortete ihnen:
    Auch ich will euch eine Frage vorlegen. Sagt mir:
4   Stammte die Taufe des Johannes vom Himmel
    oder von den Menschen?
5   Da überlegten sie und sagten zueinander:
    Wenn wir antworten: vom Himmel, wird er sagen:
    Warum habt ihr ihm dann nicht geglaubt?
6   Wenn wir aber antworten: von den Menschen,
    dann wird das ganze Volk uns steinigen;
    denn sie sind überzeugt, daß Johannes ein Prophet gewesen ist.
7   Darum antworteten sie: Wir wissen nicht, woher.
8   Jesus erwiderte:
    Dann sage auch ich euch nicht, mit welchem Recht ich das tue.
9   Er erzählte dem Volk dieses Gleichnis:
    Ein Mann legte einen Weinberg an, verpachtete ihn an Winzer
    und reiste für eine Weile in ein anderes Land.
10 Als nun die Zeit dafür gekommen war, schickte er einen Knecht
    zu den Winzern, damit sie ihm seinen Anteil am Ertrag
    des Weinberges ablieferten.
    Die Winzer aber prügelten ihn und schickten ihn
    mit leeren Händen fort.
11 Darauf schickte er einen anderen Knecht.
    Auch ihn prügelten und beschimpften sie und schickten ihn
    mit leeren Händen fort.
12 Er schickte noch einen dritten Knecht.
    Aber auch ihn schlugen sie blutig und warfen ihn hinaus.
13 Da sagte der Besitzer des Weinbergs: Was soll ich tun?
    Ich will meinen geliebten Sohn schicken.
    Vielleicht werden sie vor ihm Achtung haben.
14 Als die Winzer den Sohn sahen, überlegten sie
    und sagten zueinander: Das ist der Erbe.
    Wir wollen ihn töten, damit das Gut uns zufällt.
15 Und sie warfen ihn aus dem Weinberg hinaus
    und brachten ihn um.
    Was wird nun der Besitzer des Weinbergs mit ihnen tun?
16 Er wird kommen und die Winzer töten und den Weinberg
    anderen geben.
    Als sie das hörten, sagten sie: Nein, das darf er nicht.

Christentum

17 Da sah Jesus sie an und sagte:
Was bedeutet das Schriftwort: Der Stein, den die Bauleute verworfen haben, er ist zum Eckstein geworden?

18 Jeder, der auf diesen Stein fällt, wird zerschellen; auf wen der Stein aber fällt, den wird er zermalmen.

19 Die Schriftgelehrten und Hohenpriester hätten ihn gern noch in der selben Stunde ergriffen; sie fürchteten aber das Volk. Denn sie hatten gemerkt, daß er mit diesem Gleichnis sie meinte.

20 Daher lauerten sie ihm auf und schickten Spitzel, die sich fromm stellen und ihn bei einem verfänglichen Wort ertappen sollten. Denn sie wollten ihn der Gerichtsbarkeit des Statthalters übergeben.

21 Die Spitzel fragten ihn: Meister, wir wissen, daß du aufrichtig redest und lehrst und nicht auf die Person siehst, sondern wirklich den Weg Gottes lehrst.

22 Dürfen wir dem Kaiser Steuer zahlen oder nicht?

23 Er durchschaute ihre Hinterlist und sagte zu ihnen:

24 Zeigt mir einen Denar! Wessen Bild und Aufschrift ist darauf? Sie antworteten: Die des Kaisers.

25 Da sagte er zu ihnen:
Dann gebt dem Kaiser, was dem Kaiser gehört, und Gott, was Gott gehört.

26 So gelang es ihnen nicht, ihn öffentlich bei einem verfänglichen Wort zu ertappen. Sie waren über seine Antwort verblüfft und schwiegen.

27 Da kamen einige der Sadduzäer, die die Auferstehung leugnen, und fragten ihn:

28 Meister, Mose hat uns vorgeschrieben: Wenn jemand, der einen Bruder hat, stirbt und eine Frau hinterläßt, aber keine Kinder, dann soll sein Bruder die Frau heiraten und für seinen Bruder Nachkommen zeugen.

29 Es lebten einmal sieben Brüder.
Der erste nahm sich eine Frau und starb kinderlos.

30 Da nahm sie der zweite,

31 danach der dritte, und ebenso die anderen bis zum siebten; sie alle hinterließen keine Kinder, als sie starben.

32 Schließlich starb auch die Frau.
33 Wessen Ehefrau wird sie nun bei der Auferstehung sein? Alle sieben haben sie doch zur Frau gehabt.
34 Da sagte Jesus zu ihnen: Nur in dieser Welt heiraten die Männer und die Frauen.
35 Die aber, die gewürdigt worden sind, an jener Welt und an der Auferstehung von den Toten teilzuhaben, heiraten nicht.
36 Sie können dann auch nicht mehr sterben, weil sie den Engeln gleich und durch die Auferstehung zu Söhnen Gottes geworden sind.
37 Daß aber die Toten auferweckt werden, hat schon Mose durch die Stelle vom Dornbusch angedeutet, wo er den Herrn den Gott Abrahams, den Gott Isaaks und den Gott Jakobs nennt.
38 Er ist doch kein Gott von Toten, sondern von Lebenden; für ihn sind alle lebendig.
39 Da sagten einige Schriftgelehrten: Meister, du hast gut geantwortet.
40 Denn sie wagten nicht, ihn weiter zu fragen.
41 Da fragte er sie: Wie kann man behaupten, der Messias sei der Sohn Davids?
42 Denn David selbst sagt im Buch der Psalmen: Der Herr sprach zu meinem Herrn: Setz dich zu meiner Rechten,
43 und ich werde dir deine Feinde als Schemel unter die Füße legen.
44 David nennt ihn also 'Herr', wie kann er dann Davids Sohn sein?
45 Das ganze Volk hörte zu, als er zu seinen Jüngern sagte:
46 Hütet euch vor den Schriftgelehrten! Sie gehen gern in langen Gewändern umher, lieben es, sich auf den öffentlichen Plätzen grüßen zu lassen, und wollen in den Synagogen die vordersten Sitze und bei den Festmählern die obersten Plätze haben.
47 Sie bringen die Witwen um ihre Häuser und verrichten aus Scheinheiligkeit lange Gebete. Aber umso härter wird das Urteil sein, das sie erwartet.

Christentum

21

1 Er blickte auf und sah,
   wie die Reichen ihre Gaben in den Opferkasten legten.

2 Dabei sah er auch eine arme Witwe,
   die zwei Kupfermünzen hineinwarf.

3 Da sagte er:
   Wahrhaftig, ich sage euch: Diese arme Witwe hat mehr
   als alle anderen hineingeworfen.

4 Denn sie alle haben nur etwas von ihrem Reichtum
   in den Opferkasten gelegt.
   Die Frau aber, die nur das Nötigste zum Leben hat,
   hat ihre ganze Habe gegeben, alles, was sie besaß.

5 Als einige darüber sprachen, daß der Tempel mit schönen Steinen
   und Weihegeschenken geschmückt sei, sagte Jesus:

6 Es wird eine Zeit kommen, da wird von allem, was ihr hier seht,
   kein Stein auf dem andern bleiben;
   alles wird niedergerissen.

7 Sie fragten ihn: Meister, wann wird das geschehen,
   und an welchem Zeichen wird man erkennen, daß es beginnt?

8 Er antwortete:
   Seht euch vor, laßt euch nicht irreführen!
   Denn viele werden unter meinem Namen auftreten und sagen:
   Ich bin es, und: Die Zeit ist da.
   Lauft ihnen nicht nach!

9 Und wenn ihr von Kriegen und Aufständen hört,
   laßt euch dadurch nicht erschrecken!
   Denn das muß als erstes geschehen;
   aber das Ende kommt nicht sofort.

10 Dann sagte er zu ihnen:
   Ein Volk wird sich gegen das andere erheben
   und ein Reich gegen das andere.

11 Es wird zu gewaltigen Erdbeben kommen und an vielen Orten
   zu Seuchen und Hungersnöten,
   noch schrecklichere Dinge werden geschehen,
   und am Himmel wird man gewaltige Zeichen sehen.

Lukas-Evangelium

12 Vorher aber wird man euch Gewalt antun und euch verfolgen.
Man wird euch um meines Namens willen den Gerichten
der Synagogen übergeben, ins Gefängnis werfen und vor Könige
und Statthalter bringen.

13 Dann werdet ihr Zeugnis ablegen können.

14 Nehmt euch vor, euch nicht um eure Verteidigung zu sorgen;

15 denn ich werde euch die Worte und die Weisheit eingeben,
so daß alle eure Gegner sich geschlagen geben müssen
und nicht mehr widersprechen können.

16 Sogar Eltern und Brüder, Verwandte und Freunde
werden euch ausliefern, und manche von euch wird man töten.

17 Und ihr werdet um meines Namens willen
von allen gehaßt werden.

18 Und doch wird euch kein Haar gekrümmt werden.

19 Bleibt standhaft, und ihr werdet das Leben gewinnen.

20 Wenn ihr aber seht, daß Jerusalem von einem Heer
eingeschlossen wird, dann könnt ihr daran erkennen,
daß es bald verwüstet wird.

21 Dann sollen die Bewohner von Judäa in die Berge fliehen;
wer in der Stadt ist, soll sie verlassen, und wer auf dem Land ist,
soll nicht in die Stadt gehen.

22 Denn das sind die Tage der Vergeltung,
an denen alles in Erfüllung gehen soll, was geschrieben steht.

23 Weh den Frauen, die in jenen Tagen schwanger sind oder stillen!
Denn eine große Not wird über das Land hereinbrechen,
der Zorn Gottes wird über dieses Volk kommen.

24 Mit dem Schwert wird man sie erschlagen, als Gefangene wird
man sie in alle Länder verschleppen,
und Jerusalem wird von den Heiden zertreten werden,
bis auch die Zeit der Heiden zu Ende geht.

25 An Sonne, Mond und Sternen werden Zeichen sichtbar werden,
und auf der Erde werden die Völker voll Angst und Bestürzung
sein über das Toben und Donnern des Meeres.

26 Die Menschen werden vor Angst vergehen in der Erwartung
der Dinge, die über die Erde kommen;
denn die Kräfte des Himmels werden erschüttert werden.

27 Dann wird man den Menschensohn mit großer Macht
und Herrlichkeit auf einer Wolke kommen sehen.

Christentum

28 Wenn all das beginnt, dann richtet euch auf und faßt Mut;
 denn eure Erlösung ist nahe.
29 Und er gebrauchte einen Vergleich und sagte:
 Seht euch den Feigenbaum und die anderen Bäume an:
30 Sobald ihr merkt, daß sie Blätter treiben, wißt ihr,
 daß der Sommer nahe ist.
31 Genauso sollt ihr erkennen, daß das Reich Gottes nahe ist,
 wenn ihr all das seht.
32 Amen, ich sage euch:
 Diese Generation wird nicht vergehen, bis das alles eintrifft.
33 Himmel und Erde werden vergehen,
 aber meine Worte werden nicht vergehen.
34 Nehmt euch in acht, daß Rausch und Trunkenheit und die Sorgen
 des Alltags euch nicht verwirren, und daß jener Tag euch nicht
 plötzlich überrascht
35 wie eine Falle;
 denn er wird über alle Bewohner der ganzen Erde hereinbrechen.
36 Bleibt immer wach und betet, damit ihr allem, was geschehen wird,
 entrinnen und vor den Menschensohn hintreten könnt.
37 Tagsüber lehrte er im Tempel; abends aber verließ er die Stadt
 und verbrachte die Nächte auf dem Ölberg.
38 Schon früh am Morgen kam das ganze Volk zu ihm
 in den Tempel, um ihn zu hören.

Das Evangelium nach Johannes

Christentum

1

1 Im Anfang war das Wort, und das Wort war bei Gott, und das Wort war Gott.

2 Im Anfang war es bei Gott.

3 Durch das Wort ist alles geworden, und ohne das Wort wurde nichts, was geworden ist.

4 In ihm war das Leben, und das Leben war das Licht der Menschen.

5 Und das Licht leuchtet in der Finsternis, und die Finsternis hat es nicht ergriffen.

6 Ein Mensch trat auf, der von Gott gesandt war; sein Name war Johannes.

7 Er kam als Zeuge, um Zeugnis abzulegen für das Licht, damit alle durch ihn zum Glauben kommen.

8 Er selbst war nicht das Licht, er sollte nur Zeugnis ablegen für das Licht.

9 Das wahre Licht, das jeden Menschen erleuchtet, kam in die Welt.

10 Er war in der Welt, und die Welt ist durch ihn geworden, aber die Welt erkannte ihn nicht.

11 Er kam in sein Eigentum, aber die Seinen nahmen ihn nicht auf.

12 Allen aber, die ihn aufnahmen, gab er Macht, Kinder Gottes zu werden, allen, die an seinen Namen glauben,

13 die nicht aus dem Blut, nicht aus dem Willen des Fleisches, nicht aus dem Willen des Mannes, sondern aus Gott geboren sind.

14 Und das Wort ist Fleisch geworden und hat unter uns gewohnt, und wir haben seine Herrlichkeit geschaut, die Herrlichkeit des einzigen Sohnes vom Vater, voll Gnade und Wahrheit.

15 Johannes legte Zeugnis von ihm ab und rief: Dieser war es, über den ich gesagt habe: Er, der nach mir kommt, ist mir voraus, weil er eher war als ich.

16 Aus seiner Fülle haben wir alle empfangen, Gnade über Gnade.

17 Denn das Gesetz wurde durch Mose gegeben, aber durch Jesus Christus kam die Gnade und Wahrheit.

18 Niemand hat Gott je geschaut.
   Der Einzige, der Gott ist und am Herzen des Vaters ruht,
   er hat Kunde gebracht.

19 Dies ist das Zeugnis des Johannes:
   Als die Juden aus Jerusalem Priester und Leviten zu ihm sandten
   mit der Frage: Wer bist du?,

20 bekannte er und leugnete nicht; er bekannte:
   Ich bin nicht der Messias.

21 Sie fragten ihn: Wer bist du dann? Bist du Elija?
   Und er sagte: Ich bin es nicht. Bist du 'der Prophet'?
   Er antwortete: Nein.

22 Da fragten sie ihn: Wer bist du?
   Wir müssen denen, die uns gesandt haben, Antwort geben.
   Was sagst du über dich selbst?

23 Er sagte: Ich bin die Stimme eines Rufers in der Wüste:
   Ebnet den Weg des Herrn, wie der Prophet Jesaja gesagt hat.

24 Unter den Abgesandten waren auch Pharisäer.

25 Sie fragten ihn: Warum taufst du dann, wenn du nicht
   der Messias bist, nicht Elija und nicht 'der Prophet'?

26 Johannes antwortete ihnen: Ich taufe mit Wasser;
   mitten unter euch steht einer, den ihr nicht kennt.

27 Er kommt nach mir, und ich bin nicht wert,
   die Riemen seiner Sandalen zu lösen.

28 Dies geschah in Betanien östlich des Jordan, wo Johannes taufte.

29 Am folgenden Tag sah er, wie Jesus auf ihn zukam, und sagte:
   Seht, das Lamm Gottes, das die Sünde der Welt hinwegnimmt!

30 Dieser ist es, über den ich gesagt habe:
   Nach mir kommt einer, der mir voraus ist, weil er eher war als ich.

31 Auch ich kannte ihn nicht;
   aber damit er dem Volk Israel bekannt wird,
      bin ich gekommen und taufe mit Wasser.

32 Und Johannes bezeugte:
   Ich sah, daß der Geist wie eine Taube vom Himmel herabkam
      und auf ihm blieb.

33 Auch ich kannte ihn nicht;
   aber Er, der mich gesandt hat, mit Wasser zu taufen, hat mir gesagt:
   Auf wen du den Geist herabkommen siehst und auf wem
      er bleibt, der ist es, welcher mit heiligem Geist tauft.

Christentum

34 Ich habe es gesehen und lege Zeugnis ab:
Dieser ist der Erwählte Gottes.

35 Am Tag darauf stand Johannes wieder dort,
und zwei von seinen Jüngern standen bei ihm.

36 Als Jesus vorüberging, richtete er seinen Blick auf ihn und sagte:
Seht, das Lamm Gottes!

37 Die beiden Jünger hörten sein Wort und folgten Jesus.

38 Jesus aber wandte sich um, und als er sah, daß sie ihm folgten,
fragte er sie: Was wollt ihr von mir?
Sie sagten zu ihm: Rabbi – das heißt übersetzt: Lehrer –,
wo wohnst du?

39 Er antwortete ihnen:
Kommt und seht! Sie gingen mit und sahen, wo er wohnte,
und sie blieben den Rest des Tages bei ihm.
Es war um die zehnte Stunde.

40 Andreas, der Bruder des Simon Petrus, war einer von den beiden,
die das Wort des Johannes gehört hatten und Jesus gefolgt waren.

41 Dieser traf zuerst seinen Bruder Simon und sagte zu ihm:
Wir haben den Messias gefunden – das heißt übersetzt: Christus
(den Gesalbten). Er führte ihn zu Jesus.

42 Jesus blickte ihn an und sagte:
Du bist Simon, der Sohn des Johannes, du sollst Kefas heißen –
das heißt übersetzt: Petrus (der Fels).

43 Am Tag darauf wollte Jesus nach Galiläa fortgehen,
da traf er Philippus. Jesus sagte zu ihm: Folge mir nach!

44 Philippus aber war aus Betsaida,
dem Heimatort des Andreas und Petrus.

45 Philippus traf Natanael und sagte zu ihm:
Wir haben den gefunden, über den Mose im Gesetz
und die Propheten geschrieben haben: Jesus aus Nazareth,
den Sohn Josefs.

46 Da hielt ihm Natanael entgegen:
Aus Nazareth? Kann von dort etwas Gutes kommen?
Philippus sagte zu ihm: Komm und sieh!

47 Jesus sah Natanael auf sich zukommen und sagte über ihn:
Dort kommt ein echter Israelit, ein Mann ohne Trug!

48 Natanael fragte ihn: Woher kennst du mich?
Jesus antwortete ihm: Bevor dich Philippus rief,
habe ich dich unter dem Feigenbaum gesehen.

49 Natanael antwortete ihm:
   Rabbi, du bist der Sohn Gottes, du bist der König von Israel.
50 Jesus antwortete ihm: Du glaubst, weil ich dir sagte,
   daß ich dich unter dem Feigenbaum sah?
   Noch Größeres wirst du sehen.
51 Und er sprach zu ihm: Amen, Amen, ich sage euch:
   Ihr werdet den Himmel offen sehen und die Engel Gottes
   auf- und niedersteigen über dem Menschensohn.

2

1 Am dritten Tag war eine Hochzeit in Kana in Galiläa,
   und die Mutter Jesu war dort.
2 Auch Jesus und seine Jünger waren zur Hochzeit eingeladen.
3 Als der Wein ausging, sagte die Mutter Jesu zu ihm:
   Sie haben keinen Wein mehr.
4 Jesus erwiderte ihr:
   Was willst du von mir, Frau?
   Meine Stunde ist noch nicht gekommen.
5 Seine Mutter sagte zu den Dienern: Was er euch sagt, das tut!
6 Nun standen dort sechs Wasserkrüge aus Stein für die Reinigung,
   wie sie bei den Juden üblich war;
   sie faßten je zwei bis drei Metreten.
7 Jesus sagte zu den Dienern:
   Füllt die Krüge mit Wasser!
   Und sie füllten sie bis zum Rand.
8 Er sprach zu ihnen:
   Schöpft jetzt und bringt es dem, der für die Tafel sorgt!
   Sie brachten es ihm.
9 Er kostete das Wasser, das zu Wein geworden war,
   und wußte nicht, woher der Wein kam;
   die Diener aber, die das Wasser geschöpft hatten, wußten es.
   Da rief er den Bräutigam herbei und sagte zu ihm:
10 Jeder setzt zuerst den guten Wein vor und erst, wenn man
   reichlich getrunken hat, den schlechteren.
   Du jedoch hast den guten Wein bis jetzt zurückgehalten.
11 Dies tat Jesus in Kana in Galiläa;
   es war der Anfang seiner Zeichen. So offenbarte er
   seine Herrlichkeit, und seine Jünger glaubten an ihn.

Christentum

12 Darauf zog er mit seiner Mutter, seinen Brüdern
    und seinen Jüngern hinab nach Kafarnaum.
    Dort blieben sie einige Tage.
13 Das Paschafest der Juden war nahe,
    und Jesus zog nach Jerusalem hinauf.
14 Im Tempelvorhof fand er die Verkäufer von Rindern, Schafen
    und Tauben und die Geldwechsler, die an ihren Tischen saßen.
15 Er machte eine Geißel aus Stricken und trieb alle mit den Schafen
    und Rindern aus dem Tempel hinaus; das Geld der Wechsler
    warf er auf den Boden und stieß ihre Tische um.
16 Zu den Taubenverkäufern sagte er:
    Schafft die Sachen weg von hier,
    macht das Haus meines Vaters nicht zu einer Markthalle!
17 Seine Jünger erinnerten sich an das Wort der Schrift:
    Der Eifer für dein Haus verzehrt mich.
18 Die Juden stellten ihn zur Rede:
    Welches Zeichen läßt du uns sehen und beweist uns,
    daß du dies tun darfst?
19 Jesus antwortete ihnen:
    Reißt diesen Tempel nieder, in drei Tagen werde ich ihn
    wieder aufrichten.
20 Da sagten die Juden:
    Sechsundvierzig Jahre wurde an diesem Tempel gebaut,
    und du willst ihn in drei Tagen wieder aufrichten?
21 Er aber meinte den Tempel seines Leibes.
22 Als er dann von den Toten erweckt war, erinnerten sich
    seine Jünger, daß er dies gesagt hatte, und sie glaubten
    der Schrift und dem Wort, das Jesus gesprochen hatte.
23 Als er während der Festwoche beim Pascha in Jerusalem war,
    fanden viele den Glauben an seinen Namen,
    weil sie die Zeichen sahen, die er tat.
24 Jesus aber vertraute sich ihnen nicht an; denn er kannte sie alle
25 und brauchte von keinem ein Zeugnis über einen Menschen;
    er selbst kannte das Innere jedes Menschen.

3

1 Ein Pharisäer mit Namen Nikodemus, ein Ratsherr der Juden,
2 suchte Jesus bei Nacht auf und sagte zu ihm:
   Rabbi, wir wissen, du bist ein Lehrer, der von Gott gekommen ist;
   denn niemand kann die Zeichen tun, die du tust,
   wenn nicht Gott mit ihm ist.
3 Jesus antwortete ihm: Amen, Amen, ich sage dir:
   Wenn jemand nicht von oben geboren wird,
   kann er das Reich Gottes nicht schauen.
4 Nikodemus entgegnete ihm:
   Wie kann ein Mensch, der alt ist, geboren werden?
   Er kann doch nicht in den Schoß seiner Mutter zurückkehren
   und ein zweites Mal geboren werden.
5 Jesus antwortete: Amen, Amen, ich sage dir:
   Wenn jemand nicht aus Wasser und Geist geboren wird,
   kann er nicht in das Reich Gottes kommen.
6 Was aus dem Fleisch geboren ist, das ist Fleisch;
   was aber aus dem Geist geboren ist, das ist Geist.
7 Wundere dich nicht, daß ich dir sagte:
   Ihr müßt von oben geboren werden.
8 Der Wind weht, wo er will, du hörst sein Brausen, weißt aber nicht,
   woher er kommt und wohin er geht.
   So ist es mit jedem, der aus dem Geist geboren ist.
9 Nikodemus erwiderte ihm: Wie kann das geschehen?
10 Jesus antwortete: Du bist Lehrer in Israel und verstehst das nicht?
11 Amen, Amen, ich sage dir:
   Was wir wissen, davon reden wir, und was wir gesehen haben,
   das bezeugen wir, und doch nehmt ihr unser Zeugnis nicht an.
12 Wenn ich zu euch über irdische Dinge gesprochen habe
   und ihr nicht glaubt, wie werdet ihr glauben, wenn ich zu euch
   über himmlische Dinge spreche?
13 Niemand ist in den Himmel aufgestiegen außer dem,
   der vom Himmel herabgestiegen ist, der Menschensohn.
14 Denn wie Mose die Schlange in der Wüste erhöht hat,
   so muß der Menschensohn erhöht werden,

Christentum

15 damit jeder, der glaubt, in ihm das ewige Leben hat.

16 Gott hat die Welt so geliebt, daß er seinen einzigen Sohn hingab,
damit jeder, der an ihn glaubt, nicht verlorengeht,
sondern das ewige Leben hat.

17 Denn Gott hat seinen Sohn nicht in die Welt gesandt, damit er
die Welt richtet,
sondern damit die Welt durch ihn gerettet wird.

18 Wer an ihn glaubt, wird nicht gerichtet; wer nicht glaubt,
ist schon gerichtet, weil er nicht an den Namen
des einzigen Sohnes Gottes geglaubt hat.

19 Dies aber ist das Gericht:
Das Licht kam in die Welt, doch die Menschen liebten
die Finsternis mehr als das Licht;
denn ihre Taten waren böse.

20 Jeder, der Böses tut, haßt das Licht und kommt nicht zum Licht,
damit seine Taten nicht aufgedeckt werden.

21 Wer aber die Wahrheit tut, kommt zum Licht,
damit offenbar wird, daß seine Taten in Gott vollbracht sind.

22 Darauf ging Jesus mit seinen Jüngern nach Judäa.
Dort hielt er sich mit ihnen auf und taufte.

23 Aber auch Johannes taufte damals in Änon, in der Nähe
von Salim, weil dort viel Wasser war, und die Leute kamen
und ließen sich taufen.

24 Johannes war noch nicht ins Gefängnis gebracht worden.

25 Da kam es zwischen einigen Jüngern des Johannes
und einem Juden zu einem Streit über die Reinigung.

26 Sie gingen zu Johannes und sagten zu ihm:
Rabbi, der Mann, der auf der anderen Seite des Jordan bei dir war
und für den du Zeugnis abgelegt hast, tauft,
und alle kommen zu ihm.

27 Johannes antwortete:
Kein Mensch kann sich etwas nehmen, wenn es ihm nicht
vom Himmel gegeben ist.

28 Ihr selbst seid meine Zeugen, daß ich gesagt habe:
Ich bin nicht der Messias, sondern ich bin ihm nur vorausgesandt.

29 Wem die Braut gehört, der ist der Bräutigam;
der Freund des Bräutigams aber, der dabeisteht und ihn hört,
freut sich über die Stimme des Bräutigams.
Die gleiche Freude hat sich für mich erfüllt.

30 Jener muß wachsen, ich aber geringer werden.
31 Er, der von oben kommt, steht über allen;
wer von der Erde stammt, ist irdisch und redet irdisch.
Er, der aus dem Himmel kommt, steht über allen.
32 Was er gesehen und gehört hat, bezeugt er,
doch niemand nimmt sein Zeugnis an.
33 Wer sein Zeugnis annimmt, besiegelt, daß Gott wahrhaftig ist.
34 Denn der, den Gott gesandt hat, redet die Worte Gottes;
denn unbegrenzt gibt er den Geist.
35 Der Vater liebt den Sohn und hat alles in seine Hand gegeben.
36 Wer an den Sohn glaubt, hat das ewige Leben;
aber wer dem Sohn nicht gehorcht, wird das Leben nicht schauen,
sondern Gottes Zorn bleibt auf ihm.

4

1 Die Pharisäer hatten gehört, daß Jesus mehr Jünger gewinne und taufe als Johannes –
2 obwohl nicht Jesus selbst taufte, sondern seine Jünger.
3 Als der Herr davon erfuhr,
verließ er Judäa und ging wieder fort nach Galiläa.
4 Er mußte aber den Weg durch Samarien nehmen.
5 So kam er zu einem samaritischen Ort, der Sychar hieß
und nahe bei dem Feld lag, das Jakob seinem Sohn Josef
gegeben hatte.
6 Dort war der Jakobsbrunnen.
Jesus war ermüdet von der Wanderung und ließ sich darum
am Brunnen nieder;
es war um die sechste Stunde.
7 Da kam eine samaritische Frau, um Wasser zu schöpfen.
Jesus sagte zu ihr: Laß mich trinken!
8 Seine Jünger waren nämlich in den Ort gegangen,
um Nahrungsmittel zu kaufen.
9 Die samaritische Frau sagte zu ihm:
Wie kannst du als Jude eine Samariterin um Wasser bitten?
10 Die Juden haben keine Gemeinschaft mit den Samaritern.
Jesus antwortete ihr:

Christentum

Wenn du wüßtest, was Gott gibt, und wer es ist, der zu dir sagt: Laß mich trinken, dann hättest du ihn gebeten, und er hätte dir lebendiges Wasser gegeben.

11 Sie sagte zu ihm:
Herr, du hast kein Schöpfgefäß, und der Brunnen ist tief; woher hast du also das lebendige Wasser?

12 Bist du denn größer als unser Vater Jakob, der uns den Brunnen gegeben hat und der ebenso daraus getrunken hat wie seine Söhne und Herden?

13 Jesus antwortete ihr:
Wer von diesem Wasser trinkt, wird wieder durstig sein;

14 aber wer von dem Wasser trinkt, das ich ihm geben werde, wird nicht mehr durstig sein, vielmehr wird das Wasser, das ich ihm gebe, in ihm zur Quelle werden, die Wasser für das ewige Leben ausströmt.

15 Da sagte die Frau zu ihm:
Herr, gib mir dieses Wasser, damit ich nicht mehr durstig werde und nicht mehr hierher kommen muß, um Wasser zu schöpfen.

16 Er sagte zu ihr:
Geh, ruf deinen Mann und komm wieder her!

17 Die Frau antwortete: Ich habe keinen Mann. Jesus sagte zu ihr: Du hast richtig gesagt, daß du keinen Mann hast.

18 Denn du hast fünf Männer gehabt, und der,
mit dem du jetzt lebst, ist nicht dein Mann.
Mit diesem Wort hast du die Wahrheit gesagt.

19 Die Frau sagte zu ihm: Herr, ich sehe, daß du ein Prophet bist.

20 Unsere Väter haben auf diesem Berg Gott angebetet; ihr aber sagt, in Jerusalem sei die Stätte, wo man anbeten muß.

21 Jesus sprach zu ihr:
Glaube mir, Frau, es kommt die Stunde, in der ihr weder auf diesem Berg noch in Jerusalem zum Vater beten werdet.

22 Ihr betet an, was ihr nicht kennt, aber wir beten an, was wir kennen; denn das Heil kommt von den Juden.

23 Aber es kommt die Stunde, und sie ist jetzt da, in der die wahren Beter zum Vater beten werden im Geist und in der Wahrheit; denn solche Beter verlangt der Vater.

24 Gott ist Geist, und alle, die anbeten, müssen ihn im Geist und in der Wahrheit anbeten.

25 Die Frau sagte zu ihm:
    Ich weiß, daß der Messias kommt,
    der Christus (der Gesalbte) genannt wird;
    wenn er kommt, wird er uns alles verkünden.

26 Da sagte Jesus zu ihr:
    Du sprichst mit ihm: Ich bin es.

27 Inzwischen kamen seine Jünger zurück, und sie wunderten sich,
    daß er mit einer Frau sprach;
    aber keiner sagte: Was willst du von ihr?
    oder: Warum redest du mit ihr?

28 Die Frau ließ ihren Wasserkrug stehen, eilte in den Ort
    und sagte zu den Leuten:

29 Kommt, dort ist ein Mann, der mir alles gesagt hat,
    was ich getan habe.
    Ist er vielleicht der Messias?

30 Da verließen sie den Ort und kamen zu ihm.

31 Inzwischen baten ihn seine Jünger: Rabbi, iß!

32 Aber er sagte zu ihnen:
    Ich habe eine Speise, die ihr nicht kennt.

33 Da sagten die Jünger zueinander:
    Hat ihm jemand etwas zu essen gebracht?

34 Jesus sprach zu ihnen:
    Meine Speise ist es, dem Willen dessen zu gehorchen,
    der mich gesandt hat, und sein Werk zu vollenden.

35 Sagt ihr nicht: Noch vier Monate dauert es bis zur Ernte?
    Ich aber sage euch:
    Blickt umher und seht, daß die Felder weiß sind zur Ernte!

36 Schon empfängt der Schnitter Lohn und sammelt Frucht
    für das ewige Leben,
    so daß sich der Sämann zugleich mit dem Schnitter freut.

37 Denn das Sprichwort ist wahr: Einer sät, und ein anderer erntet.

38 Ich habe euch ausgesandt, um zu ernten, wo ihr euch nicht
    abgemüht habt;
    andere haben sich gemüht, und ihr erntet die Frucht ihrer Mühe.

39 Viele Samariter aus jenem Ort glaubten an ihn,
    weil die Frau in ihrer Rede bezeugte:
    Er hat mir alles gesagt, was ich getan habe.

Christentum

40 Als die Samariter zu Jesus kamen, baten sie ihn,
bei ihnen zu bleiben; und er blieb dort zwei Tage.

41 Und noch viele andere Leute glaubten an ihn
wegen seiner Worte.

42 Aber zu der Frau sagten sie: Wir glauben nicht mehr,
weil du das geredet hast; denn wir selbst haben gehört und wissen:
Dieser ist der wahre Retter der Welt.

43 Nach diesen beiden Tagen ging er von dort nach Galiläa.

44 Jesus selbst hat gesagt:
Ein Prophet hat kein Ansehen in seiner Heimat.

45 Als er nach Galiläa kam, nahmen ihn die Galiläer freundlich auf,
weil sie alles gesehen hatten, was er in Jerusalem während des
Festes getan hatte;
denn auch sie waren zum Fest gekommen.

46 Jesus kam wieder nach Kana in Galiläa, wo er das Wasser
zu Wein gemacht hatte.
Ein Mann in königlichem Dienst, dessen Sohn krank
in Kafarnaum lag,

47 hörte, daß Jesus von Judäa nach Galiläa gekommen war.
Er suchte ihn auf und bat ihn, herabzukommen und seinen
Sohn zu heilen, der im Sterben lag.

48 Da sprach Jesus zu ihm:
Wenn ihr nicht Zeichen und Wunder seht, glaubt ihr nicht.

49 Der Mann sagte zu ihm:
Herr, komm herab, bevor mein Kind stirbt.

50 Jesus erwiderte ihm:
Geh hin, dein Sohn lebt! Der Mann glaubte dem Wort,
das Jesus zu ihm gesagt hatte, und ging.

51 Schon auf dem Rückweg kamen ihm seine Knechte entgegen
und sagten: Dein Sohn lebt.

52 Da erkundigte er sich bei ihnen nach der Stunde,
in der die Besserung eingetreten war.
Sie antworteten ihm:
Gestern in der siebten Stunde hat ihn das Fieber verlassen.

53 Da erkannte der Vater, daß es dieselbe Stunde war,
in der Jesus zu ihm gesagt hatte: Dein Sohn lebt.
Und er wurde gläubig mit seinem ganzen Haus.

54 Dies war das zweite Zeichen, das Jesus tat,
nachdem er von Judäa nach Galiläa gekommen war.

5

1 Einige Zeit später war ein Fest der Juden,
und Jesus ging hinauf nach Jerusalem.
2 In Jerusalem gibt es beim Schaftor einen Teich,
zu dem fünf Säulenhallen gehören;
dieser Teich heißt hebräisch Betesda.
3 In diesen Hallen lagen viele Kranke, darunter Blinde,
Lahme und Ausgezehrte.
4 Ein Engel des Herrn aber stieg zu bestimmter Zeit
in den Teich hinab und brachte das Wasser in Wallung.
Wer nach dem Aufwallen des Wassers als erster hineinstieg,
wurde geheilt, an welcher Krankheit er auch litt.
5 Dort lag auch ein Mann, der schon achtunddreißig Jahre
krank war.
6 Als Jesus ihn dort liegen sah und erkannte,
daß er schon lange krank war, fragte er ihn:
Willst du gesund werden?
7 Der Kranke antwortete ihm: Herr, ich habe keinen, der mich
in den Teich trägt, sobald das Wasser in Bewegung gerät.
Während ich hingehe, steigt schon ein anderer vor mir hinab.
8 Da sagte Jesus zu ihm:
Steh auf, nimm deine Matte und geh!
9 Sofort wurde der Mann gesund, er nahm seine Matte
und ging umher.
Aber dieser Tag war ein Sabbat.
10 Da sagten die Juden zu dem Geheilten:
Es ist Sabbat, du darfst deine Matte nicht tragen.
11 Er antwortete ihnen:
Der Mann, der mich gesund gemacht hat, sagte zu mir:
Nimm deine Matte und geh!
12 Sie fragten ihn:
Wer ist es, der zu dir gesagt hat: Nimm deine Matte und geh?
13 Der Geheilte wußte aber nicht, wer es war;
denn Jesus hatte sich von der Menge, die am Ort war, entfernt.
14 Später traf ihn Jesus im Tempel und sagte zu ihm:
Du bist jetzt gesund geworden; sündige nicht mehr,
damit dir nicht noch Schlimmeres zustößt!

Christentum

15 Der Mann ging fort und sagte zu den Juden,
daß Jesus ihn gesund gemacht habe.

16 Weil Jesus ihn am Sabbat geheilt hatte, verfolgten ihn die Juden.

17 Jesus aber entgegnete ihnen:
Mein Vater ist bis zur Stunde tätig, und auch ich bin tätig.

18 Darum strebten die Juden noch mehr danach, ihn zu töten,
weil er nicht nur den Sabbat brach, sondern auch Gott
seinen Vater nannte und sich dadurch Gott gleich machte.

19 Jesus aber sprach zu ihnen: Amen, Amen, ich sage euch:
Der Sohn kann nichts aus eigenem Willen tun,
wenn er es nicht den Vater tun sieht.
Denn was jener tut, das tut in gleicher Weise der Sohn.

20 Denn der Vater liebt den Sohn und zeigt ihm alles,
was er selbst tut, und noch größere Werke als diese
wird er ihm zeigen, so daß ihr staunen werdet.

21 Denn wie der Vater die Toten erweckt und lebendig macht,
so macht auch der Sohn lebendig, wen er will.

22 Der Vater richtet auch keinen, sondern er hat das Gericht
ganz dem Sohn übertragen,

23 damit alle den Sohn ehren, wie sie den Vater ehren.
Wer den Sohn nicht ehrt, ehrt den Vater nicht,
der ihn gesandt hat.

24 Amen, Amen, ich sage euch:
Wer mein Wort hört und dem glaubt, der mich gesandt hat,
hat das ewige Leben, und er kommt nicht ins Gericht,
sondern er ist aus dem Tod ins Leben hinübergegangen.

25 Amen, Amen, ich sage euch:
Die Stunde kommt, und jetzt ist sie da, in der die Toten
die Stimme des Gottessohnes hören werden, und alle,
die sie hören, werden leben.

26 Denn wie der Vater Leben in sich hat,
so hat er auch dem Sohn gegeben, Leben in sich zu haben.

27 Und er hat ihm Vollmacht gegeben, Gericht zu halten,
weil er der Menschensohn ist.

28 Wundert euch nicht: Die Stunde kommt, in der alle,
die in den Gräbern sind, seine Stimme hören werden.

29 Und alle, die das Gute getan haben, werden herauskommen
zur Auferstehung des Lebens, aber alle, die das Böse
getan haben, zur Auferstehung des Gerichts.

Johannes-Evangelium

30 Aus eigenem Willen kann ich nichts tun;
wie ich vom Vater höre, richte ich, und mein Gericht ist gerecht,
weil ich nicht meinem Willen folge, sondern dem Willen dessen,
der mich gesandt hat.

31 Wenn ich für mich selbst als Zeuge auftrete,
ist mein Zeugnis nicht zuverlässig;

32 ein anderer ist es, der für mich als Zeuge eintritt,
und ich weiß, daß sein Zeugnis, das er für mich ablegt, wahr ist.

33 Ihr habt zu Johannes geschickt,
und er hat für die Wahrheit Zeugnis abgelegt.

34 Aber ich nehme von einem Menschen kein Zeugnis an,
sondern ich sage das nur, damit ihr gerettet werdet.

35 Jener war wie eine Lampe, die brennt und leuchtet,
ihr aber wolltet euch nur eine Zeitlang an seinem Licht erfreuen.

36 Ich aber habe ein größeres Zeugnis als das Zeugnis des Johannes:
die Werke, die mir mein Vater gegeben hat, damit ich sie
vollbringe, diese Werke, die ich tue, legen Zeugnis für mich ab,
daß mich der Vater gesandt hat.

37 Der Vater, der mich gesandt hat, hat für mich Zeugnis abgelegt.
Nie habt ihr seine Stimme gehört, nie seine Gestalt gesehen,

38 und auch sein Wort habt ihr nicht länger in euch,
weil ihr dem nicht glaubt, den jener gesandt hat.

39 Ihr durchforscht die Schriften, weil ihr glaubt, in ihnen
das ewige Leben zu haben; auch sie legen Zeugnis für mich ab.

40 Und doch wollt ihr nicht zu mir kommen,
um das Leben zu haben.

41 Ehre von den Menschen will ich nicht,

42 sondern ich habe erkannt, daß ihr die Liebe Gottes
nicht in euch habt.

43 Im Namen meines Vaters bin ich gekommen,
und doch lehnt ihr mich ab;
wenn ein anderer in seinem eigenen Namen kommt,
dann werdet ihr ihn anerkennen.

44 Wie könnt ihr zum Glauben kommen, wenn ihr voneinander
geehrt werden wollt, aber die Ehre, die von dem einzigen Gott
kommt, nicht sucht?

45 Glaubt nicht, daß ich euch beim Vater anklagen werde;
euer Kläger ist Mose, auf den ihr eure Hoffnung gesetzt habt.

Christentum

46 Wenn ihr Mose glauben würdet, müßtet ihr auch mir glauben; denn über mich hat er geschrieben.

47 Wenn ihr aber seinen Schriften nicht glaubt, wie wollt ihr meinen Worten glauben?

6

1 Danach ging Jesus an das andere Ufer des galiläischen Meeres, das auch See von Tiberias heißt.

2 Eine große Menge folgte ihm, weil sie die Zeichen sahen, die er an den Kranken tat.

3 Jesus ging auf den Berg und setzte sich dort mit seinen Jüngern nieder.

4 Das Pascha, das Fest der Juden, war nahe.

5 Als Jesus aufblickte und sah, daß viele Leute zu ihm kamen, fragte er Philippus: Wo sollen wir Brot kaufen, damit diese Leute zu essen haben?

6 Das sagte er, um ihn zu prüfen; denn er selbst wußte, was er tun wollte.

7 Philippus antwortete ihm: Brot für zweihundert Denare reicht nicht aus, damit jeder von ihnen auch nur ein wenig bekommt.

8 Einer seiner Jünger, Andreas, der Bruder des Simon Petrus, sagte zu ihm:

9 Hier ist ein Kind, das fünf Gerstenbrote und zwei Fische hat; doch was ist das für so viele!

10 Jesus sagte: Laßt die Leute sich setzen! Es gab viel Gras an dem Ort. Da setzten sie sich, etwa fünftausend Männer.

11 Dann nahm Jesus die Brote, sprach das Dankgebet und teilte sie an die sitzende Menge aus, ebenso auch die Fische, soviel sie davon wollten.

12 Als sie satt waren, sagte er zu seinen Jüngern: Sammelt die übriggebliebenen Stücke, damit nichts verdirbt!

13 Sie sammelten und füllten zwölf Körbe mit den Stücken, die von den fünf Gerstenbroten beim Essen übriggeblieben waren.

14 Als die Leute das Zeichen sahen, das er getan hatte, sagten sie: Das ist wirklich der Prophet, der in die Welt kommen soll.

15 Da erkannte Jesus, daß sie kommen wollten,
um ihn mit Gewalt zum König zu machen;
darum zog er sich wieder auf den Berg zurück, er allein.
16 Als es aber spät geworden war,
gingen seine Jünger zum See hinab,
17 bestiegen ein Boot und fuhren über den See auf Kafarnaum zu.
Es war schon dunkel geworden, aber Jesus war noch nicht
zu ihnen gekommen,
18 und der See wurde durch einen heftigen Wind aufgewühlt.
19 Als sie etwa 25 oder 30 Stadien gefahren waren, sahen sie,
wie Jesus über den See ging und sich dem Boot näherte;
da gerieten sie in Furcht.
20 Er aber rief ihnen zu:
Ich bin es; fürchtet euch nicht!
21 Sie wollten ihn in das Boot nehmen, und sogleich
war das Boot am Ufer, auf das sie zufuhren.
22 Am nächsten Tag bemerkte die Menge, die noch am anderen Ufer
des Sees stand, daß nur ein einziges Boot dort gewesen war und
daß Jesus nicht mit seinen Jüngern das Boot bestiegen hatte,
sondern daß die Jünger allein abgefahren waren.
23 Andere Boote kamen von Tiberias her in die Nähe des Ortes,
wo sie nach dem Dankgebet des Herrn das Brot gegessen hatten.
24 Als die Leute bemerkten, daß weder Jesus noch seine Jünger
dort waren, stiegen sie selbst in die Boote, fuhren nach
Kafarnaum und suchten Jesus.
25 Sie fanden ihn am anderen Ufer des Sees und fragten ihn:
Rabbi, wann bist du hierher gekommen?
26 Jesus antwortete ihnen: Amen, Amen, ich sage euch:
Ihr sucht mich nicht, weil ihr Zeichen gesehen habt, sondern
weil ihr von den Broten gegessen habt und satt geworden seid.
27 Müht euch nicht um die Speise, die verdirbt,
sondern um die Speise, die bleibt für das ewige Leben
und die euch der Menschensohn geben wird.
Denn ihn hat Gott, der Vater, mit seinem Siegel bestätigt.
28 Da fragten sie ihn:
Was müssen wir tun, um die Werke Gottes zu vollbringen?
29 Jesus antwortete ihnen:
Ihr tut das Werk Gottes, wenn ihr an den glaubt,
den er gesandt hat.

Christentum

30 Sie entgegneten ihm:
Welches Zeichen tust du, damit wir es sehen und dir glauben?
Was wirst du tun?

31 Unsere Väter haben das Manna in der Wüste gegessen,
wie geschrieben steht: Brot vom Himmel gab er ihnen zu essen.

32 Jesus sprach zu ihnen: Amen, Amen, ich sage euch:
Nicht Mose hat euch das Brot vom Himmel gegeben,
sondern mein Vater gibt euch das wahre Brot vom Himmel.

33 Denn das Brot, das Gott gibt, kommt vom Himmel,
um der Welt das Leben zu geben.

34 Da sagten sie zu ihm: Herr, gib uns immer dieses Brot!

35 Jesus sprach zu ihnen:
Ich bin das Brot des Lebens; wer zu mir kommt,
wird nicht mehr hungern, und wer an mich glaubt,
wird nicht mehr durstig sein.

36 Aber ich habe euch gesagt:
Ihr habt gesehen, aber ihr glaubt nicht.

37 Alle, die der Vater mir gibt, werden zu mir kommen,
und wer zu mir kommt, den werde ich nicht abweisen;

38 denn ich bin nicht vom Himmel herabgekommen,
um meinen Willen zu tun, sondern um den Willen dessen
zu tun, der mich gesandt hat.

39 Der Wille dessen aber, der mich gesandt hat, verlangt,
daß ich keinen von denen, die er mir gegeben hat, verliere,
sondern daß ich sie auferwecke am Letzten Tag.

40 Denn der Wille meines Vaters verlangt, daß alle, die den Sohn
sehen und an ihn glauben, das ewige Leben haben
und daß ich sie auferwecke am Letzten Tag.

41 Da wurden die Juden unwillig über ihn, weil er gesagt hatte:
Ich bin das Brot, das vom Himmel herabgekommen ist.

42 Und sie sagten: Ist das nicht Jesus, der Sohn Josefs, dessen Vater
und Mutter wir kennen?
Wie kann er jetzt sagen: Ich bin vom Himmel herabgekommen?

43 Jesus sagte zu ihnen:
Werdet nicht unwillig untereinander!

44 Niemand kann zu mir kommen, wenn nicht der Vater,
der mich gesandt hat, ihn dazu bewegt, und ich werde ihn
auferwecken am Letzten Tag.

45 Bei den Propheten steht geschrieben:
Und alle werden Schüler Gottes sein; alle, die auf den Vater
hören und von ihm lernen, kommen zu mir.

46 Keiner hat den Vater gesehen außer dem, der von Gott her
gekommen ist; nur er hat den Vater gesehen.

47 Amen, Amen, ich sage euch:
Wer glaubt, hat das ewige Leben.

48 Ich bin das Brot des Lebens.

49 Eure Väter haben in der Wüste das Manna gegessen
und sind gestorben.

50 Aber wer das Brot ißt, das vom Himmel herabkommt, stirbt nicht.

51 Ich bin das lebendige Brot, das vom Himmel herabgekommen ist.
Wer von diesem Brot ißt, wird leben in Ewigkeit.
Und das Brot, das ich geben werde, ist mein Fleisch
für das Leben der Welt.

52 Da stritten die Juden untereinander und sagten:
Wie kann er uns sein Fleisch zu essen geben?

53 Jesus sprach zu ihnen: Amen, Amen, ich sage euch:
Wenn ihr das Fleisch des Menschensohnes nicht eßt
und sein Blut nicht trinkt, habt ihr das Leben nicht in euch.

54 Wer mein Fleisch ißt und mein Blut trinkt, hat das ewige Leben,
und ich werde ihn auferwecken am Letzten Tag.

55 Denn mein Fleisch ist eine wahre Speise, und mein Blut
ist ein wahrer Trank.

56 Wer mein Fleisch ißt und mein Blut trinkt, der bleibt in mir,
und ich bleibe in ihm.

57 Wie mich der lebendige Vater gesandt hat und wie ich durch den
Vater lebe, so wird auch jeder, der mich ißt, durch mich leben.

58 Das ist das Brot, das vom Himmel herabgekommen ist;
es ist anders als das Brot, das eure Väter gegessen haben,
die dennoch gestorben sind.
Wer dieses Brot ißt, wird leben in Ewigkeit.

59 Diese Worte sprach Jesus,
als er in der Synagoge von Kafarnaum lehrte.

60 Viele von seinen Jüngern sagten, als sie das hörten:
Seine Worte sind hart, wer kann sie anhören?

61 Jesus wußte im Innern, daß sich seine Jünger darüber erregten,
und er fragte sie: Ihr nehmt daran Anstoß?

Christentum

62 Was werdet ihr sagen, wenn ihr den Menschensohn dorthin
aufsteigen seht, wo er vorher war?

63 Der Geist macht lebendig; das Fleisch ist nichts wert.
Die Worte, die ich zu euch gesprochen habe,
sind Geist und Leben.

64 Aber es gibt unter euch einige, die nicht glauben.
Jesus wußte nämlich von Anfang an, wer von ihnen nicht glaubte,
und wer ihn verraten sollte.

65 Und er sagte:
Deshalb habe ich zu euch gesagt: Niemand kann zu mir kommen,
wenn es ihm nicht vom Vater gegeben ist.

66 Von da an verließen ihn viele von seinen Jüngern
und begleiteten ihn nicht mehr.

67 Da sagte Jesus zu den Zwölf: Wollt auch ihr weggehen?

68 Simon Petrus antwortete ihm: Herr, zu wem sollen wir gehen?
Du hast Worte des ewigen Lebens.

69 Wir haben geglaubt und erkannt: Du bist der Heilige Gottes.

70 Jesus antwortete ihnen:
Habe ich nicht euch: die Zwölf, erwählt?
Dennoch ist einer von euch ein Teufel.

71 Er meinte Judas, den Sohn des Simon Iskariot;
denn dieser sollte ihn verraten, einer von den Zwölf.

7

1 Danach wanderte Jesus durch Galiläa; denn er wollte sich nicht
in Judäa aufhalten, weil die Juden ihn töten wollten.

2 Das Laubhüttenfest der Juden war nahe.

3 Da sagten seine Brüder zu ihm:
Geh fort von hier nach Judäa, damit auch deine Jünger
die Taten sehen, die du vollbringst!

4 Denn niemand wirkt im Verborgenen und sucht zugleich
öffentliches Ansehen.
Wenn du solche Taten vollbringst, zeig dich der Welt!

5 Seine Brüder glaubten nämlich nicht an ihn.

6 Jesus sagte zu ihnen:
Meine Zeit ist noch nicht gekommen; aber eure Zeit ist immer da.

Johannes-Evangelium

7   Euch kann die Welt nicht hassen, aber mich haßt sie, weil ich
    über sie das Zeugnis ablege, daß ihre Taten schlecht sind.

8   Geht ihr hinauf zum Fest; ich gehe nicht hinauf zu diesem Fest,
    weil meine Zeit noch nicht erfüllt ist.

9   Das sagte er zu ihnen und blieb in Galiläa.

10 Als aber seine Brüder zum Fest gegangen waren,
    zog auch er hinauf, aber nicht öffentlich, sondern heimlich.

11 Die Juden suchten ihn beim Fest und sagten: Wo ist er zu finden?

12 Und es gab unter den Volksscharen viel Reden und Streiten
    über ihn.
    Die einen sagten: Er ist gut;
    andere sagten: Nein, er ist ein Volksverführer.

13 Aber niemand redete öffentlich über ihn,
    weil sie sich vor den Juden fürchteten.

14 Als aber die Hälfte der Festwoche schon vorüber war,
    ging Jesus zum Tempel hinauf und lehrte.

15 Die Juden staunten und sagten:
    Wie kann er die Schrift kennen, ohne unterrichtet zu sein?

16 Jesus antwortete ihnen:
    Meine Lehre stammt nicht von mir, sondern von dem,
    der mich gesandt hat.

17 Wer bereit ist, den Willen Gottes zu tun, wird erkennen,
    ob die Lehre von Gott stammt oder ob ich von mir aus spreche.

18 Wer von sich aus spricht, sucht seine eigene Ehre;
    aber wer die Ehre dessen sucht, der ihn gesandt hat, ist zuverlässig,
    und kein Trug ist in ihm.

19 Hat nicht Mose euch das Gesetz gegeben?
    Aber keiner von euch erfüllt das Gesetz.
    Warum wollt ihr mich töten?

20 Das Volk entgegnete: Du bist besessen, wer will dich denn töten?

21 Jesus antwortete ihnen:
    Ich habe nur ein einziges Werk getan, und ihr alle
    wundert euch darüber.

22 Mose hat euch die Beschneidung gegeben, obwohl dieses Gebot
    nicht von Mose, sondern von den Vätern kommt;
    und ihr beschneidet einen Menschen selbst am Sabbat.

Christentum

23 Wenn ein Mensch am Sabbat die Beschneidung empfängt,
damit das Gesetz des Mose erfüllt wird, warum zürnt ihr mir,
weil ich einen ganzen Menschen am Sabbat
gesund gemacht habe?

24 Urteilt nicht nach dem Augenschein, sondern urteilt gerecht!

25 Da sagten einige Leute aus Jerusalem:
Ist er es nicht, den sie töten wollen?

26 Dennoch redet er in aller Öffentlichkeit, und man sagt ihm nichts.
Sollten die Ratsherren wirklich erkannt haben, daß er
der Messias ist?

27 Aber von ihm wissen wir, woher er ist;
wenn aber der Messias kommt, weiß niemand, woher er ist.

28 Während Jesus im Tempel lehrte, rief er:
Ihr kennt mich und wißt, woher ich bin; aber ich bin nicht
von mir aus gekommen, sondern Er, der mich gesandt hat,
ist wahrhaftig. Ihr kennt ihn nicht.

29 Ich kenne ihn, weil ich von ihm komme
und weil er mich gesandt hat.

30 Da wollten sie ihn festnehmen; aber keiner faßte ihn an,
denn seine Stunde war noch nicht gekommen.

31 Viele Leute aus dem Volk glaubten an ihn und sagten:
Wird der Messias, wenn er kommt, mehr Zeichen tun,
als dieser getan hat?

32 Die Pharisäer hörten dieses Gerede des Volkes über ihn;
da schickten die Hohenpriester und Pharisäer Ratsdiener aus,
um ihn festzunehmen.

33 Jesus aber sprach: Ich bin nur noch kurze Zeit bei euch;
dann gehe ich zu dem, der mich gesandt hat.

34 Ihr werdet mich suchen und mich nicht finden;
denn wo ich bin, dorthin könnt ihr nicht kommen.

35 Da sagten die Juden zueinander:
Wohin will er gehen, daß wir ihn nicht finden werden?
Will er in die Diaspora zu den Griechen gehen
und die Griechen lehren?

36 Was bedeutet das Wort, das er gesprochen hat:
Ihr werdet mich suchen und mich nicht finden;
denn wo ich bin, dorthin könnt ihr nicht kommen?

37 Am letzten Tag, dem großen Tag des Festes,
  stand Jesus da und rief:
  Wer durstig ist, komme zu mir und trinke!

38 Wer an mich glaubt, dem gilt, was die Schrift gesagt hat:
  Aus seinem Innern werden Ströme von lebendigem
  Wasser hervorfließen.

39 Dies sagte er von dem Geist, den alle empfangen sollten,
  die an ihn glauben;
  denn noch gab es nicht den Geist,
  weil Jesus noch nicht verherrlicht war.

40 Einige Leute aus dem Volk, die diese Worte gehört hatten, sagten:
  Er ist wahrhaftig der Prophet.

41 Andere sagten: Er ist der Messias;
  wieder andere sagten: Kommt denn der Messias aus Galiläa?

42 Hat die Schrift nicht gesagt:
  Der Messias kommt aus dem Geschlecht Davids
  und aus dem Dorf Betlehem, wo David lebte?

43 So entstand seinetwegen ein Zwiespalt im Volk.

44 Einige von ihnen wollten ihn festnehmen;
  aber niemand faßte ihn an.

45 Als die Ratsdiener zu den Hohenpriestern und Pharisäern
  zurückkamen, fragten diese:
  Warum habt ihr ihn nicht mitgebracht?

46 Die Ratsdiener antworteten:
  Noch nie hat ein Mensch so gesprochen,
  wie dieser Mensch spricht.

47 Da entgegneten ihnen die Pharisäer:
  Habt auch ihr euch in die Irre führen lassen?

48 Hat sich denn einer von den Ratsherren oder von den Pharisäern
  zum Glauben an ihn bekehrt?

49 Aber dieses Volk, das vom Gesetz nichts versteht,
  soll verflucht sein.

50 Nikodemus, einer aus ihren eigenen Reihen,
  der früher zu Jesus gekommen war, sagte zu ihnen:

51 Verurteilt etwa unser Gesetz einen Menschen,
  bevor man ihn verhört und festgestellt hat, was er getan hat?

52 Sie erwiderten ihm: Bist auch du aus Galiläa?
  Forsche nach: der Prophet kommt nicht aus Galiläa.

53 Darauf gingen alle nach Hause.

Christentum

8

1 Jesus aber ging zum Ölberg.

2 Am frühen Morgen kam er wieder in den Tempel;
als das ganze Volk zu ihm kam, setzte er sich und lehrte es.

3 Da brachten die Schriftgelehrten und Pharisäer eine Frau,
die beim Ehebruch ertappt worden war.
Sie stellten die Frau in die Mitte

4 und sagten zu ihm:
Meister, diese Frau wurde beim Ehebruch auf frischer Tat ertappt.

5 Mose hat im Gesetz befohlen, solche Frauen zu steinigen;
was sagst du dazu?

6 Mit dieser Frage wollten sie ihn auf die Probe stellen,
damit sie einen Grund hätten, ihn zu verklagen.
Jesus aber bückte sich und schrieb mit dem Finger auf die Erde.

7 Als sie nicht aufhörten, ihn zu fragen, richtete er sich auf
und sagte zu ihnen:
Wer von euch ohne Sünde ist, werfe als erster einen Stein auf sie!

8 Und er bückte sich wieder und schrieb auf die Erde.

9 Als sie seine Worte hörten, gingen alle nacheinander fort,
zuerst die Ältesten;
Jesus blieb allein zurück mit der Frau, die in der Mitte stand.

10 Er richtete sich auf und sagte zu ihr:
Frau, wo sind sie? Hat dich keiner verurteilt?

11 Sie antwortete: Keiner, Herr!
Da sagte Jesus zu ihr:
Auch ich verurteile dich nicht.
Geh und sündige von jetzt an nicht mehr!

12 Jesus redete wieder zu ihnen und sprach:
Ich bin das Licht der Welt. Wer mir nachfolgt, wird nicht in der
Finsternis gehen, sondern er wird das Licht des Lebens haben.

13 Da sagten die Pharisäer zu ihm:
Du legst für dich selbst Zeugnis ab;
dein Zeugnis ist nicht zuverlässig.

14 Jesus erwiderte ihnen:
Auch wenn ich für mich selbst Zeugnis ablege, ist mein Zeugnis zuverlässig, weil ich weiß, woher ich gekommen bin und wohin ich gehe.
Aber ihr wißt nicht, woher ich komme und wohin ich gehe.
15 Ihr urteilt, wie Menschen urteilen; ich urteile über keinen.
16 Wenn ich aber urteile, ist mein Urteil wahr;
denn ich bin nicht allein, sondern mit mir ist Er,
der mich gesandt hat.
17 Auch in eurem Gesetz ist geschrieben,
daß ein Zeugnis von zwei Menschen zuverlässig ist.
18 Ich bin es, der für mich Zeugnis ablegt,
und Zeugnis legt für mich der Vater ab, der mich gesandt hat.
19 Da fragten sie ihn: Wo ist dein Vater?
Jesus antwortete:
Ihr kennt weder mich noch meinen Vater; wenn ihr mich kennen würdet, dann würdet ihr auch meinen Vater kennen.
20 Diese Worte sprach er bei der Schatzkammer,
als er im Tempel lehrte.
Aber niemand nahm ihn fest;
denn seine Stunde war noch nicht gekommen.
21 Jesus sprach wieder zu ihnen:
Ich gehe fort, und ihr werdet mich suchen, aber ihr werdet in eurer Sünde sterben.
Wohin ich gehe, dorthin könnt ihr nicht kommen.
22 Da sagten die Juden:
Will er sich umbringen? Warum sagt er sonst:
Wohin ich gehe, dorthin könnt ihr nicht kommen?
23 Er sprach zu ihnen:
Ihr seid von unten, ich bin von oben; ihr seid aus dieser Welt,
ich bin nicht aus dieser Welt.
24 Darum habe ich euch gesagt: Ihr werdet in euren Sünden sterben;
denn wenn ihr nicht glaubt, daß ich mit Recht sage:
Ich bin es, werdet ihr in euren Sünden sterben.
25 Da fragten sie ihn: Wer bist du?
Jesus antwortete ihnen: Warum rede ich überhaupt noch zu euch!
26 Ich hätte noch viel über euch zu sagen und zu richten;
aber Er, der mich gesandt hat, ist wahr, und was ich
von ihm gehört habe, das sage ich zur Welt.

Christentum

27 Sie verstanden nicht, daß er zu ihnen vom Vater sprach.

28 Da sagte Jesus zu ihnen:
Wenn ihr den Menschensohn erhöht habt, dann werdet ihr
erkennen, daß ich mit Recht sage:
Ich bin es; ihr werdet erkennen, daß ich nichts aus eigenem Willen
tue, sondern das sage, wie es mich der Vater gelehrt hat.

29 Und Er, der mich gesandt hat, ist mit mir;
er hat mich nicht allein gelassen, weil ich immer das tue,
was ihm gefällt.

30 Als Jesus so sprach, glaubten viele an ihn.

31 Da sagte er zu den Juden, die ihm glaubten:
Wenn ihr in meinem Wort bleibt, seid ihr wirklich meine Jünger.

32 Ihr werdet die Wahrheit erkennen,
und die Wahrheit wird euch frei machen.

33 Sie erwiderten ihm:
Wir sind Nachkommen Abrahams und haben noch keinem
als Knechte gedient;
wie kannst du sagen: Ihr werdet frei werden?

34 Jesus antwortete ihnen: Amen, Amen, ich sage euch:
Wer die Sünde tut, ist Knecht der Sünde.

35 Der Knecht aber bleibt nicht für immer im Haus;
nur der Sohn bleibt für immer im Haus.

36 Wenn euch also der Sohn frei macht,
dann seid ihr in Wahrheit frei.

37 Ich weiß, daß ihr Nachkommen Abrahams seid;
aber ihr wollt mich töten, weil mein Wort keinen Raum
in euch findet.

38 Ich sage, was ich beim Vater gesehen habe;
auch ihr tut, was ihr vom Vater gehört habt.

39 Sie antworteten ihm: Unser Vater ist Abraham.
Jesus sagte zu ihnen:
Wenn ihr Kinder Abrahams wäret,
dann würdet ihr die gleichen Werke wie Abraham tun.

40 Jetzt aber wollt ihr mich töten, einen Menschen, der euch die
Wahrheit gesagt hat, und diese Wahrheit habe ich von
Gott gehört.
So hat Abraham nicht gehandelt.

Johannes-Evangelium

41 Ihr tut die gleichen Werke wie euer Vater.
Sie entgegneten ihm: Wir stammen nicht aus einem Ehebruch,
sondern wir haben nur einen Vater, das ist Gott.

42 Jesus sagte zu ihnen:
Wenn Gott euer Vater wäre, dann würdet ihr mich lieben;
denn von Gott bin ich ausgegangen und gekommen.
Ich bin nicht von mir aus gekommen,
sondern er hat mich gesandt.

43 Warum versteht ihr nicht, was ich sage?
Weil ihr nicht fähig seid, mein Wort zu hören.

44 Ihr stammt vom Teufel, er ist euer Vater, und ihr wollt das tun,
was euer Vater will.
Er war ein Mörder von Anfang an und steht nicht
in der Wahrheit, weil keine Wahrheit in ihm ist.
Wenn er lügt, sagt er das, was ihm eigen ist;
denn er ist ein Lügner und der Vater der Lüge.

45 Weil ich aber die Wahrheit sage, glaubt ihr mir nicht.

46 Wer von euch kann mir eine Sünde nachweisen?
Wenn ich die Wahrheit sage, warum glaubt ihr mir nicht?

47 Wer aus Gott ist, hört die Worte Gottes; ihr hört sie deshalb nicht,
weil ihr nicht aus Gott seid.

48 Da antworteten ihm die Juden:
Sagen wir nicht mit Recht, daß du ein Samariter bist
und einen bösen Geist hast?

49 Jesus erwiderte:
Ich habe keinen bösen Geist, sondern ich ehre meinen Vater;
aber ihr entehrt mich.

50 Ich suche meine Ehre nicht;
doch es ist einer, der sie sucht und der richtet.

51 Amen, Amen, ich sage euch:
Wenn jemand an meinem Wort festhält, wird er den Tod
nicht schauen in Ewigkeit.

52 Da sagten die Juden zu ihm:
Jetzt wissen wir, daß du einen bösen Geist hast.
Abraham und die Propheten sind gestorben, aber du sagst:
Wenn jemand an meinem Wort festhält, wird er den Tod
nicht erfahren in Ewigkeit.

Christentum

53 Oder bist du größer als unser Vater Abraham?
   Er ist gestorben, und die Propheten sind gestorben.
   Was machst du aus dir selbst?

54 Jesus antwortete:
   Wenn ich mich selbst ehre, so gilt meine Ehre nichts;
   mein Vater ist es, der mich ehrt, und von ihm sagt ihr:
   Er ist unser Gott.

55 Doch ihr habt ihn nicht erkannt; ich aber kenne ihn,
   und wenn ich sagen würde, ich kenne ihn nicht, so wäre ich ein
   Lügner wie ihr.
   Aber ich kenne ihn und halte fest an seinem Wort.

56 Euer Vater Abraham jubelte, weil er meinen Tag sehen sollte.
   Er sah ihn und freute sich.

57 Die Juden entgegneten ihm:
   Du bist noch nicht fünfzig Jahre alt und willst Abraham
   gesehen haben?

58 Jesus sprach zu ihnen: Amen, Amen, ich sage euch:
   Ehe Abraham war, bin ich.

59 Da hoben sie Steine auf, um nach ihm zu werfen;
   Jesus aber verbarg sich und ging aus dem Tempel.

9

1 Als Jesus vorüberging, sah er einen Mann,
   der seit seiner Geburt blind war.

2 Seine Jünger fragten ihn:
   Rabbi, hat er selbst gesündigt, oder haben seine Eltern gesündigt,
   so daß er blind geboren wurde?

3 Jesus antwortete:
   Weder er noch seine Eltern haben gesündigt,
   sondern Gottes Werke sollen an ihm offenbar werden.

4 Wir müssen, solange es Tag ist, die Werke dessen tun,
   der mich gesandt hat;
   es kommt die Nacht, in der niemand wirken kann.

5 Solange ich in der Welt bin, bin ich das Licht der Welt.

6 Nach diesen Worten spie er auf die Erde;
   dann machte er Teig aus dem Speichel,
   legte den Teig dem Blinden auf die Augen

Johannes-Evangelium

7 und sagte zu ihm: Geh und wasch dich in dem Teich Schiloach
(das heißt übersetzt: Gesandter).
Er ging fort, wusch sich und als er zurückkam, konnte er sehen.

8 Die Nachbarn und andere, die ihn früher als Bettler gesehen
hatten, sagten:
Ist das nicht der Mann, der da saß und bettelte?

9 Einige sagten: Er ist es;
andere meinten: Nein, er sieht ihm nur ähnlich.

10 Er selbst aber sagte: Ich bin es.
Da fragten sie ihn: Wie sind deine Augen geöffnet worden?

11 Er antwortete:
Der Mann, den man Jesus nennt, machte einen Teig,
bestrich meine Augen und sagte zu mir:
Geh zum Schiloach und wasch dich!
Ich ging hin, wusch mich und konnte sehen.

12 Sie fragten ihn: Wo ist dieser Mann?
Er erwiderte: Ich weiß es nicht.

13 Da führten sie den Mann, der blind gewesen war,
zu den Pharisäern.

14 Der Tag aber, an dem Jesus den Teig gemacht und ihm
die Augen geöffnet hatte, war ein Sabbat.

15 Auch die Pharisäer fragten ihn, wie er das Augenlicht erlangt habe.
Der Mann antwortete ihnen:
Er legte mir einen Teig auf die Augen; dann wusch ich mich,
und jetzt kann ich sehen.

16 Einige von den Pharisäern meinten: Dieser Mensch
kann nicht von Gott sein, weil er den Sabbat nicht hält.
Andere aber sagten: Wie kann ein sündiger Mensch
solche Zeichen tun?
So entstand ein Zwiespalt unter ihnen.

17 Da fragten sie den Blinden noch einmal:
Was sagst du selbst über ihn? Er hat doch deine Augen geöffnet.
Der Mann antwortete: Er ist ein Prophet.

18 Aber die Juden glaubten nicht, daß er blind gewesen war und
das Augenlicht erlangt hatte;
daher riefen sie die Eltern des Geheilten

19 und fragten sie:
　　Ist das euer Sohn, von dem ihr behauptet, daß er blind
　　geboren wurde?
　　Wie kommt es, daß er jetzt sehen kann?
20 Seine Eltern antworteten: Wir wissen, daß er unser Sohn ist,
　　und daß er blind geboren wurde.
21 Aber wir wissen nicht, warum er jetzt sehen kann, oder wer seine
　　Augen geöffnet hat. Fragt ihn selbst, er ist alt genug und soll
　　selbst für sich sprechen.
22 Das sagten seine Eltern, weil sie sich vor den Juden fürchteten;
　　denn die Juden hatten schon beschlossen, jeden,
　　der ihn als Messias bekennt, aus der Synagoge auszuschließen.
23 Deswegen sagten seine Eltern: Er ist alt genug, fragt ihn selbst.
24 Da riefen die Pharisäer den Mann, der blind gewesen war,
　　zum zweitenmal und sagten zu ihm: Gib Gott die Ehre!
　　Wir wissen, daß dieser Mensch ein Sünder ist.
25 Er antwortete: Ich weiß nicht, ob er ein Sünder ist.
　　Nur das eine weiß ich, daß ich blind war und jetzt sehen kann.
26 Sie fragten ihn: Was hat er mit dir gemacht?
　　Wie hat er deine Augen geöffnet?
27 Er antwortete ihnen: Ich habe es euch bereits gesagt, aber ihr habt
　　nicht auf meine Worte gehört.
　　Warum wollt ihr es noch einmal hören?
　　Wollt auch ihr seine Jünger werden?
28 Da beschimpften sie ihn: Du bist ein Jünger dieses Menschen;
　　aber wir sind Jünger des Mose.
29 Wir wissen, daß Gott zu Mose gesprochen hat;
　　aber von ihm wissen wir nicht, woher er kommt.
30 Der Mann antwortete ihnen:
　　Es ist erstaunlich, daß ihr nicht wißt, woher er kommt;
　　er hat doch meine Augen geöffnet.
31 Wir wissen, daß Gott Sünder nicht erhört;
　　sondern nur den erhört er, der Gott fürchtet
　　und seinen Willen tut.
32 Noch nie hat man gehört, daß jemand die Augen
　　eines Blindgeborenen geöffnet hat.
33 Wenn dieser nicht von Gott wäre,
　　dann hätte er nichts vollbringen können.

34 Sie entgegneten ihm:
   Du bist ganz in Sünden geboren, und du willst uns belehren?
   Dann stießen sie ihn hinaus.
35 Jesus hörte, daß sie ihn ausgestoßen hatten;
   als er ihn traf, sagte er zu ihm:
   Du glaubst an den Menschensohn?
36 Der Mann antwortete:
   Wer ist es, Herr? Sag es, damit ich an ihn glaube!
37 Jesus sagte zu ihm:
   Du hast ihn gesehen; er, der mit dir redet, ist es.
38 Er aber sagte: Ich glaube, Herr! Und er warf sich vor ihm nieder.
39 Da sprach Jesus:
   Zum Gericht bin ich in diese Welt gekommen:
   Menschen, die nicht sehen, sollen sehen, und Menschen,
   die sehen, sollen blind werden.
40 Einige Pharisäer, die bei ihm waren, hörten dies,
   und sie fragten ihn: Sind auch wir blind?
41 Jesus antwortete ihnen:
   Wenn ihr blind wäret, hättet ihr keine Sünde; aber ihr sagt:
   Wir sehen, darum bleibt eure Sünde.

10

1 Amen, Amen, ich sage euch:
   Wer nicht durch die Tür in den Hof für die Schafe hineingeht,
      sondern anderswo eindringt, ist ein Dieb und Räuber.
2 Aber wer durch die Tür hineingeht, ist der Hirt der Schafe.
3 Der Türhüter öffnet ihm, und die Schafe hören seine Stimme;
   er ruft seine Schafe mit Namen und führt sie hinaus.
4 Wenn er alle Schafe, die ihm gehören, hinausgetrieben hat,
   zieht er vor ihnen her, und die Schafe folgen ihm,
   weil sie seine Stimme kennen.
5 Aber einem Fremden werden sie nicht folgen,
   sondern vor ihm fliehen, weil sie die Stimme des Fremden
   nicht kennen.
6 Diese Bildrede sprach Jesus vor ihnen;
   aber sie verstanden nicht, was er ihnen damit sagen wollte.
7 Jesus sprach wieder zu ihnen: Amen, Amen, ich sage euch:
   Ich bin die Tür zu den Schafen.

Christentum

8 Alle, die vor mir kamen, sind Diebe und Räuber;
   aber die Schafe haben nicht auf sie gehört.
9 Ich bin die Tür; wer durch mich eintritt, wird gerettet werden;
   er wird ein- und ausgehen und Weide finden.
10 Der Dieb kommt nur, um zu stehlen, zu schlachten
   und zu verderben;
   ich bin gekommen, damit sie das Leben haben
   und es in Fülle haben.
11 Ich bin der gute Hirt. Der gute Hirt gibt sein Leben für die Schafe.
12 Aber der Tagelöhner, der nicht Hirte ist und dem die Schafe
   nicht gehören, läßt die Schafe im Stich und flieht, wenn er den
   Wolf kommen sieht;
   und der Wolf reißt und versprengt sie.
   Er flieht,
13 weil er Tagelöhner ist und ihm an den Schafen nichts liegt.
14 Ich bin der gute Hirt;
   ich kenne die Meinen, und die Meinen kennen mich,
15 wie mich der Vater kennt und ich den Vater kenne;
   und ich gebe mein Leben für die Schafe.
16 Ich habe noch andere Schafe, die nicht aus diesem Hof sind;
   auch sie muß ich führen, und sie werden
   auf meine Stimme hören;
   dann wird es nur eine Herde geben und einen Hirten.
17 Deshalb liebt mich der Vater, weil ich mein Leben gebe,
   um es wieder zu nehmen.
18 Niemand entreißt es mir, sondern ich gebe es aus freiem Willen.
   Ich habe Macht, es zu geben, und ich habe Macht,
   es wieder zu nehmen.
   Diesen Auftrag habe ich von meinem Vater empfangen.
19 Wieder entstand ein Zwiespalt unter den Juden
   wegen dieser Worte.
20 Viele von ihnen sagten:
   Er ist besessen und von Sinnen; warum hört ihr ihn an?
21 Andere sagten:
   Das sind nicht Worte eines Besessenen;
   vermag ein Dämon die Augen von Blinden zu öffnen?
22 Dann fand das Tempelweihfest in Jerusalem statt; es war Winter.
23 Jesus ging im Tempel in der Halle Salomos umher.

24 Da umringten ihn die Juden und fragten ihn:
   Wie lange noch hältst du uns im Ungewissen?
   Wenn du der Messias bist, sag es uns offen!

25 Jesus antwortete ihnen:
   Ich habe es euch gesagt, aber ihr glaubt nicht.
   Die Werke, die ich im Namen meines Vaters tue,
      legen Zeugnis für mich ab;

26 aber ihr glaubt nicht, weil ihr nicht zu meinen Schafen gehört.

27 Meine Schafe hören auf meine Stimme; ich kenne sie,
      und sie folgen mir.

28 Ich gebe ihnen ewiges Leben; sie werden niemals verlorengehen,
      und niemand wird sie aus meiner Hand reißen.

29 Mein Vater, der sie mir gab, ist größer als alle,
      und niemand kann sie aus der Hand meines Vaters reißen.

30 Ich und der Vater sind eins.

31 Da hoben die Juden wieder Steine auf, um ihn zu steinigen.

32 Jesus entgegnete ihnen:
   Viele gute Werke, die vom Vater herkommen,
      habe ich euch gezeigt;
   für welches von diesen Werken steinigt ihr mich?

33 Die Juden antworteten ihm:
   Wir steinigen dich nicht, weil du ein gutes Werk getan hast,
      sondern weil du Gott lästerst;
   denn du bist doch nur ein Mensch und machst dich zu Gott.

34 Jesus erwiderte ihnen:
   Ist nicht in eurem Gesetz geschrieben:
   Ich habe gesagt: Götter seid ihr?

35 Wenn er jene Menschen Götter genannt hat, an die das Wort
      Gottes ergangen ist, und wenn die Schrift in Geltung
      bleiben muß,

36 dürft ihr dann von dem, den der Vater geheiligt
      und in die Welt gesandt hat, sagen:
   Du lästerst Gott, weil ich gesagt habe: Ich bin Gottes Sohn?

37 Wenn ich nicht die Werke meines Vaters tue, glaubt mir nicht!

38 Aber wenn ich sie tue, dann glaubt den Werken,
      wenn ihr schon mir nicht glaubt;
   dann werdet ihr erkennen und einsehen, daß der Vater in mir ist
      und daß ich im Vater bin.

Christentum

39 Wieder wollten sie ihn festnehmen;
aber er entzog sich ihren Händen.

40 Dann ging Jesus wieder weg auf die andere Seite des Jordan,
an den Ort, wo Johannes zuerst getauft hatte, und er blieb dort.

41 Viele kamen zu ihm und sagten:
Johannes hat kein Zeichen getan; aber alles,
was Johannes über ihn gesagt hat, ist wahr gewesen.

42 Und viele fanden dort den Glauben an ihn.

11

1 Lazarus aus Betanien war krank; Betanien war das Dorf,
in dem Maria und ihre Schwester Marta wohnten.

2 Maria war es, die den Herrn mit Öl gesalbt und seine Füße
mit ihren Haaren getrocknet hat;
ihr Bruder Lazarus war krank.

3 Daher schickten die Schwestern zu Jesus eine Botschaft
und ließen ihm sagen: Herr, dein Freund ist krank.

4 Als Jesus das hörte, sagte er:
Diese Krankheit führt nicht zum Tod, sondern dient
der Verherrlichung Gottes:
Gottes Sohn soll durch sie verherrlicht werden.

5 Denn Jesus liebte Marta, ihre Schwester und Lazarus.

6 Als er hörte, daß Lazarus krank sei, blieb er noch zwei Tage
an dem Ort, wo er war.

7 Dann erst sagte er zu den Jüngern:
Wir wollen wieder nach Judäa gehen.

8 Die Jünger entgegneten ihm:
Rabbi, eben noch wollten dich die Juden steinigen,
und du gehst wieder dorthin?

9 Jesus antwortete: Hat der Tag nicht zwölf Stunden?
Wenn jemand am Tag wandert, stößt er nicht an,
weil er das Licht dieser Welt sieht;

10 aber wenn jemand in der Nacht wandert, stößt er an,
weil das Licht nicht in ihm ist.

11 Nach diesem Wort sagte er zu ihnen:
Lazarus, unser Freund, schläft;
aber ich gehe hin, um ihn aufzuwecken.

12 Da sagten die Jünger zu ihm:
Herr, wenn er schläft, wird er gesund werden.
13 Jesus aber hatte von seinem Tod gesprochen,
während sie meinten, er spreche von der Ruhe des Schlafes.
14 Da sagte Jesus offen zu ihnen:
Lazarus ist gestorben;
15 ich aber freue mich euretwegen, daß ich nicht dort war,
damit ihr glaubt.
Doch wir wollen zu ihm gehen!
16 Tomas, den man Zwilling nannte, sagte zu den Jüngern:
Wir wollen mit ihm gehen, um mit ihm zu sterben!
17 Als Jesus ankam, stellte er fest, daß Lazarus schon vier Tage
im Grab lag.
18 Betanien war nahe bei Jerusalem, etwa fünfzehn Stadien entfernt.
19 Viele Juden waren zu Marta und Maria gekommen,
um sie wegen ihres Bruders zu trösten.
20 Als Marta hörte, daß Jesus kam, ging sie ihm entgegen;
Maria aber blieb im Haus.
21 Marta sagte zu Jesus: Herr, wenn du hier gewesen wärest,
dann wäre mein Bruder nicht gestorben.
22 Aber auch jetzt weiß ich: Alles, was du von Gott erbittest,
wird Gott dir geben.
23 Jesus sagte zu ihr: Dein Bruder wird auferstehen.
24 Marta erwiderte ihm: Ich weiß, daß er auferstehen wird
bei der Auferstehung am Letzten Tag.
25 Jesus sprach zu ihr:
Ich bin die Auferstehung und das Leben; wer an mich glaubt,
wird leben, auch wenn er stirbt,
26 und jeder, der lebt und an mich glaubt, wird in Ewigkeit
nicht sterben.
Glaubst du das?
27 Marta antwortete ihm:
Ja, Herr, ich glaube, daß du der Messias bist, der Sohn Gottes,
der in die Welt kommen soll.
28 Nach diesen Worten ging sie fort, rief ihre Schwester Maria
und sagte ihr leise: Der Meister ist da und ruft dich.
29 Als Maria das hörte, stand sie schnell auf und ging zu ihm.

Christentum

30 Denn Jesus war noch nicht in das Dorf gekommen;
    er war noch an dem Ort, wo ihn Marta getroffen hatte.

31 Die Juden, die bei Maria im Haus waren und sie trösteten, sahen,
    daß sie schnell aufstand und hinausging; da folgten sie ihr,
    weil sie glaubten, sie gehe zum Grab, um dort zu weinen.

32 Als Maria dorthin kam, wo Jesus war, und ihn sah, fiel sie
    vor seinen Füßen nieder und sagte zu ihm:
    Herr, wenn du hier gewesen wärest, dann wäre mein Bruder
    nicht gestorben.

33 Als Jesus sah, daß sie weinte und daß auch die Juden weinten,
    die mit ihr gekommen waren, packte ihn in seinem Innern
    der Zorn, und er erregte sich.

34 Er sagte:
    Wo habt ihr ihn begraben?
    Sie antworteten ihm: Herr, komm und sieh!

35 Da weinte Jesus.

36 Die Juden sagten: Seht, wie sehr er ihn geliebt hat!

37 Aber einige sagten: Wenn er dem Blinden die Augen geöffnet hat,
    konnte er dann nicht verhindern, daß dieser hier starb?

38 Da wurde Jesus wieder im Innern vom Zorn gepackt,
    und er ging zum Grab;
    es war eine Gruft, und ein Stein lag darauf.

39 Jesus sagte:
    Nehmt den Stein weg!
    Marta, die Schwester des Verstorbenen, antwortete ihm:
    Herr, er verbreitet schon Geruch, denn er ist seit vier Tagen tot.

40 Jesus erwiderte ihr:
    Habe ich dir nicht gesagt: Wenn du glaubst, wirst du
    die Herrlichkeit Gottes schauen?

41 Da nahmen sie den Stein weg.
    Jesus aber erhob seine Augen und sprach:
    Vater, ich danke dir, daß du mich erhört hast.

42 Ich wußte, daß du mich immer erhörst;
    aber wegen des Volkes, das ringsum steht, habe ich es gesagt,
    damit sie glauben, daß du mich gesandt hast.

43 Nach diesen Worten rief er mit lauter Stimme:
    Lazarus, komm heraus!

44 Da kam der Tote heraus;
seine Füße und Hände waren mit Binden umwunden,
und sein Gesicht war mit einem Schweißtuch umhüllt.
Jesus sagte zu ihnen:
Löst die Binden und laßt ihn fortgehen!

45 Viele von den Juden, die zu Maria gekommen waren und gesehen hatten, was Jesus getan hatte, fanden den Glauben an ihn.

46 Aber einige von ihnen gingen zu den Pharisäern
und berichteten ihnen, was er getan hatte.

47 Da versammelten die Hohenpriester und Pharisäer
den Hohen Rat und sagten:
Was sollen wir tun, da dieser Mensch viele Zeichen wirkt?

48 Wenn wir nicht gegen ihn vorgehen, werden alle an ihn glauben;
die Römer werden kommen und uns Land und Leute wegnehmen.

49 Einer von ihnen, Kajafas, der Hohepriester jenes Jahres,
sagte zu ihnen: Ihr wißt keinen Rat.

50 Ihr bedenkt nicht, daß es besser für euch ist, wenn ein Mensch für das Volk stirbt und nicht das ganze Volk zugrunde geht.

51 So sprach er nicht von sich aus, sondern weil er der Hohepriester jenes Jahres war, sagte er aus prophetischem Geist, daß Jesus für das Volk sterben solle;

52 aber er sollte nicht nur für das Volk sterben, sondern auch um die zerstreuten Gotteskinder zu sammeln.

53 An diesem Tag beschlossen sie, ihn zu töten.

54 Jesus trat nicht mehr öffentlich unter den Juden auf,
sondern ging von dort in die Gegend nahe der Wüste,
an einen Ort, der Efraim hieß.
Dort blieb er mit seinen Jüngern.

55 Das Paschafest der Juden war nahe, und viele aus dem Land zogen vor dem Paschafest nach Jerusalem hinauf, um sich zu heiligen.

56 Sie suchten Jesus und sagten zueinander,
als sie auf dem Tempelplatz zusammenstanden:
Was meint ihr? Wird er nicht zum Fest kommen?

57 Die Hohenpriester und Pharisäer aber hatten,
um ihn festnehmen zu können, angeordnet:
Jeder, der weiß, wo er sich aufhält, soll es melden.

12

1 Sechs Tage vor dem Paschafest kam Jesus nach Betanien, wo Lazarus war, den er von den Toten auferweckt hatte.

2 Dort bereiteten sie ihm ein Gastmahl; Marta sorgte für den Tisch, und Lazarus war einer von denen, die mit Jesus zu Tisch lagen.

3 Maria aber nahm ein Pfund echtes, kostbares Nardenöl, salbte die Füße Jesu und trocknete sie mit ihren Haaren; das Haus wurde vom Duft des Öles erfüllt.

4 Da sagte einer von seinen Jüngern, Judas Iskariot, der ihn verraten sollte:

5 Warum hat man dieses Öl nicht für 300 Denare verkauft und den Erlös den Armen gegeben?

6 Aber er sagte das nicht, weil er sich um die Armen sorgte, sondern weil er ein Dieb war und die Einkünfte aus der Kasse, die er verwaltete, zu entwenden pflegte.

7 Jesus erwiderte: Laß sie gewähren! Sie sollte es für den Tag meines Begräbnisses aufheben.

8 Denn die Armen habt ihr immer bei euch, aber mich habt ihr nicht immer bei euch.

9 Viele Juden hatten erfahren, daß Jesus dort war; sie kamen nicht nur um Jesu willen, sondern auch um Lazarus zu sehen, den er von den Toten erweckt hatte.

10 Die Hohenpriester aber beschlossen, auch den Lazarus zu töten,

11 weil viele Juden seinetwegen hingingen und an Jesus glaubten.

12 Am Tag darauf hörten viele Menschen, die zum Fest gekommen waren, Jesus komme nach Jerusalem.

13 Da nahmen sie Palmzweige, zogen hinaus, um ihn zu empfangen, und riefen: Hosanna, gepriesen, der kommt im Namen des Herrn, der König Israels!

14 Jesus fand einen jungen Esel und setzte sich darauf, wie geschrieben steht:

15 Fürchte dich nicht, Tochter Zion; siehe, dein König kommt und sitzt auf einem Eselsfüllen.

16 Das alles verstanden seine Jünger zunächst nicht, als Jesus aber
 verherrlicht war, erinnerten sie sich, daß dies über ihn
 geschrieben war und daß man so an ihm getan hatte.
17 Das Volk legte Zeugnis für ihn ab, weil es bei ihm gewesen war,
 als er Lazarus aus dem Grab rief und von den Toten erweckte.
18 Die Menge war ihm deshalb entgegengezogen,
 weil sie gehört hatte, er habe dieses Zeichen getan.
19 Die Pharisäer aber sagten zueinander:
 Ihr seht, daß ihr nichts ausrichtet; die ganze Welt läuft ihm nach!
20 Auch einige Griechen waren unter den Pilgern,
 die beim Fest Gott anbeten wollten.
21 Sie traten an Philippus heran, der aus Betsaida in Galiläa stammte,
 und baten ihn: Herr, wir möchten Jesus sehen.
22 Philippus ging und sagte es Andreas;
 Andreas und Philippus gingen und sagten es Jesus.
23 Jesus aber antwortete ihnen und sprach:
 Die Stunde ist gekommen, daß der Menschensohn
 verherrlicht wird.
24 Amen, Amen, ich sage euch:
 Wenn das Weizenkorn nicht in die Erde fällt und stirbt,
 bleibt es allein;
 wenn es aber stirbt, bringt es reiche Frucht.
25 Wer sein Leben liebt, verliert es;
 wer aber sein Leben in dieser Welt haßt,
 wird es bewahren bis ins ewige Leben.
26 Wer mir dienen will, folge mir nach; und wo ich bin,
 dort wird auch der sein, der mir dient. Wer mir dient,
 den wird der Vater ehren.
27 Jetzt ist meine Seele erschüttert; was soll ich sagen?
 Vater, rette mich aus dieser Stunde?
 Aber deshalb bin ich in diese Stunde gekommen.
28 Vater, verherrliche deinen Namen!
 Da kam eine Stimme vom Himmel:
 Ich habe verherrlicht und werde wieder verherrlichen.
29 Das Volk, das dabeistand und es hörte, sagte: Es hat gedonnert.
 Andere sagten: Ein Engel hat mit ihm gesprochen.
30 Jesus antwortete und sprach:
 Nicht meinetwegen erscholl diese Stimme, sondern euretwegen.

Christentum

31 Jetzt ist Gericht über diese Welt;
jetzt wird der Herrscher dieser Welt hinausgeworfen werden.

32 Aber wenn ich von der Erde erhöht bin, werde ich alle
an mich ziehen.

33 Das sagte er, um anzudeuten, auf welche Weise er sterben werde.

34 Das Volk erwiderte ihm:
Wir haben aus dem Gesetz gehört, daß der Messias immer
bleiben wird;
wie kannst du sagen, der Menschensohn müsse erhöht werden?
Wer ist dieser Menschensohn?

35 Jesus sprach zu ihnen:
Nur kurze Zeit noch ist das Licht unter euch.
Geht euren Weg, solange ihr das Licht habt, damit euch nicht
die Finsternis überfällt;
wer in der Finsternis geht, weiß nicht, wohin er geht.

36 Solange ihr das Licht habt, glaubt an das Licht,
damit ihr Kinder des Lichtes werdet!
So sprach Jesus, dann ging er fort und verbarg sich vor ihnen.

37 Obwohl Jesus so viele Zeichen vor ihren Augen getan hatte,
glaubten sie nicht an ihn.

38 So sollte sich das Wort erfüllen, das der Prophet Jesaja
gesprochen hat:
Herr, wer hat unserer Verkündigung geglaubt
und der Arm des Herrn – wem wurde er enthüllt?

39 Sie konnten deshalb nicht glauben,
weil Jesaja an einer anderen Stelle gesagt hat:

40 Er hat ihre Augen geblendet und ihr Herz verhärtet,
damit sie mit ihren Augen nicht sehen und mit ihrem Herzen
nicht verstehen und umkehren und ich sie heile.

41 Das sagte Jesaja, weil er Jesu Herrlichkeit geschaut hatte,
und über ihn hat er gesprochen.

42 Dennoch glaubten sogar viele von den Ratsherren an ihn;
aber wegen der Pharisäer bekannten sie es nicht offen,
um nicht aus der Synagoge ausgestoßen zu werden.

43 Denn sie liebten die Ehre bei den Menschen mehr
als die Ehre bei Gott.

44 Jesus aber rief mit lauter Stimme:
Wer an mich glaubt, glaubt nicht an mich, sondern an den,
der mich gesandt hat;

45 wer mich sieht, sieht den, der mich gesandt hat.
46 Ich bin als Licht in die Welt gekommen, damit keiner,
 der an mich glaubt, in der Finsternis bleibt.
47 Wer meine Worte hört und nicht bewahrt, den richte nicht ich;
 denn ich bin nicht gekommen, um die Welt zu richten,
 sondern um sie zu retten.
48 Wer mich verachtet und meine Worte nicht annimmt,
 hat seinen Richter: Das Wort, das ich gesprochen habe,
 wird ihn richten am Letzten Tag.
49 Denn ich habe nicht aus eigenem Antrieb gesprochen,
 sondern der Vater, der mich gesandt hat, hat mir aufgetragen,
 was ich sagen und reden soll.
50 Ich weiß, sein Auftrag ist ewiges Leben.
 Was ich sage, rede ich so, wie es mir der Vater gesagt hat.

13

1 Es war vor dem Paschafest. Jesus wußte, daß seine Stunde
 gekommen war, aus dieser Welt zum Vater zu gehen.
 Er liebte die Seinen in der Welt, und er liebte sie bis ans Ende.
2 Sie hielten ein Mahl, und der Teufel hatte dem Judas Iskariot,
 dem Sohn Simons, schon ins Herz gegeben, ihn auszuliefern.
3 Jesus aber wußte, daß ihm der Vater alles in die Hand gelegt hatte
 und daß er von Gott gekommen war und zu Gott zurückkehrt;
4 da stand er vom Mahl auf, legte das Oberkleid ab
 und umgürtete sich mit einem Leinentuch.
5 Dann goß er Wasser in eine Schüssel und begann,
 den Jüngern die Füße zu waschen und mit dem Leinentuch
 abzutrocknen, mit dem er umgürtet war.
6 Als er zu Simon Petrus kam, sagte dieser zu ihm:
 Herr, du willst mir die Füße waschen?
7 Jesus antwortete ihm:
 Was ich tue, verstehst du jetzt nicht, du wirst es aber
  später erkennen.
8 Petrus entgegnete ihm:
 Niemals sollst du mir die Füße waschen! Jesus erwiderte ihm:
 Wenn ich dich nicht wasche, hast du keine Gemeinschaft mit mir.

Christentum

9 Da sagte Simon Petrus zu ihm:
Herr, nicht nur meine Füße, sondern auch die Hände
und den Kopf!

10 Jesus sprach zu ihm:
Wer gebadet ist, braucht sich nur noch die Füße zu waschen,
und er ist ganz rein.
Auch ihr seid rein, aber nicht alle.

11 Er kannte nämlich den, der ihn ausliefern sollte;
darum sagte er: Ihr seid nicht alle rein.

12 Als er ihnen die Füße gewaschen, sein Oberkleid angelegt
und sich wieder zu Tisch gesetzt hatte, sagte er zu ihnen:
Begreift ihr, was ich an euch getan habe?

13 Ihr nennt mich Meister und Herr, und ihr habt recht;
denn ich bin es.

14 Wenn ich, der Meister und Herr, euch die Füße gewaschen habe,
müßt auch ihr einander die Füße waschen.

15 Ein Beispiel habe ich euch gegeben, damit auch ihr tut,
wie ich an euch getan habe.

16 Amen, Amen, ich sage euch:
Der Knecht ist nicht größer als sein Herr, und der Abgesandte
ist nicht größer als der, welcher ihn gesandt hat.

17 Selig seid ihr, wenn ihr das wißt und danach handelt.

18 Ich spreche nicht von euch allen; ich weiß, wen ich erwählt habe.
Aber die Schrift soll erfüllt werden:
Einer, der mein Brot aß, hat gegen mich seine Ferse erhoben.

19 Schon jetzt, bevor es geschieht, sage ich es euch, damit ihr,
wenn es geschehen ist, glaubt: Ich bin es.

20 Amen, Amen, ich sage euch:
Wer den aufnimmt, den ich sende, nimmt mich auf;
wer aber mich aufnimmt, nimmt den auf, der mich gesandt hat.

21 Nach diesen Worten wurde Jesus im Innern erschüttert
und bezeugte: Amen, Amen, ich sage euch:
Einer von euch wird mich verraten.

22 Die Jünger blickten sich ratlos an, weil sie nicht wußten,
wen er meinte.

23 Einer von den Jüngern lag an der Brust Jesu;
es war der Jünger, den Jesus liebte.

24 Simon Petrus gab ihm ein Zeichen und sagte zu ihm:
Frag, wer es ist und wen er meint!
25 Da lehnte sich dieser zurück an die Brust Jesu und fragte ihn:
Herr, wer ist es?
26 Jesus antwortete:
Der ist es, dem ich das Brot, das ich eintauche, geben werde.
Dann tauchte er das Brot ein, nahm es und gab es Judas Iskariot,
dem Sohn Simons.
27 Als Judas es genommen hatte, fuhr der Satan in ihn.
Jesus sagte zu ihm:
Was du tun willst, das tu bald!
28 Aber keiner der Tischgenossen verstand, warum er ihm das sagte.
29 Weil Judas die Kasse hatte, meinten einige, daß Jesus zu ihm sage:
Kaufe, was wir zum Fest brauchen! oder daß Jesus ihm auftrage,
er solle den Armen etwas geben.
30 Als Judas das Brot genommen hatte, ging er sofort hinaus;
es war Nacht.
31 Als Judas hinausgegangen war, sprach Jesus:
Jetzt ist der Menschensohn verherrlicht,
und Gott ist in ihm verherrlicht.
32 Wenn Gott in ihm verherrlicht ist, wird auch Gott ihn in sich
verherrlichen, und er wird ihn sogleich verherrlichen.
33 Kinder, ich bin nur noch kurze Zeit bei euch;
ihr werdet mich suchen, aber was ich zu den Juden gesagt habe,
das sage ich jetzt auch zu euch:
Wohin ich gehe, dorthin könnt ihr nicht kommen.
34 Ein neues Gebot gebe ich euch:
Liebt einander;
wie ich euch geliebt habe, so sollt auch ihr einander lieben.
35 Daran werden alle erkennen, daß ihr meine Jünger seid,
wenn ihr Liebe habt zueinander.
36 Simon Petrus sagte zu ihm: Herr, wohin gehst du?
Jesus antwortete:
Wohin ich gehe, dorthin kannst du mir jetzt nicht folgen.
Du wirst mir aber später folgen.
37 Petrus sagte zu ihm:
Herr, warum kann ich dir jetzt nicht folgen?
Mein Leben will ich für dich einsetzen.

Christentum

38 Jesus antwortete:
    Dein Leben willst du für mich einsetzen?
    Amen, Amen, ich sage dir:
    Noch bevor der Hahn kräht, wirst du mich dreimal verleugnen.

14

1 Euer Herz sei ohne Angst! Glaubt an Gott und glaubt an mich!

2 Im Haus meines Vaters sind viele Wohnungen.
   Wenn es nicht so wäre, hätte ich euch dann gesagt:
   Ich gehe hin, um euch einen Platz zu bereiten?

3 Wenn ich hingegangen bin und euch einen Platz bereitet habe,
   komme ich wieder und werde euch zu mir holen,
   damit auch ihr dort seid, wo ich bin.

4 Ihr kennt den Weg, wohin ich gehe.

5 Tomas sagte zu ihm: Herr, wir wissen nicht, wohin du gehst;
   wie sollen wir den Weg kennen?

6 Jesus sprach zu ihm:
   Ich bin der Weg und die Wahrheit und das Leben;
   niemand kommt zum Vater außer durch mich.

7 Wenn ihr mich erkannt habt,
   werdet ihr auch meinen Vater erkennen.
   Schon jetzt erkennt ihr ihn und habt ihn gesehen.

8 Philippus sagte zu ihm: Herr, zeig uns den Vater,
   und es genügt uns.

9 Jesus antwortete ihm:
   Schon solange bin ich bei euch, und du hast mich nicht erkannt,
   Philippus?
   Wer mich gesehen hat, hat den Vater gesehen;
   wie kannst du sagen: Zeig uns den Vater?

10 Glaubst du nicht, daß ich im Vater bin und daß der Vater
   in mir ist?
   Die Worte, die ich zu euch sage, rede ich nicht von mir aus.
   Der Vater, der in mir bleibt, tut seine Werke.

11 Glaubt mir, daß ich im Vater bin und daß der Vater in mir ist!
   Aber wenn ihr mir nicht glaubt, dann glaubt
   auf Grund der Werke!

12 Amen, Amen, ich sage euch:
    Wer an mich glaubt, wird die Werke, die ich tue, auch selbst tun,
    und er wird größere als diese tun, weil ich zum Vater gehe.
13 Alles, um was ihr in meinem Namen bittet, werde ich tun,
    damit der Vater im Sohn verherrlicht wird.
14 Wenn ihr mich um etwas in meinem Namen bittet,
    werde ich es tun.
15 Wenn ihr mich liebt, werdet ihr meine Gebote halten.
16 Ich werde den Vater bitten, und er wird euch
    einen anderen Beistand geben, damit er immer bei euch bleibt.
17 Es ist der Geist der Wahrheit, den die Welt
    nicht empfangen kann, weil sie ihn nicht sieht und nicht kennt.
    Ihr kennt ihn, weil er bei euch bleibt und in euch sein wird.
18 Ich werde euch nicht verwaist zurücklassen,
    sondern ich komme zu euch.
19 Nur noch kurze Zeit vergeht, und die Welt sieht mich nicht mehr;
    aber ihr seht mich, weil ich lebe und weil auch ihr leben werdet.
20 An jenem Tag werdet ihr erkennen:
    Ich bin in meinem Vater, ihr seid in mir, und ich bin in euch.
21 Wer meine Gebote hat und sie hält, liebt mich;
    wer aber mich liebt, wird von meinem Vater geliebt werden,
    und ich werde ihn lieben und mich ihm offenbaren.
22 Judas – es war nicht Judas Iskariot – sagte zu ihm:
    Herr, warum willst du dich uns offenbaren und nicht der Welt?
23 Jesus antwortete ihm und sprach:
    Wer mich liebt, wird mein Wort festhalten;
    mein Vater wird ihn lieben, und wir werden zu ihm kommen
    und bei ihm wohnen.
24 Wer mich nicht liebt, hält meine Worte nicht fest.
    Und das Wort, das ihr hört, ist nicht mein Wort,
    sondern das des Vaters, der mich gesandt hat.
25 Das habe ich zu euch gesprochen, während ich noch bei euch bin.
26 Der Beistand aber, der heilige Geist, den der Vater
    in meinem Namen senden wird, er wird euch alles lehren
    und euch an alles erinnern, was ich euch gesagt habe.
27 Frieden hinterlasse ich euch, meinen Frieden gebe ich euch;
    nicht wie die Welt ihn gibt, gebe ich ihn euch.
    Euer Herz ängstige sich nicht und verzage nicht.

Christentum

28 Ihr habt gehört, daß ich zu euch sagte:
Ich gehe fort und komme wieder zu euch.
Wenn ihr mich wirklich liebt, dann würdet ihr euch freuen,
daß ich zum Vater gehe; denn der Vater ist größer als ich.

29 Und ich habe es euch jetzt gesagt, bevor es geschieht,
damit ihr glaubt, wenn es geschieht.

30 Ich werde nicht mehr viel mit euch sprechen;
denn es kommt der Herrscher der Welt.
Über mich hat er keine Macht,

31 aber die Welt soll erkennen, daß ich den Vater liebe
und so handle, wie mir der Vater aufgetragen hat.
Steht auf, wir wollen von hier fortgehen!

15

1 Ich bin der wahre Weinstock, und mein Vater ist der Winzer.

2 Jeden Rebzweig an mir, der keine Frucht bringt, schneidet er ab,
und jeden Rebzweig, der Frucht bringt, reinigt er,
damit er mehr Frucht bringen kann.

3 Ihr seid schon durch das Wort rein,
das ich zu euch gesprochen habe.

4 Bleibt in mir, dann bleibe ich in euch.
Wie der Rebzweig aus sich keine Frucht bringen kann,
sondern nur, wenn er am Weinstock bleibt, so könnt auch ihr
keine Frucht bringen, wenn ihr nicht in mir bleibt.

5 Ich bin der Weinstock, ihr seid die Rebzweige.
Wer in mir bleibt und in wem ich bleibe, der bringt reiche Frucht;
denn getrennt von mir könnt ihr nichts tun.

6 Wer nicht in mir bleibt, wird weggeworfen wie der Rebzweig
und verdorrt.
Man sammelt die Rebzweige, wirft sie ins Feuer,
und sie verbrennen.

7 Wenn ihr in mir bleibt und wenn meine Worte in euch bleiben,
dann bittet um alles, was ihr wollt: ihr werdet es erhalten.

8 Mein Vater wird dadurch verherrlicht, daß ihr reiche Frucht bringt
und meine Jünger werdet.

9 Wie mich der Vater geliebt hat, so habe auch ich euch geliebt;
bleibt in meiner Liebe!

10 Wenn ihr meine Gebote haltet, bleibt ihr in meiner Liebe,
   wie ich die Gebote meines Vaters gehalten habe
   und in seiner Liebe bleibe.

11 Dies habe ich zu euch gesagt, damit meine Freude in euch ist
   und damit eure Freude vollkommen wird.

12 Das ist mein Gebot: Liebt einander, wie ich euch geliebt habe!

13 Es gibt keine größere Liebe als die, wenn einer sein Leben gibt
   für seine Freunde.

14 Ihr seid meine Freunde, wenn ihr tut, was ich euch auftrage.

15 Ich nenne euch nicht mehr Knechte;
   denn der Knecht weiß nicht, was sein Herr tut;
   ich habe euch Freunde genannt, weil ich euch
   alles geoffenbart habe, was ich von meinem Vater gehört habe.

16 Nicht ihr habt mich erwählt, sondern ich habe euch erwählt,
   und ich habe euch dazu bestimmt, daß ihr hingeht und Frucht
   bringt und daß eure Frucht bleibt.
   Dann wird euch der Vater alles geben, um was ihr ihn
   in meinem Namen bittet.

17 Dies trage ich euch auf: Liebt einander!

18 Wenn die Welt euch haßt, dann wißt,
   daß sie mich vor euch gehaßt hat.

19 Wenn ihr aus der Welt wäret, würde die Welt euch
   als ihr Eigentum lieben;
   aber weil ihr nicht aus der Welt seid, sondern weil ich euch
   aus der Welt erwählt habe, haßt euch die Welt.

20 Denkt an das Wort, das ich euch gesagt habe:
   Der Knecht ist nicht größer als sein Herr.
   Wenn sie mich verfolgt haben, dann werden sie
   auch euch verfolgen;
   wenn sie an meinem Wort festgehalten haben, dann werden sie
   auch an eurem Wort festhalten.

21 Aber das alles werden sie euch antun um meines Namens willen;
   denn sie kennen den nicht, der mich gesandt hat.

22 Wenn ich nicht gekommen wäre und nicht zu ihnen
   gesprochen hätte, dann wären sie ohne Sünde;
   aber jetzt haben sie keine Entschuldigung für ihre Sünde.

23 Wer mich haßt, haßt auch meinen Vater.

24 Wenn ich vor ihnen nicht die Werke getan hätte, die kein anderer
getan hat, dann wären sie ohne Sünde.
Aber jetzt haben sie gesehen, und sie haben mich
und meinen Vater gehaßt.

25 Aber das Wort sollte sich erfüllen,
das in ihrem Gesetz geschrieben ist:
Ohne Grund haben sie mich gehaßt.

26 Wenn aber der Beistand kommt, den ich euch vom Vater
senden werde, der Geist der Wahrheit, der vom Vater
herkommt, dann wird er Zeugnis für mich ablegen.

27 Auch ihr seid Zeugen, weil ihr von Anfang an bei mir seid.

16

1 Das habe ich euch gesagt, damit ihr nicht zu Fall kommt.

2 Sie werden euch aus der Synagoge ausstoßen,
ja es kommt die Stunde, in der alle, die euch töten, meinen,
Gott einen heiligen Dienst zu erweisen.

3 Das werden sie tun,
weil sie weder den Vater noch mich erkannt haben.

4 Doch ich habe es euch gesagt;
darum erinnert euch, wenn ihre Stunde kommt, an meine Worte.
Das habe ich euch nicht von Anfang an gesagt,
weil ich bei euch war.

5 Jetzt aber gehe ich zu dem, der mich gesandt hat,
und keiner von euch fragt mich: Wohin gehst du?

6 Vielmehr ist euer Herz von Trauer erfüllt,
weil ich euch das gesagt habe.

7 Doch ich sage euch die Wahrheit:
Es ist gut für euch, daß ich fortgehe;
denn wenn ich nicht fortgehe, wird der Beistand nicht
zu euch kommen;
gehe ich aber, so werde ich ihn zu euch senden.

8 Und wenn er kommt, wird er die Welt überführen, und er wird
aufdecken, was Sünde, Gerechtigkeit und Gericht ist.

9 Sünde ist, daß sie nicht an mich glauben,

10 Gerechtigkeit, daß ich zum Vater gehe
und ihr mich nicht mehr seht,

11 Gericht, daß der Herrscher dieser Welt gerichtet ist.

Johannes-Evangelium

12 Noch vieles habe ich euch zu sagen,
aber ihr könnt es jetzt nicht ertragen.

13 Wenn aber jener kommt, der Geist der Wahrheit, wird er euch
in die volle Wahrheit führen.
Denn er wird nicht von sich aus reden, sondern was er hört,
wird er reden, und das Kommende wird er euch verkünden.

14 Er wird mich verherrlichen;
denn von dem, was mein ist, wird er nehmen
und euch verkünden.

15 Alles, was der Vater hat, ist mein; darum habe ich gesagt:
Von dem, was mein ist, nimmt er und wird es euch verkünden.

16 Noch kurze Zeit, dann seht ihr mich nicht mehr,
und wieder eine kurze Zeit, dann werdet ihr mich schauen.

17 Da sagten einige von seinen Jüngern zueinander:
Was heißt das: Noch kurze Zeit, dann seht ihr mich nicht mehr,
und wieder eine kurze Zeit, dann werdet ihr mich schauen?
Und was bedeutet: Ich gehe zum Vater?

18 Sie sagten: Was heißt das: Eine kurze Zeit?
Wir wissen nicht, wovon er redet.

19 Jesus erkannte, daß sie ihn fragen wollten, und sprach zu ihnen:
Ihr macht euch darüber Gedanken, daß ich euch gesagt habe:
Noch kurze Zeit, dann seht ihr mich nicht mehr, und wieder
eine kurze Zeit, dann werdet ihr mich schauen?

20 Amen, Amen, ich sage euch:
Ihr werdet weinen und klagen, aber die Welt wird sich freuen;
ihr werdet trauern, aber eure Trauer wird sich
in Freude verwandeln.

21 Wenn eine Frau gebären soll, ist sie traurig, weil ihre Stunde
gekommen ist; aber wenn sie das Kind geboren hat, denkt sie
nicht mehr an ihre Not, vor Freude, daß ein Mensch
zur Welt gekommen ist.

22 So seid auch ihr jetzt traurig, aber ich werde euch wieder sehen;
dann wird euer Herz sich freuen, und eure Freude
wird euch niemand nehmen.

23 An jenem Tag werdet ihr mich nichts mehr fragen.
Amen, Amen, ich sage euch:
Was ihr vom Vater erbitten werdet, das wird er euch geben,
in meinem Namen.

Christentum

24 Bis jetzt habt ihr noch nichts in meinem Namen erbeten.
Bittet, und ihr werdet empfangen, damit eure Freude vollkommen ist.

25 Dies habe ich in verhüllter Rede zu euch gesagt;
es kommt die Stunde, in der ich nicht mehr verhüllt zu euch rede,
sondern euch offen den Vater verkünden werde.

26 An jenem Tag werdet ihr in meinem Namen bitten,
und ich sage nicht, daß ich den Vater für euch bitten werde;

27 denn der Vater selbst liebt euch, weil ihr mich geliebt
und weil ihr geglaubt habt, daß ich von Gott gekommen bin.

28 Vom Vater bin ich ausgegangen und in die Welt gekommen;
ich verlasse die Welt wieder und gehe zum Vater.

29 Da sagten seine Jünger:
Jetzt redest du offen und sprichst nicht mehr verhüllt.

30 Jetzt wissen wir, daß du alles weißt
und daß niemand dich zu fragen braucht;
darum glauben wir, daß du von Gott gekommen bist.

31 Jesus antwortete ihnen: Glaubt ihr jetzt?

32 Es kommt die Stunde, und sie ist schon gekommen,
in der ihr zerstreut werdet;
jeder wird in sein Heim zurückkehren,
und mich werdet ihr allein lassen.
Aber ich bin nicht allein, denn der Vater ist bei mir.

33 Dies habe ich zu euch gesagt, damit ihr in mir Frieden habt.
In der Welt habt ihr Drangsal; aber habt Mut:
Ich habe die Welt besiegt.

17

1 Nach diesen Worten erhob Jesus seine Augen zum Himmel und sprach:
Vater, die Stunde ist gekommen; verherrliche deinen Sohn,
damit der Sohn dich verherrlicht!

2 Du hast ihm Macht über alle Menschen gegeben, damit er allen,
die du ihm gegeben hast, ewiges Leben schenkt.

3 Dies ist das ewige Leben: dich, den einzigen und wahren Gott
zu erkennen und Jesus Christus, den du gesandt hast.

4 Ich habe dich auf der Erde verherrlicht und das Werk vollendet,
das du mir aufgetragen hast.

5   Vater, verherrliche du mich jetzt bei dir mit der Herrlichkeit,
  die ich bei dir hatte, bevor die Welt war.
6   Ich habe deinen Namen den Menschen geoffenbart, die du
  mir aus der Welt gegeben hast.
  Sie waren dein, und du hast sie mir gegeben,
  und sie haben dein Wort bewahrt.
7   Sie haben jetzt erkannt, daß alles, was du mir gabst, von dir ist;
8   denn die Worte, die du mir gabst, habe ich ihnen gegeben,
  und sie haben sie angenommen.
  Sie haben in Wahrheit erkannt, daß ich von dir gekommen bin,
  und sie haben geglaubt, daß du mich gesandt hast.
9   Für sie bitte ich; für die Welt bitte ich nicht, sondern für alle,
  die du mir gegeben hast; denn sie sind dein.
10   Alles, was mein ist, ist dein, und was dein ist, ist mein;
  in ihnen bin ich verherrlicht.
11   Ich bin nicht mehr in der Welt, aber sie sind in der Welt;
  denn ich gehe zu dir.
  Heiliger Vater, bewahre sie in deinem Namen,
  den du mir gegeben hast, damit sie eins sind wie wir.
12   Solange ich bei ihnen war, bewahrte ich sie in deinem Namen,
  den du mir gegeben hast; ich habe sie behütet, und keiner
  von ihnen ging verloren außer dem Sohn des Verderbens,
  damit die Schrift erfüllt wird.
13   Aber jetzt gehe ich zu dir; doch dies rede ich noch in der Welt,
  damit sie meine Freude ganz in sich haben.
14   Ich habe ihnen dein Wort gegeben, und die Welt hat sie gehaßt,
  weil sie nicht aus der Welt sind, wie auch ich
  nicht aus der Welt bin.
15   Ich bitte nicht, daß du sie aus der Welt nimmst,
  sondern daß du sie vor dem Bösen bewahrst.
16   Sie sind nicht aus der Welt, wie auch ich nicht aus der Welt bin.
17   Heilige sie durch die Wahrheit; dein Wort ist Wahrheit.
18   Wie du mich in die Welt gesandt hast,
  so habe auch ich sie in die Welt gesandt.
19   Und für sie heilige ich mich,
  damit auch sie in Wahrheit geheiligt sind.
20   Aber ich bitte nicht nur für sie, sondern auch für alle,
  die durch ihr Wort an mich glauben.

21 Alle sollen eins sein;
 wie du, Vater, in mir bist und ich in dir bin, sollen auch sie
 in uns sein, damit die Welt glaubt, daß du mich gesandt hast.

22 Die Herrlichkeit, die du mir gegeben hast, habe ich ihnen gegeben,
 damit sie eins sind, wie wir eins sind,

23 ich in ihnen und du in mir.
 So sollen sie vollkommen eins sein, damit die Welt erkennt,
 daß du mich gesandt hast und die Meinen ebenso
 geliebt hast wie mich.

24 Vater, ich will, daß alle, die du mir gegeben hast, dort bei mir sind,
 wo ich bin;
 sie sollen meine Herrlichkeit schauen, die du mir gegeben hast,
 weil du mich geliebt hast vor Beginn der Welt.

25 Gütiger Vater, die Welt hat dich nicht erkannt,
 aber ich habe dich erkannt, und sie haben erkannt,
 daß du mich gesandt hast.

26 Ich habe ihnen deinen Namen kundgetan und werde ihn
 kundtun, damit die Liebe, mit der du mich geliebt hast,
 in ihnen ist und damit ich in ihnen bin.

18

1 Nach diesen Worten ging Jesus mit seinen Jüngern weg,
 auf die andere Seite des Baches Kedron; dort war ein Garten,
 in den er mit seinen Jüngern hineinging.

2 Auch Judas, sein Verräter, kannte den Ort, weil Jesus dort oft
 mit seinen Jüngern zusammengekommen war.

3 Judas kam mit einem Trupp und mit Knechten der Hohenpriester
 und Pharisäer dorthin;
 sie trugen Fackeln, Laternen und Waffen.

4 Jesus wußte alles, was mit ihm geschehen sollte;
 er ging hinaus und fragte sie: Wen sucht ihr?

5 Sie antworteten ihm: Jesus von Nazareth. Er sagte zu ihnen:
 Ich bin es. Auch Judas, sein Verräter, stand bei ihnen.

6 Als er zu ihnen sagte: Ich bin es,
 wichen sie zurück und stürzten zu Boden.

7 Er fragte sie noch einmal: Wen sucht ihr?

Johannes-Evangelium

8 Sie sagten: Jesus von Nazareth.
Jesus antwortete:
Ich habe euch gesagt, daß ich es bin.
Wenn ihr also mich sucht, laßt diese gehen!

9 So sollte sich das Wort erfüllen, das er gesagt hatte:
Ich lasse keinen von denen verlorengehen,
die du mir gegeben hast.

10 Simon Petrus aber, der ein Schwert hatte, zog es,
traf den Knecht des Hohenpriesters und schlug ihm
das rechte Ohr ab;
der Knecht hieß Malchus.

11 Da sagte Jesus zu Petrus:
Steck das Schwert in die Scheide!
Soll ich den Kelch, den mir der Vater gegeben hat, nicht trinken?

12 Der Trupp, sein Befehlshaber und die Knechte der Juden
nahmen Jesus fest, fesselten ihn

13 und führten ihn zuerst zu Hannas;
er war nämlich der Schwiegervater des Kajafas,
der in jenem Jahr Hoherpriester war;

14 Kajafas aber hatte den Juden den Rat gegeben:
Es ist besser, daß ein einziger Mensch für das Volk stirbt.

15 Simon Petrus und ein anderer Jünger folgten Jesus.
Dieser Jünger war mit dem Hohenpriester bekannt
und ging mit Jesus in den Palasthof des Hohenpriesters.

16 Petrus aber blieb draußen am Tor stehen.
Da kam der andere Jünger, der Bekannte des Hohenpriesters,
heraus; er sprach mit der Magd, die das Tor bewachte,
und führte Petrus hinein.

17 Da sagte die Magd, die das Tor bewachte, zu Petrus:
Du bist doch auch einer von den Jüngern dieses Menschen?
Er antwortete: Nein, ich nicht.

18 Die Knechte und Diener hatten sich ein Kohlenfeuer angezündet
und standen da, um sich zu wärmen; denn es war kalt.
Auch Petrus war bei ihnen und wärmte sich.

19 Der Hohepriester fragte Jesus nach seinen Jüngern
und nach seiner Lehre.

Christentum

20 Jesus antwortete ihm:
Ich habe öffentlich zur Welt gesprochen;
ich habe immer in Synagogen und im Tempel gelehrt,
wo alle Juden zusammenkommen;
im geheimen habe ich nichts gesprochen.

21 Warum fragst du mich? Frag doch jene, die gehört haben,
was ich zu ihnen gesprochen habe;
sie wissen, was ich gesagt habe.

22 Als er dies sagte, schlug ein Diener, der dabeistand,
Jesus ins Gesicht und sprach:
Antwortest du so dem Hohenpriester?

23 Jesus entgegnete ihm:
Wenn es nicht recht war, was ich gesagt habe,
weise das Unrecht nach;
war es aber recht, warum schlägst du mich?

24 Darauf schickte ihn Hannas gefesselt zum Hohenpriester Kajafas.

25 Simon Petrus aber stand am Feuer und wärmte sich.
Sie sagten zu ihm: Du bist doch auch einer von seinen Jüngern?

26 Er leugnete und sagte: Nein, ich nicht!
Einer von den Knechten des Hohenpriesters, ein Verwandter
des Knechtes, dem Petrus das Ohr abgeschlagen hatte, sagte:
Habe ich dich nicht im Garten bei ihm gesehen?

27 Wieder leugnete Petrus, und sogleich krähte ein Hahn.

28 Von Kajafas führten sie Jesus zu dem Amtssitz des Statthalters;
es war früh am Morgen.
Sie selbst betraten das Amtsgebäude nicht, damit sie
nicht unrein wurden, sondern das Paschalamm essen konnten.

29 Deshalb kam Pilatus zu ihnen heraus und sagte:
Welche Anklage erhebt ihr gegen diesen Menschen?

30 Sie antworteten ihm: Wenn er kein Verbrecher wäre,
hätten wir ihn dir nicht ausgeliefert.

31 Pilatus sagte zu ihnen:
Nehmt doch ihr ihn und richtet ihn nach eurem Gesetz!
Die Juden antworteten ihm:
Uns ist es nicht erlaubt, jemand hinzurichten.

32 So sollte sich das Wort Jesu erfüllen, mit dem er angedeutet hatte,
auf welche Weise er sterben werde.

33 Pilatus ging wieder in das Amtsgebäude hinein,
rief Jesus und fragte ihn: Bist du der König der Juden?

34 Jesus antwortete:
Fragst du das von dir aus, oder haben es dir andere über mich gesagt?

35 Pilatus entgegnete:
Bin ich denn ein Jude? Dein eigenes Volk und die Hohenpriester haben dich mir ausgeliefert. Was hast du getan?

36 Jesus antwortete:
Meine Königsherrschaft ist nicht von dieser Welt.
Wenn meine Königsherrschaft von dieser Welt wäre, hätten meine Diener gekämpft, damit ich den Juden nicht ausgeliefert würde.
Aber meine Königsherrschaft ist nicht von dieser Welt.

37 Pilatus sagte zu ihm: Also bist du doch ein König?
Jesus antwortete:
Du sagst es; ich bin ein König.
Ich bin dazu geboren und in die Welt gekommen, daß ich für die Wahrheit Zeugnis ablege.
Jeder, der aus der Wahrheit ist, hört meine Stimme.

38 Pilatus sagte zu ihm: Was ist Wahrheit?
Nach diesen Worten ging er wieder zu den Juden hinaus und sagte zu ihnen:
Ich finde keinen Grund, ihn schuldig zu sprechen.

39 Es besteht bei euch der Brauch, daß ich euch am Paschafest einen Gefangenen freigebe.
Wollt ihr also, daß ich euch den König der Juden freigebe?

40 Da schrien sie wieder: Nicht diesen, sondern Barabbas!
Barabbas aber war ein Räuber.

19

1 Darauf ließ Pilatus Jesus geißeln.

2 Die Soldaten flochten einen Kranz aus Dornen und setzten ihn auf sein Haupt;
sie legten ihm einen purpurroten Mantel um,

3 traten zu ihm und sagten: Heil dir, König der Juden!
Und sie schlugen ihm ins Gesicht.

4 Pilatus ging wieder hinaus und sagte zu ihnen:
Seht, ich bringe ihn zu euch heraus; ihr sollt wissen, daß ich keinen Grund finde, ihn schuldig zu sprechen.

Christentum

5 Jesus kam heraus;
er trug den Dornenkranz und den purpurroten Mantel.
Pilatus sagte zu ihnen: Da, seht den Menschen!

6 Als die Hohenpriester und ihre Diener ihn sahen, schrien sie:
Ans Kreuz, ans Kreuz!
Pilatus sagte zu ihnen: Nehmt ihr ihn und kreuzigt ihn!
Ich finde keinen Grund, ihn schuldig zu sprechen.

7 Die Juden entgegneten ihm:
Wir haben ein Gesetz, und nach diesem Gesetz muß er sterben,
weil er sich zum Sohn Gottes gemacht hat.

8 Als Pilatus dies hörte, geriet er noch mehr in Furcht.

9 Er ging wieder in das Amtsgebäude und fragte Jesus:
Woher bist du?
Jesus aber gab ihm keine Antwort.

10 Da sagte Pilatus zu ihm: Warum sprichst du nicht mit mir?
Weißt du nicht, daß ich Macht habe, dich freizulassen,
und Macht habe, dich zu kreuzigen?

11 Jesus antwortete:
Du hättest keine Macht über mich, wenn sie dir nicht
von oben gegeben wäre;
darum hat der größere Schuld, der mich dir ausgeliefert hat.

12 Daraufhin wollte Pilatus ihn freilassen, aber die Juden schrien:
Wenn du ihn freiläßt, bist du kein Freund des Kaisers;
jeder, der sich zum König macht, widersetzt sich dem Kaiser.

13 Als Pilatus diese Worte hörte, ließ er Jesus herausführen;
er setzte sich auf den Richterstuhl an dem Platz, der Lithostrotos,
auf hebräisch Gabbata, heißt.

14 Es war Rüsttag des Paschafestes, ungefähr um die sechste Stunde.

15 Pilatus sagte zu den Juden: Da, seht euren König!
Sie aber schrien: Fort, fort, ans Kreuz mit ihm!
Pilatus aber sagte zu ihnen: Euren König soll ich kreuzigen?
Die Hohenpriester antworteten: Wir haben keinen König
außer dem Kaiser.

16 Da übergab er ihnen Jesus zur Kreuzigung. Sie übernahmen Jesus;

17 er trug sein Kreuz und ging hinaus zu dem Platz,
der Schädel genannt wird; auf hebräisch heißt er Golgota.

18 Dort kreuzigten sie ihn und mit ihm zwei andere,
auf jeder Seite einen, in der Mitte Jesus.

19 Pilatus ließ auch eine Aufschrift anfertigen
und am Kreuz befestigen, die lautete:
Jesus von Nazareth, der König der Juden.

20 Diese Aufschrift lasen viele Juden, weil der Platz, wo Jesus
gekreuzigt wurde, nahe bei der Stadt lag; die Aufschrift
war hebräisch, lateinisch und griechisch geschrieben.

21 Die Hohenpriester der Juden sagten zu Pilatus:
Schreib nicht: Der König der Juden, sondern daß er gesagt hat:
Ich bin der König der Juden!

22 Pilatus antwortete: Was ich geschrieben habe, bleibt geschrieben.

23 Nachdem die Soldaten Jesus gekreuzigt hatten, nahmen sie
seine Kleider und machten vier Teile daraus, so daß jeder Soldat
einen Teil erhielt.
Ebenso nahmen sie den Leibrock,
der ohne Naht von oben her ganz durchgewebt war.

24 Sie sagten zueinander: Wir wollen ihn nicht zerteilen, sondern
um ihn losen, wem er gehören soll.
So sollte sich die Schrift erfüllen: Sie teilen meine Kleider unter
sich und werfen das Los um mein Gewand.
Dies führten die Soldaten aus.

25 Bei dem Kreuz Jesu standen seine Mutter und die Schwester
seiner Mutter, Maria, die Frau des Klopas,
und Maria von Magdala.

26 Als Jesus seine Mutter sah und bei ihr den Jünger, den er liebte,
sagte er zu seiner Mutter:
Frau, dies ist dein Sohn.

27 Dann sagte er zu dem Jünger:
Dies ist deine Mutter.
Und von jener Stunde an nahm sie der Jünger zu sich.

28 Weil Jesus wußte, daß schon alles vollbracht war, sagte er,
damit die Schrift erfüllt wurde:
Ich bin durstig.

29 Es stand dort ein Gefäß mit Essigwasser;
sie steckten einen Schwamm, der damit gefüllt war,
auf einen Ysopzweig und hielten ihn an seinen Mund.

30 Als Jesus von dem Essigwasser genommen hatte, sprach er:
Es ist vollbracht!
Dann neigte er das Haupt und starb.

Christentum

31 Weil Rüsttag war und weil die Leiber während des Sabbats
nicht am Kreuz bleiben sollten, baten die Juden Pilatus,
man möge den Gekreuzigten die Beine zerbrechen
und ihre Leiber abnehmen;
denn dieser Sabbat war ein hoher Festtag.

32 So kamen die Soldaten und zerbrachen dem ersten die Beine,
dann dem andern, der mit ihm gekreuzigt war.

33 Als sie aber zu Jesus kamen und sahen, daß er schon tot war,
zerbrachen sie ihm die Beine nicht,

34 sondern ein Soldat stieß mit der Lanze in seine Seite,
und sogleich floß Blut und Wasser heraus.

35 Er, der es gesehen hat, hat es bezeugt, und sein Zeugnis
ist zuverlässig, und er weiß, daß er die Wahrheit sagt,
damit auch ihr glaubt.

36 Denn das ist geschehen, damit die Schrift erfüllt wurde:
Keinen Knochen an ihm wird man zerbrechen.

37 Und ein anderes Schriftwort sagt:
Sie werden auf den schauen, den sie durchbohrt haben.

38 Josef aus Arimatäa, der aus Furcht vor den Juden nur heimlich
ein Jünger Jesu war, bat darauf Pilatus,
den Leichnam Jesu abnehmen zu dürfen;
und Pilatus erlaubte es. So kam er und nahm den Leichnam ab.

39 Auch Nikodemus, der früher einmal Jesus bei Nacht
aufgesucht hatte, kam und brachte eine Mischung
von Myrrhe und Aloe, etwa hundert Pfund.

40 Sie nahmen den Leichnam Jesu und umwickelten ihn
mit Leinenbinden, zusammen mit der wohlriechenden
Mischung, wie es bei den Juden Begräbnissitte ist.

41 Bei dem Ort, wo man ihn gekreuzigt hatte, war ein Garten,
und in dem Garten ein neues Grab, in das noch niemand
gelegt worden war.

42 Dort setzten sie Jesus bei wegen des Rüsttages der Juden;
denn das Grab lag in der Nähe.

20

1 Am ersten Tag der Woche kam Maria von Magdala morgens,
als es noch dunkel war, zum Grab und sah,
daß der Stein vom Grab weggenommen war.

2 Da lief sie schnell zu Simon Petrus und dem anderen Jünger,
den Jesus liebte; sie sagte zu ihnen:
Man hat den Herrn aus dem Grab weggenommen,
und wir wissen nicht, wohin man ihn gelegt hat.
3 Petrus und der andere Jünger eilten zum Grab.
4 Beide liefen zusammen, aber der andere Jünger lief voraus,
schneller als Petrus, und kam als erster zum Grab.
5 Er beugte sich vor und sah die Leinenbinden dort liegen,
aber er ging nicht hinein.
6 Da kam auch Simon Petrus, der ihm gefolgt war,
und ging in das Grab hinein.
Er sah die Leinenbinden dort liegen
7 und das Schweißtuch, mit dem das Haupt Jesu bedeckt war;
es lag aber nicht bei den Leinenbinden,
sondern zusammengefaltet an einem eigenen Platz.
8 Da ging auch der andere Jünger, der zuerst zum Grab
gekommen war, hinein; er sah und glaubte.
9 Denn sie verstanden noch nicht die Schrift,
daß er von den Toten auferstehen mußte.
10 Dann kehrten die Jünger wieder nach Hause zurück.
11 Maria aber stand draußen vor dem Grab und weinte.
Während sie weinte, beugte sie sich in die Grabkammer hinein.
12 Da sah sie zwei Engel in weißen Gewändern;
der eine saß dort, wo das Haupt, der andere dort,
wo die Füße des Leichnams Jesu gelegen hatten.
13 Die Engel sagten zu ihr:
Frau, warum weinst du?
Sie antwortete ihnen: Man hat meinen Herrn weggenommen,
und ich weiß nicht, wohin man ihn gelegt hat.
14 Nach diesen Worten wandte sie sich um und sah Jesus
dort stehen, aber sie wußte nicht, daß es Jesus war.
15 Jesus sagte zu ihr:
Frau, warum weinst du? Wen suchst du?
Sie meinte, es sei der Gärtner, und sagte zu ihm:
Herr, wenn du ihn weggetragen hast, sag mir,
wohin du ihn gelegt hast, damit ich ihn holen kann.
16 Jesus sagte zu ihr: Maria!
Da wandte sie sich um und sagte auf hebräisch zu ihm: Rabbuni!
(das heißt übersetzt: Meister).

Christentum

17 Jesus sagte zu ihr:
Halte mich nicht fest; denn ich bin noch nicht
   zum Vater gegangen.
Geh aber zu meinen Brüdern und sag ihnen:
Ich gehe zu meinem Vater und zu eurem Vater,
   zu meinem Gott und zu eurem Gott.

18 Maria von Magdala ging hin und verkündete den Jüngern:
Ich habe den Herrn gesehen, und sie berichtete,
   was er ihr gesagt hatte.

19 Am Abend des ersten Tages der Woche, als die Jünger aus Furcht
vor den Juden hinter verschlossenen Türen versammelt waren,
kam Jesus, trat in ihre Mitte und sprach zu ihnen:
Friede sei mit euch!

20 Nach diesem Gruß zeigte er ihnen seine Hände und seine Seite.
Als die Jünger den Herrn sahen, freuten sie sich.

21 Jesus sprach noch einmal zu ihnen: Friede sei mit euch!
Wie mich der Vater gesandt hat, so sende ich euch.

22 Nach diesen Worten hauchte er sie an und sprach zu ihnen:
Empfangt den heiligen Geist.

23 Allen, denen ihr die Sünden erlaßt, sind sie erlassen;
allen, denen ihr sie nicht erlaßt, sind sie nicht erlassen.

24 Tomas, einer der Zwölf, der Zwilling genannt wurde,
   war nicht bei ihnen, als Jesus kam.

25 Die anderen Jünger sagten zu ihm: Wir haben den Herrn gesehen.
Er entgegnete ihnen: Wenn ich an seinen Händen nicht
   die Nagelwunden sehe und wenn ich meine Finger nicht
   in die Nagelwunden und meine Hand nicht in seine Seite lege,
   glaube ich nicht.

26 Acht Tage darauf waren seine Jünger wieder in dem Raum,
   und Tomas war bei ihnen.
Da kam Jesus bei verschlossenen Türen, trat in ihre Mitte
   und sprach: Friede sei mit euch!

27 Darauf sagte er zu Tomas:
Leg deinen Finger hierher und sieh meine Hände;
nimm deine Hand und lege sie in meine Seite
   und sei nicht ungläubig, sondern gläubig!

28 Tomas antwortete ihm: Mein Herr und mein Gott!

29 Jesus sprach zu ihm:
Weil du mich gesehen hast, glaubst du.
Selig sind, die nicht sehen und doch glauben!

30 Noch viele andere Zeichen hat Jesus vor den Jüngern getan,
die in diesem Buch nicht aufgeschrieben sind;

31 diese aber sind aufgeschrieben, damit ihr glaubt,
daß Jesus der Christus, der Sohn Gottes ist,
und damit ihr durch den Glauben das Leben habt
in seinem Namen.

21

1 Darauf offenbarte sich Jesus noch einmal den Jüngern;
es war am See von Tiberias, und er offenbarte sich
in dieser Weise:

2 Simon Petrus, Tomas, der Zwilling genannt wurde,
Natanael aus Kana in Galiläa, die Söhne des Zebedäus
und zwei andere von seinen Jüngern waren zusammen.

3 Simon Petrus sagte zu ihnen: Ich fahre zum Fischen aus.
Sie sagten zu ihm: Auch wir fahren mit dir.
Sie gingen hinaus und bestiegen das Boot;
aber in dieser Nacht fingen sie nichts.

4 Als es schon Morgen wurde, stand Jesus am Ufer;
aber die Jünger wußten nicht, daß es Jesus war.

5 Jesus sagte zu ihnen:
Habt ihr nicht etwas zu essen?
Sie antworteten ihm: Nein.

6 Da sagte er zu ihnen:
Werft das Netz auf der rechten Seite des Bootes aus,
und ihr werdet Fische fangen.
Sie warfen das Netz aus, konnten es aber nicht mehr
in das Boot ziehen, weil es sehr viele Fische waren.

7 Der Jünger, den Jesus liebte, sagte zu Petrus:
Es ist der Herr. Als Simon Petrus hörte, daß es der Herr sei,
legte er sich das Obergewand um, weil er nackt war,
und sprang in den See.

8 Die anderen Jünger kamen mit dem Boot nach und zogen
das Netz mit den Fischen hinter sich her; denn sie waren
nicht weit vom Ufer entfernt, nur etwa zweihundert Ellen.

Christentum

9 Als sie an Land gegangen waren, sahen sie dort ein Kohlenfeuer brennen und einen Fisch darauf liegen, daneben lag Brot.

10 Jesus sagte zu ihnen:
Bringt einige von den Fischen, die ihr eben gefangen habt!

11 Simon Petrus stieg in das Boot und zog das Netz,
das mit 153 großen Fischen gefüllt war, ans Land;
obwohl es so viele waren, zerriß das Netz nicht.

12 Jesus sagte zu ihnen:
Kommt und eßt! Keiner von den Jüngern wagte ihn zu fragen:
Wer bist du?; denn sie wußten, daß es der Herr war.

13 Jesus ging hin, nahm das Brot und gab es ihnen,
ebenso die Fische.

14 So offenbarte sich Jesus den Jüngern schon zum drittenmal,
seit er von den Toten auferstanden war.

15 Als sie gegessen hatten, sagte Jesus zu Simon Petrus:
Simon, Sohn des Johannes, liebst du mich mehr,
als diese mich lieben? Er antwortete ihm:
Ja, Herr, du weißt, daß ich dich liebe.
Jesus sagte zu ihm: Weide meine Lämmer!

16 Zum zweitenmal fragte er ihn:
Simon, Sohn des Johannes, liebst du mich?
Er antwortete ihm: Ja, Herr, du weißt, daß ich dich liebe.
Jesus sagte zu ihm: Weide meine Schafe!

17 Zum drittenmal fragte er ihn:
Simon, Sohn des Johannes, liebst du mich?
Da wurde Petrus traurig, weil Jesus ihn zum drittenmal
gefragt hatte: Liebst du mich? Er antwortete ihm:
Herr, du weißt alles; du weißt, daß ich dich liebe.
Jesus sprach zu ihm: Weide meine Schafe!

18 Amen, Amen, ich sage dir:
Als du jung warst, hast du dich selbst gegürtet und konntest
gehen, wohin du wolltest.
Wenn du aber alt geworden bist, wirst du deine Hände
ausstrecken, und ein anderer wird dich gürten und führen,
wohin du nicht willst.

19 Dies sagte Jesus, um anzudeuten, durch welchen Tod er Gott
verherrlichen sollte.
Nach diesen Worten sagte er zu ihm: Folge mir!

20 Petrus wandte sich um und sah den Jünger folgen, den Jesus liebte. Dieser Jünger hatte sich auch beim Mahle an seine Brust gelehnt und gefragt: Herr, wer ist es, der dich verrät?

21 Als Petrus diesen Jünger sah, fragte er Jesus: Herr, was wird mit ihm geschehen?

22 Jesus antwortete ihm: Wenn ich will, daß er bis zu meinem Kommen hierbleibt, was kümmerst du dich darum? Du aber folge mir!

23 Da verbreitete sich unter den Jüngern die Meinung: Jener Jünger stirbt nicht. Aber Jesus hatte zu Petrus nicht gesagt: Er stirbt nicht, sondern: Wenn ich will, daß er bis zu meinem Kommen hierbleibt, was kümmerst du dich darum?

24 Das ist der Jünger, der von diesem Geschehen Zeugnis ablegt und der dies geschrieben hat, und wir wissen, daß sein Zeugnis wahr ist.

25 Es gibt aber noch vieles andere, das Jesus getan hat. Wenn man alles aufschreiben wollte, so könnte, wie ich glaube, die ganze Welt die Bücher nicht fassen, die man schreiben müßte.

Der Brief an die Epheser

Christentum

1

1 Paulus, durch den Willen Gottes Apostel Christi Jesu,
   an die Heiligen in Ephesus, die an Christus Jesus glauben.

2 Gnade sei mit euch und Friede von Gott, unserem Vater,
   und dem Herrn Jesus Christus.

3 Gepriesen sei Gott, der Vater unseres Herrn Jesus Christus:
   Er hat uns mit allem Segen seines Geistes gesegnet durch
   die Gemeinschaft mit Christus im Himmel.

4 Denn in ihm hat er uns erwählt vor Erschaffung der Welt,
   damit wir heilig und untadelig vor Gott leben;

5 er hat uns aus Liebe im voraus dazu bestimmt,
   durch Jesus Christus seine Söhne zu werden
   und nach seinem gnädigen Willen zu ihm zu gelangen,

6 zum Lob seiner herrlichen Gnade.
   Er hat sie uns geschenkt in seinem geliebten Sohn;

7 durch sein Blut haben wir die Erlösung, die Vergebung
   der Sünden nach seiner reichen Gnade.

8 Durch sie hat er uns mit aller Weisheit und Einsicht
   reich beschenkt,

9 und hat uns das Geheimnis seines Willens kundgetan,
   wie er es im voraus gnädig bestimmt hatte:

10 in Christus wollte er die Fülle der Zeiten heraufführen,
   in Christus alles vereinen, alles, was im Himmel
   und auf der Erde ist.

11 Durch ihn sind wir als Erben vorherbestimmt und eingesetzt
   nach dem Plan dessen, der alles so verwirklicht,
   wie er es in seinem Willen beschließt.

12 Wir sind zum Lob seiner Herrlichkeit bestimmt,
   die wir schon früher auf Christus gehofft haben.

13 Durch ihn habt auch ihr das Wort der Wahrheit gehört,
   das Evangelium von eurer Rettung;
   durch ihn habt ihr das Siegel des verheißenen heiligen Geistes
   empfangen, als ihr den Glauben annahmt.

14 Der Geist ist das Pfand dafür, daß wir unser Erbe erhalten werden,
   die Erlösung, die uns zu Gottes Eigentum macht,
   zum Lob seiner Herrlichkeit.

15 Darum höre ich nicht auf, für euch zu danken, wenn ich euch in meinen Gebeten erwähne,
16 denn ich habe von eurem Glauben an Jesus, den Herrn, und von eurer Liebe zu allen Heiligen gehört.
17 Der Gott unseres Herrn Jesus Christus, der Vater der Herrlichkeit, gebe euch den Geist der Weisheit und Offenbarung, damit ihr ihn erkennt.
18 Er erleuchte die Augen eures Herzens, damit ihr versteht, zu welcher Hoffnung ihr durch ihn berufen seid, welchen Reichtum die Herrlichkeit seines Erbes den Heiligen schenkt
19 und wie überragend groß seine Macht sich an uns, den Gläubigen, erweist durch das Wirken seiner Kraft und Stärke.
20 Er hat sie an Christus erwiesen, den er von den Toten erweckt und im Himmel auf den Platz zu seiner Rechten erhoben hat,
21 hoch über alle Fürsten und Gewalten, Mächte und Herrschaften und über jeden Namen, der nicht nur in dieser Welt, sondern auch in der zukünftigen genannt wird.
22 Alles hat er ihm zu Füßen gelegt und ihn, der als Haupt alles überragt, über die Kirche gesetzt.
23 Sie ist sein Leib und wird von ihm erfüllt, der das All ganz und gar beherrscht.

2

1 Ihr wart tot durch eure Sünden und Verfehlungen.
2 Ihr wart darin befangen, wie es der Art dieser Welt entspricht, unter der Herrschaft jenes Geistes, der im Bereich der Lüfte regiert und jetzt noch in den Söhnen des Ungehorsams wirksam ist.
3 Mit ihnen lebten auch wir alle einmal und wurden von den Begierden unseres Fleisches beherrscht. Wir folgten dem, was das Fleisch und der böse Sinn uns eingaben, und waren in unserem Wesen Kinder des Zorns wie die anderen.
4 Gott aber, der voll Erbarmen ist, hat uns, die wir durch unsere Sünden tot waren,
5 in seiner großen Liebe, mit der er uns geliebt hat, zusammen mit Christus wieder lebendig gemacht. Aus Gnade seid ihr gerettet.

6 Er hat uns mit Christus auferweckt und uns mit ihm
einen Platz im Himmel gegeben.

7 Dadurch, daß er in Christus Jesus gütig an uns handelte,
wollte er den kommenden Zeiten den überfließenden Reichtum
seiner Gnade zeigen.

8 Denn aus Gnade seid ihr durch den Glauben gerettet,
nicht aus eigener Kraft, sondern Gott hat es geschenkt;

9 nicht auf Grund von Leistungen, damit keiner sich rühmen kann.

10 Seine Geschöpfe sind wir, in Christus Jesus dazu geschaffen,
in unserem Leben die guten Werke zu tun, die Gott für uns
im voraus bereitet hat.

11 Erinnert euch also, daß ihr einst Heiden wart und von denen,
die äußerlich beschnitten sind, Unbeschnittene genannt wurdet.

12 Damals wart ihr von Christus getrennt, der Gemeinde Israels
fremd und von dem Bund der Verheißung ausgeschlossen;
ihr hattet keine Hoffnung und lebtet ohne Gott in der Welt.

13 Jetzt aber seid ihr, die ihr einst in der Ferne wart, durch
Christus Jesus, nämlich durch sein Blut, in die Nähe gekommen.

14 Denn er selbst ist unser Friede.
Er vereinigte Juden und Heiden und riß durch sein Sterben
die trennende Wand der Feindschaft nieder.

15 Er hob das Gesetz mit seinen Geboten und Satzungen auf,
um die zwei in seiner Person zu dem einen neuen Menschen
zu machen, um Frieden zu stiften

16 und die beiden durch das Kreuz mit Gott zu versöhnen in einem
einzigen Leib. Er hat in seiner Person die Feindschaft getötet.

17 Er kam und verkündete Frieden:
euch, den Fernen, und uns, den Nahen.

18 Durch ihn haben wir beide in dem einen Geist
Zugang zum Vater.

19 Ihr seid also jetzt nicht mehr Fremde ohne Bürgerrecht,
sondern Mitbürger der Heiligen und Hausgenossen Gottes.

20 Ihr seid auf das Fundament der Apostel und Propheten gebaut;
der Schlußstein ist Christus Jesus selbst.

21 Durch ihn wird der ganze Bau zusammengehalten
und wächst zu einem heiligen Tempel im Herrn.

22 Durch ihn werdet auch ihr im Geist
zu einer Wohnung Gottes erbaut.

3

1 Deshalb bin ich, Paulus, für euch Heiden
 der Gefangene Christi Jesu.
2 Ihr habt doch gehört, welches Amt die Gnade Gottes
 mir für euch verliehen hat.
3 Durch eine Offenbarung wurde mir das Geheimnis mitgeteilt,
 wie ich es schon in wenigen Worten beschrieben habe.
4 Wenn ihr es lest, könnt ihr sehen,
 welche Einsicht in das Geheimnis Christi ich habe.
5 Früheren Generationen war es nicht bekannt;
 jetzt aber ist es seinen heiligen Aposteln und Propheten
 im Geist offenbar geworden,
6 daß nämlich die Heiden Miterben sind, zu demselben Leib
 gehören und an derselben Verheißung in Christus Jesus
 teilhaben durch das Evangelium.
7 Ihm diene ich dank der Gnade Gottes,
 die mir durch sein mächtiges Wirken zuteil wurde.

8 Mir, dem Geringsten unter allen Heiligen,
 wurde diese Gnade geschenkt:
 Ich soll den Heiden den unergründlichen
 Reichtum Christi verkündigen

9 und enthüllen, wie jenes Geheimnis Wirklichkeit geworden ist,
 das von Ewigkeit her in Gott, dem Schöpfer des Alls,
 verborgen war.
10 So sollen jetzt die Fürsten und Gewalten des Himmels durch die
 Kirche Kenntnis erhalten von der vielfältigen Weisheit Gottes,
11 nach dem ewigen Plan, den er durch Christus Jesus,
 unsern Herrn, ausgeführt hat.
12 In ihm haben wir den freien Zugang durch das Vertrauen,
 das der Glaube uns schenkt.
13 Deshalb bitte ich euch, nicht wegen der Leiden zu verzagen,
 die ich für euch ertrage, denn sie sind euer Ruhm.

14 Daher beuge ich meine Knie vor dem Vater,
15 nach dessen Namen jedes Geschlecht im Himmel
 und auf Erden benannt wird,

Christentum

16 und bitte, daß er euch nach dem Reichtum seiner Herrlichkeit
gebe, in eurem Innern durch seinen Geist an Kraft
und Stärke zuzunehmen.

17 Durch den Glauben wohne Christus in euren Herzen.
In der Liebe verwurzelt und auf sie gegründet,

18 sollt ihr zusammen mit allen Heiligen dazu fähig sein,
die Länge und Breite, die Höhe und Tiefe zu ermessen

19 und die Liebe Christi zu verstehen, die alles Erkennen übersteigt.
So werdet ihr mehr und mehr von der ganzen Fülle Gottes erfüllt.

20 Er aber, der durch die Macht, die in uns wirkt, viel mehr tun kann,
als wir erbitten und uns ausdenken,

21 er werde verherrlicht durch die Kirche und durch Christus Jesus
in allen Generationen, für ewige Zeiten. Amen.

4

1 Ich, der ich um des Herrn willen im Gefängnis bin,
ermahne euch, ein Leben zu führen, das des Rufes würdig ist,
der an euch erging.

2 Seid demütig, friedfertig und geduldig, ertragt einander in Liebe

3 und bemüht euch, die Einheit des Geistes zu wahren,
durch den Frieden, der euch zusammenhält.

4 *Ein* Leib und *ein* Geist, wie euch auch durch eure Berufung
eine gemeinsame Hoffnung gegeben ist;

5 *ein* Herr, *ein* Glaube, *eine* Taufe,

6 *ein* Gott und Vater aller, der über allem und durch alles
und in allem ist.

7 Jeder von uns empfing die Gnade in dem Maß,
wie Christus sie ihm geschenkt hat.

8 Deshalb heißt es:
Er stieg hinauf zur Höhe und erbeutete Gefangene,
er gab den Menschen Geschenke.

9 Wenn er aber hinaufstieg, was bedeutet dies anderes,
als daß er auch zur Erde herabstieg?

10 Derselbe, der herabstieg, ist auch hinaufgestiegen
bis zum höchsten Himmel, um das All zu beherrschen.

11 Und er gab den einen das Apostelamt,
andere setzte er als Propheten ein,
andere als Evangelisten, andere als Hirten und Lehrer,
12 um die Heiligen für die Aufgabe des Dienstes zu rüsten,
für den Aufbau des Leibes Christi.
13 So sollen wir alle zur Einheit im Glauben und in der Erkenntnis
des Sohnes Gottes gelangen, damit wir Christus in seiner voll
verwirklichten Gestalt darstellen.
14 Wir sollen nicht mehr unmündige Kinder sein, ein Spiel
der Wellen, hin und her getrieben von jedem Widerstreit
der Meinungen, dem Betrug der Menschen ausgeliefert,
der Verschlagenheit, die in die Irre führt.
15 Wir wollen uns, von der Liebe geleitet, an die Wahrheit halten
und in allem wachsen, bis wir ihn erreicht haben.
Er, Christus, ist das Haupt.
16 Durch ihn wird der ganze Leib zusammengefügt und gefestigt
in jedem einzelnen Gelenk. Jedes trägt mit der Kraft, die ihm
zugemessen ist. So wächst der Leib und wird in Liebe aufgebaut.
17 Ich sage und bezeuge es im Herrn:
Lebt nicht mehr wie die Heiden in ihrem Wahn.
18 Ihr Sinn ist verfinstert.
Sie sind dem Leben Gottes entfremdet durch die Unwissenheit,
in der sie befangen sind,
und durch die Verhärtung ihres Herzens.
19 Haltlos wie sie sind, geben sie sich der Ausschweifung hin,
um voll Gier jede Art von Gemeinheit zu begehen.
20 Das aber entspricht nicht dem, was ihr von Christus gelernt habt.
21 Ihr habt von ihm gehört und seid in der Wahrheit
unterrichtet worden, die Jesus ist.
22 Legt den alten Menschen ab, der in Verblendung
und Begierde zugrunde geht, ändert euer früheres Leben
23 und erneuert euren Geist und Sinn!
24 Zieht den neuen Menschen an, der nach Gottes
Bild geschaffen ist, damit ihr wahrhaft gerecht und heilig lebt.
25 Legt deshalb die Lüge ab und redet die Wahrheit,
jeder mit seinem Nächsten; denn wir sind als Glieder
miteinander verbunden.

Christentum

26 Laßt euch durch den Zorn nicht zur Sünde verführen! Die Sonne soll über eurem Zorn nicht untergehen.

27 Gebt dem Teufel keinen Raum!

28 Der Dieb soll nicht mehr stehlen, sondern arbeiten und sich mit seinen Händen etwas verdienen, damit er den Notleidenden davon geben kann.

29 Über eure Lippen komme kein böses Wort, sondern nur ein gutes, das den, der es braucht, stärkt, und dem, der es hört, Nutzen bringt.

30 Beleidigt nicht Gottes heiligen Geist, dessen Siegel ihr tragt für den Tag der Erlösung.

31 Jede Art von Bitterkeit, Wut, Zorn, Geschrei und Lästerung und alles Böse verbannt aus eurer Mitte!

32 Seid gütig zueinander, seid barmherzig, vergebt einander, weil auch Gott euch durch Christus vergeben hat.

5

1 Ahmt Gott nach als seine geliebten Kinder

2 und übt die Liebe, weil auch Christus uns geliebt und sich für uns hingegeben hat als Gabe und Opfer, das Gott gefällt.

3 Von Unzucht aber und Schamlosigkeit jeder Art oder von Habsucht soll bei euch, wie es sich für Heilige gehört, nicht einmal die Rede sein.

4 Auch Sittenlosigkeit, albernes und zweideutiges Geschwätz schickt sich nicht für euch, sondern Dankbarkeit.

5 Denn das sollt ihr wissen: kein unzüchtiger, schamloser oder habsüchtiger Mensch – das heißt kein Götzendiener – erhält ein Erbteil im Reich Christi und Gottes.

6 Niemand täusche euch mit leeren Worten; dadurch kommt der Zorn Gottes über die Ungehorsamen.

7 Habt darum nichts mit ihnen gemein!

8 Denn einst wart ihr Finsternis, jetzt aber seid ihr durch den Herrn Licht geworden. Lebt als Kinder des Lichts!

9 Das Licht aber bringt lauter Güte, Gerechtigkeit und Wahrheit hervor.

10 Prüft, was dem Herrn gefällt,

11 und beteiligt euch nicht an den nutzlosen Taten der Finsternis,
 sondern deckt sie auf!
12 Denn man muß sich schämen, von dem, was sie heimlich tun,
 auch nur zu reden.
13 Alles, was aufgedeckt ist, wird vom Licht erleuchtet.
14 Alles Erleuchtete aber ist Licht.
 Deshalb heißt es: Wach auf, Schläfer, und steh auf von den Toten,
 und Christus wird dein Licht sein.
15 Achtet also sorgfältig darauf, wie ihr euer Leben führt,
 nicht töricht, sondern klug.
16 Nutzt den rechten Augenblick, denn das Böse beherrscht die Zeit.
17 Darum seid nicht unverständig, sondern begreift,
 was der Wille des Herrn ist!
18 Seid nicht zügellos und berauscht euch nicht mit Wein,
 sondern laßt euch vom Geist erfüllen!
19 Laßt in eurer Mitte Psalmen, Hymnen und Lieder,
 wie der Geist sie eingibt, erklingen!
 Singt und jubelt aus vollem Herzen zum Lob des Herrn!
20 Sagt Gott, dem Vater, jederzeit Dank für alles im Namen
 unseres Herrn Jesus Christus!
21 Einer ordne sich dem andern unter
 in der gemeinsamen Ehrfurcht vor Christus!
22 Die Frauen sollen ihren Männern dienen als sei es der Herr;
23 denn der Mann ist das Haupt der Frau, wie auch Christus das
 Haupt der Kirche ist; er hat sie gerettet, denn sie ist sein Leib.
24 Wie aber die Kirche sich Christus unterordnet,
 sollen sich die Frauen in allem den Männern unterordnen.
25 Ihr Männer, liebt eure Frauen, wie Christus die Kirche geliebt
 und sich für sie hingegeben hat,
26 um sie im Wasser und durch das Wort rein und heilig zu machen.
27 So will er die Kirche in ihrer ganzen Herrlichkeit vor sich
 erscheinen lassen, ohne Flecken, Falten oder andere Fehler;
 heilig soll sie sein und makellos.
28 Darum schulden die Männer ihren Frauen Liebe, als sei es
 ihr eigener Leib. Wer seine Frau liebt, liebt sich selbst.
29 Keiner hat noch seinen eigenen Leib gehaßt,
 sondern er nährt und pflegt ihn, wie auch Christus die Kirche.

Christentum

30 Denn wir sind Glieder seines Leibes.
31 Deshalb wird der Mann Vater und Mutter verlassen und sich mit seiner Frau verbinden, und die beiden werden ein Fleisch.
32 Dies ist ein tiefes Geheimnis.
Ich sage es im Hinblick auf Christus und die Kirche.
33 Was aber euch angeht, so liebe jeder von euch seine Frau wie sich selbst, die Frau aber ehre den Mann.

6

1 Ihr Kinder, gehorcht euren Eltern, wie es vor dem Herrn recht ist!
2 Ehre deinen Vater und deine Mutter:
das ist ein Hauptgebot, und ihm folgt die Verheißung:
3 damit es dir gut ergeht und du lange auf Erden lebst.
4 Ihr Väter, macht eure Kinder nicht unwillig,
sondern erzieht sie in der Zucht und Weisung des Herrn!
5 Ihr Sklaven, gehorcht euren irdischen Herren mit Furcht und Zittern und mit redlichem Herzen, als sei es Christus!
6 Sucht euch nicht bei den Menschen einzuschmeicheln,
um ihnen zu gefallen, sondern erfüllt als Sklaven Christi
von Herzen den Willen Gottes!
7 Dient freudig, als dientet ihr dem Herrn
und nicht den Menschen!
8 Denn ihr wißt, daß jeder, der etwas Gutes tut, es vom Herrn zurückerhalten wird, sei er ein Sklave oder ein freier Mann.
9 Ihr Herren, handelt in gleicher Weise gegen eure Sklaven!
Droht ihnen nicht! Denn ihr wißt, daß ihr im Himmel
einen gemeinsamen Herrn habt.
Bei ihm aber gilt kein Ansehen der Person.
10 Vor allem: Werdet stark durch die Kraft und Macht des Herrn!
11 Zieht die Rüstung Gottes an,
damit ihr den Schlichen des Teufels widerstehen könnt!
12 Wir haben nicht gegen Menschen aus Fleisch und Blut
zu kämpfen, sondern gegen die Fürsten und Gewalten,
gegen die Beherrscher dieser finsteren Welt, gegen die
bösen Geister des himmlischen Bereichs.
13 Darum legt die Rüstung Gottes an, damit ihr am Tag des Unheils standhalten, alles vollbringen und so bestehen könnt!

14 Seid also standhaft, gürtet euch mit der Wahrheit;
 legt als Panzer die Gerechtigkeit an,
15 und zieht als Schuhe die Bereitschaft an,
 für das Evangelium vom Frieden zu kämpfen!
16 Vor allem greift zum Schild des Glaubens!
 Mit ihm könnt ihr alle feurigen Geschosse des Bösen auslöschen.
17 Nehmt den Helm des Heils und das Schwert des Geistes,
 das ist das Wort Gottes.
18 Hört nicht auf zu beten! Betet jederzeit im Geist;
 seid wachsam, harrt aus und bittet für alle Heiligen,
19 auch für mich: daß Gott mir das rechte Wort schenkt,
 wenn ich mich anschicke, mit freiem Mut das Geheimnis
 des Evangeliums zu verkündigen,
20 als dessen Gesandter ich im Gefängnis bin.
 Bittet, daß ich in seiner Kraft freimütig zu reden vermag,
 wie es meine Pflicht ist.
21 Damit auch ihr erfahrt, wie es mir geht und was ich tue,
 wird euch Tychikus, der geliebte Bruder und treue Helfer
 im Dienst des Herrn, alles berichten.
22 Ich schicke ihn eigens zu euch, damit ihr alles
 über uns erfahrt und damit er euch Mut zuspricht.
23 Friede sei mit den Brüdern, Liebe und Glaube von Gott,
 dem Vater, und Jesus Christus, dem Herrn.
24 Gnade und unvergängliches Leben sei mit allen,
 die Jesus Christus, unsern Herrn lieben.

Bede Griffiths an seinem 85. Geburtstag in Shantivanam, 17. Dez. 1991

Der Autor und sein Werk

Bede Griffiths

Benediktinermönch, Weiser und spiritueller Meister
(1906-1993)

*»Doch ich sage euch die Wahrheit:
Es ist gut für euch, daß ich fortgehe.
Denn wenn ich nicht fortgehe,
wird der Beistand nicht zu euch kommen;
gehe ich aber, so werde ich ihn euch senden.«*

Johannes 16, 7

»Alle sollen eins sein.«

Johannes 17, 21

Bede Griffiths, Shantivanam, April 1991, bei der Arbeit am Buch »Universal Wisdom«

Würdigungen

Seine Vision hat ihm den Weg gewiesen, Herz und Verstand der Menschen zu öffnen für den Frieden und die Einheit, welche aus dem Verständnis und der gegenseitigen Anerkennung der großen Religionen erwachsen.

S. H. XIV. Dalai Lama

☆ ☆ ☆ ☆ ☆

Wir wissen, daß Liebe, Hilfsbereitschaft, Kunst, Kultur und Wissen grenzenlos sind. Wir wissen, daß Staaten, Angst und Haß, begrenzt sind. Ich möchte dies in einem Satz formulieren und sagen, daß das Unbegrenzte niemals eine Herrschaft des Begrenzten dulden darf. Bede Griffiths ist ein authentischer Zeuge für die Weisheit der großen Religionen. Er offenbart meisterlich und wunderbar die Gegenwart Gottes.

Lord Yehudi Menuhin

☆ ☆ ☆ ☆ ☆

»Si revera Deum quaerit – ob einer wahrhaft Gott sucht« (Ben. Reg. 58, 7), das ist die Kernfrage des abendländischen Mönchsvaters, Benedikt von Nursia, an seine Novizen. P. Bede Griffiths, am Schnittpunkt abendländischer und östlicher Kultur, war ein lebendiger Zeuge für dieses tiefste Geheimnis eines Mönchs. Er ist durch seine Schriften – und mehr noch durch sein Leben – zu einem Zeichen geworden für jeden suchenden Menschen: ein Zeichen heiliger Unruhe unserer Existenz, ein Zeichen unserer inneren Sehnsucht nach Einheit aller Menschen, Religionen und Kulturen.

Erzabt Notker Wolf O.S.B., St. Ottilien

☆ ☆ ☆ ☆ ☆

Bede Griffiths gehört zu den wenigen spirituellen Meistern unserer Zeit, von denen es leider zu wenige gibt.

Raimon Panikkar

☆ ☆ ☆ ☆ ☆

Ich habe vor Dom Bede Griffiths stets den höchsten Respekt gehabt. Wenn wir für ihn beten in Dankbarkeit für sein Leben, können wir nur in Bewunderung vor dem Weg stehen, auf welchem er sein ganzes Leben und im Gebet für uns die Ursprünge aller Religionen erkundet hat. [...]

Dom Bede ist eine Quelle der Inspiration und Ermutigung für viele Menschen auf der ganzen Welt. [...] Dom Bede ist ein Mystiker, der in tiefer Verbindung zu absoluter Liebe und Schönheit lebt. [...] Dom Bede denkt und schreibt wie ein Schüler von Christus.

H. E. Kardinal Basil Hume O.S.B., Erzbischof von Westminster, London

☆ ☆ ☆ ☆ ☆

Bede Griffiths ist ein wunderbares Bindeglied zwischen den Menschen, Engeln und Gott

Prof. Dr. Wladimir Lindenberg, Berlin

☆ ☆ ☆ ☆ ☆

Die Freude, die Bede Griffiths und Mahatma Gandhi hatten, wenn sie Menschen dienten und Hilfe leisteten, hat mich zutiefst beeindruckt. Beide Menschen hatten einen großen Einfluß auf mich. Die Konkretisierung von Gandhis Philosophie und Glauben und die Konkretisierung von Bede Griffiths' religiösen, spirituellen Ideen hat die zwei zusammen groß gemacht. Sie haben eine Brücke zu einer konkreten, besseren Welt gebaut und haben ihrer Spiritualität eine soziale Dimension verliehen.

Michael A. Windey S. J., Hyderabad / Indien

(Der 1921 in Belgien geborene Jesuitenpater Professor Dr. Michael A. Windey lebt und wirkt seit 1946 in Indien. Von Mahatma Gandhi wurde er persönlich stark beeinflußt und inspiriert. Für sein außergewöhnliches soziales Engagement wurde Michael Windey mit dem Gandhi-Preis ausgezeichnet. Gandhi wie auch Bede Griffiths waren die spirituellen Lehrmeister für Pater Windey.)

☆ ☆ ☆ ☆ ☆

Bede Griffiths ist ein Heiliger und Weiser, der auf überwältigende Art Liebe und Mitgefühl ausstrahlt.

Fr. Ignatius Hirudayam S. J., Aikiya Alayam / Temple of Unity, Madras / Indien

☆ ☆ ☆ ☆ ☆

Wahre Geistesgröße zeigt sich als Begabung zur Ehrfurcht. Spürsinn auch für Heiliges in fremden Formen, nicht nur in provinziell vertrauten, das gehört zu jener Geistesgabe, welche die Alten »Gottesfurcht« nannten. Mehr als dreißig Jahre lang durfte ich Pater Bede um dieser Begabung willen bewundern: Liebende Ehrfurcht vor der Gotteserfahrung anderer wies ihm den Weg in die Tiefen eigenen Gotteserlebens. An ihm wurde das Schriftwort wahr: »Gottesfurcht ist der Anfang der Weisheit« (Spr.1:7). Diese Weisheit führt auch seine Leser vom oberflächlichen Weg in immer größere Tiefe, aus der Enge heraus in immer befreiendere Weite.

Bruder David Steindl-Rast O.S.B., Big Sur, Kalifornien, USA

Leben und Wirken

Der englische Benediktinermönch Bede Griffiths, herausragender spiritueller Meister, Weiser und Mystiker unseres Jahrhunderts, ist am 13. Mai 1993 um 4.^{30} Uhr nachmittags im Alter von 86 Jahren in die Ewigkeit Gottes (sanskr.: *maha samadhi*) hinübergegangen. Im Beisein seines engsten Schülers, Kamaldulenser-Pater Christudas (= *Diener von Christus*), der ihm fast 30 Jahre lang in bedingungsloser Treue und Liebe gefolgt war, ist Dom Bede in seiner Hütte im Saccidananda Ashram (sanskr.: *Sein-Erkenntnis-Glückseligkeit*), in Shantivanam (sanskr.: *Wald des Friedens*) unweit der Stadt Tiruchchirapalli, Tamil Nadu (Süd-Indien) in der Erwartung des Heiligen Geistes zwei Wochen vor Pfingsten gestorben.

Anläßlich seiner letzten Geburtstagsfeier am 17. Dezember 1992 hatte Bede Griffiths, Swami Dayananda (sanskr.: *Glückseligkeit im Erbarmen*), vor 2.000 Besuchern angekündigt, daß sein irdisches Leben nicht mehr lange dauern würde. Nach zwei schweren Schlaganfällen am 20. Dezember 1992 und 24. Januar 1993 begann die letzte und entscheidende Phase eines Transformationsprozesses, der für die Umgebung des Meisters wie qualvolles Leiden aussah, der aber für den Betroffenen selbst in das innerste und ewig Lebendige seines ursprünglichen Wesens führte.

Unter Bezugnahme auf das Leiden des berühmten indischen Weisen Ramana Maharshi (1879-1950), der nur 200 km nördlich von Shantivanam in einer Höhle des heiligen Berges Arunachala gelebt und seine Unterweisungen gegeben hatte, sprach auch Dom Bede von sich, als ich ihn am Sylvestermorgen 1992 zum letzten Mal sah:

> »*Mein Körper und meine Seele mögen leiden, nicht aber mein Geist, der nach meinem Tode weiterleben wird. Ich empfinde völliges Einssein und einen permanenten Strom von unendlicher Liebe.*«

Der englische Kardinal und Benediktiner Basil Hume hat anläßlich einer großen Ehrung für Bede Griffiths am 14. Januar 1993 in London u. a. sehr eindrucksvoll bekannt: »*Dom Bede ist eine Quelle der Inspiration und Ermutigung für viele auf der Welt. Er ist ein Mystiker, der mit absoluter Liebe und Schönheit in Verbindung steht. Dom Bede denkt und schreibt wie ein Schüler von Christus.*« Ein ungewöhnliches Zeugnis über einen damals noch lebenden Mönch der katholischen Kirche!

Der Autor und sein Werk

Alan Richard Griffiths ist am 17. Dezember 1906 in Walton-on-Thames, unweit von London, als viertes Kind einer mittelständischen anglikanischen Familie zur Welt gekommen. Als Junge hatte er bereits ein zentrales Erlebnis der Einheit mit allem auf einem seiner vielen Entdeckungsstreifzüge in der Natur. Während seines letzten Schuljahres am Christushospital hatte er eine ungeheuer tiefe Erfahrung, die er später als eines der wichtigsten Ereignisse seines Lebens bezeichnete. Als er allein bei Sonnenuntergang unterwegs war, wurden urplötzlich seine Sinne geschärft. Den Klang von Vogelstimmen empfand er wie nie zuvor; ein Rotdornbaum, die untergehende Sonne, eine singende und flügelschwingende Lerche und der Schleier der Abenddämmerung, der auf alles herniederkam, überwältigten ihn mit einem »furchterregenden« Gefühl der göttlichen Gegenwart.

An diesem Abend war sein Bewußtsein zu einer anderen existentiellen Dimension erwacht. Schon damals wurde ihm klar, daß, was der Hinduismus als Gottes-Verwirklichung bezeichnet, ein Erwachen zur göttlichen Wirklichkeit hinter den äußeren Formen der Schöpfung war. Er durchdrang das Geheimnis des Kosmos.

Seine Belesenheit und sein Wissensdurst waren gewaltig. In Oxford studierte er Literaturwissenschaften und Philosophie und begegnete dort seinem später langjährigen Freund C. S. Lewis, dem berühmten Schriftsteller und hochkarätigen Universitätsprofessor. C. S. Lewis berichtet über seinen Freund Alan: *»Er war einer der genialsten Dialektiker, der mir je begegnet ist.«*

Zeitlebens fasziniert war Bede Griffiths von dem englischen Dichter, Maler und visionären Mystiker William Blake (1757-1827), der ihn zu dem Buchtitel seiner wunderschönen Autobiographie »The Golden String« (»Die goldene Schnur«) inspirierte.

> *»Ich gebe Dir das Ende der Goldenen Schnur. Rolle sie zu einem Knäuel auf, und sie wird Dich durch das himmlische Tor in der Mauer Jerusalems führen« (William Blake).*

Am 20. Dezember 1932, genau 60 Jahre vor seinem schweren Schlaganfall, trat Alan Richard Griffiths als Novize in das Benediktinerkloster Prinknash Abbey ein und nahm den Mönchsnamen Bede an, den Namen des großen Heiligen, dessen Lebensgeschichte ihn so tief beeindruckt hatte. Vier Jahre später legte er seine ewigen Gelübde ab und wurde am 9. März 1940 zum Priester geweiht. Nach einer erfolgversprechenden Periode als Benediktinermönch in England, zuletzt als Prior der Abtei von Farnborough, trat Bede Griffiths 1955 im Alter von nahezu 50 Jahren die Reise nach Indien an, um dort die andere Seite seiner Seele zu entdecken. *»Ich hatte herauszufinden begonnen«*, so Pater Bede, *»daß in*

Leben und Wirken

der westlichen Kirche etwas fehlt: wir leben nur die eine Hälfte unserer Seele, die bewußte, die rationale Seite, und haben die andere Hälfte, die unbewußte, intuitive Dimension noch zu entdecken. Ich wollte in meinem Leben die Hochzeit dieser beiden Dimensionen der menschlichen Existenz erfahren, der rationalen und der intuitiven, der männlichen und der weiblichen. Ich wollte den Weg zur Hochzeit von Ost und West finden.« Nach seiner Ankunft in Indien wohnte Dom Bede zunächst in einem benediktinischen Kloster westlicher Prägung in der Nähe von Bangalore (Süd-Indien), spürte aber bald, daß gregorianischer Gesang, die gewohnten Mönchskutten und der gesamte westliche Lebensstil ohne Bezug waren zu dem Leben der Dorfbewohner. Seine nächste Station war der Kurisumala Ashram in den Bergen von Kerala, wo er zusammen mit Francis Mahieu, einem belgischen Trappisten (heute bekannt als Francis Acharya), und einer kleinen Gruppe indischer Mönche versuchte, indische und christlich-westliche Spiritualität einander näherzubringen.

Ende 1968 zog Bede Griffiths mit zwei indischen Mitbrüdern in die Ebene von Tamil Nadu, um den Saccidananda Ashram am heiligen Fluß Süd-Indiens, River Cauvery, zu übernehmen. Der Gründer von Shantivanam, der Franzose Jules Monchanin, war 1957 infolge eines Krebsleidens in seiner Heimat gestorben. Der andere Mitbegründer, der französische Benediktiner Henri Le Saux, berühmt unter seinem indischen Namen Swami Abhishiktananda, hatte sich im Sommer 1968 in seine Einsiedelei in Uttarkarshi im Norden Indiens zurückgezogen und starb im Dezember 1973 in Indore.

Saccidananda Ashram Shantivanam hatte sich seit der Gründung im Jahre 1950 kaum weiterentwickelt. Mit der Ankunft von Dom Bede Griffiths erfolgte ein grundlegender Wandel. Seit 1969 ist Shantivanam ein wichtiges Zentrum für Dialog und Kontemplation geworden. Der Ashram hat sich international den Ruf erworben, offen zu sein für alle, die kommen, und sie kommen in großer Zahl aus allen Teilen der Welt. Dom Bede wurde zum authentischen Guru, zum Anziehungspunkt für alle, welche die Reise nach Shantivanam unternahmen. Durch seine Person wurde der Ashram weltweit bekannt. Die Menschen kamen von überall her, um von seiner Weisheit und seinem Beispiel inspiriert, von seiner Liebe, seiner Gegenwart, was in Indien »darshan« genannt wird, berührt zu werden.

»Alle religiösen Lehren sind symbolischer Ausdruck einer Wahrheit, die nicht angemessen ausgedrückt werden kann«, sagte Dom Bede oft und fuhr fort: »Jede Religion, ob christlich, hinduistisch, buddhistisch, islamisch u. a. ist durch Zeit, Raum und Umstände bedingt. Jede Form von Organisation, Priestertum, Ritual und Lehre gehört der Welt der Zeichen an, die vergehen wird. Aber in allen diesen

Der Autor und sein Werk

äußeren Formen der Religion offenbart sich eine ewige Wahrheit. Götzendienst besteht darin, bei diesen Zeichen stehenzubleiben; wahre Religion geht durch das Zeichen hindurch zur Wirklichkeit.«

So ist der Saccidananda Ashram zu einem eigentlichen Treffpunkt der Weltreligionen geworden. Da hat der Meditationskurs eines buddhistischen Zen-Meisters ebenso Platz wie der Vortrag eines christlichen Theologen, der Yoga-Unterricht durch einen der Mönche ebenso wie die Begegnung mit einem hinduistischen Swami (Lehrer). Bede Griffiths hat einen großen Beitrag zur Versöhnung der Weltreligionen geleistet.

In seinem epochalen Werk »*Universal Wisdom*« (»Universelle Weisheit«), welches im Sommer 1993 in England erschienen ist und nach und nach in alle großen Weltsprachen übersetzt wird (das vorliegende Buch ist die deutsche Übersetzung mit dem Titel »Unteilbarer Geist«), hat der Weise und Prophet von Shantivanam eine Art Heilige Schrift für alle Menschen der Welt zusammengestellt, die auf der Suche nach der göttlichen Gegenwart und Einheit sind.

Bede Griffiths lag die Erneuerung des kontemplativen Lebens ganz besonders am Herzen. Aus diesem Grunde hatte er zusammen mit engen Freunden im September 1992 in Kalifornien eine Bewegung ins Leben gerufen, die ohne römisch-kanonische Rechtsform und organisierte Struktur ein weltumspannendes Netz von Gottsuchern zu knüpfen helfen soll. Bei dieser Gelegenheit hatte Dom Bede den Begriff Kontemplation sehr eindrücklich präzisiert:

»*Kontemplation ist das Erwachen zur Gegenwart Gottes im Herzen des Menschen und im uns umgebenden Universum. Kontemplation ist Erkenntnis aus Liebe.*«

Mai 1993. Seit zwei Wochen leidet Bede Griffiths an einer hochfiebrigen Lungenentzündung. Hinzu kommt die erdrückende tropische Hitze, 45 Grad Celsius, und extrem hohe Luftfeuchtigkeit. In den vergangenen Jahren war Dom Bede um diese Zeit entweder im kühleren Hochland Indiens oder auf Reisen in Europa, Amerika und Australien.

Tag und Nacht wird er ständig umsorgt von Father Christudas, Sister Marie-Louise und Sister Valsa sowie von anderen Mitbrüdern der Ordensgemeinschaft. Trotz des seit Wochen anhaltenden Fiebers oberhalb der 40-Grad-Marke hat Bede Griffiths Momente extrem großer Klarheit. Kein Klagen über sein Leiden, nur der ständige Ruf nach der Nähe seiner engsten Freunde.

Christudas, der jeden Atemzug seines Meisters seit Jahrzehnten kennt, spürt das Nahen des bevorstehenden Todes und spricht: »*Mein geliebter*

Guru, die Stunde ist gekommen, wo nur noch Gott helfen kann.« Gemeinsam singen sie Dom Bedes Lieblingsgesänge in Sanskrit, beten dreimal das Vaterunser.

Noch einmal wirft Dom Bede einen letzten Blick auf seinen Lieblingsschüler Christudas und stirbt in großem Frieden am Donnerstag, den 13. Mai 1993 in seiner Hütte auf dem paradiesischen Grund von Shantivanam, wo er 25 Jahre lang Besucher aus der ganzen Welt in Liebe empfangen und unterwiesen hat.

Am 14. Mai hält Bischof Gabriel von Tiruchchirapalli einen Gedenk-Gottesdienst und sagt in seiner bewegenden Ansprache: »*Dom Bede Griffiths ist ein großes Geschenk für die indische Kirche. Er ist ein Heiliger.*«

Das offizielle Requiem mit Beerdigung ist für den 15. Mai vorgesehen.

Bede Griffiths liegt aufgebahrt vor dem Altar der Kapelle, wo er über Jahrzehnte täglich die Eucharistie mit vielen Menschen aus der ganzen Welt gefeiert hat. In seinen Händen hält er einen Kelch als Zeichen seines Priestertums sowie ein Benediktinerkreuz und einen Rosenkranz. Das Antlitz des Heiligen strahlt friedlich unter der glühenden Tropensonne.

Ein Ortsgeistlicher konzelebriert mit Father Christudas die feierliche Totenmesse.

Die Ashram-Gemeinschaft und unzählige Freunde aus den umliegenden Dörfern (Christen, Hindus, Muslime u. a.) nehmen Abschied von Benediktinermönch und Sanyassin Bede Griffiths, der Shantivanam zu einem Versöhnungsort der Weltreligionen gemacht hat.

Bevor der Sarg endgültig geschlossen wird, waschen die engsten Freunde von Bede Griffiths ihrem Meister ein letztes Mal die Füße, küssen Stirn und Füße und verabschieden sich in Dankbarkeit und Liebe. Christudas, der treue Weggefährte, legt seinen Schal in den Sarg seines Gurus.

In einer großen Lichterprozession, in einem Meer von Blumen bewegen sich die Trauernden zur Grabstätte neben der Kapelle. Plötzlich verdunkelt sich für wenige Augenblicke der Himmel und ein gewaltiger Sturm braust über den Ashram. Blätter und Blumen werden in die Gruft geweht und bedecken den Sarg des Mystikers und Heiligen von Shantivanam.

Viele erkennen darin ein Zeichen und werden an das Johannes-Evangelium Kapitel 3 Vers 8 erinnert: »*Der Wind weht, wo er will; du hörst sein Brausen, weißt aber nicht, woher er kommt und wohin er geht. So ist es mit jedem, der aus dem Geist geboren ist.*«

Das Leben eines großen Mystikers, eines beharrlich und ernsthaft Gottsuchenden hat sich glücklich vollendet.

Der Autor und sein Werk

Als Bede Griffiths mit Freunden in einem oberbayerischen Gebirgsdorf das Pfingstfest 1991 feierte, verkündete er:

> »*Pfingsten ist der Höhepunkt des christlichen Jahres, der Augenblick, wo alle Geheimnisse Christi: Geburt, Epiphanie, Tod und Auferstehung – alle zusammen in der Tiefe des innewohnenden Geistes verwirklicht werden. Es ist der Augenblick der Selbst-Erkenntnis, wenn alle im Äußeren gesammelten Erfahrungen im Inneren zusammenkommen und als der Weg der inneren Verwandlung verwirklicht werden, wobei wir allmählich vom Tod zum Leben voranschreiten und uns für die endgültige Verwandlung vorbereiten, wo die gesamte Schöpfung in die Fülle Christi aufgenommen und Gott alles in allem sein wird.*«

Durch Transformation zur Befreiung

(Roland R. Ropers)

*Die Kirche der Zukunft
sind die Laienbrüder- und schwestern.
Jesus hat nicht die Kirche gepredigt,
sondern das Königreich Gottes*
(Bede Griffiths)

Der folgende Beitrag des Herausgebers Roland R. Ropers verknüpft buddhistische Meditationspraxis mit christlicher Mystikerfahrung und stellt somit die Quintessenz der Lehren Bede Griffiths' anhand zweier großer Weltreligionen und die konkrete Verwirklichung dieser Lehren durch Erfahrung dar.

Nach Auffassung der christlichen Theologie ist es dem Menschen nicht möglich, schon in diesem Leben unmittelbare Kenntnis von Gott zu erlangen. Sie behauptet, die selige Schau (visio beatifica) könne sich erst nach dem Tod ereignen. Tatsache aber ist, daß der Mensch in seiner Sehnsucht nach dem Göttlichen nicht nach einer äußeren Glaubenslehre in Gestalt eines kirchlichen Dogmas sucht, sondern nach der erfahrbaren Wahrheit. Die Hinwendung zum Glauben und zu einem religiösen Bekenntnis genügen einem Menschen nicht, der nach wirklicher Kenntnis des Seins verlangt. Seine Sehnsucht richtet sich auf persönliche religiöse Erfahrung. Er möchte vom Göttlichen berührt und ergriffen sein.

Die Aussagen erleuchteter Mystiker aller Zeiten und Orte stehen im Gegensatz zur dogmatischen Einstellung der christlichen Theologie, die die Schau Gottes, als Möglichkeit schon vor dem Tod, ablehnt. Symeon der Jüngere (11. Jahrhundert n. Chr.), einer der bedeutendsten christlichen Mystiker, spricht vielen aus dem Herzen, wenn er sagt:

> *»Jene lügen, die da sprechen, es gäbe keinen Menschen heute, der da wisse, er habe Gott geschaut, und keinen habe es bisher gegeben außer den Aposteln. Und auch jene, sagen sie, auch jene hätten Gott nicht klar geschaut, und sie lehren, daß er von keinem zu erkennen und zu erschauen sei.«* [1]

Wir stoßen in der christlichen Theologie immer wieder auf diese Leugnung der Möglichkeit unmittelbarer Kenntnis Gottes. Doch bei den Mystikern ist nirgends davon die Rede. Wer nach der Realität des Seins sucht, muß nach der Erfahrung Gottes streben und so in immer neue und höhere Dimensionen der Wahrheit eindringen. Die christliche Theologie verkündet, diese Wahrheit sei eine Erfahrung jenseits dieser Welt. Doch die Mystiker, die zum Wesen dieser Wahrheit erwacht waren, entdeckten, daß die letzte Wirklichkeit überall ist und auf keinen Fall erst **danach**. Die Realität des göttlichen Seins, die all unserer menschlichen Erfahrung zugrundeliegt, ist kein unzugängliches Gebiet oder eine künftige »himmlische Welt«, sondern eine göttliche Realität, die immer und in allen Dingen gegenwärtig ist.

Von dieser göttlichen Realität spricht Paulus, wenn er sagt:

> *»Nicht mehr ich lebe, sondern Christus lebt in mir«*
> (Gal. 2,20)

Transformation

oder, in den Worten des Mystikers und Dichters Angelus Silesius (17. Jahrhundert):

>*Und wäre Christus tausendmal in Bethlehem geboren*
>*und nicht in dir,*
>*so wärst du doch verloren.*«

Und Augustinus ruft in seinen »Konfessionen« aus:

>*»O Gott, du hast uns zu Dir hin erschaffen und ruhelos ist*
>*unser Herz, bis es ruht in Dir!«*

Seitdem dem Menschen in der Evolution des Lebens zum ersten Mal ein Bewußtsein dämmerte, treibt uns diese innere Unruhe. Wir finden keinen inneren Frieden, ehe sich uns der leuchtende Strom der göttlichen Realität offenbart hat – nicht indem wir aus einem Traum von einer vermeintlich vielgesichtigen Welt erwachen, sondern als Ursprung und Ziel allen Lebens. Solange wir uns bei unserer Suche nach Wahrheit weiterhin in all den logischen Schlußfolgerungen, theologischen Haarspaltereien und Bibelinterpretationen verlieren, werden wir im Netz des abstrakten Denkens gefangenbleiben. Origenes (4. Jahrhundert n. Chr.), einer der Väter der christlichen Mystik, sagte:

>*»Man muß die Göttliche Schrift geistig und geistlich verstehen, denn die materielle Kenntnis, die sich nur auf die geschichtlichen Vorgänge bezieht, ist nicht wahr. Wenn du versuchst, den Göttlichen Sinn auf den rein äußerlich betrachtenden Wortlaut herabzuziehen, so wird er keinen Grund finden, sich niederzulassen und wird in seine heimische Wohnstatt zurückkehren, welche die ihm gemäße Schau ist.«* [2]

Oder wieder in den Worten des Mystikers und Dichters Angelus Silesius (17. Jahrhundert):

>*»Die Schrift ist Schrift, sonst nichts.*
>*Mein Trost ist Wesenheit,*
>*Und daß Gott in mir spricht*
>*das Wort der Ewigkeit.«* [3]

Bei aller Hochachtung vor den heiligen Schriften der Menschheit und den Worten der großen Meister hat sich der erleuchtete Mystiker immer mit dem ungeschriebenen Mysterium, dem Mysterium jenseits aller Schrift, befaßt. Was er erfährt, wenn er im klaren Licht der Wirklichkeit erwacht, geht weit über das hinaus, was menschliche Worte auszudrücken vermögen. »*Was kein Auge gesehen und kein Ohr gehört hat, was keinem Menschen in den Sinn gekommen ist: das Große, das Gott denen* bereitet hat, die ihn lieben« (1. Kor. 2, 9), liegt weit außerhalb der Grenzen des verstandesmäßigen Erkennens. Zen-Meister Huang Po (gestorben 850 n. Chr.) spricht von einem »Verstehen jenseits des Denkens«.

»Volles Begreifen kann nur durch ein unausdrückbares Mysterium kommen. Der Zugang zu ihm heißt 'das Tor zur Stille jenseits aller Tätigkeit'. Willst du dies verstehen, dann wisse, daß ein plötzliches Begreifen aufblitzt, wenn der Geist vom Gestrüpp der gedanklichen und unterscheidenden Denktätigkeit gereinigt ist. Wer die Wahrheit mit Hilfe des Intellekts und von Gelehrsamkeit sucht, wird sich nur immer weiter von ihr entfernen.« [4]

Man sollte Huang Po aber nicht so mißverstehen, als ob er gemeint habe, wir sollten zu denken aufhören. Es besteht keine Notwendigkeit, unsere intellektuellen Fähigkeiten zu unterdrücken oder den freien Fluß des Denkens mit seiner Fähigkeit, die Dinge rational zu betrachten, zu hemmen. Wir sollten uns nur der Begrenztheit des verstandesmäßigen Denkens bewußt werden. Es wäre ein verhängnisvoller Fehler zu glauben, wie es leider viele westliche Vertreter des Zen-Buddhismus heute tun, wir müßten unseren Verstand negieren. Viele von ihnen denken, wir müßten nur den »bösen« Intellekt unterdrücken, um das Nirvana, nach dem wir uns so glühend sehnen, zu erlangen. Es kann nicht nachdrücklich genug betont werden, daß das mit dem wirklichen Zen nichts zu tun hat.

Es geht nicht um eine Unterdrückung des Denkens, sondern um ein Darüber-Hinausgehen. Nur Menschen, die in der Lage sind, in denkerischer Bemühung bis zu den Grenzen des Denkens vorzudringen, erreichen dieses Ziel, um dann kühn in die große Leere zu springen. Es ist ein Sprung in den unergründlichen Ursprung des göttlichen Seins. Wenn wir uns auf diese Weise vom verstandesmäßigen Denken freimachen können, wird sich uns unser wahres Wesen in all seiner Schönheit offenbaren und werden wir zur Quelle alles Seins zurückkehren.

Das endlose Auf- und Abfluten des Denkens gehört zur Natur des Menschen.

Ein Gedanke folgt dem anderen, einer übernimmt seine Aufgabe vom anderen, und alle bewegen sich in den von ihnen selbst gesetzten Grenzen. Aber infolge der Unruhe des Denkens, verursacht durch die »Wellen« oder Eindrücke auf der Oberfläche des Bewußtseins, ist es uns nicht mehr möglich, uns der allgegenwärtigen Realität jenseits von Raum und Zeit, die sich in uns befindet, bewußt zu werden. *»Wißt ihr nicht, daß ihr Gottes Tempel seid?«* ruft uns Paulus zu (1. Kor. 3, 16). Aber was haben wir davon, wenn unser Bewußtsein mit all dem Wust des verstandesmäßigen Denkens angefüllt ist? Der laute Lärm aller möglichen Ideen, Wünsche und Ängste erstickt das göttliche Wort, das zur Seele, zum »Tempel des Heiligen Geistes« spricht. Das ist der tiefere Sinn der Tempelreinigung. Meister Eckhart sagt in seiner Predigt über diese Geschichte der heiligen Schrift (Matth. 21, 12):

»*Wir lesen im heiligen Evangelium, daß unser Herr in den Tempel ging und sich daranmachte, hinauszuwerfen, die da kauften und verkauften.*

Er gibt damit unzweideutig zu verstehen, daß er den Tempel wolle rein wissen. Er erklärt: 'Ich habe ein Recht auf diesen Tempel und will allein darin sein, allein darin die Herrschaft haben!'

Welches ist nun dieser Tempel, darin Gott Gewalt und Herrschaft üben will nach seinem Willen? Das ist des Menschen 'Seele', die er so recht ihm selber gleich gebildet und geschaffen hat. Aus dem Grund also will Gott den Tempel rein haben, daß auch rein nichts weiter darin sei als er allein...

So war denn niemand mehr darin als Jesus allein, und der beginnt nun zu sprechen im Tempel der Seele... Will (aber) jemand anderes reden in diesem Tempel, als Jesus, so schweigt er, denn (die Seele) hat fremde Gäste. Soll aber Jesus reden in der Seele, so muß sie allein sein und muß selber schweigen, soll sie Jesum hören.

Daß Jesus auch in uns komme, alles auszutreiben und wegzuräumen, dazu helfe uns Gott! Amen.«[5]

Die Seele muß schweigen, wenn sie das göttliche Wort, das in ihren Tiefen spricht, vernehmen will. Wie sagt doch der Prophet: »*Ich will schweigen und hören, was Gott der Herr in mir spricht.*« Dieses Stillsein und Hören auf das, was Gott im innersten Herzen spricht, wird in der Geschichte vom letzten Abendmahl im Johannesevangelium (Joh. 13, 23) symbolisch dargestellt:

»*Einer von den Jüngern lag an der Seite Jesu; es war der, den Jesus liebte.*«

Diese Einzelheit ist weit mehr als nur eine zufällige, bedeutungslose Information über die Sitzordnung am Tisch der Jünger. Sie gibt ein Bild von großer symbolischer Tiefe. Biblische Geschichten dieser Art sind alles andere als bloße Dokumentarberichte. Sie sprechen in Bildern, sie drücken in Zeichen und Symbolen aus, was sich nur sehr schwer, wenn überhaupt, sagen läßt. Die Worte »er lag an der Seite Jesu« und »den Jesus liebte«, machen uns auf die große spirituelle und bewußtseinsmäßige Nähe und Beziehung zwischen Christus und seinem Jünger aufmerksam, zwischen Gott und Mensch. »An der Seite Jesu liegen« bedeutet vor allem, auf das göttliche Wort zu hören, das als die ungeborene, göttliche Realität selbst in der Tiefe unseres Seins spricht, im innersten Königreich des Herzens. Es bedeutet, daß wir unsere Ohren für die unerschöpflichen göttlichen Tiefen öffnen, auf das Ewige in uns hören und darin eingehen. Diese Wahrnehmung des Grundes der göttlichen Natur als unseres innersten wahren Wesens setzt ein völliges Stillwerden und Loslassen von allem, was nicht Gott ist, voraus. Das heißt nicht mehr und nicht weniger, als sich von allem Äußeren abzuwenden und in das, was verborgen ist (en krypto), einzugehen. Es ist die Abkehr von der Außenwelt, vom Reich der Objekte, und die Zuwendung zur Innenwelt, zur allumfassenden Totalität des göttlichen Seins. Es ist der Weg der Meditation, über die Welt der Objekte hinaus, der Weg des inneren Stillseins vor Gott. Still sein vor Gott ist ein »stilles Gebet«, durch das wir in der »innersten Kammer des Herzens« auf das hören, was im Verborgenen zu uns spricht. Dieses stille Gebet entspricht der Anweisung Jesu, wenn er sagt:

> »Du aber geh in deine Kammer, wenn du betest, und schließ die Tür zu; dann bete zu deinem Vater, der im Verborgenen ist«
> [Matth. 6, 6].

Das in den Tiefen unseres innersten Seins Verborgene ruht in Schweigen und Stille, und in diesem Schweigen der Tiefe strömt die ewige, unerschöpfliche Quelle alles Seins. Viele Worte verwirren nur, wo aber die Worte schweigen, beginnt das Unendliche. Das innere Schweigen vor Gott ist das absolute Erfordernis, das Ewige in uns wahrzunehmen. Wenn Gott sprechen soll, müssen alle Gedanken, Illusionen und Meinungen schweigen. Aller Aufwand muß zur Ruhe gekommen und ein Zustand inneren Schweigens für Gott vorbereitet sein, so daß er in uns sprechen kann.

Völlig im Schweigen zu sein, ist etwas ganz anderes als eine zeitweilige Unterbrechung der Gedanken. Viele Menschen, die Meditation, besonders Zen-Meditation (Za-Zen), praktizieren, denken, ihr höchstes Ziel sei es, die Gedanken anzuhalten und das Denken zu unterdrücken. Aber das ist ganz falsch und hat nichts mit der wahren Zen-Meditation, wie sie die alten chinesischen Zen-Meister praktizierten, zu tun. Schon im 17. Jahrhundert warnte der chinesische Zen-Meister Poshan:

> *»Manche Menschen beginnen ihre Gedanken anzuhalten, ihren Geist zu unterdrücken und alle Dinge in die Leere zu verschmelzen. Sobald ablenkende Gedanken auftauchen, werden sie verscheucht. Selbst die schwächsten gedanklichen Regungen werden sofort unterdrückt.*
>
> *Diese Art der Übung und des Verstehens stellt die größte Falle dar, in die Häretiker fallen können: die Falle der toten Leere. Solche Menschen sind lebende Tote. Sie werden abgestumpft, teilnahms-*

los, gefühllos und träge. Sie gleichen einfältigen Dieben, die versuchen, eine Glocke zu stehlen, indem sie sich die Ohren verstopfen.« [6]

Viele Meditierende täuschen sich insofern, als sie diese »Falle der toten Leere« für einen höheren kontemplativen Zustand halten. Infolgedessen verharren sie in diesem Zustand oft lange Zeit, ohne zu bemerken, daß sie sich durch diese magische Stillegung der Gedanken nur einlullen. Ihre spirituelle Achtsamkeit wird stumpfer und lethargischer statt schärfer, und schließlich nimmt ihre Fähigkeit zur Konzentration in solchem Umfang ab, daß die Achtsamkeit des Geistes ganz verlorengeht. Ramana Maharshi, der große, 1950 gestorbene indische Weise unseres Jahrhunderts, weist sehr deutlich auf diesen katastrophalen Fehler hin:

> *»'Mano-laya' bedeutet das Einschmelzen des Gemüts, das ist eine zeitweise Stille des Bewußtseins. 'Mano-laya' ist eine Sammlung, die den Strom des Bewußtseins zeitweilig anhält. Sobald die Sammlung aufhört, strömen Vorstellungen, alte und neue, wie gewöhnlich ein, und wenn dieses zeitweilige Einlullen auch tausend Jahre währt, so führt es niemals zu dem, was man unter Erlösung oder Freisein von Geburt und Tod versteht. Man muß daher bei seinen Übungen auf der Hut sein, ... sonst läuft man Gefahr, in einen langen Trancezustand oder traumlosen tiefen Yogaschlaf (yoga-nidra) zu verfallen. Wenn dann für den Übenden kein geeigneter Führer da ist, kommt es (dazu), daß er sich selber betrügt und einem Wahnbild von Erlösung zum Opfer fällt.«* [7]

Das Ziel wahrer Meditation ist nicht, einen vollkommenen Zustand der Ruhe und Entspannung mit einem total entleerten Bewußtsein zu erreichen, noch ist Meditation das gewaltsame Anhalten und Unterdrücken des Denkens. Wahre Meditation ist ein »Transparent-Werden für die Transzendenz«, ein Reif-Werden des Bewußtseins, das sich zunehmend der Gegenwart der Totalität der göttlichen Realität, die uns umgibt und erfüllt, bewußt wird. In dieser Erfahrung ist der Gegensatz zwischen Samsara und Nirvana aufgelöst. Wir reifen dann stetig zu der Erkenntnis, daß die Welt, die dem an sie gebundenen Durchschnittsbewußtsein als Samsara erscheint, gleichzeitig als die allumfassende Totalität, als die »Fülle des göttlichen Seins«, wahrgenommen wird. *»So werdet ihr von der ganzen Fülle Gottes erfüllt«* (Eph. 3, 19).

Dieser durchhellte Bewußtseinszustand, frei von allen Begrenzungen, läßt sich niemals durch Negation (also Askese) noch durch einseitige Anwendung der einen oder anderen spirituellen Übung, wie zum Beispiel in sich selbst versunken dazusitzen (Za-Zen), erreichen. Wenn wir auf unserem spirituellen Pfad vorankommen wollen, dürfen wir niemals anhalten, nicht zugunsten philosophischer Einsichten, nicht zugunsten religiöser Zeichen und Symbole und nicht zugunsten eines einseitigen Beharrens auf dogmatischer Sitz-Meditation.

Es gibt Anhänger der Soto-Zenschule, die glauben, Erleuchtung sei überhaupt überflüssig, da wir alle schon von Natur aus Buddhas seien. Sie meinen, es genüge, so lang wie möglich mit vollkommen geradem Rücken und gekreuzten Beinen auf einem Kissen zu sitzen und alle dabei auftretenden Schmerzen und Schwierigkeiten zu ignorieren. Leider müssen wir Wasser in den Wein dieser wunderbar einfachen und leicht durchführbaren Methode gießen. Zen-Praxis, bei der Rücken- und Beinschmerzen auftreten, hat nichts mit dem Zen der alten Meister zu tun. Lehren, die behaupten, eine fehlerlos aufrechte Körperhaltung könne mit Erfahrung des Geistes und mit Erleuchtung gleichgesetzt werden, sind nicht der lebendige Zen der großen chinesischen Meister, etwa Hui-nengs (638 – 713), Ma-tses (709 – 788), Huang Pos (gestorben 850), Lin-chis (866/67) und vieler anderer.

Diese großen Zen-Meister maßen meditativen Übungen keinen besonderen oder gar ausschließlichen Wert zu. Ihnen kam es darauf an, unmittelbare, intuitive Erkenntnis, und zwar durch »direkte Demonstration«, zu wecken. Das war eine Art Frage- und Antwortspiel (japanisch: *mondo*), das oft tatsächlich eher aus Demonstrationen als aus verbalen Erklärungen bestand.

Doch soll damit keineswegs gesagt sein, daß die Übung des »In-sich-selbst-versunken-Dasitzens« im Zen überhaupt wertlos ist. Wir wollen nur deutlich machen, daß ein dogmatisches Beharren auf einer einseitigen Meditationspraxis in hockender Haltung und mit gekreuzten Beinen nicht nur dem Geist des Zen nicht entspricht, sondern ihm im Gegenteil direkt zuwiderläuft. Der Zen-Meister Ta-hui (1089-1163) sagt:

> »In alten Zeiten konnten die Menschen in 'Dhyana' (Zen-Meditation) versinken, während sie ihr Land bestellten, Pfirsiche pflückten oder sonst mit irgend etwas beschäftigt waren. Niemals ging es darum, längere Zeit untätig zu sitzen und sich damit zu beschäftigen, die eigenen Gedanken gewaltsam zu unterdrücken. Bedeutet 'Dhyana' das Anhalten der Gedanken? Wenn dem so wäre, würde das ein verfälschtes 'Dhyana' sein, nicht das 'Dhyana' des Zen.« [8]

Ebenso wie es notwendig ist, ein Gleichgewicht zwischen Gefühl und Wissen, Intuition und rationalem Denken herzustellen, ist es auch notwendig, für ein Gleichgewicht zwischen kontemplativem Sitzen und aktivem Handeln zu sorgen. Der springende Punkt beim Zen (zumindest in

Transformation

seiner ursprünglichen Form) ist es, die spirituelle Kraft der Konzentration, die aus der kontemplativen Ruhe in den Tiefen des Wesens gewonnen wird, inmitten aller Bewegung, inmitten der Welt, zu erfahren.

Zen-Meister Ta-hui gibt in dieser Hinsicht folgenden Ratschlag:

> »Ihr müßt erkennen, daß der Tumult des 'Samsara' kein Ende findet. Darum dürft ihr gerade dann, wenn ihr mit den turbulentesten Tätigkeiten beschäftigt seid, nicht auf eure Meditationssitze gehen. Jenes höchste Tun, das ihr so eifrig in der Stille geübt habt, sollt ihr anwenden, wenn ihr in den Tumult des täglichen Lebens verstrickt seid. Wenn ihr das zu schwierig findet, bedeutet das, daß ihr noch nicht genügend aus der Arbeit in der Stille gewonnen habt.
>
> Wenn ihr überzeugt seid, daß das Meditieren in der Stille besser ist als das Meditieren während der Tätigkeit, seid ihr in die Falle gegangen, nach der Wirklichkeit zu suchen, indem ihr die Manifestationen zerstört, oder ihr habt die Ursache eurer Verwirrung verkannt. Wenn ihr euch nach Ruhe sehnt und den Wirbel und Lärm verabscheut, ist es an der Zeit, eure ganze Kraft ins Werk zu setzen. Plötzlich wird die Verwirklichung, um die ihr so hart in euren stillen Meditationen gerungen habt, inmitten allen Lärms euch zuteil werden.
>
> Diese Kraft, die sich euch nach dem Hindurchbrechen schenkt, ist tausend- und millionenmal stärker als alles, was in der stillen Meditation auf dem Meditationssitz gewonnen werden kann.« [9]

Dieser Text läßt an Deutlichkeit nichts zu wünschen übrig. Die Praxis des Zen hat nichts damit zu tun, daß man nur einfach mit gekreuzten Beinen oder in Friedhofsruhe dasitzt oder daß man das Denken ruhigstellt. Zenpraxis ist aktive Meditation, also Meditation in der Aktivität. Die Früchte des Zen werden dort gepflückt, wo wir, unser Ich und die ganze Welt vergessend, aus der Begrenztheit des Übens und des absichtlichen »Wollens« heraustreten und dorthin gelangen, wo alle Praxis weit hinter uns bleibt.

Meditation muß jeden Augenblick unseres Lebens umfassen. Jeder Augenblick muß die lebendige Erfahrung des göttlichen Seins in allem, was wir tun, denken oder sagen, sein. Das will uns Meister Eckhart sagen:

> »Der Mensch soll Gott in allen Dingen ergreifen und soll sein Gemüt daran gewöhnen, Gott allzeit gegenwärtig zu haben im Gemüt, im Streben und in der Liebe. Achte darauf, wie du deinem Gott zugekehrt bist, wenn du in der Kirche bist oder in der Zelle: Diese selbe Gestimmtheit behalte und trage sie unter die Menge und in die

Unruhe und in die Ungleichheit ... Du sollst in allen Werken ein gleichbleibendes Gemüt haben und ein gleichmäßiges Vertrauen und eine gleichmäßige Liebe zu deinem Gott ...
Wärest du so gleichmütig, so würde dich niemand hindern, deinen Gott allzeit gegenwärtig zu haben.« [10]

Zweifellos ist diese Methode der aktiven Meditation der sicherste und schnellste Weg zur anhaltenden Erfahrung der allumfassenden, allesdurchdringenden Realität des göttlichen Seins.

Die Zeiten der stillen Meditation aber sind als Vorbereitung für die aktive Meditation nützlich und absolut notwendig. Ohne regelmäßige, ernsthafte Meditationsübungen wird man kaum etwas erreichen. Aber man muß sich ständig dessen bewußt sein, daß eine Übung stets den Zweck hat, über sie selbst hinauszugehen, so daß man einen Zustand erlangt, der alle Übung transzendiert.

Der Zen-Ausspruch »der Weg ist das Ziel« hat schon seine Berechtigung. Er will besagen, daß man jede Unterscheidung zwischen dem Weg und dem Ziel (zwischen Praxis und Verwirklichung) loslassen sollte, so daß wir inmitten der Dinge, inmitten der Welt uns unseres wahren Seins bewußt werden können. In dieser Bewußtwerdung, das heißt, in dieser Erfahrung unseres wahren Selbstes mitten in der Welt, sind die beiden Bewußtseinszustände »meditatives Bewußtsein« und »Tagesbewußtsein« gleichzeitig da, ohne jedes Hindernis. Der unbekannte Autor der »Wolke des Nichtwissens«, ein Mystiker und Theologe des 14. Jahrhunderts, sagt hierüber:

»Es gibt Leute, die so mit Gnade und Geist erfüllt und so innig mit Gott in dieser Gnade der Kontemplation verbunden sind, daß sie in normaler seelischer Verfassung dazu kommen, wann sie wollen, ob sie nun stehen oder gehen, sitzen oder knien. Und gleichzeitig bleiben sie all ihrer Sinne vollkommen mächtig, sowohl der leiblichen als auch der geistigen, und sie können diese gebrauchen, wie sie wollen.« [11]

Hier ist Meditation ins Leben mitten in der Welt integriert. Es gibt keine Trennung zwischen dem Heiligen und dem Profanen, zwischen der vita contemplativa und der vita activa mehr. Die ganze Welt, alles, ist heilig, und das heißt: nichts ist heilig. In der Sprache des Zen: *»Wo Leere ist, ist keine Heiligkeit.«*

Nach all diesen Gedanken über Meditation sollte man aber nicht vergessen, daß Kontemplation im Sitzen von allen großen Zen-Meistern durchgeführt wurde, nur mit dem Unterschied, daß es nicht ihre ausschließliche Übung, wie für manche der heutigen Zen-Buddhisten, war.

Transformation

Im letzten Jahrzehnt ist Meditation im Westen zur großen Mode geworden. Und auf den Buchmessen Europas und Amerikas wimmelt es von Büchern, die mit allen Mitteln esoterische Themen anpreisen. Doch wenn wir hier kritisch prüfen, bemerken wir sofort, daß die Autoren der meisten dieser Bücher selbst keine eigene Erfahrung von den Dingen haben, die sie zu lehren vorgeben.

Wer das Glück gehabt hat, mit einem wirklich kompetenten Meditationsmeister zu arbeiten, wird bald entdecken, daß Meditation nicht aus Büchern gelernt werden kann. Es ist einfach nicht möglich – und das sei hier nachdrücklich betont –, Menschen über Meditation konkret zu unterrichten, ohne daß man persönlichen Kontakt zu ihnen hat und über ihren Seelenzustand und ihre geistige Verfassung Bescheid weiß. In jedem Stadium des Übens besteht nämlich die Möglichkeit, daß der Schüler ungewöhnliche Erlebnisse hat und mit mächtigen psychischen und physischen Kräften konfrontiert wird, die ihn in sehr zweifelhafte Gemütsverfassungen führen können. Solche Erlebnisse kann nur ein Meister rechtzeitig erkennen und entsprechend darauf reagieren. Das aber ist nur möglich, wenn ein direkter Kontakt zum Übenden besteht. Meditationsübungen sollten daher nur in einer engen Lehrer-Schüler-Beziehung durchgeführt werden.

Eine der größten Gefahren in diesem Ringen um spirituelle Erfahrung ist der selbsternannte Guru, der ein pseudowissenschaftliches Training hinter sich hat und mit der Behauptung auftritt, geheime Techniken der östlichen Meditation vermitteln zu können. Das geschieht dann oft in Form einer Masseninitiation vor einer Menge interessierter Zuhörer, die höchst ungenügend vorbereitet sind und mit diesen Techniken einer Do-it-yourself-Methode nur experimentieren. Viele westliche Meditations-Zeloten rennen denn auch schon gewohnheitsmäßig von einer esoterischen Masseninitiation zur nächsten, um so viele Meditationstechniken wie nur möglich zu hamstern, statt eine einzige unter Anleitung eines wirklich kompetenten Lehrers über einen langen Zeitraum ernsthaft zu praktizieren. Sie befinden sich in ihrem Eifer, neue spirituelle Methoden kennenzulernen und auszuüben, in einem ununterbrochenen Erregungszustand, unfähig, auch nur kurze Zeit bei einer einzigen Übung zu bleiben. Quantität wird hier mit Qualität verwechselt, und so fühlen sich viele von diesen Menschen aufgerufen, ihr halbverdautes Wissen auch noch zu verbreiten. Sie lassen sich dann als spirituelle Führer feiern, obwohl sie kaum erst damit begonnen haben, korrekt und ernsthaft zu üben.

Das eigentliche Ziel der Zen-Meditation liegt im Loslassen aller Gedanken – ohne sie unterdrücken zu müssen oder anhalten zu wollen. Im Zen ist häufig die Rede von »gedanken-los sein« oder »frei von Gedanken sein« oder »nicht an Gedanken gebunden sein« (japanisch: *munen muso*). Das Ziel dabei ist, der unbewußten Wirksamkeit des Geistes Spielraum zu geben. Das sollte keinesfalls psychologisch interpretiert werden. Denn es ereignet sich auf einer geistigen Ebene, wo sich keine Spur begrifflicher und analytischer Aktivität des Verstandes mehr findet. Diese hat sich dann nämlich zugunsten der »Wirksamkeit Gottes« zurückgezogen. Dies ist es, was Johannes der Täufer meint, wenn er ausruft: »*Er muß wachsen, ich aber muß kleiner werden*« (Joh. 3, 30). Wie Meister Eckhart sagt: »*Gott wirkt, und ich werde.*«

Gottes Wirken kann durch keine Art Meditationstechnik, wie auch immer, forciert werden. Über die mystische Erfahrung, vom Göttlichen berührt und erfüllt zu werden, verfügt der Mensch nicht. Er kann sie nicht nach Belieben hervorrufen. Jemand, der glaubt, er müsse nur spezielle Meditationsmethoden anwenden, um das Ziel seiner spirituellen Bemühungen automatisch zu erreichen, erliegt einem gewaltigen Irrtum. Die großen Mystiker, die den spirituellen Weg kannten, haben stets auf den Irrtum des »spirituellen Materialismus« hingewiesen.

Die innere Begegnung mit dem Göttlichen bleibt immer ein Geschenk und geschieht durch Gnade allein. Sicher, wir können und müssen uns selbst vorbereiten, indem wir alles loslassen, innerlich leer werden, so daß wir mit Gott gefüllt werden können. Aber letzten Endes haben wir die Entscheidung nicht selbst in der Hand. Das bezeugen auch die Worte des flämischen Mystikers Jan van Ruysbroeck (14. Jahrhundert):

»*Der Liebende, der gerecht und innerlich ist, den will Gott aus freien Stücken erwählen und erhöhen zu einem überwesentlichen Schauen im Göttlichen Lichte. Mit Kenntnissen und Scharfsinn oder mit irgendwelchen Andachtsübungen kann dazu aber niemand gelangen; sondern wen Gott in seinem Geiste vereinigen und durch sich selbst erleuchten will, der kann Gott schauen und sonst keiner.*« [12]

In der Baghavadgita, der heiligen Schrift des Hinduismus, spricht der Gott Krishna:

»*Wer Mir in Liebe treu ergeben ist
Und Mich in Wahrheit ehrfurchtsvoll verehrt,
Dem geb' ich gerne Meiner Weisheit Kraft,
Und Meine Gnade leitet ihn zu Mir.
In seinem Herzen wohnend, bin Ich selbst
Der Wahrheit Licht, das dann sein eigen ist,
Und dessen Kraft die Dunkelheit zerstört,
Die aus der Nichterkenntnis Nacht entsprang.*«

Transformation

Je mehr wir bereit sind, uns dem Absoluten zu übergeben, desto mehr Gnade wird uns, als Wirksamkeit des göttlichen Seins, geschenkt. Und je mehr Gnade in uns wirkt, zu desto größerer und konzentrierterer Hingabe sind wir imstande.

Doch Hingabe an das Ewige ist eine Öffnung des eigenen Wesens, ein Transparent-Werden für die Transzendenz. Es ist ein Loslassen, ein Leer-Werden, um etwas ganz anderes zuzulassen und damit erfüllt zu werden. Wenn wir unser kleines, zeitliches Leben aus Liebe für das Ewige loslassen, lassen wir damit das höhere Leben, das uns erwartet und Zeit und Raum transzendiert, in uns ein. Die Gegenwart dessen, was in unserem Innersten schon immer verborgen war, wird dann zur lebendigen inneren Erfahrung. Das aber fällt uns nur in dem Maße zu, wie wir dafür empfänglich und bereit sind, uns selbst und alle Dinge preiszugeben. Hierzu sagt Johannes Tauler (14. Jahrhundert):

> *»Im Innern, im Grund des Menschen, da hat Gott den Ort seiner Ruhe erwählt; da findet er seine Freude. Wenn einer das täte: den Grund wahrnehmen von innen, und alle Dinge lassen und sich in den Grund kehren! Doch das tut niemand.*
>
> *Und dabei geschieht es oft, daß ein Mensch in seiner äußeren Tätigkeit zehnmal gemahnt wird, sich nach innen zu kehren. Doch er tut es noch immer nicht.«* [13]

Nur indem wir uns radikal nach innen richten und »in Gott hineinsterben«, erfahren wir unsere göttliche Natur. Nur in der Erneuerung durch die Taufe des mystischen Todes erwachen wir für unser wahres Wesen. Nur wenn wir bereit sind, unser Leben aufzugeben, erfahren wir die Fülle des göttlichen Lebens.

Das ist eins der großen Leitmotive in Sri Aurobindos »Integralem Yoga«:

> *»Wirkliche, vollständige und totale Selbsthingabe, erbarmungsloses Auslöschen des Ego. Aus dem ganzen Leben einen Altar des Opfers machen, das bringt die große Bewegung der Göttlichen Freude hervor.«* [14]

Dem Ernst des spirituellen Weges entspricht der Ernst echter Meditation. Echte Meditation ist eine Sache auf Leben und Tod, sie ist die völlige Preisgabe des Lebens und damit auch eine Art Tod. »Sterben« ist ein Wort, das in den Meditationshallen des Zen gerne als Ansporn gebraucht wird. *»Hier wird nicht geschlafen, hier wird gestorben!«* rief Vater Lassalle (H. M. Enomiya-Lassalle, Jesuitenpater und Zen-Meister 1898 - 1990) manchmal seinen Schülern zu, wenn sie bei der Meditation eindösten. Das bedeutet letzten Endes, daß man sein Leben »auf einen Wurf« setzt und sich in den unergründlichen Abgrund des »göttlichen Nichts« stürzt.

Transformation

»Wenn jemand zu mir kommt und nicht Vater und Mutter, Frau und Kinder, Brüder und Schwestern, ja sogar sein Leben gering achtet, kann er nicht mein Jünger sein« (Luk. 14, 26). Wir müssen bereit sein, alles den Sinnen und dem Verstand Zugängliche fallenzulassen. Nur dann offenbart sich die Realität hinter allem Veränderlichen und Ausdrückbaren.

Solange wir zu diesem Schritt nicht bereit sind, bleiben wir an unsere Wahnvorstellung von einer stabilen und gesunden Welt gebunden. Dieser Zustand hält an, bis die schmerzliche Erfahrung von Leiden und Enttäuschung ihren Zweck erfüllt und die Sehnsucht nach Befreiung in uns geweckt hat. Das ist der Augenblick, wo wir erkennen, daß wir uns an eine Illusion geklammert hatten. Wir sind dann mit unserem Los nicht länger zufrieden. Wir fühlen uns getrieben, den Weg zur Befreiung zu finden. Letzten Endes bedeutet das: »Laß alles los, was es auch sein mag, und laß vor allem dich selbst los!« Mit anderen Worten: »Sterben und Werden«:

> »Wer an seinem Leben hängt, verliert es; wer aber sein Leben in dieser Welt gering achtet, wird es bewahren bis ins ewige Leben« (Joh. 12, 25).

Wenn wir uns an unser Leben klammern, zeigen wir damit, daß wir noch von unserem kleinen Ich beherrscht werden. Die einzig für uns verfügbare Realität stellt dann das Leben in Zeit und Raum dar, und so klammern wir uns heftig an unser äußeres Ich, das wir auf dieser Ebene noch mit unserem Leben gleichsetzen. Aber Sich-Festklammern verursacht Todesangst. Die Furcht vor dem Tod hat ihre Wurzeln in der Illusion von einem sterblichen Ich, das sich mit aller Kraft an der pathologischen Ich-Zentralität festhält, an den Skandas. Doch wenn wir in einer Schau des wahren Seins unsere unsterbliche Natur erfahren und daher die Unwirklichkeit des sich festklammernden, sterblichen Ichs, halten wir unser Leben nicht mehr fest. Wir haben dann einen geistigen Zustand jenseits von Leben und Tod erlangt.

Solange wir unserer besitzergreifenden Wahnvorstellung vom Ich nicht absterben, bleiben wir an Samsara, das sich drehende Rad von Leben und Tod, gebunden. Dieses Rad wird vom gnadenlosen Karmagesetz in Gang gehalten. Karma ist die Vergeltung für alle in dieser veränderlichen Welt begangenen Taten. Karma und Reinkarnation sind engstens mit dem Ich-Wahn verbunden. Solange aufgrund mangelnder Kenntnis unserer wahren Natur die »Ichbezogenheit« andauert, projiziert sich die vermeintlich vielgesichtige Welt auf der Oberfläche unseres Bewußtseins als Realität. Das heißt dann, daß all unser Handeln aus Gier, Zorn und spiritueller Blindheit geboren wird, und daß wir uns immer noch mehr in den Dschungel unserer durch Identifikation bedingten Bindungen verstricken. Kein Weg führt aus dieser Situation heraus, es sei denn, wir tragen unser pathologisches Ich durch die Erfahrung des mystischen Todes endgültig zu Grabe.

Es gibt Menschen, die diese segensreiche Erfahrung in diesem Leben nicht machen, aber trotzdem nach der Realität des göttlichen Seins streben und darin von Inkarnation zu Inkarnation Fortschritte machen. Dann werden sich zu gegebener Zeit, vielleicht im Augenblick des physischen, biologischen Todes am Ende dieses Erdenlebens, die hellen Strahlen des einen Geistes auch ihnen offenbaren. Unsere spirituelle Einstellung im Augenblick des Todes ist von entscheidender Bedeutung.

Denn unser Gemütszustand beim Sterben und unsere letzten Gedanken vor dem Tod sind entscheidend für alles, was sich im Bardo-Zustand, dem Zustand zwischen Leben und Tod, ereignet.

Wenn wir uns vor dem Tod in einem Bewußtseinszustand befinden, der von geistiger Klarheit, innerem Verzicht und Vertrauen auf Gottes Liebe in diesem letzten Augenblick in Zeit und Raum geprägt ist, haben wir unsere Zeit auf Erden nicht umsonst verbracht. Wenn wir auf Gott vertrauen und an seine grenzenlose Liebe glauben, werden wir vom Tod in das unaussprechliche und unvorstellbare Mysterium der göttlichen Liebe und Allmacht geleitet. Doch wenn wir uns im Zustand spiritueller Verwirrung, Furcht und Hilflosigkeit, hervorgerufen durch Bindungen, Aversionen und spirituelle Blindheit, befinden, haben wir unsere Bestimmung auf unserem spirituellen Pfad noch nicht erfüllt. Sterben wir in einem solchen Zustand der Unwissenheit und spiritueller Verwirrung, werden wir von den negativen Tendenzen des Bewußtseins hilflos hin und her gerissen.

Mangelnde Einsicht in selbst verursachte psychische Prozesse hindert uns leider an der Erkenntnis, wie sich aus dem Unbewußten Triebe, Emotionen und verdrängte Komplexe gegen uns erheben können. Nur wachsende spirituelle Achtsamkeit, die Erkenntnis der täuschenden Natur des Ichs und vor allem ein vertrauensvoller, dem Göttlichen völlig hingegebener Gemütszustand vermögen unbewußte, spirituell nicht heilsame Prozesse aus der Welt zu schaffen, wodurch das Ereignis des Todes in einen Akt der Befreiung umgewandelt wird. Wenn wir uns in unseren letzten Stunden völlig in Gottes Hände übergeben, wie es Jesus am Kreuz tat, als er sagte: »*Vater in deine Hände lege ich meinen Geist*« [Luk. 23, 46], dann wird sich mitten in der Dunkelheit des Todes das göttliche Licht geheimnisvoll und wunderbar über uns erheben und uns in sich aufnehmen. Wir tauchen dann in die unermeßliche Helligkeit Gottes ein und lösen uns im Licht der Ewigkeit auf.

Im Grunde ist das eine Frage des vollständigen Vertrauens auf Gott. Es ist das Vertrauen, daß uns im Tod ein unendlicher Horizont erschlossen wird und daß wir in die Herrlichkeit des göttlichen Seins, nicht ins Nichts hineinsterben; daß Gottes Mysterium unvorstellbare Offenbarungen für jene bereithält, die sich ihm anvertrauen und völlig in seine Hände übergeben. »*Was kein Auge gesehen und kein Ohr gehört hat, was keinem Menschen in den Sinn gekommen ist: das Große, das Gott denen bereitet hat, die ihn lieben*« (1. Kor. 2, 9). Welch wunderbare Verheißung! Sie erlöst uns von der engen Begrenztheit des Sinnenbewußtseins und der Phantasie zur grenzenlosen Weite von Gottes Ewigkeit.

Es liegt ganz an uns, ob wir genügend vorbereitet sind, den Prozeß des Todes in einen Akt der Befreiung umzuwandeln, oder nicht, und dann von den unerwünschten Tendenzen, die zur Zeit des Todes auftreten und wegen ihrer Mächtigkeit unbeherrschbar sind, überrollt werden. Der deutsche Mystiker Jakob Böhme (17. Jahrhundert) beschreibt diese Situation in Worten, die uns stark an das tibetische Totenbuch erinnern:

»*Es ist dir nichts näher als Himmel, Paradies und Hölle: zu welchem du geneigt bist und hinwirbst, dem bist du in dieser Zeit am nächsten. Du stehst in beiden Türen und hast beide Geburten in dir.*« [15]

In der Taufe des »mystischen Todes« lassen wir unser kleines Ich, unser Ich-Bewußtsein, ersterben. Im Vertrauen auf die Gegenwart des göttlichen Seins geben wir uns völlig in die Hände dessen, der die Quelle allen Lebens ist, denn er ist »Leben, das allem Leben Leben gibt«.

Die wahre Nachfolge Christi findet ihre Erfüllung in unserer totalen Hingabe an das Göttliche, bis zum Ende des mystischen Todes. Denn nur in unserer selbstvergessenen Liebe zu ihm, der die Liebe selbst ist, haben wir das Leben. Doch begreifen können das nur jene, die nach dem Göttlichen verlangen und bereit sind, alles spekulative und dogmatische Denken loszulassen. Denn »die Liebe beginnt dort, wo das Denken aufhört«, oder mit anderen Worten, Liebe beginnt dort, wo das Denken transzendiert wird. Da die göttliche Realität außerhalb der Möglichkeiten des Verstandes liegt, das heißt des Denkens, ist sie etwas Ewiges, Zeit und Raum nicht Unterworfenes. Wer eins mit Gott sein will, muß deshalb im mystischen Prozeß des Todes, im Loslassen aller Dinge, der Zeit absterben, denn in Zeit und Raum herrscht Veränderlichkeit und deshalb Vergänglichkeit. Doch die Unsterblichkeit ist ewig, sie ist die göttliche Realität selbst. Augustinus sagt:

»*Die Unsterblichkeit ist Gottes Substanz, weil Gott nichts Veränderliches in sich trägt. Dort ist keine Vergangenheit (in dem Sinne), daß es gleichsam nicht mehr sei. Nichts ist Zukunft, als ob es noch nicht sei. Dort ist lediglich: Ist.*« [16]

Transformation

In dem Menschen, der alles Zeitliche aus Liebe für das Ewige losläßt, offenbart sich demütige Liebe. Sie macht uns in keiner Hinsicht ärmer, sondern in jeder Hinsicht reicher. »*Wir werden das Licht des Lebens haben*« (Joh. 8, 12). Der deutsche Mystiker Johannes Tauler, ein Schüler Meister Eckharts, beschreibt den Weg des mystischen Todes:

> »*Ich sage dir in der Wahrheit, die Gott selber ist: Sollst du ein Mensch werden nach dem Willen Gottes, so müssen alle Dinge in dir absterben, darum und daran du haftest.*
>
> *Je mehr die Kräfte der Seele abgeschieden und vom Äußeren gereinigt sind, je mehr sie geweitet und gebreitet von innen werden, desto mehr wird das Wort Gottes kräftiger, göttlicher und vollkommener. Dies kann man nicht erlangen, denn mit einem gründlichen Sterben seiner selbst. Das Leben kann wahrlich nicht in uns sein, noch uns zuteil werden, wir müssen erst dessen entwerden und es mit einem (mystischen) Sterben erlangen.*« [17]

Nur die Wenigsten der Wenigen sind zu einem solch radikalen Loslassen ihrer selbst und aller Dinge fähig. Den meisten Menschen fehlt dafür eine wesentliche Voraussetzung: die Sehnsucht nach der unmittelbaren Erfahrung Gottes. Doch solch eine Sehnsucht nach dem Göttlichen ist weit mehr als nur ein instinktives Aufwallen eines Wunsches. Echte spirituelle Sehnsucht ist eine starke Tendenz zum Ewigen, die völlig von uns Besitz ergreift und uns ohne Berechnung, ohne Rückversicherung, ins große Abenteuer der Konfrontation mit dem Göttlichen stürzt. Dies aber bedeutet, daß wir darauf vorbereitet sein müssen, uns, ohne zurückzublicken, in unbekannte Gefahren zu stürzen. Es ist eine hohe Form des Mutes, der uns zur Lösung aller Bindungen an vertraute Ideen und Werte führt. Wir fragen dann nicht mehr danach, was geschehen wird, wenn wir loslassen. Solange wir danach fragen, wo wir hingeraten, wenn wir wirklich loslassen, erreichen wir diese Lösung von Bindungen niemals, sondern klammern uns stattdessen weiter an unsere altgewohnten Verhaltens- und Denkmuster.

Spirituelle Sehnsucht ist ein Ruf zur Ewigkeit, eine Sehnsucht, die aus den Tiefen des Herzens stammt. Es ist der Ruf der Seele nach dem Göttlichen, die Bereitschaft, »sich selbst zu geben«, wodurch die höheren Mächte Besitz von uns ergreifen können. Je intensiver die Sehnsucht, desto größer die Selbstpreisgabe.

Ohne diese Sehnsucht werden wir niemals zur brennenden Liebe fähig sein, die ihren Höhepunkt in der absoluten Selbstpreisgabe an das Göttliche findet. Absolute Selbstpreisgabe offenbart sich uns im totalen Verzicht, in der »Kenosis«, die uns Jesus beispielhaft vor Augen führt, wenn er sich mit höchster Liebe, bis zum Tod am Kreuz, hingibt. Die unbedingte Voraussetzung für die unio mystica, die Einheit mit Gott, ist, daß wir durch unsere vollkommene Hingabe wie Er werden. Indem wir uns von uns selbst und allen geschaffenen Dingen lösen, erfahren wir den Tod am Kreuz äußerlich und innerlich, in den Sinnen und im Geist. Dieser mystische Tod am Kreuz ist die unerläßliche Voraussetzung für eine Wiedergeburt ins ewige Licht. Der »große Tod« ist zugleich die »große Auferstehung«. Wenn die heiligen Schriften sagen: »*Du kannst mein Angesicht nicht sehen; denn kein Mensch kann mich sehen und am Leben bleiben*« (Ex. 33, 20), so ist das kein Beweis wider die Möglichkeit göttlicher Schau, wie es die christliche Theologie behauptet. Es ist vielmehr die Aufforderung zum mystischen Tod. Bonaventura (13. Jahrhundert) bestätigt das, wenn er in seinem Kommentar zu Matthäus 5, 4 sagt:

> »*Nur der kann es empfangen, der sprechen kann: 'Todesbangen hat gewählt meine Seele, und Sterben mein Gebein.' Wer diesen Tod liebt, der mag Gott schauen; denn unbezweifelt ist es wahr, daß 'niemand Gott schauen kann und leben'. So laßt uns denn sterben und eintreten in die Finsternis.*« [18]

Und Angelus Silesius sagt:

> »*Stirb, ehe du noch stirbst,
> damit du nicht wirst sterben,
> wenn du nun sterben sollst,
> sonst möchtest du verderben.*« [19]

Keiner, weder Buddha noch Jesus Christus, können diesen mystischen Tod für uns sterben, ebenso wenig wie jemand den Durst eines anderen Menschen stillen könnte, indem er ein Glas Wasser trinkt. Deshalb wäre es ein katastrophaler Fehler zu glauben, Jesus sei »stellvertretend für uns« am Kreuz auf Golgatha gestorben. Er starb nicht stellvertretend für uns, sondern unsretwegen.

Er ging den Weg der totalen Selbstpreisgabe nicht, um uns ohne unsere Mitwirkung zu befreien, sondern um uns zu zeigen, wie wir uns selbst befreien können. Das ist der Grund, weshalb er sagt (Matth. 11, 29):

> »*Nehmt mein Joch auf euch und lernt von mir.*«

Das ist ein entscheidender Punkt. Es ist tatsächlich der Angelpunkt, von dem aus das Leiden Christi erst verständlich wird.

Die Erlösung durch die absolute göttliche Weisheit, offenbart in Jesus Christus, ist alles andere als eine »wohlfeile Erlösung für alle«. Wäre es so, wäre der Ausspruch Jesu unsinnig:

> »*Wer mein Jünger sein will, der verleugne sich selbst, nehme sein Kreuz auf sich und folge mir nach*« (Matth. 16, 24).

Transformation

Von wahrer Nachfolge Christi kann erst dann die Rede sein, wenn wir bereit sind, selbst das Kreuz auf uns zu nehmen und uns selbst abzusterben. Alle Religionen lehren, daß der Mensch den »großen Tod« sterben muß, wenn er die göttliche Realität erkennen will. Auf diese Weise, durch den Schleier der Illusion *(Maya)* hindurchbrechend, erhebt sich der Mensch zu Gott. Er übersteigt die Schranken von Zeit und Raum und hebt sich selbst über den Nebel der Erscheinungen hinauf ins klare Licht der Realität.

Indem er sein Leben am Kreuz gibt, führt Jesus den Aufstieg des Menschen zu Gott zu seiner Vollendung: Die absolute Übergabe des Menschen an Gott, die Übergabe des Kreatürlichen ans Göttliche, ist vollzogen. Jesus ließ sein Selbst für die Welt sterben und erhob sich dann in der Auferstehung zum ewigen Leben. Am Kreuz fiel der Abstieg Gottes mit dem Aufstieg des Menschen zusammen.

In der Person Jesu Christi und in seinem Tod am Kreuz – als einer Aufforderung zur Nachfolge – begegnen sich Gottes Hingabe an uns und unsere liebende, selbstvergessene Hingabe an Gott. In diesem Sinne, und nur in diesem Sinne, wird die Welt durch den Tod Jesu Christi am Kreuz erlöst.

Jesus Christus ging den Weg bis zum Tod am Kreuz nicht deshalb, damit wir ohne unsere Mitwirkung vom Leiden befreit wären. Sein Selbstopfer hat uns nicht von unserer eigenen Verantwortung entbunden. Er zeigt uns keinen Weg, der unseren eigenen mystischen Tod umgeht, sondern nur den Weg, der durch den mystischen Tod hindurchführt. Er ist diesen Weg vor uns gegangen, litt vor uns und starb vor uns. Aus diesem Grund ist er der Weg für uns. Er sagt es selbst:

> »Ich bin der Weg und die Wahrheit und das Leben, niemand kommt zum Vater außer durch mich« (Joh. 14, 6).

Der Schlüssel zum Verständnis der Erlösung durch Christus liegt in seiner Entscheidung im Garten Gethsemane. Er hatte eine Wahl zu treffen. Ohne irgendeine äußere Verpflichtung zum Tod, entschied er sich für den Tod. Indem er sich freiwillig gab, zeigte er uns durch sein erlösendes Selbstopfer ein Beispiel, das nachgeahmt werden kann.

Es gibt keinen anderen Weg zur Erlösung als den Weg, den wir selbst gehen. Angelus Silesius sagt:

> »Das Kreuz von Golgatha kann dich nicht von dem Bösen,
> wo es nicht in dir aufgerichtet wird, erlösen.«

Die Kraft des Kreuzes offenbart sich uns in dem Maße, wie wir bereit sind, uns selbst zu opfern. Bei der Nachfolge Christi handelt es sich also nicht um ein äußeres Glaubensbekenntnis im Sinne eines oberflächlichen Fürwahrhaltens, es handelt sich auch nicht um intellektuelles Wissen. Es handelt sich vielmehr um die Notwendigkeit des Selbstopfers, das in Liebe und Selbstübergabe angenommen wird, gemäß den Worten im Brief des Paulus an die Philipper (2, 7-8): »*Er erniedrigte sich und war gehorsam bis zum Tod, bis zum Tod am Kreuz.*«

Für die Nachfolger Christi bedeutet diese absolute Selbstpreisgabe nicht mehr und nicht weniger, als sich selbst für Gott »völlig leer« zu machen. Dieser Prozeß (Sanskrit: sunyata) ist immer ein allem Zeitlichen und Natürlichen Absterben, gleichzeitig aber auch ein »Mit-Gott-gefüllt-Werden«. In Meister Eckarts Worten:

»Gott begehrt so sehr danach, daß du deiner kreatürlichen Seinsweise nach aus dir selber ausgehst, als ob seine ganze Seligkeit daran läge. Nun denn, lieber Mensch, was schadet es dir, wenn du Gott vergönnst, daß Gott Gott in dir sei?« [21]

Das »aus dir selber Ausgehen« nach dem kreatürlichen Sein, worüber Eckhart hier spricht, bedeutet im Grunde nicht mehr und nicht weniger als den Tod des Ichs. Zugleich bedeutet aber die Selbstlosigkeit Befreiung und Erlösung.

Die göttliche Weisheit zeigt uns in ihrer Liebe zur Menschheit den Weg zur Befreiung in Christi Opfertod. *»Denn Gott hat die Welt so sehr geliebt, daß er seinen einzigen Sohn hingab«* (Joh. 3, 16). Doch wenn wir in dieser göttlichen Liebestat nichts anderes sehen als eine Bestrafung (die wir natürlich verdienen), entgeht uns der tiefe Sinn von Jesu Opfertod für die Menschheit. Menschen, die in Christi Tod nichts anderes sehen können, als daß er für unsere Sünden gestorben ist, zeigen damit, daß sie zu seiner wahren Nachfolge, also zu eigener spiritueller Erfahrung, nicht imstande sind.

Eine Religion, die nicht durch die mystischen Erfahrungen ihrer Bekenner immer wieder erneuert wird, versteinert zunehmend und wird zum toten Fossil kirchlichen Dogmas. Die in einem solchen Glaubenssystem lauernde Gefahr ist, daß seine Logik und rational begreifbaren Lehren die mystische Realität verdunkeln. Der rationale Verstand wird immer wieder versuchen, die Wahrheit zu überprüfen, statt ihr nur zu dienen.

Der Grund dafür liegt in der Begrenztheit des menschlichen Verstandes, der seine eigenen engen Begriffe und Vorstellungen auf die göttliche Wahrheit anwendet, bis er zwischen beiden nicht mehr unterscheiden kann und seine Illusionen für die ewige Wahrheit selbst hält. Im einseitigen Beharren auf den akrobatischen Gedankenspekulationen theologischen Denkens versteinern diese Spekulationen dann im Dogma der Institution Kirche.

Transformation

Zwar bekannte Thomas von Aquin am Ende seines Lebens, alles, was er geschrieben habe, sei nichts als Stroh, doch haben seine Nachfolger nichts besseres zu tun gehabt, als sein theologisches System wieder aufzupolieren und Fesseln für den menschlichen Geist daraus zu schmieden. Leider haben Thomas' mystische Einsichten am Ende seines Lebens keine Beachtung gefunden. Bei allen theologischen und philosophischen Systemen besteht die Gefahr, daß sie sich zu einem Dschungel gelehrter Meinungen verdichten, so daß die Menschen Opfer eines sklavischen Glaubens an zu einem Dogma versteinerte Worte werden.

Wenn wir unsere Erwartungen an Religion von solchen leeren Doktrinen abhängig machen, zeigen wir damit nur, daß wir keine eigenen religiösen Überzeugungen haben, sondern nur solche, zu denen uns andere überredet oder die sie uns aufgeschwatzt haben. Das hat nichts mit wirklicher Religion zu tun. Es ist nur ein oberflächliches, hohles Fürwahrhalten, dem die Stärke des Vertrauens auf Gott selbst fehlt. Im Gegensatz dazu ist wahrer Glaube genau diese Stärke des Vertrauens, das Jesus besaß, als er imstande war, die Todesfurcht im Garten Gethsemane zu überwinden.

Ein lebendiger Glaube dieser Art wird uns niemals dadurch zuteil, daß wir uns einem sklavischen Glauben an Worte, die vom toten Buchstaben des kirchlichen Dogmas abhängen, verschreiben. Nur wenn wir über alles Haften an Worten und Vorstellungen hinausgehen, gelangen wir zu einem wahren und lebendigen – weil durchlebten – Glauben. Das ist der Grund, weshalb Paulus sagt: »*Der aus Glauben Gerechte wird leben*« (Röm. 1, 17). Dieser wahre Glaube ist immer frei und unabhängig, doch fest in Gott, der »*die Liebe ist*«, verwurzelt (1. Joh. 4, 16).

Ein Glaube, der das Zentrum der Seele nicht berührt, hat nichts mit echter religiöser und spiritueller Einstellung zu tun. Ein einen solchen Glauben begleitendes Ritual wird zur bloßen äußeren Geste, einem Lippenbekenntnis im Sinne einer stereotypen Zusammenfassung der wichtigsten Punkte des religiösen Dogmas. Auch dies ist eine Ursache für mangelnde Glaubensgewißheit in einer Christenheit, die sich in äußeren Manifestationen verfangen hat.

Das einschläfernde Klima einer solchen religiösen »Pflichtfrömmigkeit« erzeugt eher spirituelle Ermüdung, als daß es Mut zum persönlichen Aufbruch machte. Es bietet nur fertige Antworten und ist daher nicht geeignet, echtes spirituelles Leben zu wecken. Es hindert den Sucher eher daran, die für ihn wesentlichen Fragen zu stellen.

Viele ehrliche Wahrheitssucher haben sich deshalb in unserer Zeit von der christlichen Kirche abgewendet. Sie finden dort die Nahrung nicht mehr, die sie für ihr spirituelles Wachstum brauchen. Ein wesentlicher Grund dafür ist, daß den meisten Pfarrern und Priestern eine wesentliche

Voraussetzung, echte Begeisterung fürs ewige Leben zu wecken, fehlt. Diese Voraussetzung ist nichts anderes als Begeisterung für Gott selbst, entstanden aus mystischem Leben und mystischer Erfahrung.

Das Wort »Religion« (lateinisch *religere*) bedeutet »Wiederverbindung von Gott und Mensch«. Doch diese Wiederverbindung erfordert weit mehr als nur ab und zu ein oberflächliches Nachdenken über Gott. Vor allem ist es weit mehr als die mechanische Durchführung von Riten und das Absingen von auswendig gelernten Hymnen. Allen Ritualisten stellt Angelus Silesius die Frage:

»Meinst du, o armer Mensch,
daß deines Munds Geschrei
der rechte Lobgesang
der stillen Gottheit sei?« [22]

Wir leben heute in einer Zeit, in der sich die Religionen begegnen. Besonders der Mensch, der unter den Folgen der technischen Zivilisation leidet, empfindet seine Gefangenschaft in einer allzu mechanischen Welt. Wie könnte in einer solchen Situation eine Priesterschaft, die mit programmierten Ritualen und fossilen »Überlieferungen« arbeitet, echte spirituelle Impulse geben? Besonders ärgerlich ist, wenn engstirnige Dogmatiker, Gefangene ihres eigenen Systems, sich aus ihrer begrenzten Bewußtseinsperspektive heraus zu Richtern über Aussprüche erleuchteter Mystiker aufwerfen.

Natürlich gibt es lobenswerte Ausnahmen, und es bleibt zu hoffen, daß in den Kirchen der Zukunft ein stärkerer mystischer Geist weht.

Es wird heute in theologischen Kreisen heftig diskutiert, wie man unter jungen Menschen Begeisterung für die Kirche wecken könnte. Aber solange man dieses Problem nicht an der Wurzel anpackt, wird man sich dabei stets im Kreis bewegen. Es ist nichts Ungewöhnliches, daß heutzutage Gläubige Christus bekennen, aber die Kirche radikal ablehnen. Man sieht häufig junge Menschen – und nicht nur junge – in stillem Gebet in einer Kirche versunken, doch sobald der Gottesdienst beginnt, verlassen sie das Gebäude. Wir verlangen heute nach realer, eigener mystisch-religiöser Erfahrung und können uns nicht mehr mit einem äußeren Ritual und der bloßen Akklamation zu einem Dogma, daß Jesus für unsere Sünden gestorben sei, zufriedengeben.

Das kirchliche Dogma, daß Jesus stellvertretend für uns am Kreuz gestorben sei, mag seinen Zweck als Mittel, Herdenmenschen spirituell an die Kirche zu binden, erfüllen. Aber jene, die nach dem Hochzeitsmahl des ewigen Lebens hungern, werden nicht mit einem »angemalten Reiskuchen zufriedengestellt« werden können, wie man das im Zen nennt. Karl Rahner schrieb einmal kühn und prophetisch:

Transformation

> »Der Fromme von morgen wird ein Mystiker sein, einer, der etwas erfahren hat, wogegen die übliche religiöse Erziehung nur noch eine sekundäre Dressur für das religiös Institutionelle sein kann.« [23]

Das von einer solchen religiösen Erziehung erzeugte Glaubenssystem hält den Dingen heute nicht mehr stand. Als »Kind dieser Welt« ist es nicht in der Lage, jenes Reich zu verkünden, das »nicht von dieser Welt« ist.

Der entscheidende Schritt auf diesem Pfad zum Reich Gottes ist, frei zu werden von allen verkrusteten theologischen und philosophischen Begriffen und sich gleichzeitig vom Ich zu befreien. Dieser Prozeß der inneren Reinigung, der sich durch Selbstpreisgabe vollzieht, ist aber nur auf dem Weg praktischer Meditation möglich, auf dem jeder rationale Gottesbegriff transzendiert wird. Bonaventura sagt:

> »Der Geist bedarf, um zur vollkommenen Beschauung zu gelangen, der Reinigung. Der Verstand ist dann gereinigt, wenn er von allen sinnlichen Erkenntnisbildern absieht, noch mehr gereinigt ist er, wenn er auch von den Phantasiebildern frei ist, vollkommen gereinigt ist er, wenn er von den philosophischen Schlußfolgerungen frei ist.« [24]

Die Befreiung von allen theologischen und philosophischen Denkmustern, alten und neuen, die auf diesem Weg der Kontemplation errungen werden, erhebt uns über jede Form beschränkten begrifflichen Denkens. Denn es kommt nicht darauf an, das alte Denken durch ein neues zu ersetzen, selbst wenn dieses wissenschaftlich begründet wäre, sondern über beide hinauszugehen und auf dem mystischen Weg zu einem mystischen Bewußtsein zu gelangen. Dieser Weg führt durch den Tod des Ichs hindurch und darüber hinaus. Er beginnt mit den vielen kleinen Toden, die wir auf dem spirituellen Weg sterben müssen, und führt weiter bis zur Erfahrung des »großen Todes«.

Diese Nachfolge Christi, so radikal verstanden, erfordert die völlige Selbstpreisgabe an das Göttliche. Ohne diese Selbstpreisgabe gibt es keinen Prozeß der Befreiung. Wir müssen betonen, daß es sich hier nicht nur um eine notwendige Voraussetzung handelt, sondern um eine primäre und unabdingbare Einstellung. Selbstpreisgabe bedeutet nichts Geringeres, als daß man wirklich alles dem Göttlichen weiht, alles, was man ist und hat, dieser Weihe zum Opfer bringt und auf nichts beharrt, weder auf den eigenen Vorstellungen, Wünschen und Gewohnheiten noch sonst etwas. Selbstpreisgabe an das Göttliche bedeutet, die selbstgeschaffenen, ichbedingten Schranken preiszugeben und sich von der Allmacht des einen Geistes in Besitz nehmen zu lassen.

Transformation

Leeres Gerede über die Selbstpreisgabe, der bloße Gedanke daran oder auch nur ein lauer Wunsch, reichen hier nicht aus. Ohne den Drang zu einer radikalen und totalen Transformation des Bewußtseins, hervorgerufen durch die Übergabe unseres Lebens an das Göttliche, bleiben wir im Netz der irdischen Verstrickungen gefangen. Auch unsere letzten Impulse, Handlungen und Gewohnheiten müssen aufgegeben, dem Göttlichen geopfert werden, so daß all unser altes Verhaftet-Sein in den gewohnten Denk- und Verhaltensformen im Feuer der göttlichen Wahrheit verbrennt.

Der wahre Weg ist Selbstpreisgabe, absolute, unbedingte Selbstpreisgabe an die göttliche Realität. Wahre Selbstpreisgabe erweitert unsere Möglichkeiten, erweitert unsere Fähigkeiten und erschließt uns ungeheure Chancen.

Wir werden dann in eine ganz neue Welt eintreten, eine Welt, die wir niemals aus eigener Kraft – und wenn wir uns nicht selbst preisgegeben hätten – hätten betreten können. Diese Selbstpreisgabe muß so radikal sein, daß sie einem mystischen Tod, einem Uns-selbst-Absterben, gleichkommt. In den Worten des islamischen Mystikers und Sufis al-Ghazali (12. Jahrhundert):

> »In die Nacht mußt du dich stürzen,
> In die tiefste deines Nichts,
> Wenn dir tagen soll ein Morgen
> In dem Glanz des höchsten Lichts.« [25]

Dieser mystische Sterbeprozeß ist alles andere als angenehm. Es ist ein Sterben, das unter gewissen Umständen – das hängt ganz von unserem Haften an den Dingen ab – zu einem furchtbaren inneren Kampf werden kann. Das Ich kämpft bis zum Ende. Wir befinden uns wie am Rand eines unermeßlich tiefen Abgrunds, ohne die Möglichkeit, uns festzuhalten. Gregor von Nyssa beschreibt diese Situation sehr anschaulich:

> »Stelle dir eine jäh abfallende steile Klippe vor, mit einer vorspringenden Zacke an der Spitze, und dann stelle dir vor, was ein Mensch empfände, wenn er seinen Fuß an den Rand dieses Abgrundes stellte und – hinunterblickend ins Bodenlose – keinen festen Halt sähe, noch etwas, woran er sich halten könnte. Das, meine ich, erfährt die Seele, wenn sie ihren Halt an materiellen Dingen verläßt (in ihrer Sehnsucht nach dem), was ohne Maß ist und seit Ewigkeit besteht. Denn da ist nichts, woran sie sich halten kann, nicht Ort, nicht Zeit, kein Maß noch sonst etwas; unser Denken kann dorthin nicht vordringen. Darum ist die Seele geblendet – überall gleitet sie ab von dem, was sich nicht fassen läßt, sie ist verwirrt.« [26]

Transformation

Der unendliche Abgrund des göttlichen Nichts öffnet sich vor uns. Wir stehen an der Schwelle des mystischen Todes. Solch ein Zustand am Rand des gähnenden Abgrunds des göttlichen Nichts heißt im Zen-Buddhismus »der große Zweifel«. Damit ist nicht der Zweifel im gewöhnlichen Sinn des Wortes gemeint. Es handelt sich vielmehr um eine besondere Art des Zweifels, einen »Zweifel ohne Inhalt«, oder genauer, das Gefühl des »Zweifels an sich«. Es ist eine Art spirituelles Hindernis, vor dem der Gedankenstrom haltmacht und nicht weiterfließen kann. So etwas kann zu einem akuten psychischen Spannungszustand führen.

Wenn wir von diesem Zustand des großen Zweifels hören, der der Erleuchtung immer vorausgeht, kann uns spirituelle Unruhe oder Furcht überkommen. Doch läßt sich andererseits sagen, daß es nichts Freudevolleres gibt, als durch die Wahnvorstellung von einer ungeordneten, durch Zeit und Raum beschränkten Welt in die grenzenlose Ferne des erleuchteten Geistes hindurchzubrechen. Der Übergang vom großen Zweifel zur großen Erleuchtung ist wie die Spaltung eines Felsens, in dem der Mensch gefangen war. Aber ohne die spirituelle Leitung eines erleuchteten Meisters wird kaum jemand den großen Zweifel und als Folge davon die große Befreiung erfahren. Der »große Zweifel« ist die unbedingte Voraussetzung für das »große Erwachen«. Die alten Zen-Meister sagten:

> *»Je größer der Zweifel, desto größer das Erwachen. Je kleiner der Zweifel, desto kleiner das Erwachen. Kein Zweifel, kein Erwachen!«* [27]

In diesem Krisenzustand des großen Zweifels haben wir zwar schon einen großen Teil unserer »Kreatürlichkeit« aufgegeben, fühlen uns aber noch nicht von Gott gehalten. Wir zucken ängstlich zurück, weil wir Angst davor haben, in den unergründlichen Abgrund des Nichts gezogen zu werden und nicht mehr ins Leben zurückkehren zu können.

In dieser Situation gibt der chinesische Zen-Meister Po-chan den Rat:

> *»Man sollte sich keine Sorgen darüber machen, ob man fähig sein wird, nach dem mystischen Tod wieder ins Leben zurückzukehren; worüber man sich Sorgen machen sollte, ist, ob man aus dem Seinszustand 'Leben' hinauszusterben vermag! Die alten Meister sagten:*
> *'Mutig loslassen*
> *am Rande der Klippe.*
> *Wirf dich selbst in den Abgrund*
> *voll Entschlossenheit und Vertrauen.*
> *Erst nach dem Tod beginnen wir zu leben.*
> *Das allein ist die Wahrheit!'«* [28]

Jesus drückte die Notwendigkeit des mystischen Todes, die unabdingbare Voraussetzung für die mystische Auferstehung, im Symbol des Weizenkorns aus.

»Amen, amen, ich sage euch: Wenn das Weizenkorn nicht in die Erde fällt und stirbt, bleibt es allein, wenn es aber stirbt, bringt es reiche Frucht. Wer an seinem Leben hängt, verliert es; wer aber sein Leben in dieser Welt gering achtet, wird es bewahren bis ins ewige Leben« (Joh. 12, 24-25).

Ohne unwandelbares, vollständiges Vertrauen ins göttliche Sein werden wir niemals zum mystischen Tod gelangen. Ich meine hier nicht ein Pseudovertrauen im Sinne eines oberflächlichen, wissensmäßigen Fürwahrhaltens, sondern jenes Vertrauen, das der Weg der Seele ist. Es ist ein Seelenvertrauen, das noch standhält, wenn der Glaube schwankt und versagt. Es ist jenes Etwas in uns, das bleibt, auch wenn es im Denken keinen festen Glauben gibt, auch wenn der Verstand alles bezweifelt, rebelliert und sich weigert. Jeder, der sich auf dem spirituellen Pfad ernsthaft bemüht, kennt mehr oder weniger lange Phasen der Enttäuschung, Dunkelheit und des Unglaubens. Doch zugleich ist immer etwas da, das uns hält und trotz allen Zweifels weiterlebt. Es ist jenes Etwas, das unserem innersten Selbst das Wissen vermittelt, daß das, wohin wir uns wenden, wahr ist. Doch dieses Vertrauen ist nicht das schwankende Vertrauen des Anfängers auf dem spirituellen Pfad, sondern jenes große Vertrauen, das sich erst allmählich entwickelt.

Hat jemand lange Zeit den spirituellen Weg beschritten, wird ihm bei allen inneren und äußeren Spannungen und Zweifeln das Herzensvertrauen bleiben. Mag auch dieses vollkommene Vertrauen dem bohrenden Verstand blind erscheinen – es ist doch unendlich viel weiser als alle menschliche Logik.

Je vollständiger unser Vertrauen, unsere Bemühungen und unsere Selbstpreisgabe sind, desto geeigneter werden wir für das Göttliche werden. Unser ganzes Leben wird dann zum Gebet, das wir dem Göttlichen weihen.

Roland R. Ropers, Kreuth am Tegernsee, Sommer 1996

[Nähere Auskünfte:
Dr. phil. Roland R. Ropers
Shantigiri / Mount of Peace / Berg des Friedens
D-83708 KREUTH / Tegernsee
Fax: 08029-8888]

Tanz der Befreiung

»Ich lobe den Tanz,
denn er befreit den Menschen
von der Schwere der Dinge,
bindet den Vereinzelten
zu Gemeinschaft.

Ich lobe den Tanz,
der alles fordert und fördert,
Gesundheit und klaren Geist
und eine beschwingte Seele.
Tanz ist Verwandlung
des Raumes, der Zeit des Menschen,
der dauernd in Gefahr ist
zu zerfallen, ganz Hirn,
Wille oder Gefühl zu werden.

Der Tanz dagegen fordert
den ganzen Menschen,
der in seiner Mitte verankert ist,
frei von der Begehrlichkeit
nach Menschen und Dingen
und von der Dämonie
der Verlassenheit im eigenen Ich.

Der Tanz fordert
den befreiten,
den schwingenden Menschen
im Gleichgewicht aller Kräfte.

Ich lobe den Tanz.

O Mensch, lerne tanzen,
sonst wissen die Engel im Himmel mit dir
nichts anzufangen.«

Überliefert von Augustinus (4. Jahrhundert)

Anhang

Anmerkungen
Veröffentlichungen
Literaturnachweise

Anhang

Anmerkungen zur Einführung

1) Mircea Eliade, *Geschichte der religiösen Ideen*, Freiburg 1978
2) Rudolf Otto, *Das Heilige*, Stuttgart 1924
3) Mircea Eliade, a.a.O.
4) Jacques Maritain, *Sign and Symbol*, Sheel and Ward
5) Vergleiche den Ausspruch Goethes: »So wird ein Mann, in den sogenannten exakten Wissenschaften geboren und gebildet, auf der Höhe seiner Verstandesvernunft nicht leicht begreifen, daß es auch eine exakte sinnliche Phantasie geben könne.« (Schriften zur Natur- und Wissenschaftslehre)
6) Rupert Sheldrake, *Das schöpferische Universum*, München 1983
7) Christopher Dawson, *Progress and Religion*, London 1983
8) Jeanine Miller, *The Vedas*, London 1974
9) Karl Popper und John Eccles, *Das Ich und sein Gehirn*, München 1990
10) David Bohm, *Die implizite Ordnung*, München 1987

Anmerkungen zu »Durch Transformation zur Befreiung«

1) *Symeon der Theologe*, Kösel Verlag, München 1951
2) In: Gerhard Wehr, *Esoterisches Christentum*, Stuttgart 1975
3) Angelus Silesius, *Der Cherubinische Wandersmann*, Manesse 1986
4) Huang-Po, *Der Geist des Zen*, O. W. Barth Verlag 1983
5) Meister Eckehart, *Schriften*, Diederichs Verlag 1934
6) Garma C. Chang, *Die Praxis des Zen*, Aurum Verlag 1982
7) Heinrich Zimmer, *Der Weg zum Selbst*, Diederichs Verlag
8) Garma C. Chang, a. a. O.
9) Ders., a. a. O.
10) Josef Quint, Hrsg, Meister Eckehart, *Deutsche Predigten und Traktate*, München 1955
11) *Die Wolke des Nichtwissens*, Johannes Verlag Einsiedeln, Freiburg i. Br. 1980
12) In: Gerhard Wehr, *Die deutsche Mystik*, O. W. Barth Verlag, München 1988
13) In: Hugo M. Enomiya-Lassalle, *Zen-Unterweisung*, München 1987
14) In: Karlfried Graf Dürckheim, *Mein Weg zur Mitte*, Herder Verlag 1986
15) In: Detlef-Ingo Lauf, *Geheimlehren tibetischer Totenbücher*, Aurum Verlag 1975
16) In: Ladislaus Boros, Aurelius Augustinus, *Aufstieg zu Gott*, Walter Verlag
17) In: Heinrich Dumoulin, *Östliche Meditation und christliche Mystik*, Karl Alber Verlag, Freiburg 1966
18) H. M. Enomiya-Lassalle, *Zen-Meditation für Christen*, O. W. Barth Verlag
19) Angelus Silesius, a. a. O.
20) Ders., a. a. O.
21) In: Josef Quint, a. a. O.
22) Angelus Silesius, a. a. O.
23) In: Fritz Hungerleider, *Mein Weg zur Mystik*
24) In: H. M. Enomiya-Lassalle, a. a. O.
25) In: K. O. Schmidt, *In Dir ist das Licht*, Drei Eichen Verlag, Hammelburg
26) Kallistos Ware, *Der Aufstieg zu Gott*, Herder Verlag, Freiburg
27) Garma C. Chang, a. a. O.
28) Ders., a. a. O.

Anhang

Veröffentlichungen von Bede Griffiths

- »The Golden String« [Autobiographie – 1954]
- »Christ in India« (1968)
- »Vedanta and Christian Faith« (1973)
- »Return to the Centre« (1976), deutsch: »Rückkehr zur Mitte«
- »The Marriage of East and West« (1982), deutsch: »Hochzeit von Ost und West«
- »The Cosmic Revelation« (1983)
- »River of Compassion – A Christian Reading of the Bhagavad Gita« (1987)
- »A New Vision of Reality: Western Science, Eastern Mysticism and Christian Faith« (1989), deutsch: »Die Neue Wirklichkeit«
- »The New Creation in Christ – Meditation and Community« (1992)
- »Universal Wisdom – A Journey trough the Sacred Wisdom of the World Buddhism, Taoism, Sikhism, Islam, Judaism and Christianity« (1993) deutsch: »Unteilbarer Geist«
- »Psalms for Christian Prayer« (1993)
- »Pathways to the Supreme« (1994)
- Mehr als 300 Artikel
- Zahlreiche Tonbänder und Videos mit Vorträgen

Übersetzungen

Einführung:	Konrad Dietzfelbinger
Upanishaden:	Konrad Dietzfelbinger (nach einer englischen Übersetzung aus dem Sanskrit: »Isha bis Mandukya« W.B. Yeats und Shri Purohit Swami, »Svetasvatara« Juan Mascaro)
Bhagavadgita:	Franz Hartmann (nach einer englischen Übersetzung aus dem Sanskrit von Edwin Arnold)
Dhammapada:	Karl Eugen Neumann (aus dem Sanskrit)
Mahayana Shraddhotpada Shastra:	Konrad Dietzfelbinger (nach einer englischen Übersetzung aus dem Chinesischen von Dwight Goddard)
Tao Te King:	Sylvia Luetjohann (nach einer englischen Übersetzung aus dem Chinesischen von Gia-Fu Feng und Jane English)
Morgen-, Abend- und Nachtgebet der Sikhs:	Monika Thiel-Horstmann (aus dem Hindi)
Aus dem Koran:	Max Henning (aus dem Arabischen)
Erretter aus dem Irrtum:	Abd-Elsamad Abd-Elhamid Elschazli (aus dem Arabischen)
Rumi-Gedichte:	Siegfried Weber (aus dem Persischen) (Quellennachweis (M = Mathnawi): **1.** M I, 1 / **2.** M IV, 733 / **3.** M I, 1776 / **4.** Diwan, S.P., XXXVIII / **5.** M IV, 3628 / **6.** M VI, 1450 / **7.** M III, 53 / **8.** M VI, 210 / **9.** M V, 200 / **10.** M I, 754 / **11.** M I, 109 / **12.** Diwan S.P, VI / **13.** M IV, 1358 / **14.** M V, 1815 / **15.** M III, 4581 / **16.** M I, 566 / **17.** M III, 189 / **18.** Fihi ma fihi, 15 / **19.** M I, 3056 / **20.** M III, 3901 / **21.** M II, 1720 / **22.** M IV, 3637 / **23.** M III, 1286

Der Verlag dankt den im Impressum angegebenen Verlagen für ihre freundliche Abdruckerlaubnis.

Weitere Bücher
aus dem
Dingfelder Verlag

Edition Argo

Die Nag-Hammadi-Textfunde

»Wer sucht, der suche, bis er findet.
Und wenn er gefunden hat, wird er erschüttert werden.
Und dann wird er über das All herrschen…«

(Thomas-Evangelium)

Apokryphe Evangelien aus Nag Hammadi

Evangelium der Wahrheit
Evangelium nach Philippus
Brief an Reginus über die Auferstehung
Über die Seele
Evangelium nach Thomas
Das Buch Thomas des Wettkämpfers
Evangelium nach Maria

Vollständige Texte
neu formuliert und kommentiert von
Konrad Dietzfelbinger

Edition Argo
Weisheit im
Abendland

Niemand hätte ahnen können, daß der unscheinbare Ort Nag Hammadi, am Nil gelegen, eines der aufregendsten Zeugnisse der frühen Christenheit im Staub seiner Erde bald zwei Jahrtausende vor der Vernichtung bewahrt hat.

Als im Jahr 1945 ägyptische Bauern die Schriftrollen zufällig beim Pflügen zu Tage förderten und schließlich auf dem Markt gegen Werkzeug eintauschten, öffnete sich für uns heutige Menschen eine Welt von ungeheurer Weite und Bedeutung.

Die Wurzeln unseres tiefsten abendländischen Empfindens – das, was uns als Christen insgeheim im Herzen bewegt – dort wird es auf eine neue, alte Weise entschlüsselt.

Die alte koptische Sprache neu zu ergründen war ein Mammutwerk bedeutender Persönlichkeiten über einen Zeitraum von mehr als zwanzig Jahren. Einige wenige Texte waren bereits aus anderen Funden bekannt, das meiste aber war neu und von der enormen Keimkraft des frühen Christentums beseelt.

In Nag Hammadi begegnen sich die alte und die neue Welt, die hermetische Tradition, die frühchristliche Gnosis und ein allen Dualismus überwindendes Menschentum. Nag Hammadi ist jung. Es ist nicht dem Verfall durch den Wandel der Zeiten unterworfen. Was wir dort finden, ist in höchstem Maße modern und zukunftsweisend. Lernen wir also von dem, was unsere Brüder damals niedergeschrieben haben und was von Geburt an in unseren eigenen Adern pulst und uns bewegt.

Die Nag-Hammadi-Texte (4 Bände):

Apokryphe Evangelien aus Nag Hammadi, 262 S.,
Schöpfungsberichte aus Nag Hammadi, 360 S.,
Erlöser und Erlösung, 345 S.,
Erleuchtung, 332 S.,

ISBN 3-926253-25-8 (Leinen)
ISBN 3-926253-24-X (Broschur)

Die rationalisierte Aufklärung sah in der Alchemie eine Art primitive Chemie, die in utopischer Weise danach trachtet, die unedlen Metalle in Gold zu verwandeln. Diese Meinung blieb allgemein verbreitet, obwohl die Alchemisten selbst immer wieder darauf hingewiesen haben, daß ihr Werk ein innerliches sei und daß man ihre metallurgischen Gleichnisse nicht buchstäblich verstehen dürfe.

Daß die Alchemie Vorgänge natürlicher, vor allem mineralischer Art zum Gleichnis und zum Ausgangspunkt nimmt, ist nicht Willkür, sondern ergibt sich aus der ihr eigenen Betrachtung der Welt, nach welcher die inneren und die äußeren Bereiche der Natur – der Mensch und der Kosmos – einander spiegelbildlich zugeordnet sind. Dieses »Weltbild« ist der Hintergrund und der Schlüssel zu ihrer Symbolik, deren Verständnis ungeahnte geistige Horizonte zu eröffnen vermag.

Titus Burckhardt erklärt diesen inneren Vorgang der Alchemie nicht aus einer modernen naturwissenschaftlichen, sondern aus der Weltsicht, die er selbst enthüllt. Sein Buch hebt sich gegenüber rein kulturgeschichtlich referierenden, aber auch gegenüber tiefenpsychologisch erfaßten Darstellungen der Alchemie im Sinne von C. G. Jung ab. Es ist klar und ohne jegliche Konzessionen geschrieben – der Stoff selbst kann wahrhaftig nur aus der geistig-kosmischen Bilderwelt begriffen werden.

Burckhardt – Alchemie
230 S., ISBN 3 – 926253 – 85 – 1 (Ln)

Der uralten »Trilogie« von Gott, Mensch und Welt folgend, wurden unter dem Haupttitel »Licht einer anderen Dimension« Grundtexte aus Tagebuchaufzeichnungen von Rut Björkman – teils aus dem Nachlaß hier erstmals systematisch geordnet – in drei jeweils in sich geschlossenen Bänden veröffentlicht.

Die Texte zeichnen die Not einer Menschheit, die sich ihrer eigenen Natur verweigert und den »Himmel« vertreibt, um ihn sich als »Ort«, aber nicht als »Zustand« der Erleuchtung gefügiger zu machen. Der Sinn für die Sprache unserer Träume umfängt Gott, Mensch und Welt. Geht uns dieser Sinn verloren, verlieren wir uns selbst. Denn der Traum ist unsere Antwort, bis die Wirklichkeit ihn ablöst. Auf diese Wirklichkeit hoffen wir, aber wir suchen sie noch immer dort, wo sie nicht zu finden ist. Gott suchen wir »außerhalb seiner Schöpfung« und den Menschen innerhalb seiner eigenen. Beides verkennt die unlösliche Einheit, die Gott und Mensch in der Schöpfung zusammenführt. »In jedem Augenblick unseres Lebens leben wir mitten im Paradies, aber wir erkennen es nicht.« Gott ist wir, er wartet auf uns, doch wir bleiben stehen und zögern – für die Länge eines neuen Traumes.

Rut Björkman – Träumender Kosmos
304 S., ISBN 3 – 926253 – 80 – 0 (Ln)
Rut Björkman – Träume von Gott
320 S., ISBN 3 – 926253 – 81 – 9 (Ln)
Rut Björkman – Der Traum vom Menschen
272 S., ISBN 3 – 926253 – 82 – 7 (Ln)

Bede Griffiths